O CORREDOR ESTREITO

O CORREDOR ESTREITO

ESTADOS, SOCIEDADES E O DESTINO DA LIBERDADE

**DARON ACEMOGLU
JAMES A. ROBINSON**

Tradução de Rogerio W. Galindo
e Rosiane Correia de Freitas

Copyright © 2019, 2020 por Daron Acemoglu e James A. Robinson

TÍTULO ORIGINAL
The Narrow Corridor

PREPARAÇÃO
Fábio Gabriel Martins

REVISÃO
Ana Grillo, Juliana Pitanga, Juliana Souza, Ulisses Teixeira e Victor Almeida

REVISÃO TÉCNICA
Bárbara Morais

DIAGRAMAÇÃO
DTPhoenix Editorial

DESIGN DE CAPA
Gustavo Piqueira | Casa Rex

CIP-BRASIL. CATALOGAÇÃO NA PUBLICAÇÃO
SINDICATO NACIONAL DOS EDITORES DE LIVROS, RJ

A157c   Acemoglu, Daron, 1967-
      O corredor estreito: estados, sociedades e o destino da liberdade /
    Daron Acemoglu, James A. Robinson; tradução Rosiane Correia de
    Freitas, Rogerio W. Galindo. – 1. ed. – Rio de Janeiro: Intrínseca, 2022.
    784 p.; 23 cm.

      Tradução de: The narrow corridor
      Inclui bibliografia e índice
      encarte
      ISBN 978-65-5560-537-2

      1. Poder (Ciências sociais) – Aspectos políticos. 2. Liberdade.
    3. Democracia. 4. Estado. 5. Descentralização na administração
    pública. 6. Poder executivo. I. Robinson, James A. II. Galindo, Rogerio.
    III. Freitas, Rosiane Correia de. IV. Título.

	CDD: 320.011
22-76681	CDU: 321.01

Meri Gleice Rodrigues de Souza – Bibliotecária – CRB-7/6439

[2022]

Todos os direitos desta edição reservados à
EDITORA INTRÍNSECA LTDA.
Rua Marquês de São Vicente, 99, 6º andar
22451-041 — Gávea
Rio de Janeiro — RJ
Tel./Fax: (21) 3206-7400
www.intrinseca.com.br

*Para Arda e Aras, ainda que isso seja
muito menos do que devo a vocês. — DA*

*Para Adrián y Tulio. Para mí, el pasado,
para ustedes, el futuro. — JR*

SUMÁRIO

Prefácio	IX
Apresentação	XV
1. Como a história chega ao fim?	1
2. A Rainha Vermelha	43
3. Vontade de poder	97
4. A economia fora do corredor	126
5. A alegoria do bom governo	165
6. A tesoura europeia	199
7. Mandato celestial	265
8. Rainha Vermelha quebrada	312
9. O diabo está nos detalhes	350
10. Qual é o problema de Ferguson?	400

11. O Leviatã de Papel	445
12. Os filhos de Uaabe	487
13. A Rainha Vermelha descontrolada	514
14. Dentro do corredor	565
15. Vivendo com o Leviatã	615
Agradecimentos	662
Ensaio bibliográfico	665
Fontes dos mapas	697
Referências bibliográficas	699
Créditos do caderno de fotos	731
Índice remissivo	733

PREFÁCIO

Se você estiver lendo este livro na China, provavelmente há um drone pairando em frente à sua janela. Mas o que ele está fazendo ali?

O mundo está sendo abalado pela pandemia de Covid-19. Em tais momentos de crise existencial e medo visceral, a maioria das pessoas recorre a governos poderosos, em busca de segurança e estabilidade. Afinal, nós de fato precisamos de orientação, liderança e serviços públicos que nos apoiem ao longo desse episódio. Foi exatamente através dessa perspectiva que o filósofo Thomas Hobbes enxergou os eventos da década de 1640, enquanto a Guerra Civil Inglesa se alastrava, e argumentou que as pessoas deveriam "submeter suas vontades" a um Estado todo-poderoso, um Leviatã, que então deveria fornecer segurança e prosperidade.

Nem sempre foi assim. A maior parte da existência humana — cerca de 200 mil anos — transcorreu no contexto que os antropólogos chamam de "sociedade de pequena escala", sem instituições similares ao Estado. Em um momento de necessidade, não ocorreria a nossos ancestrais submeter suas vontades a quem quer que fosse, sobretudo a Estados. Quando esses finalmente entraram em cena, não eram o tipo de instituição que provia estabilidade e segurança, muito menos contra pandemias. Mesmo os melhores entre eles — como o Estado romano, por exemplo — ofereciam apenas pão e circo, e somente para aqueles que porventura morassem na capital, Roma. É provável que os cidadãos também não confiassem muito neles. Então, como acabamos em um mundo em que dependemos de governos e demandamos deles muito além do que nossos antepassados podiam imaginar?

Na China, cujas instituições estatais Thomas Hobbes teria aprovado, supõe-se que os cidadãos submeteram suas vontades aos governantes, tornando-se aceitável que o Estado tenha poder de fazer mais e que de fato o faça. Na verdade, os drones estão lá para fazer mais — para impor um lockdown e assegurar que as pessoas não saiam de casa, e assim manter o distanciamento social. Somado a isso, há um app que precisa estar instalado em seu celular: se a tela ficar verde, você está saudável e liberado para se locomover. Mas, e se ficar vermelha? E que meios levaram a esse resultado? Foi pela medição de temperatura? Há outros critérios que gerem uma tela vermelha? Monitorar o distanciamento social é a única coisa que o drone está fazendo?

Mesmo que você não goste de drones pairando sobre sua cabeça, a solução chinesa parece ser melhor do que várias das coisas que estão acontecendo ao redor do mundo. Nada de mais ocorre na África Subsaariana. O que não é surpreendente. Na maioria dos países do continente, as instituições do Estado não funcionam. Conforme a terminologia empregada no Capítulo 11, eles têm "Leviatãs de Papel" que fingem ser todo-poderosos, mas que na verdade são frágeis feito papel.

Mais chocante ainda é o que está acontecendo nos Estados Unidos. O governo, liderado pelo presidente Donald Trump, foi da negação ao desequilíbrio. Ele tentou envolver o setor privado na produção de equipamentos médicos essenciais, até que chegou ao desespero; raivoso, tuitou em 27 de março: "Como é de costume com 'essa' General Motors, as coisas nunca parecem dar certo. Eles disseram que nos dariam os tão necessários 40.000 respiradores, 'o quanto antes'. Agora estão dizendo que serão apenas 6.000 lá para o fim de abril, e pelo valor máximo (...)

Invocar 'P.'." P se refere à Lei de Produção de Defesa criada durante a Guerra Fria, que dá ao presidente a autoridade de exigir de empresas a fabricação de algo. Uma espécie de estratégia *à la* China. Esse é o rumo que os Estados Unidos estão tomando? Há algum caminho diferente? É possível ter liderança e orientação governamental em uma resposta potente contra a pandemia sem que isso implique o uso de drones?

Essas são as questões que tratamos aqui. Não o escrevemos com a pandemia de Covid-19 em mente. Mas, se tivéssemos inventado um cenário para ilustrar as principais ideias do livro, não conseguiríamos criar algo tão apropriado. Isso porque todas as respostas para essas questões giram em torno da tese central deste livro: a maneira com que Estado e sociedade interagem e controlam um ao outro determina a capacidade estatal, as políticas do governo, nossa resiliência, prosperidade, segurança e, por fim, nossa liberdade.

O livro explica por que devemos esperar que países pelo mundo tomem ações tão díspares frente à pandemia, e isso esclarece tanto os custos quanto os benefícios da estratégia chinesa de controle draconiano sobre a sociedade (uma referência a Drácon, um estadista ateniense que será apresentado no Capítulo 2).

Para começo de conversa, nem tudo que os governos fazem envolve a pandemia. A estratégia chinesa — exemplo perfeito de resposta oferecida por aquilo que chamamos de "Leviatã Despótico" — tem um resultado inferior em relação a outros tópicos, como o exercício de justiça, o incentivo à inovação e à experimentação, e a proteção da liberdade. O poder sem freios do Estado, que pode controlar o comportamento dos indivíduos no intuito de conter a disseminação de um vírus, também é capaz de controlá-los em casos de dissidência, aprisioná-los, oprimi-los e até mesmo matá-los, conforme é feito atualmente pelo Estado chinês em partes do país, sobretudo em Xinjiang.

Não há clareza na ideia de que, no combate a pandemias, o despotismo é a melhor solução. Sim, o governo dos Estados Unidos ignorou o perigo, hesitou e fracassou nas soluções, mas, além de esconder a pandemia em um primeiro momento, a China agora está controlando — e até mesmo limitando — a pesquisa científica e a circulação de informações vitais sobre o vírus. Em um único dia, o número de mortes por Covid-19 em Wuhan teve um aumento retroativo de 50%. Será que realmente sabemos qual é o número verdadeiro? Provavelmente não, pois a China censura informações de forma efetiva. Mas as autoridades chinesas têm ciência do número exato? Isso também é incerto, visto que as pessoas tendem a não fornecer as informações corretas quando não confiam no Estado e o temem. Seriam então os drones e apps os substitutos para a confiança, a cooperação e a legitimidade aos olhos dos cidadãos? Quão eficaz um Estado pode realmente ser quando aprisiona arbitrariamente as pessoas e as censura?

Eis a pergunta elementar: existe alguma alternativa que não seja o despotismo do Estado chinês, a disfuncionalidade da África Subsaariana ou, de forma mais amena, a resposta caótica do governo Trump? Temos que nos contentar com um desses males? Essa é a questão fundamental proposta por Friedrich von Hayek, do qual falaremos no Capítulo 15 ao tratar de um momento crítico do século XX, a reconstrução do Estado e da sociedade após Grande Depressão de 1929 e a Segunda Guerra Mundial. A preocupação de Hayek era que, se o Estado recebesse poder de mais e demandas de mais, seria inevitável que se parecesse com o Leviatã chinês. Explicaremos por que as preocupações de Hayek eram válidas (afinal, o controle da sociedade está no DNA do Estado, e é difícil retomar o poder já concedido ao Leviatã). No entanto, o pessimismo de Hayek estava fora de contexto. Isso porque, entre a ausência de instituições de Estado funcionais e o despotismo de seu domínio sobre a sociedade, há um corredor estreito onde a sociedade cria ativamente um contrapeso ao Estado, monitora seus poderes, discorda dele e o contesta quando necessário, às vezes até cooperando com ele. É nesse corredor que se desenvolve a mais profunda capacidade estatal (porque é lá que a sociedade pode confiar nele, compartilhando informações e responsabilidades), e é também nesse corredor que uma efetiva participação política da sociedade pode crescer junto ao poder e capacidade estatais. De fato, foi o que ocorreu com a maior parte do Ocidente após a Segunda Guerra Mundial e o motivo pelo qual os temores de Hayek quanto a um despotismo puro de Estado não se concretizaram. Mas nós também explicamos por que o corredor é estreito e por que a vida nele é traiçoeira, exigindo trabalho árduo dos cidadãos, que precisam se manter vigilantes, organizados e politicamente engajados.

A pandemia vai alterar o mundo de maneiras que não podiam ser imaginadas a seis meses atrás? Provavelmente (embora mudanças significativas já fossem necessárias muito antes da pandemia; pense na desigualdade vertiginosa, na pobreza contínua, no desagrado frente à imigração e à globalização, e no crescimento do populismo e do nacionalismo). Mas nosso futuro não está predeterminado nem consiste em uma escolha intragável entre um sistema de saúde pública em ruínas e drones monitorando cada movimento nosso. O que são esses futuros distintos e como podemos influenciar o nosso estão entre as questões que este livro aborda.

Daron Acemoglu e *James A. Robinson*
Abril de 2020

APRESENTAÇÃO

Liberdade

Este livro é sobre liberdade, sobre como e por que as sociedades humanas a conquistaram — ou deixaram de conquistá-la. Também discute as consequências disso, especialmente para a prosperidade. Nossa definição vai ao encontro do filósofo inglês John Locke, que defendia que as pessoas têm liberdade quando são

> perfeitamente livres para agir e dispor de suas posses e pessoas do modo que achem apropriado (...) sem precisar perguntar a ninguém nem depender da vontade de qualquer outro homem.

Nesse sentido, liberdade é uma aspiração básica de todo ser humano. Locke enfatizou que

> ninguém deve causar dano a outro em sua vida, saúde, liberdade ou propriedade.

No entanto, é nítido que a liberdade se manifestou poucas vezes na história e é rara até hoje. Todos os anos, milhões de pessoas no Oriente Médio, na África, na Ásia e na América Central arriscam a vida e a integridade ao fugirem de seus lares, e o motivo não é a busca por uma renda maior ou por mais conforto material; estão apenas tentando proteger a si mesmos e às suas famílias da violência e do medo.

Filósofos já propuseram inúmeras definições de liberdade. Mas, como Locke reconhecia, no patamar mais fundamental a liberdade deve começar com a emancipação em relação à violência, à intimidação e a outros atos humilhantes. As pessoas devem ser capazes de tomar decisões sobre suas vidas de forma autônoma e ter meios de levá-las adiante sem que sejam ameaçadas por punições irracionais ou por sanções sociais draconianas.

Toda a maldade do mundo

Em janeiro de 2011, um protesto espontâneo contra o regime de Bashar al-Assad ocorreu no mercado de Hareeqa, localizado no centro histórico de Damasco, na Síria. Pouco depois, na cidade de Daara, ao sul, algumas crianças escreveram "As pessoas querem o fim deste governo" em um muro. Essas crianças foram presas e torturadas. Uma multidão se formou para exigir a libertação delas, e duas pessoas foram mortas pela polícia. Logo teve início uma imensa manifestação que, em pouco tempo, tomou conta do país. De fato, muita gente queria que o governo acabasse. O resultado foi uma guerra civil. O Estado, os militares e as forças de segurança desapareceram na maior parte do país. Mas, em vez de liberdade, aos sírios foram destinadas uma guerra civil e violência descontrolada.

Adam, um analista de mídia em Latakia, refletiu sobre o que aconteceu em seguida:

> Pensamos que ganharíamos um presente, e o que ganhamos foi toda a maldade do mundo.

Husayn, um dramaturgo de Aleppo, resumiu:

> Nunca acreditamos que esses grupos obscuros chegariam à Síria — e agora eles dominam o jogo.

Acima de todos os outros "grupos obscuros" estava o chamado Estado Islâmico — que agora é conhecido como Isis —, que visa criar um novo "califado islâmico". Em 2014, o Isis tomou o controle da maior cidade síria, Raqqa. Do outro lado da fronteira, no Iraque, apoderou-se das cidades de Falluja, Ramadi e a cidade histórica de Mosul, com 1,5 milhão de habitantes. Com crueldade inimaginável, o Isis e muitos outros grupos armados ocuparam o vazio institucional deixado pelo colapso dos governos sírio e iraquiano. Espancamentos, decapitações e mutilações se tornaram lugar-comum. Abu Firas, um soldado do Exército Livre da Síria (FSA na sigla inglesa), descreve o "novo normal" na Síria:

> Já nem lembro da última vez que alguém morreu de causas naturais. No início, um ou dois acabavam mortos. Então passaram a ser vinte. Depois, cinquenta. Acabou se tornando normal. Se perdemos cinquenta pessoas, pensamos: "Obrigado, Senhor, são apenas cinquenta!" Não consigo dormir sem o som de bombas e tiros. É como se estivesse faltando alguma coisa.

Amin, um fisioterapeuta de Aleppo, relembra:

> Um dos rapazes ligou para a namorada e disse: "Querida, estou sem créditos no celular. Vou te ligar de novo pelo telefone do Amin." Depois de um tempo, ela ligou perguntando por ele, e eu disse que ele havia morrido. Ela chorou, e meus amigos disseram: "Por que você contou?" Eu respondi: "Porque foi o que aconteceu. É normal. Ele morreu." (...) Eu abria meu celular para ver meus contatos, e apenas um ou dois ainda estavam

vivos. Disseram para a gente: "Se alguém morre, não apague o número. Apenas mude o nome para Mártir." Então, quando abro minha lista de contatos, todos são Mártir, Mártir, Mártir.

O colapso do Estado sírio criou um desastre humanitário de proporções gigantescas. De uma população de cerca de 18 milhões de habitantes antes da guerra, estima-se que cerca de 500 mil sírios perderam a vida. Mais de 6 milhões perderam seus lares, e os 5 milhões que fugiram do país hoje vivem como refugiados.

O problema de Gilgamesh

A calamidade criada pelo colapso do Estado sírio não deveria surpreender. Filósofos e cientistas sociais defendem há tempos que é necessário um Estado para resolver conflitos, impor leis e conter a violência. Como Locke enunciou:

Onde não há lei, não há liberdade.

Contudo, de início os protestos sírios visavam ganhar algumas liberdades no regime autocrático de Assad. Como Adam recordou com tristeza:

Ironicamente, saímos em protesto pelo fim da corrupção, do comportamento criminoso, do mal e da violência contra o povo. E acabamos com consequências que machucam muito mais gente.

Assim como Adam, os sírios estão lidando com um problema bastante endêmico na sociedade, que é tema de um dos mais antigos escritos preservados, as placas sumérias de 4.200 anos que registram a Epopeia de Gilgamesh. Gilgamesh foi o rei de Uruk, possivelmente a primeira cidade do mundo, situada às margens de um canal no rio Eufrates que hoje é seco, no sul do atual Iraque. A epopeia relata que Gilgamesh criou uma cidade extraordinária, fervilhante, com comércio e serviços públicos para seus moradores:

> Veja como suas muralhas brilham feito cobre ao sol. Suba a escada de pedra (...) ande pelo muro de Uruk, acompanhe-o pelo contorno da cidade, inspecione suas fundações poderosas, examine a alvenaria, quão engenhosa é sua construção, perceba a terra que ela protege (...) os palácios gloriosos e templos, as lojas e os mercados, as casas, as praças públicas.

Mas havia uma pegadinha:

> Quem é como Gilgamesh? (...) A cidade é sua propriedade, ele anda imponente por ela, arrogante, a cabeça erguida, atropelando os cidadãos como um touro selvagem. Ele é o rei, faz o que quer, tira o filho do pai e o esmaga, tira a filha da mãe e a usa (...) ninguém ousa se opor a ele.

Gilgamesh estava fora de controle. Um pouco como Assad na Síria. Em desespero, as pessoas "apelaram aos céus", para Anu, o deus celeste e supremo do panteão sumério. Eles imploraram:

> Pai celestial, Gilgamesh (...) ultrapassou todos os limites. As pessoas sofrem com sua tirania (...) É assim que o senhor quer que seu rei comande? Deve um pastor destruir o próprio rebanho?

Anu prestou atenção e pediu a Aruru, mãe da criação, para

> conceber um duplo de Gilgamesh, uma cópia, um homem que rivalize com sua força e coragem, um homem capaz de

enfrentar seu coração tempestuoso. Crie um novo herói, deixe que eles encontrem o equilíbrio perfeito para que Uruk tenha paz.

Assim, Anu bolou uma solução para o que pode muito bem ser chamado de "o problema de Gilgamesh" — controlar a autoridade e o poder de um Estado para que as coisas boas possam emergir, em vez das ruins. A ideia de Anu foi a solução do duplo, parecida com a que as pessoas chamam de "pesos e contrapesos". O sósia de Gilgamesh, Enkidu, iria contê-lo. É um conceito com que James Madison, um dos fundadores do sistema norte-americano de governo, também simpatizava. Quatro mil anos depois, ele argumentaria que as constituições devem ser pensadas de forma a "fazer as ambições serem contidas por ambições".

O primeiro encontro de Gilgamesh com seu duplo aconteceu quando ele estava prestes a violentar uma noiva que acabara de se casar. Enkidu barrou a porta. Eles lutaram. Apesar de Gilgamesh ter vencido no fim, seu poder incontestável e despótico havia desaparecido. A liberdade fora plantada em Uruk?

Infelizmente, não. Em geral, freios e contrapesos caídos do céu não funcionam, assim como não funcionaram em Uruk. Logo Gilgamesh e Enkidu começaram a conspirar. Como a epopeia registra:

Eles se abraçaram e se beijaram. Seguraram as mãos como irmãos. Andaram lado a lado. E se tornaram amigos de verdade.

Depois, eles se aliaram para matar o monstro Humbaba, o guardião da grande floresta de cedro do Líbano. Quando os deuses enviaram o Touro do Paraíso para puni-los, Gilgamesh e Enkidu uniram forças para matá-lo. A perspectiva de liberdade desapareceu junto aos freios e contrapesos.

Se a liberdade não vem de um Estado limitado por um duplo — ou freios e contrapesos —, de onde ela vem? Não do regime de Assad. E, claro, não da anarquia que se seguiu ao colapso do Estado sírio.

Nossa resposta é simples: a liberdade precisa do Estado e das leis. Mas não é cedida pelo Estado nem pelas elites que o controlam. É conquistada por pessoas comuns, pela sociedade. A sociedade precisa controlar o Estado para que ele possa proteger e promover a liberdade das pessoas, em vez de destruí-la como Assad fez na Síria antes de 2011. A liberdade precisa de uma sociedade mobilizada, que participa da política, protesta quando necessário e, quando pode, vota para tirar o governo do poder.

O corredor estreito para a liberdade

Nosso argumento neste livro é que, para que a liberdade surja e floresça, tanto o Estado quanto a sociedade precisam ser fortes. Um Estado forte é necessário para controlar a violência, impor leis e oferecer serviços públicos essenciais a uma vida em que a população possa tomar suas decisões e ir atrás dos caminhos escolhidos. Uma sociedade forte e mobilizada é necessária para controlar e limitar um Estado forte. Soluções de duplos e de freios e contrapesos não resolvem o problema de Gilgamesh porque, sem uma sociedade vigilante, constituições e garantias não valem muito mais do que o papel no qual estão escritas.

Limitado, de um lado, pelo medo e pela repressão dos Estados despóticos, e, de outro, pela violência e pela barbárie que surgem em sua ausência, existe um corredor estreito para a liberdade. É nesse corredor que o Estado e a sociedade equilibram um ao outro. Esse equilíbrio não resulta de um momento revolucionário. É uma constante, uma luta diária entre os dois. A batalha tem benefícios. No corredor, Estado e sociedade não apenas competem entre si, como também cooperam. Essa cooperação amplia a capacidade estatal de fornecer o que a sociedade quer e fomenta uma mobilização social maior para monitorar essa capacidade.

O que o torna um corredor, e não uma porta, é o fato de que conquistar a liberdade é um processo; você precisa percorrer um longo trecho antes que a violência seja controlada, leis sejam escritas e implantadas, e o Estado comece a fornecer serviços para seus cidadãos. É um processo porque o Estado e suas elites precisam aprender a viver com as limitações que a sociedade impõe e porque grupos diferentes precisam aprender a trabalhar juntos, apesar das diferenças.

O que o torna estreito é que não se trata de um empreendimento fácil. Como conter um Estado que conta com uma grande burocracia, um grande poderio militar e a liberdade para decidir qual é a lei? Como garantir que, conforme são exigidas mais responsabilidades do Estado neste mundo complexo, ele vai permanecer restrito e sob controle? Como manter a sociedade trabalhando unida, sem se voltar contra si mesma, dividida pelas diferenças? Como evitar que tudo se transforme em uma disputa em que todos perdem? Não é fácil, e por isso o corredor é estreito, mas as sociedades entram e saem dele com resultados importantes.

Não se consegue planejar nada disso. Não que existam muitos líderes que voluntariamente planejariam a liberdade. Quando o Estado e suas elites são poderosos demais e a sociedade é dócil, por que os líderes dariam direitos e liberdade ao povo? Caso dessem, você confiaria que eles seguiriam fiéis à própria palavra?

Através da história da liberação das mulheres, é possível ver o percurso da liberdade desde sua origem, perpassando os dias de Gilgamesh até a atualidade. Como a sociedade vai de uma situação em que, como a epopeia relata, "o hímen de todas as mulheres (...) pertencia a ele" para outra na qual as mulheres têm direitos (ao menos em alguns lugares)? Esses direitos por acaso foram concedidos pelos homens? Nos Emirados Árabes Unidos, por exemplo, foi instituído o Conselho de Equidade de Gênero em 2015 pelo xeique Mohammed bin Rashid Al Maktoum, vice-presidente e primeiro-ministro do país e mandatário de Dubai. O conselho concede prêmios de igualdade de gênero todos os anos para a "melhor instituição governamental na promoção de equidade de gênero", "melhor autoridade federal a apoiar a equidade de gênero" e "melhor iniciativa de equidade de gênero". Os prêmios de 2018, entregues pelo próprio xeique Maktoum, tinham algo em comum: todos foram concedidos a homens! O problema é que a solução dos Emirados

Árabes foi pensada pelo xeique Maktoum e imposta à sociedade, sem a participação dela.

Compare isso com uma história mais bem-sucedida dos direitos das mulheres, como na Inglaterra, por exemplo, onde esses direitos não foram concedidos, mas conquistados. Mulheres fundaram um movimento social e se tornaram conhecidas como sufragistas. Oriundas da Associação Social e Política das Mulheres Britânicas, movimento só de mulheres fundado em 1903, as sufragistas não esperaram que os homens lhes dessem prêmios pela "melhor iniciativa de equidade de gênero". Elas se mobilizaram, envolvendo-se em ações diretas e de desobediência civil. As sufragistas bombardearam a casa de verão do chanceler do Tesouro — e depois primeiro-ministro — David Lloyd George; acorrentaram-se às grades em torno do Parlamento; recusaram-se a pagar seus impostos; quando eram mandadas para a prisão, faziam greve de fome e tinham que ser alimentadas à força.

Emily Davison era uma integrante de destaque do movimento sufragista. Em 4 de junho de 1913, na famosa corrida de cavalos Derby de Epsom, Davison invadiu a pista de corrida na frente de Anmer, cavalo que pertencia ao rei Jorge V. De acordo com alguns relatos, Davison segurava a bandeira roxa, branca e verde das sufragistas quando foi atingida por Anmer. O cavalo caiu e a esmagou, como exibido na fotografia reproduzida no caderno de fotos. Quatro dias depois, Davison morreu em decorrência dos ferimentos. Cinco anos depois do acidente, as mulheres puderam votar nas eleições para o Parlamento. As mulheres não ganharam direitos na Inglaterra devido a um ato magnânimo de alguns líderes (do sexo masculino). Conquistar direitos foi uma consequência de sua organização e seu fortalecimento.

A história da liberação das mulheres não é única nem excepcional. A liberdade quase sempre depende da mobilização da sociedade e de sua habilidade de se colocar contra o Estado e suas elites.

Daron Acemoglu e *James A. Robinson*
Maio de 2019

1.

COMO A HISTÓRIA CHEGA AO FIM?

À beira da anarquia?

EM 1989, FRANCIS FUKUYAMA PREVIU o "fim da história" com todos os países indo ao encontro das instituições políticas e econômicas dos Estados Unidos, algo que ele chamou de "uma flagrante vitória do liberalismo político e econômico". Apenas cinco anos depois, Robert Kaplan desenhou um futuro radicalmente diferente em seu artigo "À beira da anarquia". Para ilustrar a natureza dessa caótica ausência de lei com violência, ele se sentiu compelido a começar pela África Ocidental:

A África Ocidental está se tornando símbolo da [anarquia]. Doenças, superpopulação, criminalidade, escassez de recursos, migração de refugiados, crescente erosão dos Estados-nações e fronteiras internacionais, fortalecimento de exércitos privados, empresas de segurança e cartéis internacionais de tráfico de drogas são hoje demonstrados sob o prisma da África Ocidental. A África Ocidental oferece uma introdução adequada para os problemas, com frequência bastante desagradáveis de discutir, que logo vão se impor à nossa civilização. Para redesenhar o mundo político da forma como ele será em algumas décadas (...) acredito que preciso começar com a África Ocidental.

Em um artigo de 2018, "Por que a tecnologia promove a tirania", Yuval Noah Harari fez mais uma previsão sobre o futuro, argumentando que os avanços em inteligência artificial estão promovendo o crescimento de "ditaduras digitais", onde o governo será capaz de monitorar, controlar ou até ditar a forma como interagimos, nos comunicamos e pensamos.

Então a história ainda pode acabar, só que de maneira bem distinta daquela imaginada por Fukuyama. Mas como? O que triunfará: a visão de Fukuyama, a anarquia ou a ditadura digital? O controle crescente do Estado chinês talvez sugira que estamos a caminho de uma ditadura digital, enquanto a história recente do Oriente Médio e da África nos mostra que um futuro de anarquia não é tão impensável.

Mas precisamos pensar sobre tudo isso de forma sistemática. Como Kaplan sugere, vamos começar com a África.

O Estado do artigo 15

Se você seguir para o leste ao longo da costa da África Ocidental, o golfo da Guiné de repente vira para o sul e segue para a África Central. Navegando pela Guiné Equatorial, pelo Gabão e por Pointe-Noire, no Congo-Brazzaville, você chega à foz do rio Congo, ponto de entrada para a República Democrática do Congo, país visto com frequência como epítome da anarquia. Os congoleses têm uma piada: houve seis constituições desde que o país conquistou sua independência da Bélgica em 1960, mas todas tinham o mesmo artigo 15. No século XIX, o primeiro-ministro francês Charles-Maurice Talleyrand disse que as constituições deviam ser "curtas e obscuras". O artigo 15 cumpre essa função. É curto e obscuro; diz simplesmente *Débrouillez-vous* (Cada um por si).

É comum pensar em uma constituição como um documento que determina responsabilidades, deveres e direitos dos cidadãos e dos Estados. Estados devem supostamente resolver conflitos entre seus cidadãos, protegê-los e fornecer serviços públicos fundamentais — como educação, saúde e infraestrutura — que os indivíduos não são capazes de providenciar por conta própria. Uma constituição não deveria dizer *Débrouillez-vous*.

A referência ao artigo 15 é uma anedota. Não existe essa cláusula na constituição congolesa. Mas é adequada. Os congoleses têm se virado sozinhos pelo menos desde a independência, em 1960 (e antes a situação era até pior). Seu Estado falhou repetidas vezes nas competências que lhe cabiam e está ausente em vastas áreas do país. Tribunais, estradas, clínicas de saúde e escolas, em sua maioria, estão moribundas. Assassinatos, roubos, extorsões e intimidação são comuns. Durante a Grande Guerra da África, que devastou o Congo entre 1998 e 2003, a vida da maior parte dos congoleses, que já era miserável, virou um verdadeiro inferno. Possivelmente, cinco milhões de pessoas pereceram; foram assassinadas, morreram de doença ou de fome.

Mesmo em tempos de paz, o Estado congolês falhou em garantir as verdadeiras cláusulas da constituição. O artigo 16 determina:

> Todas as pessoas têm direito à vida, à integridade física e
> ao livre desenvolvimento de sua personalidade enquanto
> respeitarem a lei, a ordem pública, os direitos dos outros e a
> moralidade pública.

Mas boa parte da região de Kivu, no leste, ainda é controlada por grupos rebeldes e chefes militares que saqueiam, assediam e matam civis enquanto roubam a riqueza mineral do país.

E como é o verdadeiro artigo 15 da constituição congolesa? Começa assim: "As autoridades públicas são responsáveis pela eliminação da violência sexual." No entanto, em 2010 uma autoridade das Nações Unidas descreveu o país como "a capital mundial do estupro".

Os congoleses estão por conta própria. *Débrouillez-vous.*

Uma jornada pela dominação

Esse adágio não é apropriado apenas para os congoleses. Se você voltar de lá pelo golfo da Guiné, chegará a um lugar que parece resumir melhor a visão sombria de Kaplan para o futuro: Lagos, a capital financeira da Nigéria. Kaplan a descreveu como uma cidade "cujas criminalidade, poluição e superlotação a tornam o clichê por excelência da disfunção urbana do Terceiro Mundo".

Conforme os escritos de Kaplan, a Nigéria estava sob o controle dos militares em 1994, com o general Sani Abacha ocupando a presidência. Abacha não considerava como trabalho seu a resolução de conflitos ou a segurança dos nigerianos. Ele concentrou suas energias em matar seus oponentes e expropriar a riqueza natural do país. As estimativas de quanto ele roubou começam por volta de 3,5 bilhões de dólares e só crescem.

Em 1993, o escritor Wole Soyinka, vencedor do prêmio Nobel, voltou a Lagos, cruzando a fronteira de Cotonu, a capital do vizinho Benin (mostrado no Mapa 1). Ele lembrou: "A chegada à fronteira entre Nigéria e Cotonu já contava a história. Cruzamos com uma fila quilométrica de veículos estacionados à beira da estrada até a fronteira, incapazes de atravessar ou relutantes em fazê-lo." As pessoas que se arriscavam do outro lado "voltavam em menos de uma hora da aventura com o veículo danificado ou de bolsos vazios, por terem sido forçadas a pagar para chegar até o primeiro bloqueio na estrada".

Sem se deixar deter, Soyinka seguiu para a Nigéria a fim de encontrar alguém que o levasse à capital, apenas para ouvir: *"Oga Wole, eko o da o"* (Mestre Wole, Lagos não é bom). Para ilustrar, um motorista de táxi apontou para a cabeça enfaixada. E começou a relatar a recepção que

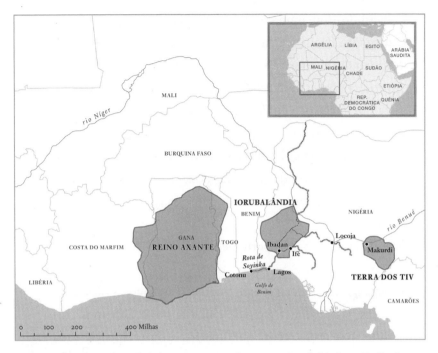

Mapa 1. África Ocidental: O histórico reino de Axante, Iorubalândia e Tivlândia, e a rota de Wole Soyinka de Cotonu até Lagos.

teve; uma gangue sanguinária o perseguira mesmo quando ele começou a andar de ré com o carro a toda a velocidade.

> *Oga* (...) Os arruaceiros quebraram meu para-brisa mesmo quando eu já estava em marcha a ré. Deus me salvou (...) *Eko ti daru* [Lagos está um caos].

Finalmente, Soyinka achou um táxi para levá-lo a Lagos, muito embora o relutante motorista tenha opinado: "A estrada é ruim. Muito ruim." Soyinka relatou: "E então começou a mais terrível jornada da minha existência." E continuou:

> Os bloqueios na estrada eram feitos com barris vazios de petróleo, pneus descartados e rodas, quiosques, pedaços de madeira e troncos de árvores, pedras gigantescas (...)

> Bandidos tomaram conta (...) Em alguns bloqueios havia uma taxa fixa; você pagava e podia cruzar — mas esse salvo-conduto durava apenas até a próxima barreira. Algumas vezes, a taxa era um galão ou mais de combustível retirado de nosso carro, e então você podia seguir — mas só até a próxima barreira (...) Alguns veículos haviam claramente sido atingidos por bombas, barras ou mesmo socos; outros pareciam ter chegado do set de *Jurassic Park* — podia-se jurar que havia marcas anormais de dente na lataria.

Quando ele estava mais perto de Lagos, a situação piorou.

> Normalmente a viagem até o coração de Lagos levaria duas horas. Já haviam se passado cinco horas, e tínhamos cruzado apenas cinquenta quilômetros. Comecei a ficar cada vez mais ansioso. A tensão no ar era palpável conforme nos aproximávamos de Lagos. Os bloqueios se tornaram mais frequentes; assim como os carros destruídos e, pior, cadáveres.

Avistar cadáveres não é algo incomum em Lagos. Quando um policial veterano desapareceu, a polícia vasculhou as águas embaixo de uma ponte. Pararam de procurar após encontrarem 23 cadáveres em seis horas, e nenhum deles era o que estavam buscando.

Enquanto o Exército nigeriano saqueava o país, os habitantes de Lagos tinham que se virar por conta própria. A cidade estava tomada pelo crime, e o aeroporto internacional era tão disfuncional que os países estrangeiros haviam proibido suas companhias aéreas de aterrissar lá. Gangues chamadas de "garotos locais" atacavam empresários, exigindo dinheiro ou até os assassinando. Os garotos locais não eram o único perigo que as pessoas precisavam evitar. Além dos cadáveres ocasionais, as ruas eram cobertas de lixo e ratos. Um repórter da BBC comentou em 1999 que "a cidade estava desaparecendo embaixo de uma pilha de lixo". Não havia serviço público de eletricidade ou água encanada. Para ter luz era preciso comprar um gerador. Ou velas.

O pesadelo existencial dos moradores de Lagos não se deve apenas às ruas infestadas de ratos, ao lixo e aos corpos nas calçadas. Eles viviam sob medo constante. Viver no centro de Lagos não era divertido. Mesmo se os marginais da área decidissem poupá-lo hoje, poderiam vir atrás de você amanhã — especialmente se tivesse a audácia de reclamar do que estavam fazendo com sua cidade ou não demonstrasse a subserviência exigida. O medo, a insegurança e a incerteza podem ser tão debilitantes quanto a própria violência, porque — para usar um termo criado pelo filósofo político Philip Pettit — nos coloca sob a "dominação" de outro grupo de seres humanos.

Em seu livro *Republicanism: A Theory of Freedom and Government*, Pettit defende que um princípio fundamental de uma vida decente e plena é a não dominação — estar livre do jugo, do medo e da insegurança extrema. É inaceitável, de acordo com Pettit, quando alguém precisa

> viver à mercê de outro, vulnerável ao mal imposto por alguém em posição arbitrária de poder.

Tal dominação é vivenciada quando

> a esposa (...) se encontra em um contexto em que o marido pode bater nela quando quiser, e sem nenhuma escapatória; pelo funcionário que não ousa reclamar do empregador e que está à mercê de uma série de abusos (...) que o patrão pode impor; pelo devedor que depende da graça do agiota, ou do banco, para evitar a miséria total ou a ruína.

Pettit reconhece que a ameaça de violência ou de abusos pode ser tão ruim quanto a concretização deles. Por segurança, você pode evitar a violência ao seguir os desejos e as ordens de outra pessoa. Mas o preço disso é fazer algo que não quer e a sujeição diária a agressões. (Como os economistas diriam, a violência pode estar "fora do ponto de equilíbrio", mas isso não significa que não afete o comportamento ou que não traga consequências quase tão ruins quanto sofrê-la.) Como Pettit vê, tais pessoas

> vivem à sombra dos outros, mesmo que ninguém erga a mão contra elas. Vivem inseguras quanto a reação do outro, obrigadas a manter os olhos sempre abertos às variações do humor alheio. Elas são (...) incapazes de olhar o outro nos olhos e podem até ser forçadas a adular, bajular ou lisonjear na tentativa de causar boa impressão.

Mas a dominação não surge apenas da brutalidade ou das ameaças de violência. Qualquer relação de poder desigual, seja imposta por ameaças ou por outros meios sociais, tais como costumes, cria uma forma de dominação porque resulta em

> sujeição a movimentos arbitrários, a vontades potencialmente caprichosas ou a julgamentos de caráter potencialmente idiossincráticos do outro.

Refinamos a noção de Locke e definimos a liberdade como a ausência de dominação, porque aquele que está dominado não pode fazer escolhas livres. Liberdade ou, nas palavras de Pettit, a não dominação significa

> emancipação de qualquer subordinação, liberação de qualquer dependência. Isso requer a capacidade de olhar nos olhos de seus cidadãos, em uma compreensão compartilhada de que ninguém tem o poder arbitrário de interferir sobre o outro.

A liberdade exige, de maneira crucial, não apenas a noção abstrata de que você é livre para escolher suas ações, mas também o potencial de exercitar essa liberdade. Esse potencial está ausente quando uma pessoa, grupo ou organização tem o poder de coagir, ameaçar ou usar o peso das relações sociais para subjugar um indivíduo. Ela não está presente quando os conflitos são resolvidos pela força ou por ameaça. Do mesmo modo, a liberdade não existe quando os conflitos são resolvidos por relações de poder desiguais impostas por costumes arraigados. Para florescer, a liberdade precisa do fim da dominação, seja qual for sua origem.

Em Lagos, não existe liberdade. Os conflitos são vencidos pelos mais fortes, pela parte mais bem armada. Há violência, roubo e assassinato. A infraestrutura está aos pedaços. A dominação está em todo lugar. A anarquia não está a caminho dali. Ela já se instaurou.

A Guerra e o Leviatã

A Lagos da década de 1990 pode parecer uma aberração para a maioria de nós, que vivemos em segurança e conforto. Mas não é. Na maior parte dos casos, insegurança e dominação são componentes da existência humana. Pela maior parte da história, os humanos viveram em sociedades "sem Estado", mesmo depois do surgimento da agricultura e do fim da vida nômade, cerca de 10 mil anos atrás. Algumas dessas sociedades se assemelham aos poucos grupos de caçadores-coletores que sobreviveram nas regiões remotas da Amazônia e da África (às vezes chamados de "sociedades em pequena escala"). Mas outras, como os pashtuns, um grupo étnico de cerca de 50 milhões de pessoas que ocupa boa parte do sul e leste do Afeganistão e nordeste do Paquistão, são bem maiores e dedicadas à agricultura e à criação de animais. Evidências antropológicas e arqueológicas mostram que muitas dessas sociedades estavam presas em uma existência ainda mais traumática do que aquela que os habitantes de Lagos sofriam diariamente na década de 1990.

A prova histórica mais reveladora vem das mortes em guerras e dos assassinatos, estimadas pelos arqueólogos a partir de esqueletos desfigurados e destruídos; alguns antropólogos observaram isso direto da fonte, em comunidades sobrevivendo sem Estado. Em 1978, a antropóloga Carol Ember documentou sistematicamente que havia taxas bastante altas de guerra nas sociedades de caçadores-coletores — um choque para a imagem que a profissão dela fazia dos "bons selvagens". Ember descobriu que guerras eram frequentes em dois terços das sociedades que estudou, com pelo menos uma batalha a cada dois anos. Apenas 10% das sociedades analisadas não mantinham guerras. Steven Pinker, a partir das pesquisas de Lawrence Keeley, compilou evidências de 27 sociedades sem Estado estudadas por antropólogos nos últimos duzentos anos e estimou o índice de mortalidade causado pela violência em mais de quinhentas pessoas a cada 100 mil — mais de cem vezes maior que a taxa atual de homicídios nos Estados Unidos, que é de cinco a cada 100 mil, ou mil vezes maior que o índice da Noruega, que é de 0,5 a cada 100 mil habitantes. Indícios arqueológicos de sociedades pré-modernas são compatíveis com esse nível de violência.

Devemos fazer uma pausa para considerar o significado desses números. Com um índice de mortalidade de mais de quinhentos a cada 100 mil habitantes, ou 0,5%, um habitante típico dessa sociedade tem cerca de 25% de chance de ser morto no período de cinquenta anos — isto é, um quarto das pessoas que ele conhece serão mortas violentamente no decorrer da vida. É difícil imaginar a instabilidade e o medo que uma violência social tão aguda implica.

Embora grande parte dessas mortes e dessa carnificina resulte da luta entre tribos rivais, não eram apenas a guerra e os conflitos entre eles que causavam a violência incessante. Os gebusis da Nova Guiné, por exemplo, têm um índice de assassinato ainda maior — quase setecentos a cada 100 mil pessoas no período pré-contato, entre 1940 e 1950 —, dos quais a maior parte ocorria em períodos regulares de paz (se é que pode ser chamado de pacífico um período no qual praticamente um em cada cem habitantes é assassinado!). A razão parece estar relacionada à crença de que toda morte é causada por bruxaria, assim todo óbito instiga uma caça aos responsáveis, mesmo no caso de mortes não violentas.

Não é apenas o assassinato que torna precária a vida das sociedades sem Estado. Nelas, a expectativa de vida é muito baixa, variando entre 21 e 37 anos. Da mesma forma, a vida curta e as mortes violentas não eram incomuns para nossos antepassados até duzentos anos atrás. Portanto, muitos de nossos ancestrais, assim como os habitantes de Lagos, viveram no que o famoso filósofo político Thomas Hobbes descreveu em seu livro *Leviatã* como

> um constante temor e perigo de morte violenta. E a vida
> do homem é solitária, pobre, sórdida, embrutecida e curta.

Foi isso que Hobbes, escrevendo durante outro período caótico — a Guerra Civil Inglesa da década de 1640 — descreveu como uma condição de "Guerra", ou aquilo que Kaplan chamaria de "anarquia" — a situação de guerra contra todos, "de todo mundo contra todo mundo".

A descrição brilhante que Hobbes faz de Guerra tornou evidente por que a vida sob essa condição seria mais do que sombria. Hobbes começou com algumas premissas básicas sobre a natureza humana e argumentou que conflitos seriam endêmicos em qualquer interação entre os homens. "Se dois homens desejam a mesma coisa, ao mesmo tempo que é impossível ela ser gozada por ambos, eles se tornam inimigos; e (...) esforçam-se a destruir ou a subjugar um ao outro." A felicidade é impossível num mundo em que não há uma forma de resolver esses conflitos, pois

> disto segue que, quando um invasor nada mais tem a recear
> do que o poder de um único outro homem, se alguém planta,
> semeia, constrói ou possui um lugar conveniente, é provavel-
> mente de esperar que outros venham preparados com forças

conjugadas para desapossá-lo e privá-lo não apenas do fruto de seu trabalho, mas também de sua vida e de sua liberdade.

De maneira notável, Hobbes antecipou o argumento de Pettit sobre dominação, apontando que a ameaça de violência já pode ser perniciosa, ainda que você possa evitar a violência em si ao ficar em casa depois de escurecer, ao restringir seus movimentos e suas interações. A Guerra, de acordo com Hobbes, "não consistia na luta real; mas na conhecida disposição para tal, durante todo o tempo em que não há garantia do contrário". Então a perspectiva de Guerra também tinha grandes consequências para a vida das pessoas. Por exemplo, "quando empreende uma viagem, se arma e procura ir bem acompanhado; quando vai dormir, fecha as portas; mesmo quando está em casa, tranca seus cofres". Tudo isso era familiar para Wole Soyinka, que, por proteção, nunca ia a lugar algum em Lagos sem sua pistola Glock presa ao corpo.

Hobbes também reconhecia que humanos desejam alguns confortos básicos e oportunidades econômicas. Ele escreveu: "As paixões que fazem o homem tender à paz são o medo da morte, o desejo daquelas coisas que são necessárias para uma vida confortável e a esperança de consegui-las através do trabalho." Mas essas não vêm naturalmente no Estado da Guerra. Na verdade, os incentivos econômicos seriam destruídos.

> Numa tal situação não há lugar para a indústria, pois seu fruto é incerto; consequentemente não há cultivo da terra nem navegação, nem uso das mercadorias que podem ser importadas pelo mar; não há construções confortáveis nem instrumentos para mover e remover as coisas que precisam de grande força; não há conhecimento da face da Terra.

Naturalmente, as pessoas procurariam fugir da anarquia, uma maneira de impor "controle sobre si mesmas" e conseguir "sair daquela mísera condição de Guerra, que é a consequência necessária (...) das paixões naturais dos homens". Hobbes já havia antecipado como isso poderia acontecer ao criar a ideia da Guerra, uma vez que observou que ela surge quando "homens vivem sem um poder comum capaz de manter todos reverentes". Hobbes apelidou esse poder comum de "grande LEVIATÃ a que se chama de ESTADO ou CIDADE", três palavras que ele usava como sinônimos. A solução para a Guerra, portanto, era criar um tipo de autoridade centralizada que congoleses, nigerianos ou membros das sociedades anárquicas sem Estado não possuem. Hobbes usou a imagem do Leviatã, o grande monstro marinho descrito no *Livro de Jó*, na Bíblia, para destacar que esse Estado precisa ser poderoso. O frontispício desse livro, reproduzido no caderno de fotos, mostra uma gravura de Leviatã com uma citação do livro de Jó (Jó 41:33):

Não há poder na Terra comparável ao dele.

Entendido.

Hobbes compreendeu que o todo-poderoso Leviatã seria temido. Mas é melhor temer um Leviatã poderoso do que ter medo de todo mundo. O Leviatã pararia a guerra de todos contra todos, impediria as pessoas de "se destruírem, ou subjugarem umas às outras", eliminaria o lixo e os marginais da área e faria a eletricidade chegar a todos.

Parece excelente, mas como surge um Leviatã? Hobbes propôs duas rotas. A primeira ele denominou "Estado por Instituição (...) quando uma multidão de homens concorda e pactua entre si" para criar tal Estado e delegar o poder e a autoridade a ele; ou , segundo a explicação de Hobbes, "submetendo assim suas vontades à vontade do representante, e suas decisões à sua decisão". Assim, uma espécie de grande contrato social ("pacto") levaria à criação do Leviatã. A segunda rota ele chamou de "Estado por Aquisição", na qual ele é "adquirido pela força", uma vez que Hobbes reconhecia que no Estado da Guerra poderia existir alguém que "sujeita (...) seus inimigos às suas vontades". O mais importante era que "os direitos e as consequências da Soberania são os mesmos em ambos". Para Hobbes, não importava como a sociedade chegaria ao Leviatã, uma vez que as consequências seriam as mesmas — o fim da Guerra.

Essa conclusão pode soar surpreendente, mas a lógica de Hobbes é revelada por sua discussão das três formas de governar um Estado: pela monarquia, aristocracia ou democracia. Apesar de parecerem instituições de decisão bastante diferentes, Hobbes defendia que "a distinção entre essas três espécies de governo não está na diferença de poder, mas em uma diferença de conveniência". Pesando os prós e os contras, uma monarquia provavelmente seria mais conveniente e tinha vantagens práticas, mas o principal ponto era que um Leviatã, independentemente do tipo de governo, faria o que lhe é próprio: parar a Guerra, abolir o "constante temor e perigo de morte e violência", e garantir que a vida dos homens (e, se tudo desse certo, das mulheres também) não fosse mais "solitária, pobre, sórdida, embrutecida e curta". Em essência, Hobbes sustentava que qualquer Estado teria como objetivo a "preservação da paz e da justiça", e que isso era "a finalidade da qual todos os Estados são instituídos". Assim, o poder — ou melhor, um poder grande o suficiente — legitima, seja lá como tenha surgido.

É impossível exagerar a influência da obra-prima de Hobbes na ciência social moderna. Ao teorizar sobre Estados e constituições, seguimos Hobbes e começamos pensando quais problemas eles resolvem, como eles limitam o comportamento e como realocam o poder na sociedade. Procuramos pistas sobre como a sociedade funciona não nas leis de Deus, mas nas motivações humanas básicas e em como podemos moldá-las. Mas ainda mais profunda é sua influência na visão que hoje temos dos Estados. Nós os respeitamos e a seus representantes, sejam monarquias, aristocracias ou democracias. Mesmo depois de um golpe militar ou de uma guerra civil, representantes do novo governo, viajando em aviões oficiais, ocupam seus assentos nas Nações Unidas, e a comunidade internacional espera que garantam o cumprimento das leis, resolvam conflitos e protejam seus cidadãos. Isso confere a eles respeito oficial. Exatamente como Hobbes previu, sejam quais forem suas origens ou o caminho que os levou ao poder, governantes são o epítome do Leviatã e têm legitimidade.

Hobbes estava certo ao dizer que evitar a Guerra é uma prioridade fundamental. Também estava correto em antecipar que, uma vez formados os Estados e iniciado o monopólio dos meios de violência e da imposição de leis, as mortes diminuiriam. O Leviatã controlava a Guerra de "todos contra todos". Nos Estados da Europa Ocidental e Setentrional, os índices de assassinatos hoje são apenas de um para 100 mil habitantes ou menos; os serviços públicos são qualificados, eficientes e suficientes; e as pessoas chegaram mais perto da liberdade do que em qualquer período da história humana.

Mas há muitas coisas que Hobbes não entendeu corretamente. Uma delas é que, no fim das contas, as sociedades sem Estado são também capazes de controlar a violência e impor limite aos conflitos, apesar de isso não resultar em muita liberdade, conforme veremos. Ele também foi otimista demais quanto à liberdade que os Estados trariam. De fato, Hobbes estava errado em um ponto importante (e a comunidade internacional também está, devemos acrescentar): o poder legitima, mas isso não o torna justo e certamente não garante a liberdade. A vida sob o jugo do Estado também pode ser sórdida, brutal e breve.

Vamos começar com este último item.

Choque e espanto

As coisas também não são tão simples. O Estado nigeriano não quis prevenir a anarquia em Lagos? Ou o Estado na República Democrática do Congo decidiu que seria melhor não impor leis e deixar que os rebeldes matassem as pessoas? Não, eles não tinham a capacidade de fazê-lo. A capacidade estatal é sua habilidade de atingir seus objetivos. Entre esses objetivos frequentemente estão a imposição de leis, a resolução de conflitos, a regulação e a taxação de atividades econômicas, e o fornecimento de infraestrutura ou de outros serviços públicos.

Entre esses objetivos também pode estar a guerra. A capacidade estatal se vincula parcialmente à forma com que as instituições do Estado são organizadas, mas depende de modo mais determinante de sua burocracia. É preciso ter burocratas e funcionários do Estado presentes com meios e motivações para cumprir sua missão. A primeira pessoa a descrever essa visão foi o sociólogo alemão Max Weber, inspirado pela burocracia prussiana, que formou a espinha dorsal do Estado alemão nos séculos XIX e XX.

* * *

Em 1938, a burocracia alemã tinha um problema. O partido que estava no governo, o Partido Nacional Socialista dos Trabalhadores Alemães (Partido Nazista), havia decidido expulsar todos os judeus da Áustria, anexada havia pouco. Mas um gargalo burocrático logo apareceu. As coisas precisavam ser feitas de maneira adequada, por isso cada judeu tinha que juntar vários papéis e documentos para poder partir. Isso consumia muito tempo. O homem que ocupava a mesa IV-4 na SS (Schutzstaffel, uma organização nazista paramilitar), Adolf Eichmann, foi incumbido disso. Eichmann apresentou uma ideia que hoje em dia o Banco Mundial chamaria de "balcão único". Ele desenvolveu uma linha de produção que integrava todos os escritórios envolvidos — o Ministério de Finanças, o pessoal do imposto de renda, a polícia e os líderes judeus. Também enviou funcionários judeus ao exterior com a missão de pedir recursos a organizações judaicas para viabilizar a compra dos vistos de emigração necessários. Como Hannah Arendt descreve em seu livro *Eichmann em Jerusalém*:

> Em uma das pontas, você coloca um judeu que ainda tem alguma propriedade — uma fábrica, uma loja ou uma conta bancária —, e ele percorre o prédio, indo de escritório em escritório, e sai do outro lado sem nenhum dinheiro, sem

direitos, apenas com um passaporte no qual está escrito: "Você deve deixar o país em quinze dias. Do contrário, irá para um campo de concentração."

Como consequência do balcão único, 45 mil judeus deixaram a Áustria em oito meses. Eichmann foi promovido a *Obersturmbannführer* (tenente-coronel) e se tornou o coordenador de transporte da Solução Final, o que envolvia resolver muitos gargalos burocráticos semelhantes para facilitar o assassinato em massa.

Eis aí um Estado poderoso e capaz em ação, um Leviatã burocrático. Mas ele não estava usando sua capacidade para resolver conflitos ou impedir a Guerra, mas sim para assediar, desapropriar e assassinar judeus. O Terceiro Reich alemão, usando a tradição da burocracia prussiana e seu exército profissional, certamente se enquadra na definição de Leviatã feita por Hobbes. Assim como Hobbes queria, os alemães — pelo menos uma boa parcela — realmente "submeteram seus Desejos todos aos Desejos dele, todos os seus Julgamentos ao Julgamento dele". De fato, o filósofo alemão Martin Heidegger disse a estudantes: "O Führer por si mesmo é o presente e o futuro da realidade alemã e sua lei." O Estado alemão também inspirava o respeito da população, não apenas entre os apoiadores de Hitler. Poucos queriam enfrentá-lo ou desrespeitar suas leis.

O respeito se transformou em medo, com as SA (*Sturmabteilung*, paramilitares de uniforme marrom), as SS e a Gestapo patrulhando as ruas. Os alemães passavam as noites suando frio, esperando pelas batidas em suas portas e as botas que os levariam de suas salas de estar para o interrogatório em algum porão, ou pela convocação ao front ocidental para enfrentar a morte certa. O Leviatã alemão era mais temido que a anarquia na Nigéria ou no Congo. E com razão. Ele aprisionou, torturou e matou milhares de alemães — social-democratas, comunistas, oponentes políticos, homossexuais e testemunhas de Jeová. Assassinou 6 milhões de judeus, muitos dos quais eram cidadãos alemães, e 200 mil ciganos;

de acordo com algumas estimativas, o número de eslavos assassinados na Polônia e na Rússia passou de 10 milhões.

O que os alemães e os cidadãos de territórios ocupados pela Alemanha sofreram sob Hitler não foi o conceito de Guerra de Hobbes. Foi a guerra do Estado contra seus cidadãos. Foi dominação e assassinato. Não era o que Hobbes esperava de seu Leviatã.

Reeducação pelo trabalho

O medo do Estado todo-poderoso não se restringe a exceções abomináveis como as do Estado nazista. É muito mais comum que isso. Nos anos 1950, a China ainda era a queridinha de muitos europeus da esquerda, o pensamento maoista era obrigatório nos cafés franceses e o *Livro vermelho* do presidente Mao era um item indispensável em livrarias da moda. Afinal de contas, o Partido Comunista Chinês havia acabado com o jugo colonialista do Japão e do imperialismo ocidental, e estava ocupado construindo a partir das cinzas um Estado capaz e uma sociedade socialista.

Em 11 de novembro de 1959, o secretário do Partido Comunista em Cantão, Zhang Fuhong, foi atacado. Um homem chamado Ma Longshan liderou o ataque e começou a chutá-lo. Outros o golpearam com socos e chutes. Seu cabelo foi arrancado aos tufos, e seu uniforme, transformado em retalhos. Após ser espancado, Zhang Fuhong mal conseguia andar. Em 15 de novembro, depois de outros ataques semelhantes, ele conseguia apenas ficar deitado no chão enquanto era chutado, socado e o resto do seu cabelo era arrancado. Quando finalmente foi levado para casa, havia perdido o controle de suas funções corporais e não podia mais beber ou comer. No dia seguinte, foi atacado mais uma vez e, quando pediu por água, teve o pedido negado. No dia 19 de novembro, morreu.

Essa descrição angustiante foi escrita por Yang Jisheng em seu livro *Tombstone*. Ele lembra como, no começo daquele ano, havia sido chamado para voltar do internato para casa, porque seu pai estava passando fome. Ao chegar em casa, em Wanli, notou que

> o olmo em frente à nossa casa havia sido reduzido a um tronco sem casca, e mesmo suas raízes haviam sido arrancadas, deixando apenas um grande buraco no solo. O lago estava seco; os vizinhos disseram que havia sido drenado para retirar moluscos intragáveis, que ninguém sabia se serviam de alimento. Não havia sons de latidos, nem galinhas ciscando (...) Wanli era como uma cidade fantasma. Ao entrar em nossa casa, encontrei a miséria absoluta; não havia um grão de arroz, nada comestível e nem mesmo água na tina (...) Meu pai estava meio sentado em sua cama, seus olhos fundos e sem vida, seu rosto esquelético, a pele enrugada e flácida (...) Fiz um caldo do arroz que trouxe (...) mas ele não era mais capaz de engolir. Três dias depois, ele deixou este mundo.

O pai de Yang Jisheng morreu na grande fome que atingiu a China no fim dos anos 1950, evento que tirou a vida de 45 milhões de pessoas segundo as estimativas. Yang retrata como

> a fome era uma agonia prolongada. Os grãos desapareceram; as plantas selvagens haviam sido todas comidas, e mesmo os troncos eram arrancados das árvores; excrementos de pássaros, ratos e forros de algodão eram usados para encher estômagos. Nos campos de argila, pessoas famintas mastigavam o caulim que conseguiam cavar. Os corpos dos que sucumbiram ao procurar refúgio de outras vilas ou até mesmo os dos próprios membros da família se tornavam comida para os desesperados.

O canibalismo era generalizado.

Os chineses viveram um pesadelo nesse período. Mas, assim como no Terceiro Reich, isso não foi imposto às pessoas pela ausência de um Leviatã. Foi planejado e executado pelo Estado. Zhang Fuhong foi espancado até a morte por seus camaradas do Partido Comunista, e Ma Longshan era o secretário municipal do partido. O suposto crime de Zhang era "desvio à direita" e ser um "elemento degenerado". Isso queria dizer que ele tentou instigar algumas soluções para a fome generalizada. A mera menção à fome na China podia levar alguém a ser rotulado de "negacionista da Grande Colheita" e a ser sujeitado à "luta", um eufemismo para ser espancado até a morte.

Na comuna popular de Huaidian, outra parte do mesmo distrito, 12.134 pessoas, um terço da população, morreram entre setembro de 1959 e junho de 1960. A maior parte morreu de fome, mas não todos; 3.528 pessoas foram espancadas por funcionários do Partido Comunista, e dessas, 636 morreram, 141 ficaram permanentemente incapacitadas e catorze cometeram suicídio.

A razão pela qual tantas pessoas pereceram em Huaidian é simples. No outono de 1959, a colheita de grãos rendeu 5.955 milhões de quilos, o que não era extraordinariamente baixo. Mas o Partido Comunista havia decidido adquirir 6 milhões dos agricultores. Então todo o grão de Huaidian foi para as cidades e para o partido. Em meio à fome, agricultores comeram cascas e moluscos.

Essas experiências eram parte do "Grande Salto Adiante", o programa de "modernização" lançado pelo presidente Mao Tse-Tung em 1958 com o objetivo de usar toda a capacidade estatal chinesa para transformar dramaticamente o país de uma sociedade rural em uma economia moderna, urbana e industrial. Esse programa impunha impostos pesados aos camponeses para subsidiar a indústria e o investimento em maquinaria. O resultado não foi apenas um desastre humano, mas também uma tragédia econômica de grandes proporções, tudo planejado e implementado pelo Leviatã. O livro perturbador de Yang ilustra brilhantemente como o Leviatã, que tinha "o poder de privar um indivíduo de tudo", implementou medidas — tais como requisitar toda a produção de grãos da comuna Huaidian — e as impôs por meio da "luta" e de violência. Uma das técnicas era centralizar a preparação de comida e a alimentação em uma "cozinha comunitária" comandada pelo Estado para que "qualquer um que se mostrasse desobediente pudesse ser privado de comida". Consequentemente, "aldeões perderam o controle da própria sobrevivência". Qualquer um que se opusesse ao sistema era "esmagado", e a consequência era transformar todo mundo em "tirano ou escravo". Para continuarem vivas, as pessoas tinham que permitir que "esmagassem as coisas que mais apreciavam e valorizassem o que sempre haviam desprezado". Precisavam demonstrar sua lealdade ao sistema ao se envolver em um "ciclo de intriga e traição" — a dominação pura e simples.

Hobbes argumentou que a vida era "solitária, pobre, sórdida, brutal e breve" quando os "homens vivem sem um poder comum que todos respeitem". Contudo, a descrição de Yang mostra que, mesmo com todos "reverenciando e temendo Mao", isto levou à criação e não ao fim de uma vida sórdida, brutal e breve para a maioria.

Outra ferramenta de governança que o Partido Comunista criou foi o sistema de "reeducação pelo trabalho". O primeiro documento a usar essa frase foram as "Diretivas para um expurgo completo de contrarrevolucionários escondidos", publicadas em 1955. No ano seguinte, o sistema de reeducação havia sido criado e os campos, instalados pelo país. Esses campos aperfeiçoaram vários tipos de "luta". Luo Hongshan, por exemplo, foi sentenciado a três anos de reeducação pelo trabalho. Ele relata:

> Acordávamos às quatro ou cinco horas toda manhã e íamos trabalhar às 6h30 (...) trabalhando direto até sete ou oito horas da noite. Quando estava escuro demais para ver, parávamos. Não tínhamos realmente noção de tempo. Espancamentos eram comuns, e alguns prisioneiros apanharam até morrer. Sei de sete ou oito presos no setor de trabalho intermediário número um que foram espancados até a morte. E sem contar aqueles que se enforcaram ou cometeram suicídio por não aguentar o abuso (...) Eles usavam barras de ferro, tacos de madeira, cabos, cintos de couro (...) Quebraram seis costelas

minhas, e hoje sou coberto de cicatrizes da cabeça aos pés (...) Todo tipo de tortura — "pegar um avião", "andar de moto" (...) "ficar nas pontas dos pés à meia-noite" (todos nomes de tipos de punições) — era comum. Forçavam-nos a comer excremento e tomar urina e dizer que estávamos comendo churros e tomando vinho. Eram realmente desumanos.

Luo não foi preso durante o Grande Salto Adiante, mas em março de 2001, quando a China já era um membro respeitado da comunidade internacional e uma potência econômica. De fato, o sistema de Reeducação pelo Trabalho foi expandido depois de 1979 por Deng Xiaoping, o arquiteto do lendário crescimento econômico da China nas últimas quatro décadas, que via isso como um complemento útil a seu programa de "reforma econômica". Em 2012, havia cerca de 350 campos de reeducação com 160 mil detentos. Uma pessoa podia ser internada em tais campos por até quatro anos sem nenhum processo legal. Os campos de reeducação eram apenas uma parte de um extenso gulag de centros de detenção e várias "prisões clandestinas", cárceres ilegais que se espalharam pelo interior do país e que foram complementadas por um "sistema de correções comunitárias", com rápido crescimento nos últimos anos. Em maio de 2014, o sistema estava "corrigindo" 709 mil pessoas.

A luta continua. Em outubro de 2013, o premiê Xi Jinping decidiu elogiar a "experiência de Fengqiao" e instou os quadros do Partido Comunista a seguir o exemplo. A frase se refere ao distrito da província de Zhejiang, que implementou a campanha política das "Quatro Limpezas" de Mao Tse-Tung em 1963 sem realmente prender ninguém. Em vez disso, incentivaram as pessoas a monitorar, relatar e ajudar a "reeducar" os vizinhos. Foi um prelúdio à Revolução Cultural da China, na qual centenas de milhares e talvez milhões de chineses inocentes seriam mortos (o número exato é desconhecido e não revelado).

O Leviatã chinês, assim como o Leviatã no Terceiro Reich, tem a capacidade de resolver conflitos e fazer coisas. Mas usa sua capacidade não para promover a liberdade, e sim para a repressão crua e a dominação. Ele acabou com a Guerra, mas apenas para substituí-la por um tipo diferente de pesadelo.

O Leviatã de duas faces

A primeira rachadura na tese de Hobbes é a ideia de que o Leviatã tem apenas um rosto. Na realidade o Estado tem duas faces, como o deus Jano. Uma representa aquilo que Hobbes havia imaginado: previne a Guerra, protege seus súditos, emprega justiça para resolver conflitos, fornece serviços públicos, confortos e oportunidades econômicas; cria a base para a prosperidade. A outra é despótica e assustadora: silencia os cidadãos e é indiferente a seus desejos. Domina, aprisiona, mutila e mata. Rouba os frutos de seu trabalho ou ajuda outros a fazerem isso.

Algumas sociedades, como a alemã sob o Terceiro Reich ou a chinesa sob o Partido Comunista, encaram a face assustadora do Leviatã. Sofrem a dominação, mas dessa vez nas mãos do Estado e daqueles que controlam o poder. Dizemos que tais sociedades vivem com um Leviatã Despótico. A característica que define o Leviatã Despótico não é a de reprimir e assassinar seus cidadãos, mas a de não promover nenhum meio para que a sociedade ou as pessoas comuns possam opinar sobre como seu poder e sua capacidade são usados. O envio de seus cidadãos para campos de reeducação não é o que caracteriza o Estado chinês como despótico. Ele manda pessoas para esses campos porque pode. E ele pode porque é despótico, incontido — e não responsabilizado — pela sociedade.

Consequentemente estamos de volta ao problema de Gilgamesh apresentado no Prefácio. O Leviatã Despótico cria um Estado Poderoso, mas então o usa para dominar a sociedade, algumas vezes com uma repressão pura e simples. Qual a alternativa? Antes de responder a essa questão, vamos voltar a outro problema com a história de Hobbes — a presunção de que a ausência de Estado significa violência.

A gaiola de normas

Apesar de o passado ser cheio de exemplos da Guerra, há muitas sociedades sem Estado ("vivendo sob o Leviatã Ausente") que conseguem controlar a violência. Esse escopo vai dos pigmeus Mbuti da floresta tropical do Congo a muitas sociedades agrícolas da África Ocidental, tais como o povo acã da Gana moderna e da Costa do Marfim. Em Gana, o administrador britânico Brodie Cruickshank relatou em 1850 que

> os caminhos e as estradas do país se tornaram muito seguros para o transporte de mercadorias e muito livres de interrupções de qualquer tipo, como as mais movimentadas estradas dos mais civilizados países da Europa.

Conforme o esperado por Hobbes, a ausência da Guerra levou a um próspero comércio. Cruickshank observou que "não havia um pedaço de terra ou rincão que não fosse alcançado pelo esforço de um comerciante otimista. Cada vila tinha seus festões de algodão de Manchester e suas sedas chinesas penduradas nas paredes das casas ou enroladas nas árvores do mercado, para atrair a atenção e excitar a cobiça dos aldeões".

Não haveria tal comércio movimentado em uma sociedade incapaz de resolver conflitos e garantir algum tipo de justiça. De fato, como o comerciante francês Joseph-Marie Bonnat relatou mais tarde no século XIX:

> É ao exercício da Justiça, nas pequenas vilas, que as primeiras horas do dia são dedicadas.

Como os acãs exerciam a justiça? Eles usavam normas (sociais) — costumes, tradições, rituais e padrões de comportamento aceitáveis ou não — que haviam evoluído através das gerações.

Bonnat descreveu como as pessoas se reuniam para conversar. Os anciões são "acompanhados por aqueles na vila que não estão trabalhando" e eles "sentam sob a maior árvore, os escravos carregando a cadeira atrás do mestre, na qual ele irá se sentar. O grupo, que sempre inclui uma grande parte dos habitantes, vai ouvir o debate e tomar partido de um dos litigantes. Na maior parte dos casos o assunto é resolvido de modo amigável, com a pessoa culpada pagando os custos; isso consistia normalmente em vinho de palma distribuído para os presentes. Se o problema é sério, a pena consiste em uma ovelha e também em uma quantia específica de pó de ouro".

A comunidade ouvia e usava suas normas para decidir quem era culpado. As mesmas normas garantiam que o culpado recusasse, pagasse ou assumisse outra forma de restituição. Apesar de Hobbes enxergar no todo-poderoso Leviatã a fonte de justiça, a maioria das sociedades não difere muito dos acãs. Normas determinam o que é certo e errado aos olhos dos outros, que tipos de comportamento são evitados ou desencorajados, e quando indivíduos e famílias serão banidos e excluídos do apoio dos outros. Normas também têm um papel vital em criar vínculo entre as pessoas e coordenar suas ações para que possam exercer força contra outras comunidades e aqueles que cometem crimes graves na própria comunidade.

Apesar de terem um papel importante sob os auspícios de um Leviatã Despótico (o Terceiro Reich teria sobrevivido se todos os alemães pensassem que ele não tinha legitimidade, parassem de cooperar e se organizassem contra ele?), as normas são críticas quando o Leviatã está ausente porque proporcionam a única maneira de a sociedade evitar a Guerra.

O problema da liberdade, no entanto, é multifacetado. As mesmas normas que evoluíram para direcionar a ação, resolver os conflitos e gerar um senso compartilhado de justiça também criam uma gaiola, impondo uma dominação diferente, mas que igualmente tira poder das pessoas. Isso também é verdade em toda sociedade, mas nas sociedades sem uma autoridade centralizada e que depende exclusivamente das normas, a gaiola se torna menor, mais sufocante.

Podemos entender como a gaiola de normas surge e como restringe a liberdade ao nos atermos ao âmbito dos acãs e estudar o relato de outra autoridade britânica, o capitão Robert Rattray. Em 1924, Rattray se tornou o primeiro chefe do Departamento de Antropologia de Axante, um dos maiores grupos de acãs e parte da colônia britânica da Costa do Ouro, agora Gana. Seu trabalho era realizar um estudo da sociedade, política e religião de Axante. Ele transcreveu o seguinte provérbio axante:

Quando uma galinha se separa do resto, o falcão irá pegá-la.

Para Rattray esse provérbio capturava um aspecto crítico da organização da sociedade axante — moldado por um desamparo imenso e violência potencial. Apesar de eventualmente desenvolver um dos mais poderosos Estados na África pré-colonial, o Estado Axante foi fundado sob estruturas sociais básicas que datavam de uma era anterior ao surgimento de uma autoridade política centralizada. Sem instituições de Estado efetivas, como evitar "um falcão"? As normas evoluíram para reduzir tanto a vulnerabilidade à violência quanto a exposição àqueles que poderiam levá-las adiante, proporcionando alguma proteção contra falcões. Ao mesmo tempo, essas normas impunham sua gaiola; você precisava entregar sua liberdade e ficar com as outras galinhas.

Mesmo em sociedades sem Estado, algumas pessoas são mais influentes que outras, têm mais riquezas, relacionamentos melhores, mais autoridade. Na África, essas pessoas eram frequentemente chefes ou as pessoas mais velhas de um clã, os anciões. Se você quisesse evitar os falcões, precisava da proteção deles e dos outros membros para se defender, e por isso se ligava a um clã ou família. Em troca, aceitava a dominação deles sobre você, e isso se tornou o *status quo*, consagrado nas normas dos acãs. Como Rattray relatou, era uma "servidão voluntária".

Ser um servo voluntário era, em um sentido bastante literal, a herança de cada axante. De fato, isso formava a base de seu sistema social. Na África Ocidental, eram o homem e a mulher sem mestre que corriam um risco iminente de ter o que devemos chamar de "sua liberdade" transformada em ligação involuntária de uma natureza muito mais drástica.

A ligação involuntária de uma "natureza muito mais drástica" a que Rattray se refere é a escravidão. Assim, caso você tentasse se libertar das correntes da servidão voluntária, muito provavelmente seria capturado e vendido por falcões — nesse caso, traficantes escravagistas.

De fato, boa parte da Guerra na África estava enraizada nas disputas de diferentes grupos para capturar e vender uns aos outros. Muitos relatos vívidos descrevem a experiência dos africanos capturados por esse negócio. Um deles, a história de Goi, foi traduzida para o inglês por um missionário, Dugald Campbell. Quase no fim do século XIX, Goi vivia no sul do que é hoje a República Democrática do Congo, nas terras do chefe Chikwiva do povo luba. Seu pai morreu quando Goi era novo, e ele cresceu com a mãe, a irmã e o irmão. Um dia,

> um grupo de guerreiros apareceu e veio em nossa direção com gritos de guerra. Eles atacaram a vila e mataram muitas mulheres. Capturaram mulheres jovens, perseguiram e nos capturaram, os jovens meninos, e nos amarraram juntos. Fomos levados para a capital e vendidos para os negociantes de escravos, que prenderam correntes de madeira em nossos pés.

De lá Goi foi levado para a costa, "arrancado da minha casa e da minha mãe, que nunca mais vi, fomos levados pela 'estrada vermelha' para o mar". A estrada era "vermelha" por causa de todo o sangue derramado nela. A essa altura, Goi estava tão fraco e esquelético por causa da fome e violência constantes que quase não tinha valor.

> Reduzido a um esqueleto, uma mera sombra, e incapaz de viajar, fui carregado pelas vilas e ofertado para venda. Ninguém estava disposto a dar uma cabra ou galinha por mim

> (...) Finalmente um dos missionários chamado "Monare" me comprou por um lenço colorido, que valia cerca de cinco centavos, e eu estava livre. Pelo menos foi o que me disseram, mas não acreditei, porque eu não entendia o que era liberdade e pensei que agora era escravo dos homens brancos. Eu não queria ser livre, porque seria capturado e vendido de novo.

A ameaça dos traficantes escravagistas e a gaiola de normas conspiravam para criar um espectro de aprisionamento. No extremo do espectro estava a escravidão vivenciada por Goi. Do outro estavam obrigações e deveres que era preciso aceitar para evitar os falcões. Isso significava que pertencer a um clã ou a uma sociedade protegia a pessoa, mas não a deixava livre de dominação. Se você fosse mulher, podia ser negociada por um dote e trocada em um casamento, isso sem mencionar a sujeição e o abuso mais comuns, que eram o destino de todas as mulheres de uma sociedade patriarcal dominada por chefes, anciões e homens em geral.

Junto ao espectro de aprisionamento havia muitos tipos diferentes de relacionamento. Um deles, repleto de dominação, pode ser visto na história de Bwanikwa, também escrita por Campbell. Bwanikwa era igualmente luba, e seu pai tinha uma dezena de esposas. A esposa principal era filha de um importante chefe local, Katumba. Bwanikwa lembrava de quando

> a esposa principal do pai faleceu. De acordo com o costume luba, ele [o pai dela] foi multado com taxas de morte. Foi determinado que pagasse três escravos, uma compensação pela morte da esposa (...) meu pai conseguiu apenas dois.
>
> Uma de suas quatro filhas teria que ser entregue como terceira escrava, e fui escolhida (...) Quando me entregou para meu senhor, disse a ele quando partíamos: "Seja gentil com minha pequena filha; não a venda para ninguém e voltarei

para resgatá-la." Como meu pai não conseguiu me resgatar, permaneci escrava.

O status de Bwanikwa era de penhora ou garantia, outra relação de sujeição comum na África. Penhorar alguém significava dá-la a outra pessoa para um propósito específico. Frequentemente era pagamento por algum tipo de empréstimo, débito ou obrigação. Mas no caso de Bwanikwa foi porque o pai dela não conseguiu achar um cativo a mais. Se ele encontrasse, poderia recuperar Bwanikwa. Uma pessoa penhorada era diferente de uma escravizada; não havia uma venda automática, e a expectativa era de que a situação fosse temporária. Mas, como Bwanikwa percebeu, poderia se transformar em escravidão. F. B. Spilsbury, um visitante em Serra Leoa em 1805 e 1806, explicou:

> Se um rei ou qualquer outra pessoa, à procura em uma fábrica ou num navio de escravos, encontra algo que naquele momento não tem recursos para pagar, envia sua esposa, irmã ou filha como penhora, colocando um rótulo em seus pescoços; a criança então fica entre os escravos até ser resgatada.

Uma condição semelhante era a de custódia. As pessoas mandavam suas crianças em custódia para uma família mais poderosa para serem criadas naquele lar. Era uma maneira de mantê-las seguras, mesmo que isso significasse submetê-las a separação permanente e uma relação de subserviência frente a seus cuidadores.

Essas histórias mostram que as pessoas eram rotineiramente tratadas como objetos a serem penhorados ou emprestados. Elas frequentemente acabavam em relações de dominação. Era necessário obedecer ao chefe, aos anciões, a seus cuidadores e, se fosse mulher, a seu marido. Tinham que seguir os costumes de sua sociedade cuidadosamente. Se recordarmos a definição de Pettit de estar dominado — como viver "à sombra dos outros (...) obrigados a manter os olhos sempre abertos às variações do humor alheio (...) forçadas a adular, bajular ou lisonjear na tentativa de causar boa impressão", — veremos que isso se encaixa perfeitamente.

Como surgem essas situações de subserviência social? Como são justificadas? A resposta está, de novo, nas normas; essas relações evoluem como costumes aceitos pela sociedade e apoiados pela crença de que são apropriados e corretos. As pessoas poderiam ser penhoradas, e aquelas que foram entregues à custódia de outros precisavam renunciar à liberdade; esposas tinham que obedecer a seus maridos; as pessoas tinham que seguir com cuidado seus papéis sociais. Por quê? Porque todo mundo esperava isso delas. Mas em um nível mais profundo, essas normas não eram completamente arbitrárias. Apesar de não serem escolhidas por ninguém e de evoluírem no decorrer do tempo a partir de práticas e crenças coletivas, as normas tinham maior probabilidade de ser amplamente aceitas se também desempenhassem um papel útil na sociedade, ou pelo menos para algumas pessoas na sociedade. A sociedade acã consentiu com normas que restringiam as liberdades e que criavam relações de poder desiguais porque essas normas reduziam a vulnerabilidade das pessoas à Guerra. Se você estava sob custódia ou fora penhorado para uma pessoa importante, havia menos chance de os falcões virem atrás de você e, logo, menos risco de ser capturado e escravizado. Outro provérbio axante que Rattray anotou resumia a situação deles de forma ainda mais sucinta: "Se você não tem um senhor, um predador vai te pegar."

Ser livre era ser uma galinha entre falcões, um alvo fácil para um predador. Melhor se acomodar na servidão voluntária e renunciar à liberdade.

* * *

A gaiola de normas não tem apenas a função de prevenir a Guerra. Quando as tradições e os costumes se tornam profundamente arraigados, começam a regular muitos aspectos da vida das pessoas. A partir daí, é inevitável que comecem a favorecer os indivíduos mais poderosos.

Mesmo após séculos de evolução, as normas acabam sendo interpretadas e aplicadas por esses indivíduos mais poderosos. Por que eles não deveriam mover as peças a seu favor e cimentar seu poder na comunidade ou no lar?

À exceção de alguns grupos matriarcais, as normas de muitas sociedades sem Estado na África criaram uma hierarquia com homens no topo e mulheres na base. Isso é ainda mais visível nos costumes que perduram no Oriente Médio e em algumas partes da Ásia, por exemplo, entre os pashtuns que mencionamos antes. A vida dos pashtuns é fortemente regulada pelos seus costumes ancestrais, chamados de Pashtunwali. O sistema Pashtunwali de leis e governança coloca muita ênfase na generosidade e na hospitalidade. Mas também cria uma gaiola sufocante de normas. Um aspecto disso é a sanção da vingança para um conjunto de atos. Uma das mais comuns compilações do Pashtunwali começa destacando que

> um pashtun acredita e age de acordo com os princípios de (...) olho por olho, dente por dente e sangue por sangue. Ele limpa o insulto com insulto, indiferente ao custo ou consequência, e vinga sua honra ao rebater a desgraça com uma ação adequada.

A Guerra está sempre por perto, mesmo se há muita generosidade e hospitalidade destinadas a preveni-la. Isso tem consequências previsíveis para a liberdade de todos. Mas o maior peso recai sobre as mulheres. As normas pashtuns não apenas tornam a mulher subserviente a seus pais, irmãos e maridos; também restringem suas ações. As mulheres adultas não trabalham e ficam dentro de casa na maior parte do tempo. Se saem, vão cobertas da cabeça aos pés com uma burca e devem estar na companhia de um parente homem. As punições para relações extraconjugais são draconianas. A sujeição das mulheres é outra face da ausência de liberdade criada pela gaiola de normas.

Além de Hobbes

Em resumo, testemunhamos uma imagem diferente da descrita por Hobbes. O problema nas sociedades em que o Leviatã está ausente não é apenas a violência incontrolável de "todos contra todos". Igualmente crítica é a gaiola de normas, que cria um conjunto rígido de expectativas e uma série de relações sociais desiguais, produzindo uma forma diferente, mas não mais leve, de dominação.

É possível que Estados centralizados e poderosos nos ajudem a conquistar a liberdade? Mas vimos que tais Estados são propensos a agir despoticamente, reprimir seus cidadãos e acabar com a liberdade em vez de promovê-la.

Estamos então condenados a escolher entre dois tipos de dominação? Presos, seja na Guerra ou na gaiola de normas, ou sob o jugo de um Estado despótico? Apesar de não haver nada automático a respeito do surgimento da liberdade e de não ter sido fácil obtê-la na história humana, há espaço para liberdade nos assuntos humanos, e isso depende fundamentalmente do surgimento dos Estados e de suas instituições. Contudo, isso deve ser bastante diferente do que Hobbes havia imaginado — não o monstro do mar todo-poderoso e incontrolável, mas um Estado agrilhoado. Precisamos de um Estado que tenha a capacidade de impor leis, controlar a violência, resolver conflitos e proporcionar serviços públicos, mas que siga sendo domesticado e controlado por uma sociedade assertiva e bem-organizada.

Prendendo os texanos

O estado americano de Wyoming foi criado em 1862 pelo Ato Ferroviário do Pacífico, que determinou a construção de uma estrada para unir o leste e o oeste dos Estados Unidos. A Union Pacific — batizada com o mesmo nome da empresa responsável por ela — foi construída a oeste do rio Missouri para se ligar com a Central Pacific, que seguia para leste a partir de Sacramento, na Califórnia. Em 1867, chegou ao que se tornaria o estado de Wyoming, na época apenas um distrito do território de Dakota. Em julho de 1867, iniciava-se a chegada dos colonos, e o general Grenville M. Dogde, engenheiro-chefe da Union Pacific, começou a inspecionar o local para erguer uma cidade à margem do rio Cheyenne, que se tornaria a capital do estado. Ela deveria ter 10 quilômetros quadrados, com quarteirões bem organizados, becos e ruas. A Union Pacific, beneficiada pela cessão de uma vasta extensão de terras do governo como incentivo para construir a estrada, começou a vender os lotes três dias depois de Dodge inspecioná-los. O primeiro foi vendido por 150 dólares. Em 7 de agosto, apesar de Cheyenne ser principalmente uma cidade de barracas, uma grande reunião em uma loja local escolheu o comitê que iria escrever o regulamento da cidade. Em 19 de setembro foi lançado o primeiro jornal do município, um tabloide trissemanal chamado *Cheyenne Leader*. Em dezembro o jornal recomendava a seus leitores que andassem armados à noite para se protegerem por causa dos "casos frequentes de estrangulamento". Em 13 de outubro do ano seguinte, o editor afirmou:

> As pistolas são tão numerosas quanto os homens. Tirar a vida
> de um ser humano nem mais é visto como algo importante.

A essa altura, Cheyenne valeu-se da justiça com as próprias mãos para resolver os problemas endêmicos na fronteira americana. Em janeiro de 1868, três homens foram presos por roubo, mas soltos após pagar fiança. Na manhã seguinte, foram encontrados amarrados com uma placa na qual se lia: "900 dólares roubados... 500 dólares recuperados... Da próxima vez, serão enforcados. Estejam cientes do Comitê Vigilante." No dia seguinte, os justiceiros capturaram e enforcaram três "bandidos".

Nas áreas rurais de criação de gado, a situação era ainda pior. Como Edward W. Smith de Evanston relatou em 1879 à Comissão de Terras Públicas dos Estados Unidos: "Longe dos assentamentos, a única lei é a pistola." À medida que o gado se espalhava, os conflitos entre fazendeiros e residentes cresciam, e a reação dos rancheiros levou à Guerra do Condado de Johnson. Na terça-feira, 5 de abril de 1892, um trem especial de cinco vagões correu para o norte a partir de Cheyenne, carregando 25 pistoleiros do Texas junto com outros 24 locais que se juntaram a eles. O bando tinha uma "lista de setenta homens" que planejavam matar.

Não temos dados sobre as taxas de homicídio em Cheyenne na década de 1890, apesar de dados da cidade de mineração de Benton, na Califórnia, sugerirem que o índice pode ter chegado a um pico inacreditável de 24 mil habitantes por 100 mil! Muito provavelmente era mais próximo de 83 por 100 mil, o índice de mortalidade durante a corrida do ouro da Califórnia, ou 100 por 100 mil em Dogde City nos dias de Wyatt Earp.

É uma situação tão ruim quanto em Lagos, quando Soyinka tentava chegar lá com sua pistola Glock a postos. Mas as coisas acabaram de forma diferente no Wyoming (na realidade, terminaram bem diferentes do que Kaplan esperava em Lagos também, como explicaremos no Capítulo 14). A anarquia, o medo e a violência foram contidos. De fato, os texanos logo se esconderam no Rancho TA, cercados por homens da lei da cidade de Buffalo, que foram alertados de sua chegada. Depois de três dias de cerco, a cavalaria chegou, enviada pelo presidente William Henry Harrison, e prendeu todos os texanos e seus colaboradores. Hoje o Wyoming está praticamente livre do medo, da violência e da dominação. Tem uma das menores taxas de homicídios dos Estados Unidos, cerca de 1,9 por 100 mil.

O Wyoming tem um histórico muito bom no que tange a ajudar as pessoas a se libertarem da gaiola de normas. Veja a sujeição das mulheres. Mesmo durante o pior dos tempos, as mulheres do Wyoming não enfrentavam restrições como as impostas nas áreas pashtuns do Afeganistão ou do Paquistão, ou em muitas partes da África. Mas, como em qualquer lugar no mundo, na primeira metade do século XIX as mulheres tinham um poder bastante restrito e nenhum direito de se manifestar em assuntos públicos, e precisavam lidar com um grande conjunto de limitações de comportamento, tanto devido ao seu status desigual no casamento quanto por culpa das normas e dos costumes da época. Isso começou a mudar quando as mulheres conquistaram o direito ao voto. O primeiro lugar no mundo a conceder o direito de voto às mulheres foi o Wyoming, em 1869, o que o levou a ganhar o apelido de Estado Igualitário. Isso não aconteceu porque as regras e os costumes do Wyoming favoreciam as mulheres na comparação com outras partes do mundo. Em vez disso, a legislatura estadual concedeu a elas o direito de votar no intuito de atrair mais mulheres para o estado, bem como para garantir que haveria eleitores suficientes para atingir o mínimo necessário para o status de estado, em parte também porque, uma vez que os afro-americanos começaram a ganhar cidadania integral e direito a voto, parecia menos aceitável deixar as mulheres de fora desse processo. Veremos no próximo capítulo que há muitas razões pelas quais a gaiola de normas frequentemente começa a ser destruída, uma vez que se institui um Estado capaz de prender os arruaceiros e impor a lei.

O Leviatã Agrilhoado

O Leviatã que colocou a Guerra sob controle e começou a romper a gaiola de normas no Wyoming é uma besta de tipo diferente das outras que discutimos até agora. Ele não estava ausente, exceto nos primeiros dias, e tinha a capacidade de prender os texanos. Desde então, expandiu massivamente essa capacidade e agora pode resolver um conjunto de conflitos de maneira justa, aplicar uma série complexa de leis e fornecer serviços públicos que seus cidadãos exigem e dos quais podem desfrutar. Tem uma grande e efetiva burocracia (mesmo que às vezes seja inchada e ineficiente) e uma grande quantidade de informação sobre os indivíduos que fazem parte dele. Tem o mais forte poderio militar do mundo. Mas não usa esse poderio militar e suas informações para reprimir e explorar seus cidadãos (na maior parte do tempo). Responde aos desejos e às necessidades de sua gente e pode também intervir para afrouxar as grades das normas para todo mundo, em particular para os mais vulneráveis. É um Estado que cria liberdade.

Esse Leviatã é responsabilizado pela sociedade não apenas por ser limitado pela constituição dos Estados Unidos e pela Declaração de Direitos, que exaltam enfaticamente os direitos dos cidadãos, mas principalmente porque é agrilhoado por pessoas que vão reclamar, protestar e até mesmo se rebelar caso seus limites sejam desrespeitados. Seus presidentes e legisladores são eleitos e frequentemente destituídos do cargo quando a sociedade que comandam não gosta do que estão fazendo. Seus burocratas estão sujeitos a avaliação e supervisão. Tal Leviatã é poderoso, mas coexiste com a sociedade que tem voz e está vigilante e disposta a se envolver em política e contestar o poder. É o que vamos chamar de Leviatã Agrilhoado. Da mesma forma que o Leviatã pode prender os pistoleiros texanos, para que não ataquem cidadãos comuns, ele mesmo pode ser agrilhoado por pessoas comuns, pelas normas e pelas instituições — em resumo, pela sociedade.

Não é que o Leviatã Agrilhoado não tenha duas faces. Ele tem, e a repressão e a dominação estão tanto em seu DNA quanto no do Leviatã Despótico. Mas os grilhões evitam que ele mostre sua face assustadora. Como essas correntes surgem, e por que apenas algumas sociedades conseguiram desenvolvê-las, é o principal tema de nosso livro.

Diversidade, não o fim da história

A liberdade tem sido rara na história. Muitas sociedades não desenvolveram nenhuma autoridade centralizada capaz de impor leis, resolver conflitos pacificamente e proteger os fracos contra os fortes. Em vez disso, com frequência impuseram uma gaiola de normas às pessoas, com resultados igualmente danosos para a liberdade. O aparecimento do Leviatã dificilmente torna melhor o destino da liberdade. Mesmo que faça cumprir as leis e mantenha a paz em alguns domínios, o Leviatã tem sido frequentemente despótico — portanto, insensível à sociedade — e tem feito pouco para aumentar a liberdade de seus cidadãos. Apenas Estados agrilhoados usam seus poderes para proteger a liberdade. O Leviatã Agrilhoado tem sido distinto também de outra forma — criando uma ampla variedade de oportunidades econômicas e incentivos, e ao promover um crescimento sustentável na prosperidade econômica. Mas esse Leviatã Agrilhoado aparece apenas mais tarde na história, e sua ascensão tem sido contestada e contenciosa.

Estamos agora vendo o começo de uma resposta para a questão proposta no início. Não é que estejamos com um crescimento inexorável da liberdade indo em direção ao fim da história. Nem que a anarquia vá se espalhar pelo mundo incontrolavelmente. Ou sequer que todos os países ao redor do mundo vão se transformar em ditaduras, sejam digitais ou do tipo tradicional. Essas são possibilidades, e tal diversidade, no lugar de convergência para uma delas, é a norma. Apesar disso, há uma vaga sensação de esperança, porque os humanos são capazes de construir um Leviatã Agrilhoado, o qual pode resolver conflitos e ficar longe do despotismo; pode promover a liberdade ao afrouxar a gaiola de normas. De fato, muito do progresso humano depende do engenho das sociedades na construção de tal Estado. Mas construir e defender — e controlar — um Leviatã Agrilhoado exige esforço. É sempre um trabalho em andamento, frequentemente repleto de perigo e instabilidade.

Breve resumo da estrutura do restante do livro

Neste capítulo, apresentamos a distinção entre o Leviatã Ausente, o Leviatã Despótico e o Leviatã Agrilhoado. No próximo capítulo, apresentamos o cerne de nossa teoria, que trata da evolução das relações entre Estado e sociedade no decorrer do tempo. Explicamos por que o aparecimento de Estados poderosos frequentemente é alvo de resistência (porque as pessoas têm medo do despotismo) e como as sociedades usam suas normas não apenas para mitigar a possibilidade da Guerra, como vimos com o povo axante, mas também para conter e controlar o poder do Estado. Nos concentramos em como o Leviatã Agrilhoado surge em um corredor estreito, no qual o envolvimento da sociedade na política cria um equilíbrio de poder com o Estado; e ilustramos essa possibilidade com a história do início da cidade-Estado grega de Atenas e a fundação da república norte-americana. Também esboçamos algumas das implicações de nossa teoria, enfatizando como configurações históricas diferentes levam aos Leviatãs Ausentes, Despóticos e Agrilhoados. Mostramos ainda que, em nossa teoria, é o Leviatã Agrilhoado (e não o Despótico), que desenvolve mais profundamente a capacidade estatal.

No Capítulo 3, explicamos por que os Leviatãs Ausentes podem ser instáveis e resultar em hierarquia política em face da "vontade de poder" — os desejos de alguns atores de reformular a sociedade e acumular mais poder político e econômico. Veremos como essas transições para longe das sociedades sem Estado são uma miscelânea no que diz respeito à liberdade. Por um lado, trazem ordem e podem relaxar a gaiola de normas (especialmente quando ficam em seu caminho). Por outro, introduzem um despotismo sem limites.

O Capítulo 4 examina os efeitos do Leviatã Ausente e do Leviatã Despótico nas vidas econômicas e sociais dos cidadãos. Explica por que a prosperidade econômica é mais provável sob o Leviatã Despótico, em contraponto a qualquer condição anárquica causada pela Guerra de Hobbes ou ao espaço apertado criado pela gaiola de normas. Mas também veremos que a prosperidade criada pelo Leviatã Despótico é, ao mesmo tempo, limitada e cheia de desigualdades.

O Capítulo 5 compara o funcionamento da economia sob os Leviatãs Ausente e Despótico à vida no corredor. Veremos que o Leviatã Agrilhoado cria tipos bem diferentes de incentivos econômicos e oportunidades, e permite um grau de experimentação e mobilidade social muito maior. Nós nos concentramos nas comunas italianas e na antiga civilização zapoteca na América para comunicar essas ideias e também destacar que não há monopólio europeu sobre o Leviatã Agrilhoado. Não obstante esse último ponto, a maioria dos exemplos do Leviatã Agrilhoado que temos vieram da Europa. Por que isso acontece?

O Capítulo 6 explica por que muitos países europeus conseguiram construir sociedades participativas com Estados capazes, mas ainda acorrentados. Nossa resposta se concentra nos fatores que levaram grande parte da Europa em direção ao corredor durante o início da Idade Média à medida que tribos germânicas, especialmente os francos, invadiram terras dominadas pelo Império Romano do Ocidente depois de seu colapso. Argumentamos que o casamento das instituições e normas participativas ascendentes das tribos germânicas e as tradições burocráticas e jurídicas centralizadoras do Império Romano formaram um equilíbrio de poder único entre o Estado e a sociedade, permitindo o surgimento do Leviatã Agrilhoado. Sublinhando a importância desse casamento, tipos bem diferentes de Estados surgiram em partes da Europa onde a tradição romana ou as políticas ascendentes das tribos germânicas estavam ausentes (tais como a Islândia ou Bizâncio). Traçamos então o caminho da liberdade e do Leviatã Agrilhoado, o qual teve consideráveis altos e baixos e se afastou do corredor em muitas ocasiões.

O Capítulo 7 contrasta a experiência europeia com a história chinesa. Apesar das similaridades históricas, o desenvolvimento inicial de um Estado poderoso na China eliminou completamente a mobilização social e a participação política. Sem essas forças de compensação, o caminho do desenvolvimento segue de perto a trajetória do Leviatã Despótico. Rastreamos as consequências econômicas desse tipo de relação Estado--sociedade tanto no passado quanto no presente chinês e discutimos se o Leviatã Agrilhoado pode surgir na China em breve.

O Capítulo 8 segue para a Índia. Diferentemente da China, a Índia tem uma extensa história de participação e engajamento popular. Mas a liberdade não teve grande êxito por lá. Nosso entendimento é de que isso acontece devido à poderosa gaiola de normas na Índia, como bem exemplifica o sistema de castas. As relações de casta não apenas inibiram a liberdade, como também impossibilitaram que o povo efetivamente contestasse o poder e monitorasse o Estado. O sistema de castas produziu uma sociedade fragmentada contra si mesma e um Estado sem capacidade que, no entanto, não é responsabilizado, uma vez que a sociedade permanece imobilizada e sem poder.

O Capítulo 9 retoma a experiência europeia, mas desta vez para estudar por que só algumas partes da Europa e não outras encontraram o caminho para o corredor e permaneceram lá. Ao responder a essa pergunta, desenvolvemos outra das ideias centrais deste livro: a natureza condicionante da influência que fatores estruturais exercem na relação Estado-sociedade. Enfatizamos que o impacto de vários fatores estruturais, tais como as condições econômicas, choques demográficos e guerra, no desenvolvimento do Estado e da economia dependem do equilíbrio predominante entre o Estado e a sociedade. Portanto, não há conclusões inequívocas a serem deduzidas sobre fatores estruturais. Ilustramos essas ideias ao discutir por que, começando com condições similares e enfrentando problemas internacionais parecidos, a Suíça desenvolveu o Leviatã Agrilhoado, enquanto a Prússia caiu sob o domínio do Leviatã Despótico. Comparamos esses casos com o de Montenegro, onde o Estado não exerce papel nem de solução de conflitos nem de organização da atividade econômica. Aplicamos as mesmas ideias ao explicar por que a Costa Rica e a Guatemala, na América Central, divergiram acentuadamente em face da globalização econômica do século XIX e por que o colapso da União Soviética levou a diferentes caminhos políticos.

O Capítulo 10 volta para o desenvolvimento do Leviatã Americano. Realçamos que, apesar de os Estados Unidos conseguirem construir um Leviatã Agrilhoado, isso se baseou em uma barganha faustiana — os Federalistas aceitaram uma constituição que manteve a federação fraca tanto para agradar uma sociedade preocupada com a ameaça de despotismo quanto para tranquilizar os proprietários escravocratas do sul que temiam perder seus bens e os escravizados sob seu jugo. Essa concessão funcionou, e os Estados Unidos estão ainda no corredor. Mas também levou a um desequilíbrio no desenvolvimento do Leviatã americano que, mesmo se tornando um autêntico monstro marinho, ainda tem capacidade limitada em várias áreas importantes. Isso é mais visível na inabilidade ou falta de vontade do Leviatã Americano de proteger seus cidadãos contra a violência. Esse desequilíbrio no desenvolvimento também levou a uma dificuldade do Leviatã Americano em estruturar uma política econômica que garanta ganhos equitativos quando há crescimento. Veremos como o desenvolvimento desigual dos estados causou uma evolução desigual do poder e das capacidades da sociedade e, paradoxalmente, como criou espaço para o poder do Estado evoluir de formas não monitoradas e não controladas em algumas áreas (como a segurança nacional).

O Capítulo 11 mostra que os Estados em muitos países em desenvolvimento podem agir como déspotas, mas não têm a capacidade de um Leviatã Despótico. Explicamos como esses Leviatãs "de Papel" apareceram e por que fazem pouco para conseguir ter mais capacidade. Nossa perspectiva é de que isso resulta principalmente do medo de mobilizar a sociedade e, dessa forma, desestabilizar o controle que tem sobre ela. Uma origem para esses Leviatãs de Papel está no comando indireto dos poderes coloniais, que montaram estruturas administrativas de aparência moderna, mas que, ao mesmo tempo, empoderam elites locais para comandar com poucas limitações e pouca participação da sociedade.

O Capítulo 12 se volta para o Oriente Médio. Apesar de os construtores de Estados afrouxarem a gaiola de normas com frequência, uma vez que elas limitam sua capacidade de moldar a sociedade, há circunstâncias sob as quais Estados despóticos podem achar benéfico reforçar ou mesmo remodelar a gaiola. Explicamos como essa tendência tem caracterizado a política do Oriente Médio, as circunstâncias históricas e sociais que tornaram atraente a estratégia para déspotas em potencial, e as implicações desse caminho de desenvolvimento para a liberdade, violência e instabilidade.

O Capítulo 13 discute como o Leviatã Agrilhoado pode sair do controle quando a corrida entre o Estado e a sociedade se torna uma "soma zero", com cada lado tentando minar e destruir o outro para sobreviver. Enfatizamos como esse resultado é mais comum quando as instituições não estão à altura da tarefa de resolver imparcialmente conflitos e perdem a confiança de alguns segmentos do público. Analisaremos o colapso da República de Weimar, na Alemanha, a democracia chilena nos anos 1970 e as comunas italianas a fim de demonstrar essas dinâmicas e identificar os fatores estruturais que tornam esse tipo de competição de soma zero mais comuns. Por fim, ligaremos essas forças ao crescimento dos movimentos populistas modernos.

O Capítulo 14 debate como as sociedades entram no corredor e se há algo que pode ser feito para facilitar tal movimento. Destacamos muitos fatores estruturais importantes, nos concentrando no que torna o corredor mais amplo e, portanto, mais fácil de ser ocupado. Explicamos o papel de coalizões amplas em tais transições e discutimos diversos casos de transições bem-sucedidas, assim como algumas que falharam.

No Capítulo 15, voltamo-nos para os desafios enfrentados pelas nações no corredor. Nosso principal argumento é que, enquanto o mundo muda, o Estado precisa se expandir e assumir novas responsabilidades, mas isso por sua vez exige que a sociedade se torne mais capaz e atenta para não ser jogada para fora do corredor. Novas coalizões são decisivas para que o Estado ganhe maior capacidade, ao mesmo tempo que mantém seus limites. Uma possibilidade que demonstra isso é a resposta da Suécia às exigências econômicas e sociais criadas pela Grande Depressão e como isso levou ao surgimento da social-democracia. Não é diferente de hoje, quando estamos enfrentando novos desafios com a desigualdade, o desemprego e o crescimento econômico lento diante de ameaças complexas contra a segurança. Precisamos que o Estado desenvolva habilidades adicionais e seja capaz de enfrentar responsabilidades novas, mas apenas se pudermos encontrar formas inéditas de mantê-lo sob o domínio de uma sociedade mobilizada e de proteger nossa liberdade.

2.

A RAINHA VERMELHA

Os seis trabalhos de Teseu

POR VOLTA DE 1200 A.C., as civilizações da Idade do Bronze que haviam dominado o mundo grego no milênio anterior começaram a entrar em colapso, fenômeno que abriu caminho para o chamado Período Homérico. Na Grécia, as sociedades da Idade do Bronze eram comandadas por chefes ou monarcas. Por meio de reinos centralizados e administração burocrática que empregava em suas tarefas um sistema de escrita chamado Linear B, eles cobravam impostos e regulavam a atividade econômica. Toda essa estrutura desapareceu durante o Período Homérico. O caos dessa nova era foi tema das lendas de Teseu, um mítico governante de Atenas. Um dos melhores relatos de suas explorações foi escrito pelo estudioso grego Plutarco, que passou a maior parte da vida como um dos dois sacerdotes do Oráculo de Delfos.

Teseu, filho ilegítimo do rei de Atenas, Egeu, foi criado em Trezena, no nordeste do Peloponeso. Para reivindicar seu direito ao trono, Teseu tinha que viajar de volta a Atenas por terra ou pelo mar. Ele escolheu ir por terra, mas Plutarco salientou:

Era difícil fazer a jornada para Atenas por terra, uma vez que parte nenhuma estava livre de ladrões ou malfeitores.

Durante a viagem, Teseu teve que enfrentar uma série de bandidos. O primeiro que encontrou, Perifetes, fazia emboscadas na estrada para Atenas, roubando e matando pessoas com um taco de bronze. Plutarco relata como Teseu lutou contra Perifetes, usando o taco do inimigo contra ele próprio. Teseu conseguiu evitar outros fins terríveis, incluindo: ser amarrado entre dois pinheiros e devorado por um enorme suíno selvagem, a porca camoniana; ser jogado de um penhasco ao mar; e lutar até a morte. Ele finalmente venceu Procusto, o Esticador, famoso por arrancar ou retesar os membros das pessoas para fazê-las caber em sua cama. A jornada de Teseu para reclamar o trono em Atenas ilustra vividamente a ausência de lei na Grécia da época, sem nenhuma instituição estatal para manter a ordem. Como Plutarco disse:

> Portanto Teseu (...) seguiu seu caminho castigando os maus, que foram enfrentados por ele com violência igual à que aplicaram a outros e que receberam justiça à maneira de sua própria injustiça.

Portanto, a estratégia de Teseu era basicamente "olho por olho, dente por dente". Atenas vivia o que Mahatma Gandhi chamou de "olho por olho faz todo o mundo se tornar cego".

Os reis atenienses não duravam muito, no entanto. No fim do Período Homérico a cidade era comandada por um grupo de Arcontes, ou magistrados, que representavam suas ricas famílias. Essas elites competiam ininterruptamente pelo poder, um processo que algumas vezes levava a golpes — tais como o de Cilón em 632 a.C. As elites reconheciam a necessidade de desenvolver uma forma mais ordenada de lidar com conflitos na cidade. Mas seria um caminho lento, traiçoeiro, com várias reviravoltas inesperadas.

A primeira tentativa foi uma década depois de Cílón, em 621 a.C., quando um legislador chamado Drácon ficou responsável por escrever as primeiras leis atenienses. A demora para que as leis fossem escritas tinha muito a ver com o desaparecimento da escrita Linear B da Idade do Bronze grega, durante o Período Homérico. A escrita teve que ser reinventada com um sistema completamente diferente, emprestado dos fenícios. A constituição de Drácon, como o filósofo grego Aristóteles chamava em seu *Athenian Constitutions,* consistia em uma série de leis escritas, das quais apenas uma sobreviveu. Sabemos que a punição para quem desrespeitasse as leis era normalmente a morte (por isso a expressão moderna "draconiana"). O fragmento sobrevivente das leis de Drácon, que se refere ao homicídio, revela que tais leis correspondiam a algo bastante diferente do que hoje pensamos como "constituição", em grande parte porque lidavam com uma sociedade encurralada por uma ausência endêmica de lei, rixas sanguinárias e violência. O fragmento determina:

> E se alguém matar um outro sem premeditação, deverá ser exilado. Deverá haver reconciliação, se houver um pai, irmão ou filhos, a ser concedida por todos, ou aquele que fizer objeção prevalecerá. Caso estes não existam, então a reconciliação caberá aos primos se estiverem todos dispostos a tanto, ou aquele que fizer objeção prevalecerá (...) Deverá ser feita uma proclamação contra o assassino na ágora pelos familiares até o grau de primos; deverão se juntar à acusação os primos, os filhos dos primos, os cunhados, os sogros e os membros da fratria.

Esse fragmento se refere ao homicídio involuntário. Alguém que comete tal ato deve se exilar e esperar por justiça. Se a família estendida da pessoa assassinada decidir por unanimidade conceder reconciliação, termina nisso. Caso contrário, a família estendida "deverá se juntar à acusação" contra o assassino. O termo "fratria" se refere a grupos familiares estendidos. No entanto, a influência da fratria logo iria diminuir.

Tudo isso parece semelhante ao que vemos em sociedades que vivem sob o Leviatã Ausente. De fato, há muitas similaridades entre a Lei de Drácon e outros tipos de codificações de leis informais feitos sem autoridade centralizada, como o *Kanun* albanês. O *Kanun*, atribuído a Lekë Dukagjini no século XV, era uma reunião de normas que governavam o comportamento nas montanhas albanesas (e cujo registro escrito só ocorreu no início do século XX). Sem um Estado centralizado, as regras e normas albanesas eram impostas, assim como a lei do homicídio de Drácon, pelas famílias estendidas e clãs. O *Kanun* discorre com veemência sobre rixas de sangue iniciadas por retaliações a quebras prévias do código. Isso é ilustrado com nitidez na primeira cláusula, que trata de assassinato:

> A emboscada consiste em tomar posição oculta nas montanhas ou nas planícies da Albânia e permanecer à espera de um inimigo da rixa de sangue ou de outra pessoa que deve ser morta (atacar de surpresa, estar em uma emboscada, criar uma armadilha para alguém).

Era um princípio inicial do *Kanun* que "o sangue segue o dedo", o que significava que

> de acordo com o velho *Kanun* das montanhas da Albânia, apenas o assassino incorre na rixa de sangue, isto é, a pessoa que apertou o gatilho e atirou, ou usou alguma outra arma contra outra pessoa.

O *Kanun* posterior estende a briga de sangue a todos os homens da família do assassino, mesmo um bebê ainda no berço; primos e sobrinhos próximos ficam sujeitos à vingança de sangue por 24 horas após o assassinato. A culpa então se espalha para familiares mais distantes. Com respeito a assassinatos acidentais, o *Kanun* estabelece que, "nesse tipo de morte, o assassino deve partir e permanecer escondido até a elucidação do assunto". Exatamente como na Lei de Drácon, exceto pelo fato de que, até o século XX, ninguém nem sequer tentou escrever, esclarecer ou regulamentar o que eram essas normas.

Os grilhões de Sólon

Menos de trinta anos depois de Drácon escrever suas leis, Atenas havia começado o processo de construção de um Leviatã Agrilhoado. A solução para as disputas rotineiras e as lutas por poder entre as elites estava em andamento. A isso veio se somar o conflito entre as elites e o povo, que disputavam o controle da sociedade. Aristóteles observou que, por volta da época de Drácon, houve um "período extenso de discordância entre as classes superiores e os cidadãos". Nas palavras de Plutarco, havia uma

> disputa política prolongada, com pessoas formando grupos políticos tão variados quanto o relevo do país. Havia os Homens das Colinas, que eram o grupo mais democrático; os Homens das Planícies, mais oligárquicos; e em terceiro os Homens da Costa, que preferiam um tipo de sistema intermediário, misto.

Em essência, o desacordo era em relação ao equilíbrio de poder entre as elites e as pessoas comuns, e se o Estado deveria ser controlado democrática ou oligarquicamente (o que implicava o controle por algumas poucas famílias mais ricas e poderosas). Sólon, um comerciante e comandante militar bastante respeitado, teve papel decisivo na definição do caminho de Atenas.

Em 594 a.C., Sólon foi nomeado arconte por um ano. Como Plutarco relata: "Os ricos o achavam aceitável por sua riqueza, e os pobres, por sua integridade." O posto de arconte havia sido monopolizado pelas elites, mas Sólon provavelmente o assumiu em função da pressão popular, uma vez que a luta entre as elites e os cidadãos pendia levemente para os últimos. Ele se revelou um grande reformista, transformando as instituições atenienses de forma a conter as elites e o poder do Estado, ao mesmo tempo que aumentou a capacidade estatal de resolver conflitos. Em um trecho que restou de seus escritos, Sólon observou que seu projeto institucional tinha o objetivo de criar equilíbrio de poder entre ricos e pobres.

> Às pessoas dei tanto privilégio quanto lhes fosse suficiente, sem reduzir ou exceder aquilo que lhes era devido. Quanto àqueles que tinham poder e eram invejados por sua riqueza, tomei cuidado para não os ferir. Lancei meu forte escudo em torno de ambas as partes e não permiti que triunfassem injustamente.

As reformas de Sólon tentaram fortalecer o povo contra as elites enquanto as asseguravam de que seus interesses não estavam radicalmente ameaçados.

Quando Sólon se tornou arconte, as instituições políticas básicas de Atenas consistiam em duas assembleias: a eclésia, aberta a todos os cidadãos homens, e o areópago, principal instituição executiva e judicial. O areópago era composto de antigos arcontes e estava sob controle das elites. Muitos atenienses estavam ficando mais pobres durante esse período e haviam sido excluídos inclusive da eclésia, porque tinham perdido seus direitos como cidadãos devido a dívidas que os levaram à condição de escravidão ou servidão. Aristóteles observou que "todos os empréstimos eram feitos tendo o devedor como garantia até a época de Sólon". Esta era a versão ateniense da gaiola de normas, com as pessoas se tornando perpetuamente endividadas, penhoradas e presas pelo declínio de suas condições econômicas. Sólon entendeu que o equilíbrio político em Atenas exigiria que cidadãos comuns participassem da política, mas isso não era possível quando eles estavam em uma posição de servidão, e certamente não quando estavam perdendo sua cidadania. Nas palavras de Aristóteles: "A massa de pessoas (...) não tomava parte virtualmente em nenhum aspecto do governo." Para garantir uma maior participação do povo, Sólon cancelou todos os contratos de escravidão por dívida — a peonagem — e aprovou uma lei banindo empréstimos que tivessem como garantia a própria pessoa. Também tornou ilegal tirar os direitos de um ateniense. Não haveria mais penhora. Com um só gesto, Sólon libertou os atenienses dessa parte de sua gaiola de normas.

Mas banir a peonagem não seria suficiente enquanto as pessoas fossem economicamente subservientes à elite. Uma maior liberdade era necessária para tornar os atenienses cidadãos mais ativos, o que acarretaria ainda mais liberdade. Para esse fim, Sólon procurou melhorar o acesso a oportunidades econômicas. Implantou uma reforma agrária, desenraizando os marcadores de limite dos campos. Tais marcadores registravam a obrigação dos arrendatários que cultivavam a terra de pagar um sexto de sua produção. Como efeito prático dessa eliminação, Sólon quebrou o vínculo de arrendamento com os donos de terras, dando aos arrendatários a terra que cultivavam e transformando a Ática, a área em torno de Atenas, em uma região de pequenos agricultores. Sólon também eliminou as restrições de deslocamento na Ática. Essas medidas ampliaram bastante o número de cidadãos que podiam participar da eclésia. A balança de poder foi reajustada em um só golpe.

Outras medidas de Sólon foram remodelar o processo de seleção de arcontes e aumentar seu número para nove, em parte para melhorar a representação política. Mas ele também precisava manter as elites felizes e, para isso, dividiu a população em quatro classes com base em seus rendimentos agrários. Apenas os homens pertencentes às duas classes superiores poderiam se tornar arcontes (escolhidos de uma lista de pessoas nomeadas pelas quatro "tribos" tradicionais de Atenas). Depois de servir como arconte, o que podia ser feito apenas uma vez e por um ano, um homem podia ainda servir no areópago. Portanto, as elites iriam continuar a controlar o arcontado e o areópago, mas agora havia regras que abriam o areópago para uma maior parte da (elite da) sociedade e ajudavam a equilibrar interesses diferentes. Sólon também criou o novo Conselho dos Quatrocentos, o Bulé, que deveria servir como principal conselho executivo, e redefiniu o papel do areópago, que teria a função judicial como cerne. Assim como no caso dos arcontes, as quatro tribos tradicionais de Atenas eram igualmente representadas no Bulé.

Tendo estabelecido um equilíbrio entre as elites e os cidadãos, Sólon começou o processo de construção do Estado. O passo crítico foi a reforma jurídica. Primeiro ele aboliu todas as leis de Drácon, exceto uma. As leis que ele promulgava eram bem distintas. Um fragmento registra que

> a lei de Drácon sobre homicídio, os *anagrapheis* [escritores] das leis devem escrevê-las em uma estela de pedra, tomando-as do comando dos *basileus* e do secretário do conselho, e deverão colocá-la na frente da Stoa. O *poletai* realizará o contrato de acordo com a lei; o *hellenotamiai* deverá fornecer o dinheiro.

Mesmo na única lei mantida por Sólon houve a substituição do papel dos *basileus* pelo dos *poletai* e dos *hellenotamiai*. A palavra *basileus*, típica de epopeias como *Ilíada* e *Odisseia*, se traduz aproximadamente como "grande homem", um tipo de chefe do Período Homérico. Odisseu, cujas façanhas durante sua viagem de dez anos após as Guerras de Troia são recontadas na *Odisseia*, era um *basileu*. Os *poletai* e os *hellenotamiai*, por outro lado, eram magistrados e oficiais do Estado. Sólon adotou uma mudança radical: instituições do Estado burocratizadas para impor a lei.

A característica mais distinta apresentada nesse processo foi que, quanto mais Sólon fortalecia politicamente os atenienses comuns, mais ele seguia construindo instituições do Estado. E quanto mais essas instituições tomavam forma, mais ele conseguia estabelecer controle popular sobre elas. Dessa maneira, ao ser fortalecida, a eclésia passou a contar com maior participação popular. Para atingir esse objetivo, suas reformas não apenas implantaram maior representação nas assembleias e entidades políticas, como também envolveram mudanças nas instituições e normas, tais como o fim da penhora, que mudou a natureza da sociedade e a tornou mais capaz de agir coletivamente e controlar as elites e o Estado.

Aristóteles concordava que fortalecer os atenienses comuns foi o aspecto mais importante das reformas de Sólon e destacou o fim da penhora, as formas aprimoradas de resolver conflitos e o acesso à justiça. Ele mencionou que:

> Estes três parecem ser os traços da constituição de Sólon que mais favoreciam o povo: primeiro e mais importante, a proibição de empréstimos que tivessem como garantia o corpo da pessoa; em segundo, a possibilidade de um voluntário buscar justiça para alguém que tivesse sido prejudicado; em terceiro, e dizem que isso fortaleceu particularmente o povo, o direito de recorrer aos tribunais.

Aqui, Aristóteles está enfatizando a presença de algum tipo de "igualdade perante a lei", onde as normas se aplicavam a todos e os cidadãos comuns podiam ir aos tribunais em busca de justiça. Embora a representação política no Bulé e a participação no areópago excluíssem os mais pobres, todos podiam dar início a um processo legal e ser ouvidos, e as mesmas leis se aplicavam às elites e ao povo.

Um dos modos mais interessantes pelos quais Sólon institucionalizou o controle sobre as cidades foi por meio da Lei de Húbris. Um fragmento remanescente afirma:

> Se alguém comete *húbris* contra uma criança (e certamente quem contrata comete *húbris*), homem ou mulher, seja livre

ou escravo, ou qualquer um que cometa qualquer ilegalidade contra qualquer destes, criou *graphai* [fato público] *hubreos*.

Essa lei, portanto, estabeleceu o crime de *graphai hubreos* em resposta a um ato de *húbris*, o comportamento de humilhar e intimidar. Notavelmente, as pessoas livres podiam ser acusadas de *húbris* contra as escravizadas, que também eram protegidas, e eram ocasionalmente executadas por violações recorrentes dessa norma. A Lei de Húbris permitia que os atenienses não apenas controlassem as elites, mas também que estivessem livres da dominação de indivíduos poderosos.

Ao banir a peonagem e acabar com o status de servidão por débito, Sólon começou simultaneamente a minar o domínio das elites sobre cidadãos comuns e a preparar o terreno para a política democrática. Mas as elites de Atenas tinham muito poder nessa época. Elas haviam se tornado significativamente mais ricas, e qualquer aumento na capacidade estatal, a menos que igualado por um fortalecimento da sociedade, estaria apto a aumentar sua dominação política ao lhes dar ferramentas extras para repressão e controle. Assim, era vital fortalecer os cidadãos comuns. Isso era o que a Lei de Húbris ajudava a fazer, ao codificar e intensificar as normas existentes.

A Lei de Húbris de Sólon revela um aspecto mais geral da vida no corredor: o delicado equilíbrio que permite a liberdade demanda reformas institucionais capazes de operar e construir sobre as normas existentes, ao mesmo tempo que modifica e até mesmo suprime nessas mesmas normas aspectos prejudiciais à liberdade. Não é um trabalho fácil, com certeza, mas as reformas de Sólon avançaram consideravelmente nesses dois objetivos. No período anterior a Drácon, as regras e leis que governavam a vida das pessoas não eram escritas, mas impostas por famílias e clãs, e com frequência lançavam mão de ostracismo e exclusão social. Sólon conseguiu elaborar leis a partir do fortalecimento dessas normas, como na sua Lei de Húbris, mas no processo também as modificou para que *húbris* se tornasse um comportamento menos aceitável na sociedade ateniense. Veremos muitos exemplos dessa dança complexa entre a mudança institucional e as normas, e como não alcançar o equilíbrio correto entre elas pode prejudicar as perspectivas de liberdade. Sólon chegou ao equilíbrio certo.

O efeito da Rainha Vermelha

Por um lado, Sólon limitou o controle das elites sobre o Estado e seu domínio sobre os cidadãos comuns; por outro, aumentou a capacidade estatal. Isso está longe de ser uma característica particular de uma civilização antiga: é, na verdade, a essência do Leviatã Agrilhoado. O Leviatã pode aumentar sua capacidade e se tornar muito mais forte quando a sociedade está disposta a cooperar, mas essa cooperação exige que as pessoas confiem em seu poder de controlar o monstro marinho. Sólon construiu essa confiança.

Contudo, não se trata apenas de confiança e cooperação. A liberdade e a capacidade estatal plena dependem do equilíbrio do poder entre o Estado e a sociedade. Se o Estado e as elites se tornam poderosos demais, surge o Leviatã Despótico. Se ficam para trás, eis o Leviatã Ausente. Então precisamos que tanto o Estado quanto a sociedade andem juntos, sem que nenhum tome a frente. Isso não é diferente do efeito Rainha Vermelha descrito por Lewis Carroll em *Alice através do espelho*. No livro, Alice encontra a Rainha Vermelha e disputa uma corrida com ela. "Alice nunca conseguiu perceber exatamente, pensando mais tarde, como tudo começou", mas notou que, mesmo que parecesse que ambas corriam muito, "as árvores e outras coisas à sua volta pareciam nunca mudar de lugar: independentemente de quão rápido corressem, pareciam não ultrapassar nada". Finalmente, quando a Rainha Vermelha pediu para parar,

> Alice olhou em volta, surpresa.
>
> "Por que parece que fiquei sob esta árvore o tempo todo? Tudo está como sempre esteve!"
>
> "Claro que está", disse a Rainha, "o que você queria?"

"Bem, em nosso país", disse Alice, ainda um pouco ofegante, "você chegaria a algum lugar — se correu rápido por bastante tempo, como fizemos."

"Um país lento!", disse a Rainha. "Agora, aqui, veja, é preciso correr o mais rápido que puder para ficar no mesmo lugar."

O efeito da Rainha Vermelha se refere a uma situação na qual é preciso continuar correndo só para manter sua posição, como no caso de Estado e sociedade correndo para manter o equilíbrio entre si. No livro de Carroll aquela corrida foi tempo perdido. Mas não é assim na luta da sociedade contra o Leviatã. Se a sociedade diminui o ritmo e não continua a correr rápido o suficiente para dar conta do poder crescente do Estado, o Leviatã Agrilhoado pode rapidamente se transformar em Despótico. Precisamos da competitividade da sociedade para manter o Leviatã sob controle, e quanto mais capaz e poderoso o Leviatã for, mais poderosa e atenta a sociedade precisa se tornar. Precisamos que ele continue em movimento também, tanto para expandir sua capacidade diante de novos e formidáveis desafios quanto para manter sua autonomia, fundamental não apenas para a resolução de disputas e para a aplicação imparcial de leis, como também para desmontar a gaiola de normas. Isso tudo parece uma bagunça (toda essa corrida!) e de fato, como veremos, frequentemente é mesmo. Ainda que seja uma bagunça, dependemos da Rainha Vermelha para o progresso humano e para a liberdade. Mas a própria Rainha Vermelha cria bastante instabilidade no equilíbrio do poder entre o Estado e a sociedade, enquanto os dois tentam ficar à frente.

A forma como Sólon conseguiu ativar o efeito da Rainha Vermelha demonstra esses problemas mais amplos. Suas reformas não apenas prepararam a base institucional para a participação popular na política, como também ajudaram a afrouxar a gaiola de normas a qual restringia diretamente a liberdade e impedia o tipo de participação política necessária ao corredor. A gaiola ateniense não era tão apertada quanto as de muitas outras sociedades, como a tiv, mais à frente neste capítulo. Mesmo assim, era opressiva o suficiente para impedir o caminho da Rainha Vermelha. Ao desmontar parte da gaiola, Sólon começou a mudar fundamentalmente a sociedade e a forjar um tipo diferente de política, capaz de apoiar um nascente Leviatã Agrilhoado.

Como usar o ostracismo se necessário

Sólon foi arconte por apenas um ano (bastante ocupado!), depois do qual foi para o exílio por dez anos como forma de evitar a tentação de mexer nas leis que criou. Ele defendia que elas não deveriam mudar por cem anos. Não foi o que aconteceu. Pelo contrário, uma disputa permanente entre as elites e a sociedade se seguiu.

Sólon tentou mover Atenas em direção a um Estado mais capaz e institucionalizar o controle popular enquanto mantinha as elites felizes — ao menos o suficiente. Mas quanto é o suficiente? O conflito iniciado deflagrou uma sequência de tiranos — em verdade, ditadores — que mantinham o poder ora usando a força, ora com apoio popular. Contudo, as reformas de Sólon eram populares e ganharam legitimidade, de forma que todos os atenienses, mesmo os mais ávidos tiranos, tinham que prestar homenagem a elas e, no processo, frequentemente as aprofundavam.

Pisístrato, primeiro tirano a substituir Sólon, é famoso pela astúcia com que derrubou as instituições políticas atenienses. Em certa ocasião, deliberadamente se machucou e enganou os cidadãos para andar com guarda-costas armados, os quais usava para controlar Atenas. Em outra situação, ao ser deposto, voltou a Atenas em uma carruagem com uma mulher imponente vestida de Atena e convenceu as pessoas de que ele havia sido escolhido pela própria deusa para comandar Atenas. Uma vez no poder, no entanto, Pisístrato não repudiou todo o legado de Sólon. Em vez disso, continuou a aumentar a capacidade estatal. Começou construções monumentais em Atenas e lançou uma série de medidas para integrá-la com a área rural da Ática. Entre essas inovações estavam um circuito rural de juízes, um sistema de estradas centralizado em Atenas e procissões que ligavam Atenas aos santuários rurais, assim como o festival Panateneias. As festas religiosas eram descendentes diretas de algumas medidas de Sólon, porque ele tentou restringir os festivais privados da elite em favor de outros mais comunitários e públicos. Pisístrato também cunhou a primeira moeda ateniense.

Eis a Rainha Vermelha em ação. Sólon iniciou esse caminho dinâmico cuidadosamente, e Pisístrato, o seguiu, mesmo que o processo envolvesse oscilações violentas. Tiranos, quando ascendem ao poder, renunciam à dianteira em favor do Estado e das elites. Contudo, não podem dominar a sociedade e o demos ("o povo"), e eles também competem por seu apoio. Apesar de Pisístrato ter sido sucedido por seus filhos Hípias e Hiparco e então por Iságoras, apoiado pela cidade-Estado rival de Esparta, o demos reagiu. Em 508 a.C., uma revolta popular gigantesca colocou Clístenes no poder. As reformas que Clístenes implementou eram novamente destinadas a fortalecer tanto o Estado quanto a sociedade, mas ele foi mais longe em três objetivos que Sólon tentou conquistar quase oito décadas antes — fortalecer a sociedade contra as elites, aumentar a capacidade estatal e afrouxar a gaiola de normas.

Vamos começar com a construção do Estado. Clístenes desenvolveu um elaborado sistema fiscal que cobrava um imposto de voto dos metecos (moradores estrangeiros); determinou impostos para os ricos, que tinham que pagar por festivais ou para equipar navios de guerra; estipulou uma variedade de taxas alfandegárias, pedágios e encargos, particularmente no porto de Pireu; estabeleceu impostos nas minas de prata da Ática. Durante seu mandato como arconte, o Estado começou a oferecer uma série de serviços públicos, não apenas segurança e produção de moeda, mas também infraestrutura na forma de muros, estradas, pontes, prisões e ajuda para órfãos e deficientes. Igualmente notável foi o surgimento de uma burocracia estatal. Aristóteles alega que nos dias de Aristides, por volta de 480–470 a.C., havia setecentos homens trabalhando para o Estado na Ática e setecentos no exterior, e ainda quinhentos guardas nas docas e cinquenta na Acrópole.

O controle democrático desse Estado também era muito maior do que o estabelecido por Sólon. Para conquistar esse controle democrático, Clístenes reconheceu que precisava enfraquecer ainda mais a gaiola de normas e se distanciar da base tribal do poder político. Então, em uma ação ousada, aboliu as quatro tribos que haviam povoado a Bulé de Sólon de quatrocentos membros e as substituiu por uma nova Bulé de quinhentos participantes, composta por pessoas escolhidas por sorteio entre as dez novas tribos nomeadas em homenagem a heróis atenienses. Cada tribo tinha cinquenta representantes na Bulé. Cada uma das tribos foi dividida em três unidades menores, chamadas de *trittyes* ("terços" de tribos), e cada uma dessas era subdividida em unidades políticas regionais, chamadas *demes*. Havia 139 *demes* espalhados pela Ática (como mostrado no Mapa 2). A criação de unidades regionais por si só foi um passo significativo no processo de construção do Estado, quase arrematando por completo o que restava das identidades preexistentes baseadas em parentesco.

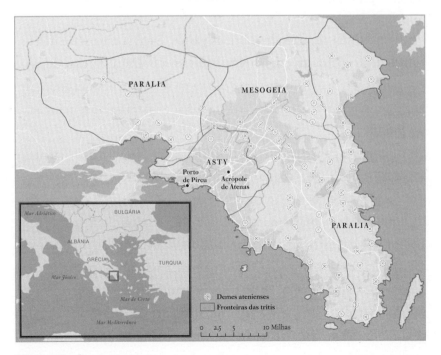

Mapa 2. Os demes atenienses.

Aristóteles resumiu os efeitos dessa reforma ao apontar que Clístenes "tornou iguais os homens dos *demes* de modo que não se revelasse quem eram os novos cidadãos ao usar o nome de seu pai, mas sim o nome de seu *deme* para se dirigir a ele".

Para aumentar ainda mais o poder político dos cidadãos atenienses contra as elites, Clístenes também acabou com as restrições de classe para pertencer a instituições que existiam no tempo de Sólon. A participação na Bulé era agora aberta a todos os cidadãos homens com idade superior a 30. Como cada um podia servir por um ano — e, no máximo, duas vezes no total —, a maioria dos atenienses servia em algum momento da vida. O presidente da Bulé era escolhido aleatoriamente e servia por 24 horas, permitindo que a maioria dos cidadãos atenienses ficasse no comando em algum momento. Aristóteles resumia tudo isso afirmando:

O povo tomou as rédeas da situação.

A Bulé tinha autoridade sobre os gastos, e havia uma série de conselhos de magistrados que implementavam a política. Apesar de esses conselhos serem escolhidos em grupo e de servirem por um ano, eram auxiliados por profissionais escravizados que agiam como funcionários do Estado.

Clístenes seguiu os passos de Sólon ao partir das normas existentes e institucionalizar aquelas que eram úteis para fortalecer o poder político dos cidadãos atenienses, ao mesmo tempo que também atacava a gaiola de normas. Mais notavelmente, formalizou a instituição do ostracismo como meio de restringir a dominação política de indivíduos poderosos. De acordo com essa nova lei, todos os anos a assembleia podia votar se iria ou não banir alguém. Se no mínimo 6 mil pessoas votassem e pelo menos metade delas fosse a favor do ostracismo, então cada cidadão podia escrever em um pedaço de cerâmica (chamado de *ostrakon*, daí o termo ostracismo) o nome de uma pessoa que quisesse banir. A pessoa cujo nome estivesse na maioria dos pedaços era banida — exilado de Atenas por dez anos. Aristóteles observa que a lei "foi aprovada devido a uma espécie de desconfiança em relação àqueles que estavam no poder". Assim como a Lei de Húbris de Sólon, essa era uma ferramenta que usava e transformava as normas da sociedade para disciplinar as elites. Mesmo Temístocles, o gênio por trás da vitória ateniense sobre os persas em Salamina e provavelmente o homem mais poderoso de Atenas na época, foi banido por volta de 476 a.C., após certa preocupação por ele estar ficando poderoso demais e por ele tornar Esparta alvo, e não a Pérsia, de adversidade real. (Um *ostrakon* com o nome de Temístocles é mostrado no caderno de fotos). O ostracismo era usado com moderação, e apenas quinze pessoas foram banidas em um período de 180 anos, quando a instituição estava em pleno vigor, mas a ameaça de ostracismo por si só era uma forma poderosa de os cidadãos disciplinarem as elites.

A evolução da constituição ateniense não parou com Clístenes, que escreveu, de acordo com Aristóteles, aquela que no final das contas foi apenas a sexta das onze constituições atenienses (já dissemos que o efeito da Rainha Vermelha podia ser uma bagunça?). No processo, Atenas se manteve firme na direção tanto do fortalecimento dos cidadãos quanto de um Estado mais forte. Coerente com a natureza da Rainha Vermelha, nada disso aconteceu sem uma luta prolongada, com as elites empurrando em uma direção e a sociedade, em outra.

Durante esse período, Atenas gradualmente (e com muitas reviravoltas) construiu um dos primeiros Leviatãs Agrilhoados do mundo; um Estado poderoso e capaz, efetivamente controlado por seus cidadãos. Os atenienses tinham que agradecer ao efeito da Rainha Vermelha por essa conquista. O Estado não podia dominar a sociedade, mas a sociedade também não podia dominar o Estado; o progresso de um resultava em resistência e inovação por parte do outro, e os grilhões da sociedade permitiam que o Estado expandisse seu mandato e sua capacidade em novas áreas. No caminho, a sociedade também cooperava, permitindo um aprofundamento da capacidade estatal enquanto o Estado permanecia sob controle popular. Fundamental em tudo isso foi a maneira como a Rainha Vermelha corroeu a gaiola de normas. Para agrilhoar um Leviatã, a sociedade precisa cooperar, se organizar coletivamente e assumir a participação política. Isso é difícil de fazer se ela é dividida em peões e mestres, fraternidades, tribos ou clãs. As reformas de Sólon e Clístenes gradualmente eliminaram essas identidades rivais e abriram caminho para um eixo mais amplo de cooperação. Essa é uma característica que vamos ver várias vezes na criação dos Leviatãs Agrilhoados.

Os direitos ausentes

A história de como o Leviatã Americano se tornou Agrilhoado, que começamos a contar no capítulo anterior, tem muitos paralelos com o caso ateniense. A constituição dos Estados Unidos, criada pelos pais fundadores — homens como George Washington, James Madison e Alexander Hamilton —, é considerada uma peça brilhante de desenho institucional por introduzir freios e contrapesos, e conceder liberdade a gerações futuras de norte-americanos. Apesar de existir alguma verdade nisso, essa é apenas parte da história. O mais importante é o fortalecimento das pessoas e como isso restringiu e modificou as instituições estadunidenses e desencadeou um poderoso efeito da Rainha Vermelha.

Vamos analisar a questão dos direitos. Devemos aos pais fundadores e sua constituição a proteção dos direitos, não é mesmo? Sim e não. A constituição, que substituiu as primeiras leis da nova nação, os artigos da Confederação adotados em 1777-78, realmente consagra alguns direitos básicos, mas esses não estavam no tão elogiado documento escrito durante o verão de 1787 na Filadélfia. Os pais fundadores distraidamente deixaram de lado uma gama de direitos básicos que hoje consideramos essenciais para as instituições norte-americanas e para a sociedade. Esses direitos acabaram sendo colocados na constituição, mas só mais tarde, na forma da Carta de Direitos, uma lista de doze emendas à constituição, dez das quais foram aprovadas no primeiro Congresso e ratificadas pelas legislaturas estaduais. Eles incluíram o artigo sexto da Carta de Direitos:

> O direito do povo à segurança de sua vida, casa, documentos e bens contra buscas e apreensões abusivas não poderá ser violado, e não serão emitidos mandados, a não ser com causa provável solicitada com base em juramento ou afirmação, e particularmente descrevendo o lugar a ser revistado, e as pessoas ou bens a serem apreendidos.

O artigo oitavo especifica:

> Em todos os processos criminais o acusado deverá ter direito a um julgamento rápido e público, realizado por um júri imparcial do Estado e do distrito no qual o crime tenha sido cometido; o distrito deve ser previamente determinado por lei e informado da natureza e motivo da acusação; deve poder confrontar as testemunhas de acusação; deve ter processo obrigatório para obter testemunhas a seu favor; e deve ter a assistência de um advogado em sua defesa.

Todos esses direitos parecem bastante básicos. Então como os pais fundadores se esqueceram deles? A razão é bastante simples e nos ajuda a entender as origens dos grilhões do Leviatã Americano — e por que esses grilhões não surgiram automática ou facilmente.

Madison, Hamilton e seus colaboradores, conhecidos como federalistas, não queriam substituir os artigos da Confederação porque desejavam fortalecer os direitos das pessoas. Em vez disso, a constituição que rascunharam foi concebida para controlar os tipos de políticas que estavam sendo adotadas pelas legislaturas estaduais, as quais os federalistas viam como perigosas e subversivas. Tais legislaturas, por exemplo, permitiam imprimir seu próprio dinheiro, taxar o comércio, perdoar débitos e se recusar a financiar o débito nacional. Pior: havia também um bocado de desordem e mobilização popular, com pessoas de todas as origens tendo adotado a ideia de que podiam se autogovernar, organizar, protestar e ser eleitas para legislaturas no intuito de defender seus interesses. Nesse contexto, a constituição foi desenhada para enfrentar dois problemas distintos ao mesmo tempo. O primeiro era construir o Estado federal de forma a coordenar as leis, a defesa e a política econômica por todo o país. O segundo era controlar o poderoso instinto democrático que a Guerra da Independência contra os ingleses havia libertado. A constituição iria dar conta de ambos os objetivos ao centralizar o poder político, colocando o governo central como responsável pela política fiscal e controlando a tumultuada política popular e os poderes autônomos dos estados.

Os federalistas eram o que chamamos de "construtores do Estado". Apesar de Hobbes permitir dois caminhos para um Leviatã, via pacto ou aquisição, na prática a construção do Estado com frequência é liderada por alguns edificadores dele — indivíduos ou grupos, como Sólon, Clístenes, ou os federalistas, com determinação e plano de criar uma autoridade centralizada —, que estabelecem um protoestado ou ampliam o poder de um Estado nascente. Os federalistas tinham como horizonte construir um Leviatã que Hobbes teria apreciado (mas os artigos da Confederação não permitiam).

Os federalistas também estavam bastante cientes do que chamamos de problema de Gilgamesh: entendiam que havia riscos em dar muito poder ao Estado Federal. Por um lado, ele poderia se tornar tão poderoso que atacaria a sociedade, mostrando sua face assustadora. Em um trecho famoso dos federalistas, uma série de panfletos que escreveu com Hamilton e John Jay de forma a instigar as pessoas a ratificar a constituição, Madison destacou:

> Ao conceber um governo que deverá ser administrado por homens acima de homens, a grande dificuldade está nisso: devemos primeiro permitir que o governo controle os governados; e depois o obrigar a controlar a si mesmo.

Apesar da afirmação de Madison sobre a necessidade de o autocontrole governamental receber mais atenção hoje, enfatizar que "controlar os governados" é o fundamento de um governo destaca o segundo objetivo dos federalistas: a necessidade de limitar o envolvimento de pessoas comuns na política. Muitos leitores da época reconheceram isso e ficaram preocupados, particularmente porque o documento escrito na Filadélfia não tinha nenhuma declaração explícita dos direitos do povo. E eles tinham razão. Como Madison declarou em uma carta privada a Thomas Jefferson logo depois que a constituição foi escrita em 1787:

> *Divide et impera*, o axioma reprovado da tirania, é, sob certas circunstâncias, a única política pela qual uma república pode ser administrada com justiça.

Divide et impera — dividir e conquistar — era a estratégia para controlar a democracia. Madison enfatizou "a necessidade (...) de aumentar os limites do governo geral [e] de limitar mais efetivamente os governos estaduais". O "governo geral", como era chamado o governo federal, era menos democrático por causa de recursos como a eleição indireta dos senadores e do presidente. A necessidade de limitar "mais efetivamente os governos estaduais" estava enraizada nas turbulências sociais dos anos 1780, incluindo as revoltas e rebeliões de agricultores e devedores, os quais Madison pensava que podiam prejudicar todo o projeto da independência americana. De fato, uma razão importante para os federalistas favorecerem a constituição era por ela fornecer ao governo federal receitas de impostos para patrocinar forças armadas permanentes. Uma consequência disso seria "garantir a tranquilidade doméstica", como o prólogo da constituição afirmava. Depois que a constituição foi ratificada, a primeira ação do Exército federal de George Washington foi, naturalmente, marchar para o oeste a partir da capital para reprimir uma revolta anti-impostos, a Rebelião do Whiskey.

Madison e o projeto federalista de construção do Estado geraram um grande descontentamento na sociedade americana. As pessoas temiam o que um Estado mais poderoso e controlado por políticos poderia fazer sem as proteções oferecidas por uma Carta de Direitos. Mesmo nos estados, a face assustadora do Leviatã estava à espreita, não muito longe da superfície. Muitas assembleias legislativas se recusaram a ratificar a constituição sem uma proteção explícita dos direitos individuais. Madison foi forçado a admitir a necessidade de uma Carta de Direitos para persuadir a assembleia do estado da Virgínia a sancionar a constituição. Ele depois disputou uma vaga no Congresso pela Virgínia com uma campanha pró-Carta de Direitos e defendeu a necessidade dela no Congresso em agosto de 1789, sob a justificativa de que era necessária para "pacificar a mente das pessoas". (Mas veremos neste capítulo, e de novo no Capítulo 10, que havia outras considerações mais graves e que Madison e seus colaboradores acabaram apoiando a escravidão para tornar a constituição aceitável para as elites do sul. Isso iria garantir que a Carta de Direitos não protegeria os escravizados nem poderia ser usada contra os abusos dos governos estaduais.)

A transição dos artigos da Confederação para a constituição revela os ingredientes vitais necessários para o surgimento de um Leviatã Agrilhoado. Primeiro deve existir um grupo de indivíduos ou grupos na sociedade, nossos construtores do Estado, para insistir em um Estado poderoso, o qual irá trabalhar para controlar a Guerra "de todos contra todos", ajudar a resolver conflitos na sociedade, proteger as pessoas contra a dominação e fornecer serviços públicos (e talvez também cuidar um pouco dos próprios interesses). Esse grupo de construtores do Estado — sua visão, sua habilidade de formar as coalizões certas para apoiar seu esforço e o poder absoluto que têm — é crucial. Os federalistas assumiram esse papel na fundação da federação. Eles pretendiam construir um verdadeiro Leviatã e entenderam que era vital para a segurança, unidade e sucesso econômico do novo país ter um Estado central muito mais forte, com o poder de taxar, de monopolizar o direito de imprimir dinheiro e a habilidade de estabelecer uma política federal de comércio. Além disso, os federalistas tinham influência suficiente para investir nesse projeto de construção do Estado, uma vez que já tinham uma autoridade considerável e eram políticos bem estabelecidos. Ainda desfrutavam do poder de sua aliança com George Washington e outros líderes respeitados da Guerra da Independência. Eram também muito competentes na política de influenciar a opinião pública por meio da mídia e de seus panfletos brilhantemente escritos — presentes em *O Federalista*.

O segundo pilar do Leviatã Agrilhoado, a mobilização social, é ainda mais crítico, porque é a essência do efeito da Rainha Vermelha. Quando falamos em mobilização social, estamos considerando o envolvimento da sociedade como um todo (em particular as não elites) na política, o que pode tanto acontecer de forma não institucionalizada por meio de revoltas, protestos, petições e pressão pública sobre as elites — seja por associações, seja pela mídia —, quanto pela via institucional — seja pelas eleições, seja pelas assembleias. Os poderes não institucionalizados e institucionalizados são sinérgicos e apoiam uns aos outros.

O despotismo deriva da inabilidade da sociedade de influenciar as políticas e ações estatais. Apesar de uma constituição poder especificar eleições democráticas ou consulta, tal decreto é insuficiente para tornar o Leviatã responsivo, responsável e agrilhoado, a menos que a sociedade seja mobilizada e se envolva ativamente na política. Então o alcance da constituição depende da capacidade que as pessoas comuns têm de defendê-la e de exigir o que foi prometido, se necessário por meios não institucionais. As provisões constitucionais, por outro lado, importam não só por garantirem maior previsibilidade e consistência ao poder social, como também por consagrarem o direito da sociedade de permanecer envolvida na política.

O poder da sociedade é baseado na habilidade das pessoas de resolver seus problemas de "ação coletiva" para se envolver na política, impedir mudanças contra as quais se posicionam e impor seus interesses em decisões sociais e políticas importantes. O problema da ação coletiva se refere ao fato de que, mesmo quando é de interesse de um grupo de pessoas se organizar para se envolver na ação política, cada membro do grupo poderá "pegar carona" e levar a cabo seus negócios sem exercer o esforço necessário para proteger os interesses em comum, ou mesmo permanecer alheio ao que está acontecendo. Os meios não institucionalizados de exercer o poder são imprevisíveis porque não fornecem uma forma confiável de resolver o problema da ação coletiva, enquanto o poder institucionalizado é capaz de ser mais sistemático e previsível. As constituições podem, no entanto, permitir que a sociedade exerça seu poder de uma forma mais consistente. Foi vital que, nos anos que levaram à elaboração da constituição, a sociedade americana tivesse ambas as fontes de poder.

Seu poder não institucionalizado estava enraizado na luta popular durante a guerra contra os ingleses. Thomas Jefferson capturou a essência dessa mobilização quando escreveu em 1787:

> Deus não permita que fiquemos vinte anos sem tal rebelião (...) Qual país pode preservar suas liberdades se seus líderes não são alertados de tempos em tempos que seu povo mantém o espírito de resistência? Deixe-os pegar em armas.

Graças aos artigos da Confederação, a sociedade americana tinha meios institucionais de impedir o projeto federalista de construção do Estado também, por exemplo, ao se recusar a ratificar a constituição nas legislaturas estaduais. Essas limitações institucionais não acabavam com a ratificação, uma vez que, de acordo com a constituição, a legislatura continuava a ser um limitador potente do poder executivo e federal.

O grau de mobilização popular e o quanto a sociedade estava bem organizada tiveram um papel central na Guerra da Independência, estimulada pelo ressentimento das pessoas comuns contra as políticas britânicas. Essas mesmas características da sociedade norte-americana atraíram a atenção de um jovem intelectual francês que viajou pelo país cerca de meio século mais tarde, Alexis de Tocqueville. Em sua obra-prima, *A democracia na América*, Tocqueville comentou que

> Em nenhum país do mundo o princípio de associação foi mais bem-sucedido ou mais aplicado de maneira imparcial a uma variedade maior de objetos diferentes do que na América.

De fato, era uma "nação de participantes" e Tocqueville se maravilhava com "a habilidade incrível com a qual os habitantes (...) eram bem-sucedidos em propor um objeto comum aos esforços de muitos homens, e em fazer com que eles voluntariamente o perseguissem". Essa tradição de mobilização popular robusta fortaleceu a sociedade estadunidense para que ela tivesse voz na definição do tipo de Leviatã que deveria ser construído. E mesmo se Hamilton, Madison e seus aliados quisessem construir um Estado mais despótico, a sociedade não iria aceitar. Assim, os federalistas foram levados a apresentar a Carta de Direitos e outras limitações a seus poderes para tornar o projeto de construção do Estado mais palatável àqueles que teriam que "submeter seus desejos" ao Leviatã.

Não apenas esse segundo pilar vital inicialmente impediu que o Estado norte-americano tomasse o caminho despótico, como o equilíbrio de poder gerado garantiu que o Estado permanecesse agrilhoado mesmo à medida que se tornava mais poderoso no decorrer do tempo (e veremos mais tarde que em alguns aspectos talvez tenham sido bem-sucedidos demais, restringindo as aptidões do Estado nos dois séculos seguintes, em especial quando se trata do papel do Estado de dar proteção e oportunidades iguais para todos os seus cidadãos). O Estado norte-americano em 1789 era muito menos poderoso que o Estado moderno e quase rudimentar em comparação a ele. Tinha pouca burocracia e fornecia apenas alguns serviços públicos. Nem sonhava em regular monopólios ou criar uma rede de segurança social, e não via todos os seus cidadãos, certamente não mulheres ou pessoas em estado de escravidão, como iguais. Sendo assim, afrouxar a gaiola de normas que aprisionava muitos americanos definitivamente não era uma prioridade na época. Hoje, esperamos muito mais do Estado em termos de resolução de conflito, regulação, rede de segurança social, provisão de serviços públicos e proteção da liberdade individual contra todo tipo de ameaças. A possibilidade de sua provisão é uma consequência da Rainha Vermelha. Se toda a sociedade norte-americana na época pudesse colocar no papel o que o Estado poderia fazer, não veríamos muitos dos benefícios (e também não haveria algumas das intransigências) do Estado atual. Em vez disso, o Estado norte-americano evoluiu nos últimos 230 anos e mudou suas habilidades e seu papel. Durante o processo, tornou-se mais reativo aos desejos e às necessidades de seus cidadãos. A razão pela qual pôde alcançar esse crescimento foi porque as correntes em seus pés significavam que a sociedade poderia, com algum cuidado, confiar que, mesmo com um pequeno aumento em seu poder, ele não se tornaria completamente livre de responsabilização nem mostraria sua face mais assustadora. Sua natureza contida também significa que a sociedade podia contemplar uma cooperação com o Estado. Contudo, da mesma forma que a sociedade estadunidense no fim do século XVIII não confiava completamente em Madison e Hamilton sem garantias, em geral a sociedade não tem plena confiança naqueles que tentam aumentar a capacidade e o alcance do Estado. Irá permitir que o façam apenas enquanto aumentar sua própria capacidade de controlar o Estado.

O desenvolvimento posterior das relações Estado-sociedade nos Estados Unidos do século XIX aconteceu da mesma maneira caótica e imprevisível que é marca registrada da Rainha Vermelha, como vimos no caso ateniense. À medida que o Estado centralizado se torna mais poderoso e mais envolvido na vida das pessoas, a sociedade tenta reafirmar seu controle. À medida que a sociedade se torna mais mobilizada, as elites e as instituições estatais reagem e tentam lutar para retomar o controle. Apesar de vermos essa dinâmica em muitos aspectos da política norte-americana, o maior ponto fraco era a tensão entre os estados do norte e do sul a respeito da escravidão, que impôs muitas concessões desagradáveis na constituição. Essa tensão entrou em erupção na forma de um dos mais mortais conflitos do século XIX, depois que sete estados do sul (dos 34 que existiam na época) declararam sua secessão, formando os Estados Confederados da América, depois da posse de Abraham Lincoln em 1861. A secessão não foi reconhecida pelo governo, e a Guerra Civil entre a União e a Confederação começou em 12 de abril de 1861. Durante os quatro anos que durou, a guerra destruiu muito do sistema de transporte, da infraestrutura e da economia do sul, e resultou em cerca de 750 mil mortes. O fim da guerra levou a uma poderosa alteração no equilíbrio de poder contra as elites, especialmente as elites do sul, uma vez que houve a libertação dos escravizados (com a 13ª emenda), seus direitos civis reconhecidos (com a 14ª emenda) e seu direito a voto reconhecido (15ª emenda). Mas isso não foi o fim da série de reações que ocorreram. A Era da Reconstrução, que durou até 1877, fortaleceu os escravizados libertos e os incorporou ao sistema econômico e político (e eles participaram com empenho, votando em peso e sendo eleitos para as assembleias). Contudo, o período de Redenção que se seguiu à retirada das tropas do norte do território sulista os privou novamente de direitos, limitando-os em uma agricultura de baixos salários e os sujeitando a uma gama de práticas formais e informais de repressão, incluindo assassinatos e linchamentos nas mãos da polícia local e da Ku Klux Klan. O pêndulo só se moveu de novo contra as elites e a favor dos grupos mais excluídos da sociedade do sul depois do movimento pelos direitos civis entrar em ação em meados da década de 1950. (E, claro, não estamos nem perto do fim dessa história no que diz respeito à evolução da liberdade norte-americana.)

Apesar de a narrativa padrão pintar um quadro no qual a constituição dos Estados Unidos protege os direitos dos cidadãos, não há nada bonito na forma como esses direitos se tornaram protegidos para a maior parte dos norte-americanos — e esses direitos se devem tanto à sociedade quanto ao documento escrito na Filadélfia em 1787. Essa é apenas a natureza da Rainha Vermelha.

Chefes? Quais chefes?

Portanto, o efeito da Rainha Vermelha não é belo e, como veremos mais tarde neste livro, toda aquela correria é cheia de perigos. Mas quando funciona, cria condições para o tipo de liberdade de que atenienses e americanos desfrutaram. Então, por que tantas sociedades permanecem com o Leviatã Ausente? Por que não tentam criar uma autoridade centralizada para depois acorrentá-la? Por que não desencadear o efeito da Rainha Vermelha?

Com frequência, cientistas sociais têm relacionado o fracasso do surgimento de uma autoridade centralizada à ausência de algumas condições-chave que fazem o Estado valer a pena, tais como uma alta densidade populacional, uma agricultura estabelecida ou comércio. Também já se defendeu que algumas sociedades não têm o conhecimento necessário para criar Estados. De acordo com essa visão, construir um Estado é primeiro um problema de "engenharia", de trazer o conhecimento certo e os projetos institucionais. Apesar de esses aspectos terem um papel em alguns contextos, outro fator é frequentemente mais importante: o desejo de evitar a face assustadora do Leviatã. Se você teme o Leviatã, irá impedir a acumulação de poder e resistir à hierarquia social e política necessária ao seu nascimento.

A história da Nigéria é um exemplo em que esse medo nitidamente bloqueou o surgimento do Leviatã. Longe de Lagos e das lagoas litorâneas, chega-se a Iorubalândia, lar do povo iorubá. A estrada A1 segue para o norte, primeiro para Ibadan, e então vira a leste na A122, passa por Ifé, tradicional lar espiritual dos chefes iorubás, e então chega a Locoja via A123 (que pode ser vista no Mapa 1 no capítulo anterior). Locoja, localizada na confluência dos rios Níger e Benué, foi a primeira capital da Nigéria colonial, instituída por Sir Frederick Lugard em 1914. Supostamente, foi lá que sua futura esposa, Flora Shaw, criou o nome do futuro país. Continuando na direção leste, a A233 desce abaixo do Benué. Quando se chega a Makurdi, de volta ao rio, encontra-se Tivlândia.

Os tivs eram um grupo étnico que vivia sem Estado, organizando-se em torno de relações de parentesco na época em que a Nigéria foi colonizada. Mesmo assim, constituíam um grupo coerente, com um território grande e em expansão, e uma língua, cultura e história bem definidas. Sabemos bastante sobre os tivs graças ao casal de antropólogo Paul e Laura Bohannan, que os estudaram de meados da década de 1940 em diante. Os registros deles e de outros deixam nítido que o mesmo problema que incomodava em Atenas — evitar que indivíduos poderosos se tornassem muito dominadores e começassem a mandar em todo mundo — era uma grande preocupação para a sociedade tiv. Mas a forma como os tivs lidaram com esse problema foi bem diferente. O que os fez desconfiar do poder e os deixou dispostos a agir contra aqueles que o acumulavam foram as normas. Tais normas evitaram o surgimento de qualquer hierarquia política. Como consequência, apesar de o povo tiv ter chefes, esses líderes tinham pouca autoridade sobre os demais; seu principal papel era mediar e arbitrar conflitos e apoiar a cooperação da forma que vimos com os anciões axantes no capítulo anterior. Não havia possibilidade de um governante ou grande homem estabelecer autoridade suficiente para impor sua vontade.

Para entender como os tivs contiveram a hierarquia política, voltemos a Lorde Lugard. Lugard queria aprimorar o que se tornou conhecido como "lei indireta", um método de governar colônias com a ajuda de autoridades políticas indígenas e de locais notórios. Mas como governar um país dessa forma quando não há nenhuma autoridade? Quando Lugard exigiu ser levado a seus chefes, os tivs responderam: "Chefes? Que chefes?" O sistema de comando indireto já havia sido desenvolvido na Nigéria do Sul durante os anos 1890, quando a autoridade britânica se espalhou. Foi quando os administradores criaram "chefes de garantia", conhecidos assim porque os britânicos davam garantias a poderosas famílias indígenas que transformavam em chefes. Depois de 1914, Lugard queria algo ainda mais ambicioso. Ele defendia que, "se não há chefes (...) a primeira condição para o progresso em uma comunidade muito desagregada, tal como a dos i[g]bos ou dos (...) [tivs], é criar unidades de algum tamanho submetidas a chefes progressistas".

Mas quem eram esses "chefes progressistas"? Lugard e as autoridades da colônia decidiam. Lugard queria chefes progressistas para impor ordem, cobrar impostos e organizar o trabalho de construção de estradas e ferrovias na Tivlândia. Se os tivs não tinham chefes de verdade, ele os criaria. E foi o que fez depois de 1914, impondo uma nova versão do chefe de garantia aos tivs.

Contudo, os tivs não aderiram à ideia e não ficaram felizes com o plano de Lugard. Os problemas começaram a surgir rápido e explodiram em 1929 na vizinha Iglândia, lar de outra sociedade sem Estado, a "comunidade desagregada" de igbos. Uma década depois, no verão de 1939, a maior parte da atividade social e econômica havia parado em Tivlândia. O problema surgiu de um culto chamado Nyambua, que pode ser entendido como a vingança dos tivs contra Lugard, que agora era um barão aproveitando sua aposentadoria em paz na Inglaterra, e de seus chefes de garantia. O líder do culto era um homem chamado Kokwa, que vendia amuletos que davam proteção contra os *mbatsav*, ou "bruxos". *Mbatsav* é uma palavra derivada de *tsav*, o que significa "poder" na língua tiv, particularmente o poder de outros. *Tsav* é uma substância que cresce no coração de uma pessoa e pode ser examinada depois da morte ao se abrir o peito. Se você tem, pode levar os outros a fazerem o que você quer e matá-los usando feitiços. Sobretudo, apesar de algumas pessoas naturalmente terem *tsav*, ele pode ser aumentado pelo canibalismo. Como Paul Bohannan explica:

> Uma dieta de carne humana faz o *tsav* e, claro, o poder crescerem bastante. Portanto os homens mais poderosos, não importa quão respeitados ou queridos, nunca receberão confiança completa. São homens do *tsav* — e quem sabe?

As pessoas com *tsav* pertenciam a uma organização — a Mbatsav. *Mbatsav* tem dois significados: pessoas poderosas (é o plural de *tsav*) e, como vimos, um grupo de bruxos. Esses feiticeiros poderiam se envolver em atividades nefastas, como profanação de túmulos e necrofagia. Esse é um duplo sentido interessante. Imagine se na nossa língua a palavra "políticos" significasse tanto "pessoas que disputam ou controlam cargos governamentais eletivos" quanto "um grupo de bruxos que se reúnem para fins nefastos". (Na verdade, é um conceito que não está muito longe da realidade.)

Os iniciados no culto Nyambua ganhavam uma varinha de couro e um espanador. O espanador permitia identificar os *tsav* criados pelo canibalismo. Uma fotografia que Paul Bohannan tirou de um adivinho tiv com um espanador está inclusa no caderno de fotos. Em 1939, os espanadores foram apontados para os chefes de garantia acusados de serem bruxos, uma imputação que tirava deles qualquer autoridade e poder recebido dos britânicos. Os tivs estavam lutando contra os ingleses? Sim e não. Olhando mais de perto, pode-se notar que o movimento não era só antibritânico; era antiautoridade. Como um ancião tiv, Akiga, disse ao mandatário colonial Rupert East na época:

> Quando a terra estragou devido a tantos assassinatos sem sentido (pelos *tsav*), os tivs tomaram medidas enérgicas para vencer os Mbatsav. Esses grandes movimentos aconteceram pelo período que vai dos dias dos ancestrais aos tempos modernos.

De fato, cultos religiosos como Nyambua eram parte de um conjunto de normas que haviam evoluído para proteger o *status quo* tiv, o que significava evitar que qualquer um se tornasse poderoso demais. Nos anos 1930, eram os chefes de garantia que estavam se tornando perigosamente poderosos, mas no passado outros haviam, de forma semelhante, se tornado fortes demais. Bohannan apontou como

> homens que tinham conquistado muito poder (...) eram contidos por meio de acusações de bruxaria (...) Nyambua era

um dentre vários movimentos pelos quais a ação política dos tivs, com sua desconfiança em relação ao poder, abre espaço para que a grande instituição política — aquela baseada no sistema de linhagem e no princípio do igualitarismo — possa ser preservada.

O que é realmente representativo aqui — e lembra a preocupação dos atenienses com a húbris e em banir indivíduos poderosos — é a frase "desconfiança do poder". Falamos até agora do poder ou da capacidade estatal. Mas o Estado em si é controlado por um grupo de agentes, os quais incluem governantes, políticos, burocratas e outros atores politicamente influentes — o que pode ser chamado de "elite política". Não há como ter um Leviatã sem ter uma hierarquia política, sem alguém — a elite política, um governante ou um construtor do Estado — exercendo poder sobre os outros, dando ordens, decidindo quem está certo e quem está errado nas disputas. A desconfiança do poder resulta em medo dessa hierarquia política. As normas dos tivs não apenas regulavam e controlavam conflitos; elas também restringiam severamente a hierarquia social e política. Uma vez que inibir a hierarquia política significa inibir o poder do Estado, algumas dessas normas, incluindo acusações de bruxaria, simultaneamente impediam a construção do Estado.

Efeito Bola de Neve

A sociedade tiv temia a face assustadora do Leviatã e a dominação que ele poderia exercer uma vez liberto. Ela também tinha normas fortes para impedir o surgimento de uma hierarquia política, e assim os tivs acabaram com o Leviatã Ausente. Mas há uma pegadinha. Se a sociedade era tão poderosa e o Estado e suas elites tão fracos, por que os tivs estavam assustados com o Leviatã? Por que não podiam ativar o efeito da Rainha Vermelha e se beneficiar da dinâmica que geraria o Leviatã Agrilhoado? Por que não criaram soluções para controlar a hierarquia política, como fizeram Sólon, Clístenes e outros inovadores institucionais gregos, ou os pais fundadores dos Estados Unidos?

A resposta está associada à natureza das normas que protegiam contra o surgimento da hierarquia política. Mas também destaca que é difícil construir a condição para um Leviatã Agrilhoado e que há limitações para diferentes tipos de poder social. Em contraste com a mobilização social comum e as formas institucionalizadas de poder político, as normas tivs baseadas em rituais, práticas de bruxaria e na crença geral contra hierarquia não poderiam ser facilmente "ampliadas"; não eram o tipo de instituições e normas que poderiam ser úteis se um grupo da sociedade se tornasse poderoso o suficiente e exercitasse autoridade sobre o resto. Então os tivs tinham a capacidade de tolher o surgimento de desigualdade política no início, mas não de controlar o processo de construção do Estado. Isso tornava qualquer tentativa de construção do Estado um pouco como uma bola de neve para eles — uma vez que seguissem nesse caminho, poderiam perder o controle e terminar em um destino imprevisto.

Para entender isso melhor, é útil comparar as ferramentas sociais de controle da hierarquia política disponíveis aos tivs com aquelas ao alcance dos atenienses e americanos enquanto estavam envolvidos na construção do Estado.

Os norte-americanos tinham pelo menos duas armas robustas em seu arsenal para combater um Leviatã excessivamente voraz. Em primeiro lugar, eles haviam institucionalizado o poder para controlar o Leviatã, uma vez que as legislaturas estaduais eram influentes e não podiam ser deixadas de lado com facilidade — o Estado federal também poderia ser sujeito a controles eleitorais e judiciais. Segundo, a sociedade norte-americana estava mobilizada de maneira que os tivs certamente não estavam. Os Estados Unidos, de muitas maneiras, eram formados por pequenos proprietários, que nutriam não apenas aspirações econômicas, mas também políticas. Havia normas para tornar indesejável a aceitação de autoridades despóticas, e estavam prontos para se rebelar (como os britânicos descobriram). Como resultado, mesmo se estivessem apreensivos com a possibilidade de o Estado centralizado adquirir poderes muito maiores do que poderia parecer adequado uma década antes, os norte-americanos ainda acreditavam que podiam evitar a transformação do Estado em um Leviatã Despótico.

Os atenienses tinham armas semelhantes e as usavam para o mesmo fim. Atenas saíra do Período Homérico com uma sociedade disposta a tomar as rédeas da dominação e dos privilégios das elites. Sua estrutura econômica facilitava a mobilização social. Depois das reformas de Sólon, Atenas se tornou uma sociedade de pequenos proprietários, como as treze colônias norte-americanas, com toda a mobilização que isso gera. A coletividade grega também se tornou mais assertiva nesse período, o que é fundamental, graças às mudanças na tecnologia militar. No século VIII a.C., o ferro tomou o lugar do bronze na confecção de armas. As armas de bronze eram caras, e disso advinha o monopólio natural da elite. As armas de ferro, por outro lado, eram muito mais baratas e "democratizaram a guerra", nas palavras do arqueólogo Gordon Childe. Em particular, elas foram responsáveis pelos famosos hoplitas, os soldados-cidadãos gregos fortemente armados, que poderiam lutar não apenas com outras cidades-Estado e os persas, mas também contra elites gananciosas. Toda essa mobilização foi institucionalizada por Sólon, Clístenes e outros líderes depois deles, tornando mais difícil para as elites usurparem o poder e rapidamente reafirmar sua dominação. Como consequência, os atenienses, embora se preocupassem como os tivs com a possibilidade de as elites se tornarem muito fortes e dominantes, acreditavam que poderiam governá-las com sua lei do ostracismo, com armamento de ferro e com as assembleias. Eles não estavam completamente errados.

Não era o caso dos tivs. O poder da sociedade tiv emanava de suas normas usadas contra qualquer tipo de hierarquia política. Tais normas são uma forma poderosa de preservar o *status quo* porque ajudam a resolver o problema de ação coletiva e induzir as pessoas a se organizar de forma a conter indivíduos que tenham a intenção de se tornar dominantes e excessivamente poderosos. Não são, porém, tão boas em organizar a ação coletiva para outros propósitos, tais como controlar um Leviatã ativo. Isso acontece em parte porque os tivs, como muitas outras sociedades sem Estado, se organizam em uma série de famílias agrupadas em clãs maiores. Apesar de os atenienses terem clãs, eles eram mais fluidos e menos enraizados em ligações genealógicas profundas, e Clístenes reduziu drasticamente o papel que tinham na política. Por outro lado, o nível mais baixo de agregação da sociedade tiv era a *tar*, a comunidade familiar estendida cuja autoridade provinha dos anciões homens. Tratava-se de uma sociedade organizada verticalmente pelo sistema de clãs, onde o papel das pessoas na vida era regulado e prescrito. Havia poucas chances para as pessoas se organizarem livremente em qualquer tipo de associação que pudesse ajudá-las a mobilizar ou monitorar o poder político. Além do mais, crenças de que qualquer desigualdade tinha raízes na bruxaria poderiam começar a ruir assim que a hierarquia surgisse e ganhasse respeito. Relações familiares não poderiam fornecer uma plataforma na qual a sociedade poderia deliberar e participar das decisões coletivas.

E o pior: em uma sociedade baseada em clãs, a hierarquia política muito provavelmente ganharia a forma de dominação de um clã sobre os outros, preparando o terreno para um tipo de Leviatã que iria, no fim, acabar com qualquer oposição. Uma bola de neve, de fato. Melhor manter o Leviatã ausente.

Permanecendo inelegível

Muitas sociedades históricas sem Estado e algumas poucas que ainda existem se parecem com os tivs. Elas não apenas vivem sem Estado ou com pouca hierarquia política, como se protegem com diligência contra seu surgimento, usando qualquer ferramenta que tenham em mãos. Frequentemente são normas e crenças, como a bruxaria, que evoluíram por muitas gerações. Mas isso tem alguma relevância para as nações modernas? Todos os 195 países que existem hoje têm Estado, legislação, tribunais e forças de segurança garantindo o cumprimento das leis. O Leviatã Ausente das sociedades sem Estado poderia ter alguma relevância para eles? A resposta é sim. Embora existam Estados, eles podem ser extremamente fracos, deixando grandes áreas de seus países na mesma situação das sociedades sem Estado, governadas por suas normas como os tivs, ou frequentemente mergulhadas na violência como os gebusis, da Papua-Nova Guiné. Mais surpreendente ainda, apesar de sua fachada moderna, alguns Estados podem evitar organizar algumas instituições básicas, agindo como o Leviatã Ausente em tudo menos no nome, e pelas mesmas razões dos tivs — por temer o efeito Bola de Neve. O Estado moderno do Líbano é um exemplo.

A constituição dos Estados Unidos especifica que a representação da Câmara Federal deveria ser proporcional à população de cada estado. Para determinar essas populações, três anos depois da ratificação da constituição foi necessária a realização de um censo, que precisa ser atualizado a cada dez anos. O primeiro censo foi lançado em 1790 e tem sido repetido assiduamente a cada década. Há muitas razões pelas quais censos são uma boa ideia. Além de servir como base para uma distribuição justa de representação no legislativo, eles ajudam o governo a saber onde seus cidadãos estão, de onde vêm, como vivem, quão escolarizados são e talvez qual sua renda ou riqueza. Isso é importante para que o Estado providencie serviços e aumente receitas e impostos. Nas palavras do cientista político James Scott, censos fazem a sociedade ser "legível" para o Estado — fornecem a informação para entender, regular, taxar e, se necessário, reprimir a sociedade. Essas atividades parecem tão essenciais para a existência e funcionamento de um Estado que cada um deles deveria querer tornar sua sociedade mais legível. As pessoas também deveriam querer algum grau de legibilidade, uma vez que, de outra forma, não vão receber nenhum serviço ou ser representadas de maneira fidedigna. A essa altura você pode ver as falhas nesse argumento. E se a sociedade não confia no Estado? E se está preocupada com a legibilidade ser mal usada? E se teme o efeito Bola de Neve? Essa é exatamente a preocupação dos libaneses.

O Líbano fez parte do Império Otomano até a Primeira Guerra Mundial, após a qual se tornou colônia francesa por pouco tempo conquistando a independência em 1943. Desde então, o Líbano nunca fez um censo. Houve um em 1932, que se tornou a base para o Pacto Nacional firmado em 1943, e só. O censo de 1932 descobriu que os cristãos eram 51% da população, com uma pequena margem acima das comunidades muçulmanas xiitas, sunitas e drusas no Líbano (mostradas no Mapa 3). O pacto reconhecia essa configuração ao dividir o poder entre os vários grupos. Por exemplo, o presidente tinha que ser sempre um cristão maronita, enquanto o primeiro-ministro deveria ser um muçulmano sunita e o presidente do Parlamento, um xiita. A divisão não parou aí. O vice-presidente do Parlamento e o vice primeiro-ministro sempre tinham

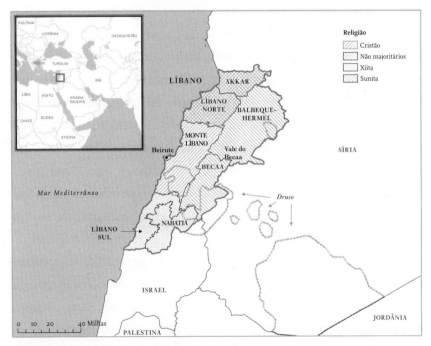

Mapa 3. As comunidades do Líbano.

que ser cristãos ortodoxos gregos, enquanto o chefe do Estado-maior das Forças Armadas seria um muçulmano druso. A representação no Parlamento estava congelada em uma razão de seis para cinco em favor dos cristãos contra os muçulmanos; a partir dessa proporção, as diferentes comunidades estavam representadas de acordo com sua participação na população no censo de 1932.

Era bastante previsível que esse pacto resultasse em um Estado inacreditavelmente fraco. O poder no país não está no Estado, mas nas comunidades individuais, assim como se poderia esperar que acontecesse sob um Leviatã Ausente. O Estado não fornece nenhum serviço público como saúde e eletricidade, mas as comunidades, sim. O Estado não controla a violência nem as forças de segurança. O Hezbollah, um grupo muçulmano xiita, tem um exército próprio, assim como muitos dos clãs armados do Vale do Beca. Cada comunidade tem sua própria estação de tevê e time de futebol. Em Beirute, por exemplo, Al-Ahed é um time xiita, enquanto Al-Ansar é sunita. O Safa Sporting Club é druso, o Racing Beirute é cristão ortodoxo, e Hikmeh é cristão maronita.

A intensa divisão de poder no Estado libanês permite que cada comunidade monitore o que os outros estão fazendo. Isso dá a cada grupo poder de veto sobre qualquer coisa que os outros queiram e leva a uma terrível paralisação no governo. A paralisação tem consequências óbvias, como a incapacidade de tomar decisões, fato importante para os serviços públicos. Em julho de 2015, o principal aterro sanitário do país, em Naameh, fechou. O governo não tinha alternativa, e o lixo começou a acumular em Beirute. Em vez de entrar em ação, o governo não fez nada. O lixo continuou a acumular. Uma reprodução da montanha de lixo em Beirute está no caderno de fotos.

De fato, não fazer nada é o estado normal do governo. O Parlamento não vota um orçamento há quase dez anos, deixando que a equipe de governo faça o próprio. Em 2013, após a renúncia do primeiro-ministro Najib Mikati, os políticos levaram um ano para concordar com um novo governo. Não havia pressa, uma vez que, durante a eleição parlamentar de junho de 2009 e a de 2014, enquanto o aterro lotava, os 128 membros do Parlamento se encontraram 21 vezes, cerca de quatro vezes por ano. Em 2013, os legisladores se reuniram apenas duas vezes e aprovaram duas leis. Uma das leis era para estender o próprio mandato em dezoito meses, para que pudessem permanecer no poder. Essa estratégia era usada ano após ano, e novas eleições foram realizadas apenas em maio de 2018. Nesse meio-tempo, o Líbano enfrentava uma das maiores ameaças à sua existência, uma vez que um milhão de refugiados da guerra civil na vizinha Síria, o equivalente a quase 20% da população do Líbano, entrou no país. Dessa maneira, um Parlamento eleito para quatro anos — que evitou qualquer ação sobre problemas vitais do país — acabou representando a população por nove anos. Representar é algo relativo, claro. Depois que os parlamentares conseguiram aprovar a lei para planejar as eleições de 2018, um veículo de imprensa realizou uma competição para eleger o melhor tuíte para comemorar o evento. Um dos inscritos dizia: "PARABÉNS, SENHORES, VOCÊS CONCLUÍRAM SUA CARGA HORÁRIA DE UMA HORA. Podem voltar para suas férias permanentes." Sem pressa para lidar com o lixo.

A situação ficou tão ruim que as pessoas começaram a organizar protestos, e surgiu um movimento que se autodenominou Você Fede, usando o problema do lixo como gatilho para clamar por uma mudança mais profunda no sistema. Mas a desconfiança é a ordem do dia no Líbano. Uma organização, qualquer que seja ela, é imediatamente suspeita de ser ferramenta de uma ou outra comunidade tentando aumentar o próprio poder. Como um post desanimado do movimento publicado no dia 25 de agosto de 2015 no Facebook resume:

> Desde o início do movimento #VocêFede temos tentado morder a língua a respeito das acusações que recaíram sobre nós (...) Nosso movimento, desde o início, tem sido acusado de ser partidário do Al-Mustaqbal [Movimento Futuro] e de trabalhar contra os direitos dos cristãos [no site de Tayyar].

> Fomos acusados de ser partidários do bloco 8 de março e de trabalhar contra o Al-Mustaqbal [de acordo com os ministros de El-Machnouk e o governo]. Já os membros do movimento foram acusados de ser subornados, partidários de Walid Jumblat, embaixadas estrangeiras, do Movimento Amal, Hezbollah (...) Ninguém se salvou dessas acusações, cujo principal propósito era — e é — distorcer e refutar a ideia de haver uma alternativa independente e não sectária.

Tal post ilustra algo que frequentemente vemos sob o Leviatã Ausente: uma sociedade dividida contra si mesma, incapaz de agir coletivamente e, de fato, profundamente desconfiada em relação a qualquer um ou a qualquer grupo que tente influenciar a política.

O comportamento do Parlamento reflete o fato de as comunidades não desejarem fazer nada. Como resume Ghassan Moukheiber, um legislador cristão do centro do Líbano:

> Eles não gostam que instituições tais como o Parlamento se encontrem mais frequentemente e concorram com eles no comando do país.

O Estado libanês não é fraco porque seu povo não conseguiu estabelecer o projeto com o planejamento correto. Na verdade, o país tem uma das populações mais educadas do Oriente Médio, com um sistema universitário bastante moderno. Muitos libaneses estudam nas melhores instituições acadêmicas do exterior. Não é que eles não saibam como construir um Estado capaz. Ao contrário, o Estado é fraco de propósito porque as comunidades temem o efeito Bola de Neve. Os parlamentares sabem que não devem fazer muito, então qual o incentivo para aparecer? Eles podem votar para adiar as eleições porque ninguém liga para quem é eleito. Algumas vezes, como no problema do lixo, isso tem consequências terríveis, mas mesmo assim é difícil fazer algo acontecer. Ninguém quer dar poder ao Parlamento, nenhuma pessoa confia nele, e tampouco gostam de ativismo social. Nunca se sabe em quem confiar.

O Líbano não é uma sociedade sem Estado. É um Estado moderno de seis milhões de pessoas com um assento nas Nações Unidas e embaixadores em todo o mundo. Mas, como no caso dos tivs, o poder está em outro lugar. O Líbano tem um Leviatã Ausente.

Entre 1975 e 1989, depois de ser desestabilizado pelo influxo de refugiados palestinos da Jordânia, o Líbano vivenciou uma perversa guerra civil entre suas diferentes comunidades. O acordo de Taif, de 1989, que acabou com o conflito, trouxe um ajuste ao Pacto Nacional, alterando para 50/50 a divisão entre cristãos e muçulmanos no Parlamento e aumentando a representação dos xiitas. Mas também enfraqueceu o poder presidencial.

A divisão 50/50 representa melhor as comunidades que a divisão de seis para cinco adotada no pacto de 1943? É provável, mas ninguém realmente conhece a população de diferentes comunidades — e ninguém quer conhecer. A sociedade quer permanecer ilegível para um Estado que teme que possa ser capturado por outros e, para se garantir contra a possibilidade, assegura que o Leviatã continue sonolento. O lixo continua a se acumular.

O corredor estreito

Este livro é sobre liberdade. A liberdade depende de diferentes tipos de Leviatãs e da sua evolução — se a sociedade viverá sem um Estado efetivo, se irá tolerar um Estado despótico, ou se vai conseguir um equilíbrio de poder que abra caminho para o surgimento do Leviatã Agrilhoado e o aparecimento gradual da liberdade.

Ao contrário da visão de Hobbes, segundo a qual uma sociedade deve se submeter às vontades do Leviatã — o que muito da ciência social e do mundo moderno tomam por certo —, é fundamental para nossa teoria que os Leviatãs nem sempre sejam recebidos de braços abertos e que sua trajetória seja acidentada, para dizer o mínimo. Em muitos casos, a sociedade irá resistir a seu surgimento e será bem-sucedida nisso, assim como os tivs e os libaneses ainda resistem. O resultado dessa resistência é a ausência de liberdade.

Quando essa resistência desmorona, pode surgir o Leviatã Despótico, que se parece muito mais com um monstro marinho do que Hobbes imaginou. Mas esse Leviatã, apesar de evitar a Guerra, não necessariamente torna a vida de seus súditos muito mais rica do que a existência "desagradável, brutal e breve" que as pessoas enfrentam sob o Leviatã Ausente. Nem seus súditos realmente "submetem suas vontades" ao Leviatã — tanto quanto os habitantes do leste europeu, que cantaram a "Internacional" nas ruas antes da queda do muro de Berlim, se submeteram aos desejos da Rússia Soviética. As implicações para os cidadãos são diferentes, mas ainda não há liberdade.

Um tipo muito diferente de Leviatã, o Agrilhoado, surge quando há um equilíbrio entre seu poder e a capacidade da sociedade de controlá-lo. Esse é o Leviatã que pode resolver conflitos de maneira justa, fornecer serviços públicos e oportunidades econômicas e evitar a dominação, estabelecendo os fundamentos básicos da liberdade. Esse é o Leviatã em que as pessoas, acreditando que podem controlá-lo, confiam, com o qual cooperam e permitem que aumente sua capacidade. Esse é o Leviatã que também promove liberdade ao romper diversas gaiolas de normas que regulam fortemente o comportamento na sociedade. Mas, em um sentido fundamental, não é um Leviatã hobbesiano. Seus grilhões são sua principal característica: ele não tem o mesmo domínio social que o monstro marinho de Hobbes; não tem condições de ignorar ou silenciar as pessoas quando elas tentam influenciar o processo decisório político. Ele está ao lado da sociedade, e não acima dela.

A Figura 1 resume essas ideias e as forças que moldam a evolução de diferentes tipos de Estados na nossa teoria. Para nos concentrarmos em suas grandes linhas, simplificamos as questões e reduzimos tudo a duas variáveis. A primeira é quão poderosa uma sociedade é em termos de normas, práticas e instituições, especialmente em relação a quando agir

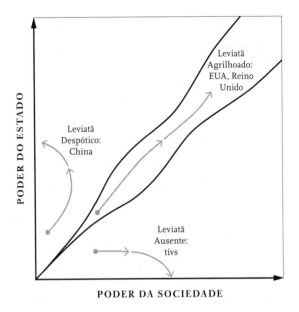

Figura 1. A evolução dos Leviatãs Despóticos, Agrilhoados e Ausentes.

coletivamente, coordenar suas ações e restringir a hierarquia política. Essa variável, mostrada no eixo horizontal, combina assim a mobilização geral da sociedade, seu poder institucional e sua habilidade de controlar a hierarquia através de normas como entre os tivs. A segunda é o poder do Estado. Essa variável é mostrada no eixo vertical e também combina diversos aspectos, incluindo o poder das elites políticas e econômicas e a capacidade e poder das instituições do Estado. Claro, ignorar os conflitos na sociedade é uma simplificação enorme, assim como ignorar conflitos entre elites e entre a elite e as instituições do Estado. Mesmo assim, essas simplificações nos permitem destacar muitos ingredientes importantes e implicações novas a nossa teoria. Mais adiante, iremos além dessas simplificações e discutiremos o rico quadro que surge sem elas.

Pense que a maioria das sociedades pré-modernas começa em algum lugar perto do canto inferior esquerdo, sem Estados nem sociedades poderosos. A seta que surge no canto esquerdo traça o caminho de desenvolvimento divergente que o Estado, a sociedade e suas relações percorrem no decorrer do tempo. Um caminho típico mostrado na figura, aproximando nossa discussão sobre os tivs ou o Líbano, começa onde a sociedade é mais poderosa que o Estado e pode frustrar o surgimento de instituições centralizadas e poderosas dele. Isso resulta em uma situação na qual o Leviatã é em boa parte Ausente, porque inicialmente o Estado e as elites são muito fracos em relação às normas da sociedade contra a hierarquia política. O medo do efeito Bola de Neve implica que, quando possível, a sociedade tentará ceifar o poder das elites e minar a hierarquia política, para que o poder de entidades como o Estado seja ainda mais reduzido e o Leviatã Ausente se estabeleça ainda mais firmemente. O maior poder da sociedade em relação ao Estado também explica por que a gaiola de normas é tão potente nesse caso — sem formas institucionais para resolver e regular conflitos, as normas assumem todo tipo de função, mas no processo também criam as próprias desigualdades sociais e várias formas de impor restrições aos indivíduos.

Por outro lado, quando o poder do Estado e da elite começa sendo maior do que o da sociedade, vemos uma seta se aproximando de nossa discussão inicial do caso chinês, onde a configuração favorece o surgimento de um Leviatã Despótico. Aqui a seta aponta em direção a níveis ainda mais elevados de poder do Estado. No meio-tempo, o poder da sociedade é reduzido, uma vez que ela não consegue fazer frente ao Estado. Essa tendência é exacerbada uma vez que o Leviatã Despótico trabalha para enfraquecer a sociedade e, assim, se manter sem correntes. Como consequência, no decorrer do tempo o Leviatã Despótico se torna esmagadoramente poderoso em relação a uma sociedade pacífica e ocorre uma mudança no equilíbrio de poder que, no fim, torna improvável agrilhoar o Leviatã.

Mas a imagem também mostra que podemos ter Estados capazes acompanhados por sociedades capazes. Isso acontece no meio, em um corredor estreito, onde vemos o surgimento do Leviatã Agrilhoado. É justamente nesse corredor que o efeito da Rainha Vermelha está ativo, e a luta entre Estado e sociedade contribui para o fortalecimento de ambos e pode, de forma quase milagrosa, ajudar a manter o equilíbrio entre eles.

De fato, a Rainha Vermelha — a disputa entre Estado e sociedade — faz mais do que tornar ambos mais capazes. Também configura a natureza das instituições e torna o Leviatã mais responsável e responsivo aos cidadãos. No processo, também transforma as vidas das pessoas, não apenas porque remove a dominação do Estado e das elites sobre elas, mas também por afrouxar ou mesmo romper a gaiola de normas, promovendo a liberdade individual e permitindo uma participação popular mais efetiva na política. Consequentemente, é apenas nesse corredor que a verdadeira liberdade, não sobrecarregada pela dominação política, econômica e social, surge e se desenvolve. Fora do corredor, a liberdade é coibida ou pela ausência do Leviatã, ou por seu despotismo.

Contudo, é importante reconhecer a natureza precária do efeito da Rainha Vermelha. No meio de toda essa ação e reação, um pode conseguir ultrapassar o outro, arrancando ambos do corredor. O efeito da Rainha Vermelha também exige que a competição entre Estado e sociedade, entre as elites e não elites, não seja completamente de soma zero, com cada lado tentando destruir e se livrar do outro. Assim, em meio a toda essa competição, a existência de um espaço para ajustes, de uma compreensão de que haverá uma contrarreação depois de cada reação, é fundamental. Veremos no Capítulo 13 que, em algumas circunstâncias, a polarização pode transformar o efeito da Rainha Vermelha em um caso de soma zero, aumentando o risco de o processo sair de controle.

Outra característica digna de nota nessa imagem é que, no canto inferior esquerdo, onde tanto o Estado quanto a sociedade são muito fracos, não há corredor. Isso representa um importante aspecto de nossa discussão sobre os tivs. Lembre que os tivs não tinham normas e instituições capazes de controlar a hierarquia política uma vez que ela surgisse, e essa era a razão pela qual estavam tão interessados em acabar com qualquer sinal de hierarquia política; a escolha não era entre o Leviatã Agrilhoado e o Ausente, mas entre o despotismo ou a ausência de Estado. Essa é uma característica geral que se aplica a muitos casos nos quais tanto o Estado quanto a sociedade são fracos, e reforça a ideia de que ir para o corredor é viável apenas depois que ambos os envolvidos na luta tenham construído algumas habilidades rudimentares, e depois de cumprir alguns pré-requisitos institucionais básicos para que haja um equilíbrio de poder.

A prova dos nove

Uma teoria é mais útil quando oferece novas formas de pensar o mundo. Vamos considerar algumas ideias que derivam da teoria que acabamos de apresentar. Começamos no Capítulo 1 questionando para onde o mundo está indo. Estaria rumo a uma versão idílica da democracia ocidental sem rivais? Uma anarquia? Ou seria para uma ditadura digital? Do ponto de vista da nossa teoria, cada uma dessas opções se parece com os caminhos descritos na Figura 1. Mas o que a nossa teoria elucida é que não deveria existir a presunção de que todos os países vão seguir o mesmo caminho. Não devemos esperar convergência, mas diversidade. Além do mais, não é fácil um país transitar de um caminho para o outro. Há muitas "trajetórias dependentes". Uma vez na órbita do Leviatã Despótico, o Estado e as elites que controlam as instituições estatais se tornam mais fortes e a sociedade e as normas que deveriam manter o Estado sob controle se enfraquecem ainda mais. Veja a China. Muitos legisladores e analistas continuam a prever que, quanto mais rica e mais integrada à ordem econômica global, mais a China irá se tornar parecida com uma democracia ocidental. Mas o caminho do Leviatã Despótico na Figura 1 não segue em direção ao corredor no decorrer do tempo. Veremos no Capítulo 7 que há muitos fatos históricos que embasam a dominação do Estado chinês sobre a sociedade e que essas relações são reproduzidas por ações específicas que os líderes e as elites adotam para prejudicar a sociedade, no intuito de que ela não possa desafiar ou restringir o Estado. Esse histórico torna a transição para o corredor muito mais difícil.

No entanto, a história ser relevante não significa que seja destino. Isso traz uma segunda consequência importante da nossa teoria. Há muito espaço para atuação — o que significa que ações de líderes, elites e empresários políticos podem facilitar a ação coletiva e formar novas coalizões para reformular a trajetória da sociedade. É por isso que a dependência de trajetória coexiste com as transições ocasionais de uma para outra. Essa coexistência é particularmente verdadeira no caso de sociedades no corredor, porque o equilíbrio entre Estado e sociedade é frágil e pode facilmente se romper caso a sociedade pare de ser vigilante e o Estado deixe suas habilidades atrofiarem.

Uma terceira consequência diz respeito à natureza da liberdade. Em contraste com uma visão que enfatiza as virtudes e a ascensão implacável das instituições ocidentais e de seu modelo constitucional, na nossa teoria a liberdade surge de um processo confuso, que não pode ser facilmente planejado. A liberdade não pode ser projetada e seu destino não pode ser garantido por um sistema inteligente de freios e contrapesos. É preciso que haja mobilização da sociedade, vigilância e assertividade para fazer com que tudo funcione. Precisamos correr atrás!

Lembre que no prefácio a estratégia de restringir Gilgamesh com freios e contrapesos, por meio de seu gêmeo Enkidu, não funcionou em Uruk. Não é diferente na maioria dos cenários, incluindo os Estados Unidos, mesmo que os freios e contrapesos implantados pela constituição sejam frequentemente enfatizados como esteio da liberdade norte-americana. Em 1787, James Madison e seus colaboradores chegaram à Filadélfia e sequestraram a pauta da Assembleia Constituinte com o Plano da Virgínia, que se tornou a base para a constituição. Mas a arquitetura institucional do novo país acabou sendo diferente do Plano da Virgínia, porque a sociedade (ou uma parte dela) não confiava totalmente nos federalistas e queriam maior proteção de sua liberdade. Como vimos, Madison teve que admitir a Carta de Direitos. Foi o envolvimento da sociedade e sua assertividade que asseguraram a proteção dos direitos na fundação da República dos Estados Unidos.

Uma quarta consequência de nossa teoria é que há muitas portas que levam ao corredor e uma grande variedade de sociedades dentro delas. Pense em todas as maneiras pelas quais um país pode entrar no corredor.

De fato, criar as condições para a liberdade é um processo multifacetado, envolvendo o controle de conflitos e da violência, o rompimento da gaiola de normas e o aprisionamento do poder e do despotismo das instituições do Estado. É por isso que a liberdade não surge no momento em que a nação entra no corredor, mas evolui gradualmente no decorrer do tempo. Alguns irão percorrer o corredor por um longo tempo sem controlar totalmente a violência, alguns vão evoluir pouco no afrouxamento da gaiola de normas, e para outros o combate ao despotismo e a construção de um Estado que ouça a sociedade será um trabalho constante. As condições históricas e as coalizões que determinam como a sociedade entra no corredor também influenciam quais concessões particulares serão feitas — frequentemente com grandes e permanentes consequências.

A constituição dos Estados Unidos também ilustra esse ponto. A Carta de Direitos não foi a única concessão necessária para sua ratificação. A questão dos direitos dos estados foi um teste decisivo para as elites do sul, decididas a proteger a escravidão e seus ativos. Para esse fim, os fundadores concordaram que a Carta de Direitos se aplicaria apenas à legislação federal, não à legislação estadual. Esse "princípio" permitiu todo tipo de abuso no nível estadual, especialmente contra americanos negros. A própria constituição consagrou essa violação grosseira da liberdade de grande parte da população, com a cláusula que concordava em contar uma pessoa escravizada como três quintos de uma pessoa livre, na determinação da representação do Estado no Congresso. A discriminação não estava apenas entrelaçada no tecido da constituição; também foi forjada pelas raízes profundas das normas de muitas partes do país. A forma como os Estados Unidos se moveram rumo ao corredor significa que o governo federal não tentou enfraquecer essas normas e suas fundações institucionais no sul. A discriminação intensa e a dominação contra os americanos negros seguiram até bem depois da Guerra Civil e o fim da escravidão, em 1865.

Uma das muitas célebres manifestações dessas normas discriminatórias era a existência das "cidades do pôr do sol", cidades onde as pessoas negras (e algumas vezes mexicanos e judeus) não tinham permissão de circular depois do pôr do sol. Os Estados Unidos são o país do carro, onde as pessoas se divertem na "Rota 66". Mas nem todo mundo podia se divertir. Em 1930, em 44 dos 89 condados por onde a Rota 66 passava havia "cidades do pôr do sol". O que acontecia se você quisesse comer ou talvez ir ao banheiro e eles fossem apenas para os brancos? Mesmo máquinas de Coca-Cola tinham o aviso "Apenas para consumidores brancos" impresso nelas. Imagine o problema para um motorista negro. A situação era tão ruim que, em 1936, Victor Green, um trabalhador afro-americano dos Correios no Harlem, Nova Iorque, se sentiu compelido a publicar *The Negro Motorist Green-Book*, fornecendo instruções detalhadas para motoristas negros sobre onde eles tinham permissão para estar depois de anoitecer e onde poderiam ir ao banheiro (a última edição é de 1966). Então a experiência dos Estados Unidos expõe as implicações profundas de como a sociedade entra no corredor. Veremos no Capítulo 10 que há consequências não apenas para a extensão da liberdade, como também para muitas políticas e escolhas sociais, com significado global de longo alcance.

Uma quinta consequência surpreendente de nossa teoria diz respeito ao desenvolvimento da capacidade estatal. Na Figura 1, a seta dentro do corredor segue em direção a maiores níveis de capacidade de Estado que o Leviatã Despótico conquista. Isso acontece porque é a disputa entre o Estado e a sociedade que sustenta a maior capacidade estatal. Essa noção contradiz muitos argumentos aceitos nas Ciências Sociais e nos debates sobre política, especialmente sobre o papel crítico de líderes fortes, que afirmam ser necessário ter controle completo da segurança e forças armadas poderosas para aumentar a capacidade estatal. É essa crença que leva muitos a argumentar que a China pode ser um bom modelo para outros países em desenvolvimento (e talvez até desenvolvidos), porque a falta de desafios para o domínio do Partido Comunista permite que seu Estado tenha capacidade ampliada. Mas olhe mais de perto e verá que o Leviatã chinês, apesar de despótico, possui menos capacidade que um Leviatã Agrilhoado, como o dos Estados Unidos ou o da Escandinávia.

Isso é porque a China não tem uma sociedade robusta para empurrá-lo, para cooperar com ele ou para contestar seu poder. Sem esse equilíbrio de poder entre Estado e sociedade, o efeito da Rainha Vermelha não ocorre, e o Leviatã acaba com menor capacidade.

Para enxergar as limitações da capacidade do Estado chinês, basta observar o sistema educacional. A educação é uma prioridade em muitos Estados, e não apenas porque uma nação pode ser mais bem-sucedida com uma força de trabalho educada. É também porque a educação é uma maneira efetiva de inculcar o tipo certo de crenças em seus cidadãos. Então é de se esperar que um Estado com capacidade significativa fosse capaz de fornecer educação acessível, de alta qualidade e meritocrática, e de mobilizar seus funcionários públicos para trabalhar por esse objetivo. Mas a realidade é bastante diferente. No sistema educacional chinês, tudo está à venda, incluindo as mesas na primeira fileira perto da lousa ou o posto de monitor de classe.

Quando foi inscrever sua filha na escola primária de Pequim, Zhao Hua encontrou autoridades do comitê distrital de educação que já tinham uma lista mostrando o quanto cada família teria que pagar. As autoridades não ficavam na escola, mas em um banco, onde Zhao teve que depositar 4.800 dólares para fazer a matrícula. As escolas são gratuitas, e, portanto, essas "taxas" são ilegais, e o governo já as baniu cinco vezes desde 2005 (é revelador que o banimento tenha precisado ocorrer cinco vezes). Em outra escola secundária de elite em Pequim, os estudantes recebem um ponto extra para cada 4.800 dólares doados por seus pais à escola. Se você quer matricular seu filho em uma das melhores escolas, tais como aquela associada à prestigiada Universidade Renmin de Pequim, o suborno pode chegar a 130 mil dólares. Professores também esperam presentes — muitos presentes. A mídia chinesa já noticiou que muitos professores agora esperam ganhar relógios de grife, chás caros, cartões-presente e mesmo viagens de férias. Professores mais agressivos aceitam cartões de débito de contas bancárias que podem ser recarregadas durante o ano. Em uma entrevista ao *The New York Times*, uma empresária de Pequim resumiu:

"Se você não dá um bom presente e outros pais dão, você teme que o professor dê menos atenção a seu filho."

Como servidores públicos podem ser tão mercenários? A China não é o lar do primeiro Estado burocrático meritocrático? Sim e não. Como veremos no Capítulo 7, há uma longa história de burocracia complexa e capaz na China, mas há também uma história igualmente longa de corrupção pervasiva em que muitos cargos são dados aos que têm conexões políticas ou leiloados para quem pagar o maior lance. Isso continua até hoje. Uma pesquisa de 2015 ouviu 3.671 autoridades do Partido Comunista e descobriu que dois terços pensam que "lealdade política", e não mérito, é o mais importante critério para conseguir um emprego governamental. Depois de se cercar por pessoas leais, é possível se dedicar a extorquir empresários e cidadãos. Pode também criar subordinados complacentes vendendo empregos governamentais. O cientista político Minxin Pei analisou uma amostra de cinquenta casos judiciais de oficiais do Partido Comunista condenados por corrupção entre 2001 e 2013. Na média, cada um havia vendido 41 empregos por dinheiro. No fim da lista estavam chefes de distritos, como Zhang Guiyi e Xu Shexin, do distrito de Wuhe, na província Anhui. Zhang vendeu onze vagas por um preço médio de 12 mil iuanes, meros 1.500 dólares. Xu vendeu 58 empregos por mais de 2 mil dólares na média. Mais para o topo da cadeia alimentar (em prefeituras, por exemplo), empregos eram vendidos por muito mais, com algumas autoridades conseguindo mais de 60 mil dólares por vaga. Na amostra de Pei, a autoridade corrupta mediana conseguia cerca de 170 mil dólares.

Pessoas como Zhang e Xu são peixes pequenos. Quando o ministro de ferrovias Liu Zhijun foi preso em 2011, as acusações incluíam ter 350 apartamentos em seu nome e 100 milhões de dólares em dinheiro. Isso principalmente porque o sistema ferroviário de alta velocidade da China havia se mostrado uma oportunidade incomparável para fraude. Mas o mesmo vale para outros aspectos da expansão econômica chinesa. Apesar da queda de Liu, a maioria não é pega. Em 2012, 160 das mil pessoas mais ricas da China eram membros do Congresso do Partido Comunista. Sua riqueza total era de 221 bilhões de dólares, cerca de vinte vezes mais que a riqueza das 660 principais autoridades de todos os três poderes do governo dos Estados Unidos, um país cuja renda per capita é sete vezes maior que a da China. Tudo isso não deveria ser surpreendente. Controlar a corrupção, seja na burocracia ou no sistema educacional, requer a cooperação da sociedade. O Estado precisa confiar que as pessoas irão relatar a verdade, e as pessoas precisam confiar o suficiente nas instituições do Estado para colocar seu pescoço em risco ao compartilhar a informação. Isso não acontece sob o olhar severo do Leviatã Despótico.

Pode-se pensar que esse é principalmente um problema de corrupção. Será que a corrupção na China é tolerada apesar da alta capacidade estatal? Essa interpretação é refutada não apenas pelas tentativas persistentes (e apenas levemente bem-sucedidas) do Estado chinês de controlar a corrupção, mas também pelo fato de que, mesmo sem corrupção, funções de rotina do Estado não serem fáceis para o Leviatã chinês. Como mencionamos ao discutir o Líbano, fazer a sociedade ser legível parece um objetivo primário de qualquer Estado que se respeite. Isso é duplamente verdadeiro no caso da economia. De fato, dado o papel importante que o crescimento econômico tem na capacidade do Partido Comunista de justificar seu domínio na China, entender e medir com precisão a atividade econômica deve ser um objetivo-chave. Quando a cooperação é contida e os problemas começam a aparecer, os negócios irão se refugiar no setor informal, não registrado? Será que os indivíduos vão reter suas informações de um Estado no qual não confiam? Será que os burocratas manipularão os dados para tirarem vantagem? A resposta a essas três perguntas é sim, especialmente na China. É por isso que ninguém parece confiar nas estatísticas de renda nacional na China, nem mesmo o premiê Li Keqiang, que, em 2007, antes de ser promovido ao posto, descreveu os números nacionais de renda como "inventados e não confiáveis". Ele sugeriu evitar as estatísticas oficiais e consultar o consumo de eletricidade, o volume de transporte de carga por via ferroviária e os empréstimos bancários como melhores indicativos de como a economia está. É o suficiente para a capacidade do Estado chinês de tornar sua economia legível.

Agrilhoando o Leviatã: confie e verifique

O Leviatã Agrilhoado se parece exatamente com o tipo de Estado com o qual deveríamos sonhar e no qual podemos confiar. Mas se é de fato um Leviatã Agrilhoado, essa confiança tem que ter limites. Afinal, agrilhoado ou não, o Leviatã tem duas caras e o despotismo está no seu DNA.

Isso significa que viver com o Leviatã é um trabalho difícil, particularmente porque há uma tendência natural de ele se tornar mais poderoso com o tempo. Ele não é um agente por si só. Quando falamos do Leviatã, em geral, estamos nos referindo às elites políticas — tais como governantes, políticos ou líderes que o controlam — e algumas vezes às elites econômicas com influência desproporcional sobre ele. A maioria dessas elites, assim como muitos dos que trabalham para o Leviatã, tem interesse em expandir o poder de Leviatã. Pense nos burocratas que trabalham incansavelmente para fornecer serviços públicos ou regular a atividade econômica para que ela não seja dominada por monopólios ou comportamentos predatórios. Por que não iriam querer sua autoridade e seu poder ampliados? Além disso, quanto mais complexa a vida se torna, mais precisamos de resolução de conflitos, regulação, serviços públicos e proteção das nossas liberdades. Contudo, quanto mais capaz o Leviatã se torna, mais difícil é controlá-lo. Como consequência, a sociedade — ou seja, as pessoas comuns, todos nós e nossas organizações e associações — deve se tornar mais poderosa. Esse é o efeito da Rainha Vermelha em ação.

Mas a Rainha Vermelha não se resume a isso. Como vimos, a cooperação com uma sociedade poderosa pode aumentar muito a capacidade estatal. Depois de o Leviatã estar agrilhoado, a sociedade pode escolher se vai deixá-lo preso a uma corrente longa e permitir que aumente seu alcance, de modo que o Estado use sua capacidade para aquilo que os cidadãos querem e precisam. É uma estratégia de "confiar e verificar" — confie que o Estado pode adquirir mais poderes, mas, ao mesmo tempo, aumente seu controle sobre ele. Quando funciona, como ocorreu em algum grau nos Estados Unidos e na Europa Ocidental, o resultado é um processo contínuo em que tanto o Estado quanto a sociedade se tornam mais poderosos e se expandem de uma forma equilibrada, para que nenhum domine o outro. Quando esse equilíbrio delicado funciona, o Leviatã Agrilhoado não apenas encerra a Guerra, mas também se torna um instrumento para o desenvolvimento político e social da sociedade, para o florescimento do envolvimento cívico, instituições e capacidades, para o desmantelamento da gaiola de normas e para a prosperidade econômica. Mas apenas se conseguirmos mantê-lo agrilhoado. Apenas se formos bem-sucedidos em impedir que o caótico efeito da Rainha Vermelha saia de controle. Não é uma tarefa fácil.

Antes de nos voltarmos para o Leviatã Agrilhoado, é útil entender como e por que o Estado surge, como lida com conflitos na sociedade e como transforma as condições econômicas das sociedades que estão sob o Leviatã Ausente. É aí que começamos no próximo capítulo.

3.

VONTADE DE PODER

A ascensão de um profeta

Maomé nasceu por volta de 570 d.C. em uma família de comerciantes de Meca. Criado pelo tio, cresceu naquele vibrante centro comercial que era a cidade na época. As origens do local parecem ligadas à Caaba, o cubo preto e denso de granito que, antes de se tornar o lugar mais sagrado do Islã, foi um importante ponto de culto aos deuses pré-islâmicos. Em determinada época do ano as pessoas iam a Meca em peregrinação, o que acabou se tornando uma grande oportunidade para o comércio. A comunidade nascente de mercadores da cidade logo se espalhou por toda parte para intermediar mais amplamente o comércio entre a Península Arábica e Damasco e os Impérios Bizantino e Persa.

Mas as pessoas que se estabeleciam em Meca e na cidade vizinha de Medina, 400 quilômetros para o norte (veja o Mapa 4), eram nômades do deserto, novatos na vida sedentária. Suas sociedades não tinham Estados ou autoridades centralizadas e, como muitas outras sociedades assim, se organizavam em torno de grupos familiares conhecidos como clãs. O clã de Maomé era o hashim, parte da tribo quraysh. A adaptação à vida na nova cidade em torno da Caaba não era fácil. Os clãs estavam acostumados a migrar com rebanhos de camelos e cabras através de centenas de quilômetros de deserto aberto. Havia as disputas latentes pelo acesso a fossos d'água ou pela boa pastagem para os animais, além de uma miríade de outros conflitos diários. Mas esses eram normalmente resolvidos pelas normas e tradições das tribos nômades. Quando isso não funcionava, especialmente nos conflitos entre diferentes grupos, eles podiam simplesmente seguir caminhos distintos através da pouco populosa península. Quando essa estratégia não resolvia conflitos, havia retaliação e rixa. O princípio básico era o do olho por olho, mas em alguns casos isso havia evoluído para cem camelos por um olho.

A vida era mais complicada ao redor da Caaba, e não apenas por causa dos frequentes e variados conflitos que surgiam quando pessoas de diferentes clãs se estabeleciam na cidade. As novas oportunidades econômicas

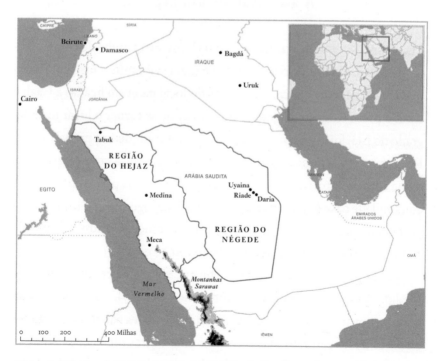

Mapa 4. A Península Arábica: as origens do Islã e do Estado saudita, e a cidade histórica de Uruk.

que emergiam a partir da peregrinação e a subsequente propagação do comércio estimulavam o individualismo e geravam novos conflitos, ao mesmo tempo que começaram a afrouxar a gaiola de normas e a corroer laços e solidariedades comunitários já existentes, que haviam dominado a vida no deserto.

Foi nesse contexto social que um profeta surgiu. Por volta dos 40 anos, Maomé começou a ter visões e revelações, cuja fonte identificou posteriormente como o Anjo Gabriel. Tais revelações, início do que se tornaria o Corão, o livro sagrado dos muçulmanos, tinham a forma de aforismos exortando as pessoas a reconhecer uma nova religião monoteísta e identificando Alá como único deus verdadeiro. Maomé propôs não apenas uma nova religião, mas uma nova comunidade e novas normas que iriam transcender os clãs, tais como os hashim. Também criticava muitos dos novos comportamentos individualistas e o foco no lucro.

Maomé começou a pregar essa nova religião e a estimular os outros a jurar lealdade ao novo Deus. Seus primeiros convertidos foram sua esposa Cadija, seus parentes próximos e amigos. Em 613, ele já pregava mais amplamente na cidade. Mas isso não era bem-visto por todos. Outros clãs de comerciantes se ressentiam dos ataques contra seu comportamento e suas crenças religiosas, e temiam que Maomé estivesse procurando uma posição de poder na política de Meca, que na época não tinha um governo centralizado. O número de seguidores de Maomé cresceu gradualmente, e a situação se tornou cada vez mais tensa. Em 622, Maomé e um grupo de seguidores fugiu para Medina; essa foi a famosa Hégira ("exílio").

Esse exílio foi precipitado não apenas pela crescente hostilidade a Maomé em Meca, mas por uma petição dos cidadãos de Medina para trazê-lo, pois assim ele poderia ajudá-los. Assim como Meca, Medina sofria os males do estabelecimento de uma vida sedentária. Diferente de Meca, porém, a cidade não era um centro comercial, mas um oásis que estava se especializando na agricultura de alta produtividade. Diversas partes do oásis haviam recebido diferentes clãs de duas tribos, os aws e os khazraj. Havia também três clãs judeus. Os clãs haviam construído pequenos fortes e fortalezas e se envolvido em um conflito incessante que culminou, em 618, na batalha de Bu'ath. A vida começava a parecer uma Guerra.

Alguns habitantes de Medina julgaram que Maomé, como estrangeiro neutro e com a autoridade da nova religião, poderia ser o árbitro de disputas e trazer paz e ordem para a cidade. Em junho de 622, 75 deles foram a Meca pedir que ele se mudasse para Medina; eles prometeram proteger tanto o profeta quanto sua nova religião. Maomé concordou. O acordo entre eles foi registrado no documento conhecido como Constituição de Medina. O texto declarava que "sempre que houver algo de que você discorda, isso deverá ser remetido a Deus e a Maomé". Na prática, Maomé deveria assumir o papel de juiz das disputas entre indivíduos e clãs. Mas como ele conseguiria isso se não tinha poder para fazer cumprir sua lei e levar os outros a executar seus ordenamentos? Contudo, a referência a Deus na Constituição de Medina deixava claro que Maomé não iria como um indivíduo; ele iria como profeta, e parte do pacote era que os habitantes de Medina teriam que aceitar seus ensinamentos e revelações. De fato, a Constituição de Medina começava assim:

> Em nome de Deus, o Misericordioso, o Compassivo!
> Este é um escrito de Maomé, profeta entre os crentes e muçulmanos de quraysh e yathrib e aqueles que os seguem e estão ligados a eles e que vão em sua cruzada. Eles são uma única comunidade que se distingue de outros povos.

Isso deveria ter sinalizado para os habitantes de Medina (as pessoas de yathrib) que eles estavam ganhando mais do que haviam pedido com essa nova constituição. A constituição não apenas tornava Maomé juiz; ela reconhecia um novo tipo de sociedade, baseada não em uma família ou clã, mas na religião e na incipiente autoridade centralizada do profeta. Isso era o fim da ausência do Estado.

Maomé não tinha, a princípio, nenhum cargo oficial ou poder executivo, mas seguiu em frente a partir de sua modesta plataforma. Sua abordagem deveria ter ficado clara a partir do parágrafo inicial acima, o qual diz "que vão em sua cruzada". Cruzada? Em 623, o ano seguinte à Hégira, Maomé começou a organizar com os Emigrantes — as pessoas que havia trazido de Meca — assaltos contra caravanas mercantes vindas de sua cidade natal. Envolver-se em tais ataques não era incomum entre as tribos da Arábia, mas a atividade ganhou uma nova conotação. Em vez de ser apenas um assalto de uma tribo contra outra, tratava-se de assaltos de muçulmanos contra infiéis. Em 624, os assaltos começaram a incluir não apenas os Emigrantes, mas também os Ajudantes, nome dado aos habitantes de Medina que se converteram ao Islã. Em março daquele ano, Emigrantes e Ajudantes derrotaram juntos um grande destacamento de Meca enviado para atacá-los na batalha de Badr.

Badr e a batalha subsequente de Uhud aumentaram o prestígio de Maomé e seu controle sobre Medina. Ele começou a remover os clãs que se mostraram desleais, particularmente os judeus, e começou a usar sua autoridade religiosa para reformar a sociedade local, mudando práticas tanto de casamento quanto de herança.

Apesar de ter sido trazido para limitada função de resolução de disputas, Maomé estava construindo um novo Estado sobre o qual os clãs preexistentes teriam pouco controle. Com o passar do tempo, seu poder aumentou. Uma razão para isso era que as tribos nômades no deserto ouviram falar de seu sucesso e foram a Medina para jurar lealdade a ele. Outra razão provinha do fato de que parte dos benefícios dos assaltos que os Emigrantes realizavam virava butim. O próprio Maomé recebia um quinto do total. Ele também estipulou que fossem cobradas contribuições (na realidade, taxas), que tinham que ser pagas à "comunidade de Deus". Além disso, impôs taxas de proteção a judeus e cristãos. O crescimento do poder e da riqueza são evidentes no número de cavalos que Maomé foi capaz de usar em diferentes assaltos. Na batalha de Badr, em 624, foram dois cavalos. Em 630, ele podia colocar em campo 10 mil cavalos.

Em 628, Maomé capitalizou sua crescente autoridade ao liderar uma grande missão de Emigrantes e Ajudantes a Meca, supostamente em peregrinação. Compreensivelmente ansiosos, os habitantes de Meca os forçaram a parar fora da cidade e negociaram um acordo pelo qual se comprometeram a deixar a cidade no ano seguinte para que Maomé e seus seguidores pudessem entrar em peregrinação. Enquanto esperavam que o acordo fosse firmado, Maomé reuniu seu povo sob uma árvore e os fez jurar lealdade a ele. Esse juramento, conhecido como Pacto de Fidelidade, foi mais um passo no estabelecimento do Estado em Medina. Conforme a hipótese de Hobbes, o Leviatã precisa que o povo se submeta à sua vontade. Foi o que as pessoas de Medina fizeram, concordando com o que quer que Maomé mandasse. Embora ainda não tivesse cargo legislativo ou executivo formal, na prática ele era o comandante do novo Estado.

Sua grande autoridade é ilustrada por um evento que aconteceu em 630, apenas dois anos antes de sua morte. Maomé estava determinado a expandir os domínios de seu Estado e converter mais pessoas à sua nova religião. Para atingir esse objetivo, decidiu enviar uma força militar contra a cidade de Tabuk, no norte, e insistiu que todos os muçulmanos de Medina fizessem parte desse assalto como uma obrigação religiosa. Agora ele estava no comando.

*   *   *

A história da criação do novo Estado Islâmico por Maomé reúne algumas das ideias-chave deste capítulo. Antes de seu surgimento como profeta, não havia Estados de fato na Arábia, apenas tribos. Mesmo áreas mais urbanizadas, como Meca e Medina, não tinham governo centralizado. Isso criava uma série de problemas, incluindo violência e insegurança. Quando viviam na grande imensidão selvagem do deserto árabe, havia espaço suficiente para todas as tribos, mas no apertado oásis de Medina ou ao redor da sagrada Caaba, em Meca, era preciso descobrir como conviver. A criação de uma autoridade mais unificada era uma solução óbvia. Mas como fazer isso sem ceder o controle para outro clã ou tribo?

Nesse contexto surgiu Maomé com suas revelações do Anjo Gabriel, e os habitantes de Medina enxergaram em seus ensinamentos uma solução para seus problemas. Eles o trouxeram para resolver conflitos entre clãs e tribos. E ele foi bem-sucedido em conseguir paz, obviamente um grande serviço para as pessoas que viviam em Medina. Mas não parou por aí. Apesar de serem uma pequena minoria no início, Maomé e os Emigrantes cresceram e se tornaram mais poderosos e ricos à medida que mais pessoas se juntaram a eles e concordaram em contribuir com suas finanças. Esse foi o nascimento da hierarquia política na Arábia. Em 628, com o Pacto de Fidelidade, a autoridade de Maomé era incontestável. Dois anos depois, no ataque de Tabuk, ele determinou que o oásis inteiro marchasse para o norte.

Os habitantes de Medina avançaram bastante em oito anos. Aderiram a uma autoridade mais centralizada para ajudar a resolver seus conflitos, mas, ao fazer isso, começaram o processo de formação do Estado e criaram uma bola de neve. E nunca conseguiram sair dela. Maomé estava envolvido no projeto de construção do Estado; parte de seu objetivo era centralizar a autoridade nas próprias mãos e nas de seus seguidores e, no processo, levar a mudança não apenas para a resolução de conflitos, mas para a organização da sociedade como um todo, suas normas e seus costumes. Ele fez isso brilhantemente. Em menos de uma década, criou as sementes de um poderoso Estado Islâmico, um gigantesco império que abrangia todo o Oriente Médio e uma nova e impressionante civilização.

Qual a sua vantagem?

O nascimento do Islã é um exemplo do que os antropólogos chamam de "formação do Estado primitivo" — a construção de uma hierarquia política e algum tipo de autoridade centralizada onde não existia nada. Também ilustra problemas críticos e dificuldades associadas a isso.

A mais relevante, que já destacamos no capítulo anterior, é o efeito Bola de Neve. É mais difícil que surja uma autoridade centralizada em sociedades sem Estado devido ao desenvolvimento de normas e práticas tanto para controlar os conflitos quanto para evitar que alguém se torne muito forte. Depois que um indivíduo ou grupo angaria poder suficiente para se tornar mediador de conflitos e proporcionar segurança contra grandes ameaças, é difícil impedi-lo de conquistar o poder de ditar aos outros o que fazer em todas as áreas de suas vidas. Foi exatamente o que aconteceu em Medina. Seus habitantes acreditaram na possibilidade de montar um sistema para compensar alguns dos malefícios da ausência de Estado, sem se submeter totalmente a uma autoridade estatal ou à de um líder carismático e poderoso. Eles fracassaram. Muitas sociedades que começaram sem uma autoridade centralizada têm fracassado do mesmo modo, dando início a uma bola de neve que se tornará um Leviatã dominador.

Então por que as normas e os outros controles que tais sociedades desenvolveram falham algumas vezes em controlar os construtores do Estado? Para começar, existe aquilo que o filósofo alemão Friedrich Nietzsche chamou de "vontade de poder" — o desejo de aumentar seu poder e autoridade sobre os outros, ainda que as normas sejam contrárias a isso. Por essa razão, mesmo nas mais harmoniosas das sociedades sem Estado, haverá indivíduos oportunistas que desejam conseguir mais poder, mais riquezas e maior domínio sobre os outros. Também haverá indivíduos e grupos que desejam obter mais poder porque planejam organizar a sociedade de uma maneira diferente. Muitas dessas pessoas serão impedidas de atingir seus objetivos pelas normas vigentes e ações de outros membros da sociedade, mas algumas serão bem-sucedidas.

Aspirantes a construtores de Estado têm maior probabilidade de êxito e de conseguir eliminar a força das normas destinadas a impedi-los caso tenham uma "vantagem" — algo especial — que torne possível superar as barreiras no caminho. Para Maomé, a vantagem vinha da religião. Ele tinha uma ideologia religiosa que lhe conferia uma autoridade legítima na resolução de conflitos e proporcionava grande influência sobre seus seguidores, usada para criar uma nova comunidade. Uma vez liberada, essa ideologia religiosa criou um impulso incontrolável rumo a uma autoridade mais centralizada.

Outra vantagem poderosa é a organização advinda da habilidade de um líder de formar coalizões e organizações mais efetivas para exercer maior controle ou força militar, uma possibilidade ilustrada pela formação do Estado zulu no sul da África, que abordaremos em seguida. Uma terceira possibilidade, que discutiremos em breve neste capítulo, é a vantagem tecnológica, exemplificada pela implantação bem-sucedida do Estado do rei Kamahameha do Havaí, que se apoiava fortemente no uso de armas, uma tecnologia militar que seus inimigos não detinham. Em todos esses casos, é de grande ajuda elementos como o carisma pessoal e outras fontes de legitimidade, por exemplo, como a estirpe, um histórico de comportamento exemplar ou heroico, ou simplesmente a força da personalidade.

Por fim, a ascensão de Maomé exemplifica uma característica importante de muitos episódios de formação de Estado primitivo: a reorganização social que se segue ao surgimento de uma hierarquia política. Como vimos no capítulo anterior, sociedades sem autoridade centralizada são tipicamente organizadas por normas complexas que regulam e controlam conflitos — e, na verdade, todos os aspectos da vida das pessoas. Uma vez que o processo de estabelecimento do Estado está em andamento, seus construtores têm um incentivo para destruir essas normas ou, no mínimo, transformá-las para servirem aos próprios objetivos. Isso não acontece necessariamente porque querem afrouxar a gaiola de normas e deixar a liberdade à solta, mas sim porque as normas que restringem e limitam a hierarquia política estão no caminho deles em direção a mais poder. No caso de Maomé, um objetivo importante era suplantar as relações baseadas em laços familiares que prevaleciam em Medina e Meca, algo que conseguiu fazer com sucesso porque seus ensinamentos religiosos colocaram a nova comunidade acima das famílias. Para Shaka, como veremos em seguida, o alvo era a autoridade dos curandeiros.

Os chifres do búfalo

Em suas memórias, o oficial britânico Horace Smith-Dorrien relembrou os acontecimentos de 22 de janeiro de 1879:

> Por volta de meio-dia, os zulus (...) apareceram novamente em grande número nas colinas, descendo para as planícies com grande ousadia, e nossas armas e rifles estiveram bastante ocupados por algum tempo (...) Era difícil ver exatamente o que estava acontecendo, mas o tiroteio foi pesado. Evidentemente os zulus eram uma grande força, pois podiam ser vistos estendendo-se (isto é, jogando seus chifres) por toda a planície ao sudeste, aparentemente lutando em direção à retaguarda direita do campo.

Smith-Dorrien era membro da força expedicionária sob comando de Frederic Thesiger, o Lorde Chelmsford, que havia sido enviado para a Zululândia, agora parte da província de KwaZulu-Natal no sul da África (que pode ser vista no Mapa 5). A força de Chelmsford era a vanguarda do império colonial em expansão, cujo objetivo era eliminar o Estado independente dos zulus, então comandado pelo rei Cetshwayo. A resposta do rei à invasão britânica foi simples. Ele disse a seu Exército:

> Marchem devagar, ataquem ao alvorecer e aniquilem os soldados vermelhos.

E foi o que fizeram em 22 de janeiro. Chelmsford cometeu o erro de dividir sua força, deixando cerca de 1.300 soldados — a maioria membros da 24ª Infantaria Leve — e duas peças de artilharia acampados aos pés da rocha de Isandlwana. Confiantes demais e pouco preparados, os soldados vermelhos enfrentaram um exército de 20 mil guerreiros zulus que nos sessenta anos anteriores havia delimitado e consolidado um enorme Estado na África do Sul. O Estado zulu era tão grande que já havia enviado ondas de choque pela região, até os modernos Botsuana, Lesoto, Moçambique, Suazilândia, Zâmbia e Zimbábue (veja o Mapa 5).

Smith-Dorrien registrou:

> A linha de avanço dos zulus (...) era uma visão espantosa, filas e filas de homens em uma ordem ligeiramente estendida, uma atrás da outra, atirando ao se aproximar, pois alguns tinham armas de fogo, enfrentando tudo diante deles. A bateria de foguetes, aparentemente a apenas um quilômetro e meio de nosso front, estava atirando e de repente parou. Pouco depois, vimos o remanescente da força de Durnford, composta

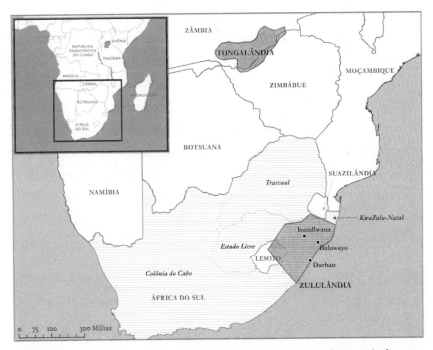

Mapa 5. África do Sul: as terras dos zulus e de Tonga, e as quatro colônias sul-africanas.

em sua maioria por basutos montados, galopando de volta à direita de nossa posição. Acho que jamais saberemos o que aconteceu precisamente. O chão estava cruzado de "arroios", e Russel ficou preso neles com sua bateria de foguetes e ninguém escapou para contar a história. Ouvi mais tarde que Durnford, que era um líder valente, acabou chegando ao acampamento e pereceu ali lutando.

No fim daquele dia, a força britânica havia sido dizimada. Smith-Dorrien escapou por causa de seu uniforme de oficial azul-escuro. Os soldados zulus haviam sido instruídos a não matar as pessoas de preto porque eram civis, possivelmente padres. Apenas alguns outros sobreviveram para contar a história e testemunhar a maior derrota militar sofrida pelos britânicos em sua colonização da África.

* * *

Ao assistir, aparentemente bastante calmo, ao avanço do Exército zulu, Smith-Dorrien testemunhou uma das grandes inovações táticas que ajudaram a fortalecer o Estado zulu, os "chifres do búfalo". Essa era a formação militar criada por Shaka Zulu, o fundador do Estado, na qual o Exército se organizava em quatro componentes principais: o peito do búfalo no centro, o lombo atrás e os dois chifres de cada lado, que cercavam o inimigo. Smith-Dorrien também presenciou o uso de outras inovações — os regimentos disciplinados que foram formados quando Shaka tomou os grupos rituais tradicionais e os militarizou, e a *iklwa*, uma lança curta de ataque que Shaka usou para substituir sua arma preferencial anterior, a azagaia, um dardo.

O transgressor que não conhece a lei

Shaka nasceu por volta de 1787, filho ilegítimo de um então chefe zulu. Naquela época, os zulus formavam uma pequena sociedade entre muitas outras espalhadas pelo sul da África do Sul. A mãe de Shaka, que era de certa forma uma pária por causa de seu filho ilegítimo, se refugiou com um povo vizinho chamado mthethwa. Em 1800, os mthethwas tinham um novo chefe chamado Dingiswayo, que antecipou algumas das reformas subsequentes de Shaka e começou uma muito bem-sucedida expansão militar e territorial, conquistando cerca de trinta grupos vizinhos, incluindo os zulus. O jovem Shaka, convocado para o Exército dos mthethwas, se tornou um de seus guerreiros mais eficientes, logo reconhecido por sua coragem e ausência de escrúpulos. Dingiswayo tentava ser magnânimo em relação a inimigos derrotados; mas não Shaka, que era tipicamente a favor de massacrar todos. Seu comportamento lhe rendeu o apelido de "transgressor que não conhece a lei". Shaka evoluiu na carreira até ser eventualmente promovido a chefe militar. Em 1816, quando o pai de Shaka morreu, Dingiswayo garantiu que ele se tornasse o novo chefe dos zulus.

Shaka imediatamente começou a reorganizar a sociedade zulu e aquelas que conquistava em um novo tipo de sistema. Primeiro, convocava todos os homens adultos e os separava em quatro regimentos que iriam formar primeiro o peito do búfalo, o lombo e os chifres. É provável que apenas quatrocentos homens eram dispostos nessa composição. Ele começou a treiná-los para usar a *iklwa*, a lança que pediu para os ferreiros forjarem, e um novo tipo de escudo de batalha. Obrigou-os a jogar fora as sandálias e passar a andar descalços, o que permitia que andassem mais rápido. Então, com sua primeira força militar séria pronta para a ação, começou a conquistar áreas vizinhas. Primeiro os eLangenis, que rapidamente sucumbiram e foram incorporados a seu domínio. Depois foram os butelezis, que tentaram resistir e foram massacrados. Em um ano, o poderio militar de Shaka cresceu para 2 mil homens. No ano seguinte, Dingiswayo foi morto e Shaka se autonomeou rei de mthethwa. Suas táticas implacáveis submeteram e incorporaram uma tribo após a outra ao Estado zulu em expansão. Como uma história oral registrou:

> Os butelezi, amaQungebe, imbuyeni, amaCunu, majola, xulu, sikakane, todas tribos que eram muito próximas (...) Shaka atacou e matou essas tribos; ele se esgueirava sobre elas à noite. Tribos mais distantes eram os amaMbata, gasa, hlubi, qwabe, dube, langeni, tembu, zungu, makoba.

O verbo "matar" tinha diversos significados em diferentes contextos. Em alguns casos, como no dos butelezi, descreve literalmente o que aconteceu. Mas, em outros, a tribo era simplesmente incorporada ao Estado zulu em expansão. Outros ainda permaneceram distantes, mas se declararam tributárias dos zulus e pagavam "taxas" em cabeças de gado e mulheres jovens. Em 1819, Shaka havia expandido o território zulu de cerca de 260 quilômetros quadrados para 30 mil quilômetros quadrados, e seu Exército chegou a 20 mil integrantes.

Shaka construiu uma nova capital em Bulawayo (indicada no Mapa 5), e temos uma descrição em primeira mão dela de 1824, quando um grupo de comerciantes ingleses de Port Natal, agora Durban, a visitou. Um deles, Henry Flynn, deixou um registro escrito:

> Ao entrar no grande kraal de gado, encontramos uma formação de cerca de 80 mil nativos em seus trajes de guerra (...) Shaka então levantou a vara em sua mão, e, depois de batê-la à direita e à esquerda e apontá-la entre os chefes, toda a massa saiu de formação e se agrupou em regimentos. Parte foi para o rio, e parte foi para as colinas no entorno, enquanto os que permaneceram formaram um círculo, começaram a dançar com Shaka no meio. Era uma cena emocionante, que nos surpreendeu, pois não havíamos imaginado que uma nação chamada de "selvagem" poderia ser tão disciplinada. Regimentos de garotas, liderados por oficiais do mesmo sexo, entraram então no centro da arena, em um total de 8 mil a 10 mil, cada uma segurando um

bastão na mão. Elas se juntaram à dança, que continuou por cerca de duas horas.

Shaka também começou o processo de transformar as normas existentes. Em vez de se basear em parentesco e clãs, o Estado de Shaka era ancorado em dois eixos. Um era a idade. Em muitas partes da África e do mundo, os meninos e meninas que atingiam a maioridade eram iniciados nas tradições secretas da sociedade, um processo que tipicamente inclui circuncisão e escarificação. Envolve ficar por longos períodos na selva e vários tipos de desafios. Em algumas sociedades africanas essas iniciações se tornaram tão institucionalizadas que, quando um grupo de meninos — e de meninas, em alguns casos — era iniciado, era introduzido a um grupo conhecido como um "conjunto de idade" (ou "faixa etária"), ao qual iriam pertencer para o resto da vida.

Em muitas partes do leste da África, povos inteiros se tornaram organizados não a partir de parentesco ou de um Estado, mas por meio de uma sequência de conjuntos de idade. Os conjuntos assumiam diferentes funções à medida que seus membros se tornavam mais velhos — por exemplo, homens jovens eram guerreiros, protegendo as pessoas e o gado. Quando envelheciam e um novo grupo evoluía, seguiam para o casamento e atividades econômicas como a agricultura. Entre os zulus e outros povos relacionados no sul da África, essas estruturas sociais estavam já presentes, ainda que de forma rudimentar. Shaka os capturou e militarizou. Transformou os grupos etários em regimentos militares e os abrigou em barracões separados. Também começou a recrutar os jovens dos povos que conquistava. Esses regimentos forneciam uma forma de romper os laços de família e integrar as pessoas ao novo Estado. O papel dos grupos de idade na criação da nova identidade zulu é revelado por um diálogo no festival anual da colheita de Umkosi. Nessa época, era permitido que qualquer um fizesse qualquer pergunta ao chefe, e um soldado impertinente perguntou a Shaka: "Por que estrangeiros são promovidos acima dos chefes zulus?" A isso Shaka supostamente respondeu:

"Qualquer homem que se junta às tropas zulus se torna zulu. Portanto sua promoção é puramente uma questão de mérito, independentemente da estrada pela qual passou."

O outro novo eixo era geográfico. Shaka dividiu o território em distritos, mantendo os chefes existentes no comando e esclarecendo que agora serviam a ele, ou apontou soldados leais como governantes.

No processo, Shaka centralizou muitas funções nas suas próprias mãos. Antes, o festival da colheita de Umkosi havia sido celebrado amplamente na região, com chefes individuais conduzindo a cerimônia. Agora apenas Shaka presidia os ritos anuais. Ele também criou um tribunal centralizado. Apesar de os chefes julgarem conflitos e resolverem problemas locais, o último recurso poderia ser feito a Shaka em Bulawayo.

Uma forma primitiva com a qual Shaka mantinha seu sistema era cobrando tributos e os distribuindo entre seus apoiadores. À medida que conquistava e subjugava os povos no entorno, ele exigia à força grande número de vacas e mulheres. Doava gado como recompensa a seus regimentos por seus serviços, organizava as mulheres também por regimentos de idade, segregando-as, e proibia os homens de casar ou ter relações sexuais com elas até que ele permitisse.

Claro que esse não era um Estado burocratizado, como são os Estados modernos. Apesar de Shaka ter conselheiros, o Estado era comandado pelo Exército e por seus chefes nomeados, e, na ausência da escrita, as leis e regras eram orais. Burocratizado ou não, o projeto de construção do Estado de Shaka tinha que romper parte da gaiola de normas que inibia o surgimento da hierarquia política e a autoridade de Shaka. Um pilar dessas normas, assim como nas normas dos tivs que vimos no Capítulo 2, eram as complexas crenças sobrenaturais usadas com frequência para conter qualquer um que estivesse ficando poderoso demais.

Em um episódio famoso, não muito depois de se tornar chefe dos zulus, Shaka teve que lidar com alguns maus presságios. Um pássaro cabeça-de-martelo voou sobre o *kraal* de Shaka; então um porco-espinho o invadiu; e um corvo pousou na cerca e começou a pronunciar palavras humanas. Esses presságios exigiam a convocação de um grupo de curandeiros, liderados por uma mulher chamada Nobela. Ela indicava a identidade dos bruxos ao bater neles com uma cauda de gnu carregada pelos demais curandeiros. Muito parecido com a vara dos tivs. Os paralelos com os tivs não param aí. Os zulus estavam alinhados, e Nobela e seus associados começaram a "cheirar" os bruxos que haviam trazido os maus presságios. Eles selecionavam pessoas prósperas. Um havia ficado rico por meio da frugalidade. Outro tinha colocado esterco de gado em suas terras como fertilizante, produzindo uma colheita abundante, muito maior que a de seus vizinhos. Um terceiro era um criador de gado que escolhia os melhores bois e cuidava muito bem do seu rebanho. Como resultado, viu uma prodigiosa expansão de seus pastos. Mas derrubar os ricos não era o suficiente. Nobela estava atrás dos politicamente poderosos também. Ela começou a cheirar dois dos tenentes em que Shaka mais confiava, Mdlaka e Mgobozi. Antecipando essa ação, Shaka sugeriu que ficassem perto dele e reivindicassem refúgio caso fossem acusados de bruxaria. De acordo com relatos de testemunhas:

> Com uma gargalhada hedionda, imitando a risada demoníaca da hiena, todos os cinco pularam simultaneamente. Com grande velocidade, Nobela bateu à direita e à esquerda com sua cauda de gnu e pulou em cima dos ombros de Mdlaka e Mgobozi, enquanto cada um de seus assistentes também batia no homem em frente a ela e pulava sobre sua cabeça.

Mas Shaka não ia aceitar isso. Afinal, ele era a pessoa mais poderosa da Zululândia, disposto a exercer sua vontade de poder cruamente; ele poderia ser o próximo a ser cheirado. Ele concedeu refúgio a Mdlaka e Mgobozi, e afirmou que Nobela os acusava falsamente de serem bruxos, decretando que dois dos curandeiros deveriam morrer em compensação. Shaka os obrigou a jogarem ossos de adivinhação para identificar quais deveriam ser escolhidos. Tal atitude colocou em pânico os curandeiros, que apelaram a Shaka para protegê-los. Ele concordou, com a condição de que eles "não iriam mais me enganar, ou não conseguirão encontrar refúgio em lugar algum". Daquele dia em diante, qualquer "detecção" tinha que ser confirmada por Shaka. Ele havia rompido o poder dos curandeiros. Também baniu todos os fazedores de chuva. Tudo era parte da criação de um Estado. Qualquer gaiola de normas que ficasse em seu caminho teria que ser rompida.

O melhor indício da longevidade das instituições que Shaka construiu é a população atual de zulus. A partir de um clã de possivelmente 2 mil pessoas em 1816, há hoje entre 10 e 11 milhões de pessoas que se identificam como zulu na África do Sul (de uma população de 57 milhões) e que dominam a província de KwaZulu-Natal. "Zulus" originalmente eram os descendentes de um único homem, mas agora são uma sociedade enorme, com milhões de pessoas sem qualquer relação genética com o Zulu original.

A arma de boca vermelha

Por mil anos, as pessoas se espalharam da Ásia para a infinidade de ilhas da Polinésia. Entre as últimas a serem colonizadas, estava o arquipélago do Havaí, talvez por volta de 800 d.C. Apesar de no início partilharem cultura, religião, língua, tecnologia, instituições políticas e econômicas, as ilhas polinésias gradualmente se afastaram à medida que diferentes inovações surgiam e se estabeleciam. As sociedades polinésias ancestrais, conforme a reconstituição feita por arqueólogos e etnógrafos históricos, não eram muito diferentes da sociedade baseada em parentesco que vimos na Zululândia pré-Shaka; eram pequenas sociedades organizadas em torno das famílias e, como é comum, seu conjunto de normas evoluiu para gerenciar conflitos e impedir aspirantes a ditadores.

Na época em que o primeiro estrangeiro, o capitão James Cook, esbarrou nas ilhas havaianas em janeiro de 1778, esse sistema tradicional já começava a ruir. As ilhas agora eram organizadas em torno de três protoestados concorrentes, já distantes do estágio de formação do Estado primitivo. Apesar de a terra não ser propriedade privada e de seu uso e direito de controle pertencer a grupos familiares e de parentesco, os chefes já alegavam ser donos de toda a terra. As pessoas que cultivavam inhame e sagu-de-jardim tinham acesso à terra somente porque os chefes permitiam, em troca do pagamento de tributos e serviços. O historiador David Malo, um dos primeiros havaianos a receber educação ocidental e a ser alfabetizado no início do século XIX, registrou:

> A condição das pessoas comuns era de submissão aos chefes, compelidas a realizar suas tarefas pesadas, sendo oprimidas e sobrecarregadas, algumas até a morte. A vida delas era de resistência paciente, de ceder aos chefes para cair em suas graças (...) Era das pessoas comuns, no entanto, que os chefes recebiam sua comida, seu vestuário, suas casas e muitas outras coisas. Quando os chefes saíam em guerra, pessoas comuns também iam lutar com eles (...) Eram os *makaainanas* que também faziam todo o trabalho na terra; no entanto, tudo que produziam do solo pertencia aos chefes; e o poder de expulsar um homem da terra e tirar dele suas posses estava com o chefe.

Os *makaainanas* eram as pessoas comuns, a grande massa da sociedade.

Os três protoestados no Havaí nessa época estavam em Oʻahu, Maui e na "grande ilha" do Havaí, comandada pelo chefe Kalaniʻōpuʻu (ver Mapa 6). Cook primeiro visitou a ilha de Kauaʻi, parte de Oʻahu. Voltou mais tarde naquele ano para mais explorações e para mapear a área com seus dois navios, o *Discovery* e o *Resolution*. Ele chegou em Maui, depois foi mais para leste e encontrou Kalaniʻōpuʻu, que estava envolvida em uma batalha para tomar o controle de Maui. Kalaniʻōpuʻu subiu a bordo do navio de Cook com seu sobrinho Kamehameha, um dos líderes de suas tropas. Cook então partiu para o Havaí e ancorou no lado oeste da ilha. Lá foi novamente visitado por Kalaniʻōpuʻu e Kamehameha, que viu pela primeira vez algo maravilhoso — o poder das armas de fogo. No caderno de fotos reproduzimos uma gravura baseada em um desenho de John Webber, um artista que acompanhava o capitão Cook, mostrando a chegada de Kalaniʻōpuʻu em seus barcos de guerra. Estavam a descoberto no dia 14 de fevereiro, quando Cook foi morto depois de liderar uma expedição à costa para recuperar uma cortadeira, um pequeno barco, que havia sido roubado de sua embarcação na noite anterior.

Depois da partida do *Discovery* e do *Resolution*, o envelhecido Kalaniʻōpuʻu decidiu abdicar o trono em favor de um de seus filhos, mas colocou Kamehameha como responsável pelo Deus da Guerra, uma honra significativa. Os dois jovens logo brigaram. Eles batalharam um contra o outro em 1782, e Kamehameha venceu. Na luta de sucessão que se seguiu, um dos irmãos de Kalaniʻōpuʻu declarou um governo independente no

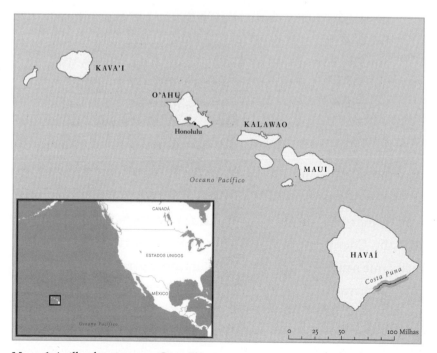

Mapa 6. As ilhas havaianas e a Costa Puna.

lado leste do Havaí, enquanto outro dos filhos de Kalaniʻōpuʻu declarou a independência do sul. Havia agora uma luta tripartite para controlar a grande ilha.

O resultado seria determinado pela vantagem que Kamehameha adquirira. Ele havia visto o poder de armas de fogo. Desse ponto em diante, todos os chefes havaianos tentaram adquirir tais armas por via comercial. Mas tê-las era uma coisa, saber usá-las era outra. A ajuda chegou para Kamehameha primeiro na forma de Isaac Davis. Davis era um marinheiro da escuna *Fair American*, que visitou o Havaí no início de 1790. Ela parou na costa oeste e foi atacada pelo chefe local, que guardava rancor contra um navio anterior. Apenas Davis sobreviveu ao ataque e foi colocado sob a proteção de Kamehameha. Enquanto isso, outro navio, o *Eleanor*, estava ancorando no mesmo lugar em que Cook morreu. O contramestre era um inglês chamado John Young. Ele desembarcou e foi detido pelos homens de Kamehameha. Tanto Davis quanto Young foram tratados como nobres e se tornaram seus conselheiros de confiança. Melhor ainda, sabiam como manter e usar armas de fogo. Kamehameha tinha agora sua vantagem.

Com Davis e Young responsáveis por suas armas de fogo, Kamehameha invadiu Maui e defendeu com sucesso o Havaí de diversos ataques. Nesse ínterim, alcançou uma famosa vitória chamada "a arma de boca vermelha", nome usado pelos povos originários para expressar seu espanto com o fogo e a fumaça que saíam das novas armas de fogo. Kamehameha rapidamente estabeleceu um controle incontestável sobre o Havaí. Depois disso, passou vários anos consolidando seu domínio e desenvolvendo as instituições de seu novo Estado. Em 1795 navegou com Davis, Young e uma frota gigantesca de guerra, esmagando Maui e finalmente conquistando Oʻahu. A ilha mais ao oeste de Kauaʻi — que havia escapado da captura graças ao mar agitado e a doenças que impediram as tropas de Kamehameha — foi subjugada em 1810, completando a unificação de todo o Havaí pela primeira vez. Kamehameha seguiu criando um novo conjunto de instituições políticas para governar esse grande Estado de ilhas distantes. Nomeou governadores para cada ilha, e Young se tornou governador da maior delas.

Quebrando tabus

Maomé e Shaka tiveram que romper com parte das gaiolas de normas em suas sociedades, uma vez que muitas delas limitavam o surgimento e o exercício da autoridade política. Maomé, por exemplo, lutou contra as relações de parentesco, enquanto Shaka transformou as relações familiares e as crenças sobrenaturais a fim de enfraquecer as fontes de poder concorrentes. Kamehameha e seus seguidores também precisariam romper as regras que estavam no caminho.

Entre as normas centrais da sociedade polinésia estavam as regras de *tapu*, ou tabus. Em inglês, tornaram-se conhecidos como *taboo* após a primeira documentação feita pelo capitão Cook. *Tapu* era uma instituição comum na Polinésia e havia se transformado em *kapu* no Havaí. Em português, "tabu" significa algo proibido, fora dos limites. Na Polinésia, nas palavras de Edward Handy, o primeiro grande etnógrafo do Havaí:

> em seu significado fundamental, a palavra tapu [kapu] foi usada a princípio como adjetivo, e como tal indicava que algo era fisicamente perigoso, portanto restrito, proibido, posto de lado, a ser evitado por ser: (a) divino, por isso requerer isolamento para o bem tanto dos comuns, quanto dos corruptos; (b) corrompido, portanto perigoso para os comuns e os divinos, e por isso requerer isolamento de ambos para o bem deles.

Em essência, *tapu* significa uma proibição ou restrição. Essas estavam em todo lugar na sociedade polinésia. *Tapu* era importante porque deveria proteger a *mana*. *Mana* era a manifestação do poder sobrenatural no mundo humano. Handy diz:

Mana se manifestava em pessoas, no poder, força, prestígio, reputação, habilidade, personalidade dinâmica, inteligência; em coisas, na eficácia, na "sorte"; isto é, na realização.

Mas como proteger a *mana*, exatamente? Notável entre as muitas restrições era o "tabu alimentar", que ditava que os homens e as mulheres não podiam comer juntos; suas comidas tinham que ser feitas em fornos separados e algumas eram proibidas para as mulheres (como porco, alguns tipos de peixe e bananas). Não era apenas a alimentação que era controlada. O vestuário e muitos outros aspectos da vida também. O mais famoso era o "tabu prostrante", que exigia que pessoas comuns imediatamente removessem a parte de cima de suas roupas e se deitassem prostradas no chão na presença de um chefe. O historiador havaiano do século XIX, Kepelino, registrou:

> Quanto ao tabu prostrante do chefe, quando o chefe queria ir adiante o arauto ia na frente proclamando o *tapu*, dizendo: "*Tapu*! Deitem!" Então todos se prostravam no caminho que o chefe estava percorrendo com os chefes *tapu* que o seguiam, todos vestidos com grande esplendor em capas de penas e elmos.

Assim como em nossa discussão anterior sobre a gaiola de normas, as regras prevalentes não necessariamente tratavam todos como iguais, porque eram formadas em parte pelas relações de poder existentes na sociedade polinésia. Chefes tinham muito mais *mana* que as pessoas comuns — por isso toda a prostração. No Havaí também foi esse poder dos chefes que transformou *tapu* em *kapu*. Os chefes não estavam apenas protegendo os deuses e seu mana; eles começaram a ser vistos como descendentes diretos dos deuses, e o *kapu* consagrava esse domínio. Na origem, o *mana* não é tão diferente do *tsav* dos tivs. Lembre que o *tsav*, como o *mana*, ajudava a explicar os diferentes desdobramentos da vida — por que havia pessoas mais bem-sucedidas que outras ou de comportamento diferente. Mas no caso do *tsav*, o êxito advinha de um talento da pessoa ou simplesmente porque ela era uma bruxa. Com o *mana*, pelo contrário, o sucesso vinha de uma escolha divina. Apesar dessa enorme diferença, todo o sistema *kapu* estava ainda coberto por uma miríade de regras e restrições que limitavam o que as elites poderiam fazer. Apesar de a hierarquia política já ter começado a se formar no Havaí, ainda estava longe do que iria se tornar sob Kamehameha.

A erosão das normas que limitavam a hierarquia política começou sob Kamehameha. Ele nomeou seu filho Liholiho como sucessor, o qual assumiu o recém-criado reino do Havaí depois da morte de seu pai, em 1819. Liholiho, coroado rei Kamehameha II, decidiu abolir o sistema *kapu*. Ele se sentia confiante o suficiente em relação a seu poder para fazer algo que nenhum chefe anterior havia feito. O novo rei eliminou a proibição de comer junto. Logo após ser coroado, organizou um banquete. Como um contemporâneo relatou:

> Depois que os convidados sentaram e começaram a comer, o rei circulou duas ou três vezes cada mesa, como se quisesse ver o que acontecia em cada uma; e então, de repente, sentou-se sem avisar ninguém, exceto os que sabiam do segredo, em uma cadeira vazia na mesa das mulheres, e começou a comer com voracidade, mas estava evidentemente perturbado. Os convidados, assombrados por seu ato, aplaudiram e gritaram "*Ai Noa* — o tabu de comer está rompido".

A era das tormentas

Até agora nos concentramos no surgimento da hierarquia política onde ela absolutamente não existia antes, ou existia de maneira muito primitiva. O modo como a vontade de poder rompe a resistência contra ela e pode empurrar a sociedade em direção a uma bola de neve não é algo que se restringe a um passado distante. A vontade de poder e suas consequências podem também ser vistas em casos contemporâneos, quando instituições do Estado estão presentes, mas são incapazes de exercer controle sobre a sociedade, tal como na Geórgia no início dos anos 1990.

No fim dos anos 1980, a União Soviética estava em colapso. Estavam em andamento os processos de independência de muitas repúblicas soviéticas, incluindo a Estônia, a Letônia e a Lituânia, assim como a Geórgia. A primeira eleição genuinamente livre e multipartidária da Geórgia aconteceu em 1990. Uma coalizão chamada "Távola Redonda — Geórgia Livre" conseguiu dois terços contra os comunistas georgianos. Em maio de 1991, o país se declarou independente da União Soviética e Zviad Gamsakhurdia, o líder da Távola Redonda, foi eleito presidente com 85% dos votos. Ele assumiu um país dividido por fraturas, visões em contraste e sem nenhum consenso sobre como deveria ser governado. Muitos grupos minoritários estavam preocupados com o risco de serem dominados por pessoas do grupo étnico dos georgianos e começaram a falar em secessão. Em janeiro de 1992, Gamsakhurdia fugiu do país, e a maior parte da capital Tbilisi estava nas mãos de dois chefes militares: Dzhaba Ioseliani, chefe do grupo paramilitar chamado Mkhedrioni; e Tengiz Kitovani, chefe da Guarda Nacional. Em um dado momento havia cerca de outras doze milícias e grupos armados (com nomes curiosos como Águias Brancas e Fraternidade da Floresta) apenas em Tbilisi. A Geórgia tinha um Estado nesse momento (de certa forma), mas a situação não estava longe de uma Guerra.

Tengiz Segura, um ex-primeiro-ministro dispensado por Gamsakhurdia, conseguiu retomar seu cargo. Gamsakhurdia formou outro grupo armado, os Zviadists. Sem um Estado efetivo, a capital experimentou uma onda de violência, saques, crimes e estupros. O Estado perdeu o controle de regiões em Ossétia do Sul e Abcásia, que se declararam independentes, e outros lugares, como Adjara e Samtskhe-Javaketi, permaneceram completamente autônomos. Uma guerra civil começou. Os georgianos chamaram esse período de Era das Tormentas.

Na primavera de 1993, os chefes militares estavam tentando descobrir um caminho para o fim do caos. Ioseliani e Kitovani haviam tomado o que sobrou do Estado georgiano, mas os conflitos eram generalizados e até então não tiveram sucesso em estabelecer a ordem. Também era preciso um rosto respeitável para mostrar à comunidade internacional, em busca de legitimidade e de acesso a ajuda externa e a recursos. A opção foi colocar em movimento o plano de fazer de Eduard Shevardnadze presidente. Ele, um nativo da Geórgia, havia sido ministro de Relações Exteriores de Mikhail Gorbachev por seis anos até pedir demissão em dezembro de 1990. Em 1992, Shevardnadze havia se tornado presidente do Parlamento georgiano. Era óbvio que com seus muitos contatos e grande experiência internacional seria um rosto ideal para a nova nação. A ideia dos chefes militares era simples: Shevardnadze seria o líder do Estado, e eles ficariam nos bastidores dando as cartas. Fizeram dele presidente interino do Conselho de Estado, inicialmente um grupo de quatro pessoas, incluindo Ioseliani e Kitovani, que agia apenas mediante consenso. Dessa forma, eles tinham poder de veto sobre as ações de Shevardnadze. Ele nomeou Kitovani ministro da Defesa e Ioseliani chefe da Defesa Civil, uma parte autônoma das Forças Armadas. Um dos partidários de Ioseliani se tornou ministro de Interior, e Shevardnadze aparecia regularmente em público com todos eles. Mas então o efeito Bola de Neve aconteceu.

O estatuto que criou o Conselho de Estado permitia a admissão de novos membros, caso dois terços dos atuais membros aprovassem. Shevardnadze começou a defender a expansão do conselho, o que parecia inócuo. Logo, ele se tornou um grupo muito maior de chefes militares e elites políticas, que Shevardnadze achou mais fácil de gerenciar. Então ele começou a promover indivíduos da milícia a posições no aparato do Estado em uma tentativa de mudar suas lealdades de Kitovani e Ioseliani para ele. Shevardnadze criou uma rede de novas unidades militares com poderes e jurisdições conflitantes: a Guarda de Fronteira, a Defesa Civil, o Grupo de Resgate Tbilisi, a Guarda Governamental, as tropas internas do Ministério de Assuntos Internos, a Unidade Alfa Especial e a Guarda Presidencial, treinada pela CIA. Em 1995, o Ministério do Interior tinha 30 mil pessoas trabalhando, muitos indicados por ex-milicianos. Alie-se isso a uma enorme ocorrência de corrupção e impunidade à medida que ex-membros das milícias ganhavam carta branca para se envolverem na cobrança não oficial de taxas e subornos.

O poder de Shevardnadze foi fortalecido exatamente por aquilo que o levou ao poder — a ideia de fazer o regime ser respeitável internacionalmente para que ajuda e assistência fossem enviadas ao país. E veio, por meio de Shevardnadze. Para ser realmente respeitável é preciso ter uma economia de mercado, o que significa privatização e regulamentação, tudo que poderia ser manipulado por Shevardnadze para recompensar seu quadro crescente de partidários. Na realidade, Shevardnadze se envolveu em uma versão extremamente sofisticada de "dividir e conquistar". Em setembro de 1994, ele era poderoso o suficiente para usar Mkhedrioni para prender Kitovani e, no ano seguinte, os colocou contra seu próprio líder, Iosiani. Shevardnadze estava finalmente em condições de usar uma falsa tentativa de assassinato contra ele como pretexto para aprovar uma nova constituição que consolidava seus poderes, que eram em grande parte informais. O Estado georgiano havia surgido, e todos os chefes militares que acreditaram ter controle sobre o processo foram arrastados pela Bola de Neve.

Por que não é possível agrilhoar a vontade de poder?

Vimos muitos exemplos de vontade de poder obliterando as normas destinadas a conter o Leviatã. Maomé e Shevardnadze foram trazidos de fora para resolver conflitos inerentes. Assumiram esse papel brilhantemente, impondo ordem e uma mão firme na resolução de disputas. Mas também se mostraram muito mais difíceis de controlar do que seus aliados iniciais haviam imaginado. Shaka explorou com sucesso sua ascensão a chefe dos zulus para dar início à criação de um exército muito mais poderoso e para expandir o poder do Estado e sua própria autoridade, enfraquecendo no processo as normas que deveriam evitar tais esforços de criação do Estado. Kamehameha conseguiu usar a tecnologia das armas de fogo para subjugar seus rivais e construir um Estado unificado e poderoso no Havaí, diferente de tudo que a ilha havia experimentado antes.

Em nenhum desses casos — e em poucos dos inúmeros outros em que as sociedades viviam sob o Leviatã ausente e viram surgir a hierarquia política — observamos uma transição para um Leviatã Agrilhoado. Nem o objetivo de romper a gaiola de normas era criar liberdade, mas sim eliminar barreiras para uma maior hierarquia política. Uma exceção óbvia é o Período Homérico em Atenas, que, como vimos no Capítulo 2, conseguiu construir a capacidade do Estado de resolver conflitos, controlar rixas e fornecer serviços públicos ao mesmo tempo que aumentou o controle da sociedade sobre ele e transformou as normas prevalentes. Então por que essas outras sociedades não conseguiram fazer o mesmo? A resposta tem relação com a natureza das normas e instituições que existiam quando a sociedade começou seu processo de construção do Estado. Em muitos casos, sociedades sem Estado sucumbem à vontade de poder de um líder carismático que apresente uma vantagem. O que motiva muitos desses líderes não é um desejo de criar um Leviatã Agrilhoado, de promover a liberdade ou de corrigir um desequilíbrio entre os poderes da elite e dos cidadãos, mas sim de aumentar o próprio poder e dominar a sociedade. Sólon em Atenas, visto assim, foi uma exceção por chegar ao poder para tomar as rédeas da influência excessiva das famílias ricas e das elites, e construir as correntes do Leviatã era parte do seu trabalho. Não exatamente como no caso dos outros construtores de Estado.

Mas talvez o que distinguia a sociedade ateniense na época de Sólon de modo ainda mais fundamental era a existência de alguns tipos de instituições formais que regulavam a distribuição de poder político e de resolução de conflitos. Apesar de imperfeitas, essas instituições forneceram uma fundação sobre a qual Sólon, Clístenes e outros puderam construir para ampliar a participação popular na política e fortalecer normas existentes que restringiam a hierarquia social e política. Foi assim que eles conseguiram decretar as leis de húbris e do ostracismo, destinadas a impedir que indivíduos poderosos ficassem fortes demais (e ao mesmo tempo foram capazes de enfraquecer aspectos das normas existentes que prejudicavam o desenvolvimento do Leviatã Agrilhoado). Nenhuma dessas instituições existiam no caso dos tivs, em Medina e Meca, entre os zulus ou no Havaí na época de Kamehameha. Em vez disso, aumentando a aposta contra o Leviatã Agrilhoado, seus métodos para impedir aspirantes a déspotas de ascender ao poder eram conjuntos complexos de normas, tais como bruxaria, laços de parentesco ou o sistema *kapu*, que regulavam conflitos e impediam a hierarquia política. Mas, uma vez que a vontade de poder rompesse essas normas, não sobrava muito delas para agir como contrapeso ao poder no recém-surgido Estado. Os construtores do Estado também eram rápidos em reformar as normas para seus próprios interesses, como vimos. Voltando à Figura 1 no Capítulo 2, resumindo nossa estrutura conceitual, podemos ver essa situação como correspondente ao canto inferior esquerdo onde tanto o Estado quanto a sociedade são fracos em um primeiro momento. Sem as normas e instituições da sociedade capazes de restringir o processo de construção do Estado, uma vez que ele esteja em andamento, não há corredor. Consequentemente, diante da vontade de poder, não há opção para a sociedade, exceto ir em direção ao Leviatã Despótico.

Mas isso não era completamente ruim. O aspirante a Leviatã em alguns dos casos discutidos melhorava a resolução de conflitos, trazia ordem e, algumas vezes, até destruía os aspectos mais perniciosos da gaiola de normas — mesmo que também se criasse mais hierarquia e se substituísse o potencial de medo e violência em uma sociedade sem Estado pelo domínio de seu recém-formado Leviatã Despótico. Suas consequências econômicas também não eram ruins, porque melhoravam a alocação de recursos e tornavam possível um tipo primitivo de crescimento econômico, como veremos no próximo capítulo, ao estudar a natureza da economia sob o Leviatã Ausente e sua gaiola de normas, e comparando com a economia emergente sob o Leviatã Despótico.

4.

A ECONOMIA FORA DO CORREDOR

O fantasma no celeiro

EM 1972, A ANTROPÓLOGA ELIZABETH COLSON estava no meio de seu trabalho de campo com os gwembe tonga, um povo no sul da Zâmbia que se manteve sem Estado antes da conquista da região pelos britânicos (veja o Mapa 5 no capítulo anterior). Ela estava em uma fazenda coletando informações quando uma mulher entrou e pediu grãos para a dona da casa. As duas mulheres eram parte do mesmo clã, mas viviam bem distantes e se conheciam apenas vagamente. Em resposta ao pedido, a dona da casa foi ao celeiro e encheu até transbordar a cesta da visitante, que partiu satisfeita.

Esse tipo de partilha generosa de comida nos clãs, famílias e outros tipos de grupos é comum em muitas das sociedades sem Estado. Isso é interpretado pela maioria dos antropólogos e por muitos economistas como um sinal de costumes profundamente enraizados e das normas de cooperação e reciprocidade. Também há uma lógica econômica clara: hoje você ajuda alguém de seu clã, e amanhã, quando precisar, alguém irá te ajudar. Foi exatamente como Colson inicialmente interpretou essa generosidade ostensiva.

Só mais tarde, ao observar um jovem na vila recebendo uma perturbadora carta de casa, Colson começou a entender que a realidade era bem diferente. Ela registrou em suas notas de campo: "Uma noite, luzes foram vistas sobre seu celeiro, e suas esposas e seu irmão mais tarde descobriram sinais de que fantasmas haviam urinado sobre seus grãos, um ato que os tongas acreditam ser resultado da ação de fantasmas enviados por um feiticeiro." O provável objetivo do feiticeiro era matar o homem e sua família. Ele lamentava que "sua ambição no ano anterior — que o levara a trabalhar desde cedo até tarde no grande campo que havia plantado — agora apenas lhe fizesse colher ódio". A mesma dona de casa que estava presente percebeu de imediato o que estava acontecendo. Colson continuou: "Ela achou que alguém devia ter visitado a casa e visto os celeiros, e perguntou se ele se lembrava de alguém que tivesse ficado olhando, pedindo comida ou fazendo qualquer comentário sobre toda aquela comida." A dona de casa concluiu:

> Não é seguro negar o pedido. Você viu que dei grãos para aquela mulher que veio aqui outro dia. Como posso recusar quando ela me pede grãos? Talvez ela não faça nada, mas não tenho como dizer. A única coisa a fazer é dar.

Não dar é se arriscar a ser alvo de feitiçaria e violência. O que a levava a doar era medo, medo da retaliação e da violência resultantes do rompimento da norma, e não alguma noção de generosidade.

Esse tipo de ameaça era endêmico em Tonga e chegava a estar incorporado na estrutura de seus clãs. O vizinho Planalto Tonga, por exemplo, tem catorze clãs, cada um associado a "totens" — animais que não deveriam ser comidos. Os totens do clã bayamba são hiena, rinoceronte, porco, formiga e peixes. Membros desse clã não podem comer nenhum desses animais. O clã batenda tem elefante, ovelha e hipopótamo como totens. Outros animais proibidos incluem o leopardo (clã bansaka), sapo (clã bafumu), e mesmo o abutre branco (clã bantanga). As origens dessas proibições alimentares são explicadas pela lenda de Tonga: há muito tempo, alguns grupos estavam comendo leopardos, e outros grupos começaram a ter inveja da comida abundante e os amaldiçoaram, tornando-os alérgicos a comidas específicas. Os descendentes dessas pessoas amaldiçoadas se tornaram o clã.

Assim, as normas de hospitalidade e generosidade entre os tongas surgiram e eram obedecidas não tanto por algum imperativo moral ou porque as pessoas viam os benefícios decorrentes deles, mas sim porque temiam a violência e a feitiçaria, sem mencionar o ostracismo social e outras retaliações menos violentas que ocorreriam àqueles que se desviavam das normas. Eles viviam em uma sociedade sem Estado, não havia polícia ou autoridades do governo para protegê-los ou resolver disputas. Mesmo assim, as normas que preveniam e continham conflitos impediam a violência endêmica. A visita vinha, a dona de casa era generosa, e o conflito potencial era evitado.

Não há lugar para diligência

Hobbes pensava que sociedades sem autoridade centralizada acabariam em uma situação de Guerra. Ele também antecipou, como vimos no Capítulo 1, que a Guerra destruiria os incentivos econômicos, escrevendo que, "em tais condições, não há lugar para a iniciativa, porque seus frutos são incertos". Ou conforme a linguagem da economia moderna: conflito e incerteza significam que os indivíduos vivem a insegurança dos direitos de propriedade sobre os frutos de seus investimentos e do que produzem, reúnem ou caçam, e isso desestimula a atividade econômica.

Para ter uma noção das consequências econômicas da Guerra, voltemos de forma breve à República do Congo. No começo do Capítulo 1, mencionamos que o leste do país, particularmente a região de Kivu, é atormentado por milícias e grupos armados. De fato, no Kivu, a Guerra não é apenas entre indivíduos, como Hobbes parece frequentemente sugerir, mas entre grupos. Um desses é a RCD-Goma, da cidade de Goma, no leste do Congo. Esse grupo era uma facção dissidente da Reunião Congolesa pela Democracia (em francês, Rassemblement Congolais pour la Démocratie, por isso a abreviação RCD) e tinha suas raízes na Primeira e Segunda Guerras do Congo, algumas vezes chamadas de Grande Guerra da África, entre 1996 e 2003. Quando um acordo de paz foi finalmente assinado, a RCD-Goma, junto com muitos outros, continuou a lutar e a aterrorizar os moradores locais. Em dezembro de 2004, unidades da RCD-Goma se aproximaram da cidade de Nyabiondo no Kivu do Norte. A cidade era protegida por membros de outra milícia, os Mai-Mai. A RCD atacou em 19 de dezembro. Os guerreiros Mai-Mai capturados foram amarrados e queimados vivos. A princípio as mortes de civis foram baixas, pois a névoa da manhã permitiu que as pessoas fugissem para os campos e a floresta. Mas a RCD os caçou. Em poucos dias, 191 pessoas foram mortas a sangue-frio. Willy, de apenas 15 anos, contou a um pesquisador da Anistia Internacional:

> Os soldados vieram em carros e a pé, matando e saqueando.
> Alguns estavam de uniforme, mas outros vestiam roupas civis
> (...) A população fugiu direto para a floresta. Eu estava em um
> grupo de quinze, com minha mãe, vizinhos e outros parentes.
> Os soldados nos encontraram e nos fizeram deitar no chão,
> onde fomos espancados com as espingardas. Baroki [o chefe
> local] estava conosco. Os soldados vieram e o levaram, vi isso.
> Vi seu corpo uma semana depois, em 25 de dezembro. Ele
> tinha levado um tiro na cabeça. Foi amarrado e espancado.
> O corpo estava no chão.

Meninas de apenas 8 anos foram estupradas e 25 mil pessoas acabaram refugiadas. Seus pertences foram destruídos, e suas casas, queimadas. Nyabiondo foi sistematicamente saqueada, e até as telhas dos telhados foram roubadas.

Isso é Guerra com consequências humanas dolorosas e óbvias. As consequências econômicas são igualmente evidentes. A economia do

Kivu foi devastada, e o mesmo ocorreu em quase todo o Congo. O resultado é uma pobreza abjeta. A renda per capita no país é cerca de 40% do que era em 1960, quando se tornou independente. Atualmente a renda média é de cerca de quatrocentos dólares, menos de 1% da dos Estados Unidos, tão baixa quanto a de qualquer outro país no mundo. A expectativa de vida é vinte anos menor do que nos Estados Unidos. No que se refere à República Democrática do Congo, Hobbes estava certo. A vida dos homens é, de fato, "pobre, desagradável, brutal e breve". É ainda pior para as mulheres.

Contudo, os tongas não se parecem nem um pouco com o Kivu ou com o tipo de gente sem Estado e em Guerra que Hobbes retratou. Eles lembram o tipo de sociedade que daria sustentação a afirmações de que somos uma "espécie cooperativa", com normas de apoio mútuo, hospitalidade e generosidade. Mas, como vimos no Capítulo 1, o preço que as pessoas pagam por isso é frequentemente a prisão em uma gaiola de normas. Agora começamos a entender que a gaiola limita não apenas suas escolhas sociais, mas também suas vidas econômicas.

Isso está claro para o jovem que trabalhou duro apenas para ver seus celeiros atacados por fantasmas e feiticeiros, porque as pessoas estavam com inveja de seu sucesso. Os efeitos adversos dessas normas para os incentivos econômicos não se limitam a tais ataques. Eles também impedem o direito à propriedade, ainda que isso ocorra de forma menos óbvia do que os problemas imaginados por Hobbes para a economia das sociedades sem Estado. Suponha, por exemplo, um investimento para aumentar a produção. Se o direito à propriedade for seguro, é possível aproveitar o resultado maior da produção e fazer o que se quiser com esse aumento. Se você realmente gosta de ser generoso, essa é parte da recompensa. Mas, tanto na sociedade de Tonga como em muitas outras economias formadas sob a gaiola de normas, o resultado do investimento é doado não porque a pessoa gosta de fazer isso, mas porque está com medo da retaliação social ou mesmo da violência que poderá sofrer caso deixe de agir dentro das normas. O que significa efetivamente que o direito à propriedade não está assegurado, uma vez que o resultado maior será tirado de você, mesmo que a doação pareça voluntária, incentivada pelo costume da generosidade. A consequência será um pouco diferente da observada por Hobbes; não haverá "lugar para a iniciativa".

A maneira óbvia como isso se manifestava na sociedade do Tonga era a presença constante de fome. Fome e mendicância. Colson observou quão próximo do limite as pessoas viviam:

> Quando uma casa havia exaurido suas próprias reservas de comida ou estava perto disso, primeiro tentava conseguir comida com parentes ou amigos próximos. Crianças e pessoas deficientes eram enviadas a parentes em áreas onde ainda havia alimento. Homens iam trabalhar para deixar mais comida para aqueles que precisavam ficar em casa, mas encontravam pouco conforto na perspectiva de serem alimentados enquanto em casa haveria fome. Quando as reservas locais se exauriam, as pessoas percorriam muitos quilômetros para pedir aos parentes que viviam distantes. Frequentemente iam para o Planalto, onde sua visita era vista com o mesmo entusiasmo que um enxame de gafanhotos.

O fundador da economia, Adam Smith, enfatizava a propensão dos humanos a "transportar, trocar e fazer comércio". Na terra dos tongas, implorar era mais prevalente que transportar, trocar e fazer comércio. Colson apontou como "o vale não tinha intermediários ou mercados para organizar o comércio interno. Também não tinha nenhum meio universalmente aceito de comércio". Havia um comércio de certa forma, mas

> muitas das trocas eram obrigatórias, consequência de relações institucionalizadas existentes entre as partes da transação: um tinha o direito de receber, e o outro, a obrigação de dar.

O resultado era uma sociedade presa à agricultura de subsistência, vulnerável a todo tipo de revés econômico e adversidade. A tecnologia estava estagnada e atrasada. A sociedade pré-colonial de Tonga não usava a roda, nem para olaria, nem para o transporte. A agricultura, o pilar econômico da área, era improdutiva, não porque a terra fosse infértil, mas por ter sido trabalhada com varas de cavar em vez de arados.

Como já vimos, as origens da gaiola de normas de Tonga não deixam de estar relacionadas às observações de Hobbes. Parte da razão pela qual tais normas se desenvolveram em muitos lugares é que o igualitarismo tem uma lógica política óbvia. As normas de igualdade mantêm o *status quo*. Quando essas normas são fracas ou inexistentes, a hierarquia surge, o efeito Bola de Neve entra em ação e a ausência de Estado acaba. As sociedades sem Estado remanescentes tendem a ser aquelas cujas normas de igualitarismo são fortes e arraigadas. Essas normas também ajudam a controlar conflitos. Se o conflito arrisca se transformar em violência e retaliações, é melhor seguir estritamente o roteiro econômico predefinido. Com novas atividades econômicas, novas oportunidades e novas desigualdades haverá novos conflitos, muito mais difíceis de resolver pelas normas existentes. É melhor evitar o risco de Guerra. Melhor ficar com o *status quo*.

Economia engaiolada

É evidente a familiaridade disso com nosso relato sobre os tivs. Como lembramos do Capítulo 2, os tivs desenvolveram um conjunto de normas para garantir que nunca entrassem no efeito Bola de Neve. Qualquer um que tentasse acumular poder para o exercício de autoridade sobre os outros era colocado em seu lugar por acusações de bruxaria. No fim das contas, suas normas e a gaiola estabelecida também fizeram o mesmo com a economia, efetivamente forjando uma economia "engaiolada".

Os tivs eram uma sociedade alicerçada em parentesco e descendência. Como vimos, a palavra deles para um território ocupado por descendentes de um único ancestral era *tar*. Em um *tar*, eram os anciões que exerciam o pouco de autoridade existente na sociedade tradicional dos tivs. Eles alocavam terra suficiente para pessoas no *tar* de forma a garantir a subsistência da família. Era o suficiente, mas não muito mais que isso. Conforme apontado pelos antropólogos Paul e Laura Bohannan, se um homem "quer plantar muito mais batata-doce do que suas esposas e filhos precisam, para poder vender e ter mais dinheiro e bens que outros no vilarejo, é provável que o pedido seja negado".

No território tiv, também não havia mercado onde o trabalho pudesse ser comprado e vendido, nem mercados de propriedade ou capital. O trabalho da família ou do *tar* era a única fonte de recurso para a produção agrícola. Tanto homens quanto mulheres cultivavam a terra, mas cada um trabalhava em culturas específicas e apenas as mulheres podiam cultivar itens básicos, como inhame. Maridos deveriam providenciar terra para suas esposas cultivarem, mas não tinham direito sobre o que elas produziam. Havia mercados para alguns desses produtos, mas os Bohannans destacavam que:

> Talvez a principal característica do mercado dos tivs é que ele é extraordinariamente limitado e mostra pouca tendência a invadir outras instituições da sociedade.

Na verdade, os tivs não tinham mercados autônomos; tinham mercados engaiolados — estruturados não para facilitar o comércio, mas para evitar o efeito Bola de Neve.

Talvez o exemplo mais óbvio disso é o que diz respeito às noções de trocas de bens, que eram estritamente limitados. A economia estava separada em esferas diferentes. Podiam-se fazer trocas dentro de uma esfera, mas não entre esferas distintas. As esferas mais flexíveis eram o mercado de alimentos e bens de subsistência, que abrangiam galinhas, cabras, ovelhas, utensílios domésticos e outros produtos artesanais (argamassa, pedras de amolar, vasos, panelas e cestos). Materiais brutos usados para produzir qualquer desses itens também estão inclusos aqui.

Esses eram comercializados em mercados locais que abriam periodicamente; os preços eram flexíveis e estavam sujeitos à negociação. O comércio em tais mercados já era adaptado à disponibilidade de dinheiro. Mesmo assim, essa esfera permanecia completamente separada da de bens de prestígio, que não poderiam ser negociados em um mercado. A categoria de bens de prestígio incluía gado, cavalos, um tipo especial de tecido branco conhecido como *tugundu*, remédios, itens mágicos e hastes de latão. Antes, os escravizados também estavam nessa categoria. O dinheiro não era usado nessa esfera, mas havia equivalências entre diferentes bens. Por exemplo, historicamente, o preço dos escravizados era cotado em vacas e hastes de latão; o preço do gado, em termos de hastes de latão e tecido *tugundu*.

Akiga, o ancião tiv apresentado no Capítulo 2, menciona algumas maneiras específicas pelas quais vários itens de prestígio poderiam ser negociados: "Você pode comprar uma barra de ferro por um tecido de *tugundu*. Naqueles dias, cinco tecidos de *tugundu* eram equivalentes a um touro. Uma vaca valia dez *tugundu*. Uma haste de latão custava o mesmo que um tecido *tugundu*; portanto cinco hastes de latão eram equivalentes a um touro."

Na medida em que é possível comparar isso com o comércio moderno, pode-se dizer que os termos de negociação eram estritamente fixos e imutáveis. Apesar de esses bens de prestígio poderem ser trocados, não significa que podiam ser comprados ou vendidos, ou como os Bohannans descrevem: "Os tivs não compravam vacas ou cavalos em um mercado."

Como adquirir bens de prestígio então? Ir de bens de subsistência para bens de prestígio era um processo que os Bohannans chamaram de "conversão". Os tivs reconheciam que adquirir bens de subsistência poderia ser o resultado de trabalho duro, mas isso não valia para bens de prestígio. Era preciso "mais que trabalho duro — era preciso um 'coração forte'". A conversão para cima era possível quando alguém precisava renunciar a seus bens de prestígio e, portanto, estava disposto a convertê-los para baixo. Mas havia uma tentativa de "impedir que um homem fizesse tais conversões", porque esse homem "é, ao mesmo tempo, temido e respeitado. Se é forte o suficiente para resistir às exigências excessivas de seus parentes (...) é temido como um homem de talentos especiais e potencialmente maus (*tsav*)".

E eis que voltamos ao *tsav*! As normas dos tivs engaiolavam a economia, erradicavam os mercados de insumos e faziam do parentesco o principal agente de produção. Em troca, conseguiam um equilíbrio entre diferentes grupos de parentesco, evitavam o efeito Bola de Neve e tornavam seu *status quo* muito mais duradouro.

Assim como a generosidade obrigatória dos tongas, a economia engaiolada dos tivs tinha óbvias consequências adversas. Os mercados eram decisivos para uma organização eficiente da economia e para a prosperidade, mas não tinham permissão para funcionar entre os tivs. Na medida em que o comércio acontecia, os preços relativos eram frequentemente fixos. O resultado na terra dos tivs, assim como em Tonga, era a extrema pobreza. As instituições da sociedade tiv criavam poucos incentivos para a acumulação de capital, além da forma de instrumentos simples, tais como as varas de cavar e instrumentos para processar comida. De fato, mesmo ao economizar, a pessoa podia ser acusada de ter um tipo forte de *tsav* e, portanto, o medo de retaliação tornava a acumulação perigosa demais. Como resultado, na época da conquista da terra dos tivs pelos britânicos, as pessoas estavam vivendo perto dos níveis de subsistência, com uma expectativa de vida próxima dos 30 anos.

Ibn Khaldun e o ciclo do despotismo

Nossa discussão sobre os tongas e os tivs sugere que a análise de Hobbes sobre as consequências econômicas da ausência de Estado não estava exatamente certa. Essas sociedades não estavam imersas em violência contínua e conflitos que destruíam todos os incentivos econômicos, ainda que o Kivu no Congo nos lembre que há exemplos em contrário. Da mesma forma, a conclusão de Hobbes se mostrou não muito distante da realidade, porque as normas dessas sociedades para controlar conflitos acabaram criando incentivos altamente distorcidos.

Será que Hobbes também estava certo ao dizer que o Leviatã Despótico seria melhor para os incentivos econômicos porque iria criar segurança, previsibilidade e ordem? Hobbes estava parcialmente — e apenas parcialmente — certo nisso também, e não há lugar melhor para começar a entender a natureza dupla da economia criada pelo Leviatã Despótico do que o trabalho do grande estudioso árabe Ibn Khaldun. Nascido em Túnis em 1332, Khaldun se dizia descendente de Maomé, em uma genealogia que passava pelo Iêmen. Khaldun teve uma vida notável, que incluiu conhecer o conquistador mongol Tamerlão. Seu trabalho acadêmico mais renomado foi o *Kitab al-Ibar*, ou "Livro das lições", cujo primeiro volume, conhecido como *Muqaddimah*, ou "Introdução", é particularmente útil para entender as consequências econômicas do Estado Despótico.

A "Introdução" de Khaldun é rica em ideias. Além de traçar as consequências econômicas do surgimento do Estado na Península Arábica, apresenta uma teoria sobre a dinâmica das instituições políticas, baseando-se no que ele enxergava como os dois conflitos fundamentais na sociedade. O primeiro é entre o deserto, com sua vida nômade, e a sociedade sedentária urbanizada. O segundo é entre os governantes e os governados. Khaldun argumentava que os povos do deserto tinham uma vantagem no primeiro conflito por conta do tipo de sociedade criado pelas dificuldades e pela natureza marginal da vida no deserto. A sociedade desses povos era caracterizada por aquilo que ele chamou de *asabiyyah*, o que se traduz como "solidariedade social" ou "sentimento do grupo". *Asabiyyah* deve ser um conceito familiar a essa altura. Ele era parte da gaiola de normas de uma sociedade sem Estado, mas Khaldun mostra uma nova abordagem dessas normas. Da nossa perspectiva até agora, a *asabiyyah* era algo que ajudava a regular conflitos e a preservar a igualdade política em sociedades nômades. Khaldun destacou que isso também torna tal sociedade muito boa em subjugar os povos sedentários vizinhos.

Vimos no capítulo anterior como o Islã forneceu a Maomé uma vantagem em seu esforço de construção do Estado. As tribos beduínas em que Maomé se apoiava tinham muito de *asabiyyah*, e isso deu a ele e seus seguidores uma segunda vantagem para expandir o Império Islâmico até transformá-lo em um império gigantesco. No relato de Khaldun, tal vantagem era criada não só pelas dificuldades econômicas do deserto, mas também pelas densas redes de ligações familiares que evoluíram para fornecer ajuda mútua no ambiente difícil do deserto. O deserto estava sempre destinado a suplantar o mundo sedentário e a formar novos Estados e dinastias.

Khaldun, no entanto, argumentava que, apesar de a *asabiyyah* ter ajudado os povos do deserto a conquistar "terras civilizadas" e a tomar o poder, as dinâmicas intrínsecas de tal autoridade inevitavelmente levaram à decadência da *asabiyyah* e ao colapso final de um Estado que grupos como os beduínos fundaram. Então o ciclo todo começava novamente com um novo grupo do deserto substituindo o Estado falido. Nas palavras de Khaldun:

> Como regra, a duração de uma dinastia não ultrapassa três gerações. A primeira geração mantém as qualidades do deserto, a dureza do deserto, e a ferocidade do deserto (...) a força do sentimento de grupo continua a ser preservada entre eles (...) a segunda geração muda da postura do deserto para a cultura sedentária (...) de um Estado no qual todos compartilham a glória para outro no qual um homem reclama toda glória para si (...) As pessoas se acostumam à humildade e à obediência (...) A terceira geração (...) esqueceu completamente o período de vida no deserto (...) Eles perderam (...) o sentimento de grupo, porque são dominados pela força (...) Quando alguém vem e exige algo deles, não conseguem se defender.

A análise de Khaldun também ilustra de forma perspicaz o papel do conflito entre governante e governados. Depois de chegar do deserto, "um homem reivindica toda glória para si" enquanto a maioria das pessoas "se acostuma à humildade e à obediência". Ele previu que uma nova dinastia duraria cerca de 120 anos.

* * *

Antes de investigar essas dinâmicas políticas e suas consequências econômicas com mais detalhes, vale a pena retomar do ponto em que paramos a história no capítulo anterior e acompanhar o que aconteceu depois da morte de Maomé. A conquista árabe iniciada por Maomé a princípio foi mantida por quatro líderes, conhecidos como califas, que atribuíam sua autoridade a seu relacionamento próximo e pessoal com ele: Abu Baquir, Omar, Otomão e Ali — primo e genro de Maomé que foi assassinado em 661. O crime aconteceu no fim de um período de controvérsia sobre a forma de governo do novo Estado. Otomão havia tentado agressivamente aumentar o controle central sobre o Estado nascente e foi morto por soldados rebeldes. A sucessão de Ali foi contestada por Moáuia, primo de Otomão e governador da Síria. Isso levou a uma guerra civil prolongada, que acabou com a morte de Ali e com Moáuia sendo declarado califa. Ele fundou a dinastia Omíada, que governou por quase cem anos até ser substituída em 750 pela dinastia Abássida, cujo nome vinha de Abbas, um tio de Maomé. Na época em que o governo omíada surgiu, o Irã, a Síria e o Egito haviam sido conquistados e a anexação do norte da África, que havia sido finalmente completada em 711, estava em andamento. Em meados do século VIII, boa parte da Espanha foi tomada e grandes áreas do interior da Ásia foram acrescentadas ao império.

Nas terras conquistadas, os omíadas inicialmente impuseram o domínio da classe dos guerreiros árabes sobre as instituições preexistentes dos Impérios Bizantino (na Síria, Palestina, Israel, Egito) e Sassânida (no Iraque e Irã). Só quando o califa Abdal Malique assumiu o poder, em 685, os omíadas começaram a construir uma estrutura mais distinta do Estado baseada em sua nova capital, Damasco. Mas os omíadas nunca foram capazes de construir um Estado centralizado verdadeiramente efetivo, e nem seus sucessores, os abássidas. Apesar de seus exércitos terem se mostrado capazes e ocuparem uma grande área, transformar essa ocupação em um sistema real de governo e ganhar a lealdade dos povos dominados se mostrou muito mais difícil. Os omíadas e os abássidas acabaram, assim, dependendo cada vez mais das elites locais para governar as províncias de seu império, cobrar impostos e manter a ordem. Para comprar o apoio dessas elites, os califas vendiam o direito de cobrar impostos em troca de um valor fixo. Quando os abássidas chegaram ao poder, quem obtinha esse direito concedido por Damasco — e posteriormente por Bagdá — também tinha carta branca para impor qualquer taxa sobre as comunidades locais. Essa parece ter sido uma receita para tributos excessivamente altos e para a acumulação de terras pelas elites, uma vez que as propriedades das pessoas sem condições de pagar os impostos eram confiscadas. Essa estrutura política do império acabou se revelando autodestrutiva. As elites locais reivindicavam hereditariedade sobre o governo das províncias e recrutavam seu próprio exército para manter a ordem. Pouco depois, Bagdá não tinha mais nenhum controle sobre eles. O império se desfez e finalmente entrou em colapso em 945.

Nada disso foi surpresa para Khaldun. Ele acreditava muito na vontade de poder, destacando que:

> Seres humanos precisam que alguém atue como uma influência restritiva e mediadora em toda organização social, de forma a evitar que os membros lutem entre si. Essa pessoa deve, necessariamente, ser vista pelo grupo como superior. Caso contrário, seu poder para exercer tal influência não irá se materializar.

Uma vez reconhecida, como ocorreu com Maomé em Medina, essa pessoa se tornava um líder, e "liderança significa ser um chefe que é obedecido, mas sem poder para forçar os outros a aceitarem suas ordens".

Mas Khaldun compreendia que a mera existência de tal líder era capaz de mover a sociedade com rapidez para o efeito Bola de Neve. Na verdade, "quando uma pessoa que compartilha do sentimento de grupo chega ao posto de chefe e exige obediência, e quando encontra uma forma de obter superioridade e usar a força, ela segue nessa direção". Portanto, como nem todas as pessoas têm o mesmo sentimento de grupo, isso tende a inexoravelmente levar na direção da autoridade real, que "significa superioridade e poder para comandar por meio da força".

No entanto, uma vez no poder, os governantes de uma nova dinastia "não precisarão do sentimento de grupo para manter seu poder. É como se a obediência ao governo fosse um livro divinamente revelado que não pode ser mudado ou hostilizado". Então, de acordo com sua teoria geracional, Khaldun argumentava que os governantes de uma dinastia começavam a se distanciar daqueles que os haviam ajudado a chegar ao poder e a forjar relacionamentos com novos grupos em seu império. Isso era parte intrínseca da criação de um império depois de conquistadas novas terras. Esses territórios já estavam ocupados e frequentemente controlados por elites locais e notáveis, então as novas dinastias tinham que chegar a algum tipo de acordo e obter a lealdade delas ou então enfrentar rebeliões constantes. Enquanto a dinastia mudava sua natureza e a *asabiyyah* se erodia, o despotismo surgia, como Khaldun diz: "Com o desaparecimento do sentimento de grupo árabe, a aniquilação da raça árabe e a completa destruição do arabismo, o califado perdia sua identidade. A forma de governo permanecia a autoridade real, pura e simples." As consequências disso eram simples também:

> A influência limitante da religião havia enfraquecido. A influência limitante do governo e do grupo era necessária (...)
>
> A autoridade real exige superioridade e força (...) As decisões do governante irão, portanto, como regra, se distanciar do que é certo. Serão ruins para os assuntos mundanos das pessoas sob seu governo, uma vez que, como regra, os forçarão

a executar suas intenções e desejos, os quais podem estar distantes de sua capacidade (...) A desobediência faz a pessoa ser notada e leva a problemas e derramamento de sangue.

Nesse ponto, Khaldun sugere algumas implicações econômicas da criação de uma nova dinastia. No início, com o poder do sentimento de grupo e a "influência limitante da religião", a prosperidade era uma possibilidade. Mas depois, quando a "autoridade real" já se consolidou, as políticas econômicas seriam "ruins para os assuntos mundanos das pessoas". Em nenhum outro lugar as implicações econômicas da teoria geracional de Khaldun ficam mais evidentes do que em suas discussões sobre taxação, a que vamos nos dedicar em seguida.

Ibn Khaldun descobre a Curva de Laffer

Deveria ser de conhecimento geral que, no início da dinastia, a taxação resulta em uma grande receita a partir de uma pequena expectativa. No fim da dinastia, a taxação resulta em uma pequena receita a partir de uma grande expectativa.

Com essa avaliação, Khaldun antecipou o Reaganomics, o conjunto de doutrinas econômicas promulgadas pelo presidente norte-americano Ronald Reagan no início dos anos 1980. Um dos pilares do Reaganomics foi rascunhado pela primeira vez em um guardanapo no restaurante Two Continents, em Washington, D.C., pelo economista Arthur Laffer. Laffer tentava explicar para as estrelas republicanas em ascensão, Donald Rumsfeld e Dick Cheney, e para o jornalista Jude Wanniski aquilo que considerava um princípio básico da política fiscal: a relação entre o percentual de impostos cobrados pelo governo e o total de receita de impostos tinha a forma de uma corcova. Quando o percentual de tributação é baixo, um aumento nas alíquotas tende a trazer mais receitas, pela simples razão de que o governo fica com uma parte maior da renda de todo mundo. No entanto, quando a carga tributária começa a ficar muito alta, sufoca os incentivos para que as pessoas trabalhem com diligência, se esforcem e invistam, porque os ganhos criados por todas essas atividades são tomados pelo governo. Como resultado, quando os impostos são altos demais, a atividade econômica e as próprias receitas tributárias começam a cair. É fácil perceber isso em casos extremos, em que o percentual de impostos chega a 100%, de forma que o governo toma tudo e há muito pouco incentivo para gerar receita; apesar das altas taxas de impostos, não haverá nenhuma receita. Wanniski batizou essa relação em forma de corcova de Curva de Laffer, em homenagem ao homem que a havia desenhado. A empolgante consequência para Rumsfeld e Cheney era a perspectiva de que se poderia reduzir as alíquotas e, ao mesmo tempo, aumentar a receita, uma vez que a baixa tributação criava incentivos mais poderosos e com boa recepção — a maior situação ganha-ganha da História, que rapidamente se incorporou à política econômica do presidente Reagan.

Desnecessário dizer que, em um mundo no qual as alíquotas são bastante inferiores a 100%, como nos Estados Unidos quando Reagan se tornou presidente, é discutível se a redução de impostos aumenta ou não as receitas.

A análise de Khaldun sobre as dinâmicas econômicas criadas no Oriente Médio foi feita com bases empíricas mais firmes, e sua noção da Curva de Laffer era de certa forma diferente da que Laffer explicou a Rumsfeld e Cheney. Ela se baseava na sua teoria geracional. De início, uma nova dinastia, ainda tendo *asabiyyah*, "impõe apenas as taxas estipuladas na lei religiosa, tais como impostos de caridade, impostos sobre a terra e o imposto per capita". Isso tinha efeitos benéficos na economia porque, "quando a taxação e os impostos sobre as pessoas são baixos, elas têm a energia e o desejo de fazer coisas. Empreendimentos culturais crescem e aumentam (...) Quando os empreendimentos culturais crescem (...) a receita de impostos, que é a soma do total dos tributos individuais, aumenta".

Khaldun ressalta que as taxas baixas estimulam a atividade econômica, aquilo que ele chama de "empreendimentos culturais", e isso leva, como na Curva de Laffer, a uma contribuição mais significativa. As evidências sugerem que isso é exatamente o que aconteceu depois das conquistas árabes. Os omíadas reuniram uma grande área sob uma língua, uma religião e um sistema de governo, e com um sistema legal comum derivado dos ensinamentos de Maomé. O primeiro e mais óbvio impacto econômico desse megaestado foi a expansão do comércio e das atividades mercantis. Maomé, afinal de contas, começou como comerciante. O geógrafo Mocadaci compilou uma lista de itens do século X comercializados entre Bagdá e a região de Coração-Transoxiana, no nordeste do atual Irã. A lista começa com "onze itens diferentes de roupas e tecidos, incluindo véus e turbantes, todos feitos de tecidos caros, às vezes seda, às vezes tecido liso, assim como braceletes, ornamentos de cabelo de fios superiores, ferro" de Naysabur e "pano, brocado de seda de qualidade inferior, tafetá, passas, xarope, aço, pistache e confecções" de Harat, e segue por várias páginas até "tecidos prateados [simgun], e itens de Samarqandi, grandes vasilhas de cobre, taças artísticas, tendas, estribos, cabrestos e correias" de Samarqand. Tal comércio era acompanhado de grande quantidade de viagens, cuja imagem mais poderosa era talvez a peregrinação anual à Meca, o hadji, que reunia centenas de milhares de fiéis de todo o império e criava uma grande oportunidade não apenas para rezar, mas também para o comércio.

Outro indício dos benefícios econômicos da ascensão do califado foi uma revolução agrícola. Isso, em alguma medida, foi consequência da expansão comercial, que criou um mercado muito maior do que havia existido antes. As conquistas foram seguidas pela difusão de uma variedade de novos cultivos na região. Dentre eles estavam arroz, sorgo, trigo duro, cana-de-açúcar, algodão, melancia, berinjela, espinafre, alcachofra, laranjas-azedas, limões, limas, bananas, mangas e coqueiros. Muitas dessas plantas, naturais dos trópicos, não eram plantios fáceis nos locais mais frios e secos em que estavam sendo semeadas e exigiram grande reorganização da agricultura. Antes, a temporada de cultivo era no inverno e a colheita era feita na primavera. Nos meses quentes do verão a terra descansava.

Como as novas culturas vinham de áreas tropicais e prosperavam no verão, a produção foi reestruturada e intensificada. Antes da conquista árabe do Oriente Médio, a prática bizantina era cultivar o solo uma vez a cada dois anos. Agora eram feitas duas colheitas anuais — por exemplo, a de trigo no inverno seguido por sorgo, algodão ou arroz no verão. Todas essas inovações foram documentadas nos manuais árabes de agricultura, que ajudaram a espalhar as melhores práticas pelo império.

Essa intensificação da produção exigia fertilizantes e irrigação. Vários tipos de regadura já estavam em funcionamento nas áreas que os árabes conquistaram, mas era frequente um grau avançado de deterioramento nos sistemas de rega do Império bizantino e do Império Sassânida da Pérsia. Os árabes consertaram esses sistemas e construíram uma profusão de novas infraestruturas públicas, incluindo represas mais atuais, canais subterrâneos que capturavam a água na superfície e levavam através de grandes distâncias, e uma variedade de rodas para tirar água dos rios, canais, poços e diques de armazenamento. Esse investimento em infraestrutura não se baseava em tecnologia de ponta, mas na adoção e na implantação do conhecimento tecnológico já existente. Apesar disso, aumentou muito a capacidade produtiva da economia.

O Estado advindo da liderança política de Maomé teve papel decisivo para a construção e suporte desses sistemas de irrigação renovados. O Estado também estimulou os indivíduos a fazer investimentos complementares. Isso não só pela estabilidade política relativa do califado, mas também porque Medina era um oásis e Maomé, em seu papel de mediador de conflitos, precisou lidar com disputas relativas à água e irrigação, estabelecendo uma série de precedentes que formaram a base de um sistema legal que facilitava investimentos. Era particularmente significativo o fato de essas regras concederem o direito a água a indivíduos, não a tribos e clãs. Isso melhorou os incentivos e reduziu as disputas entre indivíduos. Outras leis estimulavam de forma direta a produção, incluindo a lei que dava direito à propriedade de terras cultivadas pela primeira vez, restringindo os impostos sobre elas a um décimo do seu resultado.

Mas esses benefícios iniciais logo evaporaram junto com as receitas crescentes de impostos gerados. Na verdade, Khaldun fala claramente que esses primeiros avanços econômicos não podiam se manter:

> Quando a dinastia continua no poder e seus governantes se sucedem, as qualidades beduínas de moderação e limitação desaparecem. A autoridade real, com sua tirania e cultura sedentária (...) marcam a sua aparição (...) impostos individuais e tributos sobre os sujeitos, trabalhadores do campo, agricultores, e todos os outros contribuintes, aumentam (...) Taxas de importação são instituídas sobre artigos de comércio e cobradas na entrada das cidades (...) As taxas acabam pesando sobre os indivíduos e os sobrecarregando (...) O resultado é que o interesse dos sujeitos pelos empreendimentos culturais desaparece, uma vez que, ao comparar gastos e impostos com seus rendimentos e ganhos, observam o pequeno lucro e perdem toda esperança. Portanto, muitos evitam qualquer atividade cultural. O resultado é que o total da receita de impostos cai.

Com as receitas tributárias caindo, "o governante deve inventar novos impostos. Ele os impõe ao comércio. Impõe certas taxas sobre preços praticados nos mercados e sobre vários produtos importados na entrada das cidades (...) Os negócios diminuem (...) Essa situação se torna cada vez mais grave, até que a dinastia se desintegra. Algo muito parecido aconteceu nas cidades orientais durante os últimos dias das dinastias Abássida e Fatímida". (A dinastia Fatímida é um terceiro califado batizado em homenagem à filha de Maomé, Fátima — que governou o norte da África do início do século X até o final do século XII.)

As provas existentes apoiam o relato de Khaldun. Embora a alíquota de impostos sobre a terra pareça ter subido inexoravelmente depois das conquistas árabes, as receitas caíram. As receitas do Iraque, por exemplo, eram de 12,8 milhões de dinares logo depois da conquista da dinastia Omíada e caíram para 8,3 milhões ao fim dela; foi a 5 milhões em 819 e, em 870, chegou a pouco mais de 3 milhões. Os dados do Egito e da Mesopotâmia contam a mesma história.

Uma resposta comum era que o "próprio governante pode praticar comércio e agricultura, pelo desejo de aumentar [suas] receitas". Mas Khaldun percebia que isso podia ser bastante prejudicial para as pessoas na sociedade porque, "quando o governante, que tem muito mais dinheiro, compete com elas, dificilmente um deles poderá obter as coisas que deseja, e todos ficarão preocupados e infelizes. Além disso, o governante pode se apropriar de muitos produtos agrícolas e mercadorias disponíveis (...) Ele pode fazer isso pela força ou comprando coisas pelo menor preço possível. Além do mais, pode não existir ninguém que ouse barganhar com ele. Portanto, ele será capaz de forçar o vendedor a baixar seu preço". Por outro lado, quando o governante está vendendo, força todo mundo a pagar altos preços. Assim, a competição com o soberano gera uma situação na qual "o agricultor desiste da agricultura e o comerciante vai à falência".

À medida que os Estados omíada e abássida se desintegravam, o impacto da cobrança de impostos e sua inabilidade de construir uma administração burocrática efetiva também levaram a uma deterioração da infraestrutura e à queda no investimento, uma vez que os fazendeiros estavam à mercê das elites locais. De fato, a terra parece ter sido abandonada por agricultores comuns que, sem encontrar uma maneira de manter o equilíbrio financeiro, se mudavam para vilarejos e cidades. A entrada das elites na economia teve exatamente o impacto que Khaldun identificou.

Khaldun explicitou como sua teoria explicava o colapso dos abássidas:

> O sentimento de grupo dos árabes havia sido destruído na época do reinado de Almotácime e seu filho, Aluatique. Eles tentaram manter seu domínio sobre o governo depois disso

com a ajuda dos persas, turcos, dailamitas, seljúcidas e outros povos subjugados. Então os persas (não árabes) e os clientes ganharam poder sobre as províncias do reino. A influência da dinastia diminuiu, e não mais se estendia além dos arredores de Bagdá.

Crescimento despótico com as faces de Jano

A teoria de Khaldun ilustra com brilhantismo o impacto que a formação do Estado despótico tem na economia — não porque a hipótese de Khaldun, de um ciclo em que o mau segue o bom, seja alguma "lei histórica", mas porque destaca tanto o bom quanto o ruim que uma economia sob o despotismo irá sempre incorporar.

Um Estado pode fornecer muitos benefícios em termos de aumento na ordem, segurança e paz. Pode impor leis, trazer clareza e previsibilidade a conflitos que inevitavelmente surgem no processo das transações econômicas. Isso ajuda os mercados e o comércio a se expandirem. O Estado — e seus construtores, que o controlam — podem também achar interessante impor o direito à propriedade pelas mesmas razões que estão por trás da Curva de Laffer: sem direito à propriedade e sem previsibilidade nas políticas estatais, é como se todo mundo estivesse enfrentando perto de 100% de taxas de imposto, e ninguém terá incentivos para produzir, trabalhar, comercializar e investir — e o resultado seria pouca receita de impostos. Não é um resultado desejável. Então é melhor manter os impostos baixos. Quando isso acontece, a atividade econômica pode florescer, com todos os benefícios que isso traz tanto para a sociedade quanto para o Leviatã Despótico. A mesma lógica pode levar construtores de Estado a ver vantagem em fornecer serviços públicos, infraestrutura e até educação para aumentar a produtividade e a atividade econômica.

Tudo isso significa que o Leviatã Despótico pode criar oportunidades econômicas e incentivos melhores do que a Guerra ou a gaiola de normas.

Ele pode até mesmo organizar a sociedade, estruturar leis e fazer investimentos para estimular diretamente o crescimento econômico. Isso é a essência do que chamamos de "crescimento despótico".

A história do Estado Islâmico demonstra esse tipo de crescimento com nitidez. Em comparação com os clãs em guerra que haviam dominado Medina, a capacidade de Maomé de resolver disputas e impor suas leis estimulou a atividade econômica. O direito à propriedade se tornou mais seguro para os habitantes de Medina, uma vez que o Estado de Maomé evitava que as disputas se agravassem e, depois da unificação das tribos árabes, deu um fim às incursões de um grupo no território do outro. Os mesmos fatores também facilitavam o comércio. Como acabamos de ver, esse protoestado organizou novos investimentos de infraestrutura pública, incluindo represas, canais subterrâneos e outras instalações de irrigação. Como resultado, a produtividade agrícola aumentou muito. Em suma, tudo bem distante do destino para o qual Medina rumava antes da chegada de Maomé.

Contudo, assim como Leviatã, o crescimento despótico também tem duas faces, e Khaldun compreendia isso com grande perspicácia. Ele reconhecia que o Estado despótico, na falta de qualquer apoio popular ou mecanismo de responsabilização, está destinado a concentrar cada vez mais o poder político. Com mais poder há maior monopolização dos benefícios econômicos, maior tentação de violar direitos à propriedade que deveriam ser protegidos, e uma movimentação pela Curva de Laffer em direção ao lugar onde os impostos e os riscos de expropriação são altos demais, a ponto de não apenas o meio de subsistência dos cidadãos, mas mesmo as receitas de impostos do Estado, começarem a sofrer. Khaldun, de fato, viu esse estágio, no qual o Estado se volta contra a sociedade de forma inevitável. Isso não apenas significa que os frutos do crescimento despótico iriam, no fim das contas, desaparecer, mas também que a antecipação da face assustadora do Leviatã iria minar os benefícios gerados ainda antes disso. Na linguagem poética de Khaldun, isso significa:

Como o bicho da seda que solta seu fio,
Depois morre no meio do que produziu.

Uma segunda razão pela qual o crescimento despótico será limitado é igualmente fundamental. Como enfatizamos em nosso livro anterior, *Por que as nações fracassam*, o crescimento econômico precisa não apenas de segurança dos direitos de propriedade, comércio e investimento, mas, de maneira ainda mais fundamental, de inovação e aumento contínuo de produtividade. É muito mais difícil conseguir isso sob o olhar duro do Leviatã Despótico. A inovação exige criatividade, e a criatividade exige liberdade — que os indivíduos ajam sem medo, experimentem e decidam o próprio caminho a partir das próprias ideias, mesmo que seja o caminho que outros desejam que eles sigam. É difícil manter isso sob o despotismo. As oportunidades não estão abertas a todos quando um grupo domina o restante da sociedade, nem há muita tolerância para caminhos diferentes e experimentos em uma sociedade sem liberdade.

Na verdade, essas são as razões pelas quais argumentamos em nosso livro anterior que "o crescimento extrativista", um primo próximo do que estamos chamando de crescimento despótico aqui, é limitado e muito dificilmente servirá como base para uma prosperidade de longo prazo e sustentável. Oferecemos vários exemplos dessa natureza limitada do crescimento extrativista, o mais simples sendo a ascensão e queda do milagre do crescimento soviético. Os soviéticos podiam organizar a economia para derramar recursos e grandes investimentos na indústria para, logo em seguida, fazer o mesmo na corrida espacial e tecnologia militar. Contudo, não tinham como gerar inovação suficiente e aumento de produtividade para impedir que sua economia estagnasse e entrasse em colapso. Esse exemplo sublinha que o crescimento extrativista acontece quando o governante não é limitado nem pelas instituições, nem pela sociedade, e considera de seu interesse apoiar o crescimento. Mas, mesmo nesse caso, o governante não será capaz de organizar ou comandar a inovação. Nem será capaz de assegurar uma ampla distribuição de oportunidades para fazer melhor uso da criatividade das pessoas. É o que acontece quando o crescimento despótico é invocado pelo Leviatã Despótico, sem qualquer controle popular, participação ativa da sociedade ou liberdade verdadeira.

A Lei do Remo Quebrado

Os benefícios do crescimento despótico para os construtores do Estado foram bem compreendidos por Kamehameha no momento em que ele estava unificando as ilhas havaianas. A primeira lei que ele aprovou depois de sua conquista final foi a Lei do Remo Quebrado, que dizia:

> Ó meu povo, honrai vossos deuses;
> respeitai [os direitos dos] grandes homens e dos humildes;
> vede que nossos idosos, nossas mulheres e nossas crianças deitam ao longo das estradas para dormir sem medo de violência.
> Desobedecei e morrereis.

Essa lei foi considerada tão significativa na história do Havaí que foi incorporada à constituição do Estado de 1978, artigo IX, seção 10, que diz:

> **Segurança Pública.** A Lei do Remo Quebrado, *mamala-hoe kanawai*, decretada por Kamehameha I — Que cada idoso, mulher ou criança possa deitar na beira da estrada em segurança — deverá ser um símbolo único e vivo da preocupação do Estado com a segurança pública.
>
> O Estado deve ter poder para garantir a segurança do povo de crimes contra a pessoa e contra a propriedade.

A intenção original da lei era indicar que o novo Estado não iria tolerar ataques injustificados contra pessoas ou propriedades. O nome da lei se refere a um incidente no qual Kamehameha, na época um jovem guerreiro, participou de um ataque à Costa Puna, no lado sudeste da ilha Havaí (veja o Mapa 6 do capítulo anterior) e decidiu investir contra alguns pescadores para saquear o que eles haviam pescado. Ao pular da canoa na praia, Kamehameha prendeu o pé em uma fenda de lava e, vendo isso, um dos pescadores teve coragem de se aproximar e bater nele com um remo, que quebrou com o impacto. O título da lei indica que Kamehameha percebeu mais tarde que o seu ataque era errado e sinalizou sua intenção de eliminar tal comportamento.

Kamehameha estava preocupado não apenas com ataques sem justificativa contra as pessoas e as propriedades dos havaianos, mas também com ataques contra os estrangeiros. Ele percebeu que a prosperidade de seu reino dependia do crescimento das relações comerciais com o mundo externo. Durante a unificação das ilhas, um comércio ativo se desenvolveu para suprir as necessidades de navios estrangeiros, mas isso era continuamente ameaçado por atos hostis. Os havaianos eram particularmente inclinados ao roubo de âncoras de navios estrangeiros. No capítulo anterior, vimos que a sequência de eventos que levou à morte do capitão Cook começou com o roubo de seu navio. Desde 1793, Kamehameha havia declarado ao sr. Bell, um membro da expedição de George Vancouver às ilhas,

> sua mais solene determinação de nunca molestar ou perturbar nem mesmo o mais frágil navio que venha a Kealakekua, ou onde ele próprio estava, e de, pelo contrário, fazer tudo para tornar sua estadia confortável.

Kamehameha estava falando sério sobre essa questão e sobre galvanizar o crescimento despótico. Ele logo conseguiu superar a reticência dos comerciantes estrangeiros em vir para as ilhas. Os benefícios econômicos foram substanciais, e Kamehameha soube tirar vantagem deles. Monopolizou as transações comerciais estrangeiras ao apresentar novas regulações *kapu* para impedir que pessoas comuns se envolvessem no comércio com os de fora. Kamehameha teve tanto sucesso no monopólio que foi capaz de escolher os termos de negociação com estrangeiros, definindo altos preços para os suprimentos de que eles precisavam para seus navios. Tais suprimentos eram lucrativos, mas Kamehameha logo percebeu que havia benefícios ainda melhores na exportação de sândalo. Em 1812, assinou um contrato com os capitães dos navios de Boston, os irmãos Winship e W. H. Davis, que lhe dava o monopólio da exportação de sândalo havaiano. O acordo iria durar dez anos, e Kamehameha pessoalmente receberia um quarto de todos os lucros. Ibn Khaldun teria destacado que esse acordo não traria prosperidade por muito tempo. E ele estava certo.

Um tubarão vai à terra

Um dos maiores estudiosos da história do Havaí foi Abraham Fornander, um sueco que chegou às ilhas em 1838, aprendeu a língua, casou com uma havaiana e se apaixonou pela sociedade. Depois de sua morte, em 1887, seus manuscritos foram finalmente publicados pelo Museu Bishop em 1920. Fornander registrou um canto:

> Um tubarão que vai à terra é meu chefe,
> Um tubarão muito forte que pode devorar toda a terra;
> Um tubarão de guelras vermelhas é o chefe,
> Ele tem uma garganta que pode engolir a ilha sem engasgar.

O canto compara os chefes do Havaí (antes de Kamehameha) a "tubarões que vão à terra". Era uma analogia adequada e predatória.

Assim como em outros casos de crescimento despótico, a criação de um Estado havaiano sob Kamehameha logo seguiu o caminho dos chefes anteriores — o tubarão foi à terra. Esse processo foi resumido por Samuel Kamakau, outro membro da primeira geração de havaianos a se tornar historiador de sua sociedade. Assim como David Malo, cujos indícios discutimos no capítulo anterior, Kamakau testemunhou em primeira mão muitos dos eventos registrados por ele ou entrevistou pessoas que os haviam testemunhado. Sua descrição menciona os aspectos benéficos da construção do Estado por Kamehameha, mas ele também foi franco sobre a grande desvantagem:

> O país como um todo se beneficiava da união do governo sob uma só cabeça, mas a maioria dos chefes e senhorios sob comando de Kamehameha oprimia o povo e tirava suas terras, forçando essas pessoas a se tornarem escravos (...) Taxas foram impostas a todas as terras arrendadas, fossem pequenas ou grandes, e eram constantemente aumentadas, pois havia muitos senhorios e subsenhorios que exigiam tributos (...) A unificação da terra trouxe a taxação excessiva (...) "Mesmo os menores lotes eram taxados" (...) era uma frase familiar.

O progresso do tubarão — ou dos tubarões, uma vez que os chefes abaixo de Kamehameha e seus sucessores rapidamente entraram em ação — é vividamente descrito em um conjunto remanescente de documentos de 1846, no contexto da tentativa do rei Kamehameha de racionalizar e distribuir o direito à terra. Um conselho de três pessoas, um havaiano e dois estrangeiros, estabeleceu um conjunto de "princípios" pelos quais os direitos à propriedade deveriam ser formalizados. Esses princípios destacavam que "o rei, representando o governo, tendo sido o único dono da terra (...) deve ser considerado assim ainda". Obviamente, como já vimos, não era o caso de os reis "serem donos" da terra no sentido ocidental da palavra. De qualquer forma, o documento seguia registrando:

> Quando as ilhas foram conquistadas por Kamehameha I, ele seguiu o exemplo de seus antecessores e dividiu as terras entre

seus principais guerreiros chefes, mantendo, no entanto, uma porção em suas mãos para cultivar ou ser gerenciada por seus servos imediatos ou subordinados. Por sua vez, cada chefe principal dividia suas terras e as dava para uma ordem inferior de chefes ou a pessoas dentro da hierarquia, pelos quais a terra era novamente dividida de novo e de novo; depois de passar pelas mãos de quatro, cinco ou seis pessoas, do rei até a classe mais baixa de inquilinos. Considerava-se que todas essas pessoas tinham direito às terras ou ao cultivo delas.

Todas as pessoas (...) deviam e pagavam ao rei não apenas um imposto sobre a terra, que ele estabelecia como bem entendesse, mas também tinham uma dívida em serviços, que ele convocava a seu critério, em todos os níveis, do mais alto ao mais baixo. Todos também deviam e pagavam alguma porção da produção da terra, além das taxas anuais. E deviam obediência sempre.

Essa formulação é significativa. Não apenas os *makaainanas*, as pessoas comuns, deviam impostos e trabalho, mas todos — "em todos os níveis, do mais alto ao mais baixo". É também notável a referência ao "serviço, que ele convocava a seu critério". O trabalho forçado era extensivamente usado nas terras do rei. A empresa russo-americana F. I. Shemelin, que interagia bastante com as ilhas, registrou que "não apenas não pagava os trabalhadores, como se recusava a alimentá-los". Kamakau registrou que os cortadores de sândalo foram reduzidos a comer "ervas e troncos de samambaia".

O trabalho forçado se tornou especialmente importante quando a demanda por sândalo se expandiu em 1820, depois da morte de Kamehameha. A madeira estava normalmente longe das fazendas, crescendo nas encostas de relevos mais montanhosos, e o rei e os chefes começaram a organizar missões gigantescas de centenas a milhares de homens coagidos que deveriam encontrar, cortar e transportar a madeira para a costa, um processo que poderia levar semanas. Os missionários ingleses Tyerman e Bennet viram 2 mil homens carregando sândalo para o armazém real em Kailua, Havaí, em 1822. Eles não eram pagos nem alimentados, e eram forçados a viver da terra. O trabalho forçado e o deslocamento que isso envolvia logo levaram à queda dos resultados da agricultura e a uma persistente condição de quase fome. Um visitante contemporâneo registrou que:

> O motivo para as provisões serem tão escassas nessa ilha é que as pessoas, há meses, estiveram envolvidas no corte de sândalo e, claro, negligenciaram o cultivo da terra.

O comportamento de um chefe no norte de O'ahu, conhecido como Cox, é particularmente bem documentado. No início da década de 1820, ele organizou longas campanhas para coletar sândalo da floresta da montanha, em torno do vale do rio Anahulu, no norte da ilha. Um comerciante, Gilbert Mathison, testemunhou a escala desse empreendimento e a intensidade de coerção envolvida. Ele escreveu:

> Cox havia dado ordens para que algumas centenas de seus homens seguissem para a floresta em determinado dia para cortar sândalo. Todos obedeceram, exceto um homem, que teve a loucura e a audácia de se recusar. Por causa disso, a casa dele foi incendiada e reduzida a cinzas no mesmo dia; ainda assim, ele se recusou a ir. O próximo passo foi tomar suas posses e tirar sua mulher e família da propriedade.

As observações de Mathison sobre a forma como Cox comandava seu território mostra quão extrativo o Estado de Kamehameha se tornou depois que ele morreu. Por exemplo, um marinheiro americano que havia ganho terras de Cox relatou que estava com medo de fazer qualquer tipo de melhoria em suas terras, pois isso poderia atrair a atenção de Cox, que então se apropriaria de tudo. Um nativo relatou para o pregador James Ely em 1824:

> Estamos atolados em desânimo. Não temos estímulo para trabalhar, mas muitas coisas nos afastam disso. Se estamos empreendendo, somos marcados pelos chefes, e a propriedade que obtivemos é tomada por eles. Se alimentamos os suínos ou os rebanhos de ovelhas, cabras e aves, eles são tirados de nós a critério dos chefes. Se vendemos a produção, o dinheiro ou a propriedade recebidos são tomados de nós. Quando mais empreendemos, mais oprimidos somos.

No fim da década de 1820, o trabalho solicitado pelo rei aumentou de um para três dias por semana, uma vez que os serviços de coleta de sândalo foram intensificados. Na década de 1830, as florestas de sândalo estavam esgotadas, então o rei e os chefes começaram a usar na agricultura o trabalho forçado. Em 1840, o missionário William Roberts estimou que, além de todo o trabalho forçado, o agricultor mediano repassava dois terços da colheita bruta para o rei e seus diferentes chefes.

Esse sistema extrativo culminou com o Grande Mahele de 1848, quando o rei Kamehameha III, como mencionado anteriormente, decidiu a favor de uma distribuição radical de terras. O resultado disso foi que 24% das terras das ilhas foram tomadas como propriedade privada pelo rei. Outros 36% foram para o governo — de novo, de fato, para o rei. E ainda 39% ficaram com 252 chefes, deixando menos de 1% para o restante da população.

Os tubarões a essa altura estavam em terra firme, devorando a terra.

O pássaro que devora outros

As implicações econômicas do Estado zulu foram similares. Na década de 1820, muitas das pequenas sociedades da região, que mais tarde se tornaram KwaZulu-Natal, dependiam de milho, painço e pecuária. Não havia muito comércio, e os negociantes escravagistas nunca haviam chegado a essa parte da África. Como muitas das sociedades pré-coloniais africanas, as famílias e sublinhagens tinham direito de usuário a usar certas áreas para cultivo ou como pastagem para seus rebanhos. Tanto as vacas quanto o cultivo eram propriedade privada das famílias. Apesar de a economia dos zulus divergir em muitos aspectos do que ocorria na terra dos tivs, onde as vacas eram raras por causa da presença da mosca tsé-tsé, indícios sugerem que ela também estava engaiolada. Vacas, por exemplo, eram um bem de prestígio e só podiam ser vendidas sob circunstâncias muito específicas e pouco usuais.

No processo dos seus esforços de estabelecimento do Estado, Shaka reorganizou a economia, rompendo partes da gaiola de normas que ficavam no caminho. Ele declarou que toda a terra lhe pertencia, uma mudança muito radical a partir do *status quo* inicial. Como uma história oral registra:

> A terra de Zululândia pertence a Shaka, que a unificou completamente. Shaka podia gostar de um homem e aí, tendo conquistado alguma terra do chefe, dizia que tal homem podia ir e construir no lugar que [Shaka] indicasse. Os homens costumavam receber terra de Shaka e um homem podia receber permissão para ocupar uma terra mesmo que outras pessoas estivessem vivendo nela na ocasião.

Não apenas a terra, mas também o gado pertencia a Shaka. No entanto, essa era ainda uma economia simples. Havia pouca produção manufaturada, uma vez que Shaka monopolizava a produção de armas, especificamente lanças e escudos, que dava a suas tropas. O antropólogo Max Gluckman ressaltou desigualdade limitada, que podia se manifestar em tal sociedade ao observar:

> Há um limite para a quantidade de mingau de milho que um chefe zulu pode comer.

Mesmo assim, a formação do Estado sob Shaka coincidiu com um grande aumento da desigualdade, tendo como principais beneficiários Shaka, seus parentes e a base dos membros do clã zulu que faziam as vezes de família real. Mesmo que pudesse comer apenas uma parte do bolo, Shaka podia monopolizar o poder completamente — e o fez — e estabeleceu domínio inquestionável sobre os outros. Ele não apenas conseguiu obter direito de propriedade sobre a terra e as vacas, mas usava seu domínio sobre as mulheres e o casamento para exercer controle social. Shaka também monopolizou o florescente comércio com os europeus, que estavam concentrados na costa. Ele garantiu que todas essas transações passassem por suas mãos e monopolizou os valiosos suprimentos de marfim para vendê-los.

Mas nem tudo era crescimento extrativo. Depois que a guerra que fundou o Estado zulu arrefeceu, Shaka — assim como Kamehameha — criou um sistema legal e instituições centralizadas para resoluções de conflitos, o que ajudou as pessoas e melhorou os incentivos econômicos. A história conta que o plano inicial de Dingiswayo para a expansão do território foi precipitada pelo desejo de parar a luta constante e os conflitos que surgiam entre pequenos clãs e chefias. De fato, depois que eles foram incorporados ao Estado de Shaka, houve certa ordem, e a paz do líder certamente protegia as pessoas contra ameaças de invasão e ataques de grupos vizinhos. O crime no reino também parece ter sido reduzido de maneira significativa. O roubo de gado, bastante comum antes da ascensão de Shaka, desapareceu por conta das punições severas aplicadas aos infratores.

Como em nossos outros exemplos, a ordem na terra zulu produziu crescimento despótico, que beneficiava a sociedade em alguma medida, mas que também beneficiava muito Shaka e sua comitiva.

A economia da Revolução Rosa

Nos dias de liberdade que se seguiram ao colapso do comunismo na Geórgia, houve uma bonança no setor privado de serviços de transporte.

Por exemplo, houve um boom de *marshrutkas*, ônibus-táxis que, comparados com o sistema anterior duramente regulado, se mostrou um mercado extremamente atrativo e flexível. Mas o governo de Eduard Shevardnadze, cuja ascensão ao poder narramos no Capítulo 3, logo mostrou que poderia regulá-lo também e com grande austeridade.

Os motoristas de *marshrutka* tinham que fazer um exame médico *todos os dias* para garantir que não estavam bêbados e nem tinham pressão alta. Se um motorista não mostrasse seu certificado de saúde, arriscava perder sua licença. Na época em que Shevardnadze estava no poder, havia centenas, provavelmente milhares de *marshrutkas* transportando pessoas pela capital, Tbilisi. O governo de Shevardnadze não era detalhista apenas quando se tratava de motoristas de táxi. Eles decidiram que todas as bancas de pequenos comerciantes de rua tinham que ter um design arquitetônico específico. Assim como no caso dos motoristas de *marshrutka*, tais comerciantes tinham que renovar suas licenças duas vezes ao ano. Essas normas eram apenas a ponta do iceberg. Postos de combustível, por exemplo, tinham que estar localizados a uma distância específica da rua.

O Estado de Shevardnadze deve ter acumulado uma quantidade considerável de aptidão para implementar tais medidas. De certa forma isso aconteceu, mas não no sentido óbvio da palavra. De fato, ninguém pretendia que esses regulamentos, assim como milhares de outros, fossem implementados. Ninguém esperava que os motoristas de *marshrutka* fizessem exames médicos diários, e eles de fato não faziam. Mas, ao criar tal regra, o Estado georgiano imediatamente criou um pretexto para processar a frota inteira de motoristas de *marshrutka*. Para evitar isso, os motoristas tinham que pagar subornos. Assim como os comerciantes de rua. E os postos de gasolina.

Havia algo nas ações descaradas de Shevardnadze para extrair recursos e subornos dos georgianos que difere um pouco da teoria geracional de Khaldun, que previu que o despotismo iria primeiro alimentar algum crescimento e então começar a intensificar sua extração — um padrão que parece servir ao que aconteceu no califado, no Havaí e na terra zulu.

O Estado de Shevardnadze pulou o primeiro passo e foi direto para o roubo. Por quê?

Para responder a essa questão, temos que primeiro reconhecer que o tratamento dos motoristas de *marshrutka* era parte de uma política mais sistemática (se pudermos chamar assim), ditada não pela economia, mas pela lógica política. Eis qual era essa política: para se manter no poder, crie desordem econômica.

Shevardnadze se comportava dessa forma, em grande parte, porque estava em uma posição muito mais frágil do que outros formadores de Estado, que encontramos neste capítulo e no anterior. Mesmo depois que levou a melhor sobre os chefes militares, ele deparou com poderes regionais fortes na Geórgia. Ele estava se agarrando ao controle em vez de construir um Estado capaz e tentava fazer isso aplacando interesses de pessoas importantes, cooptando-as com riquezas (ou pelo menos com subornos). A corrupção em países em desenvolvimento é comum, então não era raro motoristas de *marshrutka* subornarem oficiais. Mas o que aconteceu na Geórgia era um pouco diferente desse tipo de corrupção. Shevardnadze montou um sistema para que os motoristas fossem obrigados a desrespeitar a lei, e isso deixava tudo mais fácil para a polícia. Ele tornou o desrespeito à lei inevitável e criou um sistema que estimulava a corrupção.

A principal razão para isso foi controlar a sociedade, que agora era continuamente culpada de desrespeitar a lei. Havia possibilidade de evitar a implementação da lei pagando um suborno hoje, mas o Estado podia ir atrás de você a qualquer momento. Mas esse esquema também controlava as autoridades do Estado, outro grupo potencialmente poderoso — aceitar subornos era ilegal, então o Estado também poderia ir atrás deles, se quisesse.

Shevardnadze combinou o que podemos chamar de "baixa corrupção" com um sistema igualmente labiríntico de "alta corrupção". As elites do alto escalão, membros do Parlamento e servidores públicos seniores eram sugados por esquemas similares. Eles também passaram a ser beneficiados pelo regime de Shevardnadze, uma vez que ele dividia as receitas que iam para seu governo, a maior parte vinda de doadores internacionais. Mas eles só teriam esses benefícios caso Shevardnadze continuasse no poder. Portanto, todos precisavam amarrar seus cavalos à carruagem dele. Shevardnadze usava múltiplos métodos para fazer isso e tinha uma grande vantagem graças à história comunista do país: o governo georgiano era dono da maior parte do setor produtivo da economia. Apesar de ter havido tentativas de privatização, isso não havia acontecido antes de sua ascensão ao poder. Shevardnadze então mergulhou na privatização ao estilo russo — vendendo barato ativos selecionados a pessoas poderosas ou pessoas que queria cooptar (veremos como essa privatização funcionou na Rússia no Capítulo 9). Frequentemente, para fechar o acordo, ele os tornava ministros, responsáveis pela regulamentação de suas próprias empresas. Dessa forma, Shevardnadze conseguiu criar uma série de monopólios. Assim como a regulamentação das pequenas coisas eram parte de sua estratégia política, o mesmo valia para aquelas que envolviam quem estava no topo. Por exemplo, o governo aprovou uma lei determinando que cada carro tinha que ter um tipo específico de extintor de incêndio — um modelo importado exclusivamente por um parente do ministro do Interior.

A família de Shevardnadze também entrou em ação. Enquanto a maior parte da população sofria com frequentes cortes de luz, duas empresas da família do presidente vendiam a eletricidade produzida pelo governo no mercado paralelo com um saudável lucro de aproximadamente 30 milhões de dólares ao ano. Havia muitas regras de importação e exportação, por isso o contrabando era muito lucrativo e acontecia em grande escala. Em 2003, uma comissão parlamentar calculou que 90% da farinha, 40% da gasolina e 40% dos cigarros consumidos no país eram contrabandeados. Isso gerava uma grande fonte de subornos, mas, uma vez que as elites, muitas vezes com cargos no governo, estavam envolvidas no comércio ilegal, isso também era munição para o Estado ir atrás delas, se quisesse, assim como acontecia no caso dos exames de saúde nos motoristas *marshrutka*. O estímulo à ilegalidade era parte da estratégia.

Um indício de até que ponto os membros do gabinete foram usados como ferramenta para cooptação e corrupção é que só em 2000, depois de completar oito anos no poder, Shevardnadze finalmente indicou alguém do próprio partido como ministro. É significativo que esse homem fosse Mikheil Saakashvili, que se tornou ministro da Justiça. Saakashvili se recusou a ser cooptado e foi discretamente demitido, mas se tornou um dos líderes da Revolução Rosa, de novembro de 2003, que tirou Shevardnadze do poder.

O impacto econômico de Shevardnadze foi definitivamente negativo. Não só porque todos os monopólios e regulamentações debilitavam a capacidade dos mercados de criar incentivos e oportunidades para a atividade produtiva. Mas também porque Shevardnadze fazia tudo com grande discrição e pouca previsibilidade. O objetivo de sua desordem econômica era manter todos em certo grau de instabilidade. Você pode ser ministro hoje, administrando um bom monopólio, e amanhã Shevardnadze decide mudar de ideia e tomar tudo. O plano era tornar as pessoas dependentes do presidente a ponto de elas se tornarem totalmente leais. Isso funcionou tão bem que Shevardnadze conseguiu ficar no poder por uma década. Mas a ambiguidade e a pouca previsibilidade criavam um tremendo desestímulo para o investimento. Como consequência direta, o crescimento econômico, mesmo na sua forma despótica, não se materializou na Geórgia.

A estratégia política que Shevardnadze rapidamente desenvolveu e aperfeiçoou não é uma aberração georgiana. Como vimos, o despotismo significa silenciar e colocar de lado a participação da sociedade nas decisões políticas, sociais e econômicas, o que, por sua vez, permite o exercício do poder despótico. Mas isso não significa necessariamente que o déspota estará seguro em sua posição, porque outros podem se sentir tentados pelos benefícios econômicos e políticos de controlar um Estado poderoso e desenfreado. A ameaça de perder o poder é capaz de fazer o governante estruturar a economia não pensando na eficiência, mas na cooptação de rivais dispostos a isso e na exclusão daqueles que se mostrarem inacessíveis. Foi isso que Shevardnadze conseguiu em pouco tempo.

Com Shevardnadze, testemunhamos a pior faceta do crescimento despótico. Mesmo assim, é importante entender as similaridades que ligam esse exemplo a outros. A fragilidade do crescimento despótico provém parcialmente do fato de que ele irá se manter apenas enquanto for do interesse do governante e de sua comitiva. O problema na Geórgia foi que, desde o início, o crescimento não era prioridade para Shevardnadze. Ele estava concentrado demais em enfraquecer a sociedade, criar corrupção e comprar outros atores poderosos na Geórgia, tudo com consequências terrivelmente previsíveis para a prosperidade.

Economia engaiolada e despótica

Os resultados da economia fora do corredor são definitivamente diversos. Se você vive sem o Leviatã, a situação é terrível. Por um lado, você pode acabar vivendo conflitos infindáveis de "todos contra todos", como Hobbes previu, com incentivos sombrios e sem "lugar para iniciativa". Se sua sociedade consegue mobilizar suas normas e costumes para colocar um limite nos conflitos e conter a violência, isso tende a criar uma economia engaiolada, limitada pelas normas e cheia de incentivos econômicos distorcidos que não fazem nada para acabar com a pobreza.

O despotismo pode melhorar esses resultados, ou assim imaginou Hobbes. Comparado com a Guerra ou a economia engaiolada, o Leviatã Despótico traz vantagens claras. Por mais despótico que possa ser, o Estado pode prevenir disputas, resolver conflitos, impor leis que ajudam as transações econômicas, investir em infraestrutura pública e ajudar a gerar atividade econômica. Pode até mesmo beneficiar a economia ao relaxar as restrições a atividades econômicas baseadas em normas. O califado mostra como o despotismo pode liberar grande potencial econômico pela ordem que impõe e pelos investimentos no aumento da produtividade que realiza ou incentiva. Esse é o crescimento despótico em sua melhor versão. Mas ele é inerentemente frágil e limitado. É frágil porque, como Khaldun antecipou, o Leviatã Despótico será continuamente tentado a extrair mais receitas da sociedade, monopolizar ainda mais recursos valiosos e agir de maneiras mais arbitrárias. É também frágil porque o poder do Estado pode ser usado, como Shevardnadze fez, para criar um gigantesco sistema ineficiente apenas para impedir que a posição do déspota seja contestada ou para tornar esses desafios mais fracos. Ele também é limitado porque não ativa nem alimenta os aspectos mais produtivos da sociedade — sua habilidade de funcionar livremente, de gerar oportunidades amplas e incentivos para a atividade econômica, e de fazer surgir investimentos, experimentação e inovação. Para isso, temos que esperar o surgimento da liberdade e do Leviatã Agrilhoado.

5.

A ALEGORIA DO BOM GOVERNO

Os afrescos da Piazza del Campo

Ao adentrar na famosa Piazza del Campo — com sua forma de concha no coração de Siena —, o Palazzo Pubblico se agiganta à sua frente. A construção começou em 1297. Ele foi a sede do governo de Siena, cujo órgão mais poderoso era composto por nove cônsules. "Os Nove" se reuniam em uma sala no Palazzo, a Sala dei Nove. A sala tem janelas somente do lado com vista para a Piazza. Nas outras paredes existem três afrescos memoráveis que foram pintados entre fevereiro de 1338 e maio de 1339, uma encomenda dos Nove a Ambrogio Lorenzetti. Olhando da janela, a primeira imagem está na parede oposta, a *Alegoria do bom governo* (que pode ser vista no caderno de fotos).

O primeiro detalhe que chama a atenção nessa complexa obra de arte é uma figura sentada à direita, que parece ser um governante ou rei. Ele está cercado por representações artísticas das diferentes virtudes cardeais: Fortaleza, Prudência e Paz à esquerda; Moderação, Justiça e Generosidade à direita. Então, é possível haver um governante justo e magnânimo? Parece estranho que a *Alegoria do bom governo* exiba um governante, porque Siena não tinha um em 1338 e os Nove, sem dúvida, iriam desaprovar tal pessoa. Esse mistério é resolvido ao notar que tal representação de governante está vestido de preto e branco, as cores de Siena. A seus pés estão outros símbolos da comuna, a loba e os gêmeos, uma imagem emprestada da fundação de Roma pelos gêmeos míticos Rômulo e Remo, amamentados quando bebês por uma loba. Ao olhar para cima, sobre a cabeça do governante é possível ver as iniciais C.S.C.V., do latim *Commune Senarum Civitas Virginis*, que se traduz como "A Comuna de Siena, a Cidade da Virgem". Siena adotou a Virgem Maria como sua padroeira logo antes da batalha de Montaperti, em 1260, quando a cidade derrotou os florentinos. O governante, de fato, representa a comuna de Siena.

Nesse afresco estamos vendo algo muito diferente da "vontade de poder" e suas consequências. Os governantes estão ao fundo, e a comuna, como uma representação da sociedade, veio para o primeiro plano. Os sienenses também reconhecem algo especial sobre essa forma de organização, como assinalado pela sua ênfase no "bom governo". O que diferia Siena e as comunas que se espalharam pela Itália mais ou menos na mesma época era um maior nível de liberdade. Isso sustentou uma economia muito diferente, com incentivos amplos e oportunidades que pavimentaram o caminho para a prosperidade.

$$* * *$$

A noção de uma comuna parece ter surgido gradualmente na Itália no fim do século IX e ao longo do século X, uma vez que cidadãos de todo o norte da Itália começaram a desafiar e a derrubar o arbítrio de seus bispos governantes, autoridades eclesiásticas e senhores (veja o Mapa 7). Em seu lugar, começaram a criar vários sistemas de autogoverno republicano. Não temos um retrato completo desses primeiros tempos, apenas fragmentos. Em 891, por exemplo, temos o registro de uma "conspiração popular" contra o bispo em Modena. Ouvimos algo similar na mesma década em Turim e em 924 em Cremona. Em 997, o bispo agia apenas "com o consentimento de todos os líderes homens e juízes e todas as pessoas de Treviso". Em 1038, o bispo de Brescia fez concessões a 154 homens escolhidos e aos outros "homens livres que moravam em Brescia". A preponderância de indícios eclesiásticos aqui provavelmente é consequência de a Igreja ter registros. Autoridades laicas quase certamente também estavam sendo desafiadas.

A principal característica dessa nova forma de governo era a eleição popular de cônsules para comandar a cidade por um determinado período de tempo. Em 1085, Pisa tinha doze cônsules eleitos por uma assembleia popular. Sabemos que isso ocorreu em Siena um pouco depois, em 1125. Durante esse período, as comunas apareceram por todo o norte e centro da Itália: Milão em 1097; Gênova em 1099; Pavia em 1112; Bergamo em 1117; e Bologna em 1123. Apesar de nominalmente fazerem parte do Sacro Império Romano, a autonomia dessas comunas foi reconhecida em 1183 pela Paz de Constança assinada pelo imperador

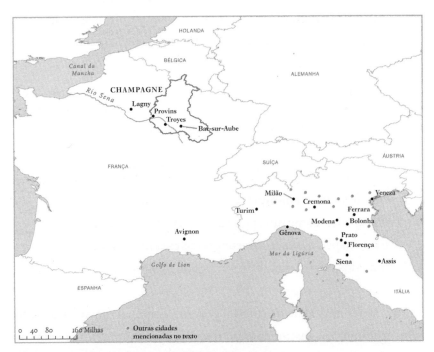

Mapa 7. As comunas italianas e as feiras de Champagne.

Frederico Barbarossa. O tratado garantiu às comunas até mesmo o direito de construir fortificações, talvez cedendo ao inevitável. Barbarossa não estava exatamente feliz com isso, mas entendia as consequências do que as comunas estavam tentando fazer para a liberdade. O bispo Otto de Freising, tio de Barbarossa, escreveu sobre as dificuldades do sobrinho em lidar com as comunas em *The Deeds of Frederick Barbarossa,* argumentando que:

> Ao governar suas cidades (...) e na condução dos assuntos locais (...) são tão desejosos de liberdade que (...) são governados pela vontade dos cônsules em vez de governantes (...) E, de forma a suprimir a arrogância, os mencionados cônsules são escolhidos (...) de cada uma das classes. E, para que não excedam os limites pelo desejo de poder, são trocados quase todos os anos. As consequências disso, como praticamente toda a terra é dividida entre as cidades (...) é que raramente se pode encontrar qualquer nobre ou grande homem em todo o território do entorno que não reconheça a autoridade da cidade.

O bispo Otto também entendia a conexão entre a autonomia política e a prosperidade das comunas, pois verificou que

> o resultado disso foi que as cidades superaram outros Estados do mundo em riquezas e poder. Foram ajudadas nisso não apenas, como dito, pela sua iniciativa característica, mas também pela ausência de seus príncipes (imperadores), acostumados a permanecer do outro lado dos Alpes.

Para se ter uma ideia de como o governo comunal funcionava, é útil investigar como as instituições políticas da Siena republicana eram na época dos Nove. A mais básica era uma assembleia de todos os homens adultos com status de cidadão. Apesar de ter perdido força na época de Lorenzetti, essa assembleia ainda fazia parte da constituição de Siena e parecia se reunir em ocasiões especiais — por exemplo, quando um novo magistrado chefe, o Podestà, tomava posse. Em meados do século XIV, as funções dessa assembleia foram assumidas por um comitê conhecido como "Conselho do Sino", por ser convocado pelo toque do sino. Era composto por trezentos homens, com cem representantes de cada uma das três principais divisões administrativas de Siena, conhecidas como *terzi*, eleitos para o período de um ano. Quem os elegia eram os Nove, o Podestà e outras autoridades executivas do Estado, incluindo o Tesoureiro, os quatro oficiais principais do Tesouro conhecidos como "provedores" e os juízes indicados pelo Estado. As principais funções do governo eram cumpridas pelo Podestà e os Nove, e havia outros grupos pequenos de cônsules representando interesses específicos, particularmente a poderosa associação de comerciantes e as antigas famílias aristocráticas.

O Podestà era uma entidade interessante, comum à maioria das comunas italianas. O título vem da palavra latina *potestas*, que significa "poder". O cargo tinha que ser ocupado por alguém de fora de Siena, para que pudesse manter a independência em relação às diferentes famílias e facções da comuna. Suas obrigações incluíam a convocação e a presidência do Conselho do Sino, além de funções judiciais. O Podestà não agia sozinho; recrutava outros oficiais de que iria precisar para cumprir suas obrigações. Em 1295, por exemplo, Bernard de Verano foi a Siena com sete juízes, três cavaleiros, dois notários, seis escudeiros e dezesseis guardas que trouxe de sua província. Inicialmente, a duração do mandato para tal cargo era de seis meses, mas na década de 1340 o mandato foi estendido para um ano, depois do qual a pessoa não podia ser reeleita imediatamente. O Podestà seguinte foi selecionado por um conselho composto pelos Nove, por sessenta homens selecionados para esse propósito, pelos cônsules da associação comercial e pelos cavalheiros, que escolhiam de uma lista de quatro nomes formulada pelos Nove.

O Podestà não podia receber presentes dos cidadãos nem comer com eles. Também não podia viajar para uma distância maior que um dia da cidade, e cada novo Podestà tinha que morar em um *terzo* diferente. Quando seu mandato acabava, precisava permanecer em Siena por duas semanas enquanto uma investigação de sua conduta no cargo era realizada. Isso frequentemente resultava em pesadas multas.

Os Nove evoluíram com o tempo, tomando a forma que conhecemos depois de 1292. Entre 1236 e 1271, houve os "Vinte e Quatro", que foram seguidos pelos "Trinta e Seis". Durante o século XIII, os sienenses também tentaram instituições com quinze, nove, dezoito e seis membros. Esses números tinham que ser sempre divisíveis por três, para que cada *terzo* tivesse representação igual. Os membros dos Nove que encomendaram os afrescos de Lorenzetti foram escolhidos em uma reunião entre os membros anteriores, o Podestà, os cônsules da associação comercial e o Capitano del Popolo (outro cargo executivo originalmente destinado a representar o *popolo* [povo]). Depois de trabalhar nos Nove, o que acontecia por um período de dois meses, uma pessoa só poderia cumprir outro mandato depois de uma pausa de vinte meses.

O que os Nove deveriam fazer está resumido em seu juramento de posse. Eles tinham que jurar manter a comuna de Siena "em boa paz e harmonia", o que parece ser um aspecto bastante crítico da liberdade, incluindo a liberdade contra o domínio de instituições do Estado. Na verdade, o juramento era bastante específico ao reconhecer que os grilhões impostos aos poderes do Leviatã, nesse caso representado pelos Nove, eram fundamentais para esse tipo de liberdade. Os membros dos Nove tinham que garantir que

> a lei e a justiça fossem aplicadas e administradas aos cidadãos que lhes são sujeitos e às pessoas que lhes são sujeitas, sem discriminação da parte de seus regentes e oficiais. E que os estatutos de sua comuna e seus regulamentos sejam observados por toda pessoa que assim o exija.

Mas há mais. Antecipando nossa discussão do papel do Leviatã Agrilhoado nas origens da prosperidade econômica, os Nove eram responsáveis pelo desenvolvimento econômico:

> É sua obrigação fazer com que a cidade de Siena se amplie, cresça e seja conservada.

Comparando com dezenas de outras comunas no norte e no centro da Itália, não havia nada de especial em Siena — exceto seus lindos afrescos, tão reveladores do que as instituições estavam tentando conquistar. E assim como a Siena na época dos Nove, o impulso popular que criou algumas dessas comunas sucumbiu a um sistema oligárquico, com as famílias ricas assumindo um papel de grandes dimensões. Em outras, conselhos populares mais poderosos agiam como contrapeso efetivo aos interesses oligárquicos. Mas quase todas elas tinham características fundamentais semelhantes às de Siena. Eram repúblicas governadas por cônsules eleitos ou magistrados com limites estritos de poder. Corpos de representantes, tais como as assembleias populares agiam como correntes ao limitar os poderes do Estado e de seus executivos, como os Nove. Esses organismos não eram contemplados com nenhuma autoridade aristocrática ou eclesiástica. Eram entidades autogovernadas, sustentadas por uma sociedade com força para se defender do poder de um Estado emergente, uma qualidade que impressionou o viajante Benjamin de Tudela em sua passagem por Gênova, Lucca e Pisa por volta de 1165. Ele registrou:

> Eles não têm rei ou príncipe para governá-los, apenas os juízes indicados por eles mesmos.

Pode-se ver exatamente isso na *Alegoria do bom governo*. Notamos como o governante à direita é cercado por seis virtudes. Curiosamente, a virtude mais à esquerda é a Paz, o que a coloca no meio do afresco. Como o filósofo Quentin Skinner diz em sua discussão sobre os afrescos, a Paz está "no coração de nossa vida comum". À esquerda da Paz está outra grande figura, a Justiça. Ela é facilmente reconhecível por estar segurando uma balança. Uma corda dupla desce da balança e segue para o outro lado da pintura, até o governante, através de 24 figuras representando os Vinte e Quatro que já haviam servido como cônsules em Siena. Os Vinte e Quatro recebem a corda de uma figura sentada chamada *Concordia*, que segura uma plaina de carpinteiro no colo. A plaina é usada para alisar arestas e criar uma superfície nivelada, possivelmente significando o "Estado de Direito" — o fato de que, em Siena, a lei deveria ser aplicada igualmente a todos.

É significativo que os Vinte e Quatro, que representam a sociedade, seguram a corda, mas não são segurados por ela. Isso indica que o governo é concedido *pela* sociedade, não *para* a sociedade. Notavelmente, quando a corda dupla chega ao governante do outro lado da cena, é amarrada em torno de seu punho — o Leviatã está acorrentado pela corda que emana da Justiça.

Na verdade, há vários tipos de "cordas" para manter os Nove sob controle. Além de seu muito limitado mandato de dois meses, um oficial chamado *maggior sindaco*, que, como o Podestà, era sempre de fora de Siena, podia se opor a qualquer mudança constitucional. Aprovar uma medida à qual o *maggior sindaco* havia se oposto exigia uma supermaioria de três quartos dos conselheiros a favor e um quórum de pelo menos duzentos conselheiros.

Não eram apenas leis e instituições, mas também normas que foram adotadas para proteger a comunidade contra os Nove e contra outros indivíduos politicamente poderosos. Por exemplo, seguindo o exemplo dos atenienses que inventaram a Lei de Húbris, era possível dar aos políticos que se tornavam poderosos demais um "mau nome" — literalmente. Veja o milanês Girardo Cagapisto, cônsul catorze vezes em Milão entre 1141 e 1180. Seu nome começa com a palavra *caga*, ou *caca*, que significa "cagar". Cagapisto significa "cagar pesto", o molho de macarrão italiano. Outro exemplo de políticos cujos nomes incluem a palavra "cagar" são os irmãos Gregorio e Guglielmo Cacainarca, cujo sobrenome significa "cagar na caixa". Igualmente, o nome do cônsul Arderico Cagainosa, que ocupou o cargo entre 1140 e 1144, é traduzido como "cagar nas calças". Outros nomes de proeminentes famílias políticas incluem Cacainbasilica, "cagar na igreja"; Cacarana, "cagar um sapo"; Cagalenti, "cagar lentamente"; e mesmo Cagatosici, que significa "merda tóxica". Fique poderoso demais ou se comporte mal, e você está arriscado a ganhar um nome que comece com Caca.

Algumas outras características do afresco merecem ser notadas. No pé do governante, um pouco à direita, estão dois nobres com armaduras ajoelhados. Eles demonstram a autoridade da comuna sobre a aristocracia que também está sujeita à Justiça. Atrás deles está um grupo de soldados carregando lanças, que pode representar a força especial que os Nove recrutaram em 1302 para policiar a área rural sienense.

Isso tudo lembra muito a liberdade de quem não precisa sentir medo (por causa da Paz), violência (por causa da Justiça), nem ser dominado (porque o Estado e a elite estão contidos pelas leis e o poder popular). Na base da parede estão pintadas palavras que dizem:

Onde quer que esta sagrada virtude [Justiça] governe,
Ela induz à unidade muitas almas;
E essas, reunidas para tal propósito,
Realizam um bem comum para seu mestre;
Que, para governar seu Estado, decide
Jamais desviar seus olhos
Do esplendor dos rostos
Das virtudes que estão à sua volta.
Por isso, de modo triunfante lhe são dados
Taxas, impostos e senhorio de terras;
Pois isso, sem guerras,
É seguido por todo tipo de resultado civilizado,
Útil, necessário e agradável.

Há um jogo de palavras significativo nessa afirmação. O bem comum é associado à comuna. A forma política da comuna serve o bem comum, porque o governante é limitado pela Justiça e, de fato, seus cidadãos atam o governante à Justiça. O afresco, portanto, reconhece que é o governo da sociedade que faz a comuna servir ao bem comum.

Os efeitos de um bom governo

No Capítulo 2, destacamos como Estados poderosos podem fornecer não apenas proteção contra a violência e a dominação, mas também serviços públicos. Vemos esses papéis fundamentais em Siena. As pessoas que o Podestà trazia consigo garantiriam a lei, resolveriam conflitos e forneceriam serviços cartorários, dentre outros. Além disso, os volumes que registram os gastos públicos pelos primeiros seis meses de 1257 mencionam cerca de 860 cargos ocupados pelos sieneses na cidade. Isso incluía 171 guardas noturnos, 114 supervisores da alfândega e pedágio, 103 síndicos de distritos, e noventa oficiais responsáveis pela coleta de impostos. Também encontramos supervisores de pesos e medidas, supervisores da venda de grãos e sal, carcereiros e carrascos, pregoeiros, pedreiros cujo trabalho era manter prédios públicos, e guardiões das fontes. Havia também seis, "bons homens", que supervisionavam tavernas e impediam palavrões, e outros seis, cujas tarefas incluíam manter burros selvagens, porcos e leprosos fora da cidade. Fiar lã na rua não era permitido, e a cidade impunha uma série de outras normas. Por exemplo, permissões de planejamento eram exigidas para qualquer construção nova dentro dos muros da cidade, e havia até mesmo determinação de que os tijolos e ladrilhos tinham que ser feitos em tamanhos uniformes. Vemos essa proliferação de cargos e regulamentos similares em outras comunas.

As comunas também se tornaram muito eficientes na coleta de impostos. Afinal, alguém precisava pagar por todos esses funcionários públicos. Eles usavam a receita dos impostos para fornecer serviços públicos também.

Alguns, como a padronização de pesos e medidas, estão implícitos na lista de cargos administrativos, mas havia muitos outros, incluindo um departamento de bombeiros, uma produção estável de moedas e um sistema monetário, e a construção e manutenção de estradas e pontes. Em 1292, Siena tinha um "juiz das estradas" que logo ganhou o reforço de três comissários de estradas. Para garantir que as pessoas pudessem viajar em paz, um "limpador das estradas" foi nomeado, apesar de o cargo logo ser cancelado, uma vez que os Nove construíram um sistema muito mais elaborado de manutenção da ordem rural. De forma a assegurar, mesmo fora da comuna, a propriedade e os direitos humanos dos negociantes, a cidade também organizava "reprimendas" por meio das quais retaliavam negociantes e cidadãos de outros governos que fossem culpados de infrações contra qualquer sienense.

Esses serviços públicos — e o apoio à liberdade que vemos em Siena — não têm paralelo em nenhum lugar fora do norte e do centro da Itália durante essa época. Mas isso não era tudo que o Estado sienense promovia: ele também fornecia incentivos amplos e oportunidades econômicas.

Pode-se entender isso ao dirigir o olhar para a parede à direita da Sala dos Nove, onde Lorenzetti pintou outro grande afresco, *Os efeitos do bom governo* (que também está no caderno de fotos). O afresco retrata uma visão panorâmica da cidade e da vida no campo. À esquerda, a cidade está cheia de pessoas. Em primeiro plano, um grupo de mulheres dança, mas o que mais impressiona é a intensa atividade econômica. À direita das dançarinas, um lojista barganha sapatos com um homem que segura um cavalo amarrado. À direita deles, um padre faz um sermão e uma mulher monta uma banca com jarras de azeite de oliva, ou talvez vinho, para vender. Um homem passa com uma mula cheia de lenha. Outros tecem e cuidam de um rebanho de ovelhas. Duas mulheres, uma com um cesto e outra com um pássaro, estão provavelmente a caminho do mercado. No fundo, atravessam dois cavalos cheios de produtos. E no topo do afresco uma equipe de construção está ocupada acrescentando belas torres que enfeitarão o horizonte.

O lado direito do afresco se concentra nos efeitos do bom governo na área rural, onde podemos observar as implicações características do Leviatã Agrilhoado e a liberdade que ele cria. Acima da ilustração da área rural, a imagem da Segurança carrega um rolo que liga diretamente a prosperidade à liberdade:

> Sem temor, que cada homem ande livremente,
> E que trabalhando todos semeiem,
> Enquanto tal comuna
> Essa senhora manterá sob seu domínio
> Porque ela retirou todo o poder dos culpados.

O afresco retrata uma cena coerente com esses sentimentos. No primeiro plano, vemos camponeses trabalhando com afinco em frente a um abundante campo de trigo. Um grupo de caçadores deixa os portões da cidade por uma estrada pavimentada; na direção oposta, comerciantes levam suas mercadorias e um porco para vender. No fundo, outras pessoas semeiam, colhem e debulham grãos. Tudo é pacífico e próspero entre campos e casas bem-cuidadas.

A mensagem é clara: entre os muitos benefícios do bom governo está a prosperidade econômica. Isso é verdade ou Lorenzetti estava apenas inventando? Havia mesmo uma conexão entre o governo comunal e o desenvolvimento econômico?

Como São Francisco ganhou seu nome

A vida de um dos mais famosos santos da Idade Média, São Francisco de Assis, fornece algumas respostas para essa questão. Francisco, reconhecido por seu amor pelos animais e pela natureza, legou à posteridade uma das maiores imagens de adoração cristã, a cena do presépio. O "de Assis" de seu nome veio de uma comuna no centro da Itália, onde ele nasceu provavelmente em 1182. O nome Francisco é um pouco mais intrigante.

Quando nasceu, Francisco foi batizado Giovanni di Pietro di Bernardone. Então de onde veio esse nome?

O pai de Francisco, Pietro di Bernardone, um próspero comerciante de seda, estava na França a trabalho quando Giovanni nasceu. Pietro havia se casado com uma mulher da Provença, a mãe de Francisco, Pica de Bourlemont. Após seu retorno para Assis, Pietro começou a chamar seu filho de Francesco ("o francês"), talvez como sinal de seu amor pela França.

Tal amor parece estar relacionado aos negócios de Pietro na França. Em 1174, apenas oito anos antes de Francisco nascer, comerciantes italianos haviam participado pela primeira vez das "feiras de Champagne" no norte da França (veja o Mapa 7). Essas feiras eram realizadas seis vezes ao ano e se alternavam entre quatro cidades na província de Champagne: Bar-sur-Aube, Lagny, Provins e Troyes. Cada feira geralmente durava seis semanas, depois das quais havia uma pausa que permitia que os comerciantes fossem para a próxima cidade. Como consequência, as feiras de Champagne se tornaram um mercado que permanecia aberto quase o ano todo.

Havia muitos aspectos que faziam de Champagne um ímã para o comércio. Um era a localização: Champagne havia se tornado um ponto de encontro dos comerciantes de toda a França e começou a atrair mercadores das efervescentes cidades de Flandres e dos Países Baixos. A vantagem mais importante do lugar vinha das instituições econômicas, que facilitavam intensamente o comércio. Por um lado, os condes de Champagne reconheciam algo bom quando viam. Quando 1.148 cambistas de Vézelay foram roubados a caminho da feira de Provins, o conde Thibault II escreveu para o regente da França exigindo que fossem compensados. "Não deixarei tal dano passar impune, pois isso tende a simplesmente arruinar minhas feiras." O conde Thibault gostava das feiras porque podia taxá-las. Perder os comerciantes era perder receita de impostos. Em 1170, os condes locais começaram a nomear "guardiões especiais do recinto da feira" com poderes de polícia, regulatórios e judiciais para criar um ambiente institucional atraente. Possivelmente foi essa inovação que induziu os italianos, Pietro di Bernardone entre eles, a se aventurarem a cruzar os Alpes para as feiras. Mas não foram só os condes que se envolveram. Três das cidades de Champagne — Provins, Bar-sur-Aube e Troyes — tinham privilégios como comunas, o que as autorizava a operar tribunais municipais durante esse período. Essas cortes faziam contratos serem cumpridos e mediavam disputas comerciais.

A princípio, essas inovações institucionais se concentravam em fornecer uma organização básica e segurança, além de serviços judiciais — tais como a resolução de disputas. Como os italianos se envolveram nas feiras, as inovações foram até a Itália. Entre 1242 e 1243, um grupo de comerciantes italianos a caminho das feiras de Champagne foi sequestrado e roubado por habitantes de Piacenza. Não era isso que o conde de Champagne queria ver. Ele escreveu para as autoridades de Piacenza, ameaçando impedir todos os comerciantes da cidade de negociar em Champagne a menos que as vítimas recebessem uma compensação justa. Depois que problemas de ordem e disputa foram resolvidos, as autoridades locais ficaram mais ambiciosas e começaram a melhorar as estradas e a construir um canal entre Seine e Troyes.

As feiras de Champagne são um dos mais famosos exemplos da chamada revolução comercial na Idade Média. Não por acaso, as comunas italianas estavam em seu cerne. Não era uma coincidência. O sistema comunal de governo criou leis e instituições financeiras que permitiam que o comércio e a atividade econômica melhorassem depois do colapso do Império Romano do Ocidente no fim do século V. A Itália estava bem colocada para se beneficiar disso. A leste e ao sul havia o Império Bizantino e os novos Estados muçulmanos, que encontramos no Capítulo 4, fornecendo a eles especiarias e muitos produtos de luxo. Ao norte estavam a Inglaterra e Flandres. A Inglaterra produzia lã de alta qualidade; Flandres, os tecidos mais procurados. O palco estava preparado para um grande sistema de intercâmbio; lã e tecidos para os luxos e especiarias. O sul da Itália — comandado em meados do século XII por reis normandos — e a Espanha também estavam bem localizados, mas não tinham um governo comunal. Então nenhuma das duas regiões assumiu o comércio da mesma forma como o norte comunal e a Itália central fizeram. Tal fato tinha muito a ver com o modo como as comunas promoviam as instituições necessárias ao comércio.

Isso fica óbvio ao observar a inovação financeira, tão fundamental para o comércio. Aqui as comunas italianas tiveram papel de liderança. À medida que se espalhavam por toda a Europa, elas criaram bases em todos os lugares nos quais negociavam. Ademais, inventaram a letra de câmbio, que se tornou o principal método para organizar o comércio medieval. Imagine que um produtor de tecido florentino quisesse comprar lã Norfolk de alta qualidade na Inglaterra. Ele podia viajar para a Inglaterra com alguns sacos de ducados italianos, encontrar alguém em Londres para trocá-los por libras, comprar a lã, e enviá-la para casa. Ou então, podia usar a letra de câmbio. Na terminologia padrão, há quatro partes envolvidas na letra de câmbio: o emitente, nesse caso o produtor de roupa; o emissor, que seria o banco do emitente em Florença; o sacado, que seria o banco correspondente do banco florentino na Inglaterra; e o tomador, o vendedor de lã em Londres, cuja mercadoria o produtor de roupa queria comprar. Em Florença, o emitente iria dar ducados para o emissor para comprar a letra. Então ele enviaria a letra de câmbio para o tomador em Londres, que iria levar a letra para o sacador e trocá-la por libras esterlinas. Então o tomador enviaria a lã para Florença. A letra comprada em ducados em Florença iria especificar a quantidade de libras a serem pagas em Londres.

O banco florentino nem precisava ter uma filial em Londres; apenas precisava ser capaz de trabalhar com o banco que tivesse. A presença de um banco internacional e a letra de câmbio facilitaram enormemente as transações entre estrangeiros. Implicitamente uma letra de câmbio é um empréstimo. O produtor de roupas tinha que esperar antes de receber sua lã e estava, de fato, emprestando dinheiro para o comerciante de lã em Londres. Isso era compensado pelo pagamento de "juros", mesmo que nem sempre fosse esse o nome dado, e que acabasse sendo implementado pelo uso de diferentes cotações. Por exemplo, digamos que o produtor de roupas quisesse comprar cem libras de lã em Londres e, na cotação em Florença, isso envolvesse o pagamento de mil ducados. Então uma cotação mais baixa era usada em Londres para converter a letra em libras. Italianos inovadores logo criaram um novo instrumento de crédito, o "câmbio seco", em que a movimentação de produtos era irrelevante e o uso de diferentes cotações estava especificado antecipadamente.

A noção de um câmbio seco parece inócua. Mas era vanguardista porque emprestar dinheiro a juros era visto como usura e uma das muitas atividades econômicas desestimuladas ou mesmo banidas pelas normas, costumes e crenças dos europeus medievais. Jesus disse no Evangelho de São Lucas: "Peça e empreste livremente, sem esperar nada em troca." A doutrina da Igreja, portanto, interpretava a cobrança de juros em empréstimos como usura pecaminosa. Isso era um grande problema para o desenvolvimento de um sistema financeiro efetivo. É natural que algumas pessoas possuam capital e riqueza e outras, não. Mas essas outras poderiam ser as que tinham ideias ou oportunidades de investimento. Um sistema financeiro funcional permitiria que pessoas com dinheiro dessem crédito para pessoas com ideias. Os juros são o retorno que estimula tais transações, compensando o emprestador por renunciar a outras oportunidades e pelo risco de não pagamento. Bloquear os juros nos empréstimos com base no fato de ser pecado iria interromper o desenvolvimento de um sistema financeiro. Parte da revolução comercial na Itália foi usar inovações como o câmbio seco para permitir empréstimos e crédito, mas sem os riscos de condenação por pecado e usura. A Igreja continuou afirmando que isso era pecado, mas tais inovações permitiam que esse importante aspecto da gaiola de normas fosse relaxado, abrindo caminho para um crescimento significativo no investimento e no comércio. Não eram só os inovadores italianos que pensavam em se desviar da gaiola de normas. À medida que a vida no corredor evoluía, as restrições às liberdades sociais e econômicas se tornaram mais difíceis de sustentar. Mesmo a Igreja começou a relaxar um pouco a gaiola. São Tomás de Aquino, por exemplo, permitia que um devedor pagasse "compensação" a um credor em algumas circunstâncias, e isso se mostrou uma justificativa flexível para pagamentos à guisa de juros. Esse afrouxamento da gaiola de normas também se tornou uma fonte significativa de vantagem econômica para os italianos, que começaram a exercer o papel de intermediário financeiro pela Europa. O ambiente institucional das comunas italianas foi fundamental para isso. Em outros lugares, as mesmas atividades não eram bem-vindas. Em 1394, por exemplo, o rei de Aragão ameaçou levar a julgamento todos os comerciantes italianos em Barcelona, sob o argumento de que estavam envolvidos em usura.

Os italianos lideraram o caminho para outras inovações. Eles inventaram o seguro mercantil, permitindo que uma terceira entidade tomasse o risco da operação. Também desenvolveram muitas formas contratuais diferentes que facilitavam o comércio. Uma delas era a comenda, uma parceria temporária entre duas pessoas, na qual uma delas fornecia o capital para uma missão comercial e a outra liderava a missão. Ao terminar, os dois parceiros dividiam os lucros. A comenda era outra forma pela qual as leis da usura eram evitadas. Os italianos também inventaram formas comerciais de longa vida que foram precursoras das sociedades anônimas, permitindo que as pessoas que não estavam ativamente envolvidas no negócio colocassem capital e ganhassem lucros na forma de dividendos. Também foi importante a nova ênfase dada aos documentos legais escritos que definiam direitos de propriedade e o uso de notários. Em 1280, em cidades como Milão ou Bolonha, havia 25 notários para cada mil habitantes.

Todos esses negócios precisavam de práticas de contabilidade avançadas. Não é coincidência que tenha sido um italiano de Pisa, Leonardo Fibonacci, que revolucionou a contabilidade ao adotar o sistema numérico arábico em 1202. Isso tornou os cálculos financeiros muito mais diretos. Em meados do século XIV, a contabilidade de entrada dupla apareceu na Itália pela primeira vez.

A revolução comercial aconteceu no mesmo período de um crescimento econômico considerável, estimulando inovações fora do setor financeiro também. Apesar de não termos indícios suficientes para determinar a renda nacional desse momento da história, podemos usar a extensão da urbanização para avaliar o desenvolvimento econômico — a fração da população que vivia em cidades de pelo menos 5 mil habitantes. A urbanização na Europa Ocidental dobrou de cerca de 3% no século IX, no início da revolução comercial, para 6% no século XIV. O aumento foi muito mais rápido nos lugares fortemente envolvidos na revolução. Para a Itália em geral o aumento foi de 4% para 14% no mesmo período. Mas isso incluía o sul da Itália, que não experimentou o surgimento do comércio e das comunas. A taxa de urbanização no norte da Itália foi sem dúvida muito maior e é estimada em 25% na Toscana. Em outros lugares, como em Flandres e nos Países Baixos, a urbanização aumentou de 3% para 12% em 1300 e então para notáveis 23% em 1400.

O dinamismo das comunas urbanas é verificado olhando-se o tamanho relativo da população em um contexto europeu mais amplo. Em 1050, apenas uma delas, Florença, que tinha uma população de apenas 15 mil pessoas, aparecia entre as trinta maiores cidades da Europa. Em 1200, a população de Florença havia crescido 400%, para 60 mil, e se juntaram a ela na lista Bolonha, Cremona, Ferrara, Gênova, Pavia e Veneza. Em 1330, um terço de todas as trinta maiores cidades na Europa eram comunas italianas, com as mais populosas sendo Veneza, com 110 mil pessoas, seguida por Gênova e Milão, ambas com 100 mil. Siena tinha uma população de 50 mil nessa época. Apenas Paris e Granada, a capital da altamente urbanizada Espanha muçulmana, tinham populações maiores que Veneza, Gênova e Milão.

Outro sinal de crescimento econômico pode ser visto em informações sobre atividade econômica, educação e habilidades da força de trabalho. Essas atividades parecem ter aumentado significativamente no norte da Itália durante esse período. Por exemplo, as *Novas crônicas*, uma história do século XIV de Florença, escrita por Giovanni Villani, estimava que na Florença do início do século XIV houvesse cerca de 8 mil a 10 mil meninos e meninas no ensino fundamental e de 550 a 600 na educação superior, enquanto outros mil a 2 mil frequentavam escolas destinadas a treinar habilidades comerciais. Caso essa fosse uma situação típica, então até metade da população de Florença nesse período frequentou algum tipo de escola formal. O Catasto Florentino de 1427, uma pesquisa abrangente da população, sugere que sete em cada dez homens adultos sabiam ler e escrever — um número notavelmente alto para a época. Uma estimativa em Veneza, em 1587, sugere que 33% dos meninos eram alfabetizados.

O aumento da alfabetização e do desenvolvimento econômico são também ilustrados pelos dados de produção de livros. No século IX, apenas 10% dos 202 mil livros produzidos na Europa Ocidental vinham da Itália. No século XIV, a Itália era a maior produtora de livros da Europa Ocidental, responsável por 32% de um total europeu de 2,747 milhões de livros. A Itália também tinha mais universidades do que qualquer outra parte da Europa no Ocidente, 39% de todas as universidades no século XIV.

Encontramos avanços mais amplos na tecnologia nesse período também, alguns deles essenciais para a revolução comercial, tais como melhorias no design dos navios com a disseminação do leme de popa (antes os navios eram movimentados por remos, como acontecia desde Roma). Também foram produzidos na Itália os primeiros pares de óculos, a primeira fábrica têxtil mecanizada, em Lucca, para produzir seda, e o relógio mecânico de Giovanni de Dondi construído em 1360, apesar de estar claro em seus escritos que os relógios já existiam havia um bom tempo.

O primeiro gato nas Ilhas Canárias

Uma das mais notáveis conquistas das comunas foi a alta taxa de mobilidade social. Um exemplo famoso é Francesco di Marco Datini. Uma história de sua cidade natal, a comuna de Prato, na Toscana, relata como ele se tornou comercialmente bem-sucedido.

Naqueles dias — diz a lenda —, quando os comerciantes aventureiros da Toscana estavam navegando para terras distantes, um mercador de Prato foi para uma ilha remota chamada Ilha Canária; e lá o rei da ilha o convidou para jantar.

E o comerciante viu a mesa posta com guardanapos, e em cada um havia um taco tão longo quanto seu braço, e ele não conseguia imaginar para que serviam. Mas, ao se sentar à mesa, quando os alimentos foram trazidos, o odor deles atraiu uma abundância de ratos, que deveriam ser espantados com os tacos, caso os convidados quisessem comer (...) E no dia seguinte, tendo retornado à noite a seu navio, o comerciante voltou com uma gata na manga. E quando os alimentos foram servidos, os ratos também apareceram; e o comerciante tirou a gata da manga, que rapidamente matou 25 ratos, e os outros fugiram.

"Este animal é divino!", disse o rei. Ao que o comerciante respondeu: "Senhor, sua cortesia comigo tem sido tão grande que posso apenas retribuí-la fazendo deste gato um presente." Grato, o rei aceitou o presente. Mas, antes de o comerciante deixar a ilha, chamou-o e o presenteou com joias que valiam 4 mil escudos. E no ano seguinte o comerciante voltou para a ilha, levando com ele um gato doméstico — e desta vez recebeu mais 6 mil escudos. O comerciante de Prato voltou para casa um homem rico; e seu nome era Francesco di Marco Datini.

É provável que não tenha sido assim que Datini ficou rico. Na realidade, não há nenhum registro de que ele tenha ido alguma vez para as Ilhas Canárias. O que sabemos é que ele nasceu filho de um pobre taberneiro, provavelmente em 1335. Quando tinha apenas 13 anos, a Peste Negra (a peste bubônica) atingiu a Itália, e sua mãe, seu pai e seus dois irmãos morreram. Apenas ele e seu irmão Stefano sobreviveram, e havia apenas uma pequena herança: uma casa, um pequeno pedaço de terra e 47 florins.

Cerca de um ano após a morte de seu pai, Datini se mudou para Florença, tornou-se aprendiz de um lojista e começou a ouvir histórias sobre a cidade próspera de Avignon, no sul da França. Por causa de uma disputa pela sucessão, o papa residiu em Avignon em vez de em Roma. A presença da corte papal residiu um mercado vibrante, em que os comerciantes italianos prosperaram. A maior parte do comércio de luxo e serviços bancários era dominada por seiscentas famílias italianas, que viviam em um bairro exclusivo na cidade. Logo depois de seu aniversário de 15 anos, Datini vendeu seu pequeno pedaço de terra em Prato para levantar algum capital e se mudar para lá. Em 1361, aos 26 anos, era sócio de dois toscanos, Toro di Berto e Niccolò di Bernardo. No início, ele negociava principalmente armamentos e parecia estar se saindo bem vendendo para os dois lados dos conflitos locais. Em 1368, por exemplo, seus livros registram a venda de armas no valor de 64 libras para Bernard du Guesclin, um comandante militar francês. No mesmo ano, fez uma grande venda de armas para a comuna de Fontes, que tentava se proteger contra o mesmo Guesclin. Antes disso, em 1363, Datini teve sua primeira loja, comprada por 941 florins, com outros trezentos pagos pela "boa vontade dos clientes". Em 1367, renovou sua parceria com Toro di Berto, cada um investindo um capital de 2.500 florins de ouro, e agora tinham três lojas. Em 1376, começou a comercializar sal e se lançou como operador de câmbio, bem como no comércio de prataria e obras de arte. Abriu uma taverna de vinho e um armarinho, e começou a enviar seus funcionários para negociar em lugares ainda mais longe, como Nápoles. Nessa época, sua principal loja em Avignon tinha cintos de prata florentina e anéis de casamento de ouro, peças de couro, selas e arreios de mula da Catalunha, utensílios domésticos de toda a Itália, lençóis de Gênova, fustão de Cremona, e *zendado* escarlate, um tecido especial de Lucca. Sua loja em Florença surgiu como eixo movimentado de produtos manufaturados nessa época e continha tecido de lã branco, azul ou cru; linhas de costura, cortinas de seda e anéis de cortina; toalhas de mesa, guardanapos e grandes toalhas de banho; baús pintados à mão e porta-joias usados como parte do dote da noiva.

Ao voltar de Avignon em 1382, ele montou um negócio sediado em Prato e Florença com filiais em Pisa, Gênova, Barcelona, Valência, Maiorca e Ibiza. Entre esses diferentes empórios viajavam ferro, chumbo, alumínio, cativos e temperos da Romênia e do Mar Negro; lã inglesa de Southampton e Londres; trigo da Sardenha e da Sicília; couro de Túnis e Córdoba; seda de Veneza; uva passa e figos de Málaga; amêndoas e tâmaras de Valência; maçãs e sardinhas de Marselha; óleo de oliva de Gaeta; sal de Ibiza; lã espanhola de Maiorca; da Catalunha, laranjas, óleo de oliva e vinha. Seus documentos de negócios têm cartas em latim, francês, italiano, inglês, flamengo, catalão, provençal, grego, árabe e hebraico. Ele não era só comerciante, também começou um negócio de produção de tecidos em Florença, comprando lã inglesa e espanhola e exportando o tecido pronto.

Francesco di Marco Datini fez fortuna sem nenhum conhecimento, conexões ou capital, e sem a vantagem de contatos, monopólios ou ajuda do governo, exceto pelo contexto institucional amplo criado pelas comunas italianas.

Obviamente, havia muitos que, em dívida com a velha ordem dominada pela elite, viam esses desdobramentos com desânimo. Francesco di Marco Datini representava exatamente o tipo de mobilidade ascendente que eles temiam. Era o que o tio do imperador Frederick Barbarossa, o bispo Otto, criticava ao notar que os genoveses

> não desdenhavam de oferecer o cinto de cavaleiro ou títulos de distinção a jovens homens de status inferior e mesmo a trabalhadores de baixos ofícios manuais, que, em outros lugares, seriam barrados como a praga caso quisessem assumir atividades mais respeitáveis.

O bispo Otto estava reclamando da erosão da hierarquia e das normas que a sustentavam. Mas o relaxamento de tais normas é fundamental para o desenvolvimento econômico porque elas impedem que "zés-ninguém" com talento, como Datini, cheguem ao topo. A inovação se baseia fundamentalmente em capacitar talentos como esse e permitir que zés-ninguém tracem seus próprios caminhos e realizem suas próprias ideias.

Francesco di Marco Datini não é a única história famosa de mobilidade ascendente nessa época. Em 1369, uma estimativa para Pisa sugeria que, das 106 companhias florentinas que usavam o porto, 51 eram de "homens novos". Um exemplo não italiano é o de Godric de Finchale (depois São Godric). Godric nasceu por volta de 1065 em Walpole, Norfolk, de pais pobres. Seu biógrafo, Reginaldo de Durham, nos conta que seu pai "se chamava Ailward, e sua mãe, Edwenna; ambos de baixa posição e riqueza". Godric não quis ser "lavrador", a ocupação natural para gente de sua posição em Norfolk. Em vez disso, insistiu em ser comerciante. Sem capital, teve que começar de baixo, e por isso ele começou aprendendo as estratégias de um "mascate", um ambulante, e "começou a seguir o modo de vida do mascate, primeiro aprendendo como ganhar em pequenas barganhas e coisas de preço insignificante; e depois, apesar de ainda jovem, sua mente avançou pouco a pouco para comprar e vender e ganhar coisas de maior valor". Gradualmente, São Godric acumulou capital suficiente para se lançar em negócios mais ambiciosos. Reginaldo nos conta que ele "começou a tomar caminhos mais ousados e a viajar frequentemente pelo mar rumo a terras estrangeiras no entorno. Assim, navegando muitas vezes entre a Escócia e a Grã-Bretanha, ele negociava produtos diversos e, em meio a essas ocupações, ganhou muita sabedoria nos negócios (...) Seu grande trabalho e dedicação trouxeram frutos de ganhos materiais". Depois de dezesseis anos de comércio bem-sucedido e atividade mercantil, Godric decidiu abrir mão de toda a sua riqueza e se tornar um monge.

Voltando a Assis, vimos como o pai de São Francisco foi um comerciante bem-sucedido na França, mas quase com certeza de um conhecimento modesto. Mais tarde em sua vida, São Francisco pediu a seus irmãos na ordem franciscana, que havia fundado, para humilhá-lo chamando-o de "camponês sem valor", ao que ele respondia: "Sim, é isso que o filho de Pietro di Bernardone precisa ouvir." É provável que Pietro tenha vindo do campo, de origem humilde para fazer fortuna em Assis e depois na França, da mesma forma que Francesco di Marco Datini e Godric.

A economia no corredor

Na comparação com as economias de sociedades sem Estado ou sob o despotismo abordadas nos capítulos anteriores, há algo muito diferente nas comunas italianas no fim da Idade Média. Vemos não apenas uma maior segurança e liberdade para os cidadãos dessas comunas — com um Estado que fornece serviços públicos em vez de reprimir e ameaçar seu povo —, como também um conjunto completamente diferente de oportunidades econômicas e incentivos criados pelo Leviatã Agrilhoado.

A prosperidade e o crescimento econômico surgiram de alguns princípios básicos. Dentre esses estavam incentivos para que as pessoas investissem, experimentassem e inovassem. Sem um Estado, tais incentivos são bastante ausentes, seja porque não há leis para decidir disputas nem proteção do direito à propriedade no meio do conflito, seja porque as normas que surgiram para preencher esse vazio estatal distorcem os incentivos econômicos e desestimulam a atividade econômica — nascidas do receio de que as oportunidades econômicas desestabilizem a própria essência dessas sociedades. Como resultado, os frutos de qualquer investimento podem ser roubados, perdidos ou dispersos. O Leviatã Despótico pode impor o direito à propriedade e proteger os investimentos das pessoas, mas comumente está muito mais interessado em cobrar altos impostos ou em monopolizar os recursos para si e, portanto, os incentivos econômicos são frequentemente apenas um pouco melhores sob seu governo do que sob o Leviatã Ausente.

A prosperidade e o crescimento econômico não se apoiam apenas no direito de propriedade seguro. Eles dependem fundamentalmente de amplas oportunidades econômicas. Esse é o tipo de coisa que muitas vezes tomamos como natural, mas não é, nem tem sido, a maneira como a economia tem sido organizada, conforme visto no capítulo anterior. Sob o Leviatã Ausente, a gaiola de normas frequentemente implica que as oportunidades estão restritas para todos. Sob o Leviatã Despótico, o direito à propriedade é assegurado ao governante e sua comitiva (de fato, excessivamente assegurado, pois eles saem vitoriosos em qualquer disputa), mas não às pessoas comuns. Essa forma de distribuição desigual de oportunidades econômicas não é o suficiente para sustentar a prosperidade econômica. É preciso que as oportunidades sejam amplamente distribuídas na sociedade, para que qualquer um que tenha uma boa ideia para inovação ou investimento valioso tenha chances de colocá-la em prática. Essa é uma faceta importante e algumas vezes negligenciada da liberdade. Lembre que a dominação pode vir do opressivo poder econômico reunido por alguns contra outros, ou das restrições sufocantes impostas pelas normas. A liberdade econômica necessita da existência de oportunidades iguais e o fim dessas restrições. Foi exatamente isso que vimos no caso da mobilidade social das comunas italianas. Inúmeros homens, como Francesco di Marco Datini e o pai de São Francisco, se beneficiaram dessas oportunidades e da liberdade que elas criam para investir, fundar negócios, experimentar novas ideias, inovar e ascender de seu "status inferior" para se tornarem comerciantes ricos. Essa experimentação de baixo para cima e a mobilidade social que ela traz são frutos econômicos da liberdade.

Essas oportunidades e incentivos também precisam ser sustentados por um sistema justo de resolução de conflitos e aplicação da lei (ou Justiça, como enfatiza a *Alegoria do bom governo*). Por sua vez, isso exige que o Estado e as elites políticas não sejam poderosos o suficiente para interferir na administração da Justiça ao tentar incliná-la a seu favor (as cordas nos afrescos). Aqui vemos outro papel fundamental do Leviatã

Agrilhoado, que é preparar o terreno para a prosperidade econômica. Se o Leviatã não está agrilhoado, como podemos garantir que as leis sejam aplicadas a ele e aos politicamente poderosos? O que é chamado às vezes de "Estado de Direito" também depende das correntes presas aos tornozelos de Leviatã. E essas correntes não vêm apenas da constituição e de juramentos. Como o afresco enfatiza, eles têm suas raízes nas cordas que a sociedade segura.

Mesmo um comprometimento abstrato com oportunidades amplas, com incentivos e com a resolução justa de conflitos em geral não é o suficiente. Se a infraestrutura-chave estiver ausente ou se apenas algumas pessoas tiverem acesso às habilidades e ao conhecimento necessários para prosperar nos negócios ou no trabalho, as oportunidades continuarão sendo distribuídas de maneira desigual. Sendo assim, serviços públicos são vitais não só por melhorar as vidas dos cidadãos — que ganham acesso a estradas melhores, canais, escolas e se beneficiam dos regulamentos —, mas também porque sustentam oportunidades amplas. Foi isso que as comunas italianas conseguiram, graças à habilidade deles de encontrar um Leviatã Agrilhoado, e é isso que a *Alegoria do bom governo* explica tão brilhantemente.

* * *

O leitor que está familiarizado com nosso livro anterior, *Por que as nações fracassam*, verá fortes paralelos entre o que acabamos de descrever e a estrutura conceitual desenvolvida naquele livro. (Pelo menos não fomos totalmente incoerentes com nosso pensamento anterior.) Lá nos referimos a instituições que viabilizam oportunidades e incentivos para pessoas investirem, inovarem e se envolverem em atividades de aumento de produtividade como "instituições econômicas inclusivas". Também destacamos que elas podem sobreviver no longo prazo apenas se estão sustentadas por "instituições políticas inclusivas", que evitam a monopolização do poder político por uma pequena parte da sociedade ao mesmo tempo que permitem a imposição de leis pelo Estado imponha leis. Sublinhamos que inovações, novas tecnologias e organizações, apesar de indispensáveis para o crescimento econômico sustentável, vão frequentemente sofrer resistência porque podem desestabilizar uma ordem existente (o que chamamos de "destruição criativa política"). A melhor garantia que temos para evitar que atores poderosos bloqueiem novas tecnologias — e, no processo, aniquilem o desenvolvimento econômico — é garantir que ninguém e nada seja poderoso o bastante para isso.

Olhando dessa perspectiva, nossa estrutura conceitual aqui se expande a partir de *Por que as nações fracassam*. O Leviatã Agrilhoado não é apenas a culminação das instituições políticas inclusivas necessárias para as instituições econômicas inclusivas. Ele também depende de modo decisivo do efeito da Rainha Vermelha — a habilidade da sociedade de enfrentar, restringir e reprimir o Estado e as elites políticas. Isso coloca em primeiro plano o papel central das normas que ajudam a sociedade a se organizar, a se envolver com a política e, se necessário, a se rebelar contra o Estado e as elites. Mas não são só as correntes que são importantes. É também a habilidade do Leviatã de ter poder para impor as leis, resolver conflitos, fornecer serviços públicos e apoiar as instituições econômicas que criam oportunidades econômicas e incentivos. Portanto, é igualmente essencial a capacidade estatal, desde que ela seja equiparada pela habilidade da sociedade em controlá-la.

Outro novo elemento aqui é nossa ênfase no relaxamento da gaiola de normas. Isso está enraizado em nossa discussão no capítulo anterior, que documentou como as restrições fundamentadas em normas, tradições e costumes poderiam embotar os incentivos econômicos e as oportunidades, e precisam ser afrouxadas para que o crescimento econômico floresça. Tal fato pode acontecer em alguma medida por conta própria, conforme as pessoas encontram meios de suplantar essas normas e as regras mais restritivas começam a perder a relevância. Mas ganha um empurrão poderoso do Leviatã Agrilhoado, como já vimos em nossa discussão sobre a Grécia no Capítulo 2, e isso sublinha outro papel importante da capacidade estatal: relaxar a gaiola de normas, tanto para criar condições para a liberdade quanto para remover empecilhos contra o envolvimento político da sociedade. Decisivamente, isso irá acontecer mesmo quando outras normas (especialmente aquelas relacionadas à organização da sociedade e ao desejo de agir contra as elites) mantenham o Leviatã sob controle. Essa observação reitera a interação multifacetada entre a capacidade estatal e as normas que vimos no caso ateniense no Capítulo 2.

Os efeitos do mau governo

Agora que consideramos as implicações dos dois lados da Sala dos Nove, vamos nos voltar para o último painel, do outro lado da sala. Lá vemos a *Alegoria do mau governo*, que ilustra as consequências econômicas de um governo ruim.

Esse afresco está menos preservado que os demais, mas a mensagem é nítida. Ele é dominado por uma figura com presas e chifres chamada Tirania (ou o que chamamos de despotismo). A seus pés vemos a Justiça, amarrada. Em vez de virtudes como Generosidade e Fortaleza voando no entorno, encontramos Vaidade, Traição, Crueldade, Fraude e Tumulto. No canto esquerdo encontramos a Guerra com uma espada erguida. Ao lado da Guerra está a Divisão que, em vez de segurar uma plaina, segura uma serra para cortar um objeto, sugerindo que é a divisão que rompe em pedaços a comunidade e traz a Guerra. Ao fundo, o afresco captura vividamente as consequências econômicas da Tirania. À esquerda, a cidade está devastada. Pilhas de pedras ocupam o chão, as casas estão malcuidadas com furos nas paredes e balcões. Um assassinato está acontecendo. Não há comércio ou negócios. As consequências rurais do mau governo, desolação e pobreza no campo são visíveis também. Um exército percorre os campos abandonados. Casas queimam, e árvores estão secas. Vemos uma descrição dramática das consequências econômicas de um Leviatã Despótico, atribuídas com perspicácia ao mau governo.

Como as tortilhas foram inventadas

As oportunidades econômicas e incentivos que o Leviatã Agrilhoado foi capaz de criar não se limitaram à Europa. Outro exemplo histórico vem do Vale de Oaxaca, no antigo México, por volta de 500 a.C. Para entender o que aconteceu em Oaxaca nessa época, vamos começar com algo básico na dieta mexicana hoje — a tortilha.

A domesticação do milho pelos humanos foi um momento-chave no desenvolvimento econômico de longo prazo das Américas. Ela aconteceu no México por volta de 5000 a.C., possivelmente antes. Há muitas formas de comer milho. Pode-se comer os grãos direto da espiga assada, uma iguaria disponível em qualquer rua mexicana hoje. Ou se pode amassar o milho até virar um mingau. Uma alternativa, que surgiu aproximadamente em 500 a.C. em Oaxaca, foi transformar o milho em tortilhas. Para fazer isso é preciso esmagar os grãos até que virem farinha, misturá-la com água e sal e cozinhar no que os mexicanos chamam de *comal*, um prato de barro redondo. Um seleção de modernos *comales* de Oaxaca está inserida no caderno de fotos. Sabemos que as tortilhas foram inventadas por volta de 500 a.C. porque arqueólogos descobriram que os primeiros *comales* apareceram no Vale de Oaxaca nesse período.

Transformar o milho em tortilhas dá muito mais trabalho do que assar os grãos na espiga. Mas tem a vantagem de facilitar o transporte do milho. Fazer tortilhas mantém apenas a parte comestível da espiga, então o resto pode ser jogado fora. Por que as pessoas do vale, que vieram a ser conhecidas como zapotecas, precisaram transportar milho de repente?

A resposta tem relação com a história política do vale. Em 1000 a.C., toda a população do vale era de 2 mil pessoas, e a primeira área verdadeiramente urbana lá, San José Mogote, provavelmente já tinha chegado a uma população de mil pessoas. Em pouco tempo, San José enfrentou a concorrência de novos centros urbanos, em particular Yeguih, no braço oriental do vale de Tlacolula e San Martín Tilcajete no sul do Valle Grande. Alguns arqueólogos identificaram os três lugares como sociedades rivais, mas que tinham muita cultura em comum. Todos usavam o simbolismo de raios, terremotos e o Jaguar-Homem, e falavam dialetos derivados da língua que chamamos de zapoteca. A palavra parece vir do nauatle, a língua dominante no México Central, que significa "habitantes do lugar de sapoti", nome inspirado na fruta. Entre esses três centros urbanos, onde a atual cidade de Oaxaca está, havia uma terra de ninguém. É lá que fica Monte Albán, que se ergue 400 metros acima do nível do vale.

Monte Albán era um lugar bastante deserto, sem nenhuma fonte natural de água, e estava longe de ser uma das melhores terras do vale para a agricultura. Em 500 a.C., o lugar ainda era desabitado. Logo depois, as três comunidades de San José Mogote, Yeguih e San Martín Tilcajete se juntaram e construíram uma cidade na montanha, que logo chegou a ter uma população de 7 mil pessoas. Essa cidade era a capital de um novo Estado que veio integrar todo o vale a seu território por meio de uma hierarquia de assentamentos e centros administrativos. A maior parte dos prédios construídos no início, durante a época que os arqueólogos chamam de Monte Albán I, está soterrada sob construções mais recentes. Escavações, no entanto, mostram provas concretas de três bairros distintos em torno da praça central da cidade. Parece plausível que as pessoas das três comunidades tenham migrado para os diferentes bairros. Nesse período, antes de as cisternas serem cavadas para captar água da chuva, toda a água para o assentamento tinha que ser carregada na mão, assim como o milho. É aqui que entram as tortilhas. Apesar de alguns terraços agricultáveis terem sido cavados na montanha, eles não eram suficientes para cultivar comida para 7 mil pessoas ou para as 17 mil que vieram a habitar o Monte Albàn I próximo ao fim de sua existência. A comida, assim como a água, tinha que ser carregada montanha acima, e as tortilhas tornavam isso mais fácil.

A fundação de Monte Albán pelos cidadãos de San José Mogote, Yeguih e San Martín Tilcajete é outro exemplo de formação de Estado primitivo, a criação de um Estado onde nada do gênero existia antes, o que já discutimos no Capítulo 3. Mas o que aconteceu ali se distingue da criação típica de um Estado primitivo. Diferentemente do que Shaka fez na terra zulu ou do que vimos no Vale do Nilo com o surgimento da antiga civilização egípcia, não havia um líder carismático ou grupo de elites políticas poderosas impondo seu domínio ao resto da sociedade. Ao contrário, observamos algumas semelhanças notáveis com a construção do Estado em situações como a de Atenas e a dos Estados Unidos, onde a sociedade já é forte e capaz de restringir o que o Estado e as elites podem fazer. Lembre-se, por exemplo, que depois da convenção constitucional na Filadélfia e da ratificação da constituição, o governo federal teve que decidir onde seria a capital. Inicialmente, o Congresso se reunia em Nova Iorque, mas havia competição entre estados do norte e sul por um lugar mais permanente para a capital. Muitas opções diferentes foram discutidas. Os nova-iorquinos queriam permanecer onde estavam, enquanto os sulistas queriam algo mais próximo do sul. O primeiro presidente, George Washington, preferiu uma conciliação em um território neutro no rio Potomac, localizada em um ponto no rio após sua casa no Mount Vernon. Em 1790, ele foi bem-sucedido graças a um acordo feito por James Madison, Alexander Hamilton e Thomas Jefferson. Os estados do sul estavam bloqueando projetos que teriam permitido que o recém-criado Estado federal assumisse e pagasse todos os débitos acumulados pelos estados. Para Hamilton, isso era fundamental na construção de um novo Estado com um sistema fiscal centralizado e capacidade de empréstimo. Em troca do acordo para que a capital fosse no Potomac, em um local específico a ser escolhido por Washington, os estados do sul concordaram em deixar que o Governo Federal assumisse as dívidas dos estados. Washington D.C. foi então construída num território neutro, inexplorado, entre os dois grupos rivais dos estados do norte e do sul.

Embora não tenhamos registros escritos, é possível que o que aconteceu em Monte Albán tenha muitos paralelos com a experiência dos Estados Unidos. Assim como Madison e Hamilton, os cidadãos, ou pelo menos as elites de San José Mogote, Yeguih e San Martín Tilcajete, podem ter reconhecido os benefícios de criar um Estado centralizado mais efetivo.

É isso que os registros arqueológicos sugerem. Depois da fundação de Monte Albán, encontramos menos vestígios de conflitos, de casas queimadas, restos de pedaços de adobe ou outros materiais carbonizados. Os indícios apontam que esse período da construção do Estado também levou a uma expansão significativa do comércio. Um campo arqueológico na área do Valle Grande exibe uma vasta e larga plataforma acessível de 55 por 38 metros. Não é um templo, e está cercada por grandes pedras. Há indícios de especialização na produção: cerâmica, lascas de cherte e quartzito, uma mina de quartzo, pedras posicionadas de formas a sugerir que eram usadas para moer ou amassar, e há um batedor para fazer papel. De fato, a plataforma quase certamente era um mercado.

Então que tipo de instituições políticas davam maior sustentação à paz e à especialização econômica no Monte Albán? Normalmente, aprendemos sobre instituições políticas de regimes extintos há muito tempo por meio de seu registro arqueológico, nomes e imagens de reis poderosos, tumbas cheias de objetos valiosos etc. Contudo, no caso dos zapoteca, não vemos nada disso. Não temos ideia de quem foram os primeiros reis nem sequer se havia reis ou dinastias. Caso tenham existido, não sabemos seus nomes, e não há indícios de tumbas elaboradas, gravuras ou palácios. Parece não ter havido personalização do poder. A religião dos zapotecas, que tem papel central depois da fundação de Monte Albán, era o culto Cojico. Cojico era a representação zapoteca dos "raios-nuvens-chuva", mas essas imagens não foram capturadas ou cooptadas por nenhum indivíduo. Não havia "deuses reis". Isso não é incomum no México pré-colombiano. A grande cidade de Teotihuacán, a nordeste da cidade do México, que tinha uma população de 200 mil pessoas em seu auge, também não tinha reis com nomes, tumbas reais ou palácios. Quando o que parece ter sido a elite aparece representada em murais, as pessoas estão sempre mascaradas; o poder não era exibido em Teotihuacán, como se existissem leis e normas contra o domínio de governantes e elites — como se o Leviatã estivesse fortemente agrilhoado. Apesar de não sabermos exatamente que tipo de governo tanto Monte Albán quanto Teotihuacán tinham, temos conhecimento de que na época da conquista havia muitos Estados no México que eram coletivamente governados por conselhos. Um exemplo bem documentado é o Estado pré-colombiano de Tlaxcala, que durou de meados do século XIV até a conquista espanhola e que construiu instituições republicanas sofisticadas com participação popular. Os vestígios arqueológicos indicam a probabilidade de que os zapotecas tenham sido governados de forma parecida. Então é razoável supor que o Estado que surgiu em Monte Albán fosse igualmente agrilhoado.

Também observamos que os arranjos institucionais de Monte Albán tiveram consequências positivas profundas. Já notamos que eles parecem ter promovido a paz e o surgimento de mercados, e há provas de aumento no comércio. Por um lado, comparando com o período anterior, as pessoas pararam de construir grandes poços de armazenamento para comida, presumivelmente porque poderiam rapidamente comprá-la no mercado e ter menos necessidade de estocar. Também observamos uma notável melhora na qualidade da construção das casas. Antes de 500 a.C. as casas tendiam a ser feitas de vime e lama, com poucas casas construídas com pedra e tijolos de barro. Esse último tipo se tornou comum depois de 500 a.C. Mais drasticamente, constatamos uma grande expansão da população no vale após a formação do Estado. Como vimos, por volta de 1000 a.C. o vale tinha cerca de 2 mil pessoas e estava estagnado nisso até o começo do período I. Com a fundação de Monte Albán e sua expansão para 7 mil habitantes, a população do vale parece ter aumentado para 14 mil pessoas. Depois, a população de Monte Albán cresceu para 17 mil pessoas e a população de todo o vale passou de 50 mil habitantes. Apesar de Monte Albán crescer rapidamente, não há indícios de queda na população de San José Mogote, Yeguih e San Martín Tilcajete. Então, embora algumas pessoas possam ter se mudado desses lugares para Monte Albán, sua população logo se recuperou e a capital se beneficiou da migração do campo para a cidade. Provavelmente houve tanto um aumento significativo na fertilidade quanto uma migração de pessoas de fora do vale para o novo Estado. Outras mudanças econômicas incluíam a produção de cerâmica, a adoção de novos tipos de olaria e uma intensificação notável na atividade agrícola. As áreas cultivadas se expandiram, e pela primeira vez houve investimento em irrigação. Tudo aponta para um aumento na produtividade agrícola e no consumo.

* * *

Testemunhamos neste capítulo algo muito diferente do tipo de Estado criado pela vontade de poder e, claro, muito diferente da fraca e essencialmente ausente hierarquia política das sociedades sem Estado. Também vimos, como antecipamos no Capítulo 2, o modo como esse Leviatã Agrilhoado inicial gerou muito mais liberdade e como permitiu o surgimento de um conjunto de oportunidades econômicas e incentivos totalmente diferente, liberando forças poderosas rumo à prosperidade.

Mas quais são as origens dessa relação muito diferente entre Estado e sociedade? Essa é a pergunta a que nos dedicamos em seguida.

6.

A TESOURA EUROPEIA

A Europa entra no corredor

A PARTE DO MUNDO QUE DESENVOLVEU O Leviatã Agrilhoado duradouro que moldaria nossa história recente foi a Europa, particularmente as porções leste e norte. O Leviatã Agrilhoado ateniense entrou em colapso com a expansão do Império Macedônio. O Estado zapoteca também já havia saído do corredor e desaparecido no momento em que o Vale de Oaxaca foi conquistado pelos espanhóis. Como veremos, o desenvolvimento de um Estado ao mesmo tempo capaz e limitado pela sociedade foi um processo histórico gradual e doloroso na Europa. Durante o decurso de suas primeiras fases, as pessoas não teriam reconhecido isso como o início de um processo que transformaria sua liberdade, sua política e economia. Mas, à medida que evoluía, o processo começou a trazer liberdade, transformou a natureza das instituições estatais e alcançou um período de prosperidade de tipo desconhecido na sociedade humana. Por que tudo isso surgiu na Europa?

A resposta não é óbvia. Recuando na história, não havia nada evidente sobre a ascensão europeia. A agricultura não se originou na Europa, mas no

Oriente Médio e no Crescente Fértil, seguido de perto pela China. Quando se espraiou por terras europeias, foi por meio de atividades colonizadoras de povos oriundos do Oriente Médio, chegando à Grã-Bretanha em torno de 4000 a.C., mais de cinco mil anos depois de ela ter se estabelecido no Levante. De modo semelhante, as primeiras vilas e cidades modernas não emergiram na Europa, mas nos vales dos rios Tigre e Eufrates, no atual Iraque. Como vimos, o problema de Gilgamesh surgiu primeiro em Uruk, não em Uxbridge. Para todos os grandes impérios clássicos, a Europa Ocidental e a Europa do Norte eram, na melhor das hipóteses, áreas marginais. Os romanos construíram uma sofisticada civilização que tinha seu centro em torno do Mediterrâneo, mas tinham pouco interesse em grande parte da Europa Ocidental e do Norte, exceto quando se aventuravam por áreas que hoje são parte da Alemanha para combater tribos germânicas, que eles viam como bárbaras (embora tenham conquistado a Gália, atual França, e parte da Grã-Bretanha). Só muito tardiamente vemos a Europa entrar na cena mundial.

Mesmo assim, como discutimos no capítulo anterior, no século XI, partes da Europa haviam desenvolvido governos republicanos e estavam em meio a uma grande expansão econômica. Como a Europa chegou lá? Como essas revoluções no governo, na sociedade e na economia ocorreram, e como pavimentaram o caminho para uma ascensão sem precedentes da liberdade e para os espetaculares avanços tecnológicos e econômicos dos séculos XVIII e XIX? Qual foi a vantagem da Europa?

A resposta para essa pergunta está em uma série singular de eventos históricos ocorridos 1.500 anos atrás e que criaram um equilíbrio fortuito entre os poderes da autoridade central e os dos homens comuns (não das mulheres, infelizmente). É esse equilíbrio que leva a Europa ao corredor, colocando em movimento o efeito da Rainha Vermelha em um implacável processo de competição entre Estado e sociedade. O equilíbrio foi consequência de dois fatores. Primeiro, a tomada da Europa em fins do século V por sociedades tribais democraticamente organizadas, centradas em assembleias e normas de tomada de decisão consensual. Em segundo lugar, o legado de elementos decisivos de instituições estatais e de hierarquia política absorvido do Império Romano e da Igreja Católica, cuja influência centralizadora continuou mesmo depois da queda do Império Romano do Ocidente ao final do século V. Podemos pensar nesses dois elementos como sendo as duas lâminas de uma tesoura. Sozinha, nenhuma delas teria levado a Europa a um novo caminho. Porém, unindo-as, as duas lâminas da tesoura europeia prepararam o cenário para a ascensão do Leviatã Agrilhoado e para os incentivos econômicos e oportunidades que ele gerou.

A política de assembleias dos reis de cabelos longos

Para ter uma noção de como a Europa chegou a esse ponto, voltemos nossa atenção para a descrição de uma assembleia feita em 882 por Incmaro, arcebispo de Reims, na França. O livro de Incmaro, conhecido como *Sobre a administração do palácio*, foi escrito para Carlomano II, rei da Frância Ocidental, ao ascender ao trono. A Frância, já fragmentada na época da coroação de Carlomano, foi o reino criado originalmente pelos francos, uma tribo germânica que havia lutado contra os romanos — e por vezes ao lado deles — por quase dois séculos. A tribo se tornou uma das beneficiárias do colapso do Império Romano do Ocidente e depois desempenhou um papel decisivo nos desdobramentos políticos da Europa pós-Romana.

Carlomano pertencia à dinastia Carolíngia, criada por Carlos Martel no início do século VIII, e que se expandiu amplamente com seu neto Carlos Magno. Na época de sua morte, em 814, Carlos Magno havia unido em um só Estado a França, a Bélgica, os Países Baixos, a Alemanha, a Suíça, a Áustria e o norte da Itália (ver Mapa 8). Incmaro instruiu Carlomano sobre como governar, contando a ele como o reino havia sido administrado de acordo com Adelardo, um contemporâneo de Carlos Magno e testemunha ocular de como o Estado funcionou na época. De maneira notável, o rei não exercia seus desejos livremente nesse governo. Em vez disso, era pautado em assembleias populares. Conforme observou Incmaro:

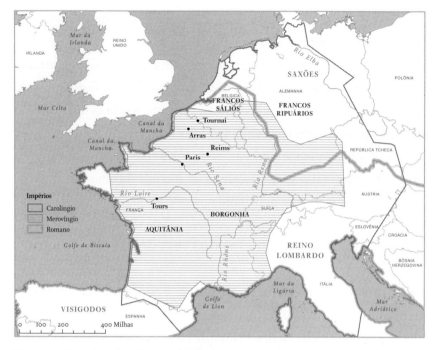

Mapa 8. O império dos francos: O Império Merovíngio, o Império Carolíngio e as fronteiras do Império Romano.

Na época, seguiu-se o costume de não se realizar mais do que duas assembleias gerais a cada ano. A primeira assembleia determinava o estatuto de todo o reino para o restante do ano. Nenhum fato, exceto grandes crises que atingissem o reino rapidamente, poderia mudar o que se estabelecera. Todos os homens importantes, tanto clérigos quanto leigos, participavam dessa assembleia geral. Os homens importantes vinham para tomar parte das deliberações; os de mais baixa extração estavam presentes para ouvir as decisões e ocasionalmente também para deliberar sobre elas e confirmá-las não por coação, mas por seu próprio entendimento e concordância.

A participação na segunda assembleia era mais ampla, porém, em ambas as assembleias, um grupo de "pessoas importantes e altos conselheiros do reino", que desempenhava papel fundamental, "propunha questões e recebia respostas", e,

> tantas vezes quanto fosse a vontade daqueles reunidos em conselho, o rei ia até eles e com eles permanecia pelo tempo que desejassem. Eles então, com toda cordialidade, lhe diziam o que pensavam sobre assuntos específicos; com franqueza relatavam o que haviam discutido e os argumentos usados, estando em desacordo, ou argumentando, ou em uma rivalidade amistosa.

As elites dos francos "reunidas em conselho" também podiam "convocar pessoas de fora, como por exemplo (...) quando desejavam fazer perguntas", e o rei aproveitava essa oportunidade "para falar com pessoas que vinham de toda parte do reino e para saber se traziam informações dignas de consideração". Na verdade, antes de comparecer diante da assembleia, cada participante "deveria reunir informações relativas a qualquer assunto relevante não apenas sobre o próprio povo, como também de estrangeiros, e tanto sobre amigos quanto sobre inimigos".

O que Incmaro descreve era a essência da política de assembleias das tribos germânicas, uma forma notavelmente participativa de governo. Carlos Magno, e mais tarde Carlomano, precisavam jogar de acordo com as regras dessas assembleias, consultar os desejos de uma amostra diversificada da sociedade (masculina) e garantir certo grau de consenso quanto a suas principais decisões. Obviamente, a quantidade de pessoas que comparecia a uma assembleia como essa era limitada. Porém, Carlos Magno enviava mensageiros para relatar as conclusões a encontros de menor nível, para que todo o reino fosse informado. Essa participação é a primeira lâmina da tesoura europeia.

As raízes dessas assembleias vêm do modo como os francos se organizavam. A melhor descrição que temos está no livro *Germânia*, de Tácito, escrito em 98 d.C. Tácito era um político romano, funcionário público e historiador. Seu livro refletia a curiosidade que os romanos manifestavam em relação aos germânicos, que lhes haviam imposto diversas derrotas militares calamitosas e cujos costumes e instituições pareciam tão diferentes dos seus. Para satisfazer essa curiosidade, Tácito apresentou um relato quase etnográfico da organização e da cultura do povo germânico. Ele descreveu da seguinte forma seu sistema político:

> Sobre questões de menor importância, apenas os chefes debatem; em questões mais relevantes, toda a comunidade. Porém, mesmo quando os comuns têm a decisão, o tema é ponderado com antecedência pelos chefes (...) A Assembleia também tem competência para julgar crimes, especialmente os que envolvem risco de pena de morte (...) Essas mesmas assembleias elegem, entre outras autoridades, os magistrados que administram justiça nos distritos e nas aldeias. Cada magistrado é assistido por uma centena de assessores escolhidos entre o povo para aconselhá-lo e para dar mais peso a suas decisões.

Percebe-se imediatamente o paralelo com a descrição de Incmaro, inclusive quanto aos dois tipos de assembleia, uma em que a elite política se encontrava e estabelecia a agenda, e outra com a participação de maior quantidade de pessoas. As assembleias tinham outras tarefas, como presentear rapazes com escudo e espada, assim os tornando publicamente cidadãos. Quanto a seus líderes:

> eles escolhem seus reis pelo nascimento nobre, seus comandantes pelo seu valor. Nem mesmo o poder dos reis é absoluto ou arbitrário.

Júlio César, que por um breve período atravessou o Reno durante sua conquista da Gália, também observou que os germânicos elegiam seus líderes durante tempos de guerra em assembleias, porém não tinham líderes em tempos de paz, exceto por chefes com poderes limitados. A ausência de reis irritou tremendamente alguns autores. Gregório de Tours, que escreveu sua *História dos francos* em fins do século VI, é nossa maior fonte de informação sobre as origens e o desenvolvimento político desse povo. A partir de um livro há muito perdido, Gregório cita Sulpício quando menciona "os reais líderes dos francos", mas depois acrescenta exasperado: "Quando diz 'regales' ou líderes reais, não fica claro se eram reis ou se meramente exerciam uma função de realeza." O que o irritava ainda mais era que, quando finalmente parece que Sulpício fala de um rei franco, "ele se esquece de nos dizer qual seria seu nome". Sério.

O povo que viria a se tornar os francos, embora não mencionado explicitamente por Tácito, herdou as assembleias populares como parte central de sua organização política. Ouvimos falar delas em 250 e 275, quando os francos, junto com os alamanos e outras tribos germânicas, invadiram a província romana da Gália. Eles parecem ter sido um amálgama de outros povos germânicos como os brúcteros, ampsivários, camavos e catuários, que mais tarde construíram — ou inventaram — uma identidade coletiva. Existem poucos indícios arqueológicos quanto a suas origens, mas sabemos a partir de fontes romanas que eles estavam assentados em torno do Reno no século IV e que lutavam com os romanos em princípios do século V (ver Mapa 8). Entre 400 e 450, a fronteira militar romana no baixo Reno entrou em colapso, e o território passou a ser ocupado pelos francos. Em meados do século, eles haviam se espraiado até Assas e Tournai na França, e seguiam organizados em reinos separados. O reino baseado em Tournai aumentou sua força e influência entre 450 e 480, primeiro sob Clódio e depois sob seu filho Meroveu, que estabeleceu aquela que seria a dinastia Merovíngia, que duraria por quase trezentos anos. Clódio e Meroveu são em parte figuras míticas. Na verdade, a fábula diz que Meroveu foi concebido quando a esposa de Clódio foi nadar e encontrou um monstro marinho chamado Quinotauro, dotando a dinastia de legitimidade sobrenatural. Os francos passam a ter maior nitidez histórica com o reinado de Clóvis, neto de Meroveu, que subiu ao trono em 481. Clóvis foi o real fundador do Estado franco e expandiu o reino até unir quase toda a França na época de sua morte, em 511.

Os reis francos tinham uma preocupação com os cabelos. Longos cabelos. Para os meninos, ter cabelos longos era sinal de masculinidade, algo tão importante que cortar os cabelos compridos de um menino sem o consentimento dos pais era considerado um crime equivalente a assassiná-lo. Gregório registra um exemplo em que

> Quildeberto e Lotário enviaram Arcádio para a rainha (...) com uma tesoura em uma das mãos e uma espada nua [desembainhada] na outra. Quando chegou à presença da rainha, ele as entregou para ela. "Teus filhos, que são nossos senhores, desejam a tua decisão, graciosa rainha, quanto ao que se deve fazer com os príncipes. Desejas que eles vivam com seus cabelos curtos? Ou prefere vê-los mortos?" (...) Ela respondeu: "Se eles não ascenderão ao trono, eu iria preferir vê-los mortos do que com os cabelos curtos."

A política de assembleias dos reis de cabelos longos e suas poderosas e assertivas sociedades foram a primeira lâmina da tesoura que levariam às sociedades merovíngia, carolíngia e outras sociedades europeias relacionadas ao corredor. A outra lâmina veio do Império Romano.

A outra lâmina

A República Romana foi fundada em 509 a.C., depois da deposição do rei Lúcio Tarquínio Soberbo. No século II a.C., a república precisou lidar com profundos conflitos entre famílias ricas e aristocráticas e o crescente número de cidadãos romanos. Na prática, o regime entrou em colapso quando Júlio César se declarou ditador em 49 a.C., embora o surgimento de seu Estado sucessor, o Império Romano, só tenha tomado forma depois de uma série de guerras civis e da ascensão de Otávio ao título de "Augusto" em 27 a.C.

A essa altura, pouco havia sido feito no sentido de criação de um Estado institucionalizado. Roma fora governada pelo Senado e pelo exército, e havia poucos burocratas além dos escravizados e dos funcionários da elite. Embora uma administração central mais sistemática tenha sido iniciada com Augusto — e se desenvolvido em parte para alimentar os moradores de Roma e abastecer o exército —, só na segunda metade do século III uma genuína administração burocrática se desenvolveu no império. Na fase final, o Império Romano empregava pelo menos 31 mil funcionários públicos em tempo integral, porém esse número é subestimado, uma vez que exclui servidores municipais sobre os quais não possuímos informações precisas. A unidade básica da administração era a província, e no fim do reinado de Diocleciano, em 305 d.C., havia 114 delas. Cada uma era administrada por um governador, que tinha a tributação e a Justiça entre suas principais responsabilidades, e que, em geral, contava com cem funcionários públicos a seu serviço. As províncias eram agrupadas em unidades maiores denominadas dioceses, administradas por uma autoridade romana, o *vicarius* (vigário). Acima delas havia quatro prefeitos pretorianos, um na Gália (incluindo a Grã-Bretanha e a Espanha); um na Itália (que também cobria a África e a parte ocidental dos Bálcãs); um na Ilíria (Grécia, Creta e o restante dos Bálcãs); e um em Bizâncio, no Oriente. Esses prefeitos tinham equipes muito grandes, chegando a 2 mil pessoas. Embora os servidores públicos não fossem recrutados com base em nenhuma espécie de exame, os grandes códigos legais romanos promulgados pelos imperadores Teodósio, em 438, e Justiniano, em 519, mencionam princípios de mérito e de tempo de serviço para promoção.

A melhor descrição que temos sobre como essa burocracia operava vem do registro deixado por João, "o Lídio", que trabalhou para o prefeito pretoriano do Oriente em Bizâncio. João veio da cidade de Filadélfia, na Lídia, a atual cidade de Alasehir na Turquia. Ele foi recrutado para o serviço público por um prefeito pretoriano também da Filadélfia, Zoticus. A administração da prefeitura pretoriana do Oriente estava dividida em dois departamentos principais: um administrativo e judicial, e o outro financeiro. João foi nomeado para o primeiro deles, e seu livro *Sobre os magistrados do Estado romano* lista as autoridades mais graduadas nesse departamento: *princeps officii, cornicularius, adiutor, commentariensis, ab actis, cura epistolarium* e *regendarius*. Na verdade, uma lei de 384, posteriormente emendada pelo Código de Justiniano, estabelece o modelo para essa burocracia com 443 cargos diferentes, divididos em dezoito grupos listados em ordem de graduação.

> *Scrinium exzceptorum:*
> Um funcionário com o título de *perfectissimus* de segunda classe, que é o *primicerius* de toda a *schola*.
> Um funcionário com o título de *perfectissimus* (terceira classe), que é o *primicerius* de todos os *exceptores*.
> Dois funcionários com o título de *ducenarius*, que são o *tertiocerius* e o *quartiocerius*.
> Um funcionário com o título de *centenarius*, que é o *primicerius instrumentorum*.
> Dois *epistolares*.
> Trinta e seis *exceptores* que compõem o primeiro grau.

E assim por diante por dezenove grupos de funcionários. João começou em um cargo mediano de *exceptor* em 511.

Nas palavras de João, a burocracia se valia de um complexo conjunto de "costumes, formas e linguagem", e seus membros usavam "regalias distintivas", uniformes de origem militar. Eles precisavam lidar com regulamentos, procedimentos e "registros, títulos e obrigações". João também faz questão de ressaltar que os membros da burocracia possuíam um espírito de equipe e uma identidade que os separavam das "pessoas comuns". A linguagem e a escrita eram de particular importância. Apenas os burocratas palatinos mais próximos ao imperador tinham permissão para usar a *litterae caelestes* (literalmente, a "escrita celeste"), escrita de uso restrito usada para ajudar a impedir falsificações, por ser difícil de copiar. João conta detalhadamente os vários procedimentos burocráticos que deviam ser seguidos. Por exemplo, tudo que chegava ao tribunal do prefeito precisava ser resumido duas vezes. Um dos resumos era de responsabilidade de um funcionário conhecido como *secretarius*, ao passo que o outro era escrito pelo *personalium*, a mais graduada autoridade judiciária. João estava certo de que esses procedimentos eram fundamentais para que um governo funcionasse bem — por protegê-lo contra fraudes ou perdas. Ele observava: "E eu mesmo bem me lembro de um caso. Pois, embora se tivesse realizado uma audiência, os documentos relevantes sobre o caso não eram encontrados em lugar algum. Porém, quando o *personalium*, como é conhecido, foi trazido diante dos magistrados, o caso foi completamente restabelecido."

O que João descreve é uma vasta burocracia com regras bem definidas, funcionando dentro de um elaborado sistema legal. Evidentemente, o sistema não estava imune a influências pessoais e não funcionava exatamente como especificavam as regras. O próprio João não conseguiu seu emprego inteiramente com base em mérito, mas sim com a ajuda de seu contato da Filadélfia, Zoticus. Além disso, grande parte das posições mais graduadas era reservada para a elite, particularmente para pessoas da classe senatorial, e certamente havia algum grau de corrupção. Apesar desses defeitos, os romanos pelo menos tinham um Estado burocrático com uma estrutura sofisticada e organização territorial. Essa instituição laica encontrava paralelo na hierarquia da Igreja, que já havia sido integrada a instituições políticas na época em que os francos passaram a interagir com Roma.

Unindo as duas lâminas

O princípio da história dos francos foi uma luta para combinar as tradições políticas de baixo para cima das tribos germânicas com as instituições estatais dos romanos. Quando Clóvis ascendeu ao trono, não estava nítido como essas duas lâminas se uniriam.

Impor uma hierarquia política estável aos francos era desafiador. Gregório lembra como, depois de um saque, Clóvis gostou particularmente de um objeto, um jarro, e pediu a seus homens: "Proponho a vocês, meus bravos saqueadores, que concordem aqui e agora em conceder a mim aquele jarro além de minha cota normal." Um de seus homens teria respondido cortando o jarro em dois com seu machado, dizendo: "Você não vai ficar com nada desse saque, exceto com a parte que lhe couber por justiça!" Clóvis acabou se vingando desse soldado em particular, mas esse episódio ressalta o ambiente igualitário e não hierárquico dos guerreiros, que era uma das bases da política de assembleias dos francos. E que também era um empecilho considerável para a centralização do poder.

Um grande passo no processo de construção do Estado foi a conquista da última subprovíncia romana de Soissons. Clóvis assumiu o controle de instituições romanas e parece ter contratado administradores romanos. A seguir, em um hábil movimento para aproximar as duas lâminas, Clóvis adotou o cristianismo. Ele não se converteu simplesmente, mas fez uma conversão em massa junto de seu exército. Daquele dia em diante, Clóvis apelaria para a hierarquia eclesiástica, que ele comandava para os merovíngios. Ele então passou a se denominar imperador. O cenário foi uma cerimônia bastante romana na cidade de Tours, conforme descreveu Gregório:

> Com uma túnica púrpura e com o manto militar, ele compareceu à Igreja de São Martim e coroou a si mesmo com um diadema. Ele saiu montado em seu próprio cavalo e, com as mãos, fez chover moedas de ouro e de prata entre os presentes (...) A partir daquele dia, ele foi chamado de Cônsul ou de Augusto.

Líderes de grupos de guerreiros germânicos não vestiam púrpura nem se chamavam de Augusto, mas Clóvis sim. Ao fazer isso, ele estava reunindo a lâmina das assembleias e das normas das tribos germânicas de baixo para cima com a lâmina do modelo romano de Estado centralizado. O que resultou disso foi algo maior do que a soma de suas partes. O esquema de organização burocrática que Clóvis aprendeu com Roma e com a Igreja Católica se incrustou na política e nas normas diametralmente opostas das tribos germânicas. Essa combinação colocou os merovíngios na entrada do corredor.

Além do uso da púrpura, o legado romano também pode ser visto na persistência da unidade administrativa básica chamada de *civitas*, ou cidade, junto com as áreas de seu entorno. A mais graduada autoridade merovíngia encarregada de uma *civitas* era chamada de *comes*, literalmente "companheiro", e muitas vezes traduzido como "conde". Esse foi um cargo adaptado do *comites civitatis* do Império Romano tardio e, suas atribuições parecem ter se baseado fortemente nas desse posto — resolução de disputas legais, administração da justiça e comando de unidades militares. Oficiais subordinados abaixo dos *comes* eram chamados de *centenarii*, também de origem romana, e administravam uma unidade denominada *centenae*, ou uma centena. A provável origem da centena era uma unidade de guerreiros germânica composta por um grupo de combatentes que elegiam seu líder, mas, como no caso das instituições territoriais romanas, o eleito se tornava autoridade do Estado franco.

Um dos atos definidores de Clóvis como imperador foi a promulgação de um novo código legal, a Lei Sálica. Uma reprodução merovíngia remanescente faz parte do caderno de fotos. Clóvis pertencia aos francos sálios, que se diferenciavam de um outro grupo de francos mais a leste chamado de ripuários. A Lei Sálica formalizou normas e costumes existentes que haviam governado o comportamento dos francos enquanto eles não possuíam um Estado. Entre essas normas estavam regras sofisticadas para regular disputas. Clóvis queria codificá-las e, em última instância, colocá-las sob controle de seu novo Estado centralizado. Desse ponto de vista, a primeira cláusula da Lei Sálica é significativa. Ela dizia: "Aquele que for convocado perante a Assembleia por lei real e não comparecer será condenado a pagar seiscentos denários, que equivalem a quinze soldos." A primeira coisa que Clóvis precisava garantir era que as pessoas comparecessem. Em termos de formulação legislativa, um dos prólogos que sobreviveram é particularmente revelador. Ele diz:

> Com a ajuda de Deus, aprouve aos francos e à sua nobreza, e eles concordaram que deveriam proibir o agravamento de querelas em nome da preservação do entusiasmo pela paz entre eles (...) Portanto quatro homens, escolhidos dentre muitos, se destacaram: seus nomes eram Wisogast, Arogast, Salegast e Widogast. Eles vieram das *villae* de Bothem, Salehem e Widohem, além do Reno. Participando juntos de três assembleias legais e discutindo com cuidado as origens dos casos, eles julgaram cada caso como se segue.

Portanto, a Lei Sálica, embora introduzida por Clóvis, não foi uma imposição sua à sociedade. Ela não foi sequer escrita por ele, mas sim por quatro legisladores e três assembleias.

Os legisladores, Wisogast, Arogast, Salegast e Widogast precisaram lidar com todos os problemas costumeiros, entre os quais estavam as frequentes "querelas". Assim, o "Título XVII. Referente a Ferimentos" estipula:

1. Caso alguém tenha desejado matar outra pessoa, e tenha errado o golpe, aquele sobre quem se provou isso deverá ser condenado a 2.500 denários.

2. Caso alguém tenha desejado atingir outra pessoa com uma flecha envenenada, a flecha tenha ferido de raspão e isso seja comprovado, ele deverá ser condenado a 2.500 denários.

3. Caso alguém bata na cabeça de outra pessoa de modo que o cérebro apareça, e os três ossos que ficam acima do crânio se projetem, ele deverá ser condenado a 1.200 denários.

4. Porém, se o golpe tiver ocorrido nas costelas ou na barriga, de modo que a ferida seja aparente e chegue às entranhas, ele deverá ser condenado a 1.200 denários.

5. Caso alguém tenha golpeado um homem de modo que sangue caia sobre o chão, e caso se prove que ele fez isso, ele deverá ser condenado a seiscentos denários.

6. Porém, se um homem livre bater em um homem livre com seu punho de modo que não escorra sangue, ele deve ser condenado por cada golpe — até no máximo três golpes — a 120 denários.

A lei cobria outras áreas relacionadas a disputas, particularmente insultos, sendo ilegal ofender uma pessoa chamando-a de raposa ou lebre. Ela também regulava as relações entre francos e romanos, embora deixasse claro quem estava no comando. Por exemplo, o "Título XIV. Referente a Ataques e Roubos", afirmava:

1. Caso alguém tenha atacado e roubado um homem livre, e isso fique provado contra ele, ele deverá ser condenado a 2.500 denários, que equivalem a 63 soldos.

2. Caso um romano tenha roubado um franco sálio, a lei acima deverá ser observada.

3. Porém, caso um franco tenha roubado um romano, ele deverá ser condenado a 35 soldos.

Obviamente era pior para um romano roubar um franco do que o contrário. O tratamento diferente dado a romanos e a francos mostra que, embora tivessem leis, os francos não tinham "igualdade perante a lei" — a noção e a prática que levam as leis a serem aplicadas de modo igual a todos. Esse aspecto crítico das leis sob o Leviatã Agrilhoado surgiria lentamente, à medida que a Rainha Vermelha fazia seu trabalho.

A Lei Sálica não se parecia com a Lei Romana. Ela estava muito mais perto de ser a codificação, regulação e fortalecimento de normas existentes que tinham sido testadas inicialmente por Drácon e depois por Sólon na antiga Atenas. Porém, nesse processo, as leis também estavam tornando a resolução de conflitos uma prerrogativa do Estado. Em fins do século VI, a legislação estava decididamente assumindo um aspecto mais romano, ao incorporar elementos do código de Teodósio. A Lei Sálica foi mais um passo na fusão da estrutura estatal romana com as normas e instituições políticas dos francos.

A importância do modo como a Lei Sálica foi formulada fica evidente quando chegamos ao reinado de Carlos Magno, que teve seu ápice de conexão com Roma ao se coroar imperador no Natal de 800. Ainda assim, Carlos Magno não agia como um imperador romano no que dizia respeito às suas relações com o povo. Os mesmos costumes, assembleias e expectativas que acorrentaram o reinado de Clóvis também limitavam Carlos Magno. Dois éditos reais do ano de 789 publicados em Ratisbona indicam que agentes do Estado estavam abusando de seus poderes e que o rei recebeu queixas de pessoas que diziam que "a lei deles não estava sendo obedecida". A ênfase no "lei deles" é fundamental. Era a lei do povo, não do rei, e era obrigação do rei garantir que ela fosse cumprida. Na verdade, "caso um conde ou *missus* ou qualquer homem tenha feito isso, que seja relatado ao senhor rei, pois ele deseja resolver essas questões o mais rapidamente". Aqui *missus* se refere a "enviados", agentes reais que faziam a ligação entre as províncias e a corte central.

E quanto à liberdade? Embora Clóvis e Carlos Magno tenham governado Estados que haviam entrado no corredor, não seria possível perceber muitos sinais de liberdade florescente em seus impérios. Eram tempos turbulentos em que poucos se sentiam protegidos contra a violência. Os seguidores de Clóvis eram guerreiros, e as leis marciais tinham grande poder entre os francos. Isso pode ser visto pelo fato de que era a concessão de uma lança e de um escudo pela assembleia que tornava um jovem franco cidadão. Os francos também continuavam firmemente dentro da gaiola de normas, com costumes, tradições e práticas restringindo severamente as ações econômicas e sociais de todas as pessoas, inclusive pela existência de diversos tabus religiosos e culturais, assim como de uma clara hierarquia social em sua sociedade. A escravidão seguia sendo comum, e homens e mulheres podiam entrar voluntariamente na servidão, de modo semelhante ao que vimos nas sociedades africanas no Capítulo 1, algo que havia desaparecido de Atenas depois das reformas de Sólon. A tortura era usada rotineiramente para obter confissões em procedimentos legais. As disputas entre cidadãos também continuaram endêmicas, como indicam nossos excertos da Lei Sálica. Ainda assim, ao colocar um pé no corredor, essas sociedades deram início a um processo que gradualmente iria modificar todas essas coisas.

Reino desunido

Enquanto os francos tentavam unir a Europa Ocidental, do outro lado do Canal da Mancha havia um reino muito desunido. O Império Romano do Ocidente entrou em absoluto colapso na Grã-Bretanha. A moeda, a escrita e a roda desapareceram, e as cidades foram abandonadas. York, que chegou a ser um importante centro urbano dos romanos, voltou a ser um pântano no século V. Indícios arqueológicos do período mostram fósseis de besouros que teriam vivido em mato alto e juncos, e encontramos vestígios de camundongos silvestres, ratazanas d'água e cigarras que haviam dominado a cidade. Eles não eram os únicos recém-chegados. Povos da Europa continental, especialmente da Alemanha e do sul da Escandinávia, identificados pelo historiador do século VIII Venerável Beda como "anglos, saxões e jutos", também haviam migrado para as ilhas. A essa altura, esses povos, junto com os sobreviventes da Grã-Bretanha Romana e de outros migrantes como os celtas da Irlanda e da Escócia, haviam formado um conjunto instável de sociedades concorrentes, muitas das quais são lembradas hoje apenas por meio dos nomes de distritos ingleses, como Kent. No entanto, essas sociedades gradualmente se amalgamaram. Em 796, quando da morte do rei Ofa da Mércia, haviam restado apenas quatro:

Wessex, no sul; Ânglia Oriental, a leste; a Mércia, espalhada pelo centro do país; e Nortúmbria, ao norte (ver Mapa 9).

Em 871, Alfredo, de 21 anos, sucedeu seu irmão Etelredo como rei de Wessex. O acordo sobre a sucessão provavelmente ocorreu em uma *witan*, a assembleia dos anglo-saxões. Nas palavras do abade Elfrico de Eynsham:

> Ninguém pode se proclamar rei, porém o povo tem a opção de escolher como rei aquele que lhe aprouver; no entanto, depois de ser consagrado rei, ele tem o domínio sobre o povo.

Mapa 9. Grã-Bretanha desunida: os reinos durante o século IX.

A melhor descrição de uma *witan* desse período vem do monge Byrhtferth de Rymsey. Ele descreve a segunda coroação do rei Edgar ("o Pacífico") em Bath, em 973:

> Estávamos na estação sagrada na qual, de acordo com o costume, os arcebispos e todos os demais distintos bispos, gloriosos abades e as religiosas abadessas, e todos os ealdormanos, magistrados e juízes (...) deveriam se reunir. Do "nascer do sol do leste, do oeste, do norte e do mar" partiu o édito do rei, de que todas essas pessoas deveriam se reunir em sua presença. Esse esplêndido e glorioso exército de seu reino, portanto, não se reuniu dessa maneira para depô-lo ou para decidir matá-lo ou enforcá-lo (...) mas vieram pelo motivo totalmente plausível (...) de que os veneráveis bispos iriam abençoá-lo, ungi-lo e consagrá-lo.

Esse notável relato deixa claro que a assembleia, composta por pessoas como os ealdormanos — autoridades reais de alta posição hierárquica geralmente encarregadas de um condado — e os magistrados, que eram seus subordinados, poderiam ter deposto Edgar em vez de tê-lo coroado. Então o rei jurou:

> Prometo desde já que a Igreja de Deus e todo o povo cristão deverão, sob minha autoridade, manter verdadeira paz durante todo o tempo; também prometo que irei proscrever o roubo e todo tipo de vilania para pessoas de todas as extrações; e em terceiro lugar, que em todos os julgamentos exigirei justiça e misericórdia.

Pouco depois, o bispo Dunstan colocou uma coroa sobre a cabeça dele. A coroa era um símbolo romano de autoridade real, importado pela Grã-Bretanha por meio dos povos germânicos. Mas era ainda mais relevante o fato de que os saxões levaram consigo suas assembleias, nas quais se baseava a *witan*. Em sua *História eclesiástica do povo inglês*, Beda relata:

> Antigos saxões não têm reis, mas vários lordes que governam a nação. Sempre que a guerra é iminente, esses lordes tiram a sorte imparcialmente, e aquele sobre quem recai a sorte é seguido e obedecido por todos enquanto houver a guerra. Porém, assim que a guerra acabar, os lordes retornam ao status de igualdade.

Além dessas influências diretas, líderes anglo-saxões viajavam pela Europa e tomavam livremente para si modelos institucionais que encontravam. Alfredo chegara a ter um conselheiro carolíngio, Grimbald de Saint-Bertin. Byrhtferth de Ramsey menciona outra assembleia realizada em 965, à qual compareceu "uma quantidade incalculável de povo" além de "todos os líderes importantes, dos ilustres ealdormanos, dos poderosos barões de todos os distritos, vilas, cidades e territórios".

Quando ascendeu ao trono, Alfredo tinha muito trabalho pela frente. Desde 865 as Ilhas Britânicas tinham sido ocupadas por aquilo que a *Crônica anglo-saxã*, uma coletânea de anais instituída por Alfredo, denominou Grande Exército Pagão. Esse exército era uma imensa força de escandinavos, principalmente dinamarqueses, que não tinham ido simplesmente saquear a ilha, mas conquistá-la. Alfredo havia lutado contra eles inúmeras vezes, à medida que atacavam com fúria os quatro reinos. O exército de Alfredo então sofreu uma série de derrotas, e é provável que tenha precisado pagar para que os dinamarqueses batessem em retirada. Em 878, três dos reinos tinham sido conquistados, e Wessex, sitiado, estava sozinho. Naquele verão, porém, Alfredo reorganizou suas forças e impôs uma grande derrota à metade do Grande Exército Pagão, comandado pelo rei dinamarquês Gutrum, na batalha de Edlington, onde hoje fica Wiltshire (ver Mapa 9). Essa vitória resultou em um tratado de paz com Gutrum, que levou os dinamarqueses a recuarem para os territórios conhecidos como Danelaw (onde prevalecia a lei dinamarquesa), que basicamente eram os antigos reinos da Ânglia Oriental e da Nortúmbria somados à parte oriental da Mércia. Essa relativa paz permitiu a Alfredo reordenar seu reino e racionalizar a tributação e seu exército, dando mais um passo no processo de construção estatal. Seus sucessores, seu filho Eduardo ("O Velho") e os três netos — Etelstano, Edmundo e Edredo —, gradualmente conquistaram o reino escandinavo. Edredo finalmente expulsou o último rei escandinavo de York, Eric Bloodaxe, em 954. A Inglaterra estava unificada.

Temos indícios detalhados da natureza e das ações das assembleias nesse período. Descobrimos que, em 992, expedições militares contra os dinamarqueses e um subsequente tratado foram decididos pelo "rei e todos os seus conselheiros (*witan*)". A *Crônica anglo-saxã* registra como as medidas de defesa foram discutidas depois que "todos os conselheiros (*witan*) foram convocados para comparecer perante o rei". Mas a *witan* não discutia apenas questões relativas à defesa e aos assuntos militares. Ela também legislava. O mais importante texto legal do reinado de Etelstano informava: "Tudo isso foi estabelecido pela grande assembleia em Grately, à qual esteve presente o arcebispo Wulfhelm, com todos os nobres e conselheiros que o rei Etelstano havia reunido." Dos 22 códigos legais existentes do período, que vai de 899 a 1022, dezenove incluem cláusulas semelhantes. Não obstante a "quantidade incalculável de povo" de Byrhtferth, assim como no reino dos francos, o número de pessoas que podiam participar desses encontros era relativamente pequeno. No entanto, assim como na Frância, os anglo-saxões fizeram tentativas sistemáticas de realizar consultas mais amplas e de disseminar as decisões. Durante o reinado de Edgar, ficamos sabendo que "muitos documentos devem ser escritos referentes a isso, e enviados tanto ao ealdormano Aelfhere quanto ao ealdormano Aethelwine, e devem ser enviados em todas as direções, para que essa medida possa ser conhecida tanto pelos pobres quanto pelos ricos". Essas assembleias, reunidas com a lei que elas ajudavam a formular e a aprovar, formaram a base de duas características cruciais do corredor — o Parlamento inglês e a noção de que reis eram limitados pela lei.

O código legal do rei Alfredo lembra o fragmento remanescente de Drácon e a Lei Sálica de Clóvis. Por um lado, representa uma transição de uma sociedade sem Estado, onde os conflitos e as disputas eram resolvidos por meio de rixas, para uma autoridade estatal centralizada. Por outro lado, a intenção era trabalhar com normas existentes e fortalecê-las, em vez de as repudiar. Por isso, gasta-se muito tempo institucionalizando punições para impedir o surgimento e o agravamento de rixas. O texto começa dizendo:

> Eu, portanto, Alfredo, rei dos saxões ocidentais, mostrei isso a todos os meus conselheiros, e eles declararam que todos o aprovavam,

novamente invocando o papel da *witan*. Um conceito central nas leis é o do veregildo. O veregildo de uma pessoa era a quantia financeira em que sua vida era avaliada caso ela fosse assassinada. Pagar o veregildo impedia acertos de contas. Por exemplo, a cláusula 10 diz que, "caso alguém se deite com a esposa de um homem cujo veregildo é de 1.200 xelins, deverá pagar ao marido 120 xelins como compensação; a um marido cujo veregildo é de 600 xelins, deverá pagar compensação de 100 xelins; a um plebeu deverá pagar compensação de 40 xelins". Assim, pessoas com status mais alto, como ealdormanos, tinham veregildos maiores, e esse status influenciava sua relação com outras violações da lei. Como no Kanun albanês, caso alguém fosse injustiçado em uma sociedade baseada na rixa, a retaliação ficava a cargo de seus parentes, e a responsabilidade pelas injustiças era coletiva. A cláusula 30 afirma: "Caso alguém sem parentes por parte de pai entre em uma luta e mate um homem, seus parentes por parte de mãe, caso ele os tenha, devem pagar um terço do veregildo e seus amigos devem pagar um terço. Na ausência de pagamento do terço [restante], ele deverá ser responsabilizado pessoalmente."

Outras cláusulas esboçavam como conflitos específicos podem ser dirimidos sem retaliações.

> Declaramos ainda que um homem pode lutar em nome de seu senhor, caso seu senhor seja atacado, sem se tornar passível de vingança.

Também:

> Um homem pode lutar, sem se tornar passível de vingança, caso encontre outro [homem] com sua esposa a portas fechadas ou sob o mesmo cobertor.

O código legal também incluía uma especificação detalhada de multas pela perda ou ferimento de diferentes partes do corpo, como dedos das mãos, dos pés, olhos, mandíbula etc.

Porém as semelhanças com o Kanun são menos impressionantes do que as diferenças. O código legal de Alfredo não apenas codificou e racionalizou as normas existentes para resolução de disputas; ele também colocou essa resolução sob autoridade do Estado que estava surgindo (lembre que o Kanun albanês não foi escrito e nem sequer registrado antes do século XX). Isso é importante por pelo menos dois motivos. Primeiro, ressalta a distinção entre retaliação em um ambiente sem autoridade estatal e o início de um processo de resolução de conflito administrado pelo Estado. Uma vez que o código legal do rei determina como diversos conflitos devem ser resolvidos, o passo seguinte é que o Estado passe a cuidar da resolução, o que por fim aconteceu depois de Alfredo. Em segundo lugar, o código legal nos faz lembrar mais uma vez que Alfredo, como líder agrilhoado pelas instituições e normas existentes, não estava exatamente impondo suas leis à sociedade, mas trabalhando com a sociedade e suas assembleias para racionalizar normas existentes. Isso tudo fica evidente no juramento feito por Edgar em sua coroação em Bath, que forma a base para a cerimônia moderna de coroação britânica. Edgar prometeu julgar com justiça e misericórdia. Também é bastante visível em momentos decisivos na Inglaterra pós-alfrediana, especialmente nos reinados de Etelredo ("o Despreparado"), Canuto e Eduardo ("o Confessor"). Etelredo sofreu uma série de derrotas militares para os dinamarqueses e se refugiou na Normandia, na França. Ele foi reconvocado por "todos os conselheiros (*pa witan ealle*) que estavam na Inglaterra", porém, em termos que eram nitidamente impostos pela *witan*, envolvendo reformas de suas leis e de seu comportamento.

O historiador britânico Sir Frank Stenton ressaltou que esse foi um momento de "grande interesse constitucional, por se tratar do primeiro pacto registrado entre um rei inglês e seus súditos". No entanto, não se tratou de uma ruptura com o passado, mas de uma continuação das normas políticas anglo-saxãs e germânicas. Na verdade, a *witan* fez um acordo constitucional similar com o rei dinamarquês Canuto ao aceitá-lo como rei em 1016. E em 1041, quando Eduardo, que também estivera em exílio, voltou da Normandia para a Inglaterra, "os barões de toda a Inglaterra" se encontraram com ele no porto de Hurst Head, na costa de Hampshire, e lhe disseram que só o aceitariam como rei caso ele jurasse manter as leis de Canuto.

1066 e aquilo tudo

Em 1066, a Inglaterra foi invadida por Guilherme "o Conquistador" e suas tropas normandas, que derrotou de maneira decisiva as forças inglesas na batalha de Hastings, em Sussex, matando seu líder, Harold Godwinson, no processo. Guilherme expropriou a aristocracia anglo-saxã e implementou o sistema feudal criado pelos últimos reis carolíngios na França. Para acabar com a dissidência, ele afirmou ser o legítimo rei da Inglaterra porque Eduardo, o Confessor, supostamente o nomeou como herdeiro durante seus anos de exílio na Normandia. No caderno de fotos, incluímos uma cena da Tapeçaria de Bayeux, tecida pelas mulheres da corte normanda para celebrar 1066, que mostra Eduardo cedendo seu reino a Guilherme. Um dos primeiros atos de Guilherme foi reafirmar os códigos legais de Eduardo, mas esse gesto também reafirma os grilhões que existiam antes de o Conquistador chegar, garantindo a continuidade entre os dois regimes.

A ordem feudal que os normandos haviam adotado na França — e que Guilherme exportou para a Inglaterra — era consequência da fragmentação do Estado franco depois de Carlos Magno. O Estado central se enfraqueceu diante do poder de senhores locais, e surgiu uma nova estrutura estatal, baseada em uma série de relações hierárquicas. Toda a terra, pelo menos em princípio, pertencia ao rei, que a concedia em feudos a seus vassalos em troca de "conselho e ajuda", especialmente ajuda militar. Na época do Domesday Book, o grande censo que Guilherme realizou em 1086 para catalogar os ativos de seu novo reino, havia 846 "tenentes" na Inglaterra como vassalos de primeira linha. Esses homens faziam então aquilo que era chamado de subenfeudação, cedendo terra para vassalos de nível mais baixo, em uma cascata de "conselho e ajuda". Assim, caso precisasse de auxílio na forma de serviço militar — ou talvez de dinheiro —, Guilherme primeiro chamava seus tenentes, que então procuravam aqueles a quem tinham cedido suas terras e assim por diante. Essa organização feudal fortaleceu as elites, especialmente os barões, e enfraqueceu a capacidade das pessoas comuns de participar da política. Por exemplo, a oposição aberta ao rei, como a que ocorreu com Eduardo, o Confessor, em seu retorno da França, agora era impossível, uma vez que seria interpretada como uma violação dos juramentos feudais. Talvez um passo para fora do corredor? Mas, no contexto de assembleias profundamente enraizadas, a participação da sociedade na política não poderia ser facilmente deixada de lado.

Com a exigência do "conselho e ajuda", a influência das assembleias logo ressurgiu. Assim como a assembleia política das tribos germânicas, isso envolvia reuniões entre o rei e as elites, tanto leigas quanto religiosas, e, em alguns contextos, segmentos muito mais amplos da sociedade. Além disso, a *obrigação* dos vassalos de oferecer conselho acabou não se mostrando muito diferente do *direito* de oferecer conselho, especialmente levando em conta que esse direito havia sido exercido no antigo sistema de governo, ratificado quando Guilherme chegou ao poder. Ainda existia o direito latente de consulta aos homens livres. Na época do reinado de Henrique II, bisneto de Guilherme, o Conquistador, que ascendeu ao trono em 1154, vários fatores se somaram para tornar ainda maior o poder dos conselhos sobre o Estado emergente, particularmente no modo como eles interagiam com o sistema legal.

A lei vinha passando por transição desde os primeiros dias do reinado de Guilherme. Um traço notável das leis de Clóvis e Alfredo era a especificação da compensação às vítimas, e não punições estatais como condenações à prisão ou multas a serem pagas para o Estado. Pelas leis de Alfredo, caso você cortasse a orelha de alguém, tinha que pagar 30 xelins (60 xelins caso "a audição cessasse"). Mas essa não era uma multa paga ao Estado; era uma compensação para a pessoa cuja orelha você decepou. Sob Guilherme, houve um movimento para que as punições com multas fossem pagas ao Estado. O exemplo mais famoso foi o crime de *murdrum*, pelo qual toda uma comunidade (em geral uma "centena" ou aldeia) era multada caso um normando fosse assassinado e a comunidade não apresentasse o criminoso. Uma instituição aparentada era o *tithing*, um grupo de dez ou doze homens que jurava manter a lei e que ficava responsável por encontrar e apresentar qualquer dos membros da comunidade que cometesse um crime. Caso um crime ocorresse em uma comunidade específica e ninguém fosse pego, então a comunidade toda podia ser multada. Esse sistema era frequentemente chamado de "juramento franco", e aqueles que faziam o juramento de fato se tornavam os responsáveis pelo cumprimento da lei.

A ideia de responsabilidade e punição coletiva provavelmente vem de códigos relativos a rixas que identificam grupos de pessoas, normalmente a família estendida, como responsáveis por vingar injustiças. Porém, há uma grande diferença entre responsabilizar grupos de parentes e a comunidade de uma aldeia com base geográfica, especialmente quando se trata das implicações disso em relação à gaiola de normas. Na verdade, Guilherme acabou com o direito legal à vingança e continuamente tentou desestimular grupos de parentes e clãs a fazer justiça por conta própria ou a realizar atos de retaliação e vingança. Uma consequência foi a desintegração das relações de parentesco. O historiador francês do feudalismo, Marc Bloch, ressaltou que nesse período

> os grandes grupos familiares foram lentamente sendo substituídos pelos grupos muito mais assemelhados a nossas pequenas famílias de hoje.

Tal fato começou a transparecer na prática da escolha dos nomes. No início do período normando, as pessoas podiam ter um único nome, frequentemente associado ao de um grupo familiar mais amplo ou clã. Mas, no século XII, começou-se a acrescentar algum tipo de sobrenome. De início, essa foi uma decisão individual com supostas raízes aristocráticas e que se disseminou pela sociedade. Era comum que não aristocratas escolhessem nomes de profissões, como Smith (ferreiro), Baker (padeiro), ou Cooper (tanoeiro), que refletiam suas ocupações. Bloch enfatiza o papel fundamental do Estado nesse processo, ou como ele diz:

> O nome de família permanente, hoje usado por vários homens que muitas vezes não têm entre si quaisquer vínculos de solidariedade, não foi criação do espírito de parentesco, mas sim das instituições mais fundamentalmente opostas a esse espírito — o Estado soberano.

O Estado estava reconfigurando a natureza da sociedade, e no processo desmantelou aos poucos uma miríade de restrições ao comportamento, obrigações e hierarquias sociais.

A natureza da lei assumiu uma forma dramaticamente diferente durante o reinado de Henrique II. A Inglaterra tinha sofrido com uma série de disputas sucessórias e com a guerra civil durante o reinado de Estêvão, o antecessor de Henrique. Henrique precisava reconstruir o país e queria recuperar o território perdido na Escócia, em Gales e especialmente na França. Além disso, desejava ajudar a sustentar os Estados cruzados na Terra Santa. Para isso, ele precisava de dinheiro. Então, em 1166, impôs um tributo sobre receitas e sobre bens móveis. Até ali, o rei vivia de receitas de suas próprias terras, de obrigações feudais e de taxas sobre ações judiciais. O novo imposto era controverso, e Henrique o criou em um conselho dos arcebispos, bispos e magnatas de seus feudos franceses "com consulta e assentimento de todos". Para impostos que recaíam sobre todos como esse, Henrique precisava do consentimento da sociedade.

Ao mesmo tempo que começou a coletar tributos, Henrique também implementou uma série de reformas legais que aumentaram exponencialmente o poder do governo real sobre o sistema judiciário. O caso mais célebre foi a criação das "correições", instituídas por volta de 1176. Tratava-se de um sistema de juízes reais itinerantes que viajavam pelo país com ampla autoridade para julgar diferentes tipos de casos. Porém, as reformas de Henrique também puseram em ação a Rainha Vermelha. A sociedade passou a participar da resolução de conflitos de novas maneiras, porque os juízes agora teriam de criar um tipo de tribunal chamado *assize*, convocando "doze homens cumpridores da lei" para ajudá-los. Isso já havia sido antecipado pelo Assize de Clarendon, em 1166, uma lei que afirmava:

> Poderá ser realizada uma investigação em todo distrito e toda centena, por meio de doze dos homens mais idôneos dentro de cada centena e por meio de quatro dos homens mais idôneos de cada vila, sob juramento de que eles dirão a verdade, se há em sua centena ou sua vila algum homem acusado ou notoriamente suspeito de ser assaltante, assassino ou ladrão, ou alguém que receba assaltantes ou assassinos ou ladrões.

Isso teve papel importante para que se estabelecesse o sistema de júri, ainda que em grande medida tenha sido antecipado pelo sistema de *tithing*. Também vale notar que isso dava ênfase à coleta de provas em vez de determinar a culpa. O assize ainda não dava ao "júri" o direito de decidir pela inocência ou pela culpa, apenas permitia o fornecimento de informações. O direito a dar o veredito viria mais tarde.

A ideia de julgamento por um "júri de seus pares" é uma parte fundamental do surgimento daquilo que viria a ser conhecido como *common law*" na Inglaterra. A outra parte importante associada às reformas de Henrique II é a ideia de que os juízes fazem leis. Quando juízes decidiam sobre casos, eles precisavam interpretar leis existentes que eram vagas e muitas vezes tinham lacunas. Suas decisões estabeleciam precedentes sobre como as leis deveriam ser interpretadas, e esses casos passaram a ser uma base para novas leis. A autonomia nascente daquilo que iria se tornar uma profissão legal na Inglaterra, cujos julgamentos se acumulavam na formação da *common law*, foi outro passo significativo no desenvolvimento de um novo modo de resolver conflitos. Isso garantia que o juiz não podia impor leis arbitrárias à sociedade, porque as normas que operavam por meio da profissão legal impunham limites. A Rainha Vermelha estava agindo, com consequências ainda maiores. Para citar uma, em um passo significativo em direção à igualdade perante a lei, a autoridade crescente da profissão legal também significou que as leis podiam ser aplicadas a todos, até mesmo ao rei. Outra consequência foi o empoderamento da profissão legal para que ela começasse a afrouxar a gaiola de normas, julgando contra práticas mais restritivas e mais incompatíveis com o espírito das leis que estavam se desenvolvendo. Como veremos em breve, esse poder se manifestou de maneira mais significativa no colapso do sistema feudal.

O fato de que essa igualdade perante a lei estava na cabeça das pessoas fica evidente nos escritos de Richard FitzNigel, um dos juízes itinerantes de Henrique. Como ele afirma em seu famoso tratado sobre o erário, *O diálogo referente ao erário*, publicado em 1180:

> A floresta tem leis próprias, baseadas, segundo se diz, não na lei comum do reino, mas no decreto arbitrário do rei; de modo que aquilo que está de acordo com a lei da floresta não é chamado de "justo" de uma maneira absoluta, mas de "justo" segundo a lei da floresta.

O rei podia fazer leis. Porém, essas leis eram "arbitrárias", não "justas"! Ao refletir sobre o tema, pode-se concluir que essas medidas tiveram um papel decisivo no fortalecimento de um Estado central à custa da sociedade — por exemplo, ao retirar a autoridade judicial dos tribunais locais controlados pelos barões. No entanto, esse processo de centralização continuava sujeito a duas grandes limitações. Em primeiro lugar, as reformas de Henrique eram limitadas pelas normas, e com a *common law* as decisões dos juízes de comunidades locais criavam precedentes para decisões futuras, independentemente de o governante gostar ou não. Isso garantia que a implementação das leis não se desviasse muito das normas vigentes. Em segundo lugar, a capacidade dos tribunais de impor a vontade do Estado à sociedade era altamente restrita. Por exemplo, quase todas as ações judiciais e acusações eram iniciadas por pessoas comuns. Os juízes das assizes não tinham poder de investigação. Eles precisavam esperar que as pessoas levassem os casos até eles e, sendo assim, os pedidos para que se fizesse justiça tinham um peso decisivo.

O fato de que a sociedade ajudou a gerar essa maior capacidade estatal não a tornava menos real. Ressaltando a natureza de construção estatal no corredor, houve um simultâneo aumento na aplicação da lei (muitas vezes com a sociedade desempenhando papel decisivo no processo), em vários serviços públicos e na capacidade burocrática do Estado. Esse último ponto pode ser visto a partir das estimativas de crescimento na quantidade de cera usada para lacrar cartas pela chancelaria, a equipe que trabalhava para o lorde chanceler, um dos mais importantes conselheiros do rei e "guardião do selo real". Entre o final da década de 1220 e o final da década de 1260, a quantidade de cera para lacre de cartas aumentou de 1,4 quilo para 14,4 quilos por semana. Essa multiplicação por dez reflete uma multiplicação de igual magnitude nas cartas que precisavam ser lacradas, resultado de uma grande expansão dos negócios do Estado feitos por escrito. A capacidade estatal crescia a passos largos.

O efeito da Rainha Vermelha em ação: a Magna Carta

A reação da sociedade ao fortalecimento do Estado continuou após as reformas centralizadoras de Henrique II e depois que seu filho João ascendeu ao trono em 1199. Contrariado por aquilo que viam como uma demanda infinita do rei João por maior tributação e com as tentativas dele de se libertar das amarras impostas pelas leis e pelas normas, um grupo de barões se rebelou e tomou Londres. João se encontrou com eles em Runnymede, no rio Tâmisa, pouco a oeste de Londres, para negociar um acordo de paz em 10 de junho. O lugar para a negociação foi significativo. O nome Runnymede parece derivar das palavras anglo-saxãs *runieg* ("encontro regular") e *mede* ("campo"). De fato, Runnymede foi um dos lugares onde a *witan* havia se reunido durante o reinado de Alfredo. Nessa assembleia, os barões começaram propondo aquilo que veio a ser conhecido como os Artigos dos Barões. Ao longo dos dez dias seguintes, eles negociaram a Magna Carta, a Grande Carta.

A Magna Carta se tornou a fundação das instituições políticas da Inglaterra. Ela tratava de muitas coisas: o papel da Igreja; os reféns que eram mantidos para controlar os reis de Gales e da Escócia; e os funcionários franceses de João (a carta insistia que eles deviam ser demitidos). Mas suas cláusulas centrais tratavam das questões de tributação sem consentimento e de como limitar o rei por meio de leis e de instituições. O que era decisivo é que, embora a Magna Carta tenha sido negociada por uma rebelião de barões, ela foi concedida pelo rei "a todos os homens livres de nosso reino" e "toda a comunidade do país" podia ser chamada a garantir que ela fosse respeitada. No tocante às questões tributárias e de cobranças "ilegais" impostas por João, o parágrafo 12 dizia que:

> Nenhuma "fossadeira" ou "ajuda" pode ser cobrada em nosso reino sem seu consentimento geral.

A "fossadeira" era uma quantia em dinheiro que o vassalo feudal podia pagar ao rei em troca de isenção do serviço militar. As "ajudas" incluíam outros pagamentos feudais que um vassalo devia a seu senhor. Porém, a carta não discorria apenas sobre os limites da ajuda que os vassalos deveriam dar ao rei. O parágrafo 15 estipulava que, "no futuro, não permitiremos a ninguém cobrar uma 'ajuda' de seus homens livres" a não ser que ela fosse "razoável". O que é mais impressionante, a carta protegia pessoas não livres, ou seja, servos ou vilãos. O parágrafo seguinte dizia:

> Ninguém será obrigado a prestar algum serviço além do que for devido pelo seu feudo de cavaleiro ou pela sua terra livre.

Isso significava que os vilãos estavam protegidos contra o aumento na carga de trabalho. Além disso, na aplicação de multas judiciais, um "vilão" teria poupado os "seus instrumentos de cultivo". Vilãos também eram diretamente protegidos contra comportamentos arbitrários de funcionários reais, uma vez que o parágrafo 28 afirmava: "Nenhum condestável ou outro bailio tomará cereais ou outros haveres de qualquer pessoa, sem pagamento imediato por isso." As palavras "qualquer pessoa" são significativas.

A todo instante a Magna Carta tentava estimular a participação do povo na implementação da lei e uma posição amplamente (ainda que não perfeitamente) igualitária perante a lei. O parágrafo 20 observava que não se poderiam impor multas "exceto pelo juramento de homens de boa reputação do distrito", e o 18 dizia que inquéritos (...) transcorrerão apenas nos seus próprios condados. Nós mesmos (...) enviaremos dois juízes a cada condado, quatro vezes por ano, os quais, com quatro cavaleiros de cada condado, dirigirão as referidas sessões no tribunal do condado.

O parágrafo 38 afirmava que "nenhum bailio levará, de hoje em diante, alguém a julgamento, com base apenas na sua palavra, sem testemunhas dignas de crédito para apoiá-lo", ao passo que o parágrafo seguinte estipulava:

Nenhum homem livre será capturado ou aprisionado, ou desapropriado dos seus bens, ou declarado fora da lei, ou exilado, ou de algum modo lesado (...) exceto pelo julgamento legítimo por seus pares ou pela lei do país.

O último ponto notável da carta era o mecanismo que ela estabelecia para garantir que as cláusulas fossem implementadas. O documento pedia a criação de um conselho de 25 barões e, caso quatro deles viessem a saber que o rei ou seus funcionários estavam violando alguma cláusula, eles "nos impugnarão e afligirão de qualquer modo que possam, a saber, pela captura de castelos, terras, posses, e de qualquer modo que possam, até que o reparo seja feito conforme o seu julgamento, salvaguardando a nossa pessoa". Qualquer pessoa podia entrar em ação, uma vez que essa cláusula prosseguia afirmando: "E todos do país que o desejarem podem jurar que estão prontos para a execução das referidas matérias, obedecer às ordens dos ditos 25 barões."

Esse mecanismo de monitoramento jamais foi implantado, e os barões e João logo entraram em guerra. No entanto, o poder da Magna Carta como uma afirmação de alguns princípios políticos decisivos foi continuamente reafirmado por reis subsequentes e pelas assembleias, as quais passaram a ser chamadas de Grandes Conselhos. Em 1225, os impostos eram formalmente aprovados no Grande Conselho por "arcebispos, bispos, padres, condes, barões, cavaleiros, vassalos livres e todos os que habitam nosso reino". Era significativo que os impostos fossem objetos de acordo não só com as elites de sempre, mas também com "cavaleiros e homens livres". Além disso, os magnatas e cavaleiros tomavam decisões "em seu nome e em nome de seus vilãos", o que sugeria algum nível de representação da comunidade mais ampla. Em abril de 1254, essa representação foi levada um passo além. Pela primeira vez, dois cavaleiros de cada distrito foram escolhidos, iniciando um sistema que perduraria até o Ato de Representação do Povo de 1918. A palavra "parlamento" parece ter sido usada em um caso judicial em novembro de 1236, quando uma ação foi protelada até a próxima reunião do Parlamento em janeiro de 1237. Durante o Parlamento instituído sem a permissão do rei pelo rebelde Simão de Montfort, em 1264, pela primeira vez foram convocados dois burgueses de cada distrito urbano. Embora Montfort tenha sido derrotado, a estrutura iniciada por ele se tornou a norma, e cavaleiros e burgueses começaram a ser conhecidos como "os Comuns" — da mesma raiz de "comuna", uma palavra que encontramos no capítulo anterior.

Foi nesse período que os cavaleiros e burgueses também começaram a ser eleitos em vez de serem indicados pelo xerife do rei. Em meados do século XIV, os Comuns estavam se reunindo separadamente da Câmara dos Lordes, marcando o início do sistema bicameral que veio a definir a democracia inglesa.

As impressões digitais da Rainha Vermelha estão espalhadas por toda a evolução do Parlamento inglês. Embora inicialmente tenha se baseado nas assembleias populares que os anglo-saxões levaram à ilha, o Parlamento agora se tornara uma instituição mais poderosa. Isso ocorreu apesar da ascensão do feudalismo, que poderia ter aumentado de maneira significativa o despotismo do rei e das elites, assim como ocorreu em outras partes da Europa. O que é ainda mais notável é que tudo isso ocorria ao mesmo tempo que a capacidade estatal se ampliava, algo que se pode perceber por seu papel muito maior na codificação de leis e na sua aplicação, na reorganização da estrutura administrativa do reino e no tamanho de sua burocracia, o que pode ser medido, por exemplo, pelo uso de cera de lacre. É claro, o Parlamento no século XIV não era uma instituição democrática do modo como o entendemos hoje (ainda que deixemos de lado o fato de ser composto apenas por homens). Mesmo depois da década de 1290, quando os membros do Parlamento começaram a ser eleitos, o direito ao voto era restrito a adultos do sexo masculino que tinham boa situação econômica. O Parlamento permaneceu uma instituição para a parte mais aristocrática e privilegiada da sociedade. Mesmo assim, a maior mobilização da sociedade e a institucionalização de seu poder durante esse período sustenta nossa interpretação de que a Inglaterra já estava no corredor e caminhava rumo a uma maior capacidade do Estado e da sociedade, ainda que com grandes altos e baixos. E esse equilíbrio de poder não tinha suas raízes unicamente no Parlamento, surgindo na verdade do modo como a sociedade se estruturava, do modo como ela estava desempenhando um papel fundamental na implementação de leis e no fornecimento de serviços públicos, e na maneira como ela começava a mudar.

Para ver uma das mudanças mais significativas, perceba a linguagem de "cavaleiros" e "vilãos" nas cláusulas da Magna Carta que reproduzimos. A sociedade feudal tinha ordens relativamente rígidas e altamente hierarquizadas; a pessoa combatia, orava ou trabalhava. Aqueles que trabalhavam — os vilãos ou servos — estavam decididamente na parte de baixo da hierarquia, presos a uma servidão hereditária. A atitude dos contemporâneos em relação a essas pessoas perdurou no uso moderno da palavra "vilão". Na prática, isso significava que eles e seus descendentes estavam presos à terra de um senhor específico e que estavam sujeitos a vários tipos de restrições sociais e econômicas, além de multas. Na Inglaterra do século XIV, isso incluía a *"merchet"*, o que significava que um vilão só podia se casar com a permissão de seu senhor. A permissão em geral era concedida em troca de um pagamento em dinheiro. Outra taxa, as "banalidades", era cobrada sobre o trigo cultivado pelos vilãos, que precisava ser moído no moinho do senhor. A "Talha" era uma cobrança feita em ocasiões mais específicas de vilãos que trabalhavam nas terras do senhor. Vilãos sem terra não ficavam isentos; deles se cobrava a "chevage". Talvez a mais onerosa obrigação dos vilãos fosse trabalhar gratuitamente o ano todo na terra de seu senhor. Esse emaranhado de instituições feudais que sufocavam a liberdade dos vilãos desmoronou na segunda metade do século XIV. Elas morreram no rastro da Peste Negra, a catastrófica disseminação da peste bubônica que varreu pelo menos um terço da população da Europa entre 1347 e 1352. A redução da população criou uma severa escassez de mão de obra e uma desorganização generalizada da sociedade rural. Os vilãos começaram a se recusar a realizar trabalhos servis e a obedecer a todo o conjunto de regramentos feudais. Eles se recusaram a moer o milho no moinho de seu senhor. Deixaram de pedir permissão para casar. Tribunais de justiça se recusavam a aplicar as antigas regras. Ressaltando o papel decisivo do Estado na modificação e na moldagem das normas, os vilãos agora podiam apelar para novos sistemas de cortes e para juízes estabelecidos durante o reinado de Henrique II. Os lordes foram forçados a oferecer novos tipos de acordo para arrendamento e locação das terras, que em 1400 haviam substituído a maior parte dos acordos de posse hereditária da terra por vilãos. A gaiola de normas da ordem feudal estava se desintegrando aos poucos.

A colmeia resmungona

Em 1705, o filósofo e satirista anglo-holandês Bernard Mandeville publicou "A colmeia resmungona", um poema em que comparava a sociedade inglesa a uma colônia de abelhas. As pessoas viviam "no luxo e no conforto", e havia um equilíbrio entre Estado e a sociedade.

> Não eram dominados pela Tirania,
> Nem governados na incivil democracia;
> E não erravam nunca aqueles que eram reis
> Pois seu poder era freado pelas leis.

No entanto as abelhas estavam descontentes, e, embora "não houvesse abelhas com melhor governo", também era verdade que não havia abelhas "menos estáveis ou menos contentes". Mas por que essa sociedade era "resmungona"? Vejamos um caso famoso, a vila de Swallowfield, em Wiltshire. Em dezembro de 1596, vários habitantes da vila se reuniram para escrever uma pequena constituição. Ela era composta de 26 diferentes resoluções. A resolução 25 estipulava que "a companhia toda se compromete a se reunir uma vez por mês", portanto deveria haver encontros regulares com protocolos claros. A primeira resolução dizia, traduzindo do inglês antigo:

> fica acordado que todo homem deve ser ouvido em nossos encontros ordeiramente, um após o outro; que não se devem interromper uns aos outros em seu discurso; que todo homem deve falar como se fosse o primeiro a relatar, & assim em ordem, para que desse modo a profundidade do julgamento de cada homem possa ser considerada com razão.

As pessoas deviam ser respeitosas e não interromper quando os outros estivessem falando, para que a profundidade do julgamento de todos pudesse ser considerada. A resolução 11 exigia que devia haver um registro adequado das reuniões em livro.

De que tratavam as resoluções substantivas? Na verdade, tratava-se de leis consuetudinárias para controle de delitos, como diz a resolução 25: "pecados intencionais e vis". Dentre esses estavam pequenos roubos, fofoca maliciosa, furto de madeira, orgulho, dissensão e arrogância (resolução 18); insubordinação e perturbação da paz (resolução 15); fornicação e ilegitimidade (resoluções 8 e 13); casamento imprevidente (resolução 20); abrigar presidiários (resolução 21); profanação do domingo (resoluções 22 e 24); e bebedeira (resolução 23).

As resoluções deixam claro que os residentes de Swallowfield acreditavam que sua comunidade se autogovernava. Caso esperassem o suficiente, eles podiam obter ajuda do Estado central em termos de indiciamento e punição. Porém, mesmo depois da grande expansão da capacidade estatal promovida por Henrique II, a maior parte da atividade do Estado era concebida e implementada voluntariamente por comunidades locais. Por exemplo, embora houvesse um ou dois condestáveis em cada "centena", e em geral houvesse um pequeno condestável em cada vilarejo, eles precisavam ser uma espécie de faz-tudo. Pequenos condestáveis eram responsáveis por controlar todo tipo de perturbação e de garantir o cumprimento da maioria dos tipos de regras e obrigações econômicas, sociais e militares. Eles precisavam coletar impostos locais, manter estradas e pontes, e participar das sessões trimestrais e dos assizes semestrais. Registros legais existentes mostram até que ponto cabia aos indivíduos e à comunidade perseguir criminosos e levá-los até as autoridades.

Veja o caso de George Wenham de Penhurst, em Sussex, no início do século XVII. Ele acordou certa manhã e descobriu que seu cachorro tinha desaparecido do cercado ao lado de sua casa. Começou a procurar na vizinhança e, a um quilômetro de sua casa, encontrou um lugar que tinha sido utilizado recentemente para um abate. Havia sangue no chão, e ele encontrou vísceras atiradas sobre uma cerca ao lado dos rastros de cascos de cavalos. Wenham seguiu as marcas dos cascos e as gotas de sangue, mas precisou parar quando a noite caiu. Os rastros levavam na direção da casa de John Marwick. A essa altura, Wenham foi até o pequeno condestável local e pediu que ele fizesse uma busca na casa de Marwick. Embora mais tarde autoridades legais se envolvessem, eram as vítimas que faziam o trabalho braçal de identificar e muitas vezes até mesmo de capturar os criminosos. Se as pessoas decidissem não aplicar a lei, as engrenagens da justiça acabariam parando.

Voltando a Swallowfield, quem eram essas pessoas que escreveram as resoluções? Eles não eram parentes próximos (grupos familiares haviam deixado de desempenhar papéis como esse muito tempo antes na Inglaterra). Não pertenciam às elites locais nem ao clero. Havia dois grandes proprietários de terra na região, Samuel Blackhouse e John Phipps, mas nenhum deles estava presente. Também não estava presente o sacerdote local. Em vez disso, os autores do esboço da constituição de Swallowfield eram aquilo que os historiadores britânicos chamam de "o tipo mediano de pessoa", provavelmente as mesmas pessoas à que o assize de Clarendon se referia como "os homens de melhor reputação de cada vilarejo". Nenhum deles tinha renda suficiente para estar entre os onze contribuintes listados na relação parlamentar de pagadores de impostos de Swallowfield de 1594. Essas eram as pessoas que administravam o Estado localmente mesmo em finais do século XVI. Essas eram as pessoas que ocupavam as funções administrativas locais de jurados, administradores da igreja, supervisores dos pobres e o novo cargo de condestável local.

Esse ruidoso engajamento cívico não deixou de ser notado por contemporâneos como Sir Thomas Smith, um estudioso, diplomata e membro do Parlamento inglês. Em 1583, pouco antes da constituição de Swallowfield, Smith publicou *De republica anglorum: O modo de governo ou administração do reino da Inglaterra,* que se tornou uma das mais famosas análises políticas da Inglaterra elisabetana. Ele observou: "Nós na Inglaterra dividimos normalmente nossos homens em quatro tipos: cavalheiros; cidadãos ou burgueses; artesãos; e trabalhadores." O quarto tipo de pessoa era composto por "trabalhadores diaristas, agricultores pobres, mercadores ou varejistas que não tenham terras livres, posseiros, todo tipo de artífices, como alfaiates, sapateiros, carpinteiros, oleiros, pedreiros etc. (...) E nos vilarejos eles serão em geral feitos administradores de igrejas, provadores de cerveja e muitas vezes condestáveis, cujo cargo tocava mais a riqueza comum". Até mesmo trabalhadores desempenhavam um papel significativo na administração do governo local, e o mesmo valia para os artífices que "tinham seu papel" na "administração em julgamentos, correções de faltas, na eleição para cargos (...) e na legislação". No que diz respeito à administração da justiça pelo povo, Smith afirmou: "Todo inglês é um sargento para capturar o ladrão."

Esse exemplo e muitos outros semelhantes mostram que, exatamente como sugere o efeito da Rainha Vermelha, havia uma grande quantidade de participação na parte mais baixa do Estado inglês. A participação e a representação não aconteciam simplesmente no Parlamento. Elas aconteciam em todos os níveis e por meio de vários canais. Uma estimativa sugere que pode ter havido mil autoridades paroquiais em 1700 na Inglaterra, o que representava cerca de 5% dos adultos do sexo masculino. Como havia frequente rotatividade nos cargos, o número de pessoas que exerceram algum deve ter sido consideravelmente maior. Em 1800, esse número provavelmente estava em torno de 100 mil pessoas.

Essa participação popular na operação do Estado teve grandes consequências. Era difícil para o Estado central e para as elites nacionais implementar políticas que não fossem compatíveis com o que as pessoas queriam localmente. A verdade é que, em seus primórdios, o Estado moderno não tinha como ignorar completamente as normas existentes, porque a sua legitimidade tinha origem no fato de elas afirmarem promover justiça e melhorias no bem-estar social, ainda que sua capacidade de fazer qualquer uma dessas coisas dependesse da cooperação das pessoas comuns. Exatamente como em Atenas, estamos vendo o relacionamento multifacetado entre leis e normas no corredor. Por um lado, as normas mobilizavam a sociedade, limitavam aquilo que o Estado podia fazer e até onde o edifício estatal podia ir. Por outro lado, a centralização estatal e as novas leis gradualmente, e pouco a pouco, aliviavam alguns aspectos da gaiola de normas, especialmente à medida que a crescente influência e presença dos tribunais e da profissão legal enfraqueciam a ordem feudal, sua hierarquia social e seu papel na resolução de conflitos.

Finalmente, as comunidades locais não apenas decidiam se implementavam ou não a política nacional, como também davam início a ela. Antes do início do século XX, a rede de proteção social inglesa para os desamparados e pobres, na medida em que existia, era composta pelas Leis dos Pobres. A primeira dessas leis foi aprovada em 1597. No entanto, mesmo antes disso, havia muitas iniciativas locais semelhantes: em 1549, em Norwich; 1550, em York; depois em Cambridge, Colchester e Ipswich, em 1556-1557. As Leis dos Pobres não eram uma política que surgiu da inspiração da rainha Elizabeth e de seus conselheiros. Eram iniciativas locais que o Estado tomou para si e nacionalizou. Houve muitos outros casos em que o Estado central seguiu o exemplo dado localmente. Por exemplo, uma lei de 1555 estipulou que a paróquia fosse responsável por indicar os inspetores que coordenariam os reparos nas estradas locais, porém há documentos mostrando que esses inspetores existiam pelo menos desde 1551, em Chester.

Por que então as pessoas estavam resmungando? Porque ao se encontrar dentro do corredor como elas estavam, elas queriam mais, esperavam mais e exigiam que o Estado lhes desse mais. Ao mesmo tempo, competiam com o Estado. Competindo por autoridade, contestando seu poder.

Uma profusão de parlamentos

A história que estamos contando neste capítulo não se limita à Inglaterra; é também uma história europeia. A Inglaterra era politicamente distinta em alguns pequenos sentidos, como, por exemplo, no grau de continuidade entre as assembleias anglo-saxãs e os parlamentos subsequentes, no modo territorial como organizava a representação parlamentar e nos vários fatores que fortaleceram ainda mais as assembleias, como o papel decisivo desempenhado na legitimação do processo sucessório dos reis. Mas outras partes da Europa não eram tão diferentes assim e também vivenciaram a fusão da política de assembleias germânicas com as instituições estatais romanas (ainda que, como veremos no Capítulo 9, haja um grande grau de diversidades interessantes quando você observa mais de perto a Europa, algo que nossa teoria também pode ajudar a explicar).

Um modo de ver isso é voltar à Magna Carta. Quão *única* ela era? A resposta: quase nada. Mais tarde, em 1356, em Brabante, posteriormente dividida entre os Países Baixos e a Bélgica, um Parlamento obteve do novo duque a "Entrada Feliz", uma carta que o duque teve de jurar obedecer e implementar. O duque concordou que a assembleia precisava dar consentimento para a guerra, para a tributação e para a cunhagem e depreciação da moeda. É possível encontrar documentos semelhantes e entradas felizes por toda a Europa, e mais ou menos na mesma época da Magna Carta. Entre eles estão uma carta de Pedro I, rei de Aragão, concedida à Catalunha em 1205; a Bula Dourada, concedida por André II da Hungria em 1222; e uma carta de Frederico II na Alemanha em 1220. Todos esses registros se concentravam em grande parte nas mesmas questões, particularmente em garantir que os governantes precisassem consultar os cidadãos e obter seu aval para cobrar tributos.

Não havia apenas "grandes cartas", também havia parlamentos por toda a Europa. Eles começaram na Espanha, com as Cortes de Leão em 1188, e depois se espalharam para a Coroa de Aragão, que era uma fusão de Aragão, Catalunha e Valência, todos os quais tinham seus próprios parlamentos. Assembleias semelhantes a parlamentos se desenvolveram posteriormente nos reinos ibéricos de Navarra e Portugal. Na França, ainda que o desenvolvimento de uma assembleia nacional — os Estados Gerais — tenha sido mais lento, houve grande proliferação de estados regionais. Mais a leste na Suíça, os cantões rurais tinham as próprias assembleias, que então se fundiram na Confederação Suíça em 1291. Ao norte, principados germânicos que compunham o Sacro Império Romano normalmente tinham assembleias chamadas de *Landtage*. No Ocidente, naquilo que mais tarde se tornariam a Bélgica e os Países Baixos, Flandres, Holanda e Brabante, todos tinham vibrantes assembleias. Mais ao norte, surgiram parlamentos na Dinamarca a partir de 1282 e na Suécia a partir de meados do século XV. Nesses dois casos, e também no caso da Frísia Ocidental nos Países Baixos e do Tirol na Áustria, também se concedia representação aos camponeses. A Escócia tinha um Parlamento desde o século XIII, e na Polônia havia, e ainda há, a Sejm.

A parte norte da Itália evidentemente tinha uma versão própria das cartas e dos parlamentos no contexto das comunas, conforme tratado no capítulo anterior. Elas também tinham suas raízes em assembleias.

Na verdade, o norte da Itália era um território onde houve uma mescla perfeita entre as instituições estatais do Império Romano e a tradição da política de assembleias trazida inicialmente por outra tribo germânica, os lombardos, e mais tarde pelos carolíngios. Isso na verdade diferenciava o norte da Itália do sul, que não teve uma história de assembleias, não desenvolveu cartas e parlamentos, nem experimentou o mesmo floresci-mento da liberdade.

Quando olhamos para o continente no período medieval e no início do período moderno, vemos não apenas "entradas alegres" e parlamen-tos, mas também a mesma vida comunitária vibrante cuidando de seus próprios assuntos, engajada em tentativas contínuas de influenciar e moldar instituições políticas mais centralizadas. Um exemplo bem documentado é o território alemão de Hesse, onde uma assembleia denominada dieta era convocada pelo governante. A dieta era composta por nobres e pelas elites, mas também por delegados das cidades. Ela surgia como um foro para aprovar pedidos de tributação. Ao contrário do que acontecia no Parlamento inglês, a Dieta de Hesse não tinha o direito de legislar, mas tinha considerável influência no processo de formulação de *gravamina* (queixas), que eram apresentadas ao gover-nante de Hesse. Esse processo estava relacionado a uma abordagem mais pan-europeia de governantes que recebiam petições, prevalente particularmente no caso inglês. Em Hesse, no final do século XVI, o Estado recebia mil petições por ano, e isso aumentou para 4 mil por ano em fins do século XVIII. É evidente que as *gravamina* e as iniciativas da dieta tinham grande impacto na legislação e na política de Hesse. Muitos prólogos de éditos proclamados pelo príncipe reconhecem o papel das iniciativas locais e registram que o ímpeto para que se criasse uma política veio da dieta. Em 1731, por exemplo, pelo menos quinze iniciativas diferentes da dieta são mencionadas como impulsos para po-líticas governamentais. Entre 1764 e 1767, essas "iniciativas de baixo", como eram chamadas, influenciaram dízimos, fabricação de cerveja, tributação, jurisdição urbana e seguros contra incêndios, entre muitas outras coisas. Elas também envolviam um pedido para que se criasse um código legal que cobrisse todas as partes do território de Hesse, sugestões para melhorias nas escolas, em 1731, 1754 e 1764, e medidas para promover manufaturas em 1731 e 1764. A dieta também pedia um governo mais "aberto", o que incluía medidas como a publicação de todos os regulamentos vigentes, de todas as decisões judiciais e de todas as resoluções da dieta.

As *gravamina* aprovadas pela dieta não tratavam apenas das preocupações dos habitantes urbanos e das elites. Vemos queixas sobre a *Kontribution*, a forma mais pesada de tributação, que recaía principalmente sobre camponeses, e também queixas sobre os danos causados por cervos e outros animais selvagens. Havia também queixas persistentes sobre leis fundiárias que interferiam com os costumes tradicionais relativos à herança. No final, o governante cedeu e revogou as leis. A experiência de Hesse não é excepcional. Vemos coisas semelhantes nos territórios da Baixa Áustria, Hohenlohe e Württemburg.

Na raiz desse impressionante acúmulo de grandes cartas, parlamentos e participação popular na Europa medieval está a Rainha Vermelha e o impulso que ela gerou tanto para estimular a sociedade quanto para aumentar a capacidade estatal. Na verdade, a quantidade de cera utilizada não aumentou apenas na Inglaterra; em toda a Europa Ocidental, os Estados se tornaram mais burocratizados e centralizados.

A sociedade não apenas respondeu exigindo representação, como também se organizou de diversas outras maneiras, inclusive na forma de comunas, como na Itália. Também estavam presentes muitos tipos de "ligas", alianças que reafirmavam sua autoridade contra governantes e que tentavam influenciar suas políticas. Algumas, como a famosa Liga Hanseática, eram grupos de cidades-Estado que começaram a se amalgamar em torno de praias do Mar Báltico depois da década de 1240. Outra, a Liga Renana, que se formou em 1254, era composta de mais de cem membros que incluíam cidades, igrejas e até mesmo príncipes, todos dentro dos limites do Sacro Império Romano. Na Espanha houve várias "irmandades", como as de Castela e Leão e a Hermandad General, que se formou em oposição ao rei Alonso X de Castela em 1282.

Mas a vida no corredor nunca é tranquila, e não foi fácil chegar a um equilíbrio pacífico entre as demandas do Estado e a reação da sociedade. É possível ver uma das consequências desse processo no século XIV, quando houve uma onda de revoltas populares causada pela autoridade do Estado em expansão. As pessoas se revoltavam contra pagamentos de tributos e contra aquilo que percebiam como sendo abusos de seus governos. A Revolta Flamenga de 1323-1328 reagiu à recriação de um "tributo sobre transportes"; a Jaqueri, de 1358, no norte da França, foi em parte uma resposta ao aumento da tributação nas décadas de 1340 e 1350; o mesmo vale para a Tuchinat, que convulsionou o Languedoc e o sul da França nas décadas de 1360 e 1380; e a Revolta Camponesa na Inglaterra, em 1381, foi uma reação à imposição de uma série de impostos per capita a partir de 1377 e a tentativas dos senhores de manter restrições feudais. Curiosamente, essas revoltas se dirigiam contra centros políticos, como Paris e Londres, os quais elas tentavam influenciar. Isso porque as pessoas sentiam ser parte de uma comunidade política, ainda que não gostassem do modo como essa comunidade funcionava, e se rebelavam para influenciar a política a melhorar o modo como as coisas funcionavam.

O Parlamento islandês: a Europa fora do corredor

É possível ver o princípio do Leviatã Agrilhoado em toda parte da Europa? Não, pelo simples motivo de que o equilíbrio de poder entre Estado e sociedade, que é um pré-requisito para isso, não estava presente em todos os lugares. Algumas partes da Europa, como a Islândia, estavam fora da influência das instituições romanas, tornando muito mais provável que elas permanecessem sob um Leviatã Ausente.

A Islândia foi colonizada por vikings que chegaram da Noruega ao atravessarem o mar em algum momento do século IX, estando desabitada antes disso. O que sabemos sobre esses primórdios vem das famosas sagas, histórias orais repassadas de geração para geração antes de serem escritas nos séculos XIII e XIV. Pesquisas arqueológicas e linguísticas sugerem que, depois do fim da última Era do Gelo, a partir do terceiro milênio a.C., a Escandinávia e o norte da Alemanha receberam ondas de migrantes de línguas indo-europeias. Disso surgiu o ramo germânico do indo-europeu, que inclui o alemão e todas as línguas escandinavas (menos o finlandês). Parece provável que o tipo de instituição política descrita por Tácito caracterizasse não apenas as tribos germânicas, como também os povos da Escandinávia. O fato de que a região mais baixa da Suécia se chame Götaland sugere uma íntima ligação cultural entre os colonos dessa área e outra das principais tribos germânicas, os godos. Quando os escandinavos, normalmente sob o disfarce de vikings ou nórdicos, passam a surgir com maior frequência nos registros históricos, sua organização política é semelhante a das primeiras tribos germânicas descritas por Júlio César e Tácito. Eles realizavam *things*, de que todos os homens livres participavam, não eram Estados unificados, e seus chefes tinham poderes bastante limitados.

Os primeiros colonos da Islândia também tinham instituições seme-lhantes. De início, a Islândia pode ter sido dividida entre cinquenta ou sessenta chefes diferentes. Em 900 d.C., as *things* se reuniam regularmente. Em 930, uma assembleia de toda a Islândia, a Althing, foi estabelecida em Thingvellir, hoje um parque nacional a leste de Reykjavik. Embora tenham concordado com a criação da Althing, os chefes não concordaram com a criação de um Estado. Não havia autoridade central, apenas o cargo de "voz da lei", que precisava recitar um terço das leis a cada ano (seu mandato era de três anos), embora isso tenha se tornado menos importante a partir de 1117, quando as leis passaram a ser escritas. A Althing então passou a ter apenas funções legais. Durante o período posterior, do Estado Livre da Islândia, não havia autoridade centralizada; chefes independentes com-batiam entre si e fundiam suas regiões, o que acabou por levar à criação de um conjunto de domínios territoriais responsáveis por "reinos". Ao contrário das *things*, que evoluíam e se fortaleciam ao longo do tempo na Inglaterra e na Europa Ocidental, eles se enfraqueciam e perdiam sua capacidade de escolher seus chefes. Sem um Leviatã de qualquer tipo, a Islândia ficou famosa pelas brigas sem fim.

A Islândia tinha as correntes germânicas, mas não contava com a burocracia e com as instituições centralizadas de Roma. Os primórdios de sua história mostram que entrar no corredor não é algo simples; certamente não se trata do resultado natural das deliberações de sociedades sem Estado ou de uma consequência direta de culturas e costumes de tribos germânicas, com ou sem *thing*. Não basta ter uma das lâminas da tesoura.

O dólar da Idade Média: o Leviatã bizantino

Embora o Império Romano do Ocidente tenha caído no século V, o Império Romano do Oriente, ou Bizantino, sobreviveu e acabou prosperando por mais dez séculos. No século V, Bizâncio já incorporara quase todas as instituições romanas, ou seja, uma das lâminas da tesoura europeia estava fielmente representada nesse poderoso império. Na realidade, nosso relato da burocracia tardia de Roma, escrito por João, o Lídio, vem de Bizâncio. Um indicador da força do Estado era sua capacidade de manter uma moeda estável e de ampla circulação. Segundo Cosme Indicopleustes — um contemporâneo do imperador Justiniano —, a nomisma, moeda de ouro de Bizâncio, "é aceita de um extremo ao outro da terra. É admirada por todos os homens em todos os reinos, porque nenhum reino tem uma moeda que possa se comparar a ela". O historiador econômico Robert Lopez a apelidou de "dólar da Idade Média".

Bizâncio enfrentou mais desafios depois da queda do Império Romano do Ocidente, particularmente a peste de Justiniano, de 541-542, que devastou a população, e a perda de metade de seu território durante as conquistas árabes do século VII. No entanto, o Estado bizantino manteve sua coesão, e Justiniano conseguiu até mesmo manter o sistema fiscal funcionando durante a peste. Nas palavras do historiador Procópio:

> Quando a pestilência se abateu sobre todo o mundo conhecido e notavelmente sobre o Império Romano, varrendo a maior parte das comunidades agrícolas e inevitavelmente deixando um rastro de desolação, Justiniano não demonstrou compaixão pelos proprietários de terra. Mesmo então ele não deixou de cobrar o imposto anual, não apenas a quantia pela qual cada indivíduo era avaliado, mas também a quantia pela qual eram responsáveis seus falecidos vizinhos.

Os bizantinos herdaram seu sistema fiscal de Roma e o implementaram de maneira muito mais fidedigna do que os merovíngios ou os carolíngios; Clóvis não foi capaz de cobrar impostos sobre a terra, mas os imperadores bizantinos conseguiram fazer isso. Inclusive, eles tinham um cadastro rural que avaliava a terra e que era atualizado a cada trinta anos. A alíquota do imposto ficava em torno de um vinte e quatro avos do valor da terra por ano. Havia outros tributos também, incluindo impostos sobre animais e até sobre abelhas. Na década de 660 foi criado um imposto domiciliar. Também havia vários tipos de corveia para a construção de estradas, pontes e fortificações.

O Estado não apenas taxava a riqueza ou a produção, como ele próprio era um produtor. No século VIII, o Estado bizantino era o maior proprietário de terras no império e comercializava sua produção. O Estado também possuía minas, pedreiras e oficinas de tecelagem e tingimento, além de fábricas de armas. Ele também regulava a economia. No século VIII, havia uma lista de "bens proibidos" que ninguém tinha permissão para exportar. Entre eles estavam cereais, sal, vinho, azeite de oliva, molho de peixe, metais preciosos e mercadorias estratégicas como ferro, armas e sedas de alta qualidade. O Estado oferecia comida gratuita e chegava inclusive a regular lucros em Constantinopla.

Tudo isso indica um Estado com grande capacidade, maior do que a dos Estados merovíngio ou carolíngio no Ocidente. No entanto, o que estava completamente ausente em Bizâncio era a outra lâmina da tesoura — a política participativa das tribos germânicas. Não havia assembleias nem representação institucionalizada, e por conseguinte não havia grandes cartas ou parlamentos.

Assim, Bizâncio nos oferece um perfeito exemplar europeu da evolução do Leviatã Despótico. Na verdade, a natureza concentrada do poder estatal permitiu a Aleixo Comneno tomar o Estado em 1081 e criar um domínio dinástico sobre Bizâncio. Comneno privatizou o Estado para sua família, chegando a reorganizar o sistema de honrarias e títulos para que se apliquem cassem à sua família em vez de terem uma aplicação mais geral. Ele usou o Estado bizantino para intimidar seus inimigos e assumiu o controle da hierarquia da Igreja. É verdade que a capacidade estatal já estava em declínio e que a nomisma tinha apenas 30% de ouro puro a essa altura. Comneno acabou plantando as sementes do colapso final do Estado. Em 1082 ele deu aos venezianos seu primeiro privilégio comercial, e em 1095 tentou usar a Primeira Cruzada como meio para reconquistar o território perdido para os turcos seljúcidas na Anatólia. Em 1204 a Quarta Cruzada saqueou Bizâncio, um evento do qual o império jamais se recuperou.

Andando no corredor

O relacionamento entre Estado e sociedade que descrevemos em Swallowfield, no período tardio da Inglaterra Tudor, não permaneceu imóvel. Na verdade, o efeito da Rainha Vermelha significa que, para se manter onde estava, Swallowfield teria que continuar correndo, desenvolvendo maior capacidade organizacional, tentando manter a face assustadora do Estado a certa distância. Quando a dinastia Stuart tentou reivindicar o "direito divino dos reis" no século XVII, a sociedade não aceitou de braços cruzados. Os conflitos chegaram no auge com a Guerra Civil Inglesa e a execução de Carlos I, em 1649, seguidos pela derrubada de Jaime II com a Revolução Gloriosa, em 1688.

O século XVII certamente não foi um momento que se possa associar à liberdade. Como vimos, Hobbes foi forçado a se voltar para um todo-poderoso Leviatã em função do caos e da carnificina criados pela Guerra Civil Inglesa. Mas a jornada da sociedade inglesa no corredor durante o século acabou garantindo os pré-requisitos para a liberdade, e a Rainha Vermelha estava novamente em plena ação. A Revolução Gloriosa trouxe toda uma gama de novidades para as instituições políticas, confirmando, sobretudo, a soberania do Parlamento, que se tornou a incontestável autoridade executiva, substituindo o rei. Tal mudança não foi o fim, porque o Parlamento era, em sua maior parte, composto por elites que desejavam exercer seu próprio controle sobre a sociedade. Depois de 1688, elas tinham novas ferramentas para fazer isso por estarem rapidamente ampliando a capacidade do Estado inglês. O que mais chama a atenção é que o sistema de tributação criou uma administração fiscal que penetrava em todos os cantos e frestas da sociedade inglesa. Funcionários oficiais do Estado, como os coletores de impostos, que antes eram uma visão rara na área rural da Inglaterra, subitamente estavam em toda parte e se tornaram bastante ameaçadores para os habitantes locais. Para manter sua posição, a sociedade precisava "dobrar a aposta". O modo como isso ocorreu foi estudado por Charles Tilly em seu livro *Popular Contention in Great Britain, 1758-1834.*

Tilly estava interessado na mudança de natureza daquilo que ele chamou de "luta popular", o modo como as pessoas comuns se organizaram coletivamente para tentar influenciar o governo. Ele observou que, em meados do século XVIII, a luta era centrada em "pessoas locais e questões locais, no lugar de programas organizados nacionalmente e de partidos nacionais". No entanto, "entre 1758 e 1833, uma nova variedade de reivindicação tinha tomado forma na Grã-Bretanha (...) A política popular de massas tinha passado a ter escala nacional".

Formas completamente novas de ação coletiva surgiram nesse período. Dentre essas, Tilly enfatiza as "reuniões públicas", que se tornaram "uma espécie de manifestação (...) um modo coordenado de tornar público para aqueles que estavam no poder o apoio a uma reivindicação específica. Frequentemente uma associação, uma sociedade ou um clube que tratava de um propósito específico convocava a reunião. Mais do que isso, era comum que as reuniões abordassem questões nacionais, incluindo as que o governo e o Parlamento estavam prestes a decidir". Ele ressalta que

> os meios pelos quais as pessoas comuns faziam reivindicações coletivas (...) passou por uma transformação: cada vez mais elas envolviam interação coordenada e de grande escala, e contato direto entre pessoas comuns e agentes do Estado nacional.

O que levou a tudo isso foi a intensificação do processo de construção do Estado na Grã-Bretanha, que começou depois da Revolução Gloriosa. Tilly afirmava que o "tamanho do Estado" e seu "peso" aumentaram, e,

> no processo, o Parlamento — crucial para toda decisão referente à receita do Estado, seus gastos e funcionários — ocupava um espaço cada vez maior nas deliberações políticas. Essas mudanças (...) promoveram uma guinada rumo à ação coletiva, que foi grande em escala e nacional em seu escopo.

Particularmente significativo foi o modo como as pessoas pararam de se concentrar em questões paroquiais, uma vez que "a expansão do Estado levou as lutas populares da arena local, e que dependiam significativamente de apadrinhamento, para reivindicações autônomas em arenas nacionais". A contínua expansão da capacidade estatal e da presença do Estado depois de 1688 aumentou as apostas para o povo inglês. Tilly observa que

> a crescente importância do Parlamento e das autoridades nacionais (...) para o destino das pessoas comuns gerou ameaças e oportunidades. Essas ameaças e oportunidades, por sua vez, estimularam as partes interessadas a tentar novos

tipos de defesa e ataque: a criar associações que fizessem frente a outras associações, a ganhar poder eleitoral, a fazer reivindicações diretas a seu governo nacional. Por meio de longas e extenuantes interações com autoridades, inimigos e aliados, essas pessoas comuns desenvolveram novos modos de agir em conjunto em nome de seus interesses e forçaram seus interlocutores a mudar seus próprios modos de fazer e de responder a reivindicações. Cumulativamente, as lutas das pessoas comuns com as pessoas que detinham o poder forjaram grandes mudanças na estrutura britânica de poder.

A expansão do Estado gerou uma reação da sociedade e isso, por sua vez, retroalimentou o processo de construção do Estado, exatamente como sugere o efeito da Rainha Vermelha. Em resposta a toda essa nova luta, em fins do século XVIII o Estado finalmente começou a extirpar a corrupção.

O processo iniciado pela luta popular ganhou velocidade com uma série de grandes mudanças institucionais no século XIX. A Primeira Lei de Reforma de 1832 estendeu o direito ao voto de cerca de 8% para 16% dos adultos do sexo masculino e realocou a representação, transferindo-a do campo e de "burgos podres" para cidades industriais com populações muito maiores. Tal procedimento continuou com a Segunda Lei da Reforma de 1867 e com a Terceira Lei da Reforma de 1884, quando o eleitorado chegou a cerca de 60% da população adulta do sexo masculino. Outro conjunto de passos cruciais no corredor foi dado em 1918, quando todos os homens acima de 21 anos obtiveram o direito ao voto (embora os direitos políticos para as mulheres tenham vindo mais tarde, como discutiremos a seguir). Todas essas grandes reformas foram uma resposta à organização da sociedade e às suas demandas. Por exemplo, o sufrágio universal, a paridade representativa, parlamentos anuais e pagamento aos membros do Parlamento para que as pessoas comuns também pudessem ser eleitas foram exigências centrais do movimento cartista de meados do século XIX.

Aliado a esse maior poder institucionalizado da sociedade contra as elites houve um aumento da capacidade estatal, mas agora bastante alinhada com as exigências da população. A primeira de uma série de reformas foi a Lei de Santa Helena, de 1833, que incorporou a Companhia das Índias Orientais à estrutura administrativa do Estado. O Relatório Northcote--Trevelyan de 1854 pegou aquilo que tinha sido iniciado pela Lei de Santa Helena e recomendou um serviço público profissionalizado, com seleção por meio do mérito. Embora o relatório tenha enfrentado oposição, suas principais recomendações foram gradualmente implementadas nas duas décadas seguintes, o que acabou por levar ao estabelecimento de exames competitivos para selecionar funcionários públicos. Ao mesmo tempo, o Estado também deu passos na direção de oferecer uma ampla gama de serviços públicos, entre os quais escolas para as massas, que se tornaram efetivamente gratuitas em 1891; seguro de saúde; e seguro contra desemprego e pensões, todos financiados por impostos redistributivos. Esse processo culminou no Relatório Beveridge de 1942 e em sua implementação, como discutiremos no Capítulo 15.

A próxima gaiola a ser rompida

Do mesmo modo que um movimento para dentro do corredor não acaba com a violência e as rixas de uma só vez, não há a quebra da gaiola de normas de imediato. A evolução da liberdade é um processo longo, especialmente no caso de grupos, como as mulheres, que foram sistematicamente vítimas de discriminação e que sofreram fortes restrições a seus comportamentos sociais e econômicos.

Caroline Sheridan experimentou isso em sua plena realidade na Inglaterra da década de 1830. Nascida em 1808, ela se casou com um advogado, George Norton, em 1827, e adotou o nome dele. Caroline Norton era uma escritora e poeta talentosa, porém seu marido era agressivo e violento. Em 1836, por fim, decidiu abandoná-lo. No entanto, ela tinha poucos direitos pela lei inglesa. A receita dos escritos dela ia para o marido. As propriedades dela pertenciam a ele. A compilação *As leis e resoluções sobre os direitos das mulheres*, de 1632, afirmava sem maiores explicações,

> Aquilo que o marido tem pertence a ele. Aquilo que a mulher tem pertence ao marido.

Ela não tinha direito a nenhuma das duas coisas. William Blackstone, o grande jurista britânico, resumiu a situação legal em seus *Comentários sobre as leis da Inglaterra*, publicados em 1765:

> Pelo casamento, o marido e a mulher são uma única pessoa perante a lei: ou seja, a própria existência legal da mulher fica suspensa durante o casamento.

Tudo estava sob o controle do marido, "sob cuja asa, proteção e abrigo ela tudo faz".

Em 1838, Caroline Norton escreveu o panfleto *Reflexões sobre a separação de mãe e filho pelas leis da custódia de bebês*. Ela ressaltava que, segundo a lei inglesa, um pai podia dar seus filhos a um estranho e a mãe não podia fazer nada quanto a isso. A intensa publicidade gerada pelo caso ajudou o Parlamento a aprovar o Lei da Criança e da Custódia das Crianças em 1839, que dava às mães alguma voz sobre o destino de crianças menores de 7 anos. Caroline Norton não tinha acabado seu trabalho. Em 1854, ela publicou *Leis inglesas para mulheres*, que definia brilhantemente a desigualdade e a hipocrisia da situação legal. Um ano depois, ela deu sequência ao assunto com *Uma carta à rainha sobre o projeto de lei do lorde chanceler Cranworth relativo ao casamento e ao divórcio*. Ela ressaltava:

> Uma mulher casada na Inglaterra *não tem existência legal*: sua pessoa é absorvida pela do marido. Anos de separação (ou) deserção não têm o poder de alterar essa situação (...) a ficção

legal considera que ela é "uma só pessoa" com o marido, ainda que ela não o veja nem ouça falar dele.

Ela não tem bens. As propriedades dela são propriedades *dele* (...) Uma esposa inglesa não tem sequer o direito legal às suas roupas ou adornos; o marido pode pegá-los e vendê-los caso assim o deseje, ainda que sejam presentes de parentes ou amigos, ou que tenham sido comprados antes do casamento.

Uma esposa inglesa não pode fazer um testamento (...) Uma esposa inglesa não pode reivindicar legalmente seus próprios ganhos. Sejam remunerações por trabalhos manuais, ou pagamento por esforço intelectual, seja porque ela plantou batatas ou cuidou de uma escola, seu salário é *de seu marido* (...) Uma esposa inglesa não pode deixar a casa do marido. Ele não apenas pode processá-la, pedindo a "restituição dos direitos conjugais", como tem o direito de entrar na casa de qualquer amigo ou parente onde ela possa ter se refugiado, e que possa "abrigá-la" — pois esse é o termo — e levá-la consigo à força, com ou sem a ajuda da polícia.

Em 1857, o Parlamento aprovou Lei das Causas Matrimoniais, estabelecendo fundamentos pelos quais uma mulher podia pedir divórcio. Em 1870, veio a Lei de Propriedade das Mulheres Casadas.

Norton e outras começaram a se concentrar na natureza discriminatória da lei inglesa, que tinha sido nitidamente identificada em 1792 por Mary Wollstonecraft em *Reivindicação dos direitos das mulheres*. O poderoso livro de Wollstonecraft afirmava que as mulheres "são tratadas como uma espécie de seres subordinados, e não como parte da espécie humana". Grande parte do livro era uma convocação para que as mulheres afirmassem sua individualidade e se livrassem das amarras que as prendiam. Ela continuou dizendo que: "Para explicar, e desculpar a tirania dos homens, muitos argumentos engenhosos surgiram para provar que os dois sexos, no que tange à virtude, deveriam ter objetivos bem diferentes (...) Quão rudemente nos insultam aqueles que nos aconselham a que nos tornemos gentis animais domésticos."

Wollstonecraft obviamente reconhecia que essa discriminação estava enraizada nas normas, nos costumes e não apenas nas leis, e ressaltou que o domínio dos homens sobre as mulheres e as normas de "obediência exterior e de uma escrupulosa atenção a um tipo pueril de propriedade" atrofiavam o desenvolvimento das mulheres. Ela as rejeitava veementemente, dizendo que:

> Gentileza, docilidade e afeto canino são (...) frequentemente recomendados como as virtudes cardeais do sexo (feminino) (...) Eu amo o homem como meu companheiro; porém seu cetro, real ou usurpado, não se estende para mim, a não ser que a inteligência de um indivíduo mereça minha homenagem; e, ainda assim, a submissão será à inteligência e não ao homem.

A causa da liberdade das mulheres recebeu posteriormente a adesão de um influente apoiador, o filósofo britânico John Stuart Mill, cujo livro de 1869, *A sujeição das mulheres*, era um poderoso apelo para uma completa igualdade para as mulheres na vida legal, econômica e política. Mill, ecoando Wollstonecraft, comparava a sujeição das mulheres à escravidão e afirmava que "no caso das mulheres, cada indivíduo da classe subordinada se encontra em um estado crônico ao qual se somam o suborno e a intimidação (...) Todas as mulheres são criadas desde a infância na crença de que seu caráter ideal é o exato oposto do caráter do homem; que seu caráter ideal não é a vontade própria e o governo de si mesma por meio do autocontrole, mas sim a submissão e a entrega do controle para outros". Também para Mill, era claro que as normas que estavam na raiz dessa subjugação precisavam ser quebradas, especialmente uma vez que

> seres humanos já não nascem para determinado lugar na vida, nem se encontram agrilhoados por um vínculo inexorável

ao lugar em que nasceram, sendo livres para empregar suas habilidades — e as chances favoráveis que vierem a surgir — para chegar ao destino que possa lhes parecer mais desejável.

Ele continuava:

> Não devemos (...) decretar que nascer menina em vez de menino, do mesmo modo que nascer negro em vez de branco ou plebeu em vez de nobre, decida a situação da pessoa ao longo de toda a sua vida (...) A subordinação social das mulheres, portanto, permanece um fato isolado nas instituições modernas; uma solitária violação naquela que se tornou sua lei fundamental.

Em resumo, a opressão das mulheres era uma violação grosseira da liberdade.

As vitórias de Norton e o apoio de figuras como Mill assinalavam uma mudança fundamental nas normas. Mas elas ainda deixavam as mulheres sem o direito ao voto e à representação política. As mulheres continuaram sofrendo imensa discriminação econômica. Fato que começaria a mudar em 1918, quando algumas delas, acima dos 30 anos, conseguiram o direito ao voto, e por fim em 1928, quando todas as mulheres adultas passaram a poder votar. Esses frutos políticos chegaram após intensa mobilização e protestos das sufragistas, como vimos no Prefácio. De maneira previsível, as normas e as relações econômicas mudaram de modo mais lento. A Lei de Pagamento Igual, de 1970, estabelecendo o princípio legal de igualdade de gênero no trabalho, foi um passo importante, porém a obtenção de oportunidades econômicas iguais e de pagamento igualitário para as mulheres ainda estão sendo construídos na Grã-Bretanha, assim como em todo o mundo. O caderno de fotos inclui a imagem de uma mulher segurando seu sutiã, algo que se tornou um gesto simbólico de emancipação na década de 1960.

As origens da Revolução Industrial

O surgimento do Leviatã Agrilhoado a partir dos séculos V e VI foi uma revolução política e social, ainda que tenha ocorrido de forma gradual, por vezes experimental. A Revolução Industrial, que teve início em meados do século XVIII na Grã-Bretanha, foi sua ramificação econômica porque — assim como nas comunas italianas que vimos no capítulo anterior — ela foi produzida pela liberdade, pelas oportunidades e pelos incentivos que o Leviatã Agrilhoado tornou possíveis. Ao longo de poucas décadas, a tecnologia e a organização da produção foram transformadas em diversas indústrias essenciais. Quem teve o papel de liderança foi a indústria têxtil, onde uma série de avanços inovadores na fiação, como o quadro giratório, a máquina de fiar hidráulica e a mula revolucionaram a produtividade. Progressos similares ocorreram na tecelagem, com a lançadeira transportadora e vários tipos de teares mecanizados. Igualmente transformadoras foram as novas formas de poder inanimado a partir do motor atmosférico de Thomas Newcomen e depois o motor a vapor de James Watt. O motor a vapor não apenas tornou a mineração muito mais produtiva ao permitir que se bombeasse a água das minas, como também mudou os transportes e a metalurgia. O cenário para o transporte foi reconfigurado tanto pelos trens a vapor do século XIX quanto por uma série de canais e de novas estradas que ligaram as principais cidades a partir do final do século XVII. Muitas outras indústrias, incluindo as de ferramentas e agricultura, também foram revolucionadas em função do ferro mais barato e de maior qualidade, tornado possível graças à substituição do carvão vegetal pelo coque na fundição do ferro e à produção de ferro-gusa em altos-fornos, e depois do aço pelo processo de Bessemer.

As condições para a Revolução Industrial foram preparadas pelo progresso da sociedade britânica no corredor. Depois do fim da Idade Média, o centro de gravidade da atividade econômica na Europa começou a rumar para o norte, para os Países Baixos e a Inglaterra. Isso estava intimamente ligado à colonização das Américas e ao impacto das novas oportunidades econômicas geradas na competição entre o Estado e a sociedade. Os países que estavam mais bem posicionados para aproveitar as oportunidades de modo a fortalecer o Estado e a sociedade foram capazes de avançar institucional e depois economicamente. Na Inglaterra, o equilíbrio de poder existente favorecia a sociedade a ponto de o Estado Tudor no século XVI não ser capaz de exercer controle sobre o monopólio no acesso ao comércio. Como resultado, houve um aumento da participação comercial com as Américas, forjando uma nova classe de interesses mercantis dinâmicos e assertivos. Esses novos grupos não viam com bons olhos as tentativas dos monarcas Stuart de ampliar seu domínio sobre a economia e a vida social, e não demorou para que eles entrassem em um conflito prolongado com a Coroa. Suas demandas estavam centradas não só em um maior acesso a oportunidades que eram monopolizadas pelos aliados da Coroa, mas também em mudanças institucionais mais amplas que iriam fortalecê-los ainda mais e enfraquecer as elites.

A Revolução Gloriosa de 1688 foi resultado dessa luta entre a Coroa e novos grupos. As vastas consequências dessa revolução incluíam o surgimento de um Parlamento como principal órgão executivo na Inglaterra e maiores oportunidades e incentivos econômicos para a maior parte da sociedade inglesa, assim como um efeito da Rainha Vermelha reenergizado. A mobilização da sociedade se aprofundou, e seu poder se tornou mais firmemente institucionalizado por meio do processo legislativo, ao mesmo tempo que a capacidade estatal também aumentou. Igualmente decisivas foram as mudanças no cenário judicial. O Estatuto dos Monopólios de 1624 criou o sistema de patentes, que tornou possível a onda de inovações que definiram a Revolução Industrial. Os monopólios domésticos foram completamente desmantelados na sequência, durante a Guerra Civil Inglesa dos anos 1640, o que deu sustentação para oportunidades econômicas distribuídas de maneira muito mais ampla. A Revolução Gloriosa, por fim, estabeleceu a independência do Judiciário com a Lei de Estabelecimento de 1701, um passo significativo rumo à igualdade perante a lei, ao cumprimento imparcial de leis e contratos,

258 — O CORREDOR ESTREITO

e à segurança do direito de propriedade. O Estado não apenas removeu impedimentos à atividade econômica, como passou a oferecer serviços públicos essenciais. Também incentivou ativamente e auxiliou a indústria (e nesse aspecto, não viu problemas em prejudicar a liberdade alheia; por exemplo, o Estado apoiava os comerciantes escravagistas da Inglaterra e se beneficiava deles. As Leis de Navegação do Estado tornaram ilegal o uso de embarcações estrangeiras para transportar mercadorias para a Inglaterra ou para as suas colônias, fortalecendo o monopólio comercial para mercadores e manufatureiros ingleses).

Todas essas mudanças econômicas e sociais fizeram surgir uma intensa quantidade de experimentação e de energia inovadora. Milhares de pessoas de todo tipo passaram a correr atrás de suas próprias ideias e de caminhos para aprimorar a tecnologia, resolver problemas excepcionais, abrir empresas e ganhar dinheiro. Um fator fundamental é que essa experimentação não apenas era descentralizada como também não sofria restrições da autoridade política. Sendo assim, diferentes pessoas podiam usar abordagens diversas para empreender melhor, obter êxito onde outros haviam fracassado e, talvez o mais importante, formular problemas e ideias completamente novos ao longo do processo. Vemos a importância desse tipo de experimentação em algumas das tecnologias icônicas da Revolução Industrial, como o motor a vapor. Inovadores e empreendedores como Robert Boyle, Denis Papin, Thomas Savory, Thomas Newcomen, John Smeaton e James Watt abordaram o problema de como usar o motor a vapor de diferentes modos e experimentaram à própria maneira um processo cumulativo que, em última instância, levou a motores a vapor muito mais eficientes e poderosos.

Os estudos realizados para que navios conseguissem encontrar a longitude em alto-mar são o melhor exemplo tanto para a natureza da experimentação, com várias tentativas que não levaram a nada, quanto para uma infinidade de abordagens diferentes e seu papel decisivo em avanços inovadores. A latitude podia ser calculada a partir das estrelas, porém a longitude era um desafio maior. Os navios frequentemente se perdiam no mar, mas esses problemas se tornaram óbvios em outubro de 1707, quando quatro embarcações de uma frota de cinco navios de guerra britânicos erraram o cálculo de sua longitude ao voltarem de Gibraltar e afundaram ao colidir com as rochas das ilhas da Sicília. Dois mil marinheiros se afogaram. O governo britânico criou o Conselho de Longitude e ofereceu uma série de prêmios em 1714 para incentivar a resolução do problema.

Sabia-se que uma resposta era manter dois relógios a bordo do navio. Um deles ajustado para mostrar a hora do meridiano de Greenwich, por exemplo, e outro que podia ser reiniciado ao meio-dia de cada dia, de acordo com a posição do sol no mar. A diferença entre esses dois horários permitia que se calculasse a longitude. O problema era que os relógios eram imprecisos, baseando-se em pêndulos que irremediavelmente acabavam saindo do controle no mar, ou feitos de metais que se expandiam ou contraíam dependendo das condições climáticas. O grande físico Isaac Newton, encarregado pelo governo de aconselhá-los sobre modos de calcular a longitude, comprometeu-se profundamente com a ideia de que isso devia ser feito por meio da astronomia e da posição das estrelas. Embora concordasse que o princípio por trás da solução dos relógios funcionava, na prática ele não resolvia na água porque,

> em função do movimento do navio, das variações de calor e frio, umidade e aridez, e a diferença da gravidade em diferentes latitudes, um relógio como esse ainda não foi inventado.

E provavelmente jamais seria.

As pessoas realizaram diversos experimentos para tentar resolver a situação, alguns deles bastante excêntricos. O próprio Galileu tinha inventado uma espécie de máscara, chamada de celatone, projetada para calcular a longitude olhando para Júpiter e usando o ritmo dos eclipses de suas luas. (Uma reconstrução dessa máquina é exibida no caderno de fotos.) Outra proposta envolvia cães feridos e uma misteriosa substância chamada de "pó da simpatia". Tal pó supostamente tinha a capacidade de curar à distância caso fosse colocado sobre algo que pertencia a uma pessoa ou animal ferido. O importante é que esse processo de cura causava dor. A ideia era manter um cachorro machucado a bordo e todo dia, ao meio-dia, em Londres, alguém aplicaria o pó em um curativo que tivesse sido usado no cachorro. O cachorro iria ganir, indicando que era meio-dia em Londres. (Soa completamente maluco até você lembrar que o próprio Newton era alquimista e passou grande parte da vida tentando transformar "metais comuns" em ouro.) Outra ideia envolvia ancorar uma grande quantidade de navios no oceano com imensos canhões que fossem disparados nos momentos apropriados, para que outros navios que estivessem por perto ouvissem e soubessem a hora.

John Harrison, um carpinteiro iletrado de Barrow upon Humber, no norte da Inglaterra, finalmente descobriu uma solução. Harrison resolveu todos os problemas que Newton tinha mencionado. Ele se livrou do pêndulo. Eliminou o uso de lubrificantes, que se expandiam ou contraíam dependendo do clima, usando uma madeira de lei tropical, a guaiacum, que secreta seu próprio óleo. Para resolver o problema dos metais que se expandiam, ele uniu tiras de latão e metal para que a expansão de um fosse compensada pela do outro. Harrison não chegou à solução imediatamente. Ele precisou de uma série de protótipos e de trinta anos para chegar ao chamado H-4, em 1761. Ao longo do caminho, realizou diversas inovações profundas, como, por exemplo, o uso de rolamentos pela primeira vez, tecnologia utilizada ainda hoje para reduzir a fricção rotacional em grande parte das máquinas. A busca obsessiva por uma solução para o problema da longitude e todas as ideias malucas que isso gerou foram satirizadas por William Hogarth em uma série de pinturas chamada *The Rake's Progress*. A última da série mostra o infame asilo para doentes mentais em Londres, Bedlam, cheio de homens que enlouqueceram procurando um modo de calcular a longitude.

Uma consequência de toda essa agitada experimentação foi a maior mobilidade social. À medida que eram bem-sucedidas em seus esforços, pessoas de origens modestas não apenas ganhavam dinheiro, como também obtinham maior reconhecimento social. Pense em Richard Arkwright, que inventou o quadro giratório e aquela que talvez seja a primeira fábrica moderna do mundo, em Cromford, Derbyshire, em 1771. Era o caçula de sete filhos de um alfaiate pobre, a ponto de seu pai não conseguir enviá-lo para a escola. No entanto, Arkwright acabou nomeado cavalheiro e chegou ao ápice da sociedade inglesa. Ou pense no caso de James Watt, o inventor do motor a vapor Watt, que veio de uma família de classe média escocesa. Dez anos depois de sua morte, em 1819, James Watt tinha uma estátua sua na abadia de Westminster (lá também existe um memorial em homenagem a John Harrison). A abadia abriga os túmulos de muitos reis e rainhas ingleses e de pessoas famosas, como William Wilberforce, o homem que liderou a campanha pela abolição do comércio escravagista nos séculos XVIII e XIX. Não havia qualquer gaiola de normas impedindo a experimentação ou o sucesso da habilidade desses homens.

A Revolução Industrial começou na Grã-Bretanha pelo mesmo motivo que as comunas italianas começaram a apoiar a inovação e o crescimento econômico na Idade Média — o Leviatã Agrilhoado floresceu no corredor, e isso deu às pessoas maior liberdade e mais oportunidades econômicas. Movido pela Rainha Vermelha, o Estado britânico se tornou mais eficaz e aumentou sua capacidade durante esse processo, mas não se libertou de seus grilhões. A capacidade crescente do Estado agrilhoado ajudou mais do que atrapalhou no progresso da liberdade. Nisso, a Grã-Bretanha estava à frente de outras partes da Europa. Mas este capítulo também mostrou que muitas sociedades europeias estavam entrando no corredor, embora cada uma com seus altos e baixos e com suas limitações. À medida que os Leviatãs da França, Bélgica, dos Países Baixos e da Alemanha se tornaram mais acorrentados e adquiriram maior capacidade, a liberdade, as oportunidades econômicas e os incentivos para suas populações também melhoraram, e a industrialização se disseminou para essas áreas.

Por que na Europa?

A história da Europa é evidentemente rica, complexa e variada, algo a que não podemos fazer justiça neste capítulo. Nosso argumento, em vez disso, foi mostrar como nosso modelo conceitual oferece uma interpretação diferente dessa história, das origens desse conjunto específico de instituições e de práticas políticas e sociais que surgiram na Europa ao longo dos últimos 1.500 anos.

São várias as teorias que enxergam algo particular muito antes da Idade Média — sua cultura judaico-cristã, geografia única, seus valores europeus, seja lá o que isso for —, tornando seu futuro desenvolvimento político e a sua ascensão econômica inevitáveis. Nosso relato discorda fortemente dessas teorias.

Não havia nada único nos primórdios da história europeia que predeterminasse o surgimento do Leviatã Agrilhoado, além do fortuito equilíbrio criado pelas duas lâminas da tesoura europeia — as instituições estatais do Império Romano e as normas e instituições participativas das tribos germânicas. Esse equilíbrio por si mesmo também não bastou para fazer surgir o Leviatã Agrilhoado. Quando apenas a primeira lâmina estava presente, como em Bizâncio, surgiu um típico Leviatã Despótico. Quando somente a segunda lâmina esteve presente, como na Islândia, houve pouco desenvolvimento político e nenhum processo de construção estatal. Durante outra época, sob circunstâncias diversas, com diferentes contingências em momentos decisivos — e talvez com atores políticos menos hábeis do que Clóvis e Carlos Magno tentando fazer sua fusão —, até mesmo as duas lâminas juntas podiam ter fracassado em criar um equilíbrio igual ao que houve. Mas durante os tumultuados séculos V e VI, depois do colapso do Império Romano do Ocidente, elas criaram um equilíbrio precário, que colocou a Europa no corredor estreito e permitiu o surgimento do Leviatã Agrilhoado.

Chegar ao corredor não criou liberdade imediatamente. A violência, o assassinato e o caos continuaram acontecendo, por vezes de maneira bastante intensa, por mais de um milênio. No entanto, essa chegada foi o início de um processo que limitou o despotismo e que muito gradualmente levou ao desenvolvimento dos pré-requisitos da liberdade. Estar no corredor também não é garantia do surgimento do Leviatã Agrilhoado em toda a sua glória (como veremos no Capítulo 9, quando discutirmos como grandes choques podem jogar uma sociedade para fora do corredor; e no Capítulo 13, quando testemunharmos como a corrida entre Estado e sociedade pode sair de controle). Mas o que é impressionante, do ponto de vista da história global, foi que muitas sociedades se viram no corredor e continuaram a evoluir ali, aumentando as capacidades de seus Estados e sociedades com toda a força da Rainha Vermelha.

As consequências de a Europa ter entrado no corredor e da dinâmica da Rainha Vermelha que se seguiu foram espetaculares. Foi na Europa que a liberdade assumiu de modo mais nítido a forma que reconhecemos hoje (ainda que esse tenha sido um processo longo, doloroso e por vezes marcadamente violento). Também foi na Europa que essa liberdade — o ambiente econômico e social moldado pelo Leviatã Agrilhoado — criou oportunidades e incentivos econômicos amplos com base em mercados funcionais e propiciou um ambiente em que a experimentação, a inovação e os avanços tecnológicos pudessem florescer e abrir caminho para a Revolução Industrial e a prosperidade sustentada.

Nossa teoria ressalta que essas lições podem ser aplicadas fora da Europa. Caso existisse algo único na Europa, manifestado em sua ascensão, não poderíamos extrair lições dessa experiência para sociedades que enfrentam hoje os mesmos problemas. Mas não é o caso com a nossa teoria. As instituições centralizadas dos romanos e as normas e assembleias populares das tribos germânicas certamente foram específicas da Europa dos séculos V e VI, mas o princípio geral aqui — segundo o qual para entrar no corredor uma nação precisa de um equilíbrio entre instituições estatais poderosas e centralizadoras e uma sociedade assertiva e mobilizada capaz de fazer frente ao poder desse Estado e de agrilhoar suas elites políticas — pode ser aplicado de maneira mais ampla. Na verdade, veremos no restante do livro que a ausência de instituições que, simultaneamente, aumentem a capacidade estatal e deem sustentação à liberdade dos cidadãos está quase sempre relacionada à falta de tal equilíbrio de poder entre Estado e sociedade. Tal equilíbrio também não é algo unicamente europeu e surgiu sob diferentes circunstâncias e em diferentes geografias e ambientes culturais, como já vimos no capítulo anterior e voltaremos a ver.

7.

MANDATO CELESTIAL

Virando o barco

A HISTÓRIA CHINESA TOMOU UM CAMINHO muito diferente daquele seguido pela Europa e criou bem menos liberdade. Mas não começou assim. Para entender essa trajetória, retornemos à era da história chinesa conhecida como período Primavera e Outono, que se iniciou no século VIII a.C. O período Primavera e Outono deu à luz Confúcio, cuja filosofia tem sido um esteio da sociedade chinesa e das instituições do Estado desde então. O confucionismo dava grande importância ao bem-estar das pessoas e argumentava que isto deveria ser incentivado por um governante virtuoso. Como Confúcio dizia:

> Quem governa pelo poder da virtude é como a Estrela Polar:
> simplesmente permanece em seu lugar e recebe homenagem
> de uma miríade de estrelas menores.

Seu mais famoso discípulo, Mengzi (frequentemente chamado de Mêncio), declarou: "As pessoas são as mais estimadas." Também reproduziu um documento anterior que argumentava que o "Céu vê o que as pessoas veem, o Céu ouve o que as pessoas ouvem". Tais ideias são comuns nesse período. O próprio Confúcio destacou que "um Estado não pode permanecer em pé se perdeu a confiança das pessoas".

A prova de que essas ideias eram relevantes para a política do período vem do antigo *Chronicle of Zuo Zhuan* (Comentários de Zuo), que cita Ji Liang, um funcionário do Estado de Sui. Liang alertava o imperador de que "o povo era o mestre das divindades. Portanto, reis sábios davam conta das necessidades das pessoas e assim atendiam as divindades".

Por que o povo é "mestre das divindades" e o "mais estimado"? Muito provavelmente porque a sociedade era organizada o suficiente para ter voz na política do período. De fato, durante o período Primavera e Outono o poder político na China era tão fragmentado que os estudiosos se referem a sociedades concorrentes como "Estados cidades", chegando a compará-las às cidades-Estado gregas. Em Atenas, a política se dava em torno da capital e os cidadãos podiam criar ou demolir suas carreiras políticas e ambições. O *Zuo Zhuan* documenta pelo menos 25 exemplos em que os habitantes das capitais influenciaram ativamente as lutas de poder, incluindo conflitos sobre quem deveria se tornar soberano. Assim como em Atenas, no Estado de Zheng as pessoas se encontravam para discutir e criticar as políticas e o comportamento do governo. Um famoso primeiro-ministro desse período, Zichan, teria dito:

> O povo de manhã e ao entardecer se recolhe e se encontra para debater a bondade e a maldade de quem detém o poder. Se implemento o que quer que considerem bom e corrijo o que consideram ruim – então são meus professores.

Ele continua destacando que tentar excluir as pessoas seria "como obstruir um rio: quando sobrecarregar a barragem, mais gente será ferida". Mengzi concorda com esse sentimento, escrevendo:

Há uma forma de ganhar o povo: quando você conquista seus corações, conquista as pessoas. Há uma forma de ganhar seus corações: reúna-as no que desejam, não faça o que elas detestam, e isso é tudo.

Um tratado filosófico posterior, conhecido como *Xunzi*, resumia a política desse período:

O governante é um barco; os plebeus são a água. A água pode levar o barco; a água pode virar o barco.

No caderno de fotos há uma versão da página original do *Xunzi* que inclui esse ditado em caracteres chineses.

Tudo sob o céu

O fermento intelectual da Primavera e Outono foi seguido pela consolidação política e pelo surgimento de sete grandes Estados territoriais, e alguns menores, presos em uma guerra incessante (ver Mapa 10). Esse período de Estados Combatentes permitiu uma filosofia política nova e despótica, o legalismo, que se tornou um pilar da dominação da sociedade pelo Estado chinês. Shang Yang, conhecido como Lorde Shang, foi um dos mais influentes pensadores e políticos. Nascido em 390 a.C., no meio do período dos Estados Combatentes, ele estava totalmente consciente do caos que a fraqueza estatal poderia criar. Como Hobbes, que quase 2 mil anos depois chegaria a uma solução parecida, Lorde Shang viu uma saída na construção do poder de um Leviatã, porque "o maior benefício para as pessoas é a ordem". Se a sociedade fosse enfraquecida no processo, melhor, uma vez que:

Quando as pessoas são fracas, o Estado é forte; portanto o Estado (...) empenha-se em enfraquecer as pessoas.

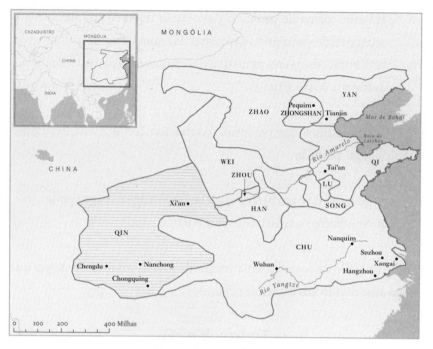

Mapa 10. A China no período dos Estados Combatentes, 475-221 a.C.

Ele não apenas pensou e escreveu sobre essas ideias, como as implementou. De seu estado natal de Wei, Shang Yang mudou para Qin para se tornar conselheiro do governante, Lorde Xiao. Sob os auspícios de Xiao, Shang Yang propôs uma série de reformas radicais, que determinaram uma nova abordagem legal, reestruturou as relações de terra, começou a reforma da estrutura administrativa do Estado e montou mais instituições profissionais. No século seguinte, as reformas centralizadoras haviam transformado Qin em uma potência econômica e militar que conquistou todos os outros Estados e fundou o primeiro império chinês e a primeira dinastia reconhecida.

O fato de que esse já era um objetivo de Shang Yang desde seus primeiros dias fica evidente no primeiro capítulo do *Livro de Lorde Shang*, um registro de suas ideias que chegou até nós. O capítulo intitulado "Revisando as leis" expõe um debate entre Lorde Xiao e três conselheiros, incluindo Shang Yang. O lorde estava preocupado que as inovações institucionais levassem a críticas de "Tudo sob o céu". Xiao não estava apenas preocupado com a opinião do povo de Qin, mas de Tudo-Sob-o-Céu, ou seja, o mundo inteiro. O Senhor de Qin pensava dessa forma porque se apropriou de um conceito anterior do antigo Estado de Zhou, cujos governantes tinham desenvolvido a ideia de que haviam recebido um mandato para governar a partir do Céu. Desde então, os imperadores da China reivindicavam também ter recebido um "Mandato celestial". Mas como a sociedade pode conter um governante cujo mandato vem direto do Céu?

Shang Yang não pensava que tais limitações fossem desejáveis. Seus objetivos eram simples: "Um Estado rico e um exército forte." Apenas esse Estado poderoso poderia trazer ordem e garantir que a sociedade não começasse a pensar em participar da política. Sem esse tipo de ordem, o resultado seria a discórdia, e isso tinha que ser evitado. O *Xunzi* argumenta em uma linguagem surpreendentemente hobbesiana:

> Humanos nascem com desejos. Quando têm desejos, mas não conseguem saciá-los, não podem fazer nada a não ser procurar formas de satisfazê-los. Se não há limite ou controle sobre essa procura, não resta nada além de lutar entre si. Se eles lutam entre si, haverá caos; se houver caos, as pessoas serão empobrecidas.

Era natural buscar a ordem e as instituições que podiam impô-la. Mas como Qin podia fazer isso? A principal ferramenta seria a lei — mas não da forma que a lei se desenvolveu a partir das normas da sociedade e limitando os governantes no contexto europeu, como vimos no capítulo anterior. Na visão de Shang Yang, a lei e o poder do Estado tinham que ser usados para transformar todos, fossem fazendeiros ou guerreiros. Eles seriam recompensados por plantar ou lutar e punidos caso contrário.

> As pessoas podem ser levadas a cultivar e a lutar (...) tudo depende de como os superiores lhe concedam (patentes e

emolumentos) (...) Aqueles que não trabalham, mas comem, que não lutam, mas alcançam a glória, que não têm patentes, mas são ricos, que não têm ofício, mas lideram – esses são chamados de "vilões".

Em outras palavras, apenas o Estado pode decidir quem e o que tem valor. Sem o reconhecimento do Estado, você é um vilão. O povo tem que ser controlado "como um metalúrgico controla o metal e o ceramista controla a argila". Para garantir que o povo se concentrasse em cultivar, era fundamental não "deixar que as pessoas mudassem de lugar por iniciativa própria" e penalizar qualquer outro tipo de atividade econômica. Uma forma de conseguir isso era estruturar — ou na verdade distorcer — mercados para tornar a agricultura muito atraente. Shang Yang propôs:

> Se você pode impedir que comerciantes e mascates e pessoas habilidosas e astutas prosperem, então, mesmo que não queira enriquecer o Estado, é inevitável. Consequentemente, diz-se: "Aquele que deseja que os agricultores enriqueçam o Estado torna cara a comida dentro da fronteira. É preciso impor múltiplas taxas sobre aqueles que não cultivam e pesados impostos sobre os lucros dos mercados."

Aqueles que não plantavam eram "pessoas habilidosas e astutas". Era um sentimento que teria profundas consequências para o futuro econômico da China, uma vez que o pensamento legalista moldou tanto a forma como o Estado aborda os negócios, quanto o modo como os comerciantes, industriais e camponeses passaram a temer o Estado e a deixar de cooperar com ele.

No modelo legalista, a ordem era a prioridade e deveria ser conquistada por um governante todo-poderoso que suplantasse a sociedade com o peso do Estado e de sua lei. Mesmo se o modelo confuciano discordasse da abordagem de mão pesada do legalismo e recomendasse os preceitos morais para que se conquistasse "a confiança das pessoas", havia uma concordância entre as duas abordagens sobre o princípio básico do despotismo – as pessoas comuns não deveriam ter voz na política; e certamente não deveriam se tornar um contrapeso ao poder do Estado e do imperador. Era apenas o comportamento moral do governante que o levaria a se importar com o bem-estar de seus súditos. Como Confúcio diz:

Pessoas comuns não debatem assuntos de governo.

Ascensão e queda, e ascensão novamente, do sistema jogo da velha

A conquista de Shang Yang foi propor um modelo de construção de Estado despótico que permitiu a Qin suplantar os outros seis Estados Combatentes ao longo dos cem anos seguintes, acabar com uma época caótica e implantar o Império Qin. Os detalhes de como o Estado deveria ser organizado mudaram nos séculos subsequentes à medida que diferentes dinastias experimentaram múltiplas versões. A razão para isso foi que, embora o modelo de Shang Yang fosse bom em eliminar competidores, não fornecia uma matriz efetiva de como governar os novos territórios unificados.

A versão que o primeiro imperador Qin, Qin Shi Huang e seu principal conselheiro, Li Si, inventaram envolvia um controle estrito. O império foi dividido em 36 e mais tarde 42 comandos, cada um liderado por um governador, um comandante militar e um superintendente. Abaixo desses havia uma elaborada hierarquia de autoridades que exerciam um controle sufocante sobre a sociedade, exatamente como Shang Yang teria defendido.

A natureza desse controle é ilustrada pelos documentos administrativos publicados pelo historiador Enno Giele. Eles mostram como um supervisor de uma unidade de subcondado escreveu ao líder do condado para aprovar a indicação de um novo chefe de vila e de um carteiro em um vilarejo local. Quatro dias depois de o pedido ter sido enviado, a resposta voltou negativa. O pedido foi recusado porque o vilarejo tinha apenas 27 casas e foi considerado muito pequeno para ter tais servidores. Esses documentos revelam a intricada rede de funcionários indicados pelo poder central e a eficiência no tratamento desses pedidos, sem mencionar a extensão de seu conhecimento (precisamente 27 casas).

O Estado Qin também impôs um sistema uniforme de pesos e medidas, um sistema monetário unificado e um calendário. Também padronizou a escrita do chinês. Além disso, construiu um sistema elaborado de estradas a partir da capital, Xianyang. Uma das mais importantes e duradouras inovações foi o "sistema jogo da velha", nomeado a partir da letra chinesa para poço de água, uma representação visual de nove lotes de terra de tamanho igual ao exigido para o fornecimento de um soldado. Tal sistema enfatizava a distribuição igual de terra junto com a responsabilidade fiscal e militar. Ele apareceu pela primeira vez nos escritos de Mêncio, que argumentava que

um governo benevolente precisa começar com o levantamento das terras e sua distribuição. Quando os limites não estão definidos a princípio, nem a divisão de terras segundo o sistema jogo da velha, nem a cobrança de grãos reservados para os emolumentos do governante serão igualitários.

A essa altura, uma desvantagem do modelo de Shang Yang se tornou evidente. Para dar suporte a um sistema tão intrusivo, não bastava um "Estado rico"; era necessário ter uma sociedade pesadamente taxada. Afinal, alguém tinha que fornecer os recursos e o trabalho necessários para construir os 8 mil soldados de terracota em tamanho real que Qin Shi Huang havia encomendado para seu mausoléu. Uma das consequências da taxação pesada foi a explosão de revoltas populares que, logo após a morte de Qin Shi Huang, levou ao fim da dinastia Qin, depois de apenas quinze anos de existência e somente dois imperadores. Em última instância, quem saiu ganhando com a instabilidade política que se seguiu foi um camponês do estado conquistado de Chu, Liu Bang, que fundou a nova dinastia Han sob o título de Imperador Gaozu. Gaozu suspendeu a cobrança de taxas, eventualmente reduzindo-as a um quinze avos da colheita. Ele também reduziu a extensão dos serviços de trabalho forçado que o Estado Qin havia imposto.

Os ajustes feitos por Gaozu eram tentativas de seguir em uma direção mais confuciana. Ele usou como base os preceitos legalistas e os combinou com as ideias do confucionismo. Os governos e as leis chinesas subsequentes, até o presente, podem ser interpretados como uma oscilação entre essas duas filosofias e também uma mescla delas, às vezes ficando mais perto de Shang Yang e às vezes de Confúcio. Independentemente do ponto em que estejam no espectro, as leis e os governos concordam em alguns princípios básicos. O mais importante é o princípio básico do Leviatã Despótico – o governo monárquico com um imperador onipotente e um povo sem nenhum papel ou voz no governo. O imperador estava sempre acima da lei. Depois veio a ideia de que o Estado deveria ser formado por pessoas talentosas, necessárias para que o imperador comandasse a sociedade da forma que desejasse. Isso também tinha raízes na filosofia confuciana, que afirma que "aquele que se destaca no aprendizado deve se dedicar ao serviço público" e que se deve "promover aqueles que são dignos e talentosos". O princípio-chave final era que o imperador deveria se preocupar com o bem-estar das pessoas e ser limitado por valores morais. O que incluía até mesmo a ideia de que o imperador deveria promover a prosperidade econômica dos cidadãos ou, usando o termo das últimas dinastias, deveria "armazenar a riqueza entre as pessoas". Esses três princípios resultavam em um tipo de contrato social que dava ao Estado alguma legitimidade. Se fossem desrespeitados, o povo podia se rebelar.

Levou algum tempo para que os imperadores chineses definissem um modelo institucional que pudesse satisfazer esses três princípios. O ponto de virada surgiu com a percepção de que era difícil gerenciar detalhadamente a sociedade da forma que Shang Yang ou os imperadores

Qin previram. Era muito caro. Para patrocinar isso era necessário cobrar impostos pesados, fosse em produtos, dinheiro ou serviços, e isso era incompatível com o último princípio. Sem qualquer meio que permitisse às pessoas ter voz no governo e no modo como os impostos eram gastos, altas alíquotas tributárias causavam descontentamento e, no fim, ajudavam a fomentar a rebelião. Como veremos, ela não desapareceu, mas os imperadores seguintes decidiram mitigar o descontentamento e os motins reduzindo os impostos, ainda que isso significasse menor capacidade do Estado de fornecer serviços públicos e até mesmo uma força policial estável.

Organizar a autoridade para satisfazer esses três princípios era complicado e nunca funcionava perfeitamente. De fato, havia uma luta constante entre o modelo de Shang Yang de microgerenciamento e coerção e a estratégia confuciana mais relaxada de maior afastamento da sociedade e de confiança no estabelecimento de um exemplo de bom governo. Os Han, apesar de reduzirem impostos e trabalhos forçados, inicialmente mantiveram muito da visão Qin. Os Qin haviam reivindicado controle direto sobre os recursos mais produtivos, que incluíam minas, florestas e até processos de manufatura, tais como fundições e oficinas. O mesmo fizeram os Han. No entanto, com menos receita de impostos, eles foram forçados a moderar seu controle sobre a sociedade e gradualmente deixaram de implementar o modelo Qin.

Com o tempo, o sistema jogo da velha passou a regredir e grandes donos de terras apareceram no campo. Mas na ausência de limitações ao poder do governante onipresente, esses movimentos podiam sempre ser revertidos. Pelos 2 mil anos seguintes, a China foi agitada periodicamente por várias tentativas de reafirmar o modelo de Shang Yang, sendo a mais recente a ascensão ao poder dos comunistas depois de 1949, que implementaram a própria versão do sistema jogo da velha na forma de agricultura coletiva. A encarnação contemporânea do modelo confuciano é o que acompanhamos desde 1978 sob Deng Xiaoping, quando a coletivização passou a ser revertida e os líderes chineses começaram a atacar a corrupção, uma vez que isso violava o princípio confuciano de um governante virtuoso. Para saber o que deve acontecer no futuro da China, é importante entender essa oscilação histórica entre legalismo e confucionismo.

A primeira tentativa de reintroduzir o forte controle estatal sobre a economia depois do fim da dinastia Qin veio do imperador Wu, da dinastia Han, que governou por 54 anos, entre 141 e 87 a.C. Wu deu início a um monopólio real sobre a produção de ferro e sal, e reivindicou o controle sobre a maior parte das atividades industriais e comerciais. O historiador contemporâneo Sima Qian observou que "a riqueza do mundo todo era exaurida para servir ao governante; mesmo assim, ele não estava satisfeito". As reformas de Wu não duraram muito.

A próxima pessoa a tentar algo semelhante foi Wang Mang, que se tornou regente do imperador criança Han em 1 a.C. e se proclamou imperador cinco anos depois quando Han morreu. Wang lançou uma tentativa combinada de reassumir o controle sobre a economia e a sociedade que estava gradualmente se perdendo. Ele decretou que toda terra pertencia ao Estado, confiscou os bens de muitos grandes proprietários e criou mais monopólios estatais. Em 23 d.C. teve início uma insurreição popular contra suas políticas, que culminou com a captura do palácio imperial e a morte de Wang. Depois disso o sistema jogo da velha voltou a regredir. Em 30 d.C. o serviço militar universal havia sido abolido e com isso a sociedade deixou de se basear no complexo agricultor-soldado.

A dinastia Han acabou em 220, sendo substituída por uma série de regimes de curta duração. No norte, esses regimes foram dominados por tribos nômades do interior da Ásia, enquanto no sul surgiram várias ramificações do poder de Han. Antes da reunificação da China sob a dinastia Sui, em 581, houve de novo tentativas de reimplantar o modelo de Shang Yang, inclusive durante a dinastia Wei, que durou de 386 a 524 no norte da China. Em 485, a dinastia Wei inventou seu "sistema jogo da velha", que foi mantido depois de 581 pelos Sui, e então pela dinastia Tang quando tomou o poder em 618. O que determinou o destino dessa nova versão do sistema jogo da velha foi a rebelião An Lushan, que surgiu contra Tang em 755. Apesar de ter sido finalmente reprimida em 763, depois do saque à capital Chang'na, a rebelião custou a vida de centenas de milhares de pessoas e devastou o Estado Tang. Com a capacidade do Estado de controlar a sociedade em farrapos, o sistema de lotes iguais sucumbiu e a posse privada da terra se tornou a norma.

Em 960, a nascente dinastia Song substituiu a Tang e começou uma nova reestruturação similar à transição inicial Qin-Han. Apesar de ter havido grandes continuidades, o modo de governo mudou do legalismo em direção ao confucionismo. Um fruto dessa reestruturação foi a consolidação mais definitiva do controle burocrático, com o sistema de exame para entrada no serviço civil substituindo o de recrutamento anterior baseado em recomendações (outro fruto foi o crescimento econômico, que vamos discutir mais tarde). A meritocracia no serviço civil, no entanto, foi depois sistematicamente enfraquecida tanto pela venda de cargos – que aumentou no século XVII à medida que os recursos fiscais do Estado caíam –, quanto pela intervenção contínua do governo.

Em 1127, a parte norte da China Song foi conquistada pelo povo jurchen do interior da Ásia, que formou uma nova dinastia, a Jin. A dinastia Song mudou sua capital para o sul em resposta, mas então tanto o Império Jin quanto o que havia restado do Império Song foram conquistados pelos mongóis, liderados por Kublai Khan, que montou a dinastia Yuan. Depois da morte de Kublai Khan, em 1294, houve outros dez imperadores até a dinastia Yuan também ruir em meio às grandes revoltas em 1350. Nesse meio-tempo, a organização anterior do Estado chinês havia sido reconfigurada, impondo um modelo personalizado baseado na hierarquia de suas tribos mongóis e organizando os chineses em castas etárias ocupacionais e hereditárias. O trabalho obrigatório foi adotado, assim como uma série de novos impostos. Artesãos eram transportados em massa para a capital mongol, Dadu — hoje Pequim — para atender à demanda por produtos e trabalho.

A dinastia Yuan foi derrubada por Zhu Yuanzhang, que fundou a dinastia Ming em 1368, depois de duas décadas de guerra civil. Com o título de imperador Hongwu, ele deu início à dinastia Ming com um modelo semelhante ao de Shang Yang. Hongwu rapidamente passou a concentrar mais poder em suas mãos, por exemplo, abolindo a posição de primeiro-ministro, que até aquele momento agia como uma voz do funcionalismo público. Em 1373, ele aboliu o sistema de exames porque não gostava dos resultados e expurgou forte e violentamente o serviço civil diversas vezes. Hongwu então tentou colocar a China mais uma vez em uma nova versão do sistema jogo da velha. Durante seu reinado de trinta anos, ele se esforçou para reverter a mercantilização da economia e até mesmo voltou a cobrar impostos em forma de produtos no lugar de dinheiro. Em 1374, o imperador baniu o comércio externo com um decreto conhecido como "proibição do mar", interdição que duraria até o fim do século XVI (sendo periodicamente reimposta depois).

Em 1380, Hongwu iniciou uma imensa expropriação de terras pertencentes a grandes proprietários. No fim de seu reinado, talvez metade das terras na província de Jiangnan — no entorno do delta do Yangtzé, onde sua capital Nanquim estava — havia sido tomada pelo Estado. O poder despótico do Estado permaneceu palpável durante toda a dinastia Ming. Nos anos 1620, críticas ao Estado inspiradas em Confúcio surgiram com a fundação da facção Donglin, à volta da Academia Donglin, no condado Wuxi, cerca de 90 quilômetros a oeste de Xangai. Eles chegaram ao despudor de compor um memorial que chamaram de "Vinte e quatro crimes" (do Estado). A resposta do imperador Tianqi foi executar doze dos líderes, enquanto o décimo terceiro se suicidou. Outras centenas de pessoas acusadas de simpatizantes foram alvos de expurgo. Seus apoiadores persistiram junto a outros grupos inspirados por eles, tais como a Sociedade da Restauração (Fushe), mas foram reprimidos violentamente por Qing nos anos 1660. A crítica não era permitida.

A transição Song-Ming, que levou a China novamente para o legalismo, nos lembra que um Estado descontrolado não resulta em liberdade para os cidadãos. Pelo contrário, é tipicamente a base da dominação nas mãos do Estado o que Lorde Shang recomendava e que os Ming seguiram com satisfação.

Cortando a trança

A intensificação do despotismo do Estado Ming levou a uma série de insurreições, tais como a Rebelião dos Turbantes Vermelhos em 1620, o que ressaltou uma das desvantagens fundamentais do modelo legalista. A dinastia foi finalmente varrida do poder por um desentendimento interno e o oportunismo de outro povo expansionista do interior da Ásia, os manchus, que formaram a dinastia Qing. Um relato em primeira pessoa da expansão do poder manchu vem de um historiador local do condado de T'an-ch'eng, situado perto da costa, mais ou menos no meio do caminho entre Pequim e Xangai:

> Foi em 30 de janeiro de 1643 que o grande exército invadiu a cidade, massacrou os oficiais e matou 70% ou 80% da nobreza, funcionários e pessoas comuns; dentro e fora dos muros da cidade mataram dezenas de milhares, nas ruas e nos pátios e nos becos as pessoas foram todas reunidas, massacradas ou feridas, os remanescentes pisotearam uns aos outros, e daqueles que fugiram a maioria foi ferida. Até 21 de fevereiro de 1643 o grande exército armou seus acampamentos em nossas fronteiras (...) Permaneceram por 22 dias; por toda a região muitos foram saqueados e queimados, mortos ou feridos. Eles também destruíram Ts'ang-shan-pao, matando mais de 10 mil homens e mulheres lá.

Em 1644, os manchus, mesmo que não parecessem empenhados em "ganhar corações e mentes", tomaram Pequim e estabeleceram o que seria a última dinastia chinesa. Antes que pudessem chegar até lá, um líder criminoso, Li Zicheng, criou outra dinastia que durou seis semanas. Seu regime improvisado graduou as elites, eunucos, comerciantes, grandes donos de terras e altos oficiais por nível de receita, e tomou cerca de 20% a 30% de suas riquezas. O próprio Li acumulou uma fortuna de 70 milhões de taéis de prata. Ele até mesmo começou a falar de um sistema de lotes iguais antes de ser despejado do trono pelo exército manchu.

Os manchus, assim como os mongóis, eram forasteiros e tinham que colocar os chineses sob controle. Uma estratégia interessante foi o "decreto de tonsura", que estipulava que todos os homens tinham que adotar o corte de cabelo dos manchus com testa raspada e uma trança. Os Qing decidiram que essa era uma forma de forçar todos os chineses a se conformar com a nova dinastia. Em março de 1647, três anos depois de os manchus ocuparem Pequim, Chang Shang, o governador da província Kansu, estava em uma viagem de inspeção. No dia 4 de março ele chegou a Yung-ch'ang, um condado ao lado da Grande Muralha. Todos os estudantes da escola local estavam reunidos para cumprimentá-lo. Ele notou: "Vi um homem que parecia ter mantido o cabelo na parte da frente de sua cabeça. Depois que cheguei ao distrito de Yamen [residência do magistrado local], convoquei todos os estudantes para inspeção acadêmica (...) pessoalmente fui até o homem em questão e tirei seu gorro. De fato, seu cabelo não estava raspado." Funcionários locais garantiram a Chang que pôsteres informando sobre o decreto de tonsura haviam sido publicados e que o culpado, Lü K'o-hsing, não tinha desculpas. Chang mandou prender Lü e escreveu para o imperador pedindo que ele fosse imediatamente executado "para defender a lei da dinastia governante". A resposta chegou rápido: "Faça-o ser executado prontamente. Mas e os funcionários locais, o chefe da família, o chefe local e os vizinhos?" O resultado foi que a cabeça sem o corte de cabelo oficial de Lü foi arrancada e exibida em público para "alertar as massas". O patriarca da casa de Lü, junto com o chefe local e os vizinhos foram espancados e o magistrado do condado foi multado em três meses de salário.

A ansiedade da dinastia Qing sobre cortes de cabelo persistiu por todo o reinado. Em 1768, um pânico generalizado com o "roubo de alma" tomou o império. Havia uma onda de cortar as tranças dos homens, supostamente para roubar suas almas. Uma alma capturada permitiria que alguém exercesse poder sobre os outros. O governo chinês, sob o imperador Qianlong, reagiu vigorosamente às acusações de corte de trança. Uma técnica usada regularmente para investigar os casos era o *chia-kun*, ou "viga de pressão", que era aplicada para extrair uma confissão. Poderia ser usada uma "prensa de tornozelo" — uma máquina para lentamente quebrar os tornozelos — ou um instrumento alternativo que criava múltiplas fraturas na tíbia.

Um dos acusados de roubar almas em 1769 foi um monge, Hai-yin. Ao ser preso, o monge tinha algumas mechas curtas de cabelo, que ele disse ter obtido anos antes, e de fato ele as carregava em uma barra que ficava à vista. Hai-yin foi interrogado e as autoridades locais decidiram que a tortura era necessária para se chegar à verdade. Mas o monge era resiliente. Depois de alguns dias, as autoridades locais comentaram: "Se o torturarmos um pouco mais agora, ele pode morrer e então ficaremos sem condições de descobrir nada." "Certo", o imperador Qianlong escreveu com a tinta vermelha que usava em documentos oficiais. Hai-yin resistiu ainda mais, e o imperador foi informado que infelizmente o prisioneiro "contraiu a doença predominante da temporada" e também que os ferimentos da tortura infeccionaram. De fato, a situação ficou tão frustrante que o magistrado local decidiu que seria melhor "executá-lo publicamente de forma a dissipar as suspeitas da multidão", uma vez que rumores começaram a circular depois da prisão de Hai-yin. Assim, eles "levaram o criminoso até a praça pública e cortaram sua cabeça, que foi exposta para a multidão". Outro monge, Ming-yuang, foi igualmente acusado. Uma semana após ser preso, ele estava morto. "Notável", o imperador Qianlong acrescentou em vermelho. Então não eram só os francos que eram obcecados por cabelo, ainda que Qing mostrasse sua obsessão de forma diferente.

A aplicação do decreto de tonsura não era a única maneira de Qing sinalizar ao povo conquistado que estava falando sério. Em maio de 1645, as elites no delta do Yangtzé se rebelaram contra o novo Estado e os generais Qing massacraram cerca de 200 mil homens, mulheres e crianças. O relato em primeira pessoa *Um registro de dez dias em Yangzhou*, escrito por Wang Xiuchu, é uma leitura angustiante. Depois que as forças Qing destruíram a cidade de Yangzhou, os sobreviventes foram colocados em uma marcha forçada:

> Algumas mulheres chegaram (...) elas estavam parcialmente nuas e de pé sobre uma lama tão profunda que chegava às panturrilhas. Uma estava abraçando uma menina, que um soldado açoitou e jogou na lama antes de levá-la embora. Um soldado empunhou uma espada e liderou o caminho, outro nivelou sua lança e nos empurrou por trás, e um terceiro se movia pelo lado para garantir que ninguém tentasse fugir. Várias pessoas foram reunidas como gado ou cabras. Qualquer um que ficasse para trás era açoitado ou morto. As mulheres foram amarradas pelo pescoço com uma corda pesada — lado a lado, como pérolas. Tropeçando a cada passo, elas estavam cobertas de lama. Bebês estavam por todo lugar, no chão. Os órgãos deles pisoteados como relva sob os cascos dos cavalos ou os pés das pessoas cheios de lama, e o choro daqueles ainda vivos enchia todo o espaço. Cada valeta ou lago por que passávamos estavam cheios de cadáveres empilhados sobre os braços e pernas uns dos outros. Seu sangue fluía pela água, e a combinação de verde e vermelho produzia um espectro de cores. Os canais, também, estavam até a superfície cheios de corpos.

Despotismo barato

Por serem estrangeiros, os Qing sentiam que seu reinado era mais precário que o de seus predecessores e estavam preocupados que a taxação fosse incitar oposição contra seu governo. Como vimos, isso era um tema familiar desde a fundação da dinastia Han. Um susto foi a conspiração Ma ChaoZhu de 1752. Ma era um camponês de Hupei, que foi convencido por um monge de que tinha um grande destino e se tornou seu seguidor. Ma começou a declarar ter conexões com os vestígios do regime Ming que agora habitava o "Reino do Mar Ocidental" e era governado por um "Jovem Senhor" Ming. O reino supostamente contava com 36 mil guerreiros e também com o general Ming Wu Sangui. Ma reuniu seguidores, alegando ser um general e dizendo que máquinas voadoras mágicas levariam o exército do reino para atacar o vale do Yangtzé a qualquer momento. À medida que o movimento de Ma ganhava força, oficiais por acaso descobriram espadas recém-forjadas no que acabou sendo um de seus campos. Ma fugiu, mas alguns de seus familiares foram capturados. Iniciou-se uma caçada que levou à prisão de centenas de suspeitos e continuou por anos apesar de Ma nunca ter sido encontrado. Discípulos capturados relatavam como, após se juntar ao grupo e entrar em uma das bases de Ma, as pessoas tinham "suas bocas manchadas com sangue e engoliam papéis com feitiços. Também deixavam seus cabelos crescerem e não raspavam a testa", um gesto claramente anti-Qing. Aqueles presos eram "torturados com extrema severidade" e suas vidas só eram preservadas se confessassem. O imperador Qianlong anotou em vermelho: "Uma única faísca pode começar um incêndio."

O Estado Qing estava sempre aflito com rebeliões (e por boas razões), embora isso não impedisse que tomasse ações arbitrárias. O que incluía a reimposição da proibição de pessoas morando perto do mar, imposta pelos Ming, e a determinação do imperador Kangxi, em 1661, para a remoção forçada de essencialmente todas as pessoas que viviam ao longo da costa sul da China, até 15 quilômetros continente adentro, a fim de controlar o comércio e a pirataria.

Para lidar com a ameaça de rebelião, os Qing decidiram, em 1713, dar um passo rumo ao extremo confuciano do eixo legalista-confuciano. Congelaram a maior fonte de receita do Estado, os impostos sobre terras, em termos nominais. Dali em diante todo mundo pagava um valor fixo em dinheiro por *mou* (convencionado em aproximadamente 0,15 acre). Uma vez que os preços subiram substancialmente durante o século, o valor real das receitas de impostos disponíveis para o Estado caiu de maneira dramática. Não houve muita prestação de serviço público sob os Qing.

Na verdade, os poucos serviços públicos que o Estado fornecia, tais como o sistema de estocagem de alimentos para combate à fome e grandes projetos de infraestrutura, como o Grande Canal, perderam vigor. O Estado não tinha mais condições de comprar os grãos necessários para estocar os celeiros, e o Grande Canal caiu em desuso em 1840 e se tornou intransitável. Entre 1824 e 1826, todo o sistema de controle das águas do Rio Amarelo desmoronou como consequência da falta de manutenção das eclusas e diques, e da ausência da dragagem necessária para impedir o assoreamento. Enchentes devastadoras se seguiram.

Vale a pena entender como era a organização do Estado chinês nessa época, bem como por que ele não foi capaz de apoiar as atividades comerciais e industriais ou de fornecer muitos serviços públicos. No alto escalão havia seis ministérios ou conselhos — pessoal, receitas, ritos, guerra, obras e punições. A terminologia era antiga e interessante: não justiça, mas *hsing pu*, traduzido como "punições". De fato, os mais antigos documentos legais conhecidos inscritos em vasos de bronze eram chamados não de livros de leis ou códigos legais, mas "Livro das Punições", o que era muito coerente com o modo como Shang Yang pensava a lei. O Código Tang de 653 é o mais antigo e completo código legal que temos (apenas fragmentos do Código Qin sobreviveram). Ele foi modificado significativamente no decorrer dos anos, e os Qing produziram sua versão final em 1740. Tais códigos reafirmam que as leis chinesas não existiam para fazer justiça e certamente não para apoiar a liberdade, mas para administrar e regular a sociedade. Eles não estavam interessados nos direitos dos réus contra o Estado. Qualquer lei podia ser modificada ou anulada pelo imperador, que estava acima da lei. O tratamento dos réus nos processos judiciais sugere que o réu era culpado até se provar inocente. E para o caso de terem se esquecido de alguma coisa, o estatuto 386 do código penal Qing permitia espancamentos contra alguém "que estivesse fazendo algo que não deveria fazer".

Como vimos, um dos grandes motivos que levavam o Estado chinês a reivindicar direito a elogios era o fato de escolher servidores civis por um sistema de avaliação competitiva. A aspiração por meritocracia estava presente mesmo na época da dinastia Qin, embora só tenha se tornado mais sistemática com a dinastia Song e talvez tenha atingido a seu auge com os Qing. Havia três níveis no exame. No primeiro, as pessoas podiam tentar se qualificar como licenciadas. Em 1700, cerca de 500 mil pessoas haviam se qualificado nesse nível. Duas vezes a cada triênio muitos milhares desses eram notificados para se reunir na capital provincial para um teste que durava três dias e duas noites. Cerca de 95% eram reprovados. Era uma aposta muito alta.

Passar no exame provincial garantia um status permanente de elite e importantes isenções fiscais e legais. Membros da burocracia não podiam ser presos, investigados ou torturados sem permissão do imperador. Se fossem considerados culpados, as punições normais às quais os cidadãos comuns eram submetidos — como açoitamento com bambu, exílio ou morte — eram comutáveis por multas em dinheiro. Havia a chance de conseguir um cargo oficial também. Contudo, existia ainda mais um passo a ser dado. No ano seguinte ao exame provincial, aqueles que haviam sido aprovados se reuniam em Pequim para o exame metropolitano. Havia apenas trezentas vagas a serem preenchidas, e 90% dos candidatos não passavam. Esses trezentos vencedores eram pessoalmente graduados pelo imperador, e os melhores entre eles eram escolhidos para trabalhar nos ministérios centrais. Os demais estavam destinados a serem nomeados como funcionários subnacionais, como no caso dos magistrados. No período Qing havia cerca de 1.300 distritos, agrupados em 180 prefeituras, as quais eram, por sua vez, reunidas em dezoito províncias, cada uma com um governador. Cada distrito tinha um magistrado, o braço executivo do Estado Qing no distrito. Como a população do império no fim do século XVII era de aproximadamente 300 milhões de pessoas, isso significava que um magistrado era responsável por uma média de 230 mil pessoas. Grandes distritos podiam ter facilmente um milhão de habitantes. Cada magistrado tinha uma equipe trabalhando para ele, mas esses não eram funcionários do Estado; ou o magistrado tinha que pagar salários a partir do seu próprio ou eles tinham que viver no que os estudiosos na China traduzem como "aperto", aquilo que podiam tirar de pessoas comuns. Quanto às funções judiciais, o magistrado era o detetive, a acusação, o juiz e o júri, tudo em uma pessoa só. Além disso, era responsável pelos trabalhos públicos, defesa e policiamento.

O que esses exames muito difíceis para o serviço civil perguntavam? Em 1669, os examinadores de Shantung pediram aos aspirantes do distrito de Tancheng para considerar e explicar três trechos de texto. Dos *Analectos* de Confúcio havia: "Eles que sabem a verdade"; "O mestre disse 'O homem nasce para a retidão. Se um homem perde sua retidão e ainda assim vive, escapar da morte é um resultado apenas da sorte'. O mestre disse 'Os que sabem a verdade não são iguais àqueles que a amam, e os que a amam não são iguais aos que se deleitam com ela.'" Também tinham que refletir sobre a sinceridade do homem: "Deve este indivíduo ter qualquer ser ou bem além de si mesmo do qual ele dependa? Chame-o de homem em seu ideal, o quão zeloso é! Chame-o de abismo, quão profundo ele é! Chame-o de paraíso, quão vasto ele é!" Havia também uma passagem de Mêncio. Todos os estudantes erraram. De fato, nenhum estudante de Tancheng passou nos exames entre 1646 e 1708.

Embora fosse competitivo, o sistema de exames não avaliava ou estimulava conhecimento técnico ou qualquer habilidade que pudesse ser relevante para comandar uma burocracia ou governar o país. Os magistrados deveriam impor a lei sem nenhuma capacitação legal e não havia advogados particulares ou profissionais da lei. Muitos elementos não meritocráticos tinham também se infiltrado no sistema. Quase um terço dos magistrados eram indicados por recomendação de governadores. E o mais importante: todo o sistema era imensamente personalizado nas mãos do imperador, que podia indicar, promover e demover pessoas livremente. Como o imperador Qianlong disse: "A avaliação e seleção [de altos oficiais] nascerá diariamente em nosso peito."

Como resposta à falta de receitas de impostos, em 1680 o imperador Kangxi começou a vender certificados de exame em massa, na prática leiloando o ingresso na elite. Em 1800, havia um número estimado de 350 mil detentores de graduações compradas. Uma vez que o Estado Qing era incapaz de pagar as pessoas adequadamente, uma orgia de corrupção se desenvolveu e chegou a seu auge no fim do século XVIII, durante o "reinado" de Heshen.

Nascido por volta de 1750, Heshen era um mero guarda de palácio que chamou a atenção do imperador Qianlong em 1775. Supostamente, o imperador viu nele uma concubina pela qual esteve apaixonado na juventude. Rapidamente ele soterrou Heshen em vinte indicações burocráticas, incluindo a presidência do Conselho de Receitas. Heshen logo construiu uma rede gigantesca de corrupção, trazendo indicados que eram dependentes de seus favores. Ele também desenvolveu um poder de veto sobre todas as indicações do Estado. Heshen exigia subornos para cada posição e favorecia pessoas que considerava leais. Durante os vinte anos em que comandou o serviço civil chinês, Heshen parece ter desmontado o funcionamento do Estado Qing em todos os níveis. Assim que o imperador Qianlong morreu, seu filho, o imperador Jiaqing, mandou prender Heshen e o obrigou a cometer suicídio. Ele recebeu uma lista com vinte crimes, incluindo andar a cavalo e ir de liteira para a Cidade Proibida. O mais condenatório, no entanto, foi sua acumulação de riqueza e bens. Isso incluía, entre outros: "Vinte pavilhões e quiosques originais; dezesseis recém-adicionados pavilhões; uma residência com treze seções e 730 quartos; uma ala residencial leste com sete seções e 360 quartos; uma nova residência estilo Huizhou com sete seções e 620 quartos; um escritório com 730 salas; um jardim com 64 pavilhões e quiosques; [cerca de 120 mil acres] de terra." Além de todas essas propriedades também descobriram que Heshen tinha 58 mil onças de ouro puro, 54.600 lingotes de prata, um milhão e meio de cordas de cobre, grandes quantidades de jade, ginseng, pérolas e rubis, 380 colheres de prata e 108 tigelas de higiene bucal de prata. Heshen se tornou um símbolo do declínio rápido do Estado Qing. Significativamente, porém, apesar de eliminar Heshen, o imperador Jiaqing não implantou uma limpeza mais ampla no serviço civil. Nem houve reformas sérias na instituição do Censorado, que supostamente devia investigar os magistrados e servidores de baixo nível. Na era Qing, essa instituição estava presente apenas em Pequim e dificilmente conseguia policiar um império tão grande. A falta de capacidade do Estado e dos serviços públicos continuou.

O descontentamento criado pela corrupção e pela falta de efetividade do serviço civil, assim como pela natureza arbitrária do governo Qing, não tendo nenhum outro fórum para expressão, de novo alimentou a rebelião. Entre 1796 e 1804, a seita Lótus Branca deu início a uma insurreição, provavelmente organizada em resposta a uma extorsão arbitrária instigada pelos colaboradores de Heshen no Estado. Em 1850, o império foi sacudido pela rebelião Taiping, possivelmente iniciada por aprovados em exames descontentes por não conseguirem encontrar cargos oficiais por conta de todas as práticas corruptas. A rebelião devastou o país por catorze anos, causou a morte de milhões de pessoas e levou o Estado à falência.

Uma sociedade dependente

A característica definidora do despotismo é sua capacidade de negar à sociedade os meios de participar do processo decisório político. Foi exatamente o que aconteceu na China, onde qualquer elemento de participação popular no governo foi eliminado pelo Estado Qin. E nunca mais reapareceu. Será que a sociedade tinha outras formas de controlar e definir o Leviatã chinês? A rebelião era certamente uma alternativa a qual criava uma grande ansiedade para os imperadores chineses. No entanto, a ameaça de rebelião não era uma presença constante e não se traduzia em influência sistemática no processo decisório político. E quanto a organizações sociais autônomas (que são algumas vezes chamadas de "sociedade civil") capazes de articular exigências e dar sugestões ao Estado chinês? Havia na China tal organização social, ainda que as assembleias populares e outros meios institucionalizados de controle social sobre o governo estivessem ausentes?

Um lugar onde talvez possamos esperar ver tal organização social e mobilização é a cidade comercial de Hankou no rio Yangtzé, agora parte de Wuhan. No fim do século XVIII e no século XIX, Hankou era uma metrópole movimentada, ativa com comerciantes e artesãos. Associações e outras organizações voluntárias começaram a se espalhar pela cidade. O mais poderoso interesse comercial era o dos duzentos e poucos vendedores de sal que escolhiam seu "comerciante chefe". Uma taxa em transações de sal era depositada nos "fundos do cofre" e usada para alívio da fome e custos da milícia para proteção dos negócios. Havia também associações para outros grupos de comerciantes. Isso pode ser visto como o começo de uma organização social autônoma.

Mas as aparências podem enganar. Havia pouca autonomia e pouca solidariedade local nessa sociedade. Os grupos de negociantes tinham suas raízes em "associações nativas" que vinham de diferentes partes da China; os vendedores de sal eram de Huizhou, enquanto os de chá eram do Cantão e de Ninpó, e nem viviam em Hankou na maior parte do ano. A associação de chá era um ramo de uma coligação criada em Xangai. Essas junções consistiam em grupos de famílias de regiões específicas e cidades, que se uniam para compartilhar capital ou informação, e frequentemente viviam juntas em bairros separados. Diferentes grupos não cooperavam com outros comerciantes e tinham pouco interesse em investir em serviços públicos e organizações em Hankou. Na verdade, um sinal claro da falta de solidariedade era que os comerciantes de diferentes partes da China se envolviam em conflitos frequentes em vez de trabalhar juntos. Em 1888, associados das guildas de Anhui e Hunã começaram uma disputa em torno de um píer e, quando o magistrado local decidiu a favor do primeiro grupo, seus oponentes atacaram comerciantes de Anhui.

A corrida anual de barcos-dragões se tornou tão violenta, com habitantes do Cantão e de Hubei se enfrentando, que eles tiveram que ser banidos. A natureza da atividade mercantil na China tornava difícil para a sociedade local organizar ou desenvolver sua própria identidade.

No entanto, a natureza do mais importante negócio da cidade, o sal, era mais significativa que as disputas locais. Não era o tipo de empreendimento em que aspirantes a negociantes competiam para expandir seus negócios. O sal era um monopólio estatal, e o poder e a riqueza dos comerciantes eram consequências de uma concessão do Estado. O comerciante chefe era normalmente um membro em ascendência da burocracia imperial, que havia passado pelos níveis mais baixos do funcionalismo e devia essa posição a uma indicação oficial. Isso fazia dos comerciantes quase funcionários governamentais. Seus armazéns e mercados de sal eram considerados parte do domínio público. Mesmo os fundos financeiros não estavam sob controle coletivo dos comerciantes de sal, nem eram usados para fornecer serviços públicos para a cidade ou para os comerciantes de um modo geral. Em vez disso, eram controlados pelo comerciante chefe e com frequência usados para contratar amigos e parentes na administração do sal.

No século XIX, vemos uma proliferação de novos tipos de gabinetes voltados ao comércio, incluindo a Administração Oficial de Balsas, o Escritório do Telégrafo e o Escritório Lijin (responsável pelos novos impostos). Contudo, indicações para essas repartições eram analisadas por oficiais da província. É notável a ausência de qualquer descrição das atividades dos órgãos oficiais, guildas e organizações de comerciantes que tentavam influenciar as autoridades locais ou o funcionamento do Estado. Sem dúvida isso acontecia nos bastidores, mas não era tolerado em público, o que significa que essas organizações não surgiam como veículos de participação popular na criação de políticas. Depois de 1863, o monopólio do sal foi reorganizado e cerca de seiscentos comerciantes foram autorizados a ingressar nele. Logo depois, o controle do negócio se tornou ainda mais intenso. Outras associações eram ativas na manutenção de ruas, abrindo acostamentos e construindo pontes, mas essas ações eram iniciadas pelo Estado. Em 1898, uma câmara de comércio foi estabelecida em Hankou em resposta a um édito imperial. Nada disso faz lembrar Swallowfield, no capítulo anterior, onde a comunidade local instigava a própria organização, iniciava serviços públicos e fazia exigências de uma governança do Estado mais ampla e mais eficiente.

Na Europa, pelo menos desde o século XVII, a imprensa livre teve papel decisivo na organização de uma sociedade ativa e assertiva. A China também não teve nada parecido com isso. Não parecem ter existido jornais amplamente disponíveis em Hankou até o surgimento do *Shenbao* em 1870. Mas o *Shenbao* era publicado em Xangai por um inglês, Ernest Major, e, apesar de ter notícias sobre Hankou, parece ser improvável que tenha sido uma ferramenta para uma sociedade mais mobilizada.

Então, em uma análise mais atenta, mesmo onde se poderia esperar o surgimento de uma sociedade mais autônoma e assertiva, vemos algo bem diferente — uma sociedade subserviente e dependente do Estado.

Dependente ou não, talvez a sociedade chinesa se beneficiasse do poderoso controle do Estado, uma vez que ele afrouxava a gaiola de normas e criava mais espaço para liberdades sociais e econômicas. Vimos que outros esforços de implantação do Estado, tais como o de Maomé e de Shaka no Capítulo 4, quebraram normas sufocantes e romperam alianças de parentesco que estavam em seu caminho no processo de afrouxar a gaiola de normas um pouco. Mas no contexto chinês, grupos de parentesco parecem ter o protagonismo, apesar do despotismo do Estado. Por exemplo, as associações nativas eram baseadas em parentesco. Essa e outras relações eram de fato estimuladas e apoiadas pelo Estado como parte da estratégia de gerenciamento da sociedade.

Para ver a importância das ligações familiares na China, pense nos Novos Territórios, tais como a parte da China continental da ilha de Hong Kong. Em 1955, essa região era ainda governada pelos ingleses e o comissário enviou um questionário procurando determinar quando alguns dos sobrenomes se instalaram em uma vila e o número de gerações desde a chegada. Na área de Ping Shan, 34 vilas receberam o questionário. Entre elas, 27 eram ocupadas por pessoas que tinham o mesmo sobrenome. Uma delas pôde citar uma genealogia que remontava a 29 gerações; outra citou 28 gerações; oito conseguiram citar 27 gerações; uma 26; uma 25; duas delas mencionaram 23; duas outras 22; três conseguiram dezesseis, quinze, catorze e assim por diante. Mas isso não é o mais incrível. Das oito vilas que podiam citar sua ancestralidade por 27 gerações, sete tinham o sobrenome Tang.

Talvez os Tang simplesmente gostassem de conviver com outros Tang (ainda que nenhum de nós tenha amigos chamados Robinson ou Acemoglu ou more perto de nossos parentes). Mas essa não é a principal razão para a homogeneidade. É que os Tang eram proprietários das terras da família coletivamente e tinham salões e templos onde honravam os ancestrais Tang em rituais e cerimônias. Em um distrito na província do Cantão, perto dos Novos Territórios, grupos familiares eram donos de 60% das terras antes da revolução comunista. A proporção era de 30% em outro distrito no Cantão. As famílias não eram apenas um grupo de indivíduos, eram organizadas corporativamente e essas instituições, seus salões e terras, têm uma profunda história na China. As linhagens impunham suas próprias regras e normas rígidas. Elas lidavam com disputas e desacordos. Em troca, eram incentivadas e estimuladas pelo Estado chinês por serem vistas como úteis para controlar a sociedade e gerenciar disputas, especialmente tendo em vista a precária situação dos magistrados e sua capacidade limitada de governar a sociedade, resolver conflitos ou providenciar serviços básicos. Da dinastia Song em diante, surgiu no Estado chinês a ideia de delegar essas tarefas a grupos familiares. Já em 1064, os Song publicaram um édito estimulando a criação de propriedades beneficentes, que eram a base das terras familiares. As famílias então assumiram muitas outras funções. Se estivesse envolvida em uma disputa, era muito mais provável que a pessoa tivesse que resolver o caso com um ancião da linhagem do que um magistrado do distrito. Muitas vezes, contudo, esses anciões não surgiram espontaneamente; era a legislação estatal que os criava. Uma ordem de 1726 decidia:

> Nas comunidades rurais cercadas e vilas com linhagem de cem ou mais, membros moram juntos (...) Um *tsu-cheng* [chefe de linhagem] é estabelecido para cada linhagem.

Assim, as famílias eram integradas ao Estado local. Os Ming levaram adiante iniciativas dos Song, que estimulavam a construção de salões ancestrais e a institucionalização das estruturas familiares. Em troca por fornecer serviços quase estatais, as linhagens tinham direitos e privilégios como a oportunidade de tomar parte no monopólio do sal. Os Tang eram "mestres do mercado" com o direito de monopólio sobre o mercado de sua área. Apenas eles tinham o direito de construir lojas nas proximidades de um mercado. Eles também tinham sua própria milícia.

Uma inversão na sorte chinesa

A história do despotismo que esboçamos tinha claras implicações não apenas para a liberdade, mas também para a economia chinesa. Comparando com o período dos Estados Combatentes, o surgimento de um Estado centralizado com sua capacidade de manter a ordem, impor leis, cobrar impostos e investir em infraestrutura provavelmente teve grandes efeitos positivos na atividade econômica, assegurando uma era de crescimento despótico. Mas as limitações de tal crescimento eram óbvias. Como vimos, a começar pelo modelo do jogo da velha na agricultura, houve tentativas periódicas de regulamentar de perto e controlar a sociedade, portanto o poder despótico do Estado apagou oportunidades econômicas e incentivos para a maioria dos chineses. As dificuldades econômicas resultantes e o descontentamento então desencadeavam movimentos que levavam ao afastamento da visão de Lorde Shang de uma economia fortemente controlada, passando a uma abordagem confuciana com uma supervisão mais branda e impostos mais baixos. Apesar de melhorarem os incentivos privados em algum grau, esses alívios criavam uma diminuição das receitas de impostos e de capacidade de fornecer lei e ordem ou serviços públicos necessários para maiores investimentos privados. Com essas diferentes abordagens, a economia melhorava e piorava e as fortunas chinesas diminuíam e cresciam. Mas nunca avançavam para além do crescimento despótico. Não havia liberdade nem oportunidades amplas apenas poucos incentivos. Sendo assim, não haveria revolução industrial nem decolagem econômica.

As consequências da mudança de uma fase de crescimento despótico para outra são claras, desde o colapso dos Qin ao surgimento de Han. Elas se tornam ainda mais definidas na última transição entre os Estados Tang e Song. A rebelião An Lushan, uma clara reação ao controle abusivo do Estado Tang, destruiu o sistema de lotes iguais. Os onerosos serviços de mão de obra compulsória do Estado Tang não eram mais aplicáveis e o declínio de outros tipos de mão de obra servil logo se seguiu. A teia de regulamentações do mercado também foi corroída. O comércio estava restrito a mercados designados e os comerciantes foram ativamente discriminados. O próprio Estado assumiu todo o comércio de longa distância e comandava mil fazendas estatais. Esse sistema foi se atrofiando gradualmente.

Desse desmantelamento surgiu não apenas uma organização mais confuciana da sociedade, mas também uma nova e mais extensa economia de mercado e um tipo menos despótico de crescimento. Como a rebelião An Lushan empurrou a população para o sul, a economia se reorganizou ao redor das várzeas do rio Yangtzé. Isso foi seguido pelo aumento no investimento em recuperação de terras, construção de diques e a expansão do cultivo de arroz assim como do chá, que se tornou uma bebida comum pela primeira vez. Também vemos nesse período o surgimento de mercados nacionais de bens de luxo, tais como sedas finas, laca, porcelana e papel. Outros bens, como tecidos, eram agora organizados em torno da produção para o mercado. Os negócios não aconteciam só dentro da China. O comércio com o Japão e todo o sul da Ásia explodiu. Os Song apresentaram ao mundo o primeiro dinheiro de papel, facilitando a expansão do comércio que já estava em crescimento, e criaram um ambiente que levou à invenção de um conjunto de novas e fascinantes tecnologias, incluindo a imprensa de tipos móveis, a pólvora, o relógio de água, a bússola, moinhos de vento, tecnologia de fundição de ferro, vários instrumentos astronômicos e uma forma inicial da roda de fiar. Houve também um aumento significativo na produtividade agrícola, em parte devido à irrigação extensiva. Mesmo assim, essas tecnologias eram dirigidas pela demanda do Estado e ficavam sob seu controle. Os famosos relógios de água foram construídos por funcionários do governo, para uso próprio. As inovações e a irrigação agrícolas eram projetos estatais, assim como os avanços em metalurgia.

Independentemente da origem, o aumento da produtividade agrícola foi mais do que suficiente para sustentar a duplicação da população da China de Song, e os mercados em expansão, somados à inovação, significavam que, por volta de 1090, uma época para a qual temos informação confiáveis, a China tinha os mais altos padrões de vida no mundo, cerca de 16% acima da Inglaterra. Essa enorme conquista da dinastia Song demonstra o potencial do crescimento despótico, particularmente em uma era cuja tecnologia era simples para os padrões modernos e podia ser conduzida pelo Estado. Enquanto a Europa estava cambaleando no corredor, com o Estado e a sociedade lutando entre si, a China conseguia seguir em frente, porque o Estado despótico podia fazer por decreto coisas que os Leviatãs Agrilhoados recém-nascidos não podiam.

Mas isso não durou. O crescimento despótico nunca dura. A dinastia Yuan, que substituiu a Song, minou o serviço civil meritocrático, adotou um sistema de ocupações hereditárias, reverteu a expansão do comércio e da indústria, e reduziu de maneira geral as oportunidades econômicas e os incentivos. A reversão foi finalizada com a ascensão da dinastia Ming, que implantou a própria versão do sistema jogo da velha e da proibição de pessoas perto do mar, o que causou grande insegurança para todos os negócios privados. O comércio e a urbanização encolheram, e os incentivos para inovar sumiram. A China começou a ficar para trás da Europa.

Um exemplo esclarecedor de como os imperadores Ming sufocaram ainda mais o desenvolvimento econômico vem de novo da organização do comércio do sal. O governo começou a hipotecar o monopólio do sal em troca do transporte de grãos para as tropas nas regiões de fronteira. Conseguia-se o direito de produzir sal enviando grãos para o governo. Quando os grãos eram entregues, o comerciante recebia um certificado para ser trocado na capital, Nanquim, por outro certificado que permitia vender uma certa quantia de sal. Alguns comerciantes começaram a se especializar em transportar grãos para a fronteira e depois vender os certificados para outros que subsequentemente vendiam sal. O preço desses certificados variava, uma vez que o governo também concedia o direito de vender sal a membros da família real, a eunucos do palácio e a servidores graduados da burocracia. Em 1617, o imperador decidiu acabar com os certificados, tornando os ainda vigentes inúteis e na prática expropriando o direito de propriedade de quem os tinha. Depois, ele vendeu o monopólio de comércio de sal para algumas casas comerciais selecionadas. Isso deu início a um sistema que veio a ser conhecido como "supervisão governamental, gerenciamento do comerciante" que, na prática, significava que indivíduos com ligações ganhavam dinheiro por causa das concessões do governo. Em 1832 o sistema que a dinastia Ming construiu foi alterado mais uma vez, agora para atrair pequenos investidores. Contudo, como vimos antes em 1863, esse sistema foi alterado de novo em Hankou, aumentando o controle do Estado. A participação no monopólio do sal era um negócio arriscado.

Entretanto, a transição entre as dinastias Ming e Qing criou ainda mais caos, incluindo novamente a proibição de morar perto do mar em 1662. Apesar de o comércio internacional ter sido permitido em 1683, o comércio com os europeus estava severamente restrito. Depois de 1757 os europeus só podiam fazer negócios em Cantão e o direito de comercializar com eles era dado para um monopólio chamado Cohong.

Não era apenas o comércio externo; as minas de cobre de Yunnan foram igualmente entregues para um monopólio.

Da mesma forma, a transição Ming-Qing parece ter levado a alguma retomada econômica. A dinastia Qing permitia o comércio, desde que fosse sob seu controle e destinado a aumentar o bem-estar da sociedade rural. A princípio, ela continuou a fornecer alguns serviços públicos básicos, mais notavelmente o "sistema de armazenamento sempre normal" para combater a fome. A dinastia Qing também acabou com o que restava do sistema hereditário de ocupação da dinastia Ming, em 1683, e aboliu o trabalho escravo e servil depois de 1720. Esse afrouxamento levou, contudo, a outro período de crescimento do comércio doméstico e à expansão da população. Mas essa retomada não era nada mais do que crescimento despótico, com todas as suas limitações.

Havia muitas razões para isso. A mais óbvia era que o histórico de ações arbitrárias do Estado na China — por exemplo, no caso do monopólio do sal — ainda representava insegurança dos direitos de propriedade e destruía pouco a pouco os incentivos para investimentos ou inovação. Confirmando a ausência de grilhões nos poderes do Leviatã chinês, à exceção de uma revolução total, só o que havia para impedir o Estado imperial de expropriar os frutos do trabalho das pessoas eram os preceitos da moral confuciana de "distribuir a riqueza entre as pessoas". Contudo, a história dos Ming ou o começo dos Qing mostraram que, mesmo se o espírito estivesse disposto, a carne era frequentemente fraca. Apenas os muito otimistas ou imprudentes podiam confiar nessas garantias morais na China Ming-Qing.

Não se tratava apenas da falta de incentivos sob a forma de insegurança dos direitos de propriedade. Uma resistência geral, começando de cima, em relação a atividades mercantis, a novas tecnologias e à mobilidade social bloqueava a prosperidade econômica. Temendo que a atividade econômica, especialmente fora do alcance do Estado, fosse desestabilizar o *status quo*, todas as dinastias chinesas, inclusive a Qing, desconfiavam do comércio e da indústria. Essa foi uma das principais razões para que os bloqueios do mar fossem adotados periodicamente. Também era essa a razão para que as autoridades chinesas fossem indiferentes a novas tecnologias. Em 1870, a companhia britânica Jardine, Matheson e Co. construiu a primeira estrada de ferro da China, a linha Wusong, que ligava o porto de Wusong a Xangai. Ela foi comprada pelo governo Qing e devidamente destruída. Essa atitude desconfiada e frequentemente hostil em relação a novas tecnologias e práticas tinha consequências significativas. Em contraste, vimos no capítulo anterior como as revoluções industriais europeias e as melhoras significativas nos padrões de vida do século XVIII em diante se basearam na adoção de novas tecnologias.

Ainda mais importante foi a incapacidade ou falta de vontade do Estado Qing de construir a infraestrutura necessária para instituições econômicas modernas e para a atividade econômica. O componente civil do código legal Qing se concentrava principalmente na família e não fornecia nenhuma diretriz para contratos comerciais. Ao contrário, os Qing deixavam indivíduos escreverem quaisquer contratos que quisessem fora de qualquer padrão legal, talvez para serem aplicados pelas famílias (de novo a gaiola de normas). Isso criava uma colcha de retalhos de contratos e arranjos, com elementos cruciais tais como responsabilidade limitada permanecendo ausentes até o início do século XX. O governo Qing não impôs nem mesmo um sistema uniforme de pesos e medidas. De acordo com H. B. Morse, um canadense que serviu a Casa Aduaneira Marítima chinesa entre 1874 e 1908, pesos e medidas variavam por localidade e até em um mesmo lugar, e eram díspares em diferentes negócios. O *dou*, por exemplo, era uma medida de capacidade, mas dependendo de onde você estava, variava entre 176 e 1.800 polegadas cúbicas. Usava-se o pé, *chi*, mas o que isso significava dependia se você era alfaiate ou carpinteiro, e de onde você produzia roupas. De acordo com Morse, o *chi* podia variar entre 8,6 e 27,8 polegadas. A medida comum de área, o *mou*, mostrava a mesma variabilidade. Podia ser qualquer coisa entre 3.840 e 9.964 pés quadrados. Conselhos locais e associações de negócios adotavam e reconheciam esses diferentes padrões, mas o Estado não fazia nada para sistematizá-los.

De maneira geral, o Estado Qing, que estava no extremo confuciano do espectro do pêndulo Lorde Shang-Confúcio, coletava muito pouco em impostos e era incapaz de fornecer muitos serviços públicos necessários para as atividades econômicas que estavam surgindo. O sistema legal era bastante inadequado, em parte porque o Estado tinha um número muito pequeno de magistrados responsáveis por resolver as disputas e os desacordos dos 450 milhões de chineses. Com poucos recursos nas mãos do Estado, não apenas a administração de justiça, mas também a infraestrutura e o famoso sistema de celeiros começaram a desaparecer.

Todos esses problemas estavam enraizados nas deficiências políticas básicas do sistema chinês. O Estado Qing era despótico, ainda que escolhesse não impor altos tributos ou seguir o modelo do Lorde Shang. O despotismo significava que a sociedade e a comunidade de negócios não eram capazes de fazer demandas e influenciar as políticas do Estado, por exemplo, na forma de melhores formas de fazer cumprir contratos, direitos de propriedade mais seguros e previsíveis, infraestrutura aprimorada ou apoio para investimento e inovação.

O contraste com a experiência europeia é mais uma vez significativo. A maioria dos Estados europeus no mesmo período começou a ter papel relevante na padronização de medidas e no fornecimento de uma estrutura legal para apoiar as relações econômicas. Cidadãos europeus também estavam desenvolvendo rapidamente uma voz na política. Os britânicos, por exemplo, podiam votar e peticionar o Parlamento para aprovar as leis que queriam e faziam isso com gosto. Na China, no máximo, os negociantes podiam ter esperança de conseguir os contatos certos, se beneficiar dos monopólios concedidos pelo Estado e aproveitar a segurança que os contatos podiam garantir. Essa é uma das principais razões que levavam as famílias comerciantes da Era Qing a se interessarem tanto por cargos no serviço civil.

Tais pressões e maquinações são bem exemplificadas pela história do maior e mais rico grupo do período Qing, uma associação nativa de Anhui. Os comerciantes Anhui, baseados em Hankou, Sucheu e Yangzhou vendiam sal, tecidos, chá e vários outros itens ao longo de todo o rio Yangtzé. Mas, revelando um padrão mais geral entre os comerciantes líderes, suas famílias raramente ficavam no negócio. Ao contrário: investiam seus recursos em preparar seus filhos para os exames do serviço civil. A família Cao nos séculos XVIII e XIX exemplifica esse padrão. Inicialmente, a família se concentrava no comércio de sal, mas logo mesclou o negócio com educação e cargos governamentais. Cao Shichang, que deu início à prosperidade da família, era um comerciante de sal. Seu filho mais velho se tornou estudante da academia imperial, enquanto o outro filho, Jing Zhen, ficou no negócio de sal. Na próxima geração, um filho foi para o negócio de sal, enquanto todos os outros descendentes de Jing Zhen estavam no governo. No início do século XIX, apenas um ramo de toda a família extensa ainda estava envolvido em algum tipo de negócio. Todos os demais tinham graduação imperial e haviam se envolvido com as elites nobres e do Estado (como mostra a árvore genealógica da família Cao no Mapa 11). Essa transição era comum. Em Hankou, por exemplo, os comerciantes Anhui criaram o que iria se tornar uma famosa academia para preparar seus filhos, e os dos outros, para os exames imperiais. Se essa academia tivesse fornecido educação para trabalhadores e homens de negócios, poderia ter sido útil para a atividade econômica. Contudo, seu objetivo não era compartilhar conhecimentos úteis, mas preparar descendentes de famílias privilegiadas para o arcano exame do serviço civil. Ela não foi malsucedida; entre 1646 e 1802, as grandes famílias do comércio de sal conseguiram produzir 208 descendentes, que foram aprovados no nível provincial e 139 que se qualificaram no nível metropolitano. Claro, se não conseguissem ser aprovados nos exames, sempre havia a possibilidade de comprar cargos, e, durante o mesmo período, 140 membros dessas famílias fizeram exatamente isso.

Por que os comerciantes de sal estavam tão interessados em abandonar esse mercado e ir para o serviço civil? O sal era tão lucrativo quanto se podia esperar de um monopólio do Estado chinês. Sendo o sal tão importante para o Estado Qing como fonte de receita, os comerciantes que tinham

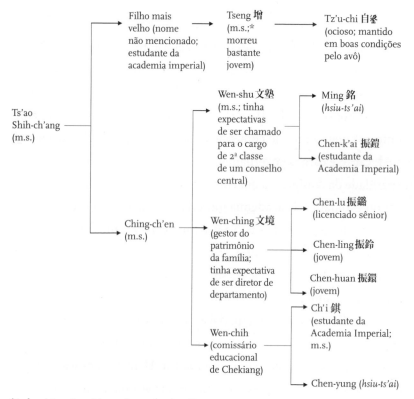

*A abreviatura "m.s." é para "mercador de sal".

Mapa 11. De mercadores de sal a funcionários públicos: a família Cao no século XVIII.

o monopólio eram bem-remunerados. Isso torna ainda mais curioso que essas famílias estivessem tão ansiosas para tirar os filhos de seus negócios. Seria devido ao prestígio de se tornar parte da burocracia chinesa? A razão real era um pouco diferente. Mesmo o monopólio de sal não estava seguro, pois o Estado podia se voltar contra você a qualquer momento, como vimos com os imperadores Ming. Então não era má ideia sair quando houvesse a chance. Além disso, ter parte da família na burocracia imperial significava mais segurança. E a burocracia imperial não era um mau negócio nesse período, como um romance contemporâneo, *The Scholars*, de Wu Jingzi, demonstra. Em uma passagem, ele relata como o personagem Fan Jin se dedicou a vida inteira, sem sucesso, a ser aprovado no nível mais baixo da hierarquia dos exames. Aos 54 anos, Fan Jin havia sido reprovado mais de vinte vezes no exame ao longo de um período de 34 anos. Um novo comissário de educação fica com pena dele e decide deixá-lo passar. Fan Jin então pode fazer o exame do próximo nível, o provincial. A reação de seus parentes, no entanto, é de descrença. Obstinado, Fan Jin decide fazer o exame. Quando volta para casa, sua família está sem comer há dois dias e ele precisa ir ao mercado vender a única galinha para comprar arroz. Enquanto está lá, arautos montados chegam à sua casa para anunciar que ele passou no exame provincial. Ele é imediatamente visitado por um membro da elite na qual ele agora foi admitido:

> O sr. Zhang desceu da liteira e entrou. Ele estava usando um gorro oficial, traje cor de girassol, cinto dourado e sapatos pretos (...) Ele pegou das mãos de seu servo um pacote de prata, e disse "Não trouxe nada para demonstrar meu respeito exceto estes cinquenta taéis de prata, que imploro que aceite. Sua honrável casa não é boa o bastante para você, e não será muito conveniente quando você tiver muitos visitantes. Tenho uma casa vazia na rua principal perto do portão leste, que tem três pátios com três quartos cada um (...) Permita-me oferecê-la de presente a você".

Os presentes para a família continuaram chegando:

> Muitas pessoas vinham a Fan Jin depois disso e o presenteavam com terras e lojas; enquanto alguns mais pobres vinham para servi-lo em troca de proteção. Em dois ou três meses, ele tinha criados e criadas, isso sem falar em dinheiro e arroz (...) ele se mudou para a nova casa; e por três dias recebeu convidados com banquetes e óperas.

Passar em tal exame não apenas tornava a pessoa rica, mas a punha acima da lei. Isso está bem demonstrado por outro romance chinês do século XVIII, *O sonho da câmara vermelha*, escrito por Cao Xueqin. O livro conta a história de um novo magistrado lidando com um assassinato. Mas o assassino era um homem poderoso na comunidade, seu nome aparecia no *Salva vidas mandarim*, o livro que listava as famílias ricas e poderosas da área. O magistrado o deixa impune, porque se você era rico ou passara no exame e se tornara estabelecido na comunidade, as leis não se aplicavam a você. Você podia matar impunemente.

O mandato de Marx

Hoje a China não é mais um império. O Estado imperial ruiu em 1912, e ao breve período de governo republicano se seguiram um reinado de líderes militares e o governo autocrático do Kuomintang. A guerra civil posterior terminou em 1949 com o triunfo dos comunistas liderados por Mao Tsé-Tung. Não haveria mais mandato celestial. O legalismo de Lorde Shang e os preceitos morais de Confúcio foram suplantados pela ideologia comunista. Uma ruptura com o passado.

Mas não foi bem assim. As continuidades foram tão fortes quanto as diferenças. O mandato celestial foi substituído pelo mandato de Marx. A principal característica do Estado chinês desde os tempos de Qin foi seu domínio absoluto sobre a sociedade. Isso não mudou. Na verdade, piorou sob o domínio do Partido Comunista por causa da insistência de Mao em garantir uma maior presença do partido e do Estado por todo o país. Apesar de sua postura despótica, o Estado Qin estava ausente na maior parte do país e particularmente no campo. Ao chegar ao poder como líder da revolução camponesa, Mao desejava mudar esse cenário rapidamente. Como vimos no Capítulo 1, na época do Grande Salto Adiante, organizações do partido e seus membros estavam em todo lugar.

O que criou continuidade em relação ao período imperial foi a essência do despotismo — a incapacidade da sociedade de se organizar e influenciar a definição de políticas fora da hierarquia do Estado. Mao queria que o único meio de participação política fosse o Partido Comunista, o que na prática significava o controle do Estado e da elite política sobre os cidadãos, sem nenhuma influência recíproca. Isso se tornou dolorosamente claro quando, durante a Revolução Cultural, havia chamados periódicos para críticas de baixo para cima, que eram então violentamente reprimidas. Não haveria voz para a sociedade sob o comunismo.

A abordagem da economia por Mao também revela grande continuidade em relação aos períodos anteriores, especialmente com o plano de Lorde Shang de controle rígido e regulamentação da atividade econômica. Sob um verniz da ideologia marxista, a coletivização da agricultura insistia no que o sistema jogo da velha havia tentado no milênio anterior. Suas consequências foram ainda piores. A coletivização agrícola, combinada com o incentivo à indústria sob os auspícios do Grande Salto Adiante, levou à fome que matou cerca de 36 milhões de pessoas.

As atitudes de Mao e do Partido Comunista em relação a negócios privados não foram muito diferentes daquelas adotadas por Lorde Shang, que desconfiava dos "habilidosos e astutos". Confúcio igualmente observava que "o cavalheiro entende retidão, enquanto a pessoa mesquinha entende lucro". Comerciantes e industriais eram tratados da mesma forma que durante o Estado imperial e só puderam entrar no partido em 2001. Apenas em 2007 uma lei determinando as regras do direito à propriedade foi aprovada e tornou os bens mais seguros.

Crescimento sob liderança moral

Houve mudanças após a morte de Mao, em 1976. Uma amarga disputa pelo poder no topo do Partido Comunista terminou com o domínio de Deng Xiaoping sobre o partido e o Estado em 1978. Deng começou uma transformação radical da economia, preparando o terreno para o subsequente *boom* gigantesco da economia chinesa. Devemos ver uma ruptura com o passado nessa transição?

Apesar de, sem dúvida, haver muitos elementos novos na economia chinesa pós 1978, houve também notáveis continuidades. Há muito na transição Mao-Deng que lembra as transições Tang-Song e Ming-Qing, que estimularam o crescimento econômico ao afrouxar o controle do Estado sobre a economia e permitiram que houvesse espaço para o mercado e para negócios privados. Assim como nas transições anteriores, as transformações econômicas resultaram de uma combinação de erupções espontâneas da sociedade que haviam se curvado diante das dificuldades econômicas e da decisão da elite de substituir o controle ao estilo de Lorde Shang por uma abordagem mais confuciana da economia. Vimos o primeiro desses fatores em operação em Wenzhou, primeira parte da China a experimentar rápido crescimento industrial nos anos 1980, na província de Zhejiang, ao sul de Xangai. Desde 1977, antes das reformas de Deng, o *Diário do Povo*, o jornal do Partido Comunista, reclamava que havia um "caso alarmante de Restauração Contrarrevolucionária em Wenzhou". O jornal continuava:

> A coletivização se transformou em agricultura privada, o mercado ilegal cresceu, os empreendimentos coletivos ruíram e foram substituídos pelas fábricas e mercados de trabalho clandestinos.

De fato, reformas rurais reais precederam a liberação da agricultura feita por Deng Xiaoping em 1978. Em 1986, Wenzhou recebeu o status de "zona experimental", com liberdade das "regras, regulamentos correntes e políticas da nação". Naquela época, 41% da produção industrial já vinha do setor privado (de 1% em 1980). Assustado com esse desenvolvimento, o partido instruiu os quadros locais a enfatizar a liderança comunista nos assuntos econômicos e a cobertura jornalística na região foi restringida, assim como as visitas de estrangeiros. Se não podia parar o que estava acontecendo em Wenzhou, o Partido Comunista não queria ver aquilo divulgado. E tentou interromper. Quadros locais tentaram ativamente restringir o desenvolvimento do setor privado, por exemplo, na campanha "Liberalismo Antiburguesia" de 1986-1987. Só em 1988 o

Partido Comunista chinês reconheceu empresas privadas com mais de sete funcionários. Antes disso, manteve a ficção de que toda produção não estatal era "doméstica". À medida que o Partido Comunista desistia de tentar controlar todos os aspectos da economia, houve uma grande explosão de empreendedorismo (muito desse controle já havia desaparecido durante a Revolução Cultural, tornando parte do afrouxamento posterior inevitável). Em 1990, Wenzhou iniciou a própria zona de processamento de exportação e construiu seu próprio aeroporto. A iniciativa real em Wenzhou vinha da sociedade, não do Estado.

Mesmo assim, o elemento de cima para baixo veio a definir posteriormente a direção da economia chinesa. A visão de Deng era de que o poder político iria permanecer nas mãos do Partido Comunista, que, por sua vez, deveria ser governado de uma maneira mais moral do que era sob Mao. De fato, há um impressionante paralelo entre o meritocrático Partido Comunista selecionando os melhores talentos para governar o país e a burocracia imperial dos primeiros impérios recrutando as melhores mentes chinesas. Sob a tutela do partido, esse sistema iria criar espaço suficiente para a economia de mercado florescer. Em alguns aspectos, funcionou brilhantemente. A China se tornou a segunda maior economia do mundo e seu crescimento espetacular, em média de 8,5% desde 1978, é invejado por todos os líderes no mundo.

É também inegável que as oportunidades econômicas e incentivos melhoraram. A China se tornou uma sociedade empreendedora e muitos dos fundadores e administradores das corporações mais bem-sucedidas chinesas, incluindo Jack Ma, do Alibaba, vêm de famílias modestas de cidades provincianas (nove entre dez dos empresários chineses mais ricos vêm de cidades provincianas e apenas um nasceu em uma das seis maiores cidades, Pequim, Xangai, Cantão, Shenzhen, Chongqing e Chengdu). Certamente, seria impossível para a China alcançar o que conquistou nas últimas quatro décadas sem tal expansão de oportunidades e incentivos. Isso ainda é crescimento despótico, portanto, sob os auspícios do Estado e sujeito à vontade do Estado, e não é possível deixar de levar em conta que a liderança moral do Partido Comunista sempre irá apontar a direção do crescimento econômico contínuo. Obviamente, existe a possibilidade de que alguém abuse do poder não agrilhoado em nome do ganho privado a fim de destruir o potencial de crescimento econômico. O modo como o uso do poder despótico para ganho pessoal pode prejudicar os incentivos é ilustrado pelo fechamento do mercado Xiushui, em Pequim, em 2004. Tratava-se de um vibrante mercado a céu aberto que começou espontaneamente em 1985, quando o governo desregulou o comércio e os mercados. Em 2004, se tornou um dos mais vigorosos pontos de venda da cidade, com o número de visitantes entre 10 e 20 mil pessoas gastando em torno de 12 milhões de dólares por dia. Naquele ano, o governo local decidiu fechar o mercado e realocá-lo para um novo espaço coberto. O novo espaço foi construído e era controlado por um novo empreendedor com as conexões políticas certas, que começou a leiloar o privilégio de operar no novo espaço. Um dos lances chegou a 480 mil dólares. Na realidade, o governo — assim como os imperadores Ming fizeram com os vendedores de sal — expropriou os direitos de propriedade dos antigos donos e os transferiu para alguém completamente diferente. Não é difícil imaginar que alguns dos benefícios foram compartilhados com pessoas do governo local.

Outro exemplo recente de fatores políticos impedindo atividades econômicas vem dos Empreendimentos Municipais (EMs). Os EMs foram uma inovação dos anos 1980. Eles eram essencialmente negócios privados, mas frequentemente de propriedade dos governos locais. A explicação preferida dos economistas sobre por que esse arranjo era tão bem-sucedido é que, com as instituições imperfeitas da China, forjar uma coalizão com os funcionários do governo local era uma forma de os empreendedores protegerem suas propriedades. A partir de meados de 1990, no entanto, os EMs começaram a entrar em declínio e na década seguinte desapareceram completamente. A razão não parece ser uma transição natural para uma economia mais eficiente, mas reflete o fato de que políticos nacionais decidiram favorecer grandes empreendimentos do Estado que não queriam competir com os grandes EMs rurais. Os EMs foram restritos a áreas rurais e não tinham acesso a crédito. Eles desapareceram como consequência de decisões políticas. Essa é apenas uma das faces de um problema mais amplo — os direitos à propriedade são muito dependentes de favores políticos na China, e não há judiciário independente nem uma tentativa de aplicar leis igualmente a elites políticas, assim como durante o período imperial. É preciso esperar que a liderança moral do Politburo do Partido Comunista, ou melhor, as ligações com as autoridades certas, não desapareçam muito abruptamente. Então o caminho para um empreendedor manter seu direito à propriedade é entrar no Estado e ficar em bons termos com ele da mesma forma que os negociantes faziam na dinastia Qing. Isso ajuda a explicar a enorme expansão do Partido Comunista nos últimos vinte anos. Muitos empresários de destaque, incluindo Jack Ma, são membros do partido.

Em outro paralelo com o passado, o Estado comunista também se preocupa com revoltas e instabilidade política. Em 2005, quando o descontentamento rural chacoalhou o campo, o Partido Comunista respondeu abolindo impostos sobre a terra — um impulso parecido com aquele que levou a dinastia Qing a congelar o valor nominal dos impostos sobre a terra em 1713. Um problema maior para o Estado Qing era sua incapacidade de cobrar impostos suficientes para fornecer serviços públicos. Até agora o rápido crescimento econômico resolveu esse problema e permitiu que o Estado chinês construísse enormes quantidades de nova infraestrutura. Mas o que acontece quando o crescimento econômico reduz a velocidade? O Partido Comunista definiu sua legitimidade em torno do crescimento econômico contínuo e de sua liderança moral. Seu atual líder, o presidente Xi Jinping, gosta de citar Confúcio e de se comparar à Estrela Polar. Mas a situação pode mudar, em especial se a obediência que Xi Jinping e a liderança chinesa esperam deixar de existir. Não é impossível que algum crescimento econômico ou transformação social possa ser percebido como politicamente desestabilizador e que o partido se volte contra a mudança econômica por vê-la como politicamente ameaçadora. Por exemplo, a agenda reformista de Deng Xiaoping quase foi revertida depois dos protestos da Praça da Paz Celestial, uma vez que as elites comunistas culparam as reformas econômicas e as mudanças sociais que elas produziram por induzir o movimento pró-democracia.

Claro, pode-se esperar que a China, no fim, vá em direção a uma sociedade menos ansiosa por crescimento e ordem, e mais por liberdade e maior segurança. Um argumento famoso na ciência social, algumas vezes chamado de "teoria da modernização", afirma que, à medida que enriquece, uma nação se torna mais livre e mais democrática. Então podemos esperar tal transformação na China? Improvável. Quase dois milênios seguindo no caminho despótico, longe do corredor, significam que qualquer mudança de direção é improvável e qualquer esperança de um repentino "fim da história" na China deve continuar a ser uma fantasia (indícios de outros países também não apoiam a premissa otimista da teoria da modernização).

Se a modernização não traz automaticamente liberdade, podemos esperar que o modelo criado pelo Partido Comunista chinês assegure inovação vibrante em uma economia organizada dentro de parâmetros despóticos? Ele terá como cultivar a inovação sem liberdade? Poderá colocar recursos em áreas como inteligência artificial de forma a obter uma vantagem inovadora? Indícios históricos sugerem que a resposta é não, pelo menos na medida em que falamos de inovação diversa e permanente. A falta de uma sociedade autônoma, de oportunidades e incentivos amplos não significa ausência de crescimento; a China conseguiu crescimento rápido, ainda que ele tenha sido consequência de investimentos e industrialização baseados na tecnologia existente. Não significa que não haja inovação nem progresso tecnológico, como a própria experiência da China durante a dinastia Song e os primeiros êxitos da União Soviética provam. A União Soviética não apenas produziu alguns dos melhores matemáticos e físicos do mundo, como conseguiu avanços tecnológicos importantes em várias áreas, não só na tecnologia militar e na corrida especial. Mesmo a Coreia do Norte hoje, apesar de seu estilo Shang Yang de controle sobre a economia e a sociedade, conseguiu produzir armas avançadas. Contudo, em todos esses casos, os sucessos surgiram como soluções para problemas claros em áreas definidas e em resposta a demandas do governo (e não é desprezível a transferência e cópia de avanços existentes em outros lugares). Inovações diversificadas e permanentes em campos variados, essenciais para o crescimento futuro, dependem não da solução de problemas existentes, mas de imaginar novos desafios. Isso exige autonomia e experimentação. É possível disponibilizar quantidades enormes de recursos (e dados para aplicações de inteligência artificial), assim como é possível determinar que as pessoas trabalhem duro, mas não há como ordenar que elas sejam criativas. A criatividade é um ingrediente fundamental para a inovação sustentável e depende de forma decisiva de um grande número de pessoas experimentando, pensando de formas diferentes, desrespeitando regras, falhando e, de vez em quando, acertando, exatamente o que vimos nos Capítulos 5 e 6 entre as pessoas inquietas, indisciplinadas e socialmente móveis das cidades-Estado italianas e os empreendedores da Revolução Industrial. Mas como é possível replicar isso sem liberdade? E se isso invadir o caminho de alguém poderoso ou expuser ideias contrárias às que são sancionadas pelo partido? E se isso desrespeitar as regras? Melhor não experimentar.

De fato, foi exatamente esse tipo de inovação baseada em experimentação, essa postura de assumir riscos e desrespeitar regras que ficou fora do alcance dos planejadores soviéticos por setenta anos, e a economia chinesa ainda não conseguiu superar essa barreira. É possível alocar recursos em patentes, universidades, novas tecnologias e até mesmo criar grandes recompensas para o sucesso (para alguns cientistas soviéticos, a recompensa era continuar vivo). Mas não é o suficiente se isso não conseguir replicar a natureza indisciplinada, desordenada e desobediente da verdadeira experimentação, e nenhuma sociedade fora do corredor jamais conseguiu isso.

Não é provável que o crescimento chinês se esgote nos próximos anos. Mas como em outros episódios de crescimento despótico, seu desafio existencial está em liberar a experimentação e a inovação em larga escala. Como em todos os outros exemplos de crescimento despótico, é improvável que a China seja bem-sucedida nisso.

Liberdade com características chinesas

A liberdade não germina facilmente sob o despotismo. Não é diferente na China de hoje. Enquanto Hong Kong e Taiwan, tão próximas da China e nascidas das mesmas raízes culturais, criaram sociedades que demonstram grande interesse na liberdade, a China foi em uma direção diferente. Enquanto escrevemos, o governo chinês está testando seu "sistema de crédito social". Cada cidadão chinês será monitorado e receberá uma pontuação de crédito social. O monitoramento acompanha todas as atividades on-line, mas o governo também está instalando duzentos milhões de câmeras de reconhecimento facial em todo país, como a imagem da Praça da Paz Celestial, no coração de Pequim, no caderno de fotos ilustra. Em seu romance distópico *1984*, George Orwell escreveu a célebre frase: "O Grande Irmão está vendo." Isso era um sonho (ou pesadelo) tecnologicamente em 1949, quando o livro foi publicado. Não é mais. Uma pessoa com boa pontuação de crédito social terá tratamento especial em hotéis e aeroportos, crédito fácil nos bancos e acesso preferencial a universidades de elite e aos melhores empregos. Como a propaganda anuncia:

> Isso permitirá que os dignos andem livremente sob o céu, ao mesmo tempo que dificultará que os desacreditados deem um único passo.

Mas quão livremente? Compre álcool no mercado – péssima ideia, perderá alguns pontos. Haverá perda de pontos também se um parente ou amigo fizer algo que as autoridades não gostem. A pessoa que você namora ou com quem se casa também irá influenciar sua pontuação. Se você toma decisões de que o Partido Comunista não gosta, será excluído da sociedade sem poder viajar, alugar um carro ou apartamento ou mesmo conseguir um emprego. Isso parece uma gaiola, não a concebida pelas normas, mas sim pelo olho vigilante do Estado.

Uma vívida aplicação da mentalidade do crédito social e do que ela significa para a liberdade é visível no leste da China, em Xinjiang, lar de milhões de muçulmanos uigures. Os uigures enfrentam constante discriminação, repressão e aprisionamento em massa, assim como o uso mais intensivo das técnicas de vigilância do Estado. Agora eles precisam tolerar os "Grandes Irmãos e Irmãs" em suas casas, monitorando cada uma de suas palavras e ações. A primeira onda desses monitores sociais foi despachada em 2014, quando cerca de 200 mil membros do Partido Comunista foram enviados para Xinjiang a fim de "visitar pessoas, beneficiar pessoas e reunir o coração das pessoas", ainda que fossem tão bem recebidos pelos uigures como foram os moradores de cidades enviados para a área rural pela Revolução Cultural de Mao. Em 2016, uma segunda onda de 110 mil monitores foi enviada como a vanguarda da campanha Unidos como uma Família, que os colocou nas casas dos uigures cujos familiares foram presos ou mortos pela polícia. Uma terceira onda de um milhão de quadros foi enviada em 2017. Durante as manhãs, irmãos e irmãs cantam juntos em frente à sede local do Partido Comunista chinês, e atentamente frequentam sessões de informação sobre a visão da "Nova China" do presidente Xi Jinping.

Os uigures estão constantemente sendo vigiados para que se possa verificar sua lealdade. Eles falam chinês bem? Há sinais de tapetes de orações ou de se ajoelhar em direção a Meca? Será que ouvi uma saudação islâmica (tal como *assalamu alaikum*)? Eles têm uma cópia do Corão? O que acontece no Ramadã?

Para muitos, a liberdade com características chinesas não é liberdade.

8.

RAINHA VERMELHA QUEBRADA

Uma história de ódio

MANOJ E BABLI COMETERAM UM TERRÍVEL ERRO em 2007: se apaixonaram. Eles eram de Karoran, uma pequena vila no estado de Harianá, no nordeste da Índia. Manoj tinha abandonado a escola e conseguido um emprego em uma oficina de conserto de eletrônicos. Babli frequentava a escola para meninas do outro lado da rua. Eles se conheceram na oficina e, se não foi amor à primeira vista, foi logo depois. Babli levou seu telefone em perfeito funcionamento para ele consertar. Quando Manoj a questionou, ela respondeu: "Claro que não tinha nada de errado com ele. Eu só queria te ver de novo."

Tanto Manoj quanto Babli eram da mesma casta, ou *jati*. Eram ambos Banwala Jats. Os Jats se enquadram na categoria de "Outras Castas Baixas" (Other Backward Class, ou OBC, em inglês) da Índia. Isso não era um problema. Na verdade, no sistema indiano de castas há regras estritas de endogamia, que significa que as pessoas precisam se casar com alguém da mesma casta. Mas dentro da casta há ainda mais restrições e o problema era que Manoj e Babli eram da mesma *gotra*, ou clã. Um clã é um grupo de parentesco. Não há razão legal para Manoj e Babli não poderem casar, de acordo com a lei indiana, mas algumas coisas na Índia são mais poderosas do que a lei.

Quando decidiram fugir e casar, Babli e Manoj desrespeitaram uma regra do sistema de castas tão antiga que consta no famoso tratado de estadismo, o *Arthashastra*, escrito por Cautília por volta de 324 d.C. Cautília era um conselheiro de Chandragupta Máuria, o governante que criou o grande Império Máuria que tomou o norte da Índia. Em uma seção que estabelecia as diferentes obrigações e responsabilidades das castas distintas, Cautília estipula que "os deveres do chefe da família são: ganhar seu sustento ao exercer sua profissão; casar com uma mulher da mesma *varna*, mas não da mesma *gotra*".

Por *varna*, Cautília quer dizer uma das quatro grandes distinções sociais que dividem a população hindu; brâmanes, xátrias, vaixás e sudras. São quatro subgrupos distintos nos quais a maior parte dos indianos estão divididos, com a identidade sendo passada dos pais para os filhos. Kautilya também foi muito claro sobre o que cada uma das diferentes varnas deveria fazer:

> Os deveres dos brâmanes são: estudar, ensinar, realizar os rituais prescritos para eles, oficiar os rituais de outras pessoas, dar e receber presentes.
>
> Os deveres dos xátrias são: estudar, realizar os rituais prescritos para eles, viver da [profissão de] armas e proteger toda vida.
>
> Os deveres dos vaixás são: estudar, realizar os rituais prescritos, agricultura, pecuária e comércio.
>
> Os deveres dos sudras são: serviço para os nascidos duas vezes [isto é, as três varnas superiores] [ou] uma atividade econômica [tal como agricultura, pecuária e comércio] a profissão de um artesão [ou] artista [tal como ator ou cantor].

Só os três primeiros grupos eram "nascidos duas vezes" e podiam participar de cerimônias religiosas particulares. No final da hierarquia estavam os sudras, destinados a servir as varnas superiores e assumir tarefas inferiores, tais como ser artista. É possível que os sudras fossem originalmente compostos dos povos que haviam sido conquistados pelos indo-arianos quando migraram para a Índia em um passado distante e se integraram à sociedade. No topo estão os brâmanes, a varna sacerdotal que se especializou em educação, assim como em cerimônias religiosas. Depois vem os xátrias, basicamente guerreiros e soldados, e depois os vaixás, que se dedicaram ao comércio, à indústria e à agricultura. Fora desse sistema, e bem abaixo na hierarquia social, estavam as pessoas conhecidas historicamente como "intocáveis" ou dalits, agora mais formalmente chamados de Castas Agendadas.

Os jatis, uma subdivisão das varnas, são os grupos mais apropriadamente chamados de castas. Os Jats são um jati. É útil pensar no sistema de castas como sendo composto desses jatis, que são cerca de três mil na Índia, cada jati inserido em uma varna. Portanto os Banwala Jats, a que Manoj e Babli pertenciam, eram membros do Jats jati, que, por sua vez, é parte dos sudras, hoje considerados parte das modernas Outras Castas Baixas.

Essa organização social histórica não se restringe à Índia. Como vimos, a Inglaterra medieval também era uma sociedade de "ordens" e historiadores frequentemente fazem uma distinção tripartite entre aqueles que oravam, os que lutavam e os que trabalhavam. Isso corresponde aproximadamente aos brâmanes, os xátrias e aos vaixás/sudras. As pessoas também adotavam o nome de seu trabalho, o que, como veremos, é parte importante do sistema de castas indiano. Se você era um ferreiro no século XIII na Inglaterra, provavelmente seu nome era Smith; se fizesse barris, era um Cooper; se fizesse pão, seria um Baker. Provavelmente o filho de um Smith também era ferreiro. O historiador inglês Richard Britnell até usou dados relativos a sobrenomes para desenvolver estudos sobre quão economicamente diversa a Inglaterra Medieval era. Ele não tinha dados sobre a economia, apenas sobre o nome das pessoas dos registros de impostos, mas isso acabou se mostrando a mesma coisa. Sabendo o nome das pessoas, ele sabia sua ocupação econômica e, portanto, como a economia era organizada. Esses nomes perduraram ao longo do tempo, mas, como vimos no Capítulo 6, sua conexão com a ocupação foi enfraquecendo com as mudanças econômicas e sociais. Uma das razões para o fim da relação entre nome e ocupação é que a relação nunca foi institucionalizada da mesma forma que na Índia. Em particular, nunca foi incorporada à religião e à natureza do Estado.

A persistência das identidades de casta e das normas na Índia fica nítida no fato de que uma norma registrada por Cautília há quase 2.500 anos segue sendo imposta até hoje. Imposta como? Manoj e Babli tiveram que se apresentar ao tribunal de Kaithal porque a família de Babli acusou Manoj de sequestrá-la. Tiveram que comprovar que estavam legalmente casados e que não houve sequestro. Para surpresa de Babli, seu irmão Suresh e o primo Gurdev apareceram. Como eles souberam quando seria a audiência? Dois outros primos também estavam lá. Além disso, Manoj e Babli haviam antecipado que poderiam ter problemas, então, por sugestão de seu advogado, pediram ao tribunal proteção da polícia. Depois da audiência, a polícia os levou de carro até um ônibus para Chandigar, onde os dois haviam casado e estavam se escondendo dos familiares insatisfeitos. Eles saíram do carro no ponto do ônibus Pehowa para pegar o ônibus para Chandigar. Os parentes haviam seguido os dois. A polícia parecia reconhecer o problema. Dois policiais entraram no ônibus com Manoj e Babli para garantir que nada ia acontecer. Os dois primos entraram no ônibus. Outros parentes estavam em um carro. O ônibus partiu, mas, assim que chegou à cidade de Pipli, os dois policiais disseram que aquele era o limite de sua jurisdição e que tinham que sair. Manoj e Babli estavam sozinhos. Desesperados, saltaram para o ônibus rumo a Delhi; os primos os seguiram. Em uma praça de pedágio, pouco antes da cidade de Karnal, uma SUV prata Mahindra Scorpio entrou na frente do ônibus e o bloqueou. Manoj e Babli foram tirados à força de seus assentos e colocados na Scorpio. Eles nunca mais foram vistos vivos. Seus corpos — inchados, mutilados e de pés amarrados — foram retirados do canal Balsamand Minor.

Você pode imaginar que as vítimas foram Manoj e Babli, mas o conselho local da casta decidiu banir a família de Manoj. Ninguém na vila podia falar com eles ou vender nada para eles. Se alguém desrespeitasse essa regra, podia ser multado em 25 mil rupias (cerca de 350 dólares) e banido pelo resto da vila.

A gaiola de normas da Índia

Na evolução do Estado e da sociedade indianos, a gaiola de normas é notável. Em Atenas e na Europa, além de gerar o desenvolvimento do Estado e da sociedade, a Rainha Vermelha ainda deu início a um afrouxamento da gaiola de normas, coisas que não ocorreram no caso da Índia. A consolidação do sistema de castas e a subserviência do Estado à sua rígida hierarquia fragmentou a sociedade, impelindo-a contra si mesma. A sociedade nunca é uma entidade monolítica, e seus conflitos internos, assim como as desigualdades que resultam disso, têm papel central na política de uma nação. A Rainha Vermelha remodela essas divisões por meio da competição e da cooperação entre Estado e sociedade, como vimos no caso da Inglaterra de fins do século XVIII, onde a expansão da capacidade estatal induziu a sociedade a desenvolver novas instituições, novas organizações e demandas mais gerais. Em função da fragmentação e das divisões fomentadas pelo sistema de castas, nada disso podia acontecer na Índia. A sociedade não podia se organizar e monitorar o Estado e não haveria as dinâmicas da Rainha Vermelha reorganizando as identidades, embora a península, assim como a Europa, tenha profunda história de participação popular no governo. Em vez disso, como a participação política se baseava nas identidades de casta e como o Estado as apoiava e era o baluarte do sistema de castas, as identidades de casta foram repetidamente reconfirmadas — com consequências abomináveis para a liberdade.

O sistema de castas não apenas explica a falta de liberdade na Índia. Ele também ajuda a explicar a pobreza do país. O fato de as pessoas estarem confinadas a ocupações em função do status que herdaram cria um grande impedimento para a mobilidade social e para a inovação. Mas essa é apenas a parte visível das oportunidades e dos incentivos extremamente desiguais gerados por um sistema baseado em uma hierarquia social rígida e no domínio em todos os cantos da sociedade. Ainda que a Índia seja uma democracia desde 26 de janeiro de 1950, e ainda que tenha "liberalizado" sua economia nos anos 1990, o domínio das castas e a gama de normas restritivas, divisoras e hierárquicas persistiram e criaram um Estado desprovido de capacidade real e sem muito interesse em ajudar seus cidadãos mais pobres.

Para entender isso melhor, vamos começar na parte mais baixa da hierarquia de castas: os dalits.

O povo desesperado

Qual o real significado de "dalit"? A palavra não aparece em Cautília e tem origens muito mais recentes. Os dalits eram chamados de intocáveis. O grande estadista indiano B. R. Ambedkar, que depois da independência em 1947 ajudou a escrever a primeira versão da constituição indiana, criou o termo "dalits". Significa literalmente "o povo desesperado". Mas de onde vem a "intocabilidade"?

A intocabilidade significa exatamente isso: a pessoa não pode ser tocada. Uma pessoa de casta superior que toque em um dalit recebe uma "poluição" que só pode ser erradicada pelo ritual de limpeza. Como um trabalhador dalit entrevistado pela Human Rights Watch no distrito de Amedabade, Gujarat, em 1998, explica:

> Quando estamos trabalhando, pedem para não chegarmos perto deles. Nas cantinas de chá, têm copos separados e nós mesmos temos que lavá-los e tirar a mesa. Não podemos entrar em templos. Não podemos usar as mesmas torneiras que

as pessoas de casta superior. Temos que andar quilômetros a mais para conseguir água (...) Quando pedimos nossos direitos ao governo, as autoridades municipais ameaçam nos demitir. Então, não falamos nada.

Não é só uma questão de toque físico. Se um dalit fizer sombra para um brâmane, isso pode exigir um ritual de limpeza. Dalits não podem usar sapatos na presença dos "nascidos duas vezes". Ambedkar, que era um dalit, não gostava da noção de intocabilidade e garantiu que a constituição indiana a tornasse ilegal. O Artigo 17, "Abolição da Intocabilidade", afirma de forma inequívoca:

A intocabilidade está abolida e suas práticas em qualquer forma são proibidas. A imposição de qualquer incapacidade advinda da intocabilidade deverá ser uma ofensa passível de punição de acordo com a lei.

Contudo, estima-se que existam cerca de 200 milhões de dalits hoje na Índia. Como isso é possível?

A mais famosa declaração de Ambedkar sobre a intocabilidade aconteceu em uma palestra que ele preparou em 1936. Ele nunca ministrou a palestra porque, quando fez circular um rascunho dela, o texto foi considerado ultrajante a ponto de ser rapidamente desconvidado. Ambedkar o publicou por conta própria com o título "A aniquilação da casta". Ele sabia do que estava falando. Quando era criança, recebeu permissão para frequentar a escola de "tocáveis", mas tinha que se sentar separado do restante das crianças, em um saco, para não poluir o chão delas. Ele não podia beber água durante o dia, porque o único bebedouro existente era para castas superiores. Ambedkar começa estabelecendo o que é ser intocável:

O intocável não tem permissão para usar a rua se um hindu estiver andando nela, para não poluir o hindu com sua sombra.

O intocável é obrigado a usar um fio preto no pulso ou em volta do pescoço, como sinal para evitar que os hindus se maculem ao tocá-los por engano. Em Poona (...) o intocável é obrigado a carregar, preso na cintura, uma vassoura para varrer atrás de si próprio a poeira pela qual andou, para evitar que um hindu que ande pelo mesmo caminho se polua. Em Poona, um intocável é obrigado a carregar uma panela de barro pendurada no pescoço aonde quer que vá — a fim de guardar seu cuspe, para evitar que seu cuspe na terra polua um hindu que pise desavisado nele.

Mas o objetivo de Ambedkar não era apenas abolir a intocabilidade. Ele queria acabar com todo o sistema de castas, porque entendia seus efeitos amplos e perniciosos, e atacava isso de um ponto de vista econômico. Não fazia sentido para ele (nem para nós) que castas, varnas e jatis tenham ocupações específicas. Claro, ele sabia que isso se baseava na dominação e que era uma poderosa fonte de aprisionamento. Mais importante ainda: Ambedkar entendia que as castas faziam a sociedade se voltar contra si mesma e continuar dividida e desorganizada. Ele escreveu que

o sistema de castas não é meramente uma divisão de trabalho. É também uma divisão de trabalhadores. Sociedades civilizadas, sem dúvida, precisam da divisão do trabalho. Mas em nenhuma sociedade civilizada a divisão de trabalho é acompanhada dessa divisão artificial de trabalhadores em compartimentos estanques. O sistema de castas (...) é uma hierarquia na qual a divisão de trabalhadores tem graus, uns superiores aos outros (...) Em um de seus aspectos, ele divide os homens em comunidades separadas. Em seu segundo aspecto, coloca as comunidades em uma ordem graduada uma acima da outra no status social.

Em outras ocasiões, Ambedkar usou uma metáfora diferente, comparando o sistema de castas a "uma torre com muitos andares, sem escadas e sem entrada. Todo mundo tem que morrer no andar em que nasceu". A divisão de trabalho criada pelo sistema de castas é economicamente irracional, porque "envolve uma tentativa de determinar as tarefas dos indivíduos antecipadamente — selecionadas não com base nas habilidades originais aprimoradas, mas no status dos parentes". Não há como construir uma economia moderna com base no "dogma da predestinação", e qualquer tentativa de fazer isso seria como tentar construir "um palácio em uma pilha de esterco".

Ambedkar era bastante claro também sobre as terríveis consequências do sistema de castas para a liberdade e a política. Não apenas a sociedade de castas era fundamentalmente não liberal, mas Ambedkar ressaltava que as castas criavam uma sociedade fragmentada, desorganizada e prostrada. "As castas (...) desorganizaram e desmoralizaram os hindus", ele escreveu, e isso porque "a sociedade hindu não existe como tal. É apenas uma coleção de castas". Exceto quando podem se unir contra um adversário externo, "cada casta tenta se segregar e se distinguir de outras castas (...) o hindu ideal deve ser como um rato vivendo no próprio buraco, se recusando a ter contato com os outros (...) Os hindus, portanto, não são apenas uma coleção de castas: são muitos grupos em guerra, cada um vivendo por si mesmo e perseguindo seu ideal egoísta". O papel opressivo que as castas exercem sobre a identidade das pessoas é a razão pela qual não se pode dizer que "os hindus formam uma sociedade". Isso fundamentalmente porque

> um hindu (...) tem responsabilidade apenas em relação à sua casta. Sua lealdade se restringe apenas à sua casta. A virtude se tornou impregnada pela casta, e a moralidade se tornou limitada à casta (...) Há caridade, mas começa e termina com a casta. Há simpatia, mas não para os homens de outras castas.

E a natureza não liberal da sociedade de castas? Isso talvez seja óbvio, dadas as restrições de ocupação, estilo de vida, residência e muitas outras coisas que são decididas junto com a casta. Mas Ambedkar queria expor um ponto mais complexo: o sistema de castas só podia ser mantido pela dominação e pela ameaça de violência. Ele ressalta que, no grande épico hindu do Ramayana, o rei Rama decapita um sudra que encontra meditando. Sudras não são nascidos duas vezes, não devem meditar. As Leis de Manu, o mais antigo código de leis da Índia, são inflexíveis ao indicar que o rei imponha o sistema de castas e especifique sanções muito pesadas por romper com o varna. Por exemplo, um sudra que recita ou só escuta os Vedas, a literatura antiga sagrada dos hindus, pode ser punido tendo sua língua arrancada ou ter chumbo derretido derramado em suas orelhas.

As tarefas mais baixas eram reservadas não para os sudras, mas para os dalits. Entre essas estavam empregos como catadores, tarefas como a remoção de carcaças de animais mortos e de dejetos humanos (veja no caderno de fotos um desses trabalhos). Entre outras ocupações dalits estão sapateiros, marceneiros e varredores de rua. As crianças dalits são vendidas para credores das castas superiores para pagar dívidas e as meninas dalits são vendidas para templos no sistema Devadasi, na prática uma forma de prostituição institucionalizada. Homens, mulheres e crianças dalits trabalham no campo em condições terríveis por uma ninharia como trabalhadores. A Human Rights Watch reproduz estatísticas do governo sugerindo que há pelo menos um milhão de dalits, e provavelmente muito mais, que trabalham como coletores de dejetos humanos em lugares onde os vasos sanitários não têm água. Um dos coletores de dejetos entrevistado no estado de Andhra Pradesh relatou:

Em um banheiro pode haver até quatrocentas latrinas que precisam ser limpas manualmente. Essa é a mais baixa ocupação no mundo e é feita pela comunidade que ocupa a mais baixa posição no sistema de castas.

A natureza humilhante do trabalho dos dalits é parte da dominação das castas superiores e é apoiada pelas normas e pela ameaça de violência. Muitos dos coletores de dejetos ouvem da comunidade que eles não têm opção. Quando a campanha *Rashtriya Garima Abhiyan* (Campanha Nacional por Dignidade) começou a informar aos coletores de dejetos no estado de Madhya Pradesh que eles podiam deixar esse trabalho se quisessem, 11 mil deles fizeram isso imediatamente. Mas a pressão e as ameaças continuaram. Um deles relatou: "Uma das pessoas para as quais eu limpava me alertou: 'Se você aparecer na minha fazenda, eu vou arrancar suas pernas.'"

A natureza do sistema de castas e a gaiola de normas que ela cria prejudicam a capacidade da sociedade de agir coletivamente. Assim como Ambedkar apontou, a sociedade se divide contra si mesma. A Rainha Vermelha está quebrada.

Aqueles que dominam

Aqueles que dominam frequentemente pertencem à mais alta varna na hierarquia de castas, os brâmanes. Historicamente, mesmo em vilas com múltiplas castas, os brâmanes dominam a política local e as instituições políticas tais como a câmara municipal, a *panchayat*, uma instituição à qual voltaremos mais tarde neste capítulo. Uma autobiografia publicada em 1903 por Thilai Govindan registra várias reuniões das panchayats locais para julgar casos judiciais na vila de Tamil Nadu onde ele vivia. Em uma delas, das 25 pessoas reunidas, dezoito eram brâmanes. Ao longo de seu trabalho de campo no mesmo estado no início dos anos 1960, o antropólogo André Béteille descobriu que os brâmanes, embora fossem um quarto da população da vila, tradicionalmente dominavam a panchayat.

Contudo, as coisas começaram a mudar na época em que Béteille começou a estudar a comunidade. Isso aconteceu em parte porque os brâmanes haviam migrado para áreas urbanas onde sua melhor educação permitia que exercessem profissões bem remuneradas e assumissem cargos no governo, e, em parte, porque a política democrática tinha dado poder às castas mais populosas. Na vila que Béteille estudou, essa casta era a Kallas, uma jati sudra. Eles surgiram como o grupo mais poderoso não apenas por serem a varna numericamente dominante na vila. Mas também porque, como Béteille percebeu,

> os Kallas têm uma tradição de violência que leva os adi-dra-vidas a hesitarem em contestar sua autoridade.

O termo adi-dravidas (que significa literalmente "dravídicos originais") é usado especificamente em Tamil Nadu como um rótulo para os dalits. Esse termo começou a ser usado no início do século XX como uma forma de eliminar o estigma da comunidade Paraiyar, um grupo de intocáveis. É dos Paraiyars que vem a palavra "pária", que os dicionários definem como proscrito, *persona non grata*, rejeito, estranho, leproso. Os dravídicos foram os primeiros habitantes do sul da Índia antes da migração dos indo-arianos, que parecem ter originalmente trazido o sistema de castas, e portanto a descrição dravídicos originais tinha como objetivo aumentar seu status.

Esse antagonismo entre aquilo que o sociólogo indiano M. N. Srinivas chamou de "casta dominante" da vila e os dalits é comum e está frequentemente impregnado de violência. A Human Rights Watch estudou isso em Tamil Nadu no contexto de conflito entre os dalits e outra jati sudra, os thevars. Como explica um dos entrevistados:

> Os thevars são opositores dos dalits. Eles mesmos não são uma comunidade avançada. São donos de terras, mas não em um sentido amplo. Não têm uma educação avançada, mas ainda empregam os dalits como trabalhadores.

Então havia razões econômicas para manter os dalits sob controle, mas a Human Rights Watch descobriu um sistema de hierarquia e dominação muito mais sutil. Como um político thevar contou para eles, sem o menor traço de ironia:

> No passado, vinte a trinta anos atrás, os *harijans* [dalits] usufruíam da prática da "intocabilidade". No passado, as mulheres usufruíam do fato de serem oprimidas pelos homens (...) A maioria (...) das mulheres dalits usufruía de relação com homens thevars. Elas usufruíam do fato de serem concubinas da comunidade de homens thevars. Não é algo que tenham sido forçadas a fazer. Não se usa força com os dalits. É por isso que eles não reagem. Eles não têm como reagir porque dependem de nós para empregos e proteção (...) Sem os dalits, não podemos viver. Queremos trabalhadores nos campos. Somos donos de terras. Sem eles, não podemos cultivá-las ou cuidar de nosso gado. Mas as relações das mulheres dalits com homens thevars não acontece por dependência econômica. Ela quer isso dele. Ele permite. Se ele tem poder, então ela tem mais afeição pelo dono da terra.

Essas relações de dominação não apenas acabam com a liberdade dos dominados, também envenenam o funcionamento das instituições políticas locais. Supostamente há assentos na panchayat reservados para os dalits. Mas essas reservas desafiam a hegemonia anterior das castas dominantes. Em 1996, na vila Melavalavu, em Tamil Nadu, a maioria da comunidade de castas, incluindo os thevars, deixou claro que nenhum dalit deveria concorrer ao panchayat. Uma notícia no *Times of India* relatava que "eles foram avisados de que perderiam os empregos como trabalhadores rurais e não poderiam levar o gado para pastar ou tirar água dos poços localizados nas terras patta [inutilizada] mantidas pelas castas dominantes". As eleições estavam marcadas para outubro, mas, diante dessa intimidação, tiveram que ser canceladas porque todos os candidatos dalits se retiraram. Em fevereiro, um dalit, Murugesan, teve a temeridade de concorrer. Como as castas dominantes boicotaram a eleição, ele ganhou. Depois disso, no entanto, precisou de proteção policial e não conseguiu entrar no prédio da panchayat porque os thevars o impediram. Murugesan foi alvo de inúmeras ameaças e, em junho de 1997, foi assassinado. Um relato em primeira mão conta:

> Havia pelo menos quarenta deles. Eram todos thevars. Esfaquearam Murugesan no lado direito da barriga. Era uma faca muito longa. De fora do ônibus, Ramar [o líder] instruiu os thevars a matar todos os párias. Entre doze, seis foram mortos imediatamente. Tiraram todos os seis do ônibus e os esfaquearam na estrada com podadeiras com mais de centímetros de comprimento (...) Cinco thevars juntos colocaram Murugesan no chão, fora do ônibus, e arrancaram sua cabeça, e depois a jogaram em um poço a meio quilômetro dali.

Depois desse massacre, uma intervenção externa permitiu que cinco mulheres dalits fossem eleitas para a panchayat. Em resposta, os thevars demitiram trabalhadores dalits e proibiram que outros os contratassem. Crianças dalits tinham medo de ir para a escola. Uma das mulheres eleitas contou à Human Rights Watch:

> O gabinete fica na área da casta hindu. Não tenho permissão para ir a meu gabinete. Então temos que realizar reuniões aqui em nossa sala de TV; é um gabinete improvisado. Ainda estão nos ameaçando. Estão me vigiando e me seguindo (...) Se as mulheres dalits eleitas aparecerem lá, a classe superior irá causar algum dano. Se as mulheres insistirem em ir para o gabinete, vão bater nelas. Há um policial para me proteger. Ele tem uma arma, mas a deixa dentro da bolsa (...) Tudo está paralisado.

Na vila Tamil, uma mulher chamada Veludavur contou à Human Rights Watch sobre a violência sexual endêmica contra mulheres dalits:

> Na vila, os thevars entram na casa e têm relações sexuais com as mulheres dalits. Usam de força e estupram. Meu marido morreu, então, se eu ficasse, o mesmo aconteceria comigo (...) Deixei todas as terras. Esse é o destino comum das pessoas dominadas.

A economia engaiolada das castas

Ainda que os dalits sejam a base de um sistema de castas que segrega pessoas social e economicamente, é possível ser cético em relação à capacidade de essa hierarquia social antiga ser rígida a ponto de determinar ainda hoje a ocupação das pessoas. Quem poderia impor isto? Certamente isso não é parte da lei indiana. Mas já vimos o poder das normas para impor regulamentações de casta e até mesmo estimular o assassinato de pessoas que as desrespeitam. Teriam essas normas criado uma associação durável entre o nome da pessoa e sua casta e ocupação?

A primeira pessoa a sistematicamente investigar essa questão foi um administrador colonial britânico, E. A. H. Blunt, que publicou *O sistema de castas no norte da Índia*, em 1931. Usando dados sobre castas e ocupação do censo colonial britânico, Blunt estimou até que ponto diferentes jatis mantiveram suas ocupações tradicionais. Ele primeiro separou os diferentes jatis em doze categorias amplas, começando com agricultura, trabalhadores e servos de aldeia, ocupações pastorais, profissões especializadas e percorreu todo o caminho até chegar a comércio e indústria, vendedores de comida e bebidas e até mesmo pedintes. Cada classe mais ampla comporta ocupações mais especializadas. Por exemplo, na agricultura havia o cultivo de flores e vegetais, cultivo de papoula e de castanha-d'água. Entre as profissões especializadas estavam astrologia, escrita e, claro, o sacerdócio com suas conexões com os brâmanes. Com o comércio e a indústria, Blunt identificou 35 diferentes especializações que correspondiam quase que individualmente a diferentes jatis. Por exemplo, a jati Lohar era de ferreiros; os Sonar, ourives; e os Pasi, extratores da seiva usada para fazer vinho de palma. Obviamente a agricultura era, de longe, a maior ocupação, a vocação de 90% de todas as castas nessa categoria. Contudo, a agricultura era menos interessante do que outras atividades por ser também uma ocupação muito mais geral, apesar do cultivo de castanha-d'água. Mais impressionante foram os resultados de ocupações específicas. Blunt descobriu que mantiveram a profissão 75% dos varredores, 75% dos ourives (Sonars), 60% dos confeiteiros e beneficiadores de grãos, 60% dos barbeiros e lavadeiras e 50% dos carpinteiros, tecelões, prensadores de óleo e ceramistas.

Mas essa segregação não significa que diferentes castas sejam autárquicas. Elas estão ligadas pelo sistema Jajmani, que especifica uma rede de serviços e favores que diferentes castas têm que fornecer às outras. À primeira vista, trata-se de um vasto sistema de doações mútuas. No entanto, a doação de algumas pessoas é muito mais valiosa que a de outros. A primeira descrição detalhada de como isso funciona foi feita por um missionário, William Wiser, nos anos 1930 em Karimpur, uma vila no norte da Índia perto da confluência dos rios Ganges e Yamuna, no estado de Uttar Pradesh. Wiser, junto com sua esposa, Charlotte, mais tarde escreveu uma etnografia de Karimpur, documentando a intensa dominação na vila:

> Os líderes de nossa vila têm tanta certeza de seu poder que não se esforçam em mostrá-lo. O visitante casual encontra poucas distinções entre eles e outros agricultores (...) E, contudo, quando um deles aparece entre homens da casta servil, estes últimos demonstram respeito e medo em cada palavra cuidadosa e em cada gesto. Os servis aprenderam que, enquanto sua subserviência não for questionada, a mão que os conduz age com leveza. Mas, caso venham a ter qualquer movimento em direção à independência ou mesmo à

indiferença entre eles, o toque paternal passa a estrangular (...) Em cada detalhe da vida, os líderes prendem os aldeões a si. A simpatia deles pode trazer ao homem a prosperidade e seu desfavor pode fazê-lo fracassar.

Havia 754 pessoas em Karimpur, divididas em 161 famílias. Os brâmanes eram 41 das 161 famílias, e Wiser identificou 24 jatis diferentes no total, dois tipos de brâmanes, dois tipos de xátrias, doze jatis sudra diferentes e oito categorias intocáveis. Ele mapeou um sistema intrincado de serviços costumeiros que diferentes jatis tinham que fazer uns para os outros. Vamos começar com os brâmanes. A princípio, os brâmanes eram sacerdotes que atendiam as necessidades religiosas das demais castas. As famílias brâmanes com mais prestígio, que agiam como sacerdotes, serviam apenas outras famílias brâmanes e, por sua vez, recebiam serviços religiosos de famílias com prestígio ainda maior de fora da vila. As famílias brâmanes abaixo dessas na hierarquia atendiam as necessidades religiosas dos xátrias e dos sudras. Donos da maior parte da terra da vila, os brâmanes tinham direito a serviços de outras castas. Um carpinteiro, nascido na jati Barhai, deveria remover e afiar as lâminas de arado deles uma ou duas vezes por semana. Na época de colheita, deveria manter as foices afiadas e trocar os cabos sempre que necessário. Se uma carroça quebrasse, ele deveria consertá-la e realizar outros serviços nos quais suas habilidades fossem necessárias. Outras castas, tais como ferreiro, barbeiro, carregador de água e oleiro, tinham tarefas fixas semelhantes que deveriam realizar para diferentes pessoas. Em troca, havia pagamentos preestabelecidos, normalmente em espécie, que mudavam de acordo com a casta. Por exemplo, um brâmane daria a um carpinteiro e ferreiro 4,8 quilos de grãos a cada temporada por arado que ele tivesse. Os que não eram brâmanes dariam 6,3 quilos de grão por arado. Tais diferenças eram a norma mesmo no caso de pagamentos em dinheiro. O costureiro, por exemplo, recebia de um brâmane metade do que um não brâmane pagaria pela mesma peça de roupa. Quando um brâmane comprava leite, custava 50% menos que para os não brâmanes. Uma parte fixa das terras da vila era reservada para as castas mais altas; os brâmanes ganhavam a maior parte, mas a terra também era destinada ao carpinteiro, ao varredor, ao prensador de óleo, ao costureiro e à lavadeira. O serviço mais oneroso de todos acontecia nos campos dos brâmanes, onde as famílias das castas baixas eram obrigadas a trabalhar por uma remuneração fixa.

Na parte mais baixa da hierarquia social, claro, estavam os intocáveis. Havia oito famílias dos Chamar, trabalhadores que curtiam o couro e tinham uma série de tarefas fixas como esfolar animais, fazer couro e usá-lo no conserto de sapatos, cestas e bolsas. Os Wiser apontaram o seguinte sobre os Chamar:

> Na vila ele não é visto como um indivíduo, mas como o Chamar de fulano. Fora do convívio íntimo familiar, o tempo e os serviços dele e de seus filhos estão na mão do seu senhor. Sua esposa também precisa estar pronta para ajudar no campo ou em tarefas mais pesadas na casa do patrão, sempre que for chamada. O trabalho e os interesses do patrão sempre vêm primeiro. Se há qualquer tempo livre, o Chamar e seus filhos gastam no pedaço de terra cedido a ele em pagamento por seus serviços. Ele não faz planos ou se dedica a nada que exija tempo ou dinheiro sem o consentimento de seu patrão.

Na prática, portanto, o sistema Jajmani era uma intrincada rede de serviços com pagamentos habituais fixos que as pessoas eram obrigadas a fazer, com base em uma divisão hereditária de trabalho incorporada em um sistema de castas. Isso pode lembrar a economia dos tivs, regulamentada e restrita por normas rígidas, do Capítulo 4. Mas os tivs impunham essas normas às relações econômicas de forma a preservar a igualdade, especialmente a igualdade política, ao passo que o sistema de castas indiano era deliberadamente anti-igualitário. Nem todo mundo serve todo mundo. Por exemplo, 38 famílias brâmanes não serviam ninguém, mas recebiam serviços de outros. Os termos do serviço sempre favoreciam as castas mais altas. Exatamente como Ambedkar explicou, as pessoas estavam presas em "compartimentos estanques", bloqueando seus incentivos e oportunidades. Talento e habilidade são amplamente mal alocados, perdidos. Não apenas a liberdade, mas a eficiência econômica foi sacrificada no altar da gaiola de normas da Índia. Não surpreende que o país sofra de pobreza endêmica e subdesenvolvimento (e podemos acrescentar que nada disso melhorou durante os 150 anos da Companhia das Índias Orientais, o domínio colonial britânico e antes disso a hegemonia do Império Mogol, que igualmente se aproveitaram do sistema de castas e o reforçaram).

Mas, se a Índia é tão hierárquica e tão despedaçada por divisões, por que mantém eleições democráticas desde a independência e frequentemente é considerada a maior democracia do mundo? Por que esse sistema democrático falhou em mobilizar algo como a Rainha Vermelha? A resposta à primeira pergunta, como veremos, está relacionada à história da participação política popular da Índia, de muitas maneiras parecida com a das tribos alemãs que discutimos no Capítulo 6. A resposta à segunda pergunta está, de novo, relacionada aos fatores que Ambedkar identificou, que deram forma à política democrática da Índia dentro dos parâmetros do sistema de castas.

Repúblicas antigas

Antes de existir a escrita, grande parte da história era recitada oralmente e passada adiante de geração em geração de historiadores. Essas histórias orais eram frequentemente usadas pelos governos para preservar as tradições das dinastias, em parte para legitimar seu poder. Mas eram preservadas também por bardos e contadores de histórias, tanto por prazer quanto por legitimidade. Essa é a origem das grandes obras da literatura grega *Ilíada* e *Odisseia*, atribuídas a Homero, que contam a história da Guerra de Troia e suas consequências. Tais guerras aconteceram por volta de 1200 a.C., mas as histórias sobre elas foram escritas pelo menos seiscentos anos mais tarde. Durante esse período foram preservadas apenas oralmente.

A Índia tem as próprias versões da *Ilíada* e da *Odisseia*, mais notavelmente *O Mahabharata* e o *Ramayana*, compostos em algum momento entre 400 a.C. e 400 d.C. Mesmo antes existiam os chamados Vedas, que são inclusive mais úteis a nossos propósitos. Existem quatro deles, preservados oralmente pelos brâmanes, os sacerdotes da religião hindu, escritos pela primeira vez por volta de 1000 a.C. Um deles, o *Rig Veda*, contém mais de mil hinos e poemas. Os Vedas são vistos como a literatura dos povos indo-arianos que emigraram para a Índia durante um grande período de tempo, provavelmente em várias ondas. O *Rig Veda* contém descrições da sociedade, da guerra e da política. Mas qualquer interpretação disso exige cuidado, uma vez que não é fácil reconhecer se é uma obra de ficção ou não. O que obtemos, no entanto, é uma imagem nítida de como eram as instituições políticas. Havia chefes, chamados de rajás, mas eles eram eleitos, ou pelo menos escolhidos, e seu poder era bastante limitado pelas assembleias chamadas de *vidatha*, *sabha* e *samiti*, apesar de que não sabemos com certeza como funcionava a interação entre essas instituições. A sabha parece ser menor, talvez composta apenas pelas elites, ao passo que a samiti era maior, talvez composta por todos os cidadãos homens adultos livres. A importância das assembleias é mostrada por uma passagem de outro Veda, o *Atharva Veda*, onde um rei diz:

> Em concordância, as duas filhas de Prajapati, *sabha* e *samiti*, me protejam. Que todo homem que eu encontre me respeite e ajude. Justas sejam minhas palavras, oh, meus pais, nas sessões. Sabemos teu nome, oh, *sabha*, teu nome é diálogo. Que toda companhia que se junta a *sabha* concorde comigo. Dos homens sentados aqui, que eu faça meus o esplendor e o conhecimento. Indra me torne conspícuo em meio a todos os que estão assim reunidos.

Prajapati, o criador deus, é visto como a fonte das assembleias, apresentadas como órgãos de deliberação e debate. A passagem é clara em demonstrar que o rei precisa de seu apoio.

De fato, os rajás lembram muito os líderes guerreiros das tribos germânicas descritos por Tácito. A vidatha, por exemplo, parece ter sido uma assembleia onde os frutos dos saques eram divididos. Os historiadores indianos também usavam a palavra "tribo" para descrever a organização social desse período. O *Rig Veda* menciona trinta diferentes tribos. A sociedade parece ser baseada em parentesco e clãs.

No período védico tardio, provavelmente por volta de 600 a.C., vemos uma divergência entre diferentes tipos de Estado. Em algumas partes do norte da Índia, os chefes começam a evoluir para reis e monarquias hereditárias sancionadas pela religião, e o sistema varna supervisionado pelos brâmanes passa a ter um papel essencial na legitimação da autoridade da monarquia hereditária. Em outras partes, a política das assembleias persistiu e até mesmo se intensificou. Esses últimos Estados são chamados *gana-sanghas* pelos historiadores.

O mais bem documentado dos gana-sanghas é o Estado Licchavi em Vaisali, agora chamado Basarh, no estado de Bihar, logo ao norte do rio Ganges (ver Mapa 12). Uma fonte contemporânea afirma que "naquela cidade [Vaisali] havia sempre 7.707 reis [rajás] para governar o reino e igualmente muitos vice-reis, generais e tesoureiros". Outra fonte relata que "os Licchavi da família governante chegam ao número de 7.707 e sua residência fica em Vaisali. E todos são dados a argumentar e disputar". Os historiadores avaliam que esses números sugerem que a população total de cidadãos de Vaisali era provavelmente 4 x 7.707 ou 30.828, e talvez um quarto destes, os "reis", tinham direitos políticos especiais e formavam a assembleia. Esse era o coração do Estado Licchavi, que poderia compreender 200 ou 300 mil pessoas. Se o total de cidadãos era de 30 mil, levando em conta as proporções, então seria bastante similar à proporção de cidadãos na Atenas antiga ou no fim da República Romana. A assembleia elegia um conselho de nove, que realizava a maior parte do trabalho

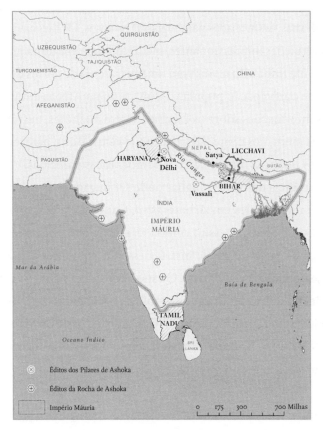

Mapa 12. Impérios indianos e as áreas de política participativa.

administrativo de rotina, e um destes era eleito como rei chefe com autoridade executiva. É possível que essa posição, uma vez preenchida, fosse ocupada por toda a vida. Há um registro em que o próprio Buda diz que os Licchavi "realizavam assembleias públicas completas e frequentes" e se reuniam, debatiam "em concordância" e "se levantavam em concordância". As decisões eram tomadas pela maioria, e as autoridades que tinham que assumir tarefas específicas, como uma chamada de *salaka-gahapaka*, eram eleitas. Cinco qualidades eram estipuladas para essa posição. Um homem tinha que ser "alguém que não se comporta com parcialidade (...) com malícia (...) querendo enganar (...) com medo e alguém que sabe o que a votação decidiu e o que não foi aceito". O título *salaka-gahapaka* era derivado de *salaka*, as lascas de madeira, que, assim como as cédulas de papel modernas, eram usadas para registrar os votos. Os Licchavi possuíam outras instituições impressionantes, incluindo uma estrutura judicial que supostamente tinha oito níveis com uma hierarquia de cortes de apelação com grande participação popular, assim como na Atenas antiga. Apesar de nossas informações sobre os Licchavi serem melhores, outros Estados contemporâneos, tais como Sakya, de onde veio o Buda, parecem ter tido instituições políticas republicanas e democráticas parecidas.

A importância dos gana-sanghas pode ser julgada pela maneira como Cautília se refere a eles em *Arthashastra*. Cautília era o equivalente indiano de Lorde Shang e, assim como ele, tentou compor um manual de governança e um conjunto de instruções para aspirantes a governantes sobre como organizar seu Estado. Quando considera a construção de um Estado ideal, Cautília ignora as assembleias e tem em mente um sistema monárquico e altamente hierárquico. Contudo, na parte do livro que trata da política externa, Cautília considera explicitamente os gana-sanghas, para os quais usa o termo *sanghas*. Ele aponta:

> Como as sanghas são entidades coesas, os inimigos não podem desfazê-las [facilmente].
> O chefe de uma sangha deve conquistar seu povo pelo comportamento justo, autocontrole e por ser diligente em procurar atividades queridas pelo povo e que os beneficia.

Mais interessante, os gana-sanghas também desenvolveram a ideia de que as pessoas coletivamente concordam em criar as instituições do governo. Isso foi mais bem explicado em escritos budistas, tais como o *Digha Nikaya*. O local de nascimento de Buda, Sakya, como destacamos, era um dos gana-sanghas. De acordo com esse texto houve um longo período de perfeição e felicidade antes de a dissolução se instalar. Com essa dissolução surgiram as diferenças de cor, sexo e, de repente, se tornaram necessários comida, bebida e cuidado. A vida no paraíso deu lugar à vida na Terra. As pessoas começaram a criar instituições, tais como família e propriedade, e o que se seguiu foram disputas e até mesmo o roubo. Como consequência, as pessoas se reuniram para escolher um governante que fosse "o mais favorecido, mais atraente e mais capaz". Uma vez escolhida, a pessoa concordava "em se indignar com o que deveria causar indignação, censurar o que merecia ser censurado, banir aquele que merecia ser banido". Para compensá-lo, o povo concordava em dar arroz. O *Digha Nikaya* registra que o governante era eleito e recebia três títulos: *mahasammata, khattiya* e *raja*. O primeiro significa "escolhido por todas as pessoas"; o segundo, "senhor dos campos"; e o terceiro, "aquele que encanta as pessoas por meio do dharma".

A palavra *dharma* usada no *Digha Nikaya* é significativa; vem de *Dharmashastra*, um conjunto de textos, o mais recente datado entre 600 e 300 a.C. Dharma é a conduta apropriada de uma pessoa vivendo em sociedade, e a palavra pode ser traduzida como "retidão". O benefício de tal conduta moral era o acúmulo de mérito espiritual, um bom presságio para vidas futuras depois da reencarnação. O dharma é a versão indiana do princípio ético chinês confuciano, supostamente para induzir o governante a atuar com moralidade para o benefício do povo. Vimos em capítulos anteriores que, apesar de os imperadores chineses alegarem aderir aos princípios confucianos, esses princípios nem sempre restringiam seu comportamento. O mesmo valia para o dharma na Índia.

Quando apareceram, as monarquias desenvolveram um arrazoado bastante diferente para justificar a nova estrutura de autoridade. De maneira fundamental, isso era muito influenciado pelo sistema varna. Em muitos textos, a justificativa para o poder do Estado está ligada à necessidade de manter a ordem social com base nos varnas. Isso fica claro, quando, ao falar sobre o sistema varna, Cautília aponta que:

> Quando for violado, o mundo irá encontrar seu fim devido à confusão de castas e deveres. Portanto, o rei nunca deverá permitir que as pessoas se desviem de seus deveres, pois, quem quer que cumpra seu dever, sempre fiel aos costumes

dos Aryas, e seguindo as regras da casta e divisões da vida religiosa, certamente será feliz aqui e no pós-vida.

Então o rei tinha que se concentrar em garantir que as pessoas cumprissem seus deveres de acordo com seu varna e casta. Em troca, o sistema varna, sob o disfarce dos rituais dos brâmanes, legitimava o Estado. Isso fica evidente a partir do mais famoso ritual de coroação da época, o *ratnahavimski*. O rei foi à casa de cada *ratnin*, ou guardião de joias, e orou. Diferentes autores listam diferentes números de ratnins, entre onze e quinze, mas todos concordam em um ponto: o brâmane foi o primeiro. Essa cerimônia indicava quem tinha poder e a quem o rei devia sua autoridade. A relação entre os varnas e o Estado é outra razão fundamental pela qual a Rainha Vermelha não funcionou na Índia. O Estado supostamente deveria apoiar e honrar o sistema varna, e não romper com ele. Em troca, o sistema de castas preservava a hierarquia e evitava que a sociedade questionasse o Estado.

Os maurianos, guiados por Cautília, conseguiram criar um império de escala antes desconhecida na Índia (ver Mapa 12). Uma forma de entender sua expansão é a partir da localização dos chamados Éditos da Rocha de Ashoka, que era neto de Chandragupta, o mais famoso dos imperadores maurianos. Ashoka governou de 268 a 232 a.C e mandou gravar várias leis e princípios guias em rochas e pedras durante seu reinado, presumivelmente para que estivessem disponíveis para o povo. Seus principais éditos foram gravados em Candaar, desde o oeste até o atual Afeganistão; em Yerragudi, ao sul de Hyderabad, no atual Andhra Pradesh; em Dhauli, no leste da atual Odisha (Orissa); e no extremo norte, em Shahbazgarhi, no Paquistão. Isso nos dá uma ideia da extensão do Império Ashoka, e o texto dos éditos nos apresenta uma janela para como ele governava. Apesar de o *Arthashastra* sugerir que o Império Máuria tinha uma densa burocracia que ia até as vilas, historiadores modernos acreditam que isso seja improvável. Nesse ponto, o livro de Cautília tratava mais sobre o que era desejável do que sobre o que realmente acontecia e teria sido viável. Para compensar a ausência de tal controle, Ashoka se converteu ao budismo e propagou o dharma como filosofia de governo; os éditos a resumiam. No sexto Grande Édito das Rochas, Ashoka afirma:

> Relatores devem narrar para mim os assuntos das pessoas a qualquer momento (e) lugar, enquanto estou comendo, no harém, em meus aposentos, no celeiro, no palanquim (e) no parque. E em qualquer lugar devo conduzir os assuntos das pessoas.
>
> E também, se no conselho (de Mahāmatrās) uma disputa surge ou uma emenda é proposta, em conexão com qualquer doação ou proclamação que estou ordenando verbalmente, ou (em conexão com) um assunto emergente que tenha sido delegado aos Mahāmatrās, deve ser relatado a mim imediatamente, em qualquer lugar (e) a qualquer momento.
>
> Portanto ordenei. Pois nunca me contento em me esforçar e despachar.

Aqui, Ashoka está projetando a imagem do governante responsivo e extremamente preocupado com o bem-estar de seu povo. A última linha deste édito é interessante. Ashoka ironicamente observou: "Mas é difícil de conseguir isso sem grande zelo." De fato, e o grande zelo estava, na maior parte do tempo, em falta. O Império Máuria entrou em colapso em 187 a.C., menos de cinquenta anos depois da morte de Ashoka.

Os gana-sanghas sobreviveram à ascensão dos maurianos e persistiram por um longo período. Embora uma série de Estados menores tenham crescido e diminuído no norte da Índia no milênio após o colapso do Império Máuria, talvez apenas com a ascensão do Sultanato de Déli, no século XIII, e a criação subsequente do Império Mogol, depois de 1526, instituições do Estado mais despóticas foram construídas na Índia. Antes delas encontramos, por exemplo, os Chauhans — um dos principais clãs

Rajput que governavam o Rajastão antes da criação do Sultanato de Déli — tinham que obter a concordância da assembleia da vila para cobrar novos impostos. No mesmo contexto também encontramos a palavra *panchayat* sendo usada para "assembleia"; como vimos, a palavra é ainda usada na Índia para a casta local e assembleias políticas. Mesmo quando instituições mais despóticas começaram a se desenvolver, elas frequentemente não penetraram as sociedades locais em todo lugar, particularmente no sul, ao qual voltamos agora.

A terra dos tâmiles

Assembleias e sistemas representativos não eram monopólio do norte da Índia. Eles estavam em todo lugar, provavelmente ainda mais no sul da península. Ali nem mesmo os mogóis conseguiram consolidar seu controle e houve grande autonomia até o período colonial britânico, que começou com o governo da Companhia Britânica das Índias Orientais (que durou até 1857) e continuou com controle direto do governo britânico até a independência em 1947.

Vamos examinar o Estado Chola, que ilustra não apenas as assembleias vibrantes do sul da Índia, mas também o modo como os Estados centralizados surgiram de um processo de baixo para cima no qual grupos sociais autônomos voluntariamente se uniram. O Estado Chola governou grande parte do sul da Índia a partir de sua base em Tamil Nadu, a "terra dos tâmiles" (veja novamente o Mapa 12). Provavelmente isso começou nos séculos VIII ou IX e durou até o fim do século XIII. A primeira capital foi em Thanjavur, sudeste da atual Chennai em Tamil Nadu; entre as capitais posteriores estiveram Kanchipuram e Madurai. No nível local, sua administração se baseava nas assembleias das vilas. As assembleias eram chamadas de *ur* nas vilas dominadas por camponeses, enquanto vilas onde os brâmanes tinham o poder eram chamadas de *sabha*, um termo que já vimos antes. A ur parece ter incluído todos os homens adultos de uma vila, assim como a sabha. Mas há também provas sugerindo que os membros da sabha eram escolhidos em grupo a partir das pessoas elegíveis. Uma inscrição notável de um templo em Uttaramerur, uma vila controlada por brâmanes, registra um grande número de detalhes sobre como essas instituições funcionavam:

> Deverá haver trinta alas. Nessas trinta alas, as pessoas que moram em cada ala devem se reunir e selecionar pessoas que possuam as seguintes qualificações para inclusão na seleção por sorteio.
>
> Ele deve ser dono de mais de um quarto da terra tributável. Deve viver numa casa construída na própria terra. Deve ter menos de 70 e mais de 35 anos. Deve saber os mantras e os Brahamanas [do corpus védico].
>
> Mesmo que ele tenha apenas um oitavo da terra, seu nome deve ser incluído desde que ele tenha aprendido um Veda e um dos quatro Brashyas.

A isso se seguia uma longa lista de parentes que não podiam ser considerados ao mesmo tempo. A pessoa também era inelegível para a assembleia, caso fosse alguém que "roubou a propriedade de outros. Alguém que consumiu pratos proibidos". Também estavam excluídos todos os que tinham sido parte de um comitê durante qualquer dos últimos três anos ou que tivessem estado em um comitê antes disso sem nunca apresentar suas contas.

> Excluindo todos esses, os nomes deverão ser escritos em bilhetes para todas as trinta alas (...) e colocados em um pote. Na ocasião em que os bilhetes serão retirados, uma assembleia completa incluindo os membros jovens e mais velhos deve ser convocada.

Havia uma lista detalhada de instruções para desenhar os bilhetes de modo que não houvesse fraudes. Em grupo, trinta homens, um para cada ala, eram escolhidos. Esses homens participavam em vários comitês, como o Comitê de Jardim, o Comitê de Tanque e o Comitê Anual. Não sabemos exatamente o que fazia o Comitê de Jardim, mas o Comitê de Tanque provavelmente organizava os reservatórios de água e serviços públicos importantes para água de beber e irrigação. A irrigação era mencionada frequentemente nas inscrições. Por exemplo, uma delas registra:

> A assembleia brâmane (...) faz um acordo com dois irmãos (...) Como a água não alcança o canal que deságua no lago da vila dos irmãos, a assembleia deve dragar seu próprio lago, oferecer metade do trabalho para construir o canal de conexão e permitir o escoamento da água de seu próprio lago para o canal para a vila vizinha.

Uma inscrição de outra vila discute "dois pequenos canais" onde

> uma reunião da assembleia brâmane e a assembleia maior nadu determinaram limites desses canais em relação aos campos vizinhos, sem reduzir os níveis de água nos canais que vão para uma vila vizinha.

Outras vilas também tinham o Comitê Quíntuplo e o Comitê Ouro. Se em Siena, na Itália, as assembleias eram convocadas pelo toque de um sino, em uma vila tâmil a convocação vinha pela batida de um tambor. A ur e a sabha também eram responsáveis pela cobrança de impostos, dos quais tomavam parte para si, enviando o restante para o Estado Chola. Elas também resolviam disputas sobre terras e outros problemas legais.

Eis aqui o que é realmente interessante: as urs e sabhas se reuniam em uma unidade maior, chamada nadu, mencionada acima nas decisões sobre os canais. As urs e sabhas individuais parecem ter eleito representantes para o nadu, que tomava decisões coletivas. Uma característica central é que o padrão geográfico dos nadus é muito irregular e alguns eram bastante pequenos. Por exemplo, uma inscrição registra que o nadu de Adanur-nadu continha apenas duas vilas. Outro registra que quatro vilas coletivamente compunham o nadu de Vada-Chriuvayil. No entanto, alguns nadus tinham até onze ou catorze vilas. O historiador Y. Subbarayalu usou centenas de inscrições, a maioria em templos, para desenhar mapas dos nadus para a mandala de Chola, o coração do reino em torno do vale do rio Kaveri. Isso mostra que as formas e as áreas de abrangência de diferentes nadus variavam muito, mesmo no vale do rio, que provavelmente tinha uma densidade populacional uniforme. Isso porque, ao invés de ter sido imposto por algum governo central no território, o Estado Chola era um amálgama das vilas antes autônomas. O Estado foi construído de baixo para cima, um pouco como o Estado suíço que vamos encontrar no próximo capítulo. Essa inferência é confirmada por outra inscrição do século XII enfatizando que era necessário obter o consentimento do nadu para instalar Rajadhiraja II no trono Chola.

É também significativo que aquela região tenha vindo a se chamar Tamil Nadu, hoje em dia traduzido por "Terra dos Tâmiles", de forma que a própria palavra para o agrupamento de vilas, *nadu*, acabou descrevendo a região mais abrangente dos tâmiles.

Do gana-sangha para a Lok Sabha

Já vimos que a palavra *sabha* tinha raízes profundas na Índia. Ela data pelo menos das assembleias dos Estados gana-sangha do norte da Índia, há mais de 2.500 anos. Hoje a câmara baixa do Parlamento indiano é chamada de Lok Sabha, que significa Assembleia do Povo. Mas quão reais são essas continuidades?

A resposta: bastante reais. A Índia é um país grande e heterogêneo e não há dúvida de que haja muita variação na operação das sabhas, mesmo que elas pareçam estar em todo lugar. Os Estados do norte da Índia, especialmente o Império Mogol, foram construídos por invasão externa e, com certeza, não eram uma inovação de baixo para cima da mesma forma que o Estado Chola. Mesmo assim, os mogóis não construíram o tipo de burocracia estatal que teria sido necessária para substituir as sabhas e suas repúblicas de vilas. Ao invés disso, eles ficavam felizes em tolerar a autonomia local desde que os impostos sobre as terras fossem pagos. O principal método para isso era um sistema de taxação de produção agrícola; os mogóis davam a um indivíduo conhecido como zamindar o direito de arrecadar impostos em uma área específica, e ele podia ficar com uma parte, normalmente 10%. Os mogóis tinham funcionários da Receita capazes de coletar informações precisas sobre a produção local e produtividade, mas não criaram um sistema burocrático de cobrança de impostos. Como os zamindars cobravam os impostos? Em algumas situações eles pertenciam às elites pré-mogóis armadas que tinham os próprios recursos coercivos, mas frequentemente eles cobravam impostos em colaboração com as autoridades da vila. Em outros casos não havia zamindars e os mogóis lidavam diretamente com as autoridades da vila que eram coletivamente responsáveis pelos impostos.

Houve grandes continuidades também nessas instituições das vilas. Essas continuidades eram reconhecidas pelos funcionários da Companhia Britânica das Índias Orientais no século XVIII, especialmente depois de 1765, quando a companhia ganhou do imperador mogol o direito de cobrar impostos em Bengala e Bihar. A situação foi muito bem resumida no famoso *Quinto relatório do comitê selecionado para assuntos da Companhia das Índias Orientais* apresentado ao Parlamento britânico em 1812. O relatório se concentrava nas inovações institucionais da companhia desde 1765, particularmente no que dizia respeito à cobrança de impostos. Mas registra também uma interessante avaliação da vida nas vilas indianas.

> Uma vila (...) do ponto de vista político (...) lembra uma corporação ou distrito. Seu corpo de funcionários e servidores consiste no seguinte: o potail, ou habitante líder, que tem a superintendência geral dos assuntos da vila, decide disputas entre os habitantes, atende à polícia e cumpre o dever (...)

de coletar receitas em sua vila, um dever que sua influência pessoal e um conhecimento minucioso da situação e das preocupações das pessoas o torna mais qualificado para realizar.

O relatório então lista um grande número de funcionários de vilas que assumem diferentes tarefas, incluindo "superintendente de tanques e cursos d'água", e aponta que os "habitantes do país têm vivido desde tempos imemoriais, sob essa forma simples de governo municipal". Em 1830, Sir Charles Metcalfe iria escrever que

> as comunidades das vilas são pequenas repúblicas, tendo dentro de sua área quase tudo que desejam, e quase não precisando de relações com outros locais (...) A união das comunidades de vilas, cada uma formando um pequeno Estado separado em si, tem contribuído, na minha opinião, mais do que qualquer outro fator para a preservação do povo da Índia através de todas as revoluções e mudanças pelas quais o país passou.

O Quinto Relatório não usa a palavra *panchayat*, mas ela aparece logo depois em outras fontes contemporâneas e em documentos coloniais. Por exemplo, o *Comunidades de vilas no leste e no oeste*, de Henry Sumner Maine, publicado em 1871, faz referência a "conselhos das vilas" na Índia com funcionários eleitos, enquanto *A origem e o crescimento das comunidades de vilas na Índia*, de B. H. Baden-Powell, publicado em 1899, traz uma extensa discussão das panchayats, apesar de parecer que as considera basicamente oligárquicas. Em 1915, John Matthai observou que "a característica mais definidora do governo de uma comunidade de vila era a panchayat ou conselho da vila", que "pode se referir a uma reunião geral dos habitantes ou a um comitê de componentes escolhidos entre eles". De fato, em 1880, as autoridades britânicas já tentavam entender essas instituições de vilas. O *Relatório da comissão sobre a fome na Índia* daquele ano registra:

> Na maior parte da Índia existe algum nível de organização das vilas que oferece uma maquinaria (...) pronta e natural (...) para o apoio da vila. Para o progresso do país, é necessário o encorajamento do princípio de autogoverno local, pelo qual as empresas de todos os tipos devem ser cada vez mais deixadas a cargo da direção local.

Em 1892, um ato estipulava que as panchayats deveriam ser eleitas pelas pessoas "de qualquer maneira conveniente", enquanto um ato de 1911 aprovado em Madras permitia a eleição de panchayats e listava um grande número de tarefas que deveriam assumir, incluindo a iluminação de estradas públicas, limpeza das ruas, ralos, tanques e poços e estabelecer e manter escolas e hospitais.

Portanto, não é coincidência que a visão de Mahatma Gandhi de uma Índia ideal se baseasse nas vilas autárquicas, que ele denominava Swaraj, ou Liga de Autogoverno de Toda a Índia. A autoridade colonial britânica tentou se envolver nas mesmas tradições. Depois da independência, essas instituições das vilas foram fortalecidas. A Cláusula 243 da Constituição indiana permite a criação de uma Gram Sabha, uma assembleia de vilas constituída de adultos qualificados para votar e que iriam democratica- mente eleger uma panchayat para governar os assuntos das vilas. Essas instituições foram ainda mais fortalecidas pela Lei Panchayati Raj de 1992, que criou uma hierarquia de três tipos de panchayats e as institucionalizou no sistema político indiano.

Sem honra entre as varnas

Portanto, a democracia na Índia tem raízes profundas. Mas, enraizada ou não, a política democrática não funciona muito bem em uma sociedade que se volta contra si mesma, desconcertada por uma hierarquia ainda mais profunda. Pode-se ver isso no estado de Bihar, ao norte (que também está no Mapa 12), onde a democracia local criou um ímpeto adicional em direção às divisões da sociedade e, no processo, enfraqueceu a capacidade estatal em vez de aumentá-la, contrastando com o que esperaríamos da Rainha Vermelha. E dessa vez não foram os nascidos duas vezes se unindo contra aqueles que estavam abaixo, mas as castas inferiores enfraquecendo as castas superiores, especialmente entre 1990 e 2005, quando o cargo de ministro chefe do estado era ocupado por Lalu Prasad Yadav ou sua esposa, Rabri Devi.

Bihar é um dos estados mais pobres da Índia. Em 2013, cerca de um terço de sua população, de 100 milhões de pessoas, vivia na pobreza. É uma das maiores taxas de pobreza na Índia. Ao contrário, apenas 11% da população de Tamil Nadu é pobre, e só 7% em Kerala. Bihar também tem o menor índice de alfabetização de adultos dentre todos os estados indianos, 64% de acordo com o censo de 2011, bem inferior a um estado como Kerala, com 94%. A pobreza e o analfabetismo são disseminados em Bihar porque a capacidade estatal é cada vez menor. O estado vizinho de Jarcanda, que se emancipou de Bihar em 2000, apresenta índices alarmantes de ausência dos professores; em média, 40% dos professores que deveriam estar na escola simplesmente não aparecem. A situação em Bihar é semelhante.

Na verdade, o governo local de Bihar tem tão pouca capacidade que não pode receber repasses do governo central. Os estados indianos recebem uma parcela grande de suas receitas do governo central e, para recebê-la, precisam fazer um requerimento e completar uma série de procedimentos burocráticos. Isso, claro, exige (um pouco de) capacidade. É preciso preencher formulários a tempo, acompanhar o que está disponível, fazer orçamentos e aprovar planos de investimento. Mas grandes somas de recursos destinados a Bihar nunca são alocadas ou gastas. Veja, por exemplo, o Sarva Shiksha Adhiyan, um importante programa para melhorar a educação primária, algo de que Bihar precisa desesperadamente. Entre 2001 e 2007, foram destinados a Bihar 52 bilhões de rupias, mas apenas metade disso foi realmente gasta. No mesmo período, entre 2002 e 2006, 40 bilhões de rupias foram alocadas para o estado sob o programa conhecido como

Rashtriya Sam Vikas Yojana. Era um dinheiro que poderia ser usado para patrocinar diferentes investimentos em infraestrutura física e social em áreas atrasadas. O governo estadual de Bihar foi capaz de assegurar apenas 10 bilhões dos 40 bilhões e, desses, apenas 62% foram gastos. Ainda pior foi a implementação do principal programa para impulsionar as estradas rurais, o Gram Sadak Yojana. Aqui Bihar conseguiu gastar apenas 25% do dinheiro alocado. Enquanto isso, metade dos 394 projetos aprovados sob o Plano de Desenvolvimento Integrado da Criança do governo nacional nunca começou. O estado sistematicamente reivindicava menos do que poderia do governo nacional e gastava muito menos do que conseguia requerer.

Isso tudo se deve à estrutura ineficiente do governo local em Bihar. O governo era centralizado de forma absurda; qualquer decisão de gasto que envolvesse mais de 2,5 milhões de rupias (55 mil dólares em meados do ano 2000) tinha que ser aprovada pelo gabinete do estado. Isso causava grandes atrasos e como é preciso gastar 60% da parcela inicial de qualquer verba vinda de Déhli antes de outras parcelas serem liberadas, frequentemente era tarde demais para requisitar ou usar qualquer dinheiro além da primeira parcela. De acordo com o relatório do Banco Mundial em 2005:

> As regras existentes do funcionalismo público preveem um sistema baseado em mérito para recrutamento, lotação, promoção, sanções e recompensas. No entanto, o sistema opera de uma maneira *ad hoc*, sem transparência nem meritocracia. Os problemas relacionados ao ambiente de trabalho (incluindo aqueles enfrentados por funcionárias), infraestrutura e acomodação, tensões locais e atrasos de salários juntos afetam o moral da equipe (...) Os magistrados dos distritos parecem frustrados pela centralização, pela ausência de apoio e de compreensão de seus superiores e pela falta de ação em relação a relatos de improbidade e ineficiência entre os subordinados.

Essa avaliação sugere um completo fracasso nas instituições do Estado, mas não é só isso. Não é só que o sistema opere "de uma maneira *ad hoc*, sem transparência nem meritocracia". Em muitos casos, na realidade, não há ninguém para fazer o sistema funcionar. Nos anos 1990, havia inúmeros cargos vagos no governo, incluindo uma falta aguda de engenheiros. A principal razão não é a ausência de pessoas qualificadas, mas o fato de que o comitê de promoção departamental não realizava reuniões e, mesmo quando elas aconteciam, as recomendações do comitê não eram aprovadas. A consequência foi que os cargos de engenheiro chefe em dois dos principais departamentos de engenharia, o Departamento de Construção de Estradas e a Organização de Engenharia Rural, ficaram vagos por longos períodos. Todos os quinze postos de engenheiro nesses dois departamentos, assim como em 81 das 91 superintendências de engenharia, ficaram igualmente vazios. Mais abaixo na burocracia, das 6.393 posições para engenheiros executivos, assistentes e juniores, 1.305 estavam vagas. A falta de nomeações era endêmica. Um documento de 2006, publicado pelo próprio governo de Bihar, associa diretamente o problema das vagas abertas com a incapacidade de acessar fundos do governo nacional.

> Tem havido uma falta grave de pessoal técnico em todos os níveis no Departamento de Construção de Estradas e na Organização de Engenharia Rural. Não houve recrutamento significativo para cargos iniciais e as promoções não foram concretizadas. A Organização de Controle de Qualidade no Departamento de Construção de Estradas não funciona por falta de equipamentos, produtos químicos e pessoal. A Ala de Planejamento Avançado também não funciona. Houve um colapso total da administração técnica. Essa é uma limitação séria não apenas para a implantação dos trabalhos, mas também para preparar propostas de projetos para conseguir mais fundos do Governo Central e de outras fontes.

A desorganização não é o único motivo para que o governo de Bihar não consiga preencher cargos, requerer e gastar recursos, nem para a falta geral de capacidade estatal. Esses problemas resultam de estratégias políticas enraizadas na divisão e fragmentação da sociedade. Na verdade, a falta de capacidade estatal, apesar de sempre presente em Bihar assim como em boa parte da Índia, aumentou significativamente depois de 1990, quando Lalu Prasad Yadav se tornou ministro chefe. Os Yadavs são uma jati que é parte da varna sudra, a casta mais populosa do estado. Como em muitos lugares na Índia, historicamente as castas superiores, particularmente os brâmanes, têm dominado a política de Bihar. Mas os sudras deslocaram os brâmanes e tomaram o controle da política local sob Lalu Yadav. Para ganhar poder, os Yadav forjaram uma nova coalizão política com as castas abaixo da sua, assim como com os muçulmanos que estavam fora do sistema de castas. Seu objetivo explícito era substituir as castas superiores no poder. Isso é fundamental para entender todas as vagas em aberto. As pessoas que eram qualificadas, principalmente para serem engenheiros ou ocupar outros empregos de alta capacidade, eram das castas superiores. Lalu Yadav se recusava a nomeá-las. Mesmo que a incapacidade do Estado, que é consequência disso, significasse perda de recursos e que ele fosse incapaz de fornecer serviços públicos de que seus apoiadores precisavam desesperadamente, Lalu Yadav minimizou o impacto do "desenvolvimento" alegando que isso só beneficiava as pessoas das castas superiores.

A Rainha Vermelha quebrada

A Índia é um enigma. Um país muito pobre com um fracasso endêmico do Estado e disfuncionalidade política. Ainda assim, é a maior democracia do mundo, com competição política intensa. O que explica essa variedade intrigante? Argumentamos que as raízes da democracia da Índia datam de sua história de participação popular na política, parecida com a política de assembleias das tribos germânicas que discutimos no

Capítulo 6. Mas o paralelo com o caminho europeu para aí. Enquanto a Rainha Vermelha entrou em ação na Europa, expandindo a capacidade estatal ao mesmo tempo que institucionalizava e fortalecia a mobilização da sociedade, e no processo dissolvendo a gaiola europeia de normas, nada disso aconteceu na Índia. Isso se deve à natureza do sistema de castas e ao seu legado. Além de fabricar hierarquias arraigadas e desigualdades na sociedade, as divisões de castas distorcem a natureza da política. Fragmentada e em guerra consigo mesma, a sociedade não conseguiu monitorar as instituições do Estado e demonstrou uma inaptidão singular para pressionar o Estado a aumentar sua capacidade. Os brâmanes no topo estavam muito ocupados dominando os demais, e os demais também estavam muito preocupados com sua posição na hierarquia social. Todo mundo estava preso demais à gaiola de normas. Historicamente, pelo menos, o Estado viu como obrigação reforçar e reafirmar o sistema de castas, fortalecendo a todo momento a gaiola de normas.

Quando a democracia chegou, depois da independência, as castas tomaram suas posições na batalha política e exauriram a energia da competição democrática. Como o antropólogo Béteille observou: "A fraqueza da panchayat da vila parece surgir da imposição de uma estrutura democrática formal a um substrato social que é segmentado e hierárquico por natureza." O mesmo valia para a política democrática nos estados e no nível nacional. A Rainha Vermelha permaneceu quebrada enquanto as divisões de casta tornaram impossível para a sociedade se organizar além da hierarquia social existente, para cobrar dos políticos responsabilidade, ou induzir o Estado a servir o povo. Em vez disso, a política de castas frequentemente destrói a capacidade estatal, como vimos em Bihar.

A Rainha Vermelha quebrada teve consequências previsíveis em termos de pobreza. Porém, mais fundamentalmente, significou que, mesmo situada em um contexto de política democrática, a liberdade esteve ausente não apenas para os dalits, mas para todos os indianos que coletivamente continuam a ser dominados pela hierarquia social e pela gaiola de normas.

9.

O DIABO ESTÁ NOS DETALHES

Diversidade europeia

Apesar de as duas lâminas das tesouras europeias, como vimos no Capítulo 6, colocarem grande parte do continente perto ou dentro do corredor, os séculos seguintes continuaram testemunhando uma grande diversidade, que seguia se desenvolvendo. A Inglaterra se movia no corredor em direção a uma forma mais participativa de governo para supervisionar o aprofundamento da capacidade estatal. A Confederação Suíça, espremida entre França, Itália, sul da Alemanha e Áustria, também estava dentro do corredor e tinha criado tanto um "exército cidadão" para se defender contra os Habsburgo, quanto uma poderosa assembleia para controlar a política. Nas palavras de Nicolau Maquiavel em *O príncipe*, escrito em 1513:

> Roma e Esparta por muitos anos estiveram armadas e livres.
> Os suíços são extremamente bem armados e bastante livres.

De fato, o resumo de Tom Scott sobre o consenso entre historiadores é que os camponeses suíços estavam "livres da servidão feudal e, como sinal de sua liberdade, esses camponeses da montanha tinham armas e exigiam ter sua 'honra' respeitada até mesmo pelos nobres (...) Sua estrutura medieval de clãs pouco tinha a ver com nossa imagem das formas democráticas, mas esses camponeses eram 'livres'". Mais para o norte, no entanto, a Prússia desenvolveu um tipo muito diferente de Estado, cujas características despóticas foram resumidas pelo filósofo francês Voltaire quando ironizou ao dizer que, enquanto

> outros Estados possuem um Exército, a Prússia é um Exército que tem um Estado.

Um pouco mais ao sul, a situação era completamente diferente na Albânia ou em Montenegro, que não tinham autoridade estatal centralizada e conviveram com a consequente violência contínua até mesmo durante o século XX. O escritor e intelectual montenegrino Milovan Djilas descreveu a extensão do feudalismo nos anos 1950 a partir da história da própria família:

> Os homens de várias gerações morreram nas mãos dos montenegrinos, homens de mesma fé e nome. O pai de meu avô, meus dois avós, meu pai e meu tio foram mortos como se uma maldição mortal recaísse sobre eles (...) O medo herdado e o ódio dos clãs feudais eram mais poderosos que o medo e o ódio ao inimigo, os turcos. Minha impressão é que nasci com sangue nos olhos. Minha primeira visão foi sangue. Minhas primeiras palavras foram sangue e fui banhado de sangue.

O que explica essas diferenças? Por que essas sociedades europeias divergem tanto, mesmo começando de condições bastante parecidas?

* * *

Neste capítulo, explicamos como nossa estrutura conceitual é útil para responder a essas questões e, no processo, mostramos como ela evidencia de modo mais amplo os efeitos das mudanças políticas, internacionais, econômicas e demográficas, algumas vezes chamadas de "fatores estruturais". Os cientistas sociais têm discutido as consequências de diferentes fatores estruturais argumentando que eles criam afinidades naturais para certos tipos de desenvolvimento econômico e político — por exemplo, guerra e mobilização militar são supostamente grandes indutores de maior capacidade estatal, enquanto certos tipos de culturas, como açúcar e algodão, levam ao nepotismo, e outros, como trigo, preparam as condições para a política democrática. Nossa estrutura conceitual mostra por que não é necessariamente assim. O mesmo fator estrutural pode ter impactos muito diferentes na trajetória política da sociedade dependendo do equilíbrio de poder prevalente entre Estado e sociedade.

As ideias centrais podem ser vistas no contexto da Figura 1 do Capítulo 2, resumindo nossa estrutura conceitual, que está replicada aqui como Figura 2. Ela torna claro que condições amplas parecidas nos termos de poder do Estado e sociedade não são garantia de que duas sociedades diferentes vão seguir trajetórias muito semelhantes. Isso depende se elas estão no mesmo lado dos limites que demarcam as regiões dos Leviatãs Despótico, Agrilhoado e Ausente. Essa imagem também destaca o fato de que os efeitos dos fatores estruturais serão muito diferentes dependendo das posições iniciais de diferentes nações. Isso pode aumentar a capacidade estatal, o que na imagem corresponde a um movimento vertical para cima, enquanto o poder do Estado aumenta (e o poder da sociedade permanece o mesmo). Essa pode ser a mudança que coloca a comunidade dentro do corredor, como a seta 1 na figura indica. Mas pode também ser a força que move a sociedade, que está acomodada dentro do corredor, para fora dele e em direção ao Leviatã Despótico, como a seta 2 demonstra. Ou pode não ter consequências, porque move a sociedade e seu Leviatã Ausente um pouco mais para perto do corredor, mas sem alcançar o destino, como na seta 3. Então, no caso dos efeitos dos fatores estruturais, o diabo está nos detalhes.

No restante deste capítulo desenvolvemos essas ideias, primeiro nos concentrando na história europeia e no contraste entre a Suíça, a Prússia e Montenegro e em um tipo muito específico de fator estrutural — o aumento na capacidade e no poder do Estado trazidos pela mobilização militar e a guerra. Essas ideias e suas aplicações não estão confinadas à história europeia. Mostramos que também são úteis para entender como os grandes choques mais recentes levaram a respostas diversas, por exemplo, no contexto do colapso da União Soviética, que abriu o caminho para o nascimento de todo tipo de Estado na Europa Oriental e Ásia. Finalmente, discutimos como a primeira onda da globalização econômica na segunda metade do século XIX impactou sociedades pós-coloniais individuais de forma diversa, nos concentrando em particular nas dessemelhanças entre a Costa Rica e a Guatemala.

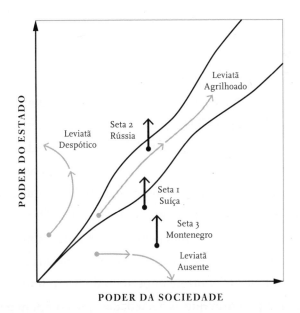

Figura 2. Os efeitos divergentes de um aumento no poder do Estado.

A guerra fez o Estado, e o Estado fez a guerra

Esse título é uma citação do sociólogo político Charles Tilly, que formulou uma das mais famosas teorias sobre o papel de um fator estrutural específico — o aumento da incidência e a ameaça de guerra entre Estados — na criação do Estado. Ele aplicou a ideia à Europa Ocidental do início do período moderno argumentando que a ameaça de aumento da guerra que se seguiu à "revolução" no século XVII levou à criação dos Estados modernos. A revolução militar introduziu armas mais portáteis e poderosas, novas táticas militares e fortificações aprimoradas, além de exércitos de prontidão e competição intensificada entre Estados. Tilly defendeu que isso também revolucionou a política, porque forçou os Estados a criar sistemas muito mais efetivos para cobrar impostos e fornecer infraestrutura de modo a poder pagar, equipar e transportar exércitos maiores. Nos termos da nossa teoria, corresponde a um aumento induzido do poder do Estado de forma a lidar com a necessidade de guerra. Tilly estava certo ao dizer que tal mudança podia alterar fundamentalmente as dinâmicas do desenvolvimento político, como demonstra a seta 1 da Figura 2, mas isso também pode ter implicações bem diferentes.

A Suíça nos fornece um exemplo perfeito do argumento de Tilly, ainda que a implantação do Estado nesse caso seja anterior à revolução militar. A Suíça era historicamente parte do Sacro Império Romano, a instituição que sucedeu ao Império Carolíngio na região leste. Ainda havia um imperador, mas estava fragmentada em muitas sociedades pequenas e relativamente independentes, e o imperador era, na realidade, eleito por parte delas. Já vimos como no norte da Itália — que era bastante distante do coração do império, cujo centro ficava na Alemanha — essas comunidades afirmaram sua independência. A Suíça também estava na periferia do império, mesmo que não estivesse separada e isolada pelos Alpes, como a Itália. O controle imperfeito do Sacro Império Romano sobre essa área permitiu que as sociedades que compunham a Suíça, os cantões, desenvolvessem um sistema próprio de assembleias. Esses cantões — alguns rurais, alguns bastante urbanos — passaram a refletir o padrão mais amplo de política de assembleias herdado das tribos germânicas, que ressurgiram à medida que o império se enfraquecia. A Confederação Suíça começou em 1291 com os cantões de Uri, Schwyz e Unterwalden realizando juramentos e assinando o Bundesbrief (Pacto Federal) em Rütli, um prado acima do lago de Lucerna (ver Mapa 13). O pacto era uma tentativa de centralização da autoridade e estava particularmente preocupado com a ordem pública e a ausência de lei. A primeira cláusula substantiva dizia:

> Portanto, todas as pessoas da comunidade do Vale do Uri, a totalidade do vale Schwyz e a comunidade de pessoas do baixo vale Unterwalden reconhecem a malícia dos tempos e, para sua própria proteção e preservação prometem, se ajudar mutuamente de todas as maneiras possíveis com todo

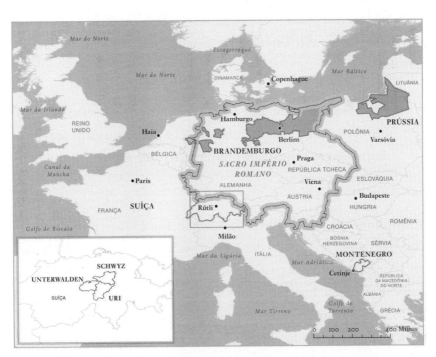

Mapa 13. Divergência europeia: Brandemburgo-Prússia, Suíça e Montenegro.

conselho e favor, com ou sem pessoas e bens de seus vales e contra todo e qualquer um que cometa atos de violência ou injustiça contra pessoas ou bens de suas regiões.

Na verdade, tratava-se de um pacto comprometendo os três cantões a ir em socorro uns dos outros e a fornecer uma estrutura de solução de disputas, determinando que, "se surgirem disputas entre quaisquer pessoas sob este juramento, o mais prudente dos confederados deveria solucionar o conflito entre as partes. Todos os outros confederados devem defender esse veredito contra quem quer que o rejeite". O texto não especifica quem é o "mais prudente", mas essa cláusula é interpretada como uma estipulação de arbitragem por um dos cantões caso os outros dois, ou cidadãos de outros dois, entrem em desacordo. Podemos ter aqui as raízes da lendária capacidade da Suíça de chegar a acordos?

Uri, Schwyz e Unterwalden eram parte do Sacro Império Romano. Eles supostamente deveriam ser subservientes ao duque da Áustria, um Habsburgo, e não podiam assinar pactos. Os Habsburgo não aprovavam tais organizações autônomas, e certamente não gostaram da cláusula que dizia:

> Juramos por unanimidade e estabelecemos que, nesses vales, não aceitaremos nenhum juiz que tenha ganho seu cargo por dinheiro ou por qualquer outro preço e que não seja nosso residente ou nativo.

Nenhum juiz Habsburgo seria tolerado. Em 1315, o primeiro exército Habsburgo foi expulso depois da batalha de Morgarten. Mais pactos se seguiram e o que passou a ser conhecido como a Confederação Suíça se espalhou. Lucerna se juntou a ela em 1332. A Liga de Zurique, de 1351, estipulava especificamente que todos os signatários auxiliariam qualquer outro integrante da liga ameaçado pelos Habsburgo. Glarus aderiu em 1352 e Berna em 1353. O duque Leopoldo II, da

Áustria, finalmente decidiu acabar com essa teimosia suíça, mas seu exército foi parado na Batalha de Sempach, em 1386, pelas forças unidas da confederação. O próprio Leopoldo foi morto com um grupo de nobres locais que lutaram a seu lado. Isso não libertou os suíços do domínio dos Habsburgo. Isso só iria acontecer na guerra final, em 1499, seguida pelo Tratado de Basileia, que reconhecia a autonomia de fato da confederação. Inabalável, a construção de baixo para cima do Estado suíço continuou ao longo do século XV. Como parte desse processo, os camponeses quitaram suas obrigações feudais, e, à medida que isso acontecia, o que sobrou da nobreza suíça lentamente desapareceu. Nesse período, a transformação pela qual os suíços estavam passando havia sido notada pelo império e a expressão *"scweytzer werden"* — "virar suíço" — surgiu. Isso se referia aos camponeses que tentavam se tornar autônomos. Depois de 1415, uma assembleia formada por delegados de todos os cantões da confederação começou a se reunir regularmente. Friburgo e Soleura foram aceitas em 1481, Basileia e Schaffhausen em 1501, e Appenzell em 1513.

Coerente com a teoria de Tilly, tudo isso aconteceu no contexto da ascensão de ameaças militares dos Habsburgo, o que tornou mais atraente para os cantões a ideia de se unirem a fim de aumentar a capacidade do Estado suíço. A vitória em Sempach mostrou o poder da infantaria suíça mesmo sobre cavaleiros de armadura. Já em 1424, Florença solicitou mercenários à assembleia da confederação, e pelos séculos seguintes os suíços se especializaram em fornecer tropas para países em guerra por toda a Europa. Primeiro o recrutamento desses mercenários era descentralizado, organizado por comerciantes privados e vários órgãos dos cantões. Mas ficou claro que a atividade mercenária era uma ameaça à segurança e à autoridade do Estado. Por isso a assembleia aprovou uma lei em 1503 estipulando que qualquer recrutamento precisava ser aprovado por maioria. Um dos motivos para isso era evitar que dois exércitos suíços lutassem um contra o outro, como aconteceu em Novara, em 1500, com um deles contratado pela França e outro lutando por Milão. A paz final com os Habsburgo não interrompeu as ameaças da França, Milão e dos duques de Württemberg, e as exigências militares frente ao Estado suíço continuaram, assim como o processo de construção do Estado.

No caso suíço a ameaça de guerra, em particular a ameaça persistente dos Habsburgo de reimplantar a autoridade do Sacro Império Romano, parece ter sido um incentivo importante para os cantões e as cidades outrora individualistas se unirem em uma confederação maior, centralizar a autoridade e aumentar a capacidade estatal. Antes dessa centralização, podemos argumentar que os cantões suíços estavam fora do corredor, dependendo das estruturas de clãs em vez das leis ou da autoridade do Estado para resolver disputas e impor leis. Mas essa herança também significou que os camponeses suíços eram livres e a sociedade já estava mobilizada. A centralização que começou em 1291 veio no contexto de uma sociedade forte o bastante para se impor e ser um contrapeso ao poder crescente do Estado, produzindo uma transição para o corredor e liderando um processo de expansão gradual das capacidades tanto do Estado quanto da sociedade.

O movimento do Estado e da sociedade pelo corredor criou não apenas as condições para a liberdade, mas também, previsivelmente, incentivos e oportunidades para a prosperidade econômica. Os suíços se tornaram famosos por seus relógios e subsequentemente por sua indústria de máquinas e ferramentas, e mais tarde tomaram conta da indústria farmacêutica mundial. Usaram sua vantagem comparativa em vacas e leite para se tornar grandes produtores de chocolate. A Suíça tem a maior renda per capita entre os países da Europa (excluindo pequenos enclaves, tais como Luxemburgo e Mônaco).

A guerra fez o Estado da Suíça, como diz Tilly, mas também fez a sociedade. A Suíça seguiu construindo uma das mais vibrantes democracias na Europa. Contudo, como a Figura 2 enfatiza, tal progresso não é de forma alguma predefinido. A ameaça de guerra pode libertar dinâmicas muito diferentes também.

O tipo de Estado que a guerra criou

Não é preciso procurar muito na Europa para ver que, se a guerra molda o Estado, ela moldou tipos muito diferentes de Estados em circunstâncias diferentes. O principal exemplo é a Prússia. Apesar de nunca ter sido parte do Sacro Império Romano, em 1618 a Prússia se uniu, por meio de um casamento, com Brandemburgo (ver Mapa 13). A família real de Brandemburgo, os Hohenzollern, se tornou a família real de Brandem-burgo-Prússia, tendo um governante conhecido como o eleitor. Foram tempos muito difíceis, uma vez que a Guerra dos Trinta Anos estava em andamento e exércitos invasores cruzavam a Europa Central. O eleitor Jorge Guilherme tentou desesperadamente ficar de fora do conflito, mas teve que ceder quando o rei da Suécia, Gustavo Adolfo, disse que a neutralidade não era uma opção. "O que podemos fazer? Eles têm o poder militar na mão", foi como Jorge Guilherme notavelmente relatou o episódio. Brandemburgo foi particularmente devastado, perdendo quase metade de sua população.

Em 1640, Frederico Guilherme I assumiu o trono como novo eleitor. Ele reinou por 48 anos e traçou um novo caminho para Brandemburgo-Prússia. No processo se tornou conhecido como o Grande Eleitor. A experiência prussiana durante a Guerra dos Trinta Anos convenceu Frederico Guilherme de que ele também precisava ter o "poder militar nas mãos". Nas palavras dele:

> Já provei a neutralidade antes; mesmo sob a mais favorável das circunstâncias, você é maltratado. Jurei nunca mais ser neutro de novo enquanto viver.

Tudo isso significava maior capacidade estatal. Armado, o Estado podia ter maior controle. Mas para conseguir mais armas, era preciso ter mais receitas fiscais. Mais receitas fiscais seriam possíveis se Frederico Guilherme aumentasse seu poder sobre a sociedade, e foi isso que fez. Anteriormente os impostos tinham que ser negociados com vários órgãos representativos, tais como os Estados de Kurmark, em Brandemburgo. Ele começou tentando conseguir direitos permanentes de tributação, o que iria libertá-lo da necessidade de sempre precisar da aprovação dos estados. Em 1653, Frederico Guilherme negociou o chamado Recesso de Brandemburgo, que lhe deu 530 mil táleres por um período de seis anos. O fundamental era que ele cobraria os impostos, e não mais os Estados de Kurmark. Em troca, ele concedia à nobreza, que compunha uma câmara dos estados, isenção tributária. Essa foi uma estratégia inteligente de "dividir e governar", que separou com sucesso as diferentes câmaras dos estados e garantiu que eles não se uniriam em uma força contra o imperador. Em seguida, ele conseguiu concessões parecidas dos estados prussianos.

Frederico Guilherme então anulou a autoridade dos estados e começou a taxar sem sua concordância, algo que ele podia fazer em função da decisão de 1653, que lhe permitia implantar uma administração para as receitas de impostos. Em 1655, ele fundou a Kriegskommissariat ("comissariado de guerra"), que dava conta tanto da cobrança de impostos quanto da organização militar. Já em 1659, os estados estavam atrofiados e relegados a lidar com assuntos locais. Frederico Guilherme também transformou o conselho real, composto por alguns aristocratas, em uma administração com burocratas profissionais. Entre 1348 e 1498, dezesseis universidades foram fundadas na Europa Central e outras dezoito foram abertas até 1648. Isso significa que havia uma grande quantidade de graduados bem qualificados e treinados na Lei Romana que poderiam equipar uma burocracia meritocrática. Governadores foram indicados para comandar diversos territórios sob o controle do eleitor. Depois de 1667, Frederico Guilherme introduziu impostos indiretos no comércio. A administração das propriedades reais também foi reconfigurada e a terra foi alugada para agricultores privados, aumentando as receitas do governo de forma expressiva. Em 1688, Brandemburgo, Prússia e Kleve-Mark, os maiores territórios, estavam pagando um milhão de táleres por ano em impostos, com cerca de outros 600 mil vindos de outras regiões sob o controle de Frederico Guilherme.

Em 1701, o filho de Frederico Guilherme, Frederico III, transformou Brandemburgo-Prússia no Reino da Prússia e se coroou como rei Frederico I. Seu filho, rei Frederico Guilherme I (que não deve ser confundido com o Grande Eleitor do século anterior de nome idêntico) governou entre 1713 e 1740, e seu neto, Frederico II, conhecido como Frederico, o Grande, comandou de 1740 a 1786. Pai e filho intensificaram o projeto que o Grande Eleitor começou.

Em 1723, a burocracia foi reestruturada de novo com a criação do Diretório Geral, fundindo o comissariado da guerra anterior com a administração das propriedades reais e colocando tudo a serviço do Exército. Em 1733, Frederico reorganizou completamente as bases de recrutamento militar. Ele dividiu o território em cantões de 5 mil domicílios com um regimento designado para fazer recrutamento em cada um deles. Aos 10 anos, toda criança do sexo masculino era incluída na lista de recrutamento. Embora algumas ocupações e pessoas fossem isentas, pelo menos um quarto da população de homens era incluída na lista. Isso aumentava de forma expressiva o tamanho potencial do exército. Em 1713, o exército tinha cerca de 30 mil soldados em tempo de paz. Já em 1740, quando Frederico, o Grande, substituiu o pai, o total era de 80 mil. No meio-tempo, seu pai conseguiu aumentar as receitas de impostos em quase 50%. Frederico, o Grande, tinha uma nova estratégia para aumentar ainda mais a base de cobrança de tributos e a máquina militar: ele lançou uma agressiva estratégia de expansão territorial.

A guerra pode ter feito o Estado na Prússia, mas fez um Estado famoso por ser despótico. Certamente era assim que seus governantes pensavam nele. O próprio Grande Eleitor observou: "Enquanto Deus me permitir respirar, vou impor meu governo como um déspota." Frederico, o Grande, concordou, destacando:

> Um governo bem administrado deve ter um sistema estabelecido firme (...) no qual finanças, política e exército se combinam para promover o mesmo fim, o fortalecimento

do Estado e a expansão de seu poder. Tal sistema só pode surgir de um cérebro.

No século XVI, como muitas outras partes do Sacro Império Romano, a Prússia estava dentro do corredor com os poderosos estados contendo a monarquia. Ao aumentar o poder do Estado, a guerra o colocou para fora do corredor, como a seta 2 na Figura 2 demonstra — um resultado muito diferente do que a guerra ajudou a criar na Suíça. A Prússia não olhou para trás e rapidamente progrediu em direção ao caminho despótico.

Isso teve consequências previsíveis para a liberdade, que, ao contrário de florescer como no caso suíço, foi completamente apagada. Na avaliação do enviado britânico Hugh Elliot:

> A monarquia prussiana me lembra uma extensa prisão no centro da qual aparece o grande guarda ocupado em cuidar de seus prisioneiros.

Liberdade nas alturas

O impacto da guerra não se limita a criar um Leviatã Agrilhoado ou Despótico. Montenegro tinha muitas semelhanças com a Suíça. Também havia sido parte do Império Romano, ainda que de modo mais periférico, e compartilhava uma ecologia montanhosa e uma economia baseada na criação extensiva de gado. O grande historiador Fernand Braudel enfatizava como o terreno europeu criava certos tipos específicos de sociedades, argumentando que "montanhas são montanhas. Isto é, primeiro um obstáculo e, portanto, um refúgio, uma terra dos livres". Livres, como os suíços. Mas em algum sentido as pessoas eram bastante livres também em Montenegro e na Albânia. Edith Durham, uma das primeiras europeias ocidentais a estudar sistematicamente os Bálcãs, começa seu famoso livro, *High Albania*, com uma frase de um poema de Lorde Tennyson: "Vivia há muito a liberdade das alturas." Contudo, a conexão entre a liberdade e o Estado é complexa. Como vimos, a expansão do Estado sofre amiúde uma resistência porque as pessoas querem preservar sua liberdade de sua autoridade. Isso foi exatamente o que aconteceu em Montenegro, ainda que a pressão da guerra fosse contínua.

Até 1852 Montenegro era, na prática, uma teocracia, embora o bispo governante, o vladika, não pudesse exercer autoridade coercitiva sobre os clãs que dominavam a sociedade. Depois de uma visita a Montenegro em 1807, o general francês Marmont observou: "Este Vladika é um homem esplêndido, de cerca de 50 anos, com um espírito forte. Ele se conduz com nobreza e dignidade. Sua autoridade positiva e legal não é reconhecida em seu país."

A chave para compreender por que isso acontecia e por que nenhum Estado se formou em Montenegro é que ele estava mais longe do corredor do que a Suíça. Montenegro era composto por grupos familiares, clãs e tribos e não tinha os elementos de centralização que os suíços herdaram dos carolíngios. Há muitas semelhanças entre Montenegro e outras sociedades, como os tivs, que se opuseram fortemente à autoridade centralizada no Estado. Como um estudioso disse sobre Montenegro, "tentativas contínuas de impor um governo centralizado estavam em conflito com a lealdade tribal".

A guerra com os otomanos realmente induziu os clãs a tentarem uma coordenação maior. Logo antes de uma batalha-chave em Krusi, em 1796, uma assembleia de chefes tribais montenegrinos declarou a unificação das terras montenegrinas. Dois anos depois a assembleia se encontrou novamente e concordou em convocar um "conselho" de cinquenta membros, de fato a primeira vez que houve estruturas institucionalizadas de governo acima das tribos. A primeira tentativa de um código legal em 1796, feita pelo vladika Pedro I, refletiu o fato de que a ordem na sociedade era regulamentada pela instituição de rixas de sangue e incluía as cláusulas:

> Um homem que ataca outro com sua mão, pé ou cachimbo
> deve pagar uma multa de cinquenta sequins. Se o homem

agredido matar seu agressor, não deverá ser punido. Nem será
punido o homem que matar um ladrão pego no ato.

Se um montenegrino, em legítima defesa, matar um homem que o insultou (...) deverá ser considerado que essa
morte foi involuntária.

Isso lembra mais a Lei Sálica de Clóvis ou o código legal do rei Alfredo
do que um sistema legal moderno. Mas houve pouco esforço subsequente
de construção do Estado no caso de Clóvis ou Alfredo. As rixas prosse-
guiram e a autoridade centralizada do Estado continuava ausente.

A ausência de autoridade do Estado e o domínio das rixas duraram
tempo suficiente para que o antropólogo Christopher Boehm fosse capaz
de reconstruí-las em grande detalhe em 1960. Boehm captura a dificuldade essencial da autoridade central em Montenegro quando escreve: "Foi
apenas quando seu líder central tentou institucionalizar meios forçados
de controlar as rixas que os homens das tribos impuseram seu direito de
seguir suas tradições ancestrais. Isso porque eles percebiam tal interferência como uma ameaça à sua autonomia política básica." Boehm está se
referindo às tentativas de Vladika Njegoš para estabelecer a autoridade do
Estado em Montenegro nos anos 1840. Djilas analisou a mesma situação
nos seguintes termos:

Foi um embate entre dois princípios — o do Estado e o do
clã. O primeiro defendia a ordem e a nação, contra o caos e
a traição; o último queria as liberdades dos clãs e era contra
ações arbitrárias de uma autoridade central impessoal — o
Senado, a Guarda, os capitães.

Djilas registra que as reformas de Njegoš foram imediatamente ques-
tionadas pelas revoltas dos clãs Piperi e Crmnica por causa "da imposição
do governo e de um Estado que estavam pondo fim à independência e à
liberdade interna dos clãs". Njegoš foi sucedido por seu sobrinho Danilo,

que se tornou o primeiro príncipe secular de Montenegro em 1851, mas seu projeto de construir algo parecido com um Estado enfrentou forte resistência também. Uma tentativa de cobrar impostos em 1853 disparou revoltas de clãs e os Piperi, os Kuci e os Bjelopavlici se declararam Estados independentes. Um membro dos Bjelopavlici assassinou Danilo em 1860.

A guerra realmente criou diferentes Estados na Suíça e na Prússia, mas não em Montenegro ou na vizinha Albânia, onde a sociedade permaneceu muito fragmentada e desconfiada do poder centralizado. Os montenegrinos lutaram contra os otomanos sem criar uma poderosa autoridade centralizada, mas usando suas estruturas tribais. Qualquer pressão para aumentar a capacidade estatal, assim como no caso da seta 3 na Figura 2, não foi suficiente para levar Montenegro ou a Albânia para perto do corredor. Eles permaneceriam com o Leviatã Ausente.

Nossa teoria também destaca as consequências irônicas dessa resistência pela liberdade. Mesmo que permanecessem livres do controle do Estado e mantivessem suas estruturas igualitárias dos clãs, os montenegrinos ainda estavam sujeitos à dominação e à insegurança devido às rixas endêmicas. Para eles isso era melhor que serem dominados pelos otomanos ou pelo vladika, mas ainda estava muito longe da liberdade. A sociedade estava armada e era violenta. Uma pergunta relevante é, por que, em contraste com muitas outras sociedades sem Estado, tais como os axantes, os tivs e os tongas, que vimos na África, Montenegro ou a Albânia não desenvolveram normas para controlar as rixas e a violência recorrente? Uma possibilidade é que isso se devesse, de fato, às guerras permanentes. A violência tinha que ser parte de qualquer ordem nessas sociedades e isto tornou difícil criar qualquer tipo de ordem social não violenta.

Diferenças que importam

Os leitores familiarizados com nosso livro anterior, *Por que as nações fracassam*, verão alguns paralelos entre nossa discussão aqui sobre as consequências divergentes de fatores estruturais e o papel de pequenas diferenças institucionais durante conjunturas críticas em nosso trabalho anterior. A discussão em *Por que as nações fracassam* enfatizava como grandes choques podem levar a respostas muito diferentes dependendo das instituições prevalentes. Nossa teoria aqui vai além, porque distingue entre sociedades sob o controle de Estados despóticos e aquelas sem qualquer Estado centralizado. E ainda por se concentrar explicitamente nas dinâmicas de capacidade do Estado e da sociedade para controlar o Estado e as elites. Essa estrutura enriquecida leva a uma discussão com mais nuances ao esclarecer as fontes de comportamento divergente — mudanças em vários fatores estruturais podem nos mover para diferentes partes da Figura 2. Essa estrutura destaca as implicações dinâmicas de tais diferenças de uma maneira que vai consideravelmente além de nosso livro anterior. Assim como a Suíça, a Prússia foi capaz de, por exemplo, construir uma capacidade considerável do Estado diante de ameaças crescentes de guerra entre Estados, mas isso conduziu a tipos bastante diferentes de evolução do Estado.

De fato, de maneira coerente com nossa teoria aqui, a Prússia, no final, acabou tendo menos capacidade estatal que a Suíça. À primeira vista, isso pode parecer paradoxal. Toda aquela ênfase em controlar a sociedade, aumentar receitas e guerrear não deveria levar a uma grande capacidade? O fato de que uma coisa não leva à outra é uma das implicações distintas de nossa teoria, como já enfatizamos no Capítulo 2. Na ausência do efeito da Rainha Vermelha, o desenvolvimento da capacidade estatal permanecerá incompleto.

Tome um dos serviços públicos mais básicos que um Estado deve fornecer — solução de conflitos e justiça. Apesar de ter criado um Estado despótico, a Prússia fez isso sem a cooperação da sociedade. Como resultado, as instituições do Estado foram construídas sobre estruturas feudais preexistentes. Os novos sistemas de mérito se misturaram com uma estrutura mais velha descrita por um historiador como sendo "sustentada pela proteção aristocrática, hereditariedade social, amadorismo e, frequentemente, direito de posse". Esse domínio ficava evidente na proeminência de muitas famílias aristocráticas, com, por exemplo, os Heinitz, von Reden, von Hardenberg, von Stein, Dechen, Gerhard e seus descendentes dominando os cargos burocráticos. Ao ocupar as posições no topo, eles reprimiam intensamente os servos na parte mais baixa da sociedade, que compunham 80% da força de trabalho na agricultura. Eles conseguiam isso através do controle dos tribunais senhoriais, que podiam administrar punições que iam desde pequenas multas por delitos menores até castigos corporais, incluindo chicoteamento e prisão. Assim, havia pouca possibilidade de justiça e o que ocorria era o uso das cortes para impor a ordem feudal. Apesar de parecer impressionante, esse Estado despótico teve dificuldades para impor a maior parte de suas políticas. Uma consequência óbvia dessa falta de capacidade, apesar de todas as receitas de impostos e gastos com exército, foi a derrota devastadora das forças prussianas em Jena, em 1806. Uma grande vantagem para os franceses vinha do fato de que três pessoas diferentes eram nominalmente responsáveis pelo comando do exército prussiano e todas tinham cinco planos de batalha diferentes com os quais não conseguiam concordar.

A situação na Suíça era muito diferente. A Confederação Suíça foi fundada em 1291 com a exigência de resolver objetivamente as disputas, o que as cortes de Habsburgo não faziam. Os magistrados eram eleitos pela comunidade local e o Estado foi construído de baixo para cima por uma série de juramentos, tratados e pactos que reconheciam a autonomia e a autogovernança das sociedades locais. Os impostos feudais caducaram ou tiveram seu fim negociado. Cortes senhoriais foram gradualmente substituídas pela igualdade perante a lei. Os suíços erradicaram o tipo de despotismo local que os camponeses prussianos eram obrigados a tolerar (e com o qual não cooperavam se não fossem punidos).

* * *

Armados dessa estrutura geral em mãos, revisitamos agora vários pontos icônicos de inflexão na história europeia, alguns dos quais foram discutidos em *Por que as nações fracassam*, mas agora com conhecimento adicional sobre as dinâmicas que eles implicaram para os Estados europeus e as sociedades.

Um importante ponto de inflexão na Europa nos séculos XIV e XV foi o grande colapso de população após a Peste Negra. Como vimos no Capítulo 6, a ordem feudal, mesmo que não pudesse eliminar completamente o equilíbrio entre o Estado e a sociedade na Inglaterra, tinha criado uma vantagem significativa para as elites em seu controle sobre os camponeses e a sociedade em muitas partes da Europa. Com o declínio da população e a sociedade mais encorajada, como resultado de uma grande escassez de trabalhadores, as elites feudais se tornaram menos capazes de fazer com que seus servos pagassem impostos e prestassem trabalho servil. Os servos pediam que suas obrigações fossem reduzidas e, apesar das restrições feudais sobre a mobilidade do trabalho, começaram a deixar seus feudos. Em nossa estrutura, essa mudança corresponde a um aumento no poder da sociedade, e, em muitas partes da Europa ocidental, o resultado foi um movimento para longe do controle despótico do Estado e das elites sobre a sociedade. Essa foi uma evolução significativa no corredor. Mas no leste da Europa, onde, no século XIV, os proprietários de terras e as elites já eram mais dominantes, as coisas funcionaram de maneira bastante diferente. Neste caso, qualquer mobilização de camponeses era mais limitada e insuficiente para aproximar essas áreas do corredor, e não houve nenhum dano permanente ao poder do Leviatã Despótico. Assim, o ato subsequente dessa confrontação se encerrou com a "segunda servidão", aumentando significativamente o domínio das elites sobre a sociedade. No contexto do declínio da população pela Europa e do crescimento da demanda por produção agrícola no Ocidente, os poderosos donos de terras do leste foram incentivados a expandir suas exigências aos camponeses, o que conseguiram aumentando a pressão sobre eles. No fim do século XVI, uma exploração muito mais intensa dos servos surgiu no leste. Enquanto Inglaterra, França e Holanda seguiam pelo corredor,

Polônia, Hungria e outras partes da Europa Oriental continuaram se aprofundando no território do Leviatã Despótico.

Influências potencialmente divergentes no desenvolvimento político de uma nação não vêm só das ameaças militares ou de choques demográficos, mas também de grandes oportunidades econômicas. Tais chances de reconfigurar as trajetórias europeias se deram com a chegada de Cristovão Colombo às Américas e a travessia do Cabo da Boa Esperança por Bartolomeu Dias. Mais uma vez, os diferentes equilíbrios entre Estado e sociedade produziram respostas diferentes. Na Inglaterra, como mencionamos no Capítulo 6, os limites estritos impostos ao que a Coroa e seus aliados podiam fazer em termos de monopolizar o comércio exterior fizeram com que novos grupos de comerciantes se beneficiassem mais dessas oportunidades econômicas. Isso alimentou o aumento do poder e a assertividade da sociedade em sua luta prolongada contra a Coroa. Comerciantes que já haviam lucrado com o comércio com o Novo Mundo procuravam continuar a lucrar e se tornaram os principais apoiadores do Parlamento na Guerra Civil Inglesa, entre 1642 e 1651, e depois constituíram um grande segmento de oposição a Carlos II e Jaime II na preparação para a Revolução Gloriosa. Enquanto na Inglaterra essas novas oportunidades econômicas alteraram o equilíbrio entre Estado e sociedade em favor desta última, o mesmo não aconteceu na Espanha e Portugal, onde as monarquias foram capazes de criar monopólios no exterior. Essa diferença foi causada principalmente pelo equilíbrio inicial de poder, que favorecia as elites nestes países. A Península Ibérica também havia sido conquistada por uma tribo germânica, os visigodos, que deixaram um legado de assembleias, depois institucionalizadas como os reinos de Castela, Leão e Aragão (ver Mapa 8 no Capítulo 6). Mas essas assembleias sobreviveram apenas no norte do país depois que as invasões árabes no século VIII empurraram a Península para fora do corredor. A "reconquista" da península dos árabes aumentou muito os instintos despóticos do Estado ibérico. As monarquias mais despóticas da Espanha e de Portugal e seus aliados podiam então controlar com mais sucesso a economia e monopolizar as oportunidades de comércio no Atlântico. Como resultado, no lugar de enfrentar uma oposição fortalecida, eles enriqueceram, se tornaram mais poderosos e ainda mais despóticos, e a sociedade se tornou mais deficiente. O despotismo não daria tréguas na Península Ibérica.

A próxima grande oportunidade econômica se desenvolveu de forma semelhante. Vimos no Capítulo 6 como o ritmo da transformação social na Inglaterra se tornou ainda mais intenso e o efeito da Rainha Vermelha mais efervescente depois da Revolução Industrial. Essas mudanças ofereceram uma série de possibilidades econômicas e, na maioria dos casos, pessoas de todos os cantos e recantos da sociedade tiraram vantagem disso. Mas não haveria tal efeito da Rainha Vermelha em partes da Europa que já divergiam consideravelmente. No Império Habsburgo ou na Rússia, como relembramos em *Por que as nações fracassam*, o Leviatã Despótico apertou seu controle e resistiu à adoção de novas tecnologias industriais e ferrovias, de forma a não despertar suas sociedades submissas.

Então é o mesmo padrão que vimos em todos esses exemplos. Os contornos da história europeia, assim como da história de outras partes do mundo, são fortemente moldados pelo impacto de grandes choques, mas fundamentalmente isso acontece na tela desenhada pelo equilíbrio de poder entre o Estado e a sociedade.

No estaleiro de Lênin

Efeitos divergentes de grandes choques têm caracterizado outros episódios icônicos, incluindo o colapso da União Soviética em 1991. O Estado soviético era um espécime perfeito do Leviatã Despótico natural da Rússia e agia como a fonte de poder despótico na Europa Oriental e nas repúblicas soviéticas que controlava na Ásia. Seu colapso em 1991, portanto, corresponde a um declínio acentuado no poder do Estado. Como o dramaturgo, dissidente e futuro presidente, Václac Havel explica em seu ensaio *O poder dos sem-poder*:

> Não apenas a ditadura está em todo lugar, baseada nos mesmos princípios e estruturada da mesma forma (...) mas cada país foi completamente impregnado por uma rede de instrumentos de manipulação controlados pelo centro de superpoder e subordinado a seus interesses.

Mas agora houve uma desintegração não apenas dos "instrumentos de manipulação" soviéticos como também da capacidade estatal. Os Estados recém-independentes também foram deixados sem sistemas tributários e muitos outros aspectos da administração moderna.

Isso não aconteceu de repente, claro. Quando Mikhail Gorbachev chegou ao poder, em 1985, seu plano era revitalizar e não destruir a União Soviética. Ele lançou as políticas conjuntas de *glasnost* [abertura] e *perestroika* [reestruturação]. Era principalmente na perestroika que Gorbachev estava interessado, para poder reconfigurar as instituições e incentivos da estagnada economia russa. Mas ele temia que a ala linha-dura do Partido Comunista nunca fosse aceitar essas reformas, então as complementou com uma abertura política que tinha o objetivo de enfraquecer a facção divergente. Não está claro se ele previu os riscos, mas sua estratégia acabou trazendo à tona um enorme descontentamento, particularmente nas regiões que se ressentiam do controle centralizado de Moscou. Em nenhum outro lugar tal descontentamento foi maior do que no Leste Europeu e nos Estados Bálticos, que tinham sido ocupados pela União Soviética no fim da Segunda Guerra. Protestos antissoviéticos haviam aparecido antes, na Hungria em 1956 e em Praga na Primavera de 1968, onde Havel afiou seus dentes, mas foram abafados. Em janeiro de 1990, o Partido Comunista Polonês votava pela dissolução e, em dezembro do ano seguinte, Mikhail Gorbachev foi forçado a declarar a União Soviética extinta. A Rússia foi logo invadida por economistas ocidentais e especialistas para ajudar o novo governo a forjar uma transição para uma democracia liberal de mercado. A Polônia também, mas os dois países acabaram em caminhos bastante diferentes.

A queda do poder de Estado trazido pelo colapso soviético teve efeitos muito diferentes dependendo de onde um país estava em relação ao corredor. Apesar de existirem muitas semelhanças entre eles, a Rússia se encontrava muito mais imersa no território do Leviatã Despótico. Quando Gorbachev ascendeu ao poder, a Polônia estava sob o pulso de ferro do general Wojciech Jaruzelski, mas ainda perto do corredor porque seu Estado, sustentado pelo poder soviético, tinha menos domínio sobre a sociedade e sua sociedade civil era menos enfraquecida do que na Rússia. De fato, a ascensão de Jaruzelski ao poder foi uma resposta ao despertar da sociedade civil polonesa em 1980-1981. O colapso da União Soviética o tirou do cargo e empurrou a Polônia para o corredor.

Havia outras diferenças significativas. Em primeiro lugar, a coletivização massiva da agricultura, que Stálin desenvolveu na Rússia e na Ucrânia, nunca aconteceu na Polônia. Na maior parte dos casos, as pessoas continuaram com suas terras; havia algum espaço para a sociedade civil crescer sob a sombra da foice e do martelo. Ironicamente, foi no estaleiro de Lênin em Danzigue que a sociedade realmente se organizou. Liderados por Lech Wałęsa, um sindicato independente do comércio, o Solidariedade, surgiu em setembro de 1980. Um ano depois, o sindicato havia se infiltrado na sociedade polonesa com 10 milhões de membros, talvez dois terços da força de trabalho. O governo respondeu com a lei marcial e a indicação de Jaruzelski. Mas a essa altura o Solidariedade era grande demais para ser facilmente extinto, e o que se seguiu foi um impasse. Em janeiro de 1989, Jaruzelski havia decidido aceitar um acordo de divisão de poder. Em abril de 1989, o Solidariedade assinou com o governo o Acordo da Mesa Redonda, que permitia que eleições fossem realizadas em junho daquele ano. Mas tudo estava fraudado para que os comunistas, que tinham assentos garantidos, tivessem uma maioria e Jaruzelski fosse eleito presidente. Ele esperava que o Solidariedade fosse apaziguado com essa votação. Foi exatamente assim que o dramaturgo alemão Bertolt Brecht caracterizou a atitude do Estado da Alemanha Oriental em relação às eleições nos anos 1950:

Não seria mais fácil
Nesse caso o governo
Dissolver o povo
E eleger um outro?

Mas Jaruzelski calculou mal. O Partido Comunista perdeu todos os assentos em disputa, enfraquecendo completamente a legitimidade do acordo. O Solidariedade pressionou por mais espaço. Em agosto assumiu o governo e indicou Tadeusz Mazowiecki como primeiro-ministro.

Mazowiecki estava então diante da pouco invejável tarefa de orientar a transição do socialismo. O primeiro passo era a reestruturação econômica e ele indicou Leszek Balcerowicz para criar um plano. O plano acabou se tornando um famoso exemplo do que passou a ser conhecido como "terapia de choque", um "salto" dramático para a economia de mercado. Balcerowicz removeu os controles de preços, permitiu que os negócios controlados pelo Estado falissem e taxou os salários de empreendimentos do Estado para deliberadamente fazê-los menos competitivos que o setor privado. E eles realmente imploderam! A renda nacional caiu vertiginosamente e houve demissões em massa nas indústrias estatais, que foram deixadas à deriva.

A sociedade reagiu e protestou. Em vez de pacificar o movimento trabalhista, a democracia levou a uma sequência incessante de greves enquanto a renda caía e o desemprego aumentava. Começando com 250 greves em 1990, houve 305 em 1991, depois mais de 6 mil em 1992 e mais de 7 mil em 1993. Os protestos, manifestações e greves garantiam uma importante fonte de pressão sobre o governo para construir um consenso social acerca dessa agenda. Depois da eleição de Walesa como presidente, Balcerowicz cedeu e trouxe os sindicatos para discutir políticas salariais e o polêmico aumento da taxa sobre salários nos negócios estatais. No fim de 1991, ele foi demitido, mas a transição já havia mobilizado a sociedade. Em 1992, existiam 28 partidos políticos diferentes no Sejm, o Parlamento polonês, e, claro, muito desacordo sobre como seguir em frente. Apesar dessas divisões, o Sejm conseguiu negociar a "Pequena Constituição", um sistema misto de parlamentarismo com presidencialismo colocado em funcionamento até que a nova constituição fosse finalizada em 1997. No meio-tempo, Walesa tentou aumentar seu próprio poder às custas do Sejm, mas não conseguiu. O acordo resultante levou a um ajuste na transição econômica do país. O governo começou a alocar mais recursos para o setor estatal e tentou minimizar a dor da terapia de choque. Um imposto mais amplo de renda pessoal foi criado. Em fevereiro de 1993, o ministro do Trabalho, Jacek Kuron propôs a formação de uma comissão tripartite onde governo, administração e sindicatos poderiam discutir as políticas econômicas. Alguns analistas no Ocidente previram que isso prejudicaria a transição para uma economia de mercado, mas ela acabou servindo para dar legitimidade para as reformas e conquistou o apoio da sociedade, sem o qual a transição para o corredor estaria perdida, como veremos agora na Rússia.

Entrar no corredor fez surgir condições para a liberdade na Polônia, que rapidamente construiu uma democracia vibrante com base em sua altamente mobilizada sociedade civil. Seu histórico de políticas democráticas e direitos civis convenceu a União Europeia a aceitar a Polônia. No entanto, entrar no corredor não cria imediatamente liberdade, que só surge depois que o efeito da Rainha Vermelha entra em operação. Em 2015, o partido Lei e Justiça chegou ao poder e teve que ser sancionado pela União Europeia por tentar diminuir a independência da Suprema Corte. A liberdade é sempre um processo em andamento, principalmente em nações que sofreram décadas de comando despótico.

O urso russo deixa de ser domesticado

Enquanto o general Jaruzelski começava a negociar com o Solidariedade na primavera de 1989, Gorbachev propôs a própria versão cuidadosamente desenhada da democratização da União Soviética. Como parte desse processo, Boris Yeltsin foi eleito presidente do Soviete Supremo da

Rússia, em maio de 1990. Em agosto, Yeltsin estava anunciando a outros líderes regionais que eles deveriam "tomar o quanto pudessem de soberania". Os soviéticos linha-dura tentaram então um golpe para impedir o inevitável, prendendo Gorbachev. Yeltsin bravamente desafiou o golpe ao se colocar na torre de um tanque. Ele sobreviveu e o golpe fracassou. No Natal, a União Soviética havia caído e no verão de 1991 Yeltsin foi eleito para a recém-criada posição de presidente russo. Sua plataforma, com base na qual venceu quatro comunistas e um nacionalista radical, incluía um programa radical de reforma de mercado semelhante ao da Polônia. Democracia, reformas econômicas — parecia que o Estado despótico russo estava sendo domesticado afinal.

Yeltsin escolheu Yegor Gaidar para comandar o programa de reforma econômica. Por sua vez, Gaidar nomeou Anatoly Chubais para liderar a privatização das indústrias estatais. Gaidar e Chubais haviam desenhado uma estratégia para colocar os principais ativos da União Soviética nas mãos da iniciativa privada. Começando na primavera de 1992, o governo começou a vender pequenas empresas tais como lojas e restaurantes. As pessoas podiam tomar posse de seus próprios imóveis gratuitamente, ou quase sem custos. No fim de 1992, Chubais começou a vender as grandes empresas. Negócios de médio e grande portes eram obrigados a vender 29% de suas ações em "leilões de papéis". Em outubro de 1992, cada russo adulto recebeu vouchers com um valor nominal de 10 mil rublos que podiam ser adquiridos nas filiais locais do Sberbank por apenas 25 rublos. Em janeiro de 1993, quase 98% dos russos haviam retirado seus vouchers. Esses papéis podiam ser vendidos ou usados para comprar ações de empresas específicas quando elas eram privatizadas.

Os primeiros leilões foram realizados em dezembro de 1992. Cerca de 14 mil negócios realizaram tais leilões. A maioria desses ativos, no entanto, foram para seus trabalhadores e gestores. Uma lei permitia que os trabalhadores e gerentes comprassem 51% das ações, com direito a voto, de uma firma com desconto e usando os fundos da própria empresa. Na prática, a maioria dos ativos das empresas privatizadas foi entregue a funcionários com grandes descontos. Mesmo ações que haviam sido distribuídas mais amplamente se reconcentraram. Em 1994, os trabalhadores eram donos de 50% dos negócios medianos russos; em 1999, esse percentual havia caído para 36%. Em 2005, 71% das indústrias de médio e grande portes e empreendimentos de comunicação tinham um único acionista de posse da metade das ações.

A fase mais controversa da privatização foi o "empréstimo de ações" de 1995, no qual os ativos mais valiosos do Estado nos setores de energia e recursos foram dados a um grupo de pessoas politicamente bem relacionadas que prometeu financiar a campanha de reeleição de Yeltsin. Funcionou assim: as ações do Estado em doze empreendimentos altamente lucrativos concentradas no setor de energia foram usadas como garantia para empréstimos bancários. Se os empréstimos não fossem pagos, os bancos tinham direito de vender as ações. Na verdade, o governo nunca teve a intenção de pagar as dívidas. Entre novembro de 1996 e fevereiro de 1997, o governo vendeu ações das gigantes de energia Yukos, Sidanko e Surgutneftegas, e em cada caso os próprios bancos compraram as ações em leilões nos quais lances externos foram ignorados ou desqualificados. Depois da reeleição de Yeltsin, dois dos envolvidos nesse acordo, Vladimir Potanin e Boris Berezovsky, foram levados para o governo. Berezovsky e outro oligarca, Vladimir Gusinsky, dominaram a mídia ao controlar duas estações de televisão.

Enquanto isso, Yeltsin pressionou e conseguiu uma constituição com fortes poderes presidenciais. Ninguém era capaz de se opor a ele e, diferente da Polônia, a transição russa não envolveu a mobilização em massa da sociedade. Ninguém se organizou contra o esquema de "empréstimos por ações" e as pessoas votaram em Yeltsin de novo com a ajuda de dinheiro fornecido por seus novos apoiadores. Mas a nova elite russa usou seu poder para extrair todo tipo de concessão do Estado. Em 1996, o Ministério da Economia declarou que a cerveja era uma bebida não alcóolica para que os maiores produtores da Rússia pudessem evitar um aumento de impostos. Mas eles viviam em um sistema com muito potencial para poder despótico no topo e, depois que Yeltsin deixou a cena, tornaram-se presas de Vladimir Putin. Em vez do Estado da "democracia liberal" que os ocidentais esperavam que surgisse nos anos 1990, depois de 2000 um novo tipo de despotismo se consolidou usando a cartilha do antigo Estado soviético.

Alguém que viu isso de dentro foi Alexander Litvinenko. Ele foi um agente da FSB russa (Agência de Segurança Federal), sucessor da KGB, da era soviética (a abreviação de "Comitê de Segurança do Estado"). Sua sede ficava no mesmo prédio na Praça Lubyanka. Litvinenko e a FSB estavam muito envolvidos na luta contra os separatistas da Chechênia, que começou em 1994. Naquele conflito, como Litvinenko explica, "o serviço secreto tinha uma generosa liberdade operacional: podia deter, interrogar e matar sem qualquer limitação legal" — assim como nos velhos tempos, e durante a transição da Rússia "para a economia de mercado". O governo decidiu começar uma nova unidade supersecreta com o acrônimo URPO. A URPO logo se envolveu em todo tipo de "atividades" e Litvinenko foi designado para trabalhar para eles. Ele explicou:

> Minha unidade recebeu ordem para planejar o assassinato de Boris Berezovsky, o empresário próximo do presidente Yeltsin que virou político. Ninguém nos disse a razão, mas não era necessário. Berezovsky era o oligarca de maior visibilidade.

Não era a tal terapia de choque que os economistas ocidentais haviam previsto, mas mostrou as novas atividades de serviços de segurança. Eles não se limitaram a planejar matar os amigos do presidente. Também acumularam grandes fortunas pessoais. Isso era feito através de uma coalizão com traficantes e envolvia esquemas de extorsão gigantescos. Litvinenko relembrou como

> um lojista local havia sido visitado por um homem que alegou ser um oficial da polícia e que exigiu dinheiro em troca de

proteção. As exigências foram aumentando e aumentando de 5 mil a 9 mil dólares e então 15 mil dólares e mais. Em seguida, o lojista recebeu uma visita em casa — foi espancado e ameaçado.

Litvinenko assistiu a tudo horrorizado e fez registros. Mas em quem confiar? Em julho de 1998, ele achou que tinha encontrado uma brecha. Yeltsin nomeou uma pessoa de fora para liderar a FSB, Vladimir Putin, um ex-tenente-coronel da KGB. Litvinenko foi até ele e colocou as cartas na mesa, detalhando todos os crimes e esquemas que havia documentado. Ele recordou que, "antes de nossa reunião, passei a noite toda desenhando um gráfico com nomes, lugares, ligações — tudo". Putin ouviu pensativo e no mesmo dia abriu um "arquivo" sobre ele. Litvinenko foi demitido da FSB. Um amigo disse a ele: "Não te invejo, Alexander. Há dinheiro comum envolvido." Dinheiro comum? Isto significava que Putin estava envolvido nos mesmos esquemas. Um conhecido em comum avisou: "Putin vai te destruir (...) e ninguém poderá te ajudar." Em outubro de 2000, ele fugiu do país com sua família e recebeu asilo no Reino Unido. Escreveu dois livros documentando o que aprendeu sobre corrupção e violência no Estado russo. Mas o braço da FSB é longo. Em 1º de novembro de 2006, Litvinenko ficou doente em Londres depois de um encontro com dois ex-agentes da KGB. Eles haviam colocado veneno em seu chá e ele morreu duas semanas depois de síndrome de radiação aguda induzida por polônio.

Quando Putin assumiu, os oligarcas estavam acabados; foram exilados ou presos e seus bens foram expropriados — a menos que fossem aliados leais a Putin. Qualquer pequena liberdade que tivesse surgido desde 1989 foi igualmente destruída. Hoje a mídia independente na Rússia é reprimida e jornalistas são assassinados. Políticos que ousam se opor a Putin, como no caso mais recente de Alexei Navalny, são presos ou banidos da política. O despotismo voltou fora de controle.

Por que a "transição" russa fracassou tão espetacularmente? A razão principal é que a Rússia estava longe demais do corredor. Depois do colapso da União Soviética, apesar de as instituições do Estado serem reconstruídas, não havia nenhuma tentativa de reformar o aparato de segurança. Os políticos achavam que podiam usá-lo a seu favor, assim como na Chechênia. Na raiz do problema estava a falta de mobilização popular ou até mesmo de interesses privados independentes que pudessem interromper o exercício livre do poder do Estado e limitar o tipo de liberdade que Yeltsin garantiu para os líderes. A privatização e a reforma econômica sozinhas não conseguiram criar uma ampla e legítima distribuição de recursos que poderia ter formado os elos de um Leviatã Agrilhoado. Isso permitiu que Putin revertesse os ganhos de 1990 e consolidasse um novo despotismo. De fato, a desigualdade que resultou da privatização, particularmente o acordo de "empréstimos por ações", não apenas reconcentrou a propriedade de recursos-chave na Rússia, mas também deslegitimou completamente o processo de reforma. Isso tornou fácil para uma KGB revigorada, sob o comando de Putin, tomar o controle da economia e da sociedade.

A Rússia estava longe demais do corredor. Apesar de o colapso do Estado Déspota soviético ter empurrado na direção certa, não foi o suficiente para domar o Estado russo, que apenas continuou de onde os soviéticos haviam parado e reconstruiu o controle despótico sobre a sociedade.

Do despotismo para a desintegração

Ainda que fosse insuficiente para mover a Rússia para longe da órbita do Leviatã Despótico, o declínio do poder do Estado e das elites do Partido Comunista foi mais do que suficiente para mudar a trajetória de um Estado que tinha um controle mais precário da sociedade, tal como a antiga República Soviética do Tajiquistão, na fronteira com o Afeganistão e a China. Enquanto a União Soviética desmoronava, o Tajiquistão teve que decidir o próprio futuro. O primeiro-secretário do Partido, Kakhar Makhkamov, inicialmente apoiou os golpistas que prenderam brevemente Gorbachev em agosto de 1991. Quando o golpe falhou, grandes protestos na capital, Dushanbe, forçaram Makhkamov a renunciar. O Tajiquistão se tornou independente no mês seguinte e Rakhamon Nabiev foi eleito presidente logo depois.

Para acompanhar o que aconteceu em seguida no Tajiquistão é preciso entender a *avlod*. Nas palavras do sociólogo tajique Saodot Olimova, "a *avlod* é uma comunidade patriarcal familiar que tem um ancestral e interesses em comum, e em muitos casos compartilha propriedades e meios de produção e consolida ou coordena orçamentos domésticos". Parece um pouco com a gaiola de normas que vimos nas sociedades sem Estado, exceto que esse sistema sobreviveu sob o reinado despótico dos russos e do Estado soviético. O Tajiquistão foi conquistado pelos russos na segunda metade do século XIX e governado pelos soviéticos até 1991, mas as estruturas sociais subjacentes, os clãs, persistiram relativamente sem mudanças. Em uma pesquisa nacional de 1996, 68% dos tajiques disseram que pertenciam a uma avlod. É útil pensar nos clãs como aglomerados regionais dessas avlods. O cientista político Sergei Gretsky descreve como, em 1940, os clãs de Khujand tinham permissão para assumir grande parte da administração soviética local:

> Quando ascenderam ao topo do partido e a posições governamentais no Tajiquistão (...) os Khajandis apoiaram o localismo como a pedra fundamental de sua política, e mantiveram as rivalidades locais ativas, enquanto tomavam para si o papel de árbitros (...) No Tajiquistão, a sabedoria popular explica isso da seguinte forma: "Leninobod governa, Gharm negocia, Kulob protege, Pamir dança, Qurghonteppa cultiva."

Leninobod é a capital da região de Khujand no nordeste do país. Apesar de seu governo despótico, o Estado soviético controlava o Tajiquistão indiretamente através dos clãs regionais. Grande parte da arbitragem era feita por meio das relações e alianças dos clãs e fora das instituições formais do Estado.

O presidente eleito Nabiev era de uma das tradicionais famílias dominantes de Khujand. Ele enfrentou imediata oposição de outras partes do país, particularmente de Gharm e Pamir, que começaram a organizar protestos. Em resposta, Nabiev distribuiu 2 mil metralhadoras e formou forças ilegítimas para reprimir a oposição. Seus oponentes conseguiram tomar a capital e os Khujandis se retiraram para começar um confronto de guerrilha que eventualmente venceram. No processo, o Estado foi completamente destruído e o Tajiquistão mergulhou em cinco anos de uma terrível guerra civil entre as alianças regionais dos clãs. O número de mortes é incerto, com estimativas que vão de 10 mil a 100 mil pessoas. Mais do que um sexto da população ficou desabrigada e a renda nacional caiu 50%.

A diferença entre o Tajiquistão, a Polônia ou a Rússia é óbvia: o Tajiquistão foi governado pelos soviéticos por meio dos clãs regionais e seus aliados; começou um processo de transição com o Estado fraco e uma sociedade sem qualquer meio institucionalizado de participar da política. Uma vez que o poder despótico do governo soviético desapareceu em 1991, o país não tinha maneira fácil de mediar as disputas entre os clãs, que aumentaram diante da perspectiva de assumir o controle dos recursos do país e dos vestígios do Estado soviético. Os clãs se armaram e lutaram enquanto o Estado se desintegrava.

* * *

Vimos assim uma tapeçaria ainda mais rica de divergência após o colapso da União Soviética. O declínio no poder do Estado não foi suficiente para empurrar a Rússia para longe do despotismo, mas foi o bastante para abrir a porta do corredor para a Polônia. Foi mais do que suficiente para atirar o Tajiquistão em uma situação na qual o Estado ruiu completamente e a guerra civil e os conflitos entre clãs se instaurassem. A Figura 3 esboça como em nossa estrutura argumentativa essas respostas diferentes podem vir de um mesmo impulso: o colapso da União Soviética levando ao declínio do poder do Estado. A seta 1 é o melhor cenário, onde a redução no poder do Estado move o país para o corredor, como foi o caso da Polônia. Como na Rússia, a seta 2 é o caso em que o país começa tão longe

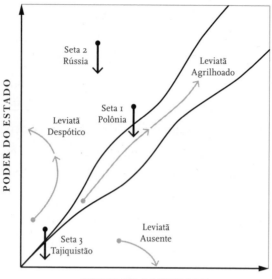

Figura 3. A divergência soviética.

do corredor que, mesmo depois da queda do poder do Estado, o Leviatã Despótico tem o controle. Finalmente, a seta 3 ilustra a possibilidade de que, começando com um Estado e sociedade suficientemente fracos, a mesma mudança pode provocar o desaparecimento completo do controle do Estado, movendo a sociedade em direção ao Leviatã Ausente.

Essa riqueza de resultados sublinha que, mesmo depois de décadas do Estado ganhando poder às custas da sociedade, choques suficientemente grandes — neste caso o colapso da União Soviética — podem reconfigurar completamente a trajetória subsequente do Estado e da sociedade. A evolução de um Leviatã está sempre sujeita a uma miríade de influências e interrupções.

Porque precisamos

Oportunidades econômicas criadas por novas tecnologias não influenciaram apenas o caminho do desenvolvimento das nações europeias. Elas também determinaram o padrão de divergência colonial, como ilustrado pelas trajetórias contrastantes da Costa Rica e Guatemala no século XIX.

As instituições de Costa Rica e Guatemala, vizinhas na América Central, eram inicialmente parecidas. Ambos os países estavam ainda sob o controle despótico do Estado colonial espanhol até 1821. Mas nos cem anos seguintes eles divergiram tão acentuadamente quanto qualquer dos exemplos que discutimos neste capítulo. A Costa Rica gradualmente testemunhou o fortalecimento da sociedade e se dirigiu para dentro do corredor durante o final do século XIX. Em 1882, a Costa Rica estava realizando eleições regulares e pacíficas, e o papel da repressão militar e geral começou a desaparecer. Essas mudanças significaram não apenas muito mais segurança e menos violência para os costa-riquenhos, mas um mundo social e econômico muito diferente. Por exemplo, em 1900, 36% dos adultos eram alfabetizados, e em 1930, dois terços dos adultos sabiam ler e escrever.

A Guatemala era muito, muito diferente. Podemos ter uma ideia da diferença e de seus motivos observando a vida da vencedora do Prêmio Nobel Rigoberta Menchú. Menchú é do povo indígena Quiché, da Guatemala, um país constituído de "22 grupos indígenas (...) 23 incluindo os *mestizos*, ou *ladinos*". Os ladinos eram aqueles de descendência espanhola, ou pelo menos mestiços espanhóis e indígenas. A avó de Menchú

> conseguiu emprego como criada das únicas pessoas ricas da cidade. Seus filhos realizavam tarefas pela casa, como carregar madeira, água e cuidar dos animais. Mas quando ficaram maiores, seu empregador disse que ela não trabalhava o suficiente para alimentar meninos tão grandes. Ela teve que dar seu filho mais velho, meu pai, para outro homem para que ele não passasse fome. Ele já conseguia realizar trabalhos pesados cortando lenha ou trabalhando no campo, mas não recebia nada porque havia sido dado. Ele viveu com os ladinos por nove anos, mas não aprendeu espanhol porque não tinha

permissão para entrar na casa (...) Eles o achavam repulsivo porque não tinha roupas e era muito sujo.

Mais tarde o pai de Menchú partiu e encontrou trabalho nas fazendas de café, as *fincas*, ao longo da Costa do Pacífico da Guatemala. Ele trouxe sua mãe e a "afastou daquela família assim que pôde. Ela acabou se tornando amante do patrão apesar de ele ter uma esposa. Ela tinha que aceitar porque não tinha para onde ir". As fincas se tornaram a vida deles. Menchú nasceu em 1959. "Desde que eu era muito pequena, minha mãe costumava me levar à *finca*, amarrada às costas dela." Caminhões os pegavam nas terras altas. Menchú lembra "da jornada de caminhão muito bem. Nem sabia o que era (...) [Nele] cabiam cerca de quarenta pessoas. Mas, junto com as pessoas vão os animais (cachorros, gatos, galinhas) que as pessoas do *Altiplano* levam quando estão na *finca*." A viagem durava duas noites e um dia, e durante esse tempo as pessoas defecavam e vomitavam no caminhão. "No fim da jornada, o cheiro — a sujeira das pessoas e animais — era insuportável (...) Éramos como galinhas saindo de uma panela (...) mal podíamos andar."

Desde os 8 anos Rigoberta trabalhou nas plantações de café, e depois em uma plantação de algodão; ela nunca foi para a escola. (O caderno de fotos mostra uma imagem contemporânea de mulheres e crianças guatemaltecas em uma finca de café.) Os trabalhadores recebiam tortilhas e feijões para comer, mas a cantina da finca tinha outras coisas também, especialmente álcool. "Cada *finca* na Guatemala tem uma *cantina*, de propriedade do patrão, onde os trabalhadores se embebedam (...) e acumulam dívidas. Frequentemente gastam a maior parte de seus ganhos. Eles bebem para ficar felizes e se esquecer da amargura." Mas Rigoberta foi ensinada a ser muito cuidadosa. "Minha mãe costumava dizer: 'Não encoste em nada ou teremos que pagar' (...) Eu perguntava para a minha mãe: 'Por que temos que ir para a *finca*?' E minha mãe respondia: 'Porque precisamos.'"

Rigoberta se lembra da primeira vez que viu o dono das terras. "Era muito gordo, bem-vestido e tinha até um relógio. Não conhecíamos relógios na época." Rigoberta não tinha sapatos, muito menos relógio. Quando o dono das terras chegou,

> estava acompanhado de quinze soldados (...) O feitor disse: "Alguns de vocês terão que dançar para o dono" (...) O proprietário das terras falava e o feitor ia traduzindo. Disseram para nós que tínhamos que ir e deixar uma marca em um pedaço de papel (...) Fomos todos fazer nossa marca no papel (...) Lembro que o papel tinha alguns quadrados com três ou quatro desenhos neles (...) Nos alertaram que quem quer que não marcasse o papel iria perder trabalho [e] não ser pago.
>
> O proprietário das terras foi embora, mas depois (...) sonhei com ele muitas vezes (...) deve ter sido o medo, a impressão que o rosto do homem deixou em mim (...) Todas as crianças lá fugiram (...) e choravam quando viam aquele ladino, e ainda mais os soldados e suas armas. Achavam que iriam matar seus pais. Eu achava também. Achava que iam matar todo mundo.

Finalmente a "eleição", no estilo guatemalteco, aconteceu. "Eles foram até a *finca* e disseram que nosso presidente havia vencido, o presidente em que a gente tinha votado. A gente nem sabia que eles tinham votado. Meus pais riam quando ouviam falar em 'Nosso Presidente', porque para nós ele era o presidente dos *ladinos*, não de todos nós."

O Estado da Guatemala era distante, alheio. Nem chegava a ser um Estado para a maioria das pessoas; era um Estado para os ladinos. Na primeira vez que foi para a capital, a Cidade da Guatemala, Rigoberta teve que ser cuidadosa. Seu pai havia sido chamado ao INTA (Instituto Nacional de Transformação Agrária) e foi informado que "havia uma prisão para as pessoas pobres e que se você não se apresentasse naquele escritório, era para lá que seria enviado (...) Meu pai disse que as pessoas não te deixavam entrar a menos que demonstrasse respeito. 'Quando entrar, fique parada, não fale', ele disse".

De volta ao campo, o povo quiché tinha que lidar com uma hierarquia de autoridades do governo, começando com o comissário militar, então o prefeito e o governador, todos ladinos. Ao invés de fornecer serviços públicos, as autoridades cobravam propinas: "Para ver o Comissário Militar, primeiro era preciso dar a ele uma *mordida*, que é como chamamos uma propina na Guatemala." Uma *mordida*, literalmente uma "bocada". Rigoberta concluiu tristemente: "Na Guatemala, quando se trata do governo, não há como nos defender." Eles tentaram. O pai e o irmão de Rigoberta começaram a organizar a vila local. Em 9 de setembro de 1979, seu irmão foi morto pelo Exército.

> Eles o levaram arrastando sobre o chão áspero onde havia pedras, troncos de árvores. Ele andou por cerca de dois quilômetros sendo chutado e espancado o tempo todo (...) Seu rosto ficou completamente desfigurado pelas pancadas, de bater nas pedras e nos troncos; meu irmão foi completamente destruído (...) Eles amarraram, amarraram os testículos dele (...) e deixaram meu irmão em um buraco com água e um pouco de lama, o deixaram nu ali a noite toda. Havia vários cadáveres no buraco com ele (...) Meu irmão foi torturado por mais de dezesseis dias. Arrancaram suas unhas, cortaram seus dedos, arrancaram a pele, queimaram parte da pele. Muitos de seus ferimentos, os primeiros, incharam e infeccionaram. Ele continuou vivo. Rasparam a cabeça dele, deixaram apenas a pele, e depois arrancaram a pele da cabeça dos dois lados e cortaram parte do rosto. Meu irmão sofreu torturas em todas as partes do corpo.

Ainda não satisfeito com essa violência, o Exército então levou os presos de volta para a vila como lição para o povo. "O capitão fez uma descrição panorâmica de todo o poder que tinham, da capacidade que tinham. Nós, o povo, não tínhamos condições de confrontá-los." Os presos, inclusive o irmão de Rigoberta, foram então cobertos de gasolina e queimados. Essa era uma dominação brutal, violenta, sobre a sociedade. Um mundo completamente diferente da vizinha Costa Rica.

Então por que essa selvageria na Guatemala enquanto a Costa Rica já havia controlado a violência, construído uma democracia apoiada por uma sociedade bem-organizada, e criado as precondições para a liberdade? Como esses dois países divergiram tanto? A resposta tem a ver com café.

A base da divergência

O rápido crescimento da Europa Ocidental e da América do Norte no século XIX fez mais do que transformar suas economias. Ao criar uma grande demanda por culturas tropicais, tais como açúcar, tabaco, algodão, café e as oportunidades tecnológicas de transportá-las pelo mundo, tal crescimento também reconfigurou as sociedades pós-coloniais. Navios a vapor surgiram no início do século e em 1838 o *SS Great Western*, projetado pelo empreendedor britânico Isambard Kingdom Brunel, foi o primeiro construído para o serviço regular entre Bristol e Nova Iorque. O *Great Western* era feito de madeira e usava rodas de pás laterais movidas a vapor. Em 1845, Brunel lançou o *Great Britain*, que tinha casco de ferro e usava uma hélice movida a vapor. Cascos de ferro eram mais baratos e permitiam navios muito maiores, e as hélices eram muito mais poderosas que velas ou rodas de pás.

Depois dessas mudanças tecnológicas, exportar produtos agrícolas como café em grande quantidade para partes distantes do mundo se tornou lucrativo. A América Central foi o epicentro desse comércio não apenas por causa do ótimo clima para cultivo de café, mas também porque estava localizada perto dos mercados em expansão dos Estados Unidos, onde as importações de café dobraram entre 1830 e 1840 e então aumentaram outros 50% até 1850. Isso foi seguido por um aumento constante dos preços do café no resto do século.

Para tirar vantagem dessa demanda crescente, alguns serviços públicos básicos eram necessários. Estradas e infraestrutura suficiente tinham que ser construídos para exportar a produção, e o direito à propriedade precisava ser definido para que as pessoas estivessem dispostas a fazer os investimentos para cultivar café (uma vez que leva de três a quatro anos depois do plantio até que o pé comece a produzir). Tudo isso exigia uma expansão da capacidade estatal. Foi essa demanda que aumentou o poder do Estado e a capacidade que sustentou os desdobramentos subsequentes na Costa Rica e na Guatemala.

A Costa Rica foi parte do Reino da Guatemala durante o período colonial, e os dois países se uniram brevemente com o México depois de ganhar a independência em 1821 tornando-se parte da República Federal da América Central. A Costa Rica se emancipou em 1838 e finalmente se tornou uma nação independente. Ela havia sido periférica durante o período colonial e escapou das reformas Bourbon destinadas a fortalecer os Estados coloniais e aumentar as receitas de impostos. Poucos povos indígenas sobreviveram depois que doenças importadas dizimaram sua população no século XVI e a região não tinha metais preciosos nem minerais que pudessem ser extraídos. Na independência, a Costa Rica tinha uma população entre 60 mil e 70 mil pessoas, a maioria vivendo no planalto central. A economia colonial era amplamente subdesenvolvida, exceto por um breve *boom* do cacau na costa caribenha no século XVII. A Guatemala, que controlava o monopólio colonial, havia impedido o desenvolvimento do tabaco na Costa Rica. Portanto, a Costa Rica não tinha elites poderosas nem uma cidade ou vila dominante na independência. Os quatro principais centros populacionais, Cartago (a capital colonial e centro de grupos conservadores), San José, Alajuela e Heredia eram fortes rivais. Cada cidade tinha a própria política externa e fazia alianças com facções poderosas nos países vizinhos, como a Colômbia. Como o político argentino e intelectual Domingo Sarmiento explica: "Todas as repúblicas sul-americanas passaram, mais ou menos, pela propensão de se decompor em pequenos pedaços, atraídas pelas aspirações anárquicas e imprudentes à independência ruinosa e sombria (...) A América Central tinha um Estado soberano em cada vila."

Em 1823 e 1835 essa "propensão à decomposição" levou a guerras civis e San José acabou se estabelecendo como capital. Mas embora pudessem competir, as cidades também podiam cooperar. Em 1821, enquanto a independência latino-americana se aproximava, o conselho (*ayuntamiento* ou *cabildo*) de Cartago, a capital colonial, convidou os conselhos de outras cidades para discutir como deveria ser declarada a independência. Em outubro daquele ano, as quatro principais cidades juntas com Ujarrás, Barba e Bagaces divulgaram o "ato de ayuntamientos" e declararam independência da Espanha. Em dezembro, foi assinado o Pacto de la Concordia, que criava uma junta para governar composta de sete membros eleitos popularmente. A localização da junta iria se alternar entre as quatro principais cidades. Essas cidades faziam amplo uso do *cabildo aberto*, um tipo de reunião de conselho acessível que permitia uma participação política muito mais ampla.

Apesar de estar gradualmente se libertando do Império Espanhol, a Costa Rica permaneceu pobre e subdesenvolvida. O único ativo que o país tinha era uma grande quantidade de terra virgem. A primeira onda de políticos depois de 1821 compreendeu bem isso. Enquanto os Estados Unidos aprovavam a Lei Noroeste em 1787, para governar a expansão da União, os costa-riquenhos fizeram o mesmo. Em 1821, San José estava distribuindo terras de graça para quem pudesse cercá-las, cultivá-las e exportar a produção. Leis garantindo propriedade e subsídios para pequenos produtores de café foram aprovadas pelo governo central em 1828, 1832 e 1840. Em 1856, todas as terras públicas haviam sido vendidas. Essas leis abriram as terras do vale central, que antes eram estatais. As cidades tentaram atrair trabalhadores e migrantes vendendo terras a preços baixos e estimulando a produção de café. Uma medida de 1828 induziu a ocupação e exploração agrícola fora das quatro cidades ao garantir até 110 acres de terra sem custo nas áreas subpovoadas. A Costa Rica foi, de fato, a primeira nação da América Central a começar a exportar café. Durante os anos 1840, depois da independência, as exportações quintuplicaram, chegando a 3.800 toneladas. Neste momento, o café representava 80% das exportações da Costa Rica. Aquela década viu a construção da primeira estrada do vale central para o porto de Puntarenas, no Pacífico, para que o café pudesse ser enviado por carros de bois, e não nas costas de mulas.

Essa dinâmica inicial de distribuição de terras foi responsável pela ausência de uma grande classe de donos de terras na Costa Rica. Em vez disso, as elites econômicas da Costa Rica concentravam o controle das finanças, compras e exportação da produção. Assim, nunca houve uma coalizão a favor do tipo de coerção de trabalhadores tão prevalente na Guatemala. Mesmo as famílias ricas que entravam no negócio do café eram geralmente bem diversificadas. Certamente a elite costa-riquenha tentou reduzir os preços pagos pelo café dos pequenos produtores e lucrava com os altos preços cobrados por empréstimos e financiamento, que eles lutavam para proteger. O exemplo mais famoso disso foi a derrubada do presidente Juan Rafael Mora pela família Montealegre, em 1859, causada porque Mora propôs criar um banco para emprestar dinheiro diretamente aos pequenos produtores, dessa forma rompendo o poder dos financistas. Mas nada disso descarrilou a economia dos pequenos produtores de café. O historiador Ciro Cardoso resumiu a economia do Estado da Costa Rica como "uma absoluta predominância de pequenas fazendas, tanto em números quanto no total de terra ocupada".

O negócio do café exigia o apoio institucional. Por um lado, a terra tinha que ser avaliada e os direitos de propriedade definidos e garantidos. Depois da independência, o presidente Braulio Carrillo começou a construir um Estado capaz de realizar essas tarefas. Ele promulgou os códigos civil e criminal e construiu a burocracia estatal pela primeira vez. Também reorganizou a milícia nacional e criou uma força policial nacional. Apesar de se considerar um ditador vitalício, ele fez poucos esforços para criar um grande exército e tinha uma força que não ultrapassava quinhentos soldados.

A melhor explicação para as políticas de Carrillo é que, assim como os federalistas dos Estados Unidos, ele reconhecia que sem uma autoridade central seria difícil fornecer os serviços públicos de que o novo país precisava para aproveitar as oportunidades econômicas e manter a ordem diante da competição entre as quatro principais cidades. Mas, assim como os federalistas, ele também se preocupava com o problema de Gilgamesh — como controlar um Estado muito poderoso — e evitou construir um grande exército. Depois que Carrillo foi deposto, em 1842, o aumento do poder das elites do café se tornou evidente, uma vez que diferentes facções e famílias apoiaram diferentes candidatos para presidente e as eleições foram desfiguradas pelo envolvimento militar. Alguns presidentes, como Mora, foram depostos em revoltas, e outros, como Jesús Jiménez, em 1870, foram retirados do cargo por golpes. Por insistência da família Montealegre, Jiménez foi substituído por Tomás Guardia, o primeiro militar a servir como presidente no século XIX na Costa Rica. Ele ficou no cargo por doze anos. No processo, profissionalizou o exército com a ajuda de conselheiros prussianos e reduziu seu tamanho de forma que, em 1880, havia apenas 358 soldados profissionais (apesar de haver uma milícia que podia ser convocada em emergências). Como consequência dessas reformas, os militares permaneceram fora da política. Foi depois da morte de Guardia, em 1882, que a Costa Rica começou a realizar eleições regulares, embora só em 1948 a fraude eleitoral tenha sido controlada. Assim como Carrillo, Guardia expandiu a capacidade estatal, aumentando o tamanho do serviço público em cerca de 40%. Ele também organizou a construção da primeira ferrovia ligando o vale central à costa. Em vez de investir em poderio militar, a Costa Rica investiu na educação. Uma grande reforma educacional começou a aumentar a alfabetização em 1888.

A essa altura, a Costa Rica já estava no corredor, caminhando por ele. Em 1948, a lenta transição em direção à democracia foi finalmente consolidada depois que uma eleição fraudulenta levou a uma breve guerra civil da qual os rebeldes liderados por José Figueres saíram vitoriosos. Figueres liderou uma junta por dezoito meses antes de ceder o cargo para o legítimo vencedor da eleição de 1948. Nesse período, ele supervisou algumas mudanças importantes, entre elas a abolição do Exército. A Costa Rica é o maior país no mundo a não ter um Exército (outros exemplos são Andorra, Liechtenstein e um grupo de pequenas nações insulares como Mauritânia e Granada). A junta também criou uma convenção constitucional e aprovou uma série de leis para desenvolver uma burocracia meritocrática, adotou a educação pública compulsória e deu direito a voto para mulheres e analfabetos. Desde então a Costa Rica tem sido democrática e pacífica, uma realização notável em uma região em que todos os outros países foram ditaduras em algum momento desde 1950, frequentemente por um longo período.

Repressão na finca

Enquanto uma economia de minifúndios de café junto com um tipo de Leviatã Agrilhoado se desenvolvia na Costa Rica, o café também se expandiu na Guatemala, mas em uma direção muito diferente e repressiva. A razão pela qual Rigoberta Menchú testemunhou tanta selvageria pode ter ligação com o uso de trabalho forçado na cultura de café na Guatemala. A lógica era que qualquer coisa que ameaçasse essa máquina tinha que ser expulsa com extrema violência.

A Guatemala foi a sede do poder colonial na América Central e, diferente da Costa Rica, tinha uma forte associação conservadora de comerciantes e poderosos latifundiários. Sua economia também era bem desenvolvida. A Indigo Growers Society foi fundada em 1794. A Guatemala também tinha densa população indígena. Depois de se tornar independente, a Guatemala foi governada por um ditador, Rafael Carrera, que deteve o poder, de fato ou de direito, durante a maior parte do período entre 1838 até sua morte em 1865. Como o biógrafo de Carrera, Ralph Lee Woodward explica:

Mobilização social: a morte da sufragista Emily Davison.

O *Leviatã*, de Hobbes.

Normas controlam sistemas hierárquicos: o ostracismo de Temístocles.

Normas contra o sistema hierárquico: um adivinho tiv.

O Leviatã Ausente: o acúmulo de lixo nas ruas do Líbano.

A vontade de poder leva à construção de uma marinha no Havaí.

O Leviatã Agrilhoado: a *Alegoria do bom governo*.

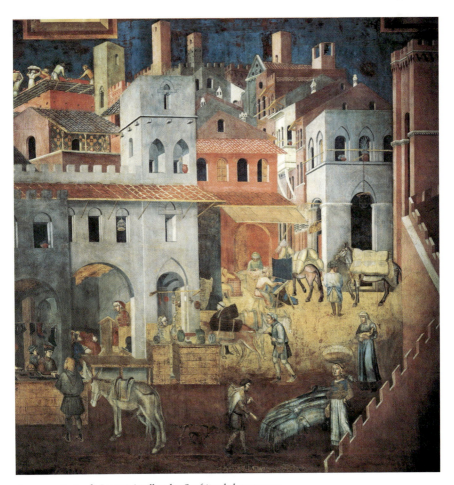

As consequências do Leviatã Agrilhoado: *Os efeitos do bom governo*.

Outra consequência do Leviatã Agrilhoado: a invenção da tortilha.

As iniciativas de baixo sob o Leviatã Agrilhoado: a Lei Sálica.

A tapeçaria de Bayeux.

Quebrando a gaiola de normas.

Experimento falho: o *celatone* de Galileu para cálculos de longitude.

Quando os chineses estiveram no poder: o *Xinzu*.

O Leviatã Despótico está vigiando: a Praça da Paz Celestial.

Confinado à gaiola de normas: catadores dalits.

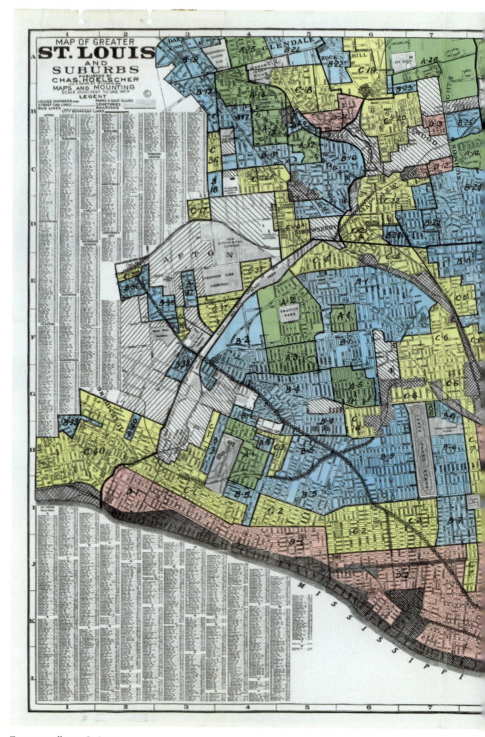

Zona vermelha em St. Louis.

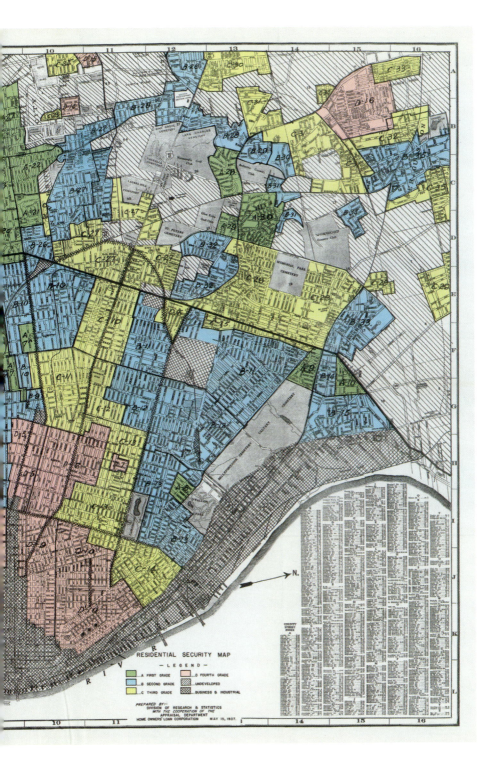

Relações econômicas do Leviatã Despótico: trabalhadores do café na Guatemala.

Sistema de castas na América Latina.

Os Ikhwan no Négede.

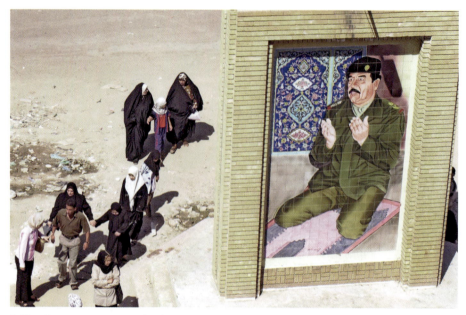
Saddam Hussein vai ao encontro da religião.

A Rainha Vermelha de soma zero: as torres de Bolonha.

Adentrando o corredor ao estilo sul-africano: Mandela entrega o troféu da Copa Mundial de Rugby a Pienaar, capitão do Springbook.

Adentrando o corredor ao estilo de Lagos: "Torne Lagos um lugar melhor. Pague seus impostos!"

Adentrando o corredor ao estilo de Bogotá: Mockus, o Supercidadão.

O sistema estatal internacional: Robert Mugabe, o "embaixador da boa vontade" da OMS.

A despeito da importância do exército de Carrera como base de poder para o ditador, foi a consolidação da elite conservadora da capital que deu ao regime seu caráter e foi importante estabelecer políticas que faziam da Guatemala a "cidadela do conservadorismo" (...) Embora sempre tenha se reservado o direito de tomar decisões finais (...) Carrera usualmente permitia que um pequeno grupo de conselheiros aristocráticos e bem-educados elaborasse e executasse políticas. A consolidação dessa elite conservadora na Guatemala e seu controle sobre a sociedade, a economia e a estrutura política da capital é o que nitidamente diferencia o período de 1850 a 1871.

Durante esse período a Guatemala manteve políticas da época colonial, incluindo vários tipos de monopólios. De forma bastante diferente da Costa Rica, poucas tentativas foram feitas para desenvolver a exportação agrícola. Da mesma forma, o crescimento dos mercados levou a uma expansão gradual da produção de café. Em 1860, as exportações eram irrisórias, mas expandiram rapidamente no decorrer da década. Em 1871, o café representava metade do total de exportações da Guatemala. Naquele ano o governo de Vicente Cerna y Cerna, um dos sucessores conservadores de Carrera, foi derrubado por uma revolução que levou ao poder os "liberais", primeiro Miguel García Granados e, logo depois, uma figura mais duradoura, um outro caudilho militar, Justo Rufino Barrios, que governou até 1885.

O novo regime tinha o objetivo explícito de desenvolver a economia de exportações agrícolas. Para alcançá-lo, o governo procurou privatizar propriedades. Esse processo envolveu a expropriação de terra dos povos indígenas, dentre outras coisas. Entre 1871 e 1883, quase um milhão de acres de terra foram privatizados. Um dos principais problemas era que grande parte da população indígena estava nos planaltos, enquanto as melhores áreas de cultivo de café ficavam abaixo, perto da costa do Pacífico.

Barrios usou o poder de coerção do Estado para ajudar os grandes proprietários de terra a ter acesso a trabalhadores. Havia uma longa tradição de coerção trabalhista na Guatemala desde o início do período colonial, quando os povos indígenas foram divididos em concessões e entregues aos conquistadores espanhóis. O início da produção em larga escala de café induziu o Estado a recodificar e aumentar a intensidade da coerção ao reintroduzir ou reinventar instituições coloniais, tais como o *mandamiento* e também via servidão por dívida, bastante evidente na descrição de Roberta da cantina da finca. *Mandamiento* (literalmente "comando" ou "ordem") era um sistema no qual os empregadores podiam requisitar e receber até sessenta trabalhadores por quinze dias de trabalho. Esses trabalhadores podiam ser recrutados à força, a menos que provassem com sua carteira de trabalho que tal serviço já havia sido realizado de maneira satisfatória recentemente. As políticas de terras eram elaboradas apenas para destinar terras a pessoas politicamente bem relacionadas; também tinham o objetivo de facilitar a coerção dos trabalhadores ao prejudicar a economia de subsistência dos povos indígenas do planalto. Sem acesso à subsistência, os camponeses podiam ser facilmente incorporados à economia de remuneração com baixos salários ou por meio da coerção, caso fosse necessário. A maneira de fazer isso foi eliminar as terras comunais tradicionais e privar as pessoas da possibilidade de uma vida de subsistência. Para viver, era preciso descer para a finca.

Nada mudou muito desde a época que Rigoberta descreveu. Essa estratégia foi completada por outras legislações, tais como as leis para "proibir a vadiagem", outro pretexto para coagir as pessoas a trabalhar. Embora tenha se concentrado na "privatização da terra" e em outras políticas relacionadas, o governo guatemalteco falhou em fornecer algo em termos de serviços públicos. Havia um motivo pelo qual Rigoberta não frequentava a escola. Como suas memórias documentam, o trabalho infantil era generalizado nos anos 1960. Seus dedos pequenos eram úteis demais para não serem colocados para trabalhar colhendo café. A falta de interesse em fornecer qualquer tipo de serviço público aparece nos dados sobre educação e alfabetização na Guatemala. Em 1900, meros 12% dos adultos sabiam ler e escrever. Mais tarde, em 1950, o índice era de 29%, ao passo que quase todo adulto na Costa Rica sabia ler e escrever.

O Estado guatemalteco não se contentou apenas em expropriar as terras das pessoas no século XIX. Ele ainda fazia isso nos anos 1960 e 1970, época em que Rigoberta estava crescendo. Um dia, por volta de 1967, pessoas apareceram e começaram a vasculhar a terra que a vila de Rigoberta cultivava no planalto. Ela relembra: "O governo diz que a terra pertence à nação. Ele é dono da terra e nos dá para cultivar (...) podíamos ou ficar e trabalhar como *peónes* [sic] ou abandonar nossas terras."

Trabalhar para quem? Para as famílias bem relacionadas. Ela lista as famílias Martínez, García e Brols, que estavam pagando "grandes mordidas" para fazer o governo alocar terras para eles. Apesar de tentarem se queixar,

> não percebíamos, então, que ir até as autoridades governamentais era o mesmo que ir até os donos de terra (...) Eles nos expulsavam de nossas casas e vilas. Os capangas dos García começaram a trabalhar com ferocidade (...) Primeiro entraram nas casas sem permissão e tiraram todas as pessoas. Então jogaram todas as nossas coisas para fora. Lembro que minha mãe tinha colares de prata, uma recordação da minha avó, mas nunca mais os vimos de novo depois disso. Roubaram todos. Eles jogavam para fora nossos utensílios de cozinha, nossas panelas de barro (...) que caíam no chão e se quebravam.

> Eles fugiram.

* * *

A diferença impressionante entre o que aconteceu na Costa Rica e na Guatemala nos últimos 150 anos não foi algo predeterminado. Os dois países tinham histórias, geografias e herança cultural parecidas, e tiveram as mesmas oportunidades econômicas no século XIX. Mas isso é novamente coerente com nossa estrutura conceitual. O mesmo impulso para aumentar a capacidade estatal, trazido pelas mudanças econômicas, teve consequências distintas porque estava chegando em contextos de diferentes equilíbrios entre Estado e sociedade. Comparada com a Costa Rica, a Guatemala tinha uma história de mais trabalho forçado militarizado e uma maior população indígena, e havia herdado as instituições estatais despóticas do Reino da Guatemala. Os incentivos de construção do Estado no *boom* do café no fim do século XIX, portanto, criou um Leviatã Despótico poderoso lá. Na Costa Rica, o colapso do Império Espanhol significou que não havia instituições centrais do Estado e quatro cidades disputaram o controle. O efeito da Rainha Vermelha ficou mais evidente no surgimento de uma economia do pequeno produtor de café incentivada por serviços públicos e direitos de propriedade de terra melhorados. Em poucas décadas, esse processo forjou a base social para uma democracia funcional.

Como a história importa

Vimos muitos exemplos do mesmo ímpeto para construir um Estado forte — ou, em alguns casos, as mesmas forças reduzindo o controle despótico do Estado — trazendo diferentes implicações para o caminho subsequente de Estados e sociedades. Essa é a lição mais importante do presente capítulo. Em contraste com a ênfase prevalente na maior parte da ciência social, fatores estruturais não criam disposições fortes para surgir um tipo de modelo econômico, político ou social surgir. Em vez disso, geram "efeitos condicionais", o que significa que suas consequências são bastante dependentes do equilíbrio existente entre Estado e sociedade.

Essa questão é geral e nos ajuda a entender certos pontos de inflexão decisivos na história europeia, assim como na história mundial, e tem algumas implicações que vão além do tema deste capítulo. O mais importante:

tais fatores estruturais, especialmente aqueles relacionados à natureza das relações econômicas e às tendências criadas por relações internacionais, não apenas modificam a posição de uma nação nas Figuras 2 e 3, mas também podem alterar as formas de diferentes regiões nessas figuras. E o mais crucial: as linhas que demarcavam os limites dos Leviatãs Despótico, Agrilhoado e Ausente mudam quando esses fatores se transformam. Isso, como veremos nos Capítulos 14 e 15, tem muito a nos dizer sobre quais tipos de sociedades são mais capazes de construir e manter um Leviatã Agrilhoado por ter um corredor mais amplo.

Nossa discussão neste capítulo também elucida por que a história é importante em nossa estrutura. Uma vez que uma sociedade está no corredor, se comporta de forma muito diferente do que quando está na órbita do Leviatã Despótico ou vivendo sob o Leviatã Ausente, e as diferenças históricas tendem a persistir. É por essa razão que o equilíbrio de poder entre Estado e sociedade frequentemente se mantém. Mas, claro, esse equilíbrio, por outro lado, depende de certas relações econômicas, sociais e políticas. É nesse sentido que a estrutura da economia ou a política em um país não apenas determina a largura do corredor, mas também molda seu caminho futuro. Por exemplo, uma história de coerção trabalhista leva a um Estado e elites mais poderosos contra uma sociedade enfraquecida, e isso torna mais provável que essa coerção trabalhista se intensifique, como ilustra nossa discussão da história guatemalteca; ou a coletivização da agricultura torna a permanência do despotismo mais provável porque enfraquece a sociedade, como enfatiza a nossa discussão sobre a história recente da Rússia. De fato, é essa persistência que esconde qualquer tendência simples para que haja um "fim da história", no qual todas as nações eventualmente convergem para os mesmos tipos de Estados, sociedades ou instituições. A história não persiste e gera divergências que não são fáceis de eliminar ou desfazer. O mais interessante é que diferentes evoluções históricas da relação entre Estado e sociedade podem ter implicações importantes quando confrontadas com mudanças nos fatores estruturais e grandes choques, como os discutidos neste capítulo. Isso tanto porque, como acabamos de destacar, fatores como coerção trabalhista, industrialização, ou hierarquia social de raízes profundas impactam o formato do corredor, mas também porque os países com passados diferentes terão distintos equilíbrios de poder entre Estado e sociedade, estabelecendo o trabalho de base para consequências divergentes dos mesmos fatores estruturais.

Essa discussão destaca também, e os próximos capítulos vão ressaltar isso, que a história não é destino. As nações se movem para dentro e para fora do corredor, alterando suas trajetórias históricas, ainda que a probabilidade e a maneira como isso acontece sejam influenciadas por sua história (o ponto onde o país está na figura), por suas condições econômicas, políticas e sociais que determinam a forma do corredor. Essa abordagem então nos dá uma maneira de pensar sobre o que os cientistas sociais chamam de agência — a capacidade dos principais atores de influenciar o curso de suas sociedades, por exemplo, formando coalizões novas e duradouras; articulando novas exigências, queixas e narrativas; ou inventando inovações tecnológicas, organizacionais ou ideológicas (como vimos no Capítulo 3). A agência é importante para nossa estrutura conceitual não porque pode alterar livremente a trajetória de uma nação, como se ela fosse uma tábula rasa. Ao contrário: assim como algumas vezes certas contingências de aparência completamente insignificantes, a agência pode ter efeitos permanentes ao alterar o equilíbrio prevalente entre Estado e sociedade, modificando a maneira como a nação responde a fatores estruturais. Vimos com os federalistas no Capítulo 2 o papel que líderes capazes de articular uma nova visão e formar novas coalizões podem ter na construção do Estado. Vimos o mesmo no caso da Costa Rica. Embora existissem diferenças estruturais entre a Costa Rica e a Guatemala, o caminho que a Costa Rica tomou também foi significativamente influenciado por indivíduos como Braulio Carrillo, nos anos 1830 e 1840. Sua decisão de separar a Costa Rica da República Federal da América Central permitiu que o país divergisse do restante do istmo. Sua decisão de construir instituições do Estado mais efetivas permitiu que a economia de pequenos produtores de café se desenvolvesse. Talvez o mais interessante de tudo: sua decisão em manter o exército pequeno pavimentou o caminho para o papel relativamente mudo dos militares na política costa-riquenha e sua eventual abolição em 1948. Se Carrillo tivesse tomado decisões diferentes, a Costa Rica poderia ser muito mais parecida com a Guatemala hoje. Foi necessário outro indivíduo, José Figueres, para finalmente abolir o Exército e criar a base constitucional para um Estado moderno e uma democracia funcional. Assim como no caso das escolhas de Carrillo, não havia nada de predeterminado no que Figueres fez, tendo na fronteira a recém-implantada ditadura dos Somoza na Nicarágua. Em tudo isso, a agência influenciou o modo como as forças destacadas nas Figuras 2 e 3 se comportaram, mas não agiu livre do equilíbrio prevalente de poder. De fato, teria sido impossível para Carrillo ou Figueres construir um Leviatã Agrilhoado caso a Costa Rica tivesse a mesma agricultura repressiva da Guatemala.

10.

QUAL É O PROBLEMA DE FERGUSON?

Um assassinato ao meio-dia

Em 9 de agosto de 2014, pouco depois do meio-dia, Michael Brown, um afro-americano de 18 anos, foi baleado e morto pelo policial Darren Wilson em Ferguson, Missouri, uma cidade no condado de St. Louis. Brown havia furtado um pacote de cigarrilhas de uma loja e estava com um amigo quando Wilson, que ouviu no rádio sobre o furto, pediu a eles que parassem. Uma discussão aconteceu com Wilson ainda no carro, e dois tiros foram disparados. Brown tentou fugir, mas Wilson acabou acertando seis tiros nele. Apenas noventa segundos passaram entre Wilson encontrar Brown e a morte do jovem.

O trágico assassinato aconteceu no contexto de relações tensas entre a população predominantemente afro-americana de Ferguson e sua força policial, quase totalmente branca. A morte de Brown levou a dias de protestos prolongados e chamou a atenção do mundo para a cidade. O número de manifestações aumentou quando um júri decidiu não indiciar o policial. O relatório posterior do Departamento de Justiça do governo americano sobre o Departamento de Polícia de Ferguson (FPD) revelou violações absurdas dos direitos constitucionais dos cidadãos, sobretudo cidadãos negros, por parte da cidade. De acordo com o relatório, era comum que policiais assediassem afro-americanos. Por exemplo,

> No verão de 2012, um afro-americano de 32 anos se sentou em seu carro para descansar depois de jogar basquete em um parque público de Ferguson. Um policial parou atrás do veículo do homem, impedindo que ele saísse e exigindo seu documento de identificação. Sem qualquer motivo, o policial o acusou de pedofilia, referindo-se à presença de crianças no parque, e mandou o homem sair do carro para ser revistado, apesar de o policial não ter qualquer razão para acreditar que o outro estivesse armado. O policial também pediu para revistar o carro. O homem foi contra, citando seus direitos constitucionais. Em resposta, o oficial o prendeu, apontando a arma para ele e o acusando de oito violações da legislação municipal de Ferguson. Uma das acusações, "dar uma declaração falsa", foi por informar inicialmente a forma curta de seu primeiro nome (por exemplo, "Mike" em vez de "Michael") e um endereço que, apesar de legítimo, era diferente do que estava em sua carteira de motorista. Outra acusação era por não estar usando cinto de segurança, apesar de ele estar sentado em um carro parado.

O relatório destacava que o padrão de abordagens da polícia de Ferguson sem suspeitas razoáveis e de prisões sem causa provável, junto com o uso excessivo de força, iam contra a Quarta Emenda; a violação da liberdade de expressão e a retaliação por expressão protegida iam contra a Primeira Emenda. O que é pior, a "força excessiva" era uma constante em Ferguson.

> Em janeiro de 2013, um sargento que fazia ronda parou um homem afro-americano depois de ver o indivíduo falando

com alguém em uma caminhonete e depois sair caminhando. O sargento prendeu o homem, apesar de não ter articulado nenhuma suspeita razoável de que uma atividade criminal tivesse ocorrido. Quando o homem se recusou a responder algumas perguntas ou a se submeter a uma revista — que o sargento quis realizar mesmo sem indicar nenhuma razão para acreditar que o homem estivesse armado — o oficial o agarrou pelo cinto, sacou sua ECW [arma de eletrochoque, conhecida como Taser] e mandou que obedecesse. O homem cruzou os braços e alegou que não havia feito nada errado. O vídeo capturado pela câmera embutida na ECW mostra que não houve movimento agressivo em direção ao policial. O sargento acionou a arma, aplicando um ciclo de eletricidade de cinco segundos e fazendo o homem cair no chão. Então, aplicou um novo choque quase imediatamente, que justificou em seu relatório alegando que o cidadão tentou levantar. O vídeo deixa nítido, no entanto, que o homem nunca tentou fazer isso — só se contorceu de dor no chão. O vídeo também revela que o sargento aplicou a ECW por quase vinte segundos contínuos, mais do o que indicado em seu relatório.

O que aconteceu em Ferguson não é um incidente isolado. Violações semelhantes de direitos básicos de afro-americanos e uso de força excessiva têm sido generalizados em muitas cidades do país. As consequências desse abuso, somadas à violência endêmica em muitas áreas urbanas pobres nos Estados Unidos, são ilustradas pelo tormento que a falta de aplicação efetiva da lei causa para os cidadãos mais vulneráveis. Deixando de lado o número de assassinatos e violência física, um estudo recente em um bairro central de Atlanta, na Geórgia, descobriu que 46% das pessoas sofria de transtorno de estresse pós-traumático (TEPT). Esse tipo de trauma não é algo que afeta veteranos de guerra que testemunharam violência intensa e o perigo enquanto lutavam no Afeganistão ou Iraque? Sim, mas não é tão diferente da ameaça diária que os moradores de bairros pobres de muitas cidades experimentam. De fato, seu índice médio de TEPT, de 46%, é superior ao de veteranos de guerra, que fica entre 11% e 20%.

Isso não lembra muito a liberdade. Medo e violência estão em todo lugar nesses bairros, assim como a dominação. O que está acontecendo em Ferguson? O que está acontecendo nos Estados Unidos?

Os danos colaterais da excepcionalidade americana

A narrativa mais comum na história dos Estados Unidos enfatiza sua excepcionalidade em construir instituições republicanas duráveis, começando com o projeto brilhante da Constituição. A realidade, porém, é mais complexa. Há, de fato, muito a ser admirado na evolução do Leviatã americano, mas também existem danos colaterais infligidos, como em Ferguson, ao longo do caminho. Como relembramos no Capítulo 2, o Leviatã americano foi, de alguma forma, criado pelos federalistas. Seu projeto de construção de Estado não esteve isento de ansiedades. Eles se preocupavam que um presidente poderoso pudesse sair de controle e abusar de seus poderes ou ser capturado por algum grupo ou "facção", então criaram todos os freios e contrapesos e separaram os poderes entre o executivo e o legislativo. Também se preocupavam que houvesse participação popular demais, assim, instituíram a eleição indireta de senadores pelas legislaturas estaduais e o colégio eleitoral para escolher o presidente. Eles tiveram que fazer concessões para aqueles que se preocupavam em preservar os "direitos dos estados" e a autonomia dos estados constituintes; por isso, os limites no poder federal e o entendimento de que qualquer coisa não especificada na Constituição era de domínio dos estados. Também fizeram concessões para as pessoas comuns mobilizadas, rebeldes e desconfiadas que se preocupavam que tudo isso indicasse nepotismo, criando a Carta de Direitos.

A história deste capítulo é que essa arquitetura, apesar de ter funcionado para alavancar os Estados Unidos até o corredor, foi uma barganha faustiana. Uma das principais coisas que ela protegia era a capacidade dos proprietários escravagistas do sul de explorar as pessoas sob seu jugo, fazendo com que as mãos do Estado ficassem não apenas amarradas, como sujas. Essas correntes ensanguentadas levaram o governo federal a permanecer deficiente em algumas dimensões importantes. A primeira é que obviamente o Estado não protegia as pessoas escravizadas e seus cidadãos afro-americanos contra violência, discriminação, pobreza e dominação. É emblemático desse padrão também que cidadãos pobres e negros de Ferguson sejam os assediados, multados, presos e até mesmo mortos.

As concessões aos estados e as muitas limitações também deixaram o governo federal fraco para proteger todos os seus cidadãos, não apenas os afro-americanos, contra a violência e as dificuldades econômicas.

Outra consequência relacionada à arquitetura da Constituição, sobretudo em relação aos limites na tributação federal, é a dificuldade do Estado em fornecer serviços públicos amplos. Pode-se ver isso na constante dependência de parcerias público-privadas para fornecer os serviços públicos mais básicos — desde os vários esforços de guerra a serviços de saúde e segurança pública. Parcerias público-privadas significam que o Estado fornece apoio, estímulo e, algumas vezes, financiamento, mas conta com o setor privado e com segmentos da sociedade para implantar políticas e também para, às vezes, influenciar suas direções. Essa estratégia é frequentemente elogiada nas discussões populares como forma de aproveitar a energia e a criatividade do setor privado. Vez ou outra isso acontece, porém, mais importante, a prática ajudou a manter os Estados Unidos no corredor apesar dos profundos conflitos e da miríade de novos desafios que o Estado precisou enfrentar. A Rainha Vermelha contribuiu para uma expansão constante na capacidade do Estado norte-americano, mas suas fraquezas e sua incapacidade de enfrentar problemas urgentes se mantiveram. Como resultado, várias coisas ficaram à margem. Alguns serviços públicos, como atenção à saúde e infraestrutura, sem mencionar a redistribuição de dinheiro via impostos de renda, são muito mais difíceis de fazer por meio de parcerias público-privadas — porque os mercados, mesmo com o apoio do Estado, geralmente não fornecem o nível certo de provisão ou cobertura. O modelo de parceria público-privada se torna ainda mais problemático quando envolve a segurança pública e a resolução de conflitos. Já vimos várias vezes que a "sociedade" não é uma entidade monolítica, e serão seus segmentos mais mobilizados, politicamente engajados e poderosos que conseguirão transformar as relações e normas a seu favor, assim como os anciãos e homens em muitas sociedades sem Estado (Capítulo 2) ou os brâmanes na Índia (Capítulo 8). Em geral, o mesmo vale para os Estados Unidos, ainda mais em relação a parcerias público-privadas. São esses os segmentos que participam dessas parcerias e conseguem impor suas vontades na resolução de conflitos, na segurança pública e nos serviços públicos. Os afro-americanos e os pobres, os grupos menos organizados na sociedade americana, frequentemente têm sido deixados de fora, com consequências ruins para sua liberdade.

Como outros Leviatãs Agrilhoados, o Estado americano tem sido muito bem-sucedido em fornecer oportunidades econômicas e incentivos. A unificação de mercados nesse vasto território somada à pouca coordenação de políticas entre os estados que se seguiu à Constituição criou um ambiente propício ao crescimento econômico. Os norte-americanos souberam tirar vantagem disso. A economia logo se industrializou no século XIX, e o país se tornou líder mundial em tecnologia no século XX. No entanto, essa prosperidade também tem suportado a marca da excepcionalidade americana — com todas as limitações do Estado central, o poder permanente das elites e dos estados, e as particularidades do modelo de parceria público-privada, o crescimento econômico americano tem sido associado a uma desigualdade significativa, e alguns segmentos da população, não apenas o povo escravizado antes da Guerra Civil, ficam completamente excluídos de seus benefícios.

Dessa perspectiva, não chega a surpreender que os Estados Unidos tenham uma taxa de homicídios cinco vezes maior que a média da Europa Ocidental. Ou que existam altos índices de pobreza em muitas partes do país e que os afro-americanos sejam frequentemente excluídos das oportunidades e dos serviços públicos. Nem devemos nos surpreender que esse modelo de parceria público-privada não tenha funcionado bem para oferecer uma rede de segurança social para os norte-americanos pobres. À medida que a sociedade se torna mais mobilizada e assertiva, o Leviatã americano tem sido induzido, às vezes, a implantar programas como o do presidente Johnson de "guerra contra a pobreza" para ocupar esse vazio, mas o esforço com frequência é incompleto.

Paradoxalmente, também vemos que esse caminho do Leviatã americano tem outra importante consequência não intencional: a falta de monitoramento efetivo das atividades do Estado em algumas dimensões cruciais. Encurralado pela camisa de força imposta pelos compromissos dos federalistas e pelo modelo de parceria público-privada, o Estado norte-americano não conseguiu lidar por canais legítimos com os desafios de segurança cada vez mais complexos impostos pela Guerra Fria e pelo recente aumento do terrorismo internacional. Nem pode cumprir de forma eficaz seu papel como país mais poderoso do planeta, aquele que é, na prática, seu guardião. Sendo assim, os Estados Unidos desenvolveram essas capacidades clandestinamente, sem muito controle da sociedade. Isso preparou terreno para um leviatã que, apesar de sujeito a uma série de limitações e ainda com traços de sua fraqueza fundamental, está no comando de um serviço de segurança e de forças militares sem limitações. A face assustadora do Leviatã americano resultante desse processo foi exposta quando Edward Snowden revelou as colossais atividades de vigilância e coleta de dados da Agência Nacional de Segurança usadas contra cidadãos americanos e que aconteciam sem controle algum da sociedade ou mesmo de outras áreas do governo.

Que Carta de Direitos?

Então por que a polícia de Ferguson assedia tanto seus cidadãos negros? A resposta curta é: dinheiro, sem dúvida misturado ao racismo.

Ferguson usava a polícia para aumentar suas receitas. Os policiais recebiam ordens para aplicar o maior número de multas possível, a fim de impulsionar os recursos da cidade. Ou seja, qualquer pretexto podia ser usado para aplicar uma multa — de preferência, cara — a alguém. O Departamento de Justiça documentou situações em que pessoas foram multadas em 302 dólares por violação da maneira de caminhar, 427 dólares por perturbar a paz uma vez, 531 dólares por ter grama alta e mato, 777 dólares por resistir à prisão, 792 dólares por deixar de obedecer e 527 dólares por deixar de cooperar, duas acusações que os policiais pareciam aplicar de forma alternada. Uma vez multado, se o cidadão deixasse de comparecer no tribunal, receberia ainda mais cobranças. O relatório registra um exemplo icônico:

> Uma mulher afro-americana tinha um caso pendente de 2007, quando, em uma única ocasião, estacionou irregularmente. Ela recebeu duas citações e uma multa de 151 dólares, além de taxas. A mulher, que passou por dificuldades financeiras e períodos em que morou na rua por vários anos, foi indiciada sete vezes por falha em comparecer por perder a audiência no tribunal ou por deixar de pagar em dia as multas por estacionamento ilegal entre 2007 e 2010. A cada falha em comparecer, o tribunal emitiu um mandado de prisão e impôs novas multas e taxas. De 2007 a 2014, a mulher foi presa duas vezes, passou seis dias na cadeia e pagou 550 dólares à Justiça por conta dos desdobramentos de uma única multa por estacionamento ilegal. Os registros da corte mostram que por duas vezes ela tentou fazer pagamentos parciais de 25 e 50 dólares, mas o tribunal devolveu esses pagamentos, recusando-se a aceitar qualquer coisa que não fosse a quitação total (...). Em dezembro de 2014, mais de sete anos depois, apesar de inicialmente dever

uma multa de 151 dólares e já ter pago 550 dólares, ela ainda devia 541 dólares.

Uma vez que todo esse abuso era voltado contra a comunidade afro--americana, houve um prejuízo sério na confiança dela e sua cooperação com as instituições do Estado. A polícia de Ferguson não cuidava da Justiça; aplicava multas. A função básica de segurança pública falhou, e a polícia era vista com desconfiança e medo.

Mas como a polícia de Ferguson pôde violar os direitos constitucionais dos habitantes da cidade com tamanha impunidade? A Carta de Direitos não deveria protegê-los? Bem, apenas até certo ponto. A concessão que criou a Carta de Direitos só se aplica ao governo federal, não aos estados. Os estados acabaram com algo chamado "poder de polícia", o que lhes garante imensa discrição. Apesar de o texto da Carta de Direitos não dizer isso, essa era a compreensão na época. O tema foi decidido em definitivo pela Suprema Corte em 1833, que afirmou que a Carta de Direitos se aplicava apenas às ações da legislatura nacional. Por exemplo, a Primeira Emenda diz que

> o Congresso não fará lei para estabelecer uma religião ou proibir o livre exercício dela; ou limitar a liberdade de expressão, ou de imprensa; ou o direito das pessoas de se reunir pacificamente, e peticionar ao governo a reparação de injustiças.

A Quarta Emenda afirma:

> Não será infringido o direito do povo à inviolabilidade de suas pessoas, suas casas, seus papéis e seus haveres contra buscas e apreensões não razoáveis e nenhum mandado será emitido a não ser mediante indícios de culpabilidade, sustentados por juramentos ou declaração, e descrevendo com detalhes o local das buscas e as pessoas e bens a serem apreendidos.

Contudo, a decisão de 1833 ressaltou que os estados podiam aprovar leis que limitassem a liberdade de expressão e permitissem buscas e apreensões absurdas, já que não estavam sujeitos à Carta de Direitos. Apenas a legislatura nacional era impedida de criar tais leis. O principal objetivo dessa interpretação da Carta de Direitos nos estados do sul era garantir que os escravizados não tivessem nenhum dos direitos que os "cidadãos livres" usufruíam. A tentativa de secessão do sul dos Estados Unidos e sua derrota no fim da Guerra Civil, em 1865, deveriam ter sido a morte dessa visão da Carta de Direitos. De fato, a Décima Quarta Emenda, aprovada em 1868, incluía o trecho:

> Nenhum estado poderá fazer ou executar lei que possa limitar os privilégios ou as imunidades dos cidadãos dos Estados Unidos; nem poderá privar qualquer pessoa de sua vida, sua liberdade ou seus bens sem o devido processo legal; ou negar a qualquer pessoa sob sua jurisdição a igual proteção da lei.

Entretanto, a Suprema Corte repetidamente decidiu que esse fato não suplantava a política de poder dos estados. Em 1885, o juiz associado Stephen Field argumentou que "nem a Décima Quarta Emenda, ampla e compreensiva como é, nem qualquer outra, foram criadas para interferir no poder de qualquer estado, algumas vezes chamado de poder de polícia".

Tudo isso precisa ser compreendido no contexto do período de Redenção no Sul, depois de 1877. Entre as três emendas destinadas à Reconstrução do Sul, a Décima Quarta foi a que significava reformas institucionais destinadas a acabar com a escravidão a fim de garantir que cada afro-americano tivesse oportunidades econômicas e direitos políticos. Contudo, em 1877, o presidente Rutherford Hayes insistiu na barganha faustiana original e venceu no Colégio Eleitoral ao fechar um acordo com políticos sulistas para retirar as tropas do norte e encerrar a Reconstrução. Uma vez que as tropas do norte foram embora, o sul foi "redimido" — o impulso da Reconstrução foi invertido e muitas das antigas instituições repressivas foram reapresentadas sob nova roupagem. As mais notórias foram as leis "Jim Crow", que consolidaram a segregação racial. Em 1890, os estados do sul estavam reescrevendo sua constituição para privar os negros de direitos através de impostos de voto e exames de alfabetização. O poder de polícia estava no núcleo da ação. O norte concordou em deixar o sul em paz e tolerou Jim Crow. A "interpretação" de que a Carta de Direitos não se aplicava a legislaturas estaduais foi fundamental para esse acordo.

É verdade que os próprios estados escreveram emendas do tipo "Carta de Direitos" em suas constituições. As primeiras 35 cláusulas da atual Constituição do Missouri são um exemplo. Contudo, elas não pretendiam ter a mesma força da Carta de Direitos federal para proteger os cidadãos contra o poder do Estado, e nem têm de fato esse poder. O relatório do Departamento de Justiça deixa claro que o Código Municipal de Ferguson viola a Carta de Direitos do Missouri. Observa que o artigo 29-16 (1) declara ilegal "não cumprir ordem ou solicitação legal de um policial no desempenho de suas funções oficiais, quando tal falha interfira, obstrua ou dificulte o desempenho de tais funções pelo policial". O relatório aponta que muitos processos legais iniciados sob essa provisão começaram com um policial ordenando que um indivíduo parasse, mesmo que não houvesse indicação objetiva de envolvimento em um crime. A ordem para deter não é uma "determinação legal" sob essas circunstâncias, porque o policial não tem razão suficiente para suspeitar que uma atividade criminosa estivesse em andamento. Contudo, quando não paravam, as pessoas eram presas mesmo assim.

O sul que a Redenção criou persistiu até os anos 1960. Uma grande mudança veio com a indicação de Earl Warren para a Suprema Corte em 1953, quando o movimento de direitos civis ganhava força. Warren decidiu que a Constituição tinha que se adaptar às mudanças circunstanciais e havia uma maioria de juízes com ideias semelhantes na corte. Eles decidiram que muitas ações policiais usadas nos estados sulistas para reprimir

QUAL É O PROBLEMA DE FERGUSON? — 411

e assediar ativistas de direitos civis eram inconstitucionais, independente do poder de polícia.

A primeira oportunidade da Suprema Corte para deixar isso claro aconteceu em 23 de maio de 1957, quando policiais forçaram a entrada na casa de Dollree Mapp, em Cleveland, Ohio. Mapp trabalhava com apostas ilegais, e a polícia recebeu uma dica de que iria encontrar na casa dela um homem chamado Virgil Ogletree, suspeito de um atentado a bomba contra um chefe rival do jogo clandestino, Don King (o homem que depois se tornaria empresário de Muhammad Ali). A polícia encontrou Ogletree, apesar de ele, no fim, ser inocente. Também achou recibos de apostas e algumas revistas pornográficas que Mapp alegou terem sido deixadas por um locatário anterior. Ela foi acusada e sentenciada a sete anos de prisão por posse de material pornográfico. Então, a mulher levou o caso para a Suprema Corte, alegando não haver razão suficiente para suspeitar de que ela tivesse tais materiais e que a polícia não tinha um mandado de busca e apreensão. Em seu veredito de *Mapp x Ohio*, a Corte declarou que a Quarta Emenda proíbe os estados de fazer buscas não razoáveis, concluindo que "todas as provas obtidas por buscas e apreensões que violassem a constituição federal são inadmissíveis no julgamento criminal em um tribunal estadual". Note a expressão "tribunal estadual". A Suprema Corte então foi atrás de uma lista de outros comportamentos dos estados que, embora pudessem ser compatíveis com as cartas estaduais de direitos do indivíduo e com seu poder de polícia, eram incompatíveis com a Constituição. Em *Gideon x Wainright* (1963), a Suprema Corte determinou que qualquer pessoa acusada de um crime tinha direito a um advogado. Em *Malloy x Hogan*, em 1964, os ministros decidiram que o direito de não incriminar a si mesmo, parte da Quinta Emenda, se aplica aos tribunais estaduais. No famoso caso de *Miranda x Arizona*, em 1965, decidiram que confissões obtidas de pessoas para quem não foram lidos seus direitos não eram admissíveis nos tribunais estaduais. E em *Parker x Gladden* (1966) e *Duncan x Louisiana* (1968), estabeleceram que a Sexta Emenda deu às pessoas o direito a um júri imparcial nas cortes estaduais. O efeito acumulativo dessas decisões foi o de empurrar os estados em direção a uma conformidade com a Carta de Direitos federal. Os indícios de Ferguson, no entanto, sugerem que esse ainda é um trabalho em andamento.

Esse padrão de discriminação contra afro-americanos tem raízes profundas e, paradoxalmente, está interligado com toda a criação da liberdade americana — para alguns.

Escravidão americana, liberdade americana

A escravidão foi central nos debates sobre o alcance do governo federal. Aqueles escravizados não eram apenas uma grande parte dos "bens" de algumas das pessoas mais ricas das treze colônias originais, mas seu status era elemento crucial para decidir como o poder político no novo Estado federal seria distribuído. Em *American Slavery, American Freedom*, o historiador Edmund Morgan perguntou como foi possível que tantos dos principais formuladores da Constituição — George Washington, James Madison e Thomas Jefferson — fossem proprietários escravagistas na Virgínia. Jefferson foi o principal autor da Declaração da Independência, que afirma:

> Consideramos estas verdades autoevidentes, que todos os homens são criados iguais, que são dotados por seu Criador de certos direitos inalienáveis, que entre estes estão a vida, a liberdade e a busca pela felicidade. Que, para assegurar esses direitos, os governos são instituídos entre os homens, e seu poder deriva do consentimento dos governados.

Há muitas coisas a serem observadas nessa afirmação, como o foco em "homens" e não em pessoas. Porém, de maneira ainda mais descarada, o governo concebido por Jefferson, que tinha cerca de seiscentos cativos, obviamente não seria em última instância instituído com o consentimento dos escravizados, nem em nome da "busca da felicidade" deles. Em vez disso, o governo garantiu que esses indivíduos não tivessem direitos por mais 87 anos.

O foco de Morgan não era apenas condenar a hipocrisia desses sentimentos, mas compreender as conexões entre escravidão e liberdade. Como essas coisas podiam coexistir? A liberdade para os homens brancos, de alguma maneira, repousava sobre o fato de que havia muita ausência de liberdade para as pessoas negras?

Retornando ao começo da colonização da Virgínia, desde a fundação de Jamestown pela Companhia da Virgínia em 1607, não havia nenhum plano de importação escravagista. O primeiro e mais importante pilar do projeto inicial era explorar os povos indígenas. Mas havia poucos deles no território da Virgínia. O segundo pilar era usar ingleses, que assinavam contratos de sete anos de serviço em troca de abrigo e uma passagem gratuita para a América do Norte. A opção de trabalhadores contratados foi experimentada, mas eles eram difíceis de controlar uma vez que estavam em terra, especialmente por poderem fugir para a fronteira aberta. Tratá-los de forma mais dura também não era uma opção atraente, pois isso tornaria mais difícil convencê-los a ir. Em 1618, a Companhia da Virgínia abandonou a estratégia de tentar explorar os indígenas e trabalhadores contratados, passando a se dedicar ao incentivo aos colonos. A companhia os libertou de seus contratos de trabalho, deu terras e tornou toda a transição verossímil ao conceder direitos políticos aos homens brancos na recém-concebida Assembleia Geral.

Contudo, a colônia não era economicamente viável. Desde o início, os colonos haviam tentado cultivar o tabaco nativo, mas a qualidade não era boa. John Rolfe, célebre por ter se casado com a princesa local, Pocahontas, fez experimentos com diferentes variedades das Índias Orientais com resultados bem melhores. Em 1614, o primeiro grupo de cerca de vinte cativos foi comprado de um navio holandês em troca de provisões. Embora vigorosamente desestimulado pela Companhia da Virgínia, o tabaco acabou tornando a colônia próspera. Depois do colapso da companhia, em 1624, não havia mais o que segurasse as pessoas. Os trabalhadores contratados podiam ser usados para trabalhar no tabaco, mas logo se tornou óbvio que comprar cativos era muito mais barato. A colônia se expandiu geograficamente, e muitos colonos se tornaram proprietários de terra e produtores de tabaco. À medida que o espaço começou a ser preenchido, surgiram dúvidas sobre a natureza da Assembleia e, em 1670, decidiram restringir o direito a voto, percebendo que muitos,

> tendo pequeno interesse na colônia, frequentemente causam tumultos na eleição para perturbar a paz de sua majestade, e então, pelos critérios de seus votos, garantem a sua conservação.

No caso dos proprietários de terra, por outro lado, era possível confiar que o comportamento seria mais responsável. Um ano antes, a Assembleia havia aprovado "uma lei sobre o assassinato casual de escravos" e estipulado que, "caso algum escravo resista a seu senhor (...) e pelo caráter extremo do corretivo por acaso venha a morrer, que sua morte não seja tratada como delito, mas que o senhor (...) seja absolvido, uma vez que não se pode presumir que a maldade prévia (único motivo para que o assassinato seja um delito) induza um homem a destruir o próprio patrimônio". Quem seria maldoso com sua propriedade, afinal?

À medida que a economia da escravidão desabrochava, alguns ficaram muito ricos acumulando grandes plantações com inúmeros escravizados. Porém, não eram só os donos de enormes propriedades que se beneficiavam. Cidadãos menos prósperos compravam terras e cativos também, ainda que em quantidades mais modestas. A riqueza que o complexo tabaco-escravo gerava acabou sendo distribuída mais igualmente entre os brancos. Entre 1704 e 1750, por exemplo, o tamanho médio das propriedades em Tidewarer, a área ao longo das águas navegáveis que garantia ao tabaco uma terra de qualidade, caiu de 417 para 336 acres. Ao mesmo tempo, o número de proprietários aumentou 66%. Olhando para a área da baía de Chesapeake de uma maneira mais ampla, os indícios dos testamentos mostram uma evolução constante de uma distribuição mais igualitária de riqueza no século XVIII. Em 1720, cerca de 70% das pessoas que morriam tinham bens avaliados em cem libras ou menos. Nos anos 1760, tais pessoas eram apenas 40% da população, com um aumento correspondente no número de indivíduos com patrimônio acima de cem libras. A Assembleia da Virgínia, que havia mudado os critérios para excluir aqueles que não eram proprietários de terra, adotou políticas amigáveis em relação a essas pessoas. Reduziu o imposto de voto e melhorou os termos e as condições para servos brancos. De qualquer forma, a maioria dos homens brancos estava se tornando proprietária de terra. A economia da escravidão então criou certa solidariedade entre os brancos. De fato, na Virgínia, todos os cativos eram pobres e, na prática, todos os pobres eram escravizados. Como o diplomata inglês Sir Augustus John Foster notou no início do século XIX, os virginianos "podem professar um amor sem limites pela liberdade e pela democracia porque a massa de pessoas, que em outros países poderia se transformar em uma turba, ali era quase inteiramente composta pelos negros escravizados".

Essa solidariedade também serviu a outros objetivos maiores da Constituição dos Estados Unidos — controlar as pessoas e sua participação na política. Um Estado forte era útil para manter a ordem, unificando mercados e fornecendo defesa nacional, mas tinha que ser um Estado imune às pessoas comuns, caso elas se tornassem excessivamente interessadas e envolvidas em política. Assim, distribuir amplamente o controle por meio da separação de poderes e da instituição de eleições indiretas não era apenas uma solução para o problema de Gilgamesh ou para as ansiedades geradas pela possibilidade de o governo federal agir de forma despótica por vontade própria. Também era uma maneira de garantir que as instituições do Estado não pudessem ser tomadas pelas pessoas comuns. O perigo da participação popular na política assustava tanto os federalistas quanto as elites do sul, cuja riqueza estava atrelada à escravidão e à economia de *plantation*. Então surgiu uma oportunidade para matar dois coelhos com uma cajadada só: ao limitar o poder político dos cidadãos comuns, os federalistas podiam atingir um de seus próprios objetivos e, ao mesmo tempo, tornar o projeto como um todo mais palatável para as elites sulistas, que resistiam a seu projeto de construção do Estado. Além do mais, diversos membros da elite da época, como Jefferson, estavam confiantes que mesmo os brancos sem bens compartilhavam seus pontos de vista e podiam receber "certos direitos inalienáveis" e "liberdade", sem grandes temores de que fossem partilhar esses privilégios com os escravizados. Assim, a noção de liberdade que surgiu durante o processo de construção do Estado americano foi ao mesmo tempo gloriosa (para os brancos) e restrita (para os negros), com consequências previsíveis.

O caminho tortuoso da construção do Estado americano

A constituição dos Estados Unidos conseguiu, de uma vez só, resolver os principais problemas enfrentados pelos federalistas. Ela construiu um Estado; assegurou-se de que seus poderes não pudessem ser dominados por facções ou pela população em geral, garantindo assim o direito à propriedade — um assunto muito importante para as elites americanas; preservou a autonomia dos estados; e relutantemente garantiu às pessoas direitos essenciais contra o potencial abuso do Estado. Relutantemente, sim, mas também com o conhecimento de que mesmo os brancos mais pobres compartilhavam muitos dos interesses das elites — por exemplo, na economia da escravidão.

Contudo, distribuir o poder entre diferentes instituições e grupos trazia o risco de criar diversos impasses. Isso se tornou mais aparente com o surgimento dos partidos políticos organizados. Um partido pode ter a maioria no Congresso, e outro diferente ter a maioria no Senado, uma vez que eles são eleitos por regras distintas. Escolhido seguindo um terceiro método, o presidente pode não ter o apoio da maioria em nenhuma das casas. Contudo, esse potencial para impasses tornava mais fácil controlar o governo federal, o que tornou a Constituição mais aceitável para os estados.

Há, no entanto, uma desvantagem óbvia. Embora o principal objetivo da constituição fosse criar um influente poder central com mais capacidade, esse sistema também gerava uma quantidade significativa de incapacidade. Essa incapacidade era particularmente prejudicial para as políticas sociais e de redistribuição de renda, uma vez que alguém sempre podia se opor a elas e bloqueá-las. Essa combinação de força e fraqueza do Estado, algo que os federalistas tiveram que aceitar para satisfazer todos os seus objetivos, e o modo como isso foi tratado no decorrer do tempo são consequências da excepcionalidade americana para a construção do Estado.

Em alguns aspectos, a construção do Estado americano funcionou muito bem. A fraqueza do governo federal significava que ele não poderia se tornar um Leviatã Despótico, e a sociedade sabia disso. Garantias como as de poder de polícia dos estados foram um elemento crucial para convencer as elites estaduais a ratificar a constituição, e, em grande parte, evitou bloqueios à sua expansão mais tarde. Um poderoso efeito da Rainha Vermelha se seguiu, fortalecendo as instituições do Estado. Ao mesmo tempo, a fraqueza inicial perdurou e tornou difícil para o Estado conseguir dar conta das demandas crescentes da sociedade diante das rápidas mudanças econômicas e sociais nos séculos XIX e XX.

Um efeito colateral inicial dessa fraqueza foi a falta de receitas. Com o recém-criado sistema federal de tributação, o governo foi capaz de financiar o exército de George Washington, que marchou para o oeste da Pensilvânia a fim de reprimir a Rebelião do Whiskey. Mas a Constituição dizia: "Nenhum imposto per capita ou outro imposto direto será estabelecido, a menos que na proporção do censo ou na enumeração aqui contida antes de ser implantado". Portanto, nada de "impostos diretos", especificamente impostos sobre renda, para o governo federal. A Constituição deu com uma das mãos e tirou com a outra. Como o Estado federal podia atingir seus objetivos sem receitas?

Seria necessário improvisar. Esse improviso se transformou em uma estratégia de parceria público-privada, com o governo dependendo do setor privado tanto para implantar quanto para definir a direção de muitas de suas mais importantes funções; com o próprio papel limitado a conceder terra, incentivo e alguns subsídios. Por exemplo, o governo queria garantir que as costas leste e oeste fossem ligadas por uma estrada de ferro, mas não podia construir essa ferrovia. Por um lado, antes da Guerra Civil, os políticos do sul haviam bloqueado a rota que os estados do norte preferiam. Por outro, o governo não tinha o dinheiro para construir a ferrovia. Sendo assim, o governo decidiu incentivar o setor privado a fazer isso. Em 1862, Abraham Lincoln assinou a Lei da Ferrovia do Pacífico, que dava às companhias ferroviárias não apenas empréstimos com garantias do governo, mas também grandes quantidades de terra no decorrer da estrada. A Seção 2 da lei garantia de imediato cerca de duzentos pés de terreno de cada lado (algo como sessenta metros) das estradas e permitia à companhia ferroviária tomar qualquer material de que precisasse para a construção dos trilhos. A Seção 3 dava às companhias até cinco milhas quadradas de terra (que equivalem a aproximadamente treze quilômetros quadrados) em ambos os lados da estrada para cada milha de linha que construíssem (o limite do que as empresas podiam pegar dobrou em 1864). Isso criou um enorme incentivo para as empresas ferroviárias concluírem a construção, uma vez que, assim que a ferrovia estivesse finalizada, a terra seria valiosa e eles poderiam vendê-la com um lucro considerável. Vimos no Capítulo 1 como a Companhia Ferroviária do Pacífico, assim que construiu a estrada no Wyoming, fundou a cidade de Cheyenne e começou a vender lotes de terra. Nada disso exigia novos gastos, então o governo federal não precisava cobrar impostos.

A estratégia de parcerias público-privadas para construir a estrada transcontinental não tinha a ver apenas com gastar a menor quantia possível de dinheiro do governo. Também havia o objetivo de agrilhoar o nascente Leviatã americano. A estratégia se concentrava em incentivar o setor privado a trabalhar no que em outras partes do mundo poderia ser feito pelo governo, para que o Estado não se tornasse grande ou poderoso demais. Mantinha também o setor privado envolvido, para que o Leviatã continuasse sendo monitorado de perto.

Trabalhar com o setor privado para fornecer serviços públicos básicos não era novidade em 1862. Uma das mais icônicas instituições americanas do século XIX, o correio, também foi fundado nesse modelo. Já em 1792, o primeiro Congresso aprovou a Lei do Correio para criar o serviço postal federal e rapidamente conseguiu formar uma grande rede conectando o país. Em 1816, 69% da força de trabalho público federal era de carteiros. Em 1841, esse número havia subido para 79% e havia mais de 9 mil carteiros. Em 1852, o *New York Times* descreveu o correio como "o braço forte do governo civil". Contudo, o correio era também uma parceria público-privada. As postagens eram transportadas por diligências privadas subsidiadas pelo governo federal. Em 1828, havia mais de setecentos prestadores de serviço de correio privados. Tal parceria permitiu ao Estado federal estabelecer uma presença generalizada em seu vasto território. Em relação à população, os Estados Unidos tinham duas vezes mais agências de correios do que a Inglaterra e cinco vezes mais que a França na época. A difusão do serviço postal ficou aparente para Tocqueville durante sua famosa viagem em 1831. Ele destacou:

> Há uma circulação impressionante de cartas e jornais em meio a esses campos selvagens (...) Não penso que os distritos mais eruditos da França tenham um movimento intelectual tão rápido ou na mesma escala desta região selvagem.

Ele também observou como isso permitia uma "grande ligação entre as mentes" e "penetrava" no "coração selvagem". A agência dos correios não era apenas um indicativo da presença e da funcionalidade do Estado. Também facilitava o fluxo de informação, ajudava a difundir ideias e incentivava novos conhecimentos. Isso tornou muitas atividades econômicas decisivas, como a obtenção de patentes e a garantia de direito à propriedade intelectual, muito mais fáceis. A historiadora econômica Zorina Khan aponta que "inventores rurais nos Estados Unidos podiam requerer patentes sem grandes obstáculos, porque os pedidos podiam ser submetidos via correio sem custo de envio. O Escritório de Patentes e Marcas dos Estados Unidos também mantinha repositórios pelo país, para onde inventores podiam enviar seus modelos de patentes com o custo de envio pago pelos correios. Dessa forma, não é surpreendente que grande parte da demanda inicial por patentes durante o início da industrialização americana tenha ocorrido em áreas rurais". Além disso, já em 1830, o correio era uma instituição burocrática moderna, trabalhando e agindo de forma bastante autônoma.

Vemos também uma versão de parceria público-privada na construção do judiciário federal. O sistema legal americano terceirizou em parte o negócio de investigar crimes e apresentar processos contra cidadãos privados. Assim, quando o Título VII da Lei dos Direitos Civis de 1964 proibiu a discriminação no ambiente de trabalho no setor privado com base em raça, gênero, origem ou religião, deixou a aplicação da lei não para órgãos do governo, mas para processos privados apresentados sob o Título VII. Essa decisão contribuiu de forma significativa para a explosão da litigância privada nas últimas cinco décadas. Com cerca de 20 mil casos por ano, os processos contra discriminação no trabalho são hoje a segunda maior categoria de processos nas cortes federais, após as petições de liberdade feitas por presos. A ação privada civil nas cortes também era estimulada pelas indenizações econômicas potencialmente grandes e pelos bônus que os advogados podiam receber caso vencessem a ação. Da mesma forma, infrações de corporações nos Estados Unidos são tipicamente policiadas por ações coletivas privadas, não pela burocracia ou pelo poder processual do sistema judicial americano. A lei dos EUA também passou a depender de processos privados para lidar com a fraude contra o governo, levando a parceria público-privada na área jurídica ao limite. A partir de uma provisão da *common law* britânica chamada *qui tam*, que há muito tempo caiu em desuso na Grã-Bretanha, a lei americana permite que indivíduos apresentem processos contra pessoas que fraudem o governo. Se um processo é bem-sucedido, o reclamante recebe uma parte (que vai de 15% a 25%) do valor recuperado pelo governo federal.

Esse processo pouco usual de evolução judicial limitou o poder do governo federal (com o judiciário agindo como uma barreira contra o alcance do governo), desenvolveu um sistema legal enraizado nas demandas e preocupações (de ao menos alguns) de seus cidadãos, e tornou palatável a expansão da capacidade estatal para segmentos poderosos da sociedade. Assim como no caso dos correios, o judiciário desempenhou papel-chave na unificação dos Estados Unidos através de um conjunto de regras comuns, que também tornaram possível a expansão para o oeste. A primeira coisa que aconteceu quando o território ainda tinha menos de 5 mil pessoas foi a indicação, pelo Congresso, de um governador e dois juízes.

As parcerias pública-privadas foram complementadas por outra concessão política: parcerias federais-locais. O federalismo estadunidense passou a significar não apenas dividir poderes entre os governos federal, estaduais e locais, mas também delegar a segurança pública e muitos outros serviços públicos para as autoridades locais. Assim, apesar de os Estados Unidos terem um sistema educacional que depende da oferta pública de educação infantil e de ensino médio, toda essa provisão está no nível local, sendo realizada e financiada pelos distritos escolares, condados e estados com as próprias receitas. As raízes desse sistema remontam à Décima Emenda, que reserva o poder de fornecer e controlar a educação para os estados. Apesar de o poder do governo federal de cobrar impostos ser limitado, não era esse o caso dos estados e governos locais. Então, muitos estados aprovaram legislações durante o início da República para permitir que seus distritos escolares impusessem tributos de forma a financiar a educação local. No século XIX essas receitas financiavam não apenas escolas nas áreas urbanas e povoados, mas também "escolas comuns" rurais, cuja principal característica era financiamento e controle locais. As escolas comuns ensinavam o currículo do ensino fundamental, mas de uma forma compatível com as preferências e os valores de suas comunidades. De modo coerente com as parcerias público-privadas, o Estado federal assumiu de novo o papel de induzir e subsidiar. A Portaria da Terra de 1785, escrita por Thomas Jefferson, dividiu as terras federais no norte em povoados de quinze quilômetros quadrados, e cada povoado em 36 seções, e as receitas de uma seção eram reservadas para financiar escolas. Os estados que mais tarde incorporaram essas terras, portanto, tinham recursos reservados para escolarização. O mesmo arranjo continuou mais tarde, com ainda mais seções separadas para gerar receitas para escolas na Califórnia e no sudoeste.

Quando a desnutrição entre alunos se tornou evidente pela primeira vez no século XIX e início do século XX, foram as cidades que começaram a fornecer merendas escolares gratuitas para crianças de famílias pobres. Só depois o governo federal subsidiou e expandiu esses programas, sobretudo com a Lei Nacional de Merendas Escolares de 1946. Quando a extensão da discriminação contra estudantes com deficiências e a má qualidade da educação recebida por eles chamou a atenção pública, o Congresso aprovou a Lei de Educação para Todas as Crianças Deficientes em 1975, mas deixou o financiamento desta para os distritos escolares e estados, que ainda arcam com 90% do custo.

Em todos esses exemplos, estamos testemunhando um Leviatã americano muito agrilhoado, forçando o desenvolvimento de novos e criativos métodos para expandir sua capacidade em face de desafios inéditos e urgentes. Notavelmente, na versão americana do efeito da Rainha Vermelha, a fraqueza do Estado central tem sido também uma fonte de sua força. Ela tem estimulado o Estado a desenvolver novos modelos para trabalhar com a sociedade e com os governos locais para lidar com esses problemas. Da mesma forma, isso tranquilizou constantemente os atores que cedem poderes ao Estado federal, seguros da crença de que ele permanecerá limitado. Assim, o Estado central expandiu sua intensidade e sua capacidade, ao mesmo tempo em que manteve sua fraqueza original e permaneceu no corredor — uma maneira brilhante de continuar aprimorando o Leviatã Agrilhoado. Contudo, como já antecipamos, esse sucesso teve desvantagens significativas.

Vamos superar

A narrativa padrão da história americana não é apenas deficiente ao ignorar as consequências nocivas das concessões e da arquitetura da Constituição. Também ignora o papel importante que a mobilização da sociedade e o efeito da Rainha Vermelha tiveram a cada momento. Como vimos, a constituição e a Carta de Direitos não foram um presente das elites benevolentes; foram o resultado de uma luta entre as elites e o povo, e, sem essa disputa permanente, teriam sido tão ineficientes quanto a criação de Enkidu foi para a liberdade em Uruk.

Não há melhor maneira de ilustrar isso do que as atividades e os êxitos do movimento pelos direitos civis. Talvez os dois frutos mais famosos do movimento foram a Lei dos Direitos Civis de 1964 e a Lei de Direito ao Voto de 1965. À medida que se organizava e ganhava adesões nos anos 1950, o movimento de direitos civis inventou um conjunto de estratégias para confrontar políticas discriminatórias nos estados do sul, que até aquele momento permaneciam seguras, protegidas pela Carta de Direitos federal. Primeiro, o governo federal tentou permanecer neutro e apenas interveio quando foi forçado pelo aumento da deterioração da ordem pública. O movimento dos direitos civis então começou a intensificar suas atividades para forçar a ação federal. Uma estratégia era a dos "cavaleiros da liberdade", grupos etnicamente mistos viajando em ônibus interestaduais, em violação às leis segregacionistas do sul. Em maio de 1961, grupos atacaram cavaleiros da liberdade em várias partes do Alabama, criando estrago a ponto de o Departamento de Justiça pedir a um tribunal federal do distrito de Montgomery, a capital do estado, que interviesse. O procurador-geral Robert Kennedy, irmão do presidente, ordenou que seiscentos soldados federais se deslocassem para Montgomery a fim de proteger os cavaleiros da liberdade. Contudo, o primeiro impulso do governo Kennedy foi tentar evitar a intervenção e enfraquecer a solidariedade das atividades dos direitos civis. Um exemplo foi o Projeto de Educação para o Voto, que parece ter sido criado para canalizar os ativistas em ações que Kennedy via como menos disruptivas. Os integrantes do movimento de direitos civis captaram a mensagem. Em 1963, lançaram um plano para interromper as leis de segregação em Birmingham, no Alabama, com a ideia de induzir uma reação tão forte que forçasse o governo federal a intervir mais sistematicamente. Como o ativista Ralph Abernathy explica:

> Os olhos do mundo estão em Birmingham nesta noite. Bobby Kennedy está olhando para Birmingham, o Congresso dos Estados Unidos está olhando para Birmingham. O Departamento de Justiça está olhando para Birmingham. Vocês estão prontos, estão prontos para desafiá-los? (...) Eu estou pronto para ser preso. E vocês?

Mais controversa foi a "cruzada das crianças" de 2 de maio, quando seiscentas crianças foram presas, o mais jovem com 8 anos. O presidente John F. Kennedy não teve escolha a não ser concluir que "os acontecimentos em Birmingham e em outros lugares aumentaram os gritos por igualdade que nenhuma cidade, nenhum estado ou nenhum corpo legislativo pode prudentemente escolher ignorar". No mês seguinte, ele propôs o que se tornou a Lei dos Direitos Civis de 1964, o começo não apenas do restabelecimento do poder político dos afro-americanos, mas também do combate às normas de discriminação econômica e social, prevalentes sobretudo no sul, mas não apenas lá.

O movimento de direitos civis não parou aí. A próxima parada foi Selma, no Alabama. Em janeiro de 1965, ativistas começaram uma campanha para dar visibilidade à violação de direitos civis básicos dos negros, particularmente o direito de voto. Em 7 de março, cerca de seiscentos ativistas começaram a marchar de Selma para Montgomery. Eles foram atacados por policiais locais: dezessete manifestantes foram hospitalizados e outros cinquenta ficaram feridos. Naquele momento, John F. Kennedy já havia sido assassinado e Lyndon B. Johnson era presidente.

Johnson intensificou a intervenção federal no sul, e um juiz federal local, Frank Johnson, determinou que "a lei é clara ao garantir que o direito de solicitar ao governo a reparação de injustiças pode ser feito por grandes grupos (...) e esses direitos podem ser exercidos por meio de marchas, mesmo nas vias públicas".

Assim como as manifestações em Birmingham prepararam caminho para a Lei dos Direitos Civis, a marcha em Selma abriu caminho para a Lei de Direito ao Voto de 1965, abolindo diversos dos ardis — especificamente os testes de leitura e os impostos — usados para privar de direitos os afro-americanos. Uma semana depois da marcha de Selma, o presidente Johnson fez seu famoso discurso "Vamos superar". Ele começou:

> Falo esta noite em nome da dignidade do homem e do destino da democracia (...) Às vezes, história e destino se encontram no mesmo momento e lugar para determinar um ponto de virada na interminável busca do homem por liberdade. Assim foi em Lexington e Concord (...) Assim foi na semana passada em Selma, Alabama.

Johnson comparou o movimento de direitos civis à Guerra de Independência dos Estados Unidos pelos "patriotas" em Massachusetts. Ele tinha razão; ambos foram reações da sociedade contra o despotismo. O discurso de Johnson conseguiu comunicar que a natureza agrilhoada do Leviatã americano não dependia apenas de uma arquitetura constitucional inteligente; ela dependia da mobilização da sociedade e de sua crescente assertividade.

A vida no corredor americano

À medida que a natureza dos desafios mudava, o Leviatã americano assumiu mais responsabilidade, algumas vezes até se libertando das limitações de sua fraqueza original por um tempo. Assim como no caso do movimento de direitos civis, isso era frequentemente uma resposta às demandas da sociedade.

Um ponto de inflexão emblemático da dinâmica do efeito da Rainha Vermelha foi a era progressiva, quando o Estado federal tomou a dianteira para atender a novas demandas, à medida que mudanças sociais e institucionais intensificavam os controles da sociedade sobre o Estado. As oportunidades econômicas e o mercado nacional unificado, criados pelo Estado federal no século XIX e especialmente depois da Guerra Civil, deram impulso a uma rápida industrialização e crescimento. Foi um processo desigual, muitas vezes dominado por poucas empresas, em especial aquelas que sabiam como usar o sistema. Como resultado, o período que Mark Twain descreveu como "Era Dourada", de 1870 até o início do século XX, testemunhou o surgimento de grandes companhias que passaram a dominar seus setores ou mesmo a economia inteira. Liderados por magnatas ferroviários, tais como Cornelius Vanderbilt e Jay Gould, industriais como John D. Rockfeller e Andrew Carnegie, e financistas como John Pierpoint Morgan, esses "barões ladrões" não apenas investiram em grande escala e comandaram a expansão econômica, como também construíram fortunas incomparáveis e em geral abusaram de seus poderes econômicos e políticos. Isso era crescimento, mas de um jeito muito desigual, piorado pelo fato de que as instituições americanas do século XIX não eram capazes de controlar esses homens poderosos e inescrupulosos e suas "corporações", como as firmas deles eram conhecidas na época.

O Leviatã americano reagiu às circunstâncias econômicas e políticas em mutação aumentando sua capacidade de regular tais monopólios. Começou com a Lei de Comércio Interestadual de 1887, o primeiro passo em direção a uma regulamentação nacional da indústria; em seguida, vieram a Lei Antitruste Sherman de 1890, a Lei Hepburn de 1906, e a Lei Antitruste Clayton de 1914. Três presidentes ativistas em sequência, Theodore Roosevelt, William H. Taft e Woodrow Wilson usaram essas leis para romper monopólios. Taft não apenas processou as corporações como também mudou o horizonte da economia americana em 1913 ao propor a Décima Sexta Emenda, que criou um imposto de renda federal.

Porém, esse não foi um processo em que apenas o Estado ficou mais forte. Essas leis e a eleição de presidentes ativistas foram consequências da crescente ação popular do movimento progressista, que uniu agricultores descontentes e a classe média urbana para exercer uma poderosa influência na política da época. Com jornalistas investigativos, a mídia passou a influenciar de forma mais ativa as políticas públicas ao expor abusos dos barões ladrões e o modo como manipulavam a política em benefício próprio. Grandes reformas institucionais fortaleceram a sociedade contra o Estado e as elites políticas. A Décima Sétima Emenda, de 1913, acabou com a eleição dos senadores pelas legislaturas estaduais e adotou eleições diretas. Isso começou a reduzir a influência desproporcional dos magnatas sobre a legislatura, brilhantemente satirizada em uma série de artigos de David Graham Phillips publicada na revista *Cosmopolitan* em 1906, intitulada "A traição do senado".

A expansão da capacidade do Estado central e de seu papel na economia acelerou durante a presidência de Franklin Delano Roosevelt. Isso voltou a ocorrer como resposta a exigências criadas pelas condições econômicas, dessa vez na forma da mais severa crise econômica da era moderna, a Grande Depressão. O New Deal, de Roosevelt, deu início a uma regulamentação mais firme dos bancos (com a Lei Bancária de Emergência de 1933, a Lei de Segurança de 1933 e, sobretudo, a criação da Corporação Federal de Seguro de Depósito, que garantia pequenos depósitos de forma a prevenir corridas aos bancos); uma grande expansão dos gastos do governo em obras públicas com o estabelecimento da Administração de Obras Públicas e a Autoridade do Vale do Tennessee; um novo programa para sustentar preços agrícolas e receitas de agricultores sob os auspícios da recém-fundada Administração de Ajuste Agrícola; e a moderna Seguridade Social em 1935, além do Plano de Vale-alimentação em 1939, que seguem sendo os pilares da política de bem-estar social dos Estados Unidos. Roosevelt também assinou a Lei Nacional de Relações de Trabalho de 1935 e criou uma burocracia elaborada para impor essa lei, investigando se as empresas estavam cumprindo as determinações e processando-as se não estivessem (apesar de, como vimos, as legislações posteriores, tais como o Artigo VII da Lei de Direitos Civis terem se afastado dessa abordagem e voltado para o modelo de parceria público-privada).

Uma expansão igualmente significativa do papel do Estado federal na economia foi liderada pelo programa "Grande Sociedade" do presidente Johnson. Ele apresentou o pilar desse programa, a "Guerra contra a pobreza", em seu discurso de abertura do Congresso, em 1964, ao afirmar: "Este governo hoje, aqui e agora, declara uma guerra incondicional contra a pobreza na América."

A "Guerra contra a pobreza" também foi uma resposta às mudanças sociais causadas tanto pelos altos índices de pobreza que existiam havia muito tempo em várias partes dos Estados Unidos quanto pelas crescentes disparidades entre brancos e negros, que tinham passado a ser maioria em diversas periferias urbanas. Essas condições econômicas começaram a ser vistas como causa primária do crescimento dos índices de criminalidade. Grandes protestos em Nova York, Rochester, Chicago, Filadélfia e especialmente Los Angeles, em 1964 e 1965, aumentaram a urgência dessas preocupações. Além de expandir e tornar permanentes os programas do New Deal — como a Seguridade Social e os vales-alimentação —, o Grande Sociedade aumentou os pagamentos de auxílio-doença e sua cobertura, iniciou programas de qualificação profissional para jovens menos favorecidos no contexto da ambiciosa Lei de Oportunidades Econômicas de 1964, e fundou as Agências de Ação Comunitárias responsáveis por ajudar cidadãos pobres. Os dois pilares permanentes do financiamento da saúde nos Estados Unidos — Medicare para cidadãos idosos e Medicaid para usuários da assistência social — foram criados pela Lei de Seguridade Social de 1965. O mais inovador, talvez, foram os programas educacionais para crianças pobres, que incluíam o Head Start, cuja função era fornecer educação infantil para crianças pobres; a Lei de Educação Bilíngue, de 1968, para distritos escolares locais auxiliarem crianças de famílias que não falam inglês; e a enorme expansão de ajuda federal às universidades e aos estudantes de origem pobre para frequentar a faculdade.

Apesar de a mobilização da sociedade ter produzido um crescimento espetacular na capacidade do governo federal, a arquitetura da constituição continuou a influenciar a forma como alguns desses programas foram desenvolvidos, assim como seus resultados. (Ronald Reagan brincou dizendo que "o governo federal declarou guerra contra a pobreza, e a pobreza ganhou".) Considere, por exemplo, o carro-chefe de Roosevelt, a Lei de Seguridade Social. Até o New Deal, os Estados Unidos falharam em desenvolver qualquer política de seguridade social ampla, ao passo que a Inglaterra havia começado a agir nesse sentido em 1906 e a Alemanha ainda mais cedo, nos anos 1880. Planos de previdência privada existiam nos Estados Unidos, mas atendiam a menos de 10% da força de trabalho. A maioria das pessoas dependia de suas famílias ou do pouco que conseguia economizar para poder se sustentar na velhice. O governo concedia pensões para veteranos e para as viúvas de veteranos, que representavam 85% das pessoas com pensões em 1928. A principal parte da Lei de Seguridade Social era um sistema obrigatório de aposentadorias. A primeira seção declarava:

> Com o propósito de permitir a cada Estado a possibilidade de suprir assistência financeira, tanto quanto for viável sob as condições de tal Estado, a indivíduos idosos necessitados, autoriza-se a apropriação para o ano fiscal que termina em 30 de junho de 1936, a soma de 49.750.000 dólares, e autoriza-se a apropriação para cada ano fiscal seguinte a soma suficiente para cumprir os propósitos deste artigo.

Portanto, os estados estavam no coração da ação. O ato especificava o quanto você receberia como aposentadoria, o que dependia do salário da pessoa antes de se aposentar, mas em nenhum caso poderia ultrapassar 85 dólares ao mês. Essa era uma quantia modesta, equivalente à metade do salário médio da época. Entretanto, representava um compromisso notável do governo com um programa universal de bem-estar. Ironicamente, a Seguridade Social tornou os fundos de pensão privados mais atraentes para as empresas, uma vez que elas podiam usá-los para seduzir trabalhadores altamente especializados e bem remunerados, para quem as pensões governamentais seriam inadequadas. De fato, antes da Lei de Segurança Social as empresas se sentiam inibidas em apresentar planos de pensão apenas para trabalhadores bem remunerados. Mas fornecer tais benefícios a todos os funcionários seria caro para os empregadores. Depois que a lei foi aprovada, trabalhadores que ganhavam menos tinham acesso a pensões, reduzindo as inibições das empresas em oferecer planos privados para trabalhadores mais bem pagos. Como um porta-voz da Corporação Nacional dos Produtores de Leite e Derivados apontou: "A primeira coisa que chamou nossa atenção foi que apenas 1.200 do total de nossos empregados recebiam mais de 3 mil dólares. Entre esses 1.200 estavam todos os funcionários que tinham verdadeira influência no modo como a empresa é conduzida, na maneira como ela pode ser bem-sucedida diante dos concorrentes (...) Então decidimos (...) não pagar nada nem recolher nada nos planos de salários abaixo de 3 mil dólares e vamos deixar o programa de seguridade social cuidar dos salários inferiores a 3 mil dólares."

Na realidade, as empresas pegaram uma carona na nova política. Ao fazer isso, se beneficiaram do fato de que os pagamentos de pensão eram dedutíveis para o empregador, contando como despesas com salários. Esses benefícios de pensão para empregados, e até mesmo um limite de suas próprias contribuições, só seriam tributados como rendimento quando fossem sacados na aposentadoria, empurrando o pagamento de impostos para o futuro. Embora o governo estivesse apresentando aposentadorias públicas universais, estava também subsidiando pensões privadas. Mais do que isso, trabalhadores com salários altos ganhavam bem demais para se beneficiar da Seguridade Social. Então a base de um sistema duplo, em vez de um sistema público de aposentadoria universal, foi estabelecida. Previsivelmente, após a criação da Seguridade Social, a cobertura das aposentadorias privadas aumentou rápido, de menos de 10% da força de trabalho para 40% nos anos 1970. De fato, desde o início a cobertura do sistema público esteve longe de ser universal, pois os políticos do sul forçaram Roosevelt a excluir os trabalhadores da agricultura e domésticos para que pudessem evitar dar benefícios aos afro-americanos.

Se a situação dos Estados Unidos no tocante à aposentadoria diverge de outros países desenvolvidos, a abordagem em relação à saúde, apesar do programa Grande Sociedade de Johnson, faz isso de maneira ainda mais aguda. Aqui não há nada parecido com a Seguridade Social. Na verdade, as únicas políticas universais são o Medicare para os idosos e o Medicaid para alguns segmentos da população mais pobre. Fora isso, a maioria dos norte-americanos recebe atendimento médico por meio de seus empregadores nos planos de saúde privados subsidiados de maneira expressiva pelo governo. Portanto, a simbiose público-privado está ainda mais inclinada a favor do privado.

As parcerias público-privadas e os limites do Estado, mesmo quando ele ficou mais audacioso, moldaram outras dimensões das ações estatais. Elas explicam como os Estados Unidos se organizaram para a Segunda Guerra Mundial e como se prepararam para lutar na Guerra Fria. Também são responsáveis pelo papel controverso que empreiteiras e companhias, tais como Halliburton e Blackwater, tiveram na Guerra do Iraque. É válido lembrar que Edward Snowden, na época de suas revelações explosivas sobre o programa de coleta de dados da Agência de Segurança Nacional, era um trabalhador terceirizado da Agência Central de Inteligência.

Quem se diverte na Rota 66?

A mescla variável de oferta pública e privada era uma maneira rápida de o Estado americano ganhar maior capacidade ao longo do tempo, mas isso também significava que o Estado ficava particularmente paralisado ao lidar com vários problemas fundamentais. Muitos dos desafios urgentes que os Estados Unidos enfrentam hoje, dos altos níveis de pobreza à falta de acesso à saúde (segundo os padrões das outras nações ricas), passando pela criminalidade (gigantesca na comparação com outros países) e pela falta de proteção a seus cidadãos (facilmente visível em Ferguson, Missouri ou no Hyde Park, em Chicago, onde um de nós vive), têm suas origens nessa construção deficiente do Estado.

O assassinato de Michael Brown deve ser visto no contexto do lamentável estado das relações entre os cidadãos e a força policial de Ferguson. Este é o complexo resultado de muitas coisas, mas é algo comum em muitos bairros pobres e minoritários. Tais áreas têm os mesmos problemas em qualquer lugar; elas abrigam de forma desproporcional as minorias raciais; dispõem de menos empregos e oportunidades econômicas que outras regiões da nação e as taxas de pobreza são bem maiores que o normal; contam com uma severa suboferta de serviços públicos; e têm índices de criminalidade enormes, particularmente quando se trata de crimes com arma de fogo e homicídios. Essa última característica é uma das razões para as relações tensas com a polícia. Nos Estados Unidos há cerca de uma arma de fogo para cada pessoa — ou seja, mais de 300 milhões de armas. O país com a taxa mais próxima de armas em relação à população é o Iêmen, onde há uma arma para cada duas pessoas. Outros países são terrivelmente mal abastecidos de armas; a Inglaterra e a China, por exemplo, têm apenas uma arma para cada vinte pessoas. Há tantas armas nos Estados Unidos que elas se espalham pela sociedade, chegando aos guetos com imensos problemas sociais. Uma das consequências da ampla distribuição de armas é que a polícia fica assustada, atirando antes e fazendo perguntas depois. Faz sentido que ela esteja assustada. A cidade de St. Louis foi a capital do assassinato nos Estados Unidos em 2015, com Baltimore e Detroit em um segundo e terceiro lugares próximos. O índice de assassinatos em St. Louis naquele ano foi de 59 por 100 mil pessoas, o que significa que houve 188 homicídios. Compare isso com a média americana de cinco homicídios por 100 mil habitantes, que por si já é cinco vezes maior que a média da Europa Ocidental.

Cerca de dois terços de todos os homicídios nos Estados Unidos envolvem armas de fogo. O número extraordinário de armas no país e seu papel nos homicídios estão diretamente relacionados à Constituição e à garantia da Segunda Emenda do "direito das pessoas de ter e portar armas". O direito de portar armas, hoje em dia "armas de fogo", tem sido confirmado sem parar pela Suprema Corte, não importando o tamanho da carnificina de pessoas inocentes que isso tenha causado. Recentemente, em 2008, em *Distrito de Colúmbia x Heller*, a corte invalidou leis de Washington que tinham por objetivo restringir o acesso das pessoas a armas de fogo e manter armas compradas legalmente descarregadas em casa. A Suprema Corte afirmou pela primeira vez que a propriedade de armas não estava de forma alguma conectada à participação em uma milícia, mas à função de garantir a autoproteção. A origem do texto da Segunda Emenda, uma tentativa de manter o Estado federal fraco, deixou um longo caminho de violência e morte em seu rastro. É notável que o escopo da Segunda Emenda se expandiu ao longo do tempo, refletindo tanto o sentimento geral da população sobre a importância de os indivíduos se protegerem (em vez de ter o Estado fazendo isso por eles) e o papel dos grupos de interesses privados e das organizações, nesse caso a Associação Nacional de Rifles, que tem se oposto de maneira eficaz a qualquer controle de armas no país.

Contudo, o dano colateral causado em Ferguson pelo caminho peculiar da construção do Estado americano não começa nem termina com violência armada. Ferguson não foi sempre uma área de tensões raciais. A cidade era um subúrbio de classe média, habitado não por afro-americanos ou outras minorias, mas por brancos relativamente influentes que moravam em domicílios unifamiliares. Em 1970, menos de 1% da população era negra. Na verdade, até 1960, Ferguson era uma "cidade do pôr do sol" — uma das características da falta de liberdade americana, uma cidade da qual os afro-americanos precisavam sair antes do anoitecer. Como destacamos no Capítulo 2, metade dos distritos atravessados pela Rota 66, o ícone da liberdade pessoal que ligava Chicago a Los Angeles, tinha cidades do pôr do sol. St. Louis, a primeira parada mencionada na música que Nat King Cole e Chuck Berry tornaram famosa, tinha diversas cidades do pôr do sol. Ferguson bloqueava sua estrada principal do subúrbio vizinho, predominantemente negro, Kinloch, com uma corrente e materiais de construção. A cidade mantinha aberta apenas outra estrada durante o dia para que as faxineiras e empregadas domésticas (negras) pudessem chegar a seus trabalhos em Ferguson. Depois de 1970, no entanto, a população negra da cidade cresceu rapidamente, para 14% em 1980, 25% em 2000; 52% em 2010 e 67% hoje. Essa mudança veloz refletiu dinâmicas muito comuns na natureza das áreas urbanas americanas, fundamentais para entender quem se deu bem e como era Ferguson na época da morte de Michael Brown.

Vamos entender a história de como Ferguson se tornou uma vizinhança negra voltando aos anos 1930. Até agora vimos o New Deal como um período de iniciativas políticas progressistas, como a Lei de Seguridade Social, que tentou criar políticas de bem-estar social universais (ainda que isso não tenha tido êxito diante da resistência dos estados do sul). Mas a história de políticas disfuncionais não é apenas uma história dos estados. O governo federal não apenas deixou de propor políticas progressistas; ele implementou políticas regressivas. O exemplo mais relevante em Ferguson foi a Autoridade Federal de Habitação (FHA, na sigla em inglês), criada pela Lei de Habitação Nacional de 1934. A FHA tinha objetivos justos, um dos quais era segurar hipotecas de forma a estimular bancos a aceitá-las. Se você recebesse uma hipoteca de um banco e não fosse capaz de pagar, a FHA quitava o saldo. Obviamente havia riscos maiores e menores. Para contabilizar isso, a FHA incorporou "mapas de segurança residencial" a seu manual de subscrição de 1936. Esses mapas, construídos pela Corporação de Empréstimos para Proprietários de Casas, dividiam as áreas urbanas em quatro zonas nomeadas A, B, C e D. O código A denotava os bairros mais desejáveis, e o D, os piores. Nos mapas, as áreas D eram demarcadas com um lápis vermelho. (O mapa da FHA de St. Louis está reproduzido no caderno de fotos.) Desde então, marcar em vermelho se tornou um termo geral para discriminação racial. Havia pouca ambiguidade no que a zona D significava. O manual de subscrição contém uma seção reveladora sobre "Proteção contra influências adversas". A seção 228 defende o uso de "restrições de escritura" para proteger contra as influências adversas. A seção seguinte aponta que "barreiras naturais ou artificiais se mostram efetivas em proteger a vizinhança (...) de influências adversas" e, em particular, previnem a "infiltração" de "grupos raciais não harmoniosos". Além disso, ao analisar uma área, "o avaliador deve investigar as áreas no entorno da localização para determinar se existem ou não grupos raciais (...) incompatíveis presentes", uma vez que, naturalmente, era preciso avaliar a "probabilidade de a localização ser invadida por tais grupos". E como se isso não estivesse claro o suficiente, o manual então aponta que, "para uma vizinhança manter a estabilidade, é necessário que as propriedades continuem a ser ocupadas pelas mesmas (...) classes raciais".

Na prática, as áreas D eram principalmente bairros negros, cujos residentes não conseguiam ter suas casas asseguradas pela FHA. Sendo assim, os afro-americanos não conseguiam hipotecas. Estratégias complementares também eram utilizadas para garantir que afro-americanos não pudessem comprar propriedades em áreas A, que eram, em sua maioria, bairros suburbanos brancos residenciais. Entre essas estratégias estavam as "restrições de escrituras", proibindo os residentes de vender suas propriedades para uma pessoa negra.

O efeito destas medidas foi de consolidar grande parte da segregação residencial. A FHA teve que ser menos racialmente explícita em seu manual de 1947. Em 1948, a Suprema Corte determinou que contratos racialmente explícitos eram inconstitucionais. Contudo, outras práticas discriminatórias contra negros continuaram. Uma investigação recente do FBI apresenta provas compatíveis com a alegação de que a empresa de imóveis de Donald. J. Trump discriminou candidatos negros que tentaram alugar apartamentos. O relatório cita um ex-porteiro repetindo as instruções de seu supervisor, segundo as quais: "Se um negro vier para o número 2650 da Ocean Parkway [no Brooklyn] e perguntar se há apartamentos para alugar, e ele, isso é [trecho suprimido] não estiver lá no momento, eu deveria dizer que o aluguel custa o dobro do que o valor real é, de forma que ele não poderia pagar pelo apartamento."

É nítido que as práticas discriminatórias contra minorias deixaram muitas consequências e, mesmo hoje, percebem-se grandes descontinuidades na composição racial dos bairros nos limites daqueles mapas desenhados nos anos 1930. Em 1974, um painel de três juízes de uma corte recursal concluiu que

> a segregação habitacional na área metropolitana de St. Louis era (...) em grande medida resultado da discriminação racial deliberada existente no mercado imobiliário, praticada pelo setor imobiliário e pelos órgãos governamentais das várias esferas.

À medida que a população das áreas D crescia e excedia as unidades residenciais disponíveis, alguns afro-americanos afortunados conseguiram casas em áreas antes exclusivamente brancas, até mesmo em cidades do pôr do sol. Quando isso acontecia, abria-se a porta para um processo chamado "liquidação", em que corretores de imóveis assustavam moradores brancos para que eles vendessem suas casas a preços menores, alertando que a vizinhança se tornaria negra e que os imóveis perderiam valor. Essas táticas podiam fazer uma cidade branca "virar" negra em alta velocidade. Ferguson claramente foi por esse caminho a partir da década de 1970. Seguiu-se um colapso na oferta de serviços públicos, o que pôs a cidade em vias de se tornar um gueto. Uma das primeiras pessoas a comprar uma casa em Kirkwood, outro subúrbio branco de St. Louis, foi Adel Allen. Ele lembra que, quando se mudou,

> havia ronda policial de hora em hora. As ruas eram limpas todo mês. O lixo era retirado regularmente e manuseado com

dignidade. A iluminação pública sempre funcionava. Todos os serviços funcionavam — a neve era retirada quando havia uma nevasca etc.

Mas à medida que a composição da vizinhança mudava, os serviços desapareciam.

> Agora temos a iluminação mais inadequada do município (...) As pessoas de outras áreas da cidade, que querem abandonar seus carros, os deixam em nossas ruas (...) O que estão fazendo é criar um gueto. Os prédios são mais bem conservados do que quando eram dos brancos, mas os serviços da cidade são mais escassos. Outras partes do município, acredito, estão sendo forçadas a aceitar calçadas, por exemplo. Aqui, estamos implorando por calçadas.

Foi basicamente isso que aconteceu em Ferguson. Veja o distrito escolar de Normandy, onde Michael Brown concluiu o ensino médio apenas oito dias antes de sua morte. A qualidade da educação era tão ruim que em 2013 o estado revogou a licença do distrito escolar.

A natureza deficitária das políticas federais dos Estados Unidos, que empurra o governo em direção a parcerias público-privadas e leva a uma dependência de autoridades locais, mesmo quando isso não é garantido, gerou outras consequências adversas. Veja o acesso à saúde. Os Estados Unidos gastam cerca de 50% mais em saúde proporcionalmente à renda nacional do que a média do "grupo das nações ricas", segundo a Organização para a Cooperação e Desenvolvimento Econômico (OCDE). Contudo, o país tem a maior proporção da população sem acesso a saúde. Em 2011, a OCDE calculou que aproximadamente 85% dos norte-americanos tinham "cobertura de saúde para um conjunto básico de serviços". Desse total, cerca de 32% vem do serviço público e 53% de planos privados. Mesmo o México está melhor em termos de proporção da população com cobertura. Mesmo havendo alto custo, a má cobertura se deve à distribuição de gastos bem mais desigual nos Estados Unidos e aos controles de custo muito mais fracos do que no restante da OCDE. Ambas as características são consequência do peculiar modelo estadunidense, baseado nas parcerias público-privadas. Em 1998, antes das reformas do Obamacare, estimava-se que dos 20% da força de trabalho com menores salários, apenas 24% estava coberto por plano de saúde. Os mesmos problemas afetavam o sistema de aposentadoria, em que os benefícios são enviesados a favor dos trabalhadores mais bem pagos. De novo em 1998, dos 20% dos trabalhadores com menor salário, apenas 16% estava coberto por pensão privada, enquanto os 20% mais bem pagos tinha um índice de cobertura de 72%. Quando o Obamacare tentou criar uma opção pública para dar às pessoas acesso a seguro de baixo custo, ele foi barrado pela dependência excessiva que criaria do setor público. Portanto, mesmo quando os Estados Unidos tentaram ir em direção à cobertura universal de saúde, isso não podia sair muito do modelo de parceria público-privada.

Essa combinação público-privada também acaba desviando os benefícios dos subsídios do governo para as pessoas mais ricas. Em 2000, o Tesouro Americano calculou que o total de subsídios de impostos incorporados aos sistemas de pensões e do sistema de saúde somavam mais de 100 bilhões de dólares ao ano (o que significa que, se fossem retirados, o governo receberia 100 bilhões de dólares extras em receitas de impostos). Dois terços desses subsídios foram para os 20% mais ricos dos americanos. Meros 12% foram para os 60% na base. Em sua raiz, o modelo público-privado é muito menos equitativo que os programas universais seriam, mas a organização do Estado americano não permite programas universais.

Por que não coletamos todos os sinais o tempo todo?

Em retrospectiva, talvez seja compreensível que os grilhões e as concessões impostas ao Leviatã americano desde sua fundação o tenham mantido fraco, e que ele tenha sido forçado a criar soluções arrojadas, algumas vezes pouco usuais, para lidar com novos problemas e expandir suas capacidades. O mais surpreendente é que essa mesma arquitetura o tornou muito poderoso e difícil de controlar em outros aspectos. As raízes desse resultado paradoxal estão no fato de que, quando novos desafios de segurança e o protagonismo internacional crescente tornaram necessário que o Estado americano assumisse mais responsabilidades, isso não podia ser facilmente realizado com a camisa de força criada pela Constituição. O Estado precisou improvisar para construir essas capacidades longe dos olhos do público e do controle das instituições americanas — uma receita para desacorrentar o Leviatã.

A história do FBI e de seu diretor J. Edgar Hoover ilustra esse desenvolvimento paradoxal. O Departamento de Justiça foi fundado em 1870 com a responsabilidade de fazer cumprir as leis e combater delitos, incluindo crimes contra os Estados Unidos. Mas o departamento não tinha uma força policial à sua disposição. Refletindo o modelo de parcerias público-privadas, os presidentes americanos anteriores a Theodore Roosevelt e seus secretários de Justiça dependiam de uma empresa privada, a Pinkerton National Detective Agency, como força policial e, às vezes, até mesmo para espionagem. Como parte do impulso de tornar o Estado mais forte, Roosevelt queria construir uma força policial federal. Seu procurador-geral, Charles J. Bonaparte, foi ao Congresso em 1908 a fim de obter permissão e dinheiro para isso. A Câmara de Deputados negou o pedido. O deputado George E. Waldo, um republicano de Nova York, resumiu os temores de diversos legisladores quando declarou que seria "um grande golpe contra a liberdade e as instituições livres, caso surgisse neste país qualquer agência central de serviço secreto como na Rússia".

Em outros assuntos, o governo federal em geral lidava com essas limitações ao encontrar um arranjo que reduzisse o temor daqueles que estavam preocupados com seus poderes crescentes. Mas não dessa vez. Bonaparte ignorou a recusa do Congresso e estabeleceu uma divisão investigativa usando o fundo de despesas do Departamento de Justiça enquanto o Congresso estava em recesso. Ele só notificou o Congresso depois e garantiu que a nova agência não seria uma força policial secreta. Porém, o segredo tinha vindo a público e nunca mais deixaria de incomodar após o trabalho de Hoover ter sido iniciado.

Em 1919, Hoover se tornou chefe da Divisão de Radicais do Departamento de Justiça, responsável por monitorar os "inimigos do Estado". A essa altura, a Divisão de Radicais tinha mais de cem agentes e informantes, e podia prender pessoas acusadas de subversão. Aliado ao procurador-geral A. Mitchell Palmer, Hoover começou a elaborar uma longa lista de comunistas, anarquistas, socialistas e outros que via como subversivos, sobretudo entre imigrantes. Centenas foram deportados por causa de suas opiniões políticas durante as chamadas batidas Palmer, organizadas por Hoover. Ele foi promovido para chefiar a Agência de Investigação em 1924 e permaneceu no posto até sua morte, em 1972. Durante esse tempo, supervisionou o enorme crescimento de funcionários e do poder da agência, que mudou de nome para Federal Bureau of Investigation (FBI) em 1935. Hoover transformou o FBI em uma força de vigilância colossal fora do controle do Congresso, dos tribunais e até mesmo do presidente. O FBI sob o comando de Hoover grampeou dezenas de milhares de cidadãos devido a suas posições políticas, incluindo Martin Luther King Jr., John Lennon e Malcolm X; espiou diretamente as lideranças da União Soviética e da China (algo explicitamente proibido por seu estatuto); e conseguiu até minar o poder e a autoridade de vários presidentes americanos. O apogeu das atividades secretas do FBI foi o programa Cointelpro, entre 1966 e 1971, que buscou vigiar, se infiltrar, desacreditar e neutralizar vários grupos políticos e organizações, incluindo manifestantes contra a Guerra do Vietnã, ativistas e líderes do movimento de direitos civis, diversas organizações do movimento negro e uma série de grupos de esquerda, a grande maioria não violenta. Foi sob os auspícios desse programa que Martin Luther King foi grampeado, desacreditado publicamente e, por meio de uma carta anônima, incentivado a se suicidar.

A Comissão Church, que recebeu a incumbência de investigar os abusos do FBI e de outras agências em 1975, liderada pelo senador Frank Church, concluiu que

> as atividades domésticas da agência de inteligência por vezes violaram proibições estatutárias específicas e infringiram direitos constitucionais de cidadãos americanos. As questões legais envolvidas em programas de inteligência eram frequentemente desconsideradas. Em outras ocasiões, eram intencionalmente negligenciadas pela crença de que, como o programa servia à "segurança nacional", a lei não se aplicava a ele (...) Muitas das técnicas usadas eram intoleráveis em uma sociedade democrática; ainda que todos os investigados estivessem envolvidos em atividades violentas, o Cointelpro foi muito além (...) O FBI comandou uma operação sofisticada de vigilância destinada a prevenir o exercício dos direitos de expressão e associação da Primeira Emenda.

O aumento descontrolado e assombroso do poder das agências de segurança não parou com o FBI. A CIA, que surgiu do Escritório de Serviços Estratégicos e da Unidade de Serviços Estratégicos — duas agências de espionagem, coleta e análise de informações, contrainteligência e outras operações secretas durante a Segunda Guerra Mundial — foi oficialmente estabelecida em 1947. Sua missão e supervisão foram mal definidas desde o começo. A CIA se envolveu em diversos ardis contra governos estrangeiros, muitas vezes sem o conhecimento e controle de outros braços do Estado americano. Entre esses, estiveram golpes bem-sucedidos contra líderes eleitos democraticamente em países estrangeiros, tais como o primeiro-ministro do Irã, Mohammed Mossadegh, em 1953; o presidente da Guatemala, Jacobo Arbenz, em 1954; Patrice Lumumba, do Congo; e o presidente do Chile, Salvador Allende, em 1973. A agência esteve presente também em muitos planos malsucedidos na Síria, Indonésia, República

Dominicana, Cuba e Vietnã antes da guerra. Embora supostamente não atuasse contra cidadãos americanos, a CIA já realizou grampos domésticos e fez transferência extrajudicial de suspeitos de terrorismo para prisões secretas ou para países onde provavelmente estariam sujeitos a tortura.

Embora o Exército permaneça como uma das instituições de maior credibilidade entre o público norte-americano, seu papel e poder têm se expandido na medida em que se aprofundou o envolvimento dos Estados Unidos em assuntos externos, em sua participação na Guerra Fria e, depois, na guerra contra o terror. Tudo isso aconteceu quase que totalmente longe do monitoramento da sociedade e dos legisladores. Apesar de até mesmo o presidente Dwight D. Eisenhower ter ordenado algumas operações contra governo estrangeiros, em seu discurso de despedida em janeiro de 1961, expressou preocupação com o poder sem limites do Exército americano, quando aliado a empresas que forneciam armas e equipamentos. Eisenhower profetizou:

> Devemos nos manter vigilantes contra influências injustificadas, sejam ou não resultado de iniciativa do governo, do complexo militar-industrial. O potencial para uma ascensão desastrosa de poder mal utilizado existe e vai persistir. Não devemos jamais deixar que o peso dessa combinação coloque em risco nossas liberdades ou nossos processos democráticos. Não devemos considerar nada como certo. Só cidadãos alertas e informados podem levar à gradação adequada entre a imensa máquina industrial e de defesa militar e nossos métodos e objetivos pacíficos, para que a segurança e a liberdade possam prosperar juntas.

Muito bem. Mas como a cidadania pode fazer isso se não tem ideia do que o FBI, a CIA e os militares andam fazendo?

As revelações sobre os programas de escuta telefônica ilegal da Agência Nacional de Segurança (NSA, na sigla em inglês) devem ser vistas como uma continuação dessa tendência de expansão dos poderes militares e de segurança sem supervisão e monitoramento, seja por parte de qualquer braço do governo, seja da sociedade como um todo. As informações reveladas por Edward Snowden indicam que a NSA usou várias mídias diferentes — de servidores de internet e satélites até cabos de fibra ótica submersos e registros telefônicos — para coletar informações tanto sobre estrangeiros, incluindo líderes de países aliados como a Alemanha e o Brasil, quanto de milhões de americanos. A expansão da missão de coleta de dados da NSA parece ter acontecido na maior parte sob os auspícios de Keith Alexander, seu presidente entre 2005 e 2014, cuja abordagem desequilibrada é resumida por sua pergunta: "Por que não podemos coletar todos os sinais o tempo todo?"

A ironia do colapso da NSA é que, embora a agência pareça ter ultrapassado de maneira óbvia e colossal seus supostos limites e coletado sem respaldo constitucional informações contra civis americanos, isso foi feito em uma versão distorcida da parceria público-privada; a agência dependia de empresas privadas e obrigava (ou recebia a cooperação de) empresas de telefonia, como AT&T e Verizon, e gigantes da tecnologia como Google, Microsoft, Facebook e Yahoo! a compartilhar os dados de seus clientes.

O paradoxal Leviatã americano

É possível — talvez até tentador —, ver a ascensão do Leviatã americano como uma história de sucesso — uma sociedade comprometida com a liberdade, uma constituição consagrando direitos e proteções, um Estado nascido com grilhões que evolui sempre dentro do corredor por causa do peso dessas correntes. Um caso em que a Rainha Vermelha aos poucos permitiu que o Estado aumentasse seu alcance e sua capacidade sem se livrar das limitações impostas pela sociedade e por sua constituição. Podemos talvez argumentar que a história norte-americana tem muito a ensinar a outras nações sobre como equilibrar os poderes do Estado e da sociedade. Mas também vimos que há dois elementos importantes ausentes nessa leitura otimista da história dos Estados Unidos. Primeiro, a liberdade criada pelo Leviatã americano se deve tanto à mobilização da sociedade quanto a um desenho inteligente da Constituição. Sem uma sociedade mobilizada, assertiva e irreverente, as proteções da Constituição não valeriam muito mais do que promessas vazias. Segundo, a arquitetura da Constituição, embora tenha sido importante, também tem um lado obscuro. As concessões que ela apresentou tornaram o Estado federal incapaz e relutante em algumas áreas, como proteger seus cidadãos contra o despotismo local, impor suas leis de forma igual a todos ou fornecer o tipo de serviço público de alta qualidade e amplamente disponível que outras nações ricas fornecem todo dia para seu povo. Quando surgiram notáveis exceções a essa inércia do estado federal, elas foram desencadeadas pela mobilização da sociedade e, às vezes, por partes mais discriminadas e desfavorecidas. Paradoxalmente, além da fraqueza e da incapacidade do Estado criadas pela Constituição, outras dimensões do governo se desenvolveram longe da vigilância da sociedade e até mesmo de braços do Estado, e se tornaram cada vez mais soltas. Um sucesso americano excepcional, mas de resultados bastante complexos.

Dessa perspectiva, o problema urgente é se o Estado americano, sobrecarregado pelas restrições rígidas impostas em sua fundação e pelo modelo de parceria público-privada que se desenvolveu como resultado, está à altura da tarefa de lidar com os desafios cada vez mais complexos no horizonte. Ele pode proteger melhor seus cidadãos e gerar mais oportunidades para toda a população? Como obter flexibilidade para criar novos modelos a fim de aumentar sua capacidade e enfrentar novos problemas sociais e econômicos, mantendo-se ainda agrilhoado pela sociedade e pelas instituições? A sociedade norte-americana está preparada para pressionar o Estado a enfrentar esses desafios ao mesmo tempo em que aumenta sua própria vigilância? Voltaremos a essas perguntas no capítulo final.

11.

O LEVIATÃ DE PAPEL

Pacientes do Estado

EM SETEMBRO DE 2008, NUM DIA de primavera em Buenos Aires, o verão se aproximava, mas ainda estava friozinho na capital da Argentina. Paula estava tentando se registrar em um programa de bolsas sociais chamado *Nuestras Familias* (Nossas Famílias) para receber o apoio do Estado a que os argentinos mais pobres têm direito. "Está demorando demais", ela disse ao sociólogo Javier Auyero. "Estou nesse processo desde março. Eles me pediram para vir várias vezes, e sempre tem alguma coisa (um documento, um papel) faltando." Mas "você tem que ficar calma, ser paciente. Você tem que ter paciência aqui. É um auxílio que o governo te dá, então você tem que ter paciência".

A paciência é uma virtude valiosa para aqueles que esperam usufruir de serviços públicos na Argentina. Letícia, outra aspirante ao *Nuestras Familias*, "está sozinha, parada em pé no fundo da sala de espera". Ela foi ao escritório três vezes nas duas semanas anteriores. "Estou acostumada a esperar, preciso esperar em tudo quanto é lugar. Mas o pior é que eles te fazem ir de um lado para o outro (...) Eu vim duas semanas atrás; eles me disseram para voltar em três dias. Voltei e o escritório estava fechado. Retornei no dia seguinte, e eles me disseram que não tinham recursos no programa." Ela conclui: "Você tem que esperar, porque é assim que as coisas funcionam aqui. Você tem que vir várias vezes porque, se não vier, não vai conseguir nada."

Outro testemunho tomado por Auyero definiu de maneira brilhante a natureza da interação entre o governo da Argentina e seus cidadãos.

María: Eles atrasam para te atender. Eles não escutam você. Estão lá, mas não escutam você.

Entrevistador: Eles não prestam atenção em você?

M: Não sei se estão tomando café da manhã. Até umas 10 eles tomam café, bebem mate, [comem] biscoito; eles conversam bastante entre si.

E: E como você consegue a atenção deles?

M: Eu espero até eles me ajudarem.

E: Você só fica esperando eles prestarem atenção em você?

M: Você só tem que esperar.

E: De todas as vezes que foi, você lembra de alguém fazer um escândalo?

M: Uma vez, sim... um paciente retrucou gritando.

E: Que paciente? Algum tipo de paciente médico?

M: Não, um paciente aqui, uma mulher que estava esperando.

Argentinos não são cidadãos com direitos, eles são pacientes do Estado que podem ou não ser atendidos em suas necessidades. Milagros, outra "paciente", conta como só fica ouvindo desculpas. "Você fica sem esperança aqui, porque [os assistentes sociais] te dizem para vir no dia (...) Eles te dizem para vir na segunda, e depois na quarta, e aí na sexta (...) e são dias úteis." Na última vez em que esteve no escritório, ela "saiu sem nada", sentindo-se "impotente", mas enfatiza: "Aqui eu não disse nada."

O Estado é arbitrário, criando incertezas e frustrações, manipulando e desempoderando pessoas que ficam reduzidas a esperar e implorar. Há ausência de protocolos e infinitas exceções. Quando o escritório abre? Quais são os procedimentos? De quais documentos eu preciso? Ninguém tem muita certeza. Muitos argentinos dizem: "Eles nos chutam por aí igual bola de futebol."

Auyero escreveu em suas notas de campo:

> **11 de setembro.** Uma mulher do Paraguai consegue um horário mesmo não tendo a certidão de nascimento certificada (com o selo oficial de aprovação). Hoje eu conheci a Vicky. Ela está aqui pela segunda vez, porque na primeira eles cancelaram seu horário porque sua certidão de nascimento não estava apostilada.

A pesquisa de Ayuero o levou não só até as salas de espera do *Nuestras Familias*, mas também ao escritório em que é feito o pedido para um documento de identidade nacional, um DNI (Documento Nacional de Identidade). A princípio, o escritório abre às seis horas da manhã e começa a liberar os atendimentos até as dez horas da manhã, quando fecha. Ele reabre das dezoito até as 22 horas. As pessoas começam a fazer fila já na noite anterior. Mas as regras e a hora de abertura mudam o tempo todo. "26 de outubro: Voltei (...) depois das observações matutinas esperava uma fila grande do lado de fora. São 14h50. E está vazio! Não tem ninguém lá fora. Nenhuma pessoa, nenhum vendedor, ninguém! Um policial me diz que: "Um pessoal do escritório saiu e disse que eles iam fechar pelo restante do dia." Pode ser também que as portas se abram e deixem as pessoas entrarem a qualquer momento. Ou não. "24 de outubro: Não tem mais espera lá fora (...) As pessoas ficam esperando dentro do prédio, em uma grande sala de espera. 7 de novembro: As pessoas estão fazendo fila na frente do prédio. Disseram a elas que é proibido fazer fila lá fora e que elas deveriam voltar às 18 horas. Funcionários tentam, sem sucesso, dissolver a fila. 9 de novembro: Agora os funcionários estão deixando as pessoas formarem fila lá fora — e também permitem uma fila no corredor externo." Auyero continua:

> **2 de outubro de 2008**: Uma mulher me pergunta se eu acho que vai ser feriado na segunda-feira. Eles falaram para ela voltar na segunda (dia 12 de outubro é feriado na Argentina). Eu digo que se eles a instruíram a voltar na segunda é porque não vai ser feriado. Suponho que não agendem atendimentos para dias impossíveis. A mulher me corrige e diz que na última vez eles marcaram um horário no domingo.

E, de fato, segunda foi feriado.

* * *

Até agora nós nos concentramos em três tipos de Leviatãs: Ausente, Despótico e Agrilhoado. O Estado argentino não parece ser um deles. Não é ausente. Ele existe, tem leis complexas, um grande exército, buro- cracia (mesmo que os burocratas não pareçam interessados em fazer seu trabalhos), e parece funcionar em certo grau, especialmente na capital, Buenos Aires (ainda que muito menos em outras áreas). Ele também não é um Leviatã Despótico. É certo que os burocratas argentinos que vimos parecem inimputáveis e insensíveis com a sociedade (a marca de um

Estado despótico) e são bem capazes de ser cruéis com as pessoas. Como os argentinos testemunharam durante a "guerra suja" da ditadura militar, entre 1974 e 1983, quando pelo menos trinta mil pessoas "desapareceram" (secretamente assassinadas pela *junta*), suas autoridades e policiais podem se tornar assassinos violentos. Mas o despotismo do Estado argentino é desorganizado e errático. Está longe do tipo de autoridade que o Estado chinês emprega para controlar sua população. Quando os funcionários públicos quiseram que as pessoas parassem de formar fila do lado de fora, foram ignorados. Eles são muitas vezes incapazes de regular a economia ou garantir o cumprimento das leis em todo o país. Também não se trata, obviamente, de um Leviatã Agrilhoado; falta-lhe tanto a competência de Estado quanto a capacidade que a sociedade teria de influenciar e controlar o Estado. Que tipo de Estado é o argentino?

Neste capítulo veremos que se trata de um modelo comum na América Latina, na África e em outras partes do mundo. Na verdade, ele tem muito em comum com o Estado da Índia, por se basear na fraqueza e na desorganização da sociedade, apoiando-se também nesses fatores. Combina algumas das características centrais do Leviatã Despótico, por ser inimputável e não limitado pela sociedade, com as fraquezas do Leviatã Ausente. Não consegue resolver conflitos, fazer cumprir a lei, nem oferecer serviços públicos. É repressivo, mas não poderoso. É fraco, e enfraquece a sociedade.

Nhoque na gaiola de ferro

O estudo de Auyero aborda a burocracia. A burocracia é vital para a competência do Estado. Como mencionamos no Capítulo 1, seu maior teórico foi o sociólogo alemão Max Weber. Na teoria de Weber, o que distinguia o mundo moderno do passado era a "racionalização", que poderia ser vista nas empresas modernas, que calculavam custos, receitas, lucros e perdas. Estava presente também nos governos, racionalizando a elaboração de políticas e impondo estruturas administrativas impessoais.

Weber chamava isso de "autoridade legal-racional" e via a burocracia como seu ápice. Ele disse:

> A forma mais pura do exercício da autoridade legal é aquela que emprega uma equipe administrativa burocrática (...) que consiste (...) de funcionários individuais que são nomeados e operam de acordo com os seguintes critérios: 1) Eles são pessoalmente livres e sujeitos à autoridade apenas no que diz respeito a suas obrigações oficiais impessoais. 2) Eles estão organizados em uma hierarquia clara de atribuições. 3) Cada atribuição tem uma esfera de competência claramente definida no sentido legal (...) 5) Os candidatos são selecionados com base em suas qualificações técnicas (...) São indicados, não eleitos (...) 7) A atribuição é tratada como a única, ou pelo menos principal, atividade do titular (...) 9) O funcionário trabalha completamente separado da propriedade dos meios de administração, e sem apropriação de sua posição. 10) Ele está sujeito a uma disciplina e a um controle rígidos e sistemáticos na condução de suas atribuições.

Então a burocracia funcionava de modo impessoal; os burocratas eram profissionais comprometidos apenas com suas obrigações oficiais; eram selecionados e promovidos por mérito; e seriam punidos se passassem do limite. Na visão de Weber, não há como resistir ao poder da burocracia. Em uma seção intitulada "A Superioridade Técnica da Organização Burocrática", ele escreveu:

> A razão decisiva para o avanço da organização burocrática sempre foi sua superioridade estritamente *técnica* em relação a qualquer outra forma de organização. O aparato burocrático plenamente desenvolvido compara-se com outras organizações exatamente como a máquina compara-se com modos

não mecânicos de produção. Precisão, velocidade, falta de ambiguidade, conhecimento dos arquivos, continuidade (...) redução de atrito e dos custos materiais e pessoais — são fatores levados ao seu ponto mais alto na administração estritamente burocrática.

Para Weber, o triunfo da autoridade legal-racional era inevitável. Mas ele também reconhecia que ela podia ser desumanizante. Argumentou que, se no passado as pessoas podem ter trabalhado por escolha, agora "somos forçados a trabalhar". No mundo moderno existe uma ordem "presa às condições técnicas e econômicas da produção mecanizada, que determina com uma força irresistível a vida de todos os indivíduos que nasceram nesse mecanismo, e não apenas daqueles diretamente preocupados com a aquisição econômica". Para simbolizar o quanto essa força podia ser insidiosa, Weber cunhou a metáfora da "gaiola de ferro", em que ficamos presos graças a essa ampliação da autoridade legal-racional.

Precisão, velocidade, falta de ambiguidade, conhecimento dos arquivos... Não parece ser o que Auyero observou em Buenos Aires. A burocracia que ele testemunhou era lenta, ambígua e incerta, e não lhe faltava ignorância sobre os arquivos. Onde estava a gaiola de ferro da Argentina?

Os dados de Auyero mostram que o Estado argentino era extremamente personalizado: se você não se envolvesse pessoalmente, não tinha chances de obter os serviços; era isso que significava ser um "paciente" — você precisava construir uma relação pessoal com um burocrata para poder ter qualquer expectativa. Seus dados não demonstram diretamente outros aspectos da noção ideal de Weber. Talvez os burocratas com quem María e Letícia interagiram tenham sido recrutados pelo mérito como Weber previu? Pouco provável, já que o recrutamento para a burocracia argentina é dominado por "*nhoque*".

Nhoque, uma especialidade gastronômica italiana, são deliciosas bolinhas de massa que foram levadas para a Argentina por imigrantes italianos e que são tradicionalmente servidas no dia 29 de cada mês. Mas lá a palavra tem duplo sentido; também se refere aos "funcionários fantasmas" do governo, pessoas que na verdade nunca aparecem para trabalhar, mas recebem salários. Há muitos nhoques na Argentina. Em 2015, quando Maurício Macri se tornou o novo presidente, demitiu 20 mil nhoques que teriam sido nomeados pelo governo anterior, da presidente Cristina Fernández de Kirchner, do Partido Peronista (que leva o nome de seu fundador, Juan Domingo Perón). Independentemente de como os 20 mil nhoques tenham sido contratados, é provável que não tenham sido "selecionados com base em qualificações técnicas". Também ficou claro que trabalhar para o governo não era a "única, ou pelo menos a principal, atividade do titular". Também é possível duvidar que eles estivessem "sujeitos a disciplina e controles rígidos e sistemáticos na condução de suas atribuições". Na maioria das vezes, eram funcionários e apoiadores do Partido Peronista que conseguiram seus "empregos" por causa de conexões políticas. Isso os protegia de quaisquer ações disciplinares que pudessem reprimi-los se não fizessem seu trabalho, qualquer que fosse ele. A presença dos nhoques provavelmente tinha um grande papel no que Auyero observou. Ter vinte mil dessas pessoas perdidas na burocracia pode ter sérios impactos negativos na competência do Estado, além do fato de eles serem totalmente inúteis. Esses impactos ficaram óbvios durante a presidência de Cristina Kirchner.

Como discutimos no Capítulo 2, uma função central do governo é reunir informações sobre seus cidadãos, tanto para entender as necessidades da sociedade quanto para controlá-la. Era de se supor que o Leviatã de Hobbes fosse prestar bastante atenção à coleta de informações de seus cidadãos. Ainda assim, vimos também que não é desse jeito que as coisas funcionam no Líbano, e não é como funcionam na Argentina. Em 2011, a Argentina foi o primeiro país da história a ser censurado pelo Fundo Monetário Internacional por deixar de fornecer dados precisos sobre preços médios e renda nacional. A revista *The Economist* parou de reproduzir dados a respeito da Argentina, porque os considerava completamente não confiáveis. Essa é uma das consequências negativas que ocorrem quando você enche a gaiola de ferro de nhoques.

Mas ainda nos resta um enigma: Weber achava que a gaiola de ferro era inevitável, e que a racionalização da sociedade não podia ser detida. Ele dizia que "as necessidades de uma administração massiva nos dias de hoje fazem com que isso seja totalmente indispensável. A única escolha é entre a burocracia e o diletantismo, no campo da administração". Como explicamos a Argentina? Diletantismo?

Reprovando no teste do pato

A Argentina dos anos 2000 tinha um Estado moderno, com burocracia, sistema judiciário, ministros, programas econômicos e sociais, representantes em todos os organismos internacionais, como as Nações Unidas, e uma presidente, Cristina Fernández de Kirchner, que no momento da pesquisa de Auyero recebia de outros líderes de Estado um tratamento digno de tapete vermelho. O Estado argentino tinha todas as características superficiais do Estado moderno e parecia um Leviatã. Para adaptar o "teste do pato" ao nosso contexto, se algo parece um Estado, nada como um Estado e grasna como um Estado, então provavelmente é um Estado. Mas será mesmo?

Na verdade não, ao menos não da forma como estamos descrevendo os Estados até agora. Tanto os Leviatãs Despóticos quanto os Agrilhoados têm certa capacidade de fazer coisas. Não é o caso do Estado argentino. O ditador chinês Mao Tsé-Tung costumava chamar os Estados Unidos de "tigre de papel", insinuando que seu poder era ilusório. Nós vamos chamar Estados como os da Argentina, Colômbia e vários outros países latino-americanos e africanos que reprovam no teste do pato e, apesar das aparências, têm apenas a mais rudimentar competência estatal, de Leviatãs de Papel. Os Leviatãs de Papel têm a aparência de um Estado e conseguem exercer algum poder em domínios limitados e em algumas cidades maiores. Mas esse poder é oco; é incoerente e desorganizado em quase todos os domínios. É quase completamente ausente nas áreas mais remotas do país em que deveria estar governando.

Por que o Leviatã de Papel não acumula mais poder? Afinal, as elites políticas que controlam o Estado, e os próprios burocratas, não iriam querer mais capacidade de ação? De dominar a sociedade? De enriquecer mais, roubar mais se possível? O que aconteceu com a "vontade de poder" que estimulou esforços de construção de Estado? As respostas para essas perguntas nos dizem muito a respeito da natureza de vários Estados em todo o mundo. Não é que não exista vontade de poder nas sociedades que vieram a acolher o Leviatã de Papel, mas é que os perigos de ir atrás dessa vontade de poder são grandes demais para os líderes políticos e para as elites.

Há duas razões fundamentais para isso. A primeira, paradoxalmente, está relacionada ao efeito da Rainha Vermelha, que vimos como algo que motiva o desenvolvimento simultâneo do Estado e da sociedade no corredor. O efeito da Rainha Vermelha tem origem no desejo da sociedade de controlar e se proteger melhor contra elites políticas mais capazes e mais assertivas. Os mesmos impulsos também estão presentes fora do corredor; se o Estado se torna mais despótico, é melhor encontrar uma maneira de se proteger. Mas, a menos que os construtores do Estado tenham certeza de que podem aniquilar qualquer reação não desejada da sociedade e manter seu poder contra os rivais, esses impulsos também seriam um problema. Podemos nos referir a esses perigos na construção do Estado como "efeito de mobilização" — na tentativa de criar capacidade, líderes políticos podem acabar mobilizando uma oposição. Isso também não é diferente da bola de neve que poderia surgir da criação de uma hierarquia política. Exatamente como algumas sociedades que foram poderosas o suficiente para reduzir severamente a desigualdade política, mas, ainda assim, temiam a bola de neve, elites políticas que ostensivamente estão livres dos freios da sociedade podem recear as reações e a competição que o aprofundamento da capacidade do Estado iria gerar. O efeito de mobilização esteve presente em alguns dos exemplos icônicos de construção do Estado, como a criação do Estado Islâmico por Maomé, ou a construção do Estado na China. Mas nesses casos os construtores do Estado eram poderosos o suficiente para ficar pouco preocupados com essa mobilização — por exemplo, porque tinham uma "vantagem" (como vimos no Capítulo 3) — ou não tinham mais escolhas em função das ameaças externas ou competições em que estavam presos (o Estado Qin e Lorde Shang tinham outras questões, mais existenciais, com que se preocupar durante o período dos Estados Combatentes, como discutimos no Capítulo 7). Veremos que, em outras circunstâncias, o efeito de mobilização pode ser uma força paralisante contra a construção da capacidade estatal.

A segunda razão pela qual os Leviatãs de Papel são bastante comuns e não têm vontade de despertar de seu sono é que a falta de capacidade estatal é, algumas vezes, uma ferramenta poderosa nas mãos de líderes inescrupulosos. Para começar, exercer controle político é muito mais uma questão de persuadir os outros a seguirem suas ordens do que estritamente reprimir. As ferramentas para recompensar a conformidade são bastante úteis nesses esforços, e entregar posições na burocracia a amigos e apoiadores, ou àqueles que você quer que se tornem apoiadores, é uma ferramenta muito poderosa. Imagine que você comece a criar capacidade de Estado institucionalizando um recrutamento e um sistema de promoção meritocráticos na burocracia, da forma como Max Weber imaginava. Isso significaria o fim dos nhoques, o fim da possibilidade de usar essas posições como recompensas (como o Partido Peronista teria sobrevivido nesse caso?). Iria inaugurar uma lógica política poderosa para se abandonar a meritocracia e a criação da capacidade estatal.

Nem tudo é política de alto nível, claro. Existem outros benefícios, mais mundanos, de se poder usar o judiciário e a burocracia a seu critério. Logo depois que o presidente Macri "demitiu" os nhoques, teve que proibir membros do governo de contratarem familiares. A esposa do ministro do trabalho e duas de suas irmãs ficaram sem emprego, assim como a mãe e o pai do ministro do interior.

Esse é um padrão muito mais geral. Regras impessoais no judiciário e na burocracia, que vêm com a capacidade estatal, limitam a capacidade de líderes e políticos usarem as leis da forma como Getúlio Vargas, antigo presidente do Brasil, supostamente expressou: "Aos amigos, tudo; aos inimigos, a lei." Essa casuística legal, bem diferente da forma como a lei evoluiu no corredor da Europa, permite que a elite política use as instituições estatais, na forma que elas possam ter adotado, para eliminar seus oponentes enquanto enriquecem, pegando as terras de outros, concedendo monopólios a amigos e saqueando diretamente o Estado. Assim como o efeito da mobilização, a capacidade de se beneficiar do uso discricionário das leis estimula a incapacidade do Estado e sua desorganização, não apenas na Argentina, mas em vários outros Leviatãs de Papel.

O fato de que os Leviatãs de Papel fracassam na construção da capacidade estatal é uma faca de dois gumes para seus cidadãos. Um Estado menos capaz tem pouca competência para reprimir seus cidadãos. Isso poderia ser a base de alguma liberdade? Infelizmente, na maioria das vezes, não é o caso. Ao contrário, os cidadãos dos Leviatãs de Papel recebem o pior de dois mundos. Esses Estados ainda são bastante despóticos — recebem muito poucas informações das pessoas e continuam indiferentes a elas, então não têm muitos escrúpulos para reprimi-las ou assassiná-las. Ao mesmo tempo, os cidadãos perdem o papel do Estado como mediador de disputas, executor das leis e provedor de serviços públicos. Leviatãs de Papel não tentam criar liberdade ou afrouxar normas que ofendem à liberdade. Na verdade, como veremos, Leviatãs de Papel muitas vezes tornam mais apertada a gaiola de normas, em vez de ampliá-las.

Sem lugar para estradas

O que poderia detonar o efeito de mobilização, na prática? O historiador Eugen Weber, em *Peasants into Frenchmen* — seu estudo sobre a formação do Estado e da sociedade na França — propôs vários "agentes de mudanças", que são fatores que achava terem sido cruciais no desenvolvimento da sociedade francesa moderna. Ele abre seu livro com um capítulo chamado "Estradas, estradas, e ainda mais estradas". Na sua opinião, a infraestrutura básica, ao criar uma comunidade nacional, pode mobilizar a sociedade, alterar suas demandas e transformar a agenda política. Em resumo, pode gerar o que chamamos de efeito de mobilização.

Outro exemplo perfeito de um Leviatã de Papel, o Estado colombiano, nunca esteve interessado em construir estradas. Ainda hoje, várias capitais regionais não estão conectadas ao restante do país, a não ser por ar, ou talvez por rios. Você consegue imaginar Augusta, no Maine, não estando conectada por estradas ao restante dos Estados Unidos?

Um exemplo interessante vem do departamento de Putumayo, no sul da Colômbia, cuja capital é Mocoa (ver Mapa 14). Em 1582, frei Jerônimo de Escobar escreveu:

> Essa cidade fica próxima das montanhas, longe da estrada, então é bastante trabalhoso chegar até lá. Tal cidade de Agreda [Mocoa], não está crescendo (...) ela afasta as pessoas. Não há como se comunicar [com] (...) todos estão vivendo uma desgraça.

As coisas não tinham melhorado muito em 1850, quando um prefeito do então Território de Caquetá, logo ao norte de Putumayo, registrou que "a jornada de Pasto (capital do departamento vizinho de Nariño) a esta cidade (Mocoa) é terrível, muitas vezes dando em lugares pavorosos. Os de constituição leve viajam nas costas dos indígenas, em uma posição ridícula, extravagante e dolorosa: atados com cordas de fardos e amarrados como porcos".

Putumayo era um lugar assustador para as pessoas da capital, Bogotá. Em sua autobiografia, o futuro presidente Rafael Reyes falou de seus dias de mineiro na região:

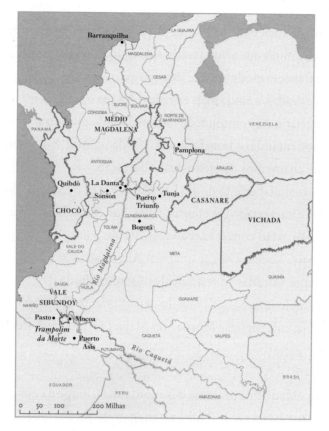

Mapa 14. Colômbia: Elites, Paramilitares e o Trampolim da Morte.

Aquelas florestas virgens e *desconhecidas*, aqueles espaços imensos, me fascinavam e atraíam a explorá-los, a atravessá-los e (...) abrir estradas para o progresso e bem-estar do meu país; aquelas florestas eram *absolutamente desconhecidas* para os habitantes da *cordillera*, e a ideia de entrar nelas me dava medo, já que a imaginação popular as encheu de bestas selvagens e monstros, além dos vários canibais selvagens lá encontrados.

Reyes tinha uma solução para esse isolamento; em 1875, propôs a construção de uma estrada desde Pasto, capital do departamento vizinho de Nariño, até Mocoa (que também aparece no Mapa 14). Em 1906, Reyes já era presidente e autorizou um estudo das rotas possíveis. Um engenheiro, Miguel Triana, assinou o contrato com a expectativa de construir a estrada. Ele fez o levantamento topográfico, mas a estrada não começou. Outro contrato foi assinado, com Victor Triana, mas o novo projeto foi abandonado por falta de recursos em 1908. Em 1909, o governo nacional decidiu colocar os padres Capuchinhos do vale Sibundoy à frente da construção, com o governador de Nariño encarregado das finanças. Com o trabalho dos indígenas escravizados, os Capuchinhos conseguiram terminar os 120 quilômetros da estrada de Pasto a Mocoa em 1912, mas só depois que um ataque de soldados peruanos a uma tropa militar colombiana em La Pedrera, no rio Caquetá, levou o governo nacional a entregar 36 mil pesos. Ao fim de 1912, no entanto, a estrada estava em péssimo estado. Um administrador local escreveu para o ministro do governo que "no que se refere ao estado da estrada de Pasto até seu local [Mocoa] [...] a maior parte sofreu graves danos devido ao desmoronamento de barreiras e aterros e à destruição de paliçadas nas áreas planas e pantanosas, chegando ao ponto de o tráfego, mesmo de pedestres, ser agora extremamente difícil". Um engenheiro relatou que havia sérios problemas com o projeto e a construção da estrada; as pontes eram "mal construídas" e a largura da estrada era "inadequada para as necessidades do tráfego".

O grande escritor irlandês Samuel Beckett, tinha um lema: "Tente de novo, fracasse de novo, fracasse melhor." Isso poderia ter sido escrito para os Leviatãs de Papel. Em 1915, o governo nacional lançou uma licitação para reparar a estrada e terminar o trecho que iria até Puerto Asís, nas margens do rio Putumayo. Em dezembro de 1917, o governo cancelou o contrato porque o empreiteiro não tinha cumprido com suas obrigações. O governo devolveu a obra para os Capuchinhos. Um telegrama para o Ministério dos Trabalhos Públicos de Mocoa, em junho de 1919, dizia: "Estrada nacional totalmente abandonada. Daqui até São Francisco trinta deslizamentos de terra; daqui até Umbría, todas as pontes estão destruídas." Em 1924, a estrada foi retirada dos Capuchinhos novamente devido à "execução insatisfatória dos serviços" e um contrato foi assinado com um engenheiro de Pasto. Uma lei de 1925 decretou que reformassem os primeiros 25 quilômetros da estrada, saindo de Pasto, para se criar uma autoestrada. Mas o governo sustou os fundos em 1928, depois de construídos cinco quilômetros. Em 1931, a Lei 88 incorporou a estrada à rede nacional de autoestradas, o que queria dizer que o trecho que ia até Puerto Asís precisava se tornar uma estrada para automóveis.

No Capítulo 9, discutimos a máxima de Charles Tilly: "A Guerra gerou o Estado, e o Estado gerou a Guerra." Se isso é verdade, os colombianos poderiam ter encontrado uma brecha em 1932. Naquele ano, começou um conflito na fronteira com o Peru, e o governo colombiano declarou a estrada uma "via de defesa nacional" e alocou 120 mil pesos para sua manutenção e expansão. A avaliação de um engenheiro concluiu que a estrada era "pouco menos que uma desgraça". A estrada de cascalho chegou a Puerto Asís em novembro de 1957, 25 anos depois de o Peru ter vencido a guerra e anexado uma grande fatia do território colombiano. Nenhuma estrada e pouco Estado no caso da Colômbia, com ou sem guerras.

Apesar de uma espécie de estrada ter sido aberta até Puerto Asís, ela logo ganhou um apelido sinistro, mas descritivo: Trampolim da Morte. Em 1991, o jornal de circulação nacional *El Tiempo* relatou: "A estrada até Putumayo é pavorosa. Os motoristas que a cruzam diariamente a chamam de estrada da morte [e] viajantes são constantemente ameaçados pela guerrilha." Em 2005, o presidente Álvaro Uribe promoveu o plano da Integração da Infraestrutura Regional da América do Sul. Em 2016, aproximadamente quinze quilômetros de estrada haviam sido construídos, e então o trabalho foi suspenso por falta de recursos.

Que tipo de sociedade a ausência de estradas na Colômbia vai criar? Uma sociedade dispersa em bolsões isolados. Em 1946, dirigindo-se à Sociedade de Agricultores, Alberto Lleras Camargo, que se tornaria presidente da Colômbia em 1958, observou:

> Quando nos referimos às campanhas de saúde, crédito ou educação rural, que vão salvar o *campesino*, não sabemos que

a maioria desses programas atinge [apenas] as vilas [*aldeas*] e o mais alto escalão da sociedade colombiana?... Entre os 71% dos nossos concidadãos [que residem no campo] e o resto da sociedade, não há comunicação direta, não há contato, não há estradas, não há canais diretos de intercâmbio. A quinze minutos de Bogotá estão *campesinos* que pertencem a outra era, outra classe social e cultura, separados de nós por séculos.

Mas é isso que o Leviatã de Papel quer: uma sociedade bem fragmentada, concentrada em assuntos paroquiais. No caso britânico, vimos no Capítulo 6 que os assuntos paroquiais desapareceram à medida que a sociedade foi ficando mais mobilizada em resposta à construção do Estado. Não foi assim na Colômbia. Em 2013, o país foi convulsionado por uma série de greves e protestos. Em julho daquele ano, mineiros em greve lotaram Quibdó, capital do departamento de Chocó (também mostrado no Mapa 14). Os mineiros insistiam que mineiros informais fossem reconhecidos, e queriam "subsídios e crédito preferencial para mineiros, além de assistência técnica". Mais ainda, queriam que o governo "interrompesse a venda de terras para companhias multinacionais de mineração" e "subsidiasse combustíveis para fins de mineração". Não havia demandas na lista além daquelas imediatamente relacionadas aos mineiros. Não por acaso, não há estradas que levem de Quibdó ao restante do país. O mesmo acontecia para várias outras greves em diferentes partes do país. A Dignidad Cafetera (literalmente, "dignidade do café"), na região de plantio de café na Colômbia, queria que o governo lhes desse subsídios para o preço do café; eles exigiam a democratização da Federação Nacional dos Cafeicultores e insistiam que a mineração na área de cafeicultura fosse regulada de maneira mais rígida. A Dignidad Papera, Lechera y Cebollera ("dignidade da batata, do leite e da cebola") era uma organização que dizia representar os produtores de batatas, leite e cebolas. Eles também pediam subsídios, mas para seus produtos. Defendiam que a reidratação de leite em pó deveria ser proibida, e que eles deveriam ser compensados pela importação de leite em pó e de batatas congeladas ou pré-cozidas. A Dignidade Panelera ("dignidade do açúcar bruto"), organizada pelos produtores de açúcar, queria que o governo introduzisse impostos mais altos para os substitutos importados do açúcar, e exigia que o governo comprasse 3,5 mil toneladas de *panela* (o açúcar bruto que eles produziam). Trata-se de uma sociedade com pouca perspectiva de mobilização, e isso é muito conveniente para as elites e muito fácil para o governo colombiano gerenciar. Uns subsídios aqui, umas compras de *panela* ali, e o gênio volta para a lâmpada.

O orangotango de smoking

Não é apenas a ausência de infraestrutura. Assim como a Argentina, a Colômbia não lida bem com a burocracia, e por motivos parecidos. Em 2013, em alguns ministérios nacionais, 60% dos empregados eram "funcionários temporários", recrutados fora das regras meritocráticas e contratados mais provavelmente por terem as costas quentes. Os colombianos gostam menos de nhoques que os argentinos, mas ainda conseguem colocar um bom número deles no serviço público.

As consequências da falta de regras e protocolos burocráticos foram dramaticamente ilustradas pelo mandato de Samuel Moreno, eleito para a prefeitura da capital, Bogotá, em 2008. Quando assumiu o cargo, Moreno criou um "governo sombra" para Bogotá, que delegou a seu irmão Iván. Iván construiu aquilo que os colombianos agora chamam de "carrossel dos contratos", que ficou encarregado de distribuir todas as licitações da cidade. Os irmãos usaram esse mecanismo como forma de conseguir subornos, que muitas vezes chegavam a 50% de um contrato. Para esconder todas as atividades ilegais, eles frequentemente se encontravam em Miami, viajando em jatos particulares. Os irmãos desenvolveram uma gíria: a parte que lhes cabia em um contrato era chamada de mordida — *una mordida* —, a mesma gíria que vimos no Capítulo 9 na Guatemala. A joia da coroa das mordidas era a licitação para gerenciar o sistema público de transporte integrado da cidade, utilizado diariamente por milhões de pessoas. A parte dos Morenos era de oito pesos por passageiro. Os irmãos não pararam por aí. Roubaram de tudo. Os hospitais eram bastante lucrativos, mas construir novos hospitais criava oportunidades ainda melhores para roubar, e entre 25% e 30% do orçamento iam para os Moreno. Eles decidiam quem ficava com o contrato das ambulâncias, e então os irmãos e seus comparsas pegavam metade do que era alocado. Se você não pagasse a mordida, não conseguia o contrato, e os irmãos lhe diziam que você era "muito mesquinho". Então 45 bilhões de pesos (15 milhões de dólares) foram separados para se construir uma ponte ligando a Carrera 9 à Calle 94, para diminuir parte dos engarrafamentos de Bogotá. O trabalho da construção nunca começou e o dinheiro desapareceu. Ninguém sabe ao certo quanto os irmãos roubaram; imagina-se que possa ter sido algo em torno de 500 milhões de dólares.

Samuel Moreno não era uma figura estranha à política colombiana. Seu avô, Gustavo Rojas Pinilla, foi um ditador militar dos anos 1950 que tentou se reinventar como democrata na década de 1960. Como Moreno, as elites políticas colombianas têm o hábito de roubar recursos do Estado. Quando têm uma chance, não se negam a roubar a terra também.

Uma grande parte das terras aráveis da Colômbia é classificada legalmente como *baldío* (um terreno vazio) e é propriedade do governo. Desde o século XIX o governo colombiano tem promulgado várias leis que guiaram a distribuição dessas terras e a emissão de títulos. A Lei 160, aprovada em 1994, especificava que as pessoas que estivessem instaladas em terrenos baldios por cinco anos ou mais podiam pedir ao instituto de reforma agrária Incora (Instituto Colombiano de Reforma Agraria) o título da terra que ocupavam. Esse tipo de concessão se aplicava apenas a cidadãos sem-terra. Pessoas supostamente pobres ou deslocadas tinham prioridade, e a quantidade de terra que uma pessoa poderia reivindicar ficava limitada a uma "Unidad Agrícola Familiar" (Unidade Agrícola Familiar), uma quantidade de terra que o Incora julgava suficiente para que uma família "vivesse com dignidade". Mas acontece que esse sistema podia ser facilmente manipulado pelas elites e seus contatos, especialmente quando tinham a ajuda de sofisticados escritórios de advocacia de Bogotá, fluentes na arte de driblar a lei. Um caso notório envolve a Riopaila Castilla, uma companhia de açúcar do Vale do Cauca. A Riopaila manipulou o sistema, criando 27 Sociedades Anônimas Simples em 2010, com a ajuda do escritório de advocacia Brigard e Urrutia. Eles compraram 42 lotes de terrenos baldios no departamento oriental de Vichada (ver Mapa 14), equivalentes a 35 mil hectares, todos destinados aos pobres e deslocados, mas que em vez disso foram destinados para a Riopaila. Estratégias similares permitiram que Luis Carlos Sarmiento, a pessoa mais rica na Colômbia, conseguisse 16 mil hectares de terrenos baldios. Quando questionado por um jornalista sobre como um respeitável escritório de advocacia podia auxiliar tão descaradamente em violações da lei, um advogado de Brigard e Urrutia disse:

> A lei existe para ser interpretada. Aqui elas não são preto no branco.

A natureza fragmentada e ineficiente do Leviatã de Papel tem consequências terríveis para a liberdade, em particular para o controle da violência. Max Weber definiu o Estado como "uma comunidade humana que [com sucesso] reivindica o monopólio do uso legítimo de força física dentro de um território específico". Por causa da forma como empregam o poder, Leviatãs de Papel não podem ter esse monopólio, legítimo ou não, da força física. A Colômbia também ilustra as consequências devastadoras da ausência do monopólio da violência pelo Estado.

Em sua pesquisa na Colômbia, James Robinson e seus colaboradores, Maria Angélica Bautista, Juan Diego Restrepo e Juan Sebastián Galan, documentaram como, em 1977, Ramón Isaza, um ex-soldado e fazendeiro, começou um grupo que chamou de *Espingardeiros*. Isaza tinha uma fazenda no município de Puerto Triunfo, na região leste do departamento da Antioquia (ver Mapa 14). Registros de tribunais mostram como, durante a década de 1970, o grupo de guerrilha marxista das Forças Armadas Revolucionárias da Colômbia (Farc) havia criado uma nova frente na área e iniciado uma política de cobrar "impostos" dos fazendeiros locais e de expropriar seu gado. Em 1977, Isaza comprou dez espingardas, um ato que batizou o grupo. Eles fizeram uma emboscada contra as Farc, mataram-nos e roubaram suas armas. Na década de 2000, os Espingardeiros haviam mudado de nome para Forças Camponesas de Autodefesa do Médio Magdalena, e receberam apoio dos proprietários de terras, expandido sua atuação para seis frentes. Uma frente era liderada pelo genro de Isaza, Luis Eduardo Zuluaga (seu apelido era MacGyver, por causa do personagem do seriado americano). MacGyver comandava a Frente José Luis Zuluaga (FJLZ), batizada em homenagem a seu irmão, que havia sido assassinado pelos guerrilheiros. A FJLZ controlava um extenso território cujo núcleo cobria cerca de cinco mil quilômetros quadrados. A frente tinha um sistema legal de estatutos, que tinha 32 páginas, e tentava impô--lo a todos, aplicando-o tanto a seus membros quanto aos civis. A FJLZ também tinha uma burocracia, e se dividia em uma ala militar, com mais ou menos 250 combatentes uniformizados, uma ala civil de "cobradores de impostos," e uma "equipe social" concentrada em seu projeto político de combater os guerrilheiros marxistas. Eles controlavam o comércio e a vida social; tinham uma missão declarada, uma ideologia, um hino, uma oração, e uma estação de rádio chamada Integração em Estéreo. A frente até concedia medalhas, que incluíam a Ordem de Francisco de Paula Santander e a Grã-Cruz de Ouro. Como eles pagavam seus burocratas e soldados? Cobravam impostos de proprietários de terras e empresários da área controlada e também tentavam taxar a produção, especialmente de leite e batatas. A frente construiu dezenas de quilômetros de estradas, aumentou a malha elétrica e ergueu escolas. Em La Danta, onde tinha sua base, a frente construiu uma clínica de saúde, reconstruiu um asilo de idosos, ergueu casas que eram loteadas para pessoas pobres, inaugurou um centro de artes e construiu uma arena de touradas, apesar de MacGyver ter afirmado: "Eu não aprovo touradas, é cruel para os animais."

A área não era controlada pelo Estado colombiano, mas por Isaza e MacGyver. Em uma declaração dada à justiça, após a desmobilização do grupo em 2006, Ramón Isaza explicou o papel deles nas eleições da seguinte maneira:

> O que nós fizemos foi nas veredas, como em La Danta, e também em San Miguel de Cocorná onde as pessoas não tinham polícia, havia cidades pequenas afastadas das principais estradas e não havia força militar ou policial. Nós protegíamos essas regiões, mas não falávamos para ninguém votar em uma pessoa específica. Na verdade, nós cuidávamos — do que nós cuidávamos? — para que talvez as eleições não fossem prejudicadas, para prevenir que talvez lutas ou disputas ocorressem. Isso nós fazíamos em todas as regiões em que essas cidades estavam; nós garantíamos segurança para as eleições.

Os colombianos muitas vezes desculpam seu Leviatã de Papel lembrando que o país tem montanhas altas e florestas densas. Na verdade, Isaza e suas frentes estavam localizados na principal estrada entre as duas maiores cidades, Bogotá e Medellín, bem debaixo do nariz e bem à vista do Estado colombiano. Outro poderoso chefe paramilitar colombiano, Ernesto Baez, ironicamente declarou a um juiz: "Como um Estado pequeno e independente poderia operar dentro de um Estado legítimo como o nosso?" A resposta é: com muita facilidade em um Leviatã de Papel.

O Estado colombiano não apenas negligencia e ignora seus cidadãos, ele ativamente os vitimiza. Um exemplo vem dos ditos escândalos-falso-positivos. Quando Álvaro Uribe foi eleito presidente em 2002, sua missão era intensificar a luta contra as guerrilhas de esquerda. Ele adotou uma série de incentivos poderosos para os militares, como bônus em dinheiro e feriados, se apresentassem guerrilheiros mortos. Uma consequência foi que membros do exército assassinaram talvez três mil civis inocentes e os apresentaram como guerrilheiros. Um promotor público colombiano chegou até a se referir a uma unidade militar, o Batallón Pedro Nel Ospina, como um "grupo de assassinos dedicados a criar vítimas que então fingem que foram mortas em combate". Se os guerrilheiros e os paramilitares não te pegassem, o exército pegava.

Outra consequência do Leviatã de Papel colombiano foi percebida quase duzentos anos atrás por Simón Bolívar, o "libertador" latino-americano que foi líder da revolução contra o domínio colonial espanhol, quando declarou que:

> Estes Senhores pensam que a Colômbia está cheia dos homens simples que eles viram aglomerados ao redor de fogueiras em Bogotá, Tunja e Pamplona. Eles nunca puseram os olhos nos Caribes do Orinoco, nos homens das planícies de Apure, nos pescadores de Maracaibo, nos barqueiros do Magdalena, nos fora da lei de Patia, nos ingovernáveis Pastusos, nos Guajibos de Casanare e em todos os outros bandos selvagens de africanos e americanos que vagueiam como cervos pelas regiões selvagens da Colômbia.

Bolívar está afirmando que as elites colombianas não conhecem nem entendem de fato o país que dizem estar governando (e que estão saqueando). De fato, Miguel Antonio Caro, o famoso presidente colombiano do século XIX e idealizador da Constituição de 1886 — que ficou em vigor até 1991 — nunca saiu de Bogotá durante a sua vida (aliás, nem o presidente seguinte, José Manuel Marroquín). Para quem ele estava escrevendo a Constituição? Os senhores de "Bogotá, Tunja e Pamplona" claro. A periferia do país era governada a partir de Bogotá e recebia poucos recursos ou serviços públicos. Dos 18.500 quilômetros de estradas em 1945, apenas 613 quilômetros (não pavimentados) estavam em territórios periféricos que formavam três quartos do território da Colômbia. As elites políticas de Bogotá garantiam que a periferia continuasse periférica. Mas antes de concluir que isso significa que estava tudo bem em Bogotá, pelo menos quando Samuel Moreno não estava no poder, da próxima vez que visitar o país, tente enviar uma carta. O que Tocqueville teria dito?

O político colombiano Dario Echandía uma vez brincou que a democracia colombiana era como um "orangotango de smoking". É um comentário que sintetiza a natureza do Leviatã de Papel. O smoking é a aparência externa de um Estado ordenado, com uma burocracia funcional, mesmo que ocasionalmente usada para roubar do país, e muitas vezes desorganizada. O orangotango é tudo que o Leviatã de Papel não consegue e não quer controlar.

Arando o mar

Nada disso foi criado de um dia para o outro. Para entender como o Estado colombiano se desenvolveu, vamos voltar para Bolívar, agora acamado pela tuberculose na cidade portuária de Barranquilla. No dia 9 de novembro de 1830, ele escreveu para seu velho amigo, o general Juan José Flores. Em 1830, a América Latina continental estava livre do colonialismo espanhol e a Espanha mantinha apenas as ilhas de Cuba, partes de Hispaniola e Porto Rico. No entanto, Bolívar estava desiludido. Ele escreveu:

> Eu governei por vinte anos, e deles tirei apenas algumas conclusões seguras: (1) A América é ingovernável, para nós; (2) Os que servem à revolução aram o mar; (3) A única coisa que alguém pode fazer na América é emigrar; (4) Esse país vai, inevitavelmente, cair nas mãos das multidões desenfreadas e então nas mãos de tiranos tão insignificantes que serão quase imperceptíveis, de todas as cores e raças; (5) Assim que tivermos sido comidos vivos por todos os crimes e extintos pela ferocidade, a Europa nem vai se preocupar em nos conquistar; (6) Se fosse possível para qualquer parte do mundo voltar ao caos primitivo, seria a América, em seus momentos finais.

Por que ele estava tão pessimista? Por que achava que tentar governar a "América", ou seja, a América Latina, era como "arar o mar," uma tarefa impossível? Havia vários motivos. Talvez o mais importante fosse porque a sociedade latino-americana tinha sido criada a partir de uma premissa de hierarquia e desigualdade políticas. A sociedade colonial era uma hierarquia institucionalizada, com os espanhóis brancos no topo, os indígenas e, em várias áreas, os negros escravizados na base. Com o tempo, as elites espanholas se tornaram nativas da América Latina e ficaram conhecidas como Crioulos (Bolívar era um deles). À medida que ocorria a miscigenação, um complexo sistema de castas era criado para identificar quem era superior a quem. As castas foram eternizadas em uma série de pinturas famosas no México colonial, uma das quais reproduzimos no caderno de fotos. As castas tinham importância, já que as leis e os impostos eram aplicados de maneira diferente às pessoas, de acordo com seus status social. Se você fosse suficientemente poderoso, as leis nem se aplicavam a você. Sem qualquer igualdade perante a lei, a própria lei era ilegítima aos olhos da maioria dos latino-americanos, fazendo-os adotar o famoso lema da era colonial, *Obedezco pero no cumplo* (Obedeço, mas não cumpro); eu reconheço seu direito de emitir leis e ordens mas mantenho meu direito de ignorá-las. Isso significava um alto grau de hierarquia, desequilíbrio e desigualdade, já que os indígenas e negros escravizados eram sistematicamente explorados. Hierarquia, desequilíbrio e desigualdade ainda estão à mostra nos dias atuais.

Suas origens podem ser vistas se voltarmos à estrada entre Pasto e Mocoa, que cortava o vale Sibundoy. Depois da conquista das Américas os indígenas do vale foram concedidos em uma *encomienda*, literalmente "confiada" a um espanhol, conhecido como *encomendero*. Muitos indígenas morreram de doenças contagiosas que os espanhóis trouxeram do Velho Mundo, mas ainda havia 1.371 pessoas para explorar. De acordo com a *encomienda*, vários animais, pássaros e plantações dos indígenas precisavam ir para a abadia e para o *cacique* (palavra importada do Caribe para a América Latina, utilizada para designar um chefe ou governante indígena). Também ficava especificado que "145 indígenas precisam trabalhar nas minas por oito meses", dez indígenas trabalhariam nas terras do encomendero, "oito indígenas fariam serviços domésticos para o cacique", e assim por diante com as práticas de trabalho forçado.

No fim das contas, essa sociedade desigual ao extremo era mantida pela força, e os latino-americanos sabiam que ela nunca poderia sobreviver sob o tipo de instituições democráticas que haviam emergido nos Estados Unidos. No século XIX não havia mais *encomiendas*, mas elas haviam sido substituídas por um novo sistema de exploração em que o "tributo" dos indígenas continuava a fornecer a base fiscal do Estado. A desigualdade a essa altura era na verdade mais intensa do que nunca. Bolívar e outros perceberam que a perpetuação desse sistema requeria um poder autocrático muito mais forte do que qualquer presidente dos Estados Unidos poderia ter. Mas isso não significava que seria fácil manter uma sociedade como essa. É aqui que se torna importante o segundo fator principal que leva à ingovernabilidade.

Como várias colônias, a América Espanhola tinha algumas instituições estatais impostas pelos colonos (mais destacadamente, força suficiente para reprimir os indígenas), mas era governada "indiretamente" pela Espanha. A *encomienda* do vale Sibundoy entregava vários alimentos, aves e porcos para o cacique porque ele era o representante indireto dos espanhóis. A Espanha não criava burocracias nem administrações estatais para gerenciar a *encomienda*; ela manipulava a hierarquia política dos indígenas para fazer isso. No momento da revolta contra a Espanha, fora os militares, havia apenas oitocentas pessoas trabalhando para o Estado da Espanha em toda a Colômbia.

Esses dois fatores deixaram a sociedade com uma desigualdade e uma hierarquização enormes, mas sem um Estado efetivo. O que significaria a inexistência de instituição estatal ou aparato legal para ficar de olho nos "Caribes do Orinoco, nos homens das planícies de Apure, nos pescadores de Maracaibo, nos barqueiros do Magdalena, nos fora da lei de Patia, nos ingovernáveis Pastusos, nos Guajibos de Casanare". As elites Crioulas repetiram o que conheciam. Tentaram criar uma sociedade autocrática e centralizada até onde conseguiram, mas, só para garantir, eles a reforçaram com muitas das mesmas estratégias que a Espanha havia utilizado para governar seu império colonial. Não havia espaço para um Estado Weberiano. Ao contrário, o governo era uma ferramenta para controlar o poder, e a lei, um instrumento para estabilizar esse *status quo* desigual.

A diferença entre os conceitos latino-americanos e estadunidenses de limites para os poderes presidenciais tem talvez sua melhor ilustração no discurso de Bolívar em 1826, em Lima, Peru, depois de ele ter pessoalmente escrito uma constituição para o novo país da Bolívia, agora independente da Espanha. Vale apontar que o nome da Bolívia veio do próprio Bolívar. Quantas pessoas têm países com seus nomes? Uma é Cristóvão Colombo, que teve seu nome dado à Colômbia. A família Saud tem a Arábia Saudita, e a família Luxemburgo, uma das últimas sobreviventes do Sacro Império Romano, também tem um país com seu nome. O grande empreendedor do colonialismo britânico na África, Cecil Rhodes, teve um país com seu nome, a Rodésia, até 1980, quando o nome mudou para Zimbábue. É um clube pequeno e exclusivo, e é difícil de você se tornar membro se está governando um país de maneira democrática. Apresentando sua constituição para a Bolívia, Bolívar se concentrou no papel do presidente:

> Sob nossa constituição, o presidente da república é como o Sol, imóvel no centro do universo, irradiando vida. Essa autoridade suprema deve ser permanente (...) um ponto fixo em torno do qual giram magistrados e cidadãos e homens e eventos (...) Deem-me um ponto fixo, disse um antigo, e eu moverei a Terra. Para a Bolívia, esse ponto é o presidente vitalício.

A constituição boliviana especificava um presidente vitalício e o nomeava "o Sol." Inicialmente essa pessoa seria escolhida por "legisladores." Os próximos presidentes seriam escolhidos pelo atual presidente vitalício. A ideia de um presidente escolher quem iria sucedê-lo acabou tendo vida longa na América Latina. Ainda em 1988, os presidentes mexicanos eram escolhidos pelo *dedazo*. Um *dedazo* é quando você dá um toque nas costas de uma pessoa com o seu dedo, indicando "agora é a sua vez". Bolívar sabia o que isso significava; era uma garantia infalível de que a presidência se manteria nas mãos seguras da elite. Afinal, parecia bastante provável que ele seria escolhido como o primeiro presidente, e de fato foi. No papel, a Constituição boliviana tinha alguma separação de poderes, tinha limites e contrapesos, mas também permitia que o presidente vitalício indicasse todos os oficiais militares e comandasse o Exército. Misture isso com um pouco de *Obedezco pero no cumplo* e o restante, como se diz, é história.

É verdade que, assim como a Guerra da Independência dos Estados Unidos contra a Grã-Bretanha desencadeou vários tipos de movimentos e energias radicais, deu-se o mesmo com as guerras latino-americanas de independência. Mas repetidamente as elites latino-americanas conseguiram construir instituições políticas para controlar essa energia mesmo que o próprio Bolívar nunca tenha conseguido implementar seus planos. O que se vê é que, mesmo quando as constituições da América Latina permitiram os tipos de freios e contrapesos ou até direitos para os cidadãos como os que a constituição dos Estados Unidos sacramentava, eles eram sempre superados ou por fortes poderes presidenciais ou por desrespeito à lei. Ramón Castilla, presidente autoritário do Peru, explicou claramente essa lógica em 1849:

> A primeira das minhas funções constitucionais é a preservação da ordem interna; mas a mesma constituição me obriga a respeitar os direitos dos cidadãos (...) o cumprimento simultâneo de ambas as tarefas seria impossível. A primeira (...) não poderia ser realizada (...) sem algumas medidas para cercear os inimigos de tal ordem de uma maneira mais rígida do que está previsto por lei. Deveria eu ter sacrificado

a paz interna do país em nome dos direitos constitucionais de alguns poucos indivíduos?

Se os direitos constitucionais virassem um empecilho, então pior para os direitos constitucionais. Diego Portales, o idealizador do Estado chileno, articulou essa visão de maneira ainda mais vigorosa:

> Com os homens da lei você não pode chegar a um entendimento; e se for assim, que [palavrão] de finalidade as Constituições (...) têm, se são incapazes de fornecer um remédio para um mal que sabemos que existe (...) No Chile, a lei não serve para nada além de produzir anarquia, falta de sanções, licenciosidade, eternos processos legais (...) Maldita lei então se não permite que o Poder aja livremente no momento oportuno.

A visão de que "o Poder" deveria poder "agir livremente no momento oportuno" é bem diferente de como é esperado que o Estado se comporte no corredor.

Essa noção de poder também tem raízes na história da América Latina. Alexis de Tocqueville identificou suas origens no seu livro de 1835, *A democracia na América*, quando argumentou que na América do Sul os espanhóis encontraram um território "habitado por povos (...) que já tinham se apropriado da terra, cultivando-a. Para fundar seus novos estados, precisaram destruir ou escravizar vários povos". Ele continua: "A América do Norte era habitada somente por tribos nômades que não pensavam em usar as riquezas naturais da terra. A América do Norte era ainda, em termos estritos, um continente vazio, uma terra selvagem, que esperava habitantes." A afirmação de Tocqueville de que a América do Norte era um "continente vazio" não é correta, mas a essência do argumento, de que a América do Norte não podia se desenvolver com base na exploração de povos indígenas sedentários, acerta na mosca. Isso queria dizer que o tipo de sociedade altamente desigual e hierárquica que surgiu na América do Sul não poderia ser reproduzido no norte (apesar de os primeiros colonos ingleses terem tentado). A sociedade escravocrata do sul dos Estados Unidos lembrava muito a América Latina, inclusive nos baixos índices de serviços públicos, na prosperidade para as elites e, claro, na ausência de liberdade para a maioria. Mas o sul dos Estados Unidos estava incluído em um formato institucional parcialmente criado por dinâmicas de estado-e-sociedade que eram muito diferentes no norte, e quando o sul tentou entrar na Guerra Civil para liberar-se dessas dinâmicas, perdeu. Não foi o fim do sistema despótico de exploração do sul dos Estados Unidos, como vimos no capítulo anterior, mas isso colocou o país em um caminho diferente da América Latina.

Na América Latina, a sociedade continuou fragilizada e incapaz de moldar políticas e controlar o Estado e as elites, pavimentando o caminho para o Leviatã de Papel, com consequências previsíveis para a liberdade.

Mississippi na África

Os Leviatãs de Papel estão longe de ser uma exclusividade da América Latina. Também são a forma característica dos Estados na África Subsaariana. Na verdade, os dois mecanismos que fundamentam a fraqueza e a desorganização contínuas do Estado agem na África com força redobrada. Vamos abordá-los um de cada vez: primeiro, o medo da mobilização social.

Um dos exemplos mais bem documentados desse medo vem da Libéria, na África ocidental. Em 1961, a recém-criada Agência dos Estados Unidos para o Desenvolvimento Internacional (Usaid) mandou uma equipe de acadêmicos para a Libéria, para estudar seu desenvolvimento. Eles começaram com o senso comum a respeito dos motivos de os países pobres serem pobres. Mas logo perceberam que a situação era muito diferente. Como um deles, o antropólogo social George Dalton, escreveu depois:

Não se pode atribuir o atraso econômico da Libéria à falta de recursos ou ao domínio de interesses financeiros ou políticos estrangeiros. A dificuldade subjacente é mais que os governantes tradicionais américo-liberianos, que têm medo de perder o controle político para os povos tribais, não permitiram que acontecessem as mudanças que são necessárias para desenvolver a sociedade e a economia da nação.

Quem eram esses "governantes tradicionais américo-liberianos"? Para entender, precisamos lembrar que a Libéria começou como uma colônia, em 1822, fundada pela Sociedade Americana de Colonização (ACS) como um lar para africanos ex-escravizados e repatriados dos Estados Unidos. Os descendentes desses escravizados repatriados tornaram-se américo--liberianos. Em 1847 a Libéria se declarou independente da ACS, e em 1877 o Partido Whig Autêntico (TWP) surgiu e dominou a política até ser derrubado por um golpe militar liderado por Samuel Doe, em 1980. O TWP era liderado por américo-liberianos, que na década de 1960 eram menos de 5% da população. Na descrição de Dalton: "Como os portugueses em Angola ou os africânderes na África do Sul, os governantes da Libéria são descendentes de uma minoria estrangeira de colonos. Famílias américo-liberianas."

A Libéria se tornou uma sociedade de duas classes. Leis diferentes, serviços públicos diferentes e acesso diferenciado à educação governavam américo-liberianos e "povos tribais". Até 1944, o interior não tinha qualquer representação política. Dalton observou: "Ironicamente, é a ética do Mississippi que chega mais próximo de caracterizar suas perspectivas, ou seja, manter o poder de uma maneira tradicional e deixar os nativos em seus lugares." Agora você começa a ver por que os américo-liberianos temiam a mobilização social. Construir um Estado eficaz podia ter mobilizado os liberianos nativos, que eram os outros 95% da nação.

O outro mecanismo fundamental que sustenta os Leviatãs de Papel — a utilidade do poder casuístico em uma burocracia e um judiciário

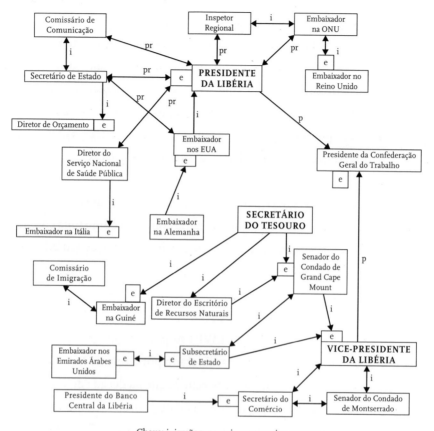

Chave: i=irmãos; pr=primos; p=pai; e=esposa

Mapa 15. Parentesco na Libéria: Nomeações políticas do presidente Tubman em 1960.

não meritocráticos e desorganizados — também fica claramente visível na Libéria e em outros países africanos. O Estado da Libéria era sistematicamente utilizado para recompensar aliados. Por exemplo, Dalton descobriu na década de 1960 que "para entender a política liberiana, conhecer as relações de parentesco é mais útil do que conhecer a constituição liberiana". Ele apresentou dados detalhados de como as elites políticas preenchiam posições burocráticas com seus parentes imediatos (o Mapa 15, por exemplo, mostra as desconcertantes conexões familiares da elite política da Libéria em 1960, durante o mandato do presidente Tubman).

A natureza não meritocrática dos Estados africanos também é enfatizada no livro seminal de Tony Killick, *Development Economics in action*. Killick trabalhou para o governo de Kwame Nkrumah em Gana, no início da década de 1960, e testemunhou em primeira mão os desastrosos fracassos econômicos do regime de Nkrumah. Killick queria compreender o que causou esses fracassos. Ele registrou a construção de uma linha de produção de frutas enlatadas "para a fabricação de produtos à base de manga, para os quais sabia-se não haver mercado local [e] que disseram exceder em algumas ordens de grandeza o total do comércio mundial desses itens". O próprio relatório do governo sobre essa fábrica merece ser citado.

> **Projeto**: Deve-se erguer uma fábrica em Wenchi, Brong Ahafo, para produzir 7 mil toneladas de mangas e 5.300 toneladas de tomate por ano. Se o rendimento médio das plantações nessa área for de 5 toneladas por acre por ano para as mangas e 5 toneladas por acre por ano para os tomates, então deve haver 1.400 acres de mangas e 1.060 acres de tomates no campo para abastecer a fábrica.

> **O problema:** O suprimento atual de mangas na área vem de algumas árvores espalhadas pelo campo, e os tomates não são produzidos em escala comercial, então a produção precisa começar do zero. As mangueiras levam de cinco a sete anos do plantio até começar a dar frutos. A obtenção da quantidade suficiente de materiais para a plantação e a organização da produção de matéria-prima de maneira veloz tornam-se os maiores problemas desse projeto.

Killick escreve: "É difícil imaginar um comentário mais cáustico sobre a eficiência do planejamento estratégico." O que estava acontecendo? A fábrica não deveria ampliar o desenvolvimento econômico. Ao contrário, criava inúmeras oportunidades para empregar apoiadores políticos em uma região em que o presidente Nkrumah precisava de apoio. Não fazia qualquer sentido econômico construir a fábrica lá, e projetos como esse minavam a coerência do serviço público e a "eficiência do planejamento estratégico". Mas fazia sentido politicamente. Como Nkrumah disse para Sir Arthur Lewis, seu conselheiro econômico e ganhador de um prêmio Nobel: "Os conselhos que você me deu, por mais que sejam válidos, vêm essencialmente de um ponto de vista econômico, e eu lhe disse, em várias ocasiões, que não posso sempre seguir esses conselhos porque sou um político, e preciso apostar no futuro."

Killick ainda documentou que o governo de Nkrumah também vivia com medo de dar início à mobilização social. A economia padrão de desenvolvimento na época dizia que era fundamental para um país em desenvolvimento gerar uma "classe empreendedora" forte, formada por pessoas de negócios que pudessem liderar a transição para uma economia mais industrializada. Ainda assim, Killick observou:

> Mesmo que exista a possibilidade [de se criar uma classe empresarial com os povos originários] é pouco provável que Nkrumah quisesse criar essa classe, por motivos de ideologia e poder político. Ele foi bastante explícito sobre isso, dizendo "nós estaríamos dificultando nosso rumo ao socialismo se fôssemos encorajar o crescimento de um capitalismo privado ganense entre nós". Há evidências de que ele também temia a ameaça de que uma classe rica de empresários ganenses poderia representar para seu próprio poder político.

Na verdade, E. Ayeh-Kumi, um dos principais conselheiros econômicos de Nkrumah, registrou que: "[Nkrumah] me informou que se permitisse que os negócios africanos expandissem, eles iriam crescer a ponto de se tornarem poderes rivais ao seu e ao prestígio do partido, e ele faria tudo para evitar isso, o que realmente fez." Sua solução foi limitar o tamanho das empresas ganenses. Killick escreveu: "Dado o desejo de Nkrumah de manter pequenas as empresas ganenses privadas, seu argumento de que 'o investimento financeiro deve ser buscado no exterior, já que não existe entre nós uma classe burguesa que se encarregue do investimento necessário' era dissimulado." Ele acrescenta ainda que Nkrumah "não tinha amor por capitalistas estrangeiros, mas preferia incentivá-los em vez de estimular empreendedores locais, que queria restringir". Capitalistas estrangeiros eram melhor do que mobilização social.

Outro livro seminal sobre a política e economia africanas, *Markets and States in Tropical Africa*, de Robert Bates, ilustra como o emprego casuístico da lei era uma estratégia política poderosa. Bates tenta explicar a triste performance econômica das nações africanas depois da independência e, particularmente, por que o setor agrícola, que deveria ser o motor do crescimento, dava resultados tão ruins. A resposta simples de Bates é que os governos urbanos, como o de Nkrumah em Gana, taxavam o setor agrícola em níveis punitivos. Os fazendeiros paravam de investir e de produzir porque os impostos eram muito altos. Como o governo poderia reagir? Uma forma óbvia seria aumentar os preços, reduzir impostos e restaurar incentivos. Mas Bates observou: "Se os governos da África implementassem um aumento de preços para os produtos rurais, os benefícios políticos seriam baixos; já que tanto apoiadores quanto dissidentes iriam se beneficiar com essa medida." Em vez disso, os governos mantinham os preços baixos e empregavam outros instrumentos políticos, que podiam direcionar de maneira discreta.

> Por outro lado, a outorga de benefícios na forma de projetos de serviços públicos, como fazendas estatais, tem a vantagem política de permitir que os benefícios sejam seletivamente repartidos.

O mesmo valia para o fertilizante subsidiado oferecido aos apoiadores e negado aos oponentes. Bates perguntou a um produtor de cacau em dificuldades em 1978 por que não tentar organizar uma resistência contra as políticas do governo.

480 — O CORREDOR ESTREITO

Ele foi até o cofre e mostrou um pacote de documentos: licenças para seus veículos, permissões para importação de peças de reposição, títulos de sua propriedade real e benfeitorias, e os documentos de "pessoa jurídica" que o isentavam da maior parte dos impostos sobre a renda. "Se eu tentasse organizar uma resistência contra as políticas do governo em relação aos preços da fazenda", ele disse enquanto mostrava os documentos, "seria chamado de inimigo do Estado e perderia tudo isso".

"Aos amigos, tudo; aos inimigos, a lei", ao estilo ganense.

Os governos pós-independência de Gana não funcionaram em um vácuo social. Lembre como, no Capítulo 1, introduzimos a noção da gaiola de normas usando a pesquisa de Robert Rattray em Gana. Quando o país se tornou independente, trinta anos após o que Rattray escreveu, as forças ainda estavam presentes. O filósofo Kwame Anthony Appiah se lembra de ouvir de seu pai, durante sua infância em Kumasi na década de 1960, que "nunca se deve questionar a ancestralidade das pessoas em público". A "tia" de Appiah era filha de uma família escravizada. Como diz outro provérbio axante: "Revelar demais as origens estraga a cidade." A densa rede de normas e obrigações mútuas, assim como as instituições de apoio remanescentes, sobreviviam. Essa gaiola de normas teve imensa influência na forma como as políticas pós-independência funcionavam e nos motivos de Nkrumah ter organizado o Estado como organizou. As redes de relações de reciprocidade, parentesco e etnicidade se traduziram em um Estado não Weberiano ao extremo, no qual aqueles que estavam no poder eram levados a usar sua influência para favorecer seus dependentes, como testemunhado pela fábrica em Wenchi. Dessa forma, os dependentes eram obrigados a ajudar e apoiar seus benfeitores durante as eleições, por exemplo. A gaiola de normas criava um ambiente social que perpetuou o Leviatã de Papel, bloqueou a capacidade de a sociedade agir coletivamente e, ao mesmo tempo, comprometeu a capacidade estatal. Quanto mais o Leviatã de Papel explorava a rede de dependências mútuas e laços étnicos, mais reafirmava a gaiola de normas que esses fatores criaram em várias sociedades africanas.

O mundo pós-colonial

Os Leviatãs de Papel não estão restritos à América Latina ou à África; eles habitam diferentes partes do mundo. Vários deles, como aqueles que discutimos neste capítulo, têm algo em comum — são produto da colonização europeia. Isso é verdade até para a Libéria, que não era tanto uma colônia, mas um posto avançado para os libertos da escravidão de uma colônia europeia, os Estados Unidos da América. Isso acontece pela forma como os poderes da Europa colonial governavam e manipulavam as instituições de várias de suas colônias, criando condições para os Leviatãs de Papel emergirem.

O que a herança da colonização geram em Estados como esses? Como já vimos no contexto da América Latina, dois eixos foram particularmente importantes. Primeiro, os poderes coloniais introduziram instituições estatais, mas sem qualquer forma de a sociedade controlá-las (especialmente porque os colonizadores não tinham interesse em ver os africanos controlando o Estado ou sua burocracia). Segundo, tentaram fazer tudo isso de maneira barata, difundindo o "governo indireto" em que o poder era delegado aos povos originários, como os chefes na África, e isso queria dizer que nenhuma burocracia e nenhum judiciário meritocrático surgiriam. Lembre como explicamos no Capítulo 2 que Lugard queria governar a Nigéria indiretamente. Para conseguir isso, ele precisou estabelecer um órgão político com que pudesse lidar, o que em termos práticos significava estruturas semelhantes às de um Estado. Mas quem seriam os burocratas, cobradores de impostos, juízes e legisladores desse Estado? Não os britânicos. Em 1920, havia apenas 265 funcionários britânicos em toda a Nigéria. Não havia ninguém além dos chefes tradicionais, e isso queria dizer que não havia qualquer aparato administrativo nacional com que se pudesse trabalhar na independência.

A falta de capacidade e a escassez dos serviços públicos foram uma constante durante o período colonial. Mas as coisas só pioraram depois da independência de 1960, quando os britânicos se mandaram da Nigéria para que os nigerianos pudessem se governar. Mas com que Estado? Um tipo de Leviatã, mas fino como papel na sua capacidade de mediar conflitos, arrecadar impostos, propiciar serviços públicos e até mesmo manter a ordem básica. Os incentivos políticos que vimos na Argentina, na Colômbia, na Libéria e em Gana entraram em cena.

Ao legado de instituições estatais aleatoriamente impostas e indiretamente governadas foi adicionado um terceiro fator que enfraquece ainda mais o Estado e a sociedade — a natureza arbitrária dos países pós-coloniais. Um dos motivos pelos quais era tão atraente para Nkrumah usar o Estado como uma ferramenta política era que Gana não tinha coerência como nação. Não havia uma língua nacional; não havia uma história comum, nenhuma religião ou identidade comuns, e nenhum contrato social legítimo. Ao contrário, o país havia sido ajambrado pelos ingleses no fim do século XIX a partir de várias estruturas africanas com níveis muito diferentes de centralização e tradições políticas desiguais. Na verdade, Gana englobava desde um dos Estados mais centralizados da África colonial, o dos axante no sul, até sociedades completamente sem Estado, como a dos tallensi, no norte. Tal incoerência significa que havia pouca mobilização social, o que tornava particularmente sedutora, para líderes como Nkrumah, a ideia de fazer um uso casuístico do Estado e da lei para garantir o poder. Na essência, Leviatãs de Papel se formaram nas terras deixadas pelos impérios coloniais, o que criou Estados e sociedades fracos e uma situação em que ambos poderiam se perpetuar.

Um último fator completa as fundações do Leviatã de Papel — o sistema de Estado internacional. O mundo do pós-guerra era ostensivamente baseado em Estados independentes que seguiam regras internacionais, cooperavam com órgãos internacionais e respeitavam as fronteiras uns dos outros. Isso deu certo (em parte porque o Ocidente impôs). É notável que, apesar de montados a partir de diferentes tipos de sociedades e inúmeras entidades sem fronteiras naturais e sem união nacional, os Estados africanos praticamente não entraram em guerra uns com os outros nos últimos sessenta anos (mesmo que as guerras civis tenham sido comuns no continente e tenham transbordado fronteiras nacionais em alguns casos notórios, como o da Grande Guerra na parte oriental da República Democrática do Congo). Esse sistema cimentou os Leviatãs de Papel, porque conferia legitimidade internacional a esses Estados, mesmo que eles reprovassem de maneira categórica no teste do pato. Uma vez que você recebe o tratamento do tapete vermelho da comunidade internacional, e uma vez que rouba tudo que consegue domesticamente, o fato de que seu poder é realmente oco não importa tanto.

Podemos juntar todos esses fios usando a figura que apresentamos no Capítulo 2, que repetimos aqui como Figura 4. Nossa discussão sugere que os Leviatãs de Papel se encontram próximos do canto inferior esquerdo, ao lado do Leviatã Despótico — pouco poder na sociedade, pouco poder de Estado, mas ainda assim despótico. Isso gera mais algumas ideias sobre o medo do efeito de mobilização — um aumento do poder da sociedade pode levar o Leviatã de Papel para a órbita do Leviatã Ausente ou até mesmo jogá-lo para o corredor, com efeitos prejudiciais para a capacidade das elites de controlar a política. Nesse contexto, também é útil comparar o Leviatã de Papel com o Estado indiano. Vimos no Capítulo 8 que o Estado indiano também é desorganizado e frágil, e isso se mantém graças à natureza fragmentada da sociedade, assim como no caso do Leviatã de Papel. Mas há diferenças notáveis. Na Índia, a situação foi forjada pela história das relações de castas e pela gaiola de normas criada, não pela história do governo colonial. O que igualmente implica que era a organização peculiar da sociedade que mantinha o Estado fraco. Tal fato deixa a Índia perto de um Estado debilitado e comprimido pela sociedade. Na prática, é mais um Estado fraco do que despótico. Assim, nos termos da nossa figura, a Índia está do outro lado da linha que demarca a divisa entre

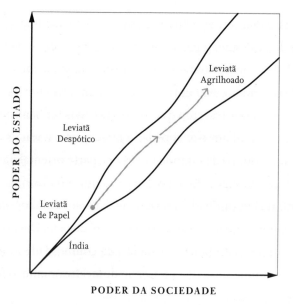

Figura 4. Leviatãs de Papel.

Leviatãs Ausentes e Despóticos. Não é o medo do efeito de mobilização que mantém o Estado fraco e incapaz na Índia; é o peso insuportável da divisão de castas.

A consequência dos Leviatãs de Papel

O tipo de Estado discutido neste capítulo, e de muitos países do mundo pós-colonial, é bem diferente dos Leviatãs Despóticos, Ausentes e Agrilhoados. Esse Leviatã de Papel tem algumas das piores características tanto do Leviatã Ausente quanto do Despótico. Na medida em que tenha quaisquer poderes, eles são despóticos e arbitrários. Ele é fundamentalmente incapaz de ser contido pela sociedade, que continuamente tenta manter fraca, desorganizada e confusa. Provê pouca proteção para seus cidadãos contra a Guerra e não tenta libertá-los da gaiola de normas (na verdade, pode até utilizar a gaiola para os próprios fins). Tudo isso é porque os Leviatãs de Papel não ligam para o bem-estar de seus cidadãos e certamente não ligam para sua liberdade. Mas isso também é porque eles têm pouca capacidade de fazer grandes coisas, exceto talvez enriquecer as elites políticas que estão no poder. Dissemos que as raízes do Leviatã de Papel vão ser encontradas no temor que as elites políticas têm da mobilização social, que limitaria sua capacidade de se beneficiar de seu controle do Estado e de roubar os recursos da sociedade. Apontamos também como desigualdades profundas, incontáveis estruturas estatais e a história do governo indireto legado pelo período colonial, assim como a transição abrupta e acidentada do governo colonial para a independência e o sistema internacional de Estado prepararam o terreno para o Leviatã de Papel.

O Leviatã de Papel não foi apenas ruim para a liberdade. Ele também foi desastroso para a prosperidade econômica. Vimos que oportunidades e incentivos econômicos precisam ser baseados na lei, na segurança e em serviços públicos eficientes e equitativos, e é por isso que o crescimento econômico é inexistente sob o Leviatã Ausente. O Leviatã Despótico pode instaurar leis, mediar conflitos (mesmo que muitas vezes ofereça vantagem aos politicamente poderosos), controlar roubos e, se quiser, fornecer serviços públicos. Com isso, pode desencadear o crescimento despótico, como ilustrado mais recentemente pelo crescimento espetacular da China. O Leviatã de Papel não é assim. Ele não tem a capacidade de fazer muitas dessas coisas, e muitas vezes nem quer controlar o roubo. Então o peso do Leviatã de Papel na América Latina e na África tem sido não apenas o medo contínuo, a violência e a dominação, para a maior parte de seus cidadãos, mas uma economia tomada pela corrupção e organizada de modo ineficiente. A prosperidade, assim como a liberdade, vai ter que esperar.

A incapacidade do Leviatã de Papel também abre espaço para conflitos incontroláveis e guerras civis, como aconteceu com a Libéria. Entre 1989 e 2003, o Estado liberiano desmoronou e o país foi devastado por duas guerras civis. As estimativas do número total das baixas nas duas guerras civis chegam a mais de meio milhão. Apesar de ter havido alguma reconstrução e estabilidade desde então, a natureza fina como papel do Estado liberiano persiste até hoje, com a resultante incapacidade e falta de vontade de prover serviços públicos, mesmo que o país tenha se tornado muito mais popular na comunidade internacional desde então. Em 2013, todos os 25 mil estudantes que fizeram o vestibular para a Universidade da Libéria reprovaram. Aparentemente, nenhum estava qualificado para entrar na universidade, uma demonstração incrível da baixa qualidade das escolas de ensino médio liberianas. Em 2018, cédulas recém-impressas, no valor de 104 milhões de dólares, aproximadamente 5% do produto interno bruto do país, simplesmente sumiram de contêineres que estavam no porto de Monróvia. O país possui quase o mesmo padrão de vida que tinha na década de 1970.

12.

OS FILHOS DE UAABE

O sonho do estrategista

No Ocidente, o Oriente Médio, especialmente a Arábia Saudita, virou símbolo de falta de liberdade, com a emancipação pessoal limitada pelos costumes, pela religião e pelo despotismo. E o que explica a tempestade perfeita de autoritarismo sem limites e uma forte gaiola de normas? Esse cenário é surpreendente dada a estratégia bem-sucedida de Maomé de construção do Estado, que originou parte da Arábia Saudita, e a civilização espetacular que os impérios islâmicos construíram nos séculos seguintes. O que aconteceu? Por que a gaiola de normas se tornou tão fervorosa e sufocante no Oriente Médio, quando vimos tantos outros impulsos de construção do Estado atenuarem em vez de intensificarem as restrições da gaiola?

Como vimos no Capítulo 3, o Estado de Maomé se espalhou rapidamente por grande parte do Oriente Médio e pela África Setentrional. Mas não para todo lugar. A Arábia é dividida em várias regiões distintas (como podemos ver no Mapa 4 do Capítulo 3). Medina e Meca estão em Hejaz, aninhadas nas montanhas Sarawat, que seguem ao longo do lado oeste da península na fronteira com o Mar Vermelho. No lado leste, terminam as montanhas e começa o grande vazio do deserto interior árabe, o Négede. O marechal de campo Erwin Rommel, que liderou a Corporação Africana da Alemanha durante a Segunda Guerra Mundial, chamou o deserto de "o sonho do estrategista e o pesadelo do contramestre". Assim era o Négede.

Em vez de enfrentar esse pesadelo logístico, os impérios islâmicos depois de Maomé se expandiram em direção a Damasco e Bagdá, e então para oeste, no Egito e da África Setentrional, onde podiam conquistar Estados já centralizados. Mesmo mais tarde, depois que vários dos primeiros Califados ruíram e a sede do Poder Islâmico passou para Constantinopla e para o Império Otomano, o Négede resistiu à integração. Os otomanos controlavam Hejaz e as cidades sagradas muçulmanas, assim como a Mesopotâmia entre o Tigre e o Eufrates, mas deixaram o interior da Arábia mais ou menos em paz.

Apesar de se converterem ao Islã, os beduínos de Négede evitaram a centralização política. Todas as grandes religiões são flexíveis e estão abertas a múltiplas interpretações e implementações (de outra forma, como poderiam se espalhar com tanto sucesso?). Apesar de Maomé ter a intenção de construir um Estado poderoso e imbuir autoridade centralizada na Constituição de Medina, o Corão era menos específico sobre esse assunto. De fato, há apenas dois suras (capítulos) que abordam diretamente questões constitucionais. Em um deles, é enfatizada a obediência à autoridade. O outro recomenda a consulta, a norma entre as tribos beduínas do deserto. Há bastante espaço de manobra para amenizar o ceticismo dos árabes em relação à autoridade centralizada. Além disso, no Islã não haveria uma estrutura como a da Igreja Católica, com uma hierarquia elaborada com padres, bispos e papas. Em vez disso, cada muçulmano poderia se ligar diretamente a Alá sem intermediários (semelhante ao que acontece em muitas denominações protestantes). Esse fato tornou mais difícil que uma autoridade centralizada impusesse suas vontades a comunidades locais e tornou a nova religião mais palatável para as tribos beduínas. Também aumentou a possibilidade de que as estruturas tribais em áreas como o Négede persistissem e se misturassem com os ensinamentos do islã.

Portanto, até o século VIII o Négede permaneceu dividido em tribos autônomas concorrentes comandadas por xeiques ou emires. Algumas vezes, a competição se tornava violenta. No oásis de Daria, logo nos limites de Riade, a atual capital da Arábia Saudita, uma série de assassinatos levou ao surgimento de um novo emir, Muhammad ibn Saud, que assumiu o poder em 1726 ou 1727. Foram os descendentes de Saud que, em 1932, deram seu nome ao reino ainda inimaginado da Arábia Saudita. Nossas fontes de informação mais recentes sobre Saud vêm do início do século XIX e todas concordam com a importância de um evento para Saud e o destino de seu reino — seu primeiro encontro com Maomé ibne Abdal Uaabe.

Uaabe veio de Uyaina, uma cidade-oásis trinta quilômetros ao norte de Daria. Sua família estava profundamente envolvida nos ensinamentos islâmicos e seu pai era um *qadi*, um juiz indicado pelo emir local para resolver casos baseado na lei islâmica, a Sharia. Essa lei surgiu com Maomé e o início do Império Islâmico. Seus elementos mais básicos são o livro sagrado, o Corão, e as hádices, uma grande coleção de ditados e ações atribuídos a Maomé e escritos por seus seguidores. Durante o início da Idade Média, várias escolas de pensamento, com destaque para Hanafi, Maliqui, Xafi'i, Hambal e Jafari, começaram a debater o que constituía a Sharia. Apesar de concordarem sobre o papel central do Corão e dos hádices, elas discordaram sobre até que ponto os juízes poderiam criar precedentes ou tomar decisões com base em analogias. Dessas escolas, os Hambalitas eram os mais conservadores. Rejeitavam todas as evoluções da lei, e sua interpretação da Sharia dominava o Négede.

Uaabe memorizou o Corão aos dez anos e começou a viajar por Iraque, Síria e Irã, retornando ao Négede para começar a pregar no início de 1730. Na ausência de uma hierarquia religiosa, qualquer um com conhecimento do Corão e dos hádices pode ser reconhecido como um *ulama*, um professor religioso que pode emitir *fatwas*, determinações que articulam interpretações particulares das escrituras islâmicas, normalmente no contexto de algum problema ou debate contemporâneo. Em algum momento de suas viagens, Uaabe formulou uma interpretação distinta do Islã — o que veio a se tornar o Vaabismo — e daquelas que decidiu serem as falhas da Arábia. Seguindo a escola Hambali, ele pensava que as pessoas se afastavam da religião real ao adorar ídolos. Lembre que, antes da revelação de Maomé em Meca, a Caaba tinha sido um altar para diferentes deuses pré-islâmicos. A adoração desses deuses persistiu, e as pessoas veneravam santos e a tumba de Maomé em Medina. Para Uaabe isso era idolatria. Ele pregava que uma guerra santa, *jihad*, poderia ser feita contra qualquer um envolvido em tal idolatria. Essas interpretações se revelaram muito úteis para Saud, um estrategista astuto.

Mas antes Uaabe tinha que desenvolver sua doutrina e conquistar seguidores. Duas de suas ideias se tornaram particularmente atraentes para os governantes: as pessoas deveriam obedecer às autoridades e pagar o zakat, uma taxa religiosa obrigatória estipulada no Corão. O zakat não era popular entre os beduínos do Négede e parece que quase nunca era pago nesse período. Supostamente ele devia ser usado para caridade e atividades religiosas, mas presumivelmente xeiques e emires ficavam com uma parte. O pilar do que se tornou o Vaabismo, no entanto, foi a ideia de que qualquer um que não pagasse o zakat era um infiel.

Uaabe começou a colocar sua doutrina em ação em Uyaina. Ele derrubou uma árvore sagrada com as próprias mãos. Não haveria adoração de árvores. Destruiu o túmulo de Zaid ibn al-Khattab, um companheiro do Profeta, que havia se tornado lugar de peregrinação. Não haveria adoração de tumbas nem peregrinações, exceto pela hadj, a peregrinação anual para Meca. Quando uma mulher de Uiaina foi considerada culpada por fornicação, Uaabe aplicou uma interpretação estrita da Sharia e ordenou que ela fosse apedrejada até a morte. Isso foi um passo grande demais e, diante da oposição do ulama local, que não gostava de seus novos ensinamentos radicais, Uaabe foi forçado a fugir de Uyaina para Daria. Lá ele e Saud tiveram um encontro que serviu de preparação para uma união dos dois. Não há relatos em primeira pessoa dessa reunião fatídica, mas Uaabe queria apoio militar para a jihad que planejava a fim de espalhar suas novas doutrinas. Saud viu o potencial para que o Vaabismo fosse uma poderosa ferramenta de expansão militar e controle social. Saud pediu a Uaabe que ficasse em Daria e apoiasse a campanha militar que planejava para o Négede. Também exigiu que ele concordasse com a cobrança de impostos regulares sobre o cultivo local. Uaabe aceitou a primeira solicitação, mas não a segunda. Em vez disso, permitiu que Saud retirasse um quinto de todo o montante da jihad e alegou que isso representaria uma soma muito maior do que o tributo das colheitas. O acordo foi selado; Saud confiava no Vaabismo, e vice-versa. O casamento estava destinado a ser fabulosamente bem-sucedido. Os Saud se expandiram para fora do pequeno oásis, tomando conta primeiro do Négede. Em 1803, haviam capturado Meca e Hejaz do Estado Otomano. Um relato registra como Saud tomou al-Hasa, ao leste do Négede.

> Quando a manhã chegou e Saud seguiu o seu caminho após a oração, quando [os vaabitas] levantaram camelos e cavalos e dispararam com suas armas de mão ao mesmo tempo, o céu escureceu, a terra estremeceu, nuvens de fumaça subiram no ar e muitas mulheres grávidas sofreram abortos. Então todo o povo de al-Hasa veio a Saud, jogando-se à sua mercê.
>
> Ele determinou que todos se apresentassem diante dele e isso foi feito. Ele ficou lá por alguns meses, matando, exilando e prendendo todos que quis, confiscando propriedades, destruindo casas e construindo fortalezas. Exigiu 100 mil dirrãs e recebeu (...) algumas pessoas (...) que percorreram os mercados e capturaram quem levava uma vida dissoluta (...) Algumas pessoas foram mortas no oásis, outras foram levadas para o campo e decapitadas em frente à tenda de Saud até que estivessem todos destruídos.

Pela primeira vez a península árabe estava mais ou menos unificada sob um Estado, embora os atuais Iêmen e Oman, ao sul, permanecessem independentes. Nada disso surpreenderia Ibn Khaldun; as pessoas do deserto que tinham *asabiyyah* estavam conquistando as áreas urbanas sob a proteção do Islã.

O sistema político que se desenvolveu no Négede depois de 1740, e que acabou se consolidando na Arábia Saudita, era muito diferente do que existia antes. Na época, os xeiques tribais tinham que consultar outros notáveis nos conselhos chamados *majlis*. O escritor e explorador inglês Charles Dougherty notou que isso ainda acontecia em 1860 e 1870. O princípio era: "Aqui fale quem quiser, a voz do menor é ouvida entre eles; ele é um homem da tribo."

De fato, os xeiques eram eleitos e potencialmente qualquer beduíno poderia ascender ao cargo, mesmo que fosse tipicamente monopolizado pelas famílias notáveis. Como o viajante suíço Johann Ludwig Burckhardt apontou no início do século:

> O xeique não tem autoridade real sobre os indivíduos de sua tribo.

Era apenas um tipo comum de Leviatã Ausente. Quando morreu em 1765, Muhammad ibn Saud foi sucedido por seu filho Abd al-Aziz Muhammad ibn Saud, que para ganhar legitimidade ainda precisava ser eleito pelas pessoas de al-Diriya. Mas esse equilíbrio entre Estado e sociedade foi logo derrubado. Abd al-Aziz continuou as conquistas de seu pai, usando a conversão ao Vaabismo como pretexto para expansão militar e anexação de territórios na região. Segundo uma cópia de uma carta que era lida para aqueles que seriam conquistados:

> Abd al-Aziz para os Árabes da tribo de ***. Saudações! Seu dever é crer no livro que enviei a vocês. Não sejam como os idólatras turcos, que dão a Deus um intermediário humano. Se forem verdadeiros crentes, serão salvos; se não, irei lutar contra vocês até a morte.

Quando um oásis era conquistado, um ulama vaabita era enviado para pregar. Saud substituiu os emires e xeiques locais por pessoas de sua escolha. Indicou qadis vaabitas para implantar sua versão estrita da Sharia. Também indicou um oficial conhecido como *muhtasib*. O muhtasib tinha vários papéis administrativos, como supervisionar o comércio e os pesos e medidas, e também garantir que práticas islâmicas fundamentais, como orações, fossem respeitadas. Ibn Saud também construiu uma burocracia bastante elaborada de cobradores de impostos para cobrar o zakat. Supostamente, despachava setenta times de cobradores a cada ano, cada qual composto por sete cobradores. Ele também começou a resolver disputas tribais. Em 1788, Uaabe emitiu uma fatwa declarando que os Saud eram emires hereditários e que todos os Vaabitas tinham que jurar lealdade ao governante Saud. O despotismo dos Saud estava se fundindo com a gaiola de normas Vaabita.

O triunfo inicial dos Saud e dos Vaabitas sobre os otomanos não durou muito. O sultão otomano apontou Muhammad Ali, o general de origem albanesa que se fez o governante independente do Egito, para confrontar a ameaça vaabita. Muhammad Ali e, mais tarde, seu filho Ibrahim Pasha invadiram Hejaz e destruíram o nascente Estado saudita em 1818. Contudo, foi difícil governar o Négede. Em 1824, um segundo Estado saudita se formou, mas, com os otomanos mais seguros no comando de Hejaz, nunca teve a autoridade ou o escopo do Estado inicial. Ele ruiu em 1891, derrotado por uma família Négede rival, e os Saud foram para o exílio no Kuwait. Mas não por muito tempo.

Domesticando o ulama

Em 1902 os Saud voltaram, liderados por Abd al-Aziz bin Saud, tataraneto de Muhammad ibn Saud. Abd al-Aziz caminhou pelo deserto saindo do Kuwait e capturou Riad, sendo que al-Diriya havia sido abandonada depois de ser destruída por Ibrahim Pasha em 1818. Saud tinha uma nova versão da arma secreta religiosa de seu ancestral — o *Ikhwan* —, que significa literalmente "irmãos", e era uma organização religiosa iniciada pelo qadi de Riade, um membro da família al-Shaikh, descendente de Uaabe. Eles formaram assentamentos dedicados a uma versão rigorosa do Islã, discriminavam estrangeiros, adotavam um rígido código de conduta e desenvolveram fortes normas de cooperação e apoio mútuo. Também herdaram o hábito Vaabita de declarar jihad àqueles que não aderissem às suas regras. Muhammad ibn Saud havia visto o potencial do Vaabismo em seus esforços de construção de um Estado e o usou para atacar os rivais. Abd al-Aziz fez o mesmo com o Ikhwan.

O primeiro assentamento Ikhwan data de 1913, em al-Artawiya, a noroeste de Riade. Logo, Abd al-Aziz daria a eles dinheiro, sementes e ajudaria na construção de mesquitas e escolas. Em seguida foram oferecidas armas e munição, ainda que o Ikhwan parecesse ter preferido armas mais tradicionais, como espadas. Ele incentivou e construiu mais assentamentos, induzindo o ulama de Riade a proclamar uma fatwa promovendo a vida sedentária e a agricultura. Ele conseguiu o direito de indicar os qadis nos assentamentos, tipicamente da família al-Shaikh, o que fortaleceu a aliança Saud-Uaabe. Os Ikhwan foram então submetidos a um recrutamento militar e se tornaram as tropas de choque de Abd al-Aziz (uma imagem remanescente dos Ikhwan desse período está no caderno de fotos). Eles lutavam pela jihad, Al-Aziz por um reino. Era um equilíbrio difícil, mas por um tempo esses objetivos convergiram em torno do eixo despotismo-gaiola de normas. Já em 1914, no entanto, Al-Aziz teve que induzir um ulama a emitir outra fatwa apelando para que a tolerância reinasse entre os Ikhwan.

A situação chegou ao limite quando o Império Otomano, ainda no controle de Hejaz e das cidades sagradas, entrou na Primeira Guerra Mundial ao lado da Alemanha. Os britânicos, incluindo Lawrence da Arábia, incentivaram o emir de Meca, Hussein, a liderar a famosa revolta árabe de 1916 ao prometer que, depois que os otomanos fossem derrotados, eles garantiriam o surgimento de um Estado árabe "nos limites e fronteiras propostos pelo xerife de Meca", mas excluindo "partes da Síria" que estavam a oeste dos "distritos de Damasco, Homs, Hama e Alepo". Em 1918, o éxército otomano havia se desintegrado, e os britânicos aproveitaram as ambiguidades do acordo com Hussein para restringir seu Estado a Hejaz. Junto com os franceses, eles dividiram o resto do antigo Império Otomano, com exceção de parte da Turquia. Hussein ficou furioso com essa traição e se recusou a assinar o Tratado de Versalhes em 1919. Enquanto isso, Abd al-Aziz e os Ikhwan consolidaram seu domínio sobre o Négede. Num primeiro momento, eles não queriam confrontar as tropas otomanas. Nem queriam lutar contra Hussein, que tinha o apoio dos britânicos, pelo domínio de Hejaz. Mas o antagonismo de Hussein em relação aos planos pós-guerra dos britânicos, particularmente aqueles envolvendo a Palestina, fez com que os britânicos passassem a apoiar Abd al-Aziz em 1924. Fortalecido, ele invadiu Hejaz. Meca caiu em outubro daquele ano e Medina foi capturada em dezembro de 1925.

Abd al-Aziz se tornou rei do Négede e Hejaz graças aos Ikhwan. Ele conseguiu o que queria, mas os Ikhwan, não. Eles estavam em uma jihad contra os apóstatas, e não somente em oposição àqueles que estavam na península arábica. Os Ikhwan começaram a lançar ataques contra o protetorado britânico da Transjordânia, mas foram derrotados pela Força Aérea britânica. Abd al-Aziz decidiu que os Ikhwan haviam concluído seu trabalho e que agora eles eram mais um estorvo que uma vantagem. Al-Aziz se voltou contra eles, derrotando-os na batalha de Sabilla e matando seus líderes. Em 1932, unificou Hejaz e o Négede no Reino da Arábia Saudita.

A derrota dos Ikhwan foi uma mensagem poderosa de que na coalizão entre os sauditas e o Vaabismo, os sauditas é que mandavam. Mas levou algum tempo para que os reis Saud institucionalizassem isso em sua forma moderna. O principal momento se deu após a morte de Abd al-Aziz, em 1953. Ele foi sucedido por seu filho Saud, mas houve intensa rivalidade com outros irmãos que queriam o trono, particularmente o meio-irmão Faisal. Faisal se mostrou muito mais astuto politicamente. Enquanto Saud estava lutando com problemas de saúde, Faisal gradualmente assumiu o controle de muitas políticas e construiu uma coalizão de apoiadores na família real. Finalmente, confiante em seu poder, Faisal convocou o ulama para considerar a possibilidade de excluir Saud dos assuntos do Estado. Eles obedientemente emitiram uma fatwa em 29 de março de 1964, enfatizando dois pontos principais: primeiro, "Saud era o soberano do país e deve ser respeitado e reverenciado por todos"; segundo, "Como primeiro-ministro, o príncipe Faisal pode gerenciar livremente os assuntos internos e externos do reino sem consultar o rei". Foi, de fato, um golpe de Estado, sancionado pela autoridade religiosa — exceto pelo fato de que não havia precedente para essa decisão no Corão ou em qualquer escritura relevante; o ulama apenas reconheceu onde estava o poder. Mas isso não foi o suficiente para Faisal e seus apoiadores. Eles decidiram que tinham que se livrar completamente de Saud. Em outubro de 1964, Faisal convocou o ulama de novo, agora para encontrar uma forma de justificar a deposição do rei Saud. Um dos participantes dessas negociações relembra como o grupo de Faisal

> em muitas ocasiões contatou o xeique Muhammad ibn Ibrahim (...) para persuadi-lo a emitir uma fatwa depondo o rei Saud (...) A ação era necessária para preservar a unidade da comunidade e do Estado Islâmico. O ulama tinha que apoiar a decisão da casa real. O xeique Muhammad, portanto, decidiu se reunir com o ulama em sua casa (...) Depois de uma breve discussão sobre a situação do país, eles concluíram que isso era necessário para confirmar a escolha da casa real.

O xeique Muhammad era o Grande Mufti, o mais importante ulama no país. A linguagem aqui é marcante. Apesar de historicamente Uaabe e seus descendentes provavelmente terem grande autonomia em relação aos Saud, está claro que em 1964 o ulama fazia o que a facção mais poderosa dos Saud mandava, e eles concordaram em depor o rei após uma "breve discussão". A fatwa que depôs Saud foi devidamente emitida no dia 1º de novembro.

Faisal se tornou rei. Antes de seu reinado, o relacionamento entre a família real e o ulama era informal. Faisal começou a mudar isso e forjou uma estrutura institucional que poderia controlar mais diretamente. Ele anunciou uma série de reformas que incluíam criar "um conselho consultivo composto por 22 membros que serão escolhidos entre os principais juristas e intelectuais". Eles eram responsáveis por "emitir decisões e dar conselhos em questões de interesse dos membros da comunidade muçulmana".

Demorou até 1971 para que esse Comitê do Grande Ulama fosse enfim criado, aparentemente em função da oposição do Grande Mufti Sheikh Muhammad. Depois da morte dele, em 1969, Faisal aboliu o posto de Grande Mufti (que foi depois reintroduzido). O Comitê do Grande Ulama tinha vários subcomitês para gerenciar uma gama de problemas e emitir fatwas relacionadas a diferentes áreas da lei islâmica. Mas eles só poderiam tratar de questões autorizadas pelo gabinete real, que podem modificar suas pautas como bem entenderem. Portanto, o comitê se tornou uma ferramenta para a domesticação do ulama.

Talvez a prova mais notável disso apareça em 1990. Depois que as tropas de Saddam Hussein invadiram o Kuwait, os sauditas ficaram apreensivos com a possibilidade de serem os próximos e pediram aos Estados Unidos que enviassem militares para protegê-los. O rei Fahd, irmão de Faisal que ascendeu ao trono em 1982, estava preocupado com a chance de isso ser interpretado como uma contradição em relação ao papel dos sauditas como autoproclamados defensores das cidades sagradas de Meca e Medina. Mas o Grande Ulama rapidamente emitiu uma fatwa tranquilizando os sauditas. Ela dizia que, para defender a nação

> de todas as maneiras possíveis (...) o Conselho Supremo do Ulama apoia o que for realizado pelo governante, que Deus lhe conceda sucesso: trazer as forças equipadas com instrumentos capazes de assustar e aterrorizar aquele que deseja agredir este país. Esse dever é ditado pela necessidade

das circunstâncias atuais e se torna inevitável pela realidade dolorosa, e sua base legal e provas ditam que o homem responsável pelos assuntos dos muçulmanos deve procurar a assistência daquele que tem condição de atingir o objetivo desejado. O Corão e a Suna (atividades e declarações) do Profeta indicaram a necessidade de estar pronto e tomar precauções antes que seja tarde demais.

A Suna é um conjunto de práticas, normas e crenças da comunidade islâmica extraídas do Corão e dos hádices. Sem dúvida foi um alívio para os cidadãos sauditas saber que a presença de "cruzados" — como Osama bin Laden depois os chamaria — em solo saudita era perfeitamente compatível com a Suna. Ufa!

Intensificando a gaiola de normas

A história da Arábia Saudita exemplifica a gaiola de normas e sua intensificação. As normas das sociedades sem autoridades centralizadas frequentemente evoluem para limitar o comportamento de várias formas, tanto para regular conflitos como para prevenir a desestabilização do *status quo*. Essas normas têm raízes nos costumes e crenças do povo, e passam a ficar impregnadas na religião e na prática religiosa. E foi o que aconteceu no Islã, apesar do forte impulso de Maomé de construir uma autoridade centralizada em Medina e em outros territórios. Com os esforços da escola legal de Hambali e o Vaabismo — sua ênfase na tradição e na oposição à inovação —, essas normas se reproduziam intensamente. Então veio o acordo com ibn Saud, que explorou o zelo dos Vaabitas pela expansão militar, e eles e seus sucessores compraram as principais normas e restrições Vaabitas como parte dessa barganha. Um pequeno preço a pagar por um reino.

Mas nas mãos de ibn Saud e Abd al-Aziz, as ideias do Vaabismo e as restrições começaram a ter um impacto bem além do oásis de Daria.

Outros aspirantes a déspota no Oriente Médio começaram a usar as mesmas ideias e estratégias, igualmente reforçando a gaiola de normas para apoiar o poder despótico. Três fatores inter-relacionados explicam a popularidade dessa estratégia na região. Um deles vem da estrutura institucional do Islã. Como notamos, no Islã, especialmente no Islã sunita, não há hierarquia na igreja, nem sacerdotes intermediando a relação do indivíduo com a divindade. O ulama, que é um estudioso da religião, pode dar às pessoas orientação sobre a interpretação das escrituras e emitir fatwas. Por um lado, isso significa que qualquer um com conhecimento suficiente do Corão e dos hádices pode assumir esse papel (uma dinâmica cujas implicações vamos discutir em breve). Por outro, essa estrutura organizacional abriu a porta para o domínio sobre o ulama e sobre um suprimento de fatwas para fortalecer o regime saudita. Não havia nada como a hierarquia da Igreja Católica para agir como contrapeso às maquinações sauditas. Outros regimes déspotas no Oriente Médio fizeram o mesmo.

Um segundo fator está relacionado ao fato de que, como destaca-do acima, o Corão não é um documento constitucional, e está aberto à interpretação sobre o grau de poder investido nos governantes. Por exemplo, como o Corão e a Constituição de Medina não se pronunciam sobre quem deveria ser parte dos conselhos e aconselhar o governante, havia muita margem de manobra para os sauditas colocarem de lado os conselhos, os majlis das tribos beduínas, e limitar seu papel aos assuntos locais e controlar por completo quem pode ser parte do grande Majlis Ash-Shura, ou Conselho Shura.

Um terceiro fator é uma visão hobbesiana das relações Estado-sociedade que se desenvolveram e se impregnaram durante o reinado dos impérios islâmicos despóticos. Por exemplo, como o famoso filósofo do século X Algazali apontou:

A tirania de um sultão por cem anos causa menos dano que um ano da tirania exercida pelos súditos contra alguém (...)

> A revolta era justificada apenas contra um governante que claramente se colocasse contra um mandamento de Deus ou Seu profeta.

Portanto, a guerra era muito pior que o despotismo e, desde que se mantivesse fiel à Sharia, o déspota deveria ser tolerado.

Essa interpretação do Islã forneceu um conjunto atraente de princípios para um déspota em potencial (e, como veremos, a história do Oriente Médio mostra que havia muitos destes por lá). Parecia fácil de manipular, não havia inclinações para a democracia ou qualquer outro tipo de responsabilização política, e pregava submissão, desde que a Sharia fosse seguida. Mas, claro, o Islã era muito mais que isso. Era todo um sistema de crenças sobre como se deveria viver de acordo com as leis de Deus. Muitos desses princípios foram codificados na década de 620 na Arábia e refletiam as normas da região e do período. Grupos como os Hambalitas e os Vaabitas enfatizavam uma interpretação estrita e tradicionalista da Sharia e materializavam uma gaiola de normas muito restritiva, bastante anômala no mundo moderno.

Essa gaiola de normas não era simplesmente uma ferramenta poderosa nas mãos dos sauditas. Era também o preço a se pagar pela coalizão com os Vaabitas. Por exemplo, Abd al-Aziz fundou um tribunal comercial em 1926 com sete magistrados, dos quais apenas um era uma figura religiosa. Ele estava tentando modernizar minimamente as relações comerciais. Em 1955, o ulama persuadiu o rei Saud a abolir completamente o tribunal. Em 1967, Faisal o ressuscitou, criando três tribunais comerciais, um em Riade e outros dois nas grandes cidades portuárias de Jidá e Damã. Mas metade dos juízes tinha que ser ulama. Em 1969, dois terços tinham que ser ulamas. A Sharia suplantou qualquer tentativa de códigos comerciais civis modernos.

Pode-se imaginar que, depois da derrota dos Ikhwan e da domesticação do ulama, a família real saudita estaria em vantagem e começaria a relaxar partes da gaiola de normas que não eram adequadas a seus interesses políticos ou econômicos. No entanto, como a fatwa do rei Fahd em defesa da nação ilustra, há frequente demanda para que as autoridades religiosas reafirmem as políticas e práticas sauditas por se tratar de um sistema despótico cru, que não faz qualquer consulta à sociedade. Essa dinâmica ficou muito pior depois de dois eventos em 1978 e 1979. Primeiro veio a Revolução Islâmica Iraniana, que ameaçou a reivindicação saudita de ser o porta-estandarte do Islã na região. Segundo, mais ameaçador para a família Saud, centenas de insurgentes (ninguém sabe o número exato) liderados por um homem chamado Juhayman al-Otaybi invadiram a Grande Mesquita em Meca. Al-Otaybi veio de um assentamento estabelecido pelo rei Abd al-Aziz para abrigar os Ikhwan, e seu pai e muitos de seus familiares eram membros ativos da irmandade e haviam sido parte do conflito com o rei. As mágoas dele e de seus seguidores tinham raízes Vaabitas. Eles diziam que a Casa de Saud havia se afastado dos ensinamentos ao se ocidentalizar e clamavam por um retorno a uma interpretação mais tradicional do Islã. Eles (corretamente) apontaram que o ulama havia sido capturado pelos Saud e que tinham perdido sua legitimidade. A reação da família Saud governante, depois de um longo cerco e de impor aos rebeldes uma derrota com a ajuda de forças especiais paquistanesas e francesas, determinando a decapitação de al-Otaybi e seus seguidores, resolveu dobrar a aposta no Vaabismo. A interpretação e o ensinamento da religião se tornaram mais estritos, especialmente como uma maneira de doutrinar a juventude saudita nas escolas. A gaiola de normas se tornou mais apertada de novo.

As intocáveis da Arábia Saudita

Em 1955, o rei Saud anunciou que haveria educação pública para meninas. No entanto, quatro anos depois, diante da resistência do ulama, a política saudita mudou e essa educação foi colocada sob a supervisão do ulama. O Grande Mufti e o ulama mantiveram esse controle até 2002. Não se trata apenas da educação de mulheres; todos os aspectos do tratamento das mulheres na sociedade saudita são restringidos pela gaiola de normas que é forjada pelo pacto Saud-Uaabe.

Um executor-chave da gaiola na Arábia Saudita é o Comitê para a Promoção da Virtude e Prevenção do Vício, cujos membros são conhecidos como *mutaween* (polícia religiosa). Os mutaween são responsáveis por forçar as pessoas a aderir à Sharia e às normas islâmicas, tais como o código de vestimenta estrito para mulheres. Eles levam isso muito, muito a sério — tão a sério que, em março de 2002, quando um incêndio tomou conta de uma escola para meninas em Meca, tentaram impedir que meninas vestidas de forma inapropriada — sem o véu e abayas (mantos negros exigidos pela interpretação tradicional do Islã no reino) — deixassem o prédio em chamas. Quinze meninas morreram. Um dos membros da equipe de resgate disse:

> Sempre que as meninas saíam pelo portão principal, essas pessoas as forçavam a voltar por outro. Em vez de estender a mão para ajudar no resgate, estavam usando as mãos para bater na gente.

Pode-se imaginar que o Comitê para a Promoção da Virtude e Prevenção do Vício era uma instituição islâmica antiga, mas não era. Como vimos, é verdade que à medida que se expandia, o Estado saudita apontava muhtasibs para a captura de oásis, e que entre seus deveres estava a imposição de normas e leis religiosas; as raízes desse ofício datavam da Idade Média e do Califado Abássida. Mas "o Comitê" era uma instituição nova, cujo antecessor, a "Companhia" para a Promoção da Virtude e Prevenção do Vício, foi criado por Abd al-Aziz em 1926, depois da conquista de Hejaz. A companhia se transformou em comitê em 1928. À medida que o Estado saudita consolidava seu poder, a gaiola de normas ficava mais apertada. Isso se devia parcialmente às concessões feitas ao ulama Vaabita. Mas também era bastante útil para escorar o despotismo.

A gaiola ajudava a manter as pessoas sob controle, mesmo enquanto a economia e a vida se modernizavam; por isso a criação do comitê.

O peso da gaiola de normas da Arábia Saudita é carregado pelas mulheres. Em 2014, uma estudante na Universidade Rei Saud, em Riade, morreu porque paramédicos homens não tinham permissão para tratá-la. Homens que não são familiares não têm permissão para tocar as mulheres, nem mesmo para um polido aperto de mãos, muito menos para realizar cuidados médicos essenciais. Na Arábia Saudita, as mulheres são intocáveis.

O código de vestimenta, a estipulação de não tocar e a rede de regulamentações que colocam as mulheres sob o controle dos homens vêm de interpretações particulares do Corão. Conforme a Sura 4, versículo 34: "Os homens são protetores e mantenedores das mulheres, porque Deus concedeu mais [força] a um que a outro, e porque eles as apoiam com seus meios." Na Arábia Saudita essa sura é interpretada como se significasse que as mulheres estão sob a tutela dos homens, como crianças, e é vista como compatível com a cláusula 41 da Constituição de Medina de Maomé, formulada em 622, quando diz que "uma mulher deve ter proteção apenas com o consentimento de sua família".

Portanto, as mulheres estão sob o controle de sua família (leia-se "homens"). Na Arábia Saudita, o domínio dos homens sobre as mulheres é institucionalizado através do sistema de tutela. Toda mulher deve ter um homem que a tutele e de quem ela precisa obter permissão para fazer muitas coisas, como viajar. O tutor pode ser seu pai, marido ou mesmo filho. Se uma mulher viaja sem um tutor, deve levar consigo um cartão amarelo que documenta o número de viagens e por quantos dias o tutor a autorizou viajar. A permissão também é necessária para abrir uma conta bancária, alugar um apartamento, começar um negócio ou solicitar um passaporte. O portal eletrônico do governo estipula que o tutor homem preencha o formulário de solicitação para o passaporte de uma mulher. A mulher precisa da permissão de um homem até mesmo para sair da prisão quando sua sentença foi cumprida!

Até recentemente, a permissão também era necessária para conseguir um trabalho. Apesar de isso ter mudado, a lei saudita exige locais de trabalho com áreas separadas para homens e mulheres, o que desestimula a contratação de mulheres. Se uma mulher quer estudar fora, deve ser acompanhada por um familiar homem. As mulheres não podem comer em um restaurante que não tenha uma ala "família" separada e uma entrada separada para mulheres. Uma fatwa do Grande Conselho declara que "uma mulher não deve deixar sua casa, a não ser com a permissão de seu marido".

Claro, não há igualdade perante a lei. Em processos legais, o testemunho das mulheres vale metade do de um homem. Da mesma forma, sob a Sharia, as mulheres herdam metade do que os homens herdam. As mulheres têm dificuldades para entrar com um processo ou para serem ouvidas por um tribunal sem que um tutor legal intervenha. Presididos por juízes homens, os tribunais geralmente se recusam a ouvir testemunhos de mulheres como parte em um caso criminal. Duas mulheres disseram a pesquisadores do Human Rights Watch que os juízes se recusam a permitir que elas falem em um tribunal porque alegam que suas vozes são "vergonhosas". Juízes só permitem que seus tutores falem por elas. Mas o que acontece quando as mulheres são abusadas por seus tutores ou maridos?

Um ranking de igualdade de gênero do Fórum Econômico Mundial coloca a Arábia Saudita na posição 141 de 149 países (os Emirados Árabes Unidos, apesar de seus prêmios de igualdade de gênero, como vimos no prefácio, está apenas um pouco acima da Arábia Saudita, na posição 121). Esse ranking leva em conta muitas coisas; uma é a participação na força de trabalho, que é de apenas 22% na Arábia Saudita, contra 56% nos Estados Unidos.

O sistema de tutela e a discriminação regularizada contra mulheres têm sido consistentemente mantidos pelas autoridades religiosas. Em 1990, quando o Grande Ulama foi chamado a decidir sobre ser ou não apropriado para uma mulher adiar o casamento para terminar sua educação universitária, ele emitiu uma fatwa decretando que:

Uma mulher progredir por meio da educação universitária, que é algo de que não necessitamos, é um fato que precisa ser analisado. O que vejo [ser correto] é que, se uma mulher terminar o ensino fundamental e for capaz de ler e escrever, sendo assim capaz de se beneficiar da leitura do Livro de Deus, de seus comentários e dos hádices proféticos, isto é suficiente para ela.

Quando questionado sobre um ofício para as mulheres, decidiu:

Deus todo-poderoso (...) recomendou que as mulheres permaneçam em casa. Sua presença em público é a principal contribuição para espalhar o fitna [conflito]. Sim, a Sharia permite que as mulheres deixem suas casas apenas quando necessário, dado que usem o hijab e evitem qualquer situação suspeita. No entanto, a regra geral é que permaneçam em casa.

E, definitivamente, nada de toques. Nem de liderança. Outra fatwa do mesmo órgão determina que as mulheres não podem ocupar posições de liderança sobre os homens por conta de seu "raciocínio e sua racionalidade deficientes, além da paixão que prevalece sobre o pensamento". A principal defesa dessas regras pelas autoridades do governo saudita é que a Arábia Saudita é uma sociedade conservadora e as normas refletem a maneira como as pessoas pensam.

Mas esse dado não tem apoio nos indícios disponíveis. Um estudo recente de Leonardo Bursztyn, Alessandra González e David Yanagizawa-Drott, em Riade, perguntou aos homens se eles concordavam ou não com uma afirmação simples: "Em minha opinião, as mulheres deveriam ter permissão para trabalhar fora de casa." Oitenta e sete por cento concordaram com essa afirmação. Mas, reafirmando a gaiola de normas, muitos homens ainda não se sentem confortáveis com a possibilidade de suas esposas trabalharem fora de casa por conta da reação das outras pessoas. Em particular, alegam que outros seriam menos tolerantes com o trabalho das mulheres fora de casa, e apenas 63% alegavam que outros homens da vizinhança concordariam com a mesma afirmação. Portanto, na gaiola de normas, todo mundo tem medo do que os outros vão dizer sobre o mais básico empoderamento das mulheres. O trabalho das mulheres se torna estigmatizado e a gaiola de normas é reforçada.

Embora os estudiosos possam citar o Corão e os hádices em apoio ao controle das mulheres pelos homens, tudo está sujeito a imperativos políticos. Ainda em 1996, o Grande Ulama emitiu uma fatwa que categoricamente declarava que as mulheres não tinham permissão para dirigir sob a Sharia:

> Não há dúvida que tal [atividade] não é permitida. Mulheres dirigindo podem levar a muitos males e a consequências negativas. Entre essas está o fato de ela se misturar com homens sem estar tutelada. Também leva a pecados ruins e por isso tal ação é proibida.

Não havia, é óbvio, carros na época de Maomé. Uma fatwa como essa nada mais é do que uma interpretação especulativa do que os princípios islâmicos básicos implicam para as mulheres motoristas, uma vez que não havia carros em 620. Mas o fato de as mulheres não terem permissão de dirigir na Arábia Saudita se tornou cada vez mais uma faceta constrangedora do regime, citada sem remorso pela mídia internacional. Em 2017, foi anunciado que isso mudaria sob uma agenda de reformas do príncipe herdeiro Mohammed bin Salman. Em tempo: em 1996, o Grande Conselho anunciou que era definitivamente contra a Sharia que as mulheres dirigissem. Sem problemas, os Saud os levaram a emitir uma nova fatwa declarando que isso era perfeitamente islâmico no fim das contas.

Nabucodonosor está de volta

Ainda que a Arábia Saudita seja a garota-propaganda da intensificação da gaiola de normas, outros regimes autoritários na região seguem o mesmo manual. Veja o governo de Saddam Hussein no Iraque. O Iraque surgiu de um mandato britânico, como parte do mesmo plano sombrio com o qual o Emir Hussein de Meca sentiu ter roubado dos árabes suas recompensas por lutarem contra o Império Otomano. Para dourar a pílula, os britânicos transformaram um dos filhos de Hussein, Faisal, em rei do Iraque. O Iraque foi uma criação colonial, uma reunião de três províncias otomanas — Mossul, Bagdá e Baçorá. Colocar Faisal como responsável foi um ato grotesco de política colonial. Quando ele foi coroado, a sinfônica tocou o hino nacional britânico, "Deus Salve o Rei", porque o Iraque ainda não tinha um hino. A monarquia não durou. O Iraque se tornou independente em 1931 e o primeiro golpe aconteceu em 1936, seguido por duas décadas de instabilidade política intensa até que membros dos Oficiais Livres, grupo liderado pelo brigadeiro Abd al-Karim Qasim, finalmente destronou a monarquia em 1958. Nas primeiras horas do golpe, os homens de Qasim executaram sumariamente o rei e sua família.

Qasim impôs um controle do Estado sobre o ulama e tentou secularizar o Estado, mas suas tentativas tiveram vida curta. Ele mesmo foi assassinado em 1963 pelos golpistas militares que simpatizavam com o Partido Baath. Fundado em 1947 na Síria, o Partido Baath tinha uma ideologia enraizada no pan-arabismo, no anticolonialismo e no socialismo. Apesar de serem seculares, os membros do partido não viam problema em usar o Islã para subjugar a sociedade e intensificar a gaiola de normas. Esse processo começou em 1968, quando o Baath definitivamente tomou controle em outro golpe, e se intensificou depois de 1979, quando Saddam Hussein tomou o poder. Saddam não era um militar, mas abriu caminho impiedosamente no partido. Ele aproveitou a chance quando ela apareceu. Para se consolidar no poder, Saddam tornou reféns os familiares de um terço dos membros do Conselho do

Comando Revolucionário. Então, ele realmente se empolgou. Saddam orquestrou e filmou uma confissão de Muhyi Abdel-Hussein, o secretário do Conselho do Comando Revolucionário (Saddam era vice-presidente), que foi mostrada para membros do partido de todo país. De acordo com uma versão registrada por um historiador:

> Um abatido Saddam se dirigiu às pessoas reunidas em lágrimas. Ele preencheu as lacunas do testemunho [de Abdel-Hussein] e dramaticamente apontou seus antigos colegas. Guardas carregaram pessoas para fora da reunião e então ele convocou os principais ministros e líderes do partido para que eles mesmos formassem o pelotão de fuzilamento.
>
> Aparentemente cerca de cinco centenas de Baathistas foram executados até 1º de agosto de 1979.

Saddam agora tinha controle total. Ele fez dos ulamas funcionários assalariados do Estado e subservientes a ele. Construiu uma ideologia elaborada para legitimar seu governo, alegando uma descendência do grande rei babilônico Nabucodonosor, do século V a.C. Nabucodonosor não era muçulmano, claro, mas, à medida que o governo de Saddam se tornava cada vez mais precário e menos legítimo, ele tentou sustentar seu poder não apenas com sucessivos apelos ao Islã, mas por qualquer meio que imaginasse. No ano seguinte à tomada do poder, Saddam invadiu o Irã, iniciando a desastrosa guerra Irã-Iraque. Ele esperava explorar a fraqueza do regime iraniano após a deposição do Xá, em 1979, e tomar seus campos de petróleo. Em vez disso, houve um sangrento impasse que durou oito anos.

Em 1982, Saddam havia deixado completamente de lado suas raízes secularistas. Ele falava em jihad e terminava seus discursos com frases religiosas, tais como "Deus irá defender e proteger você, e liderá-lo pela estrada da vitória". Em uma celebração do aniversário do Profeta, em 1984, Saddam foi louvado como "nossa liderança histórica, engenhosa, que lança a jihad, lutando pelo futuro de nosso povo iraquiano e elevando nossa religião monoteísta islâmica, guiado pela Mensagem do Eterno Islã". Na época em que invadiu o Kuwait, seis anos depois, Saddam alegava que "foi Deus que nos [me] mostrou o caminho (...) Deus tem nos abençoado". Sua imagem ajoelhado, rezando, começou a adornar espaços públicos, como mostra o caderno de fotos. Depois da derrota completa nas mãos do Exército (majoritariamente) americano na Operação Tempestade no Deserto, em janeiro de 1991, Saddam intensificou seus apelos ao Islã. Iniciou um programa gigantesco de educação islâmica, dobrando e até triplicando a carga horária reservada ao Corão e aos hádices na escola. Adultos, mesmo ministros do gabinete, eram forçados a ter aulas sobre o Corão. Abriu o Centro Saddam para a Leitura do Corão e a Universidade Saddam para Estudos Islâmicos. Professores com conhecimento das escrituras eram testados e prisioneiros podiam ter suas sentenças reduzidas se conseguissem memorizar passagens-chave dos textos religiosos. Em 1992, Saddam insistiu que as palavras *Allahu Akbar* (Deus é Grande) fossem adicionadas à bandeira do Iraque e anunciou em público que a bandeira se tornou

o estandarte da jihad e da fé (...) contra a horde infiel.

Saddam agora se apresentava como "Comandante da Congregação dos Crentes", o que dava polimento à sua boa-fé religiosa por meio de uma aposta dobrada na gaiola de normas. Em 1994, o Decreto nº 59 trouxe a primeira parte de leis inspiradas na Sharia que iriam transformar o código legal do Iraque. Para assalto e roubo de carro, a punição era amputação da mão na altura do pulso. Por um segundo crime, o pé esquerdo seria amputado no tornozelo. Em pouco tempo, cambistas não autorizados receberam as mesmas punições, assim como "banqueiros especuladores". Essas medidas foram precedidas em 1990 por leis que introduziram "costumes tribais" nos códigos penais, legalizando o assassinato de uma mulher adúltera por seus parentes, por exemplo.

Saddam continuou a intensificar a gaiola de normas, decretando medidas semelhantes às do sistema de tutela da Arábia Saudita. As mulheres não tinham permissão para viajar para fora do país, exceto na companhia de um parente homem. Ele anunciou que as mulheres deveriam abrir mão de empregos para ficar em casa, mas não impôs esse decreto, aparentemente por saber que seria muito impopular. Coube ao novo governo instalado pelos americanos, em 2003, demitir todas as juízas do Iraque sob a justificativa de que seus empregos eram anti-islâmicos.

* * *

A estratégia saudita de casar despotismo sem controle com uma (cada vez mais) intensa gaiola de normas era atraente não só para Saddam, mas para muitos regimes no Oriente Médio. A região era terra fértil para essa aliança pouco sagrada por várias razões. A primeira tentação era o histórico de governos despóticos. Os impérios islâmicos evoluíram em uma rígida direção despótica pelas razões que Ibn Khaldun identificou. Tal revolução despótica foi levada adiante e até mesmo agravada pelo governo otomano. Exceto pela religião, havia poucos caminhos para que a sociedade tivesse alguma voz nas decisões políticas ou para qualquer tipo de responsabilização dos governantes. Depois da Primeira Guerra Mundial, os poderes coloniais europeus substituíram os otomanos. As aspirações por autogoverno e independência que haviam crescido nas últimas décadas foram destruídas e uma colcha de retalhos de Estados dependentes de forma artificial logo foi criada. Esses Estados tinham pouco em comum com as estruturas políticas existentes e seus limites, fora sua tendência ao despotismo. Então veio o petróleo, que se tornaria o maior produto de exportação da região, ainda que distribuído desigualmente pela região. Recursos naturais que criam grandes recompensas para aqueles que controlam o poder político tendem a dar um empurrão no despotismo, e a história recente do Oriente Médio não foi exceção. Então veio a fundação do Estado de Israel e os conflitos incessantes entre árabes e judeus que se seguiram. A cena está pronta para a exploração da religião e para que a gaiola de normas crie e recrie o despotismo na região.

As sementes do 11 de Setembro

Vimos que não é coincidência que os Estados despóticos do Oriente Médio estejam associados à intensificação da gaiola de normas. Não há dúvidas de que a Arábia Saudita seja o caso mais extremo; não há outro país muçulmano que apresente separação tão agressiva de homens e mulheres no local de trabalho, por exemplo. Mas todos os Estados exploraram a estrutura descentralizada do Islã para promover sua autoridade política. No Egito, uma fatwa emitida em 1962 pela Universidade Alazhar, a voz de maior autoridade do Islã sunita, declarou que a paz com Israel era anti-islâmica. Contudo, quando o presidente Anwar Sadat assinou os Acordos de Camp David com o primeiro-ministro de Israel, Menachem Begin, em 1979, o xeique de Alazhar emitiu outra fatwa citando o Corão e os tratados que Maomé havia feito para mostrar que a paz com Israel era, na verdade, compatível com os princípios islâmicos. Quando o Exército egípcio quis a paz com Israel, pôde contar com o ulama.

O economista Jean-Philippe Platteau apontou outra consequência dessa relação simbiótica entre os ulamas, ou pelo menos parte deles, e os Estados despóticos do Oriente Médio. Lembre que, quando Uaabe se tornou ulama, ninguém o havia indicado. Ele apenas começou a ensinar e se tornou reconhecido pelo povo como uma autoridade religiosa e um homem estudioso. Ele emitia decisões, e o povo começou a ouvir. Portanto, embora o Estado saudita possa ter seu Grande Conselho de Ulamas e possa dizer a eles quais fatwas emitir, não há como impedir que mais alguém se coloque como um ulama e emita fatwa contraditórias. Foi exatamente isso que Osama bin Laden fez. Em 1996, ele emitiu sua primeira fatwa lamentando o terrível estado do Oriente Médio, e particularmente da Arábia Saudita, onde as pessoas

512 = O CORREDOR ESTREITO

acreditam que esta situação é uma maldição colocada sobre elas por Alá por não se rebelarem contra o comportamento opressivo e ilegítimo e contra as medidas do governo em vigor: ignorar a lei divina da Sharia; tirar do povo seus direitos legítimos; permitir que os americanos ocupem a terra de dois Lugares Sagrados; aprisionar, injustamente, os estudiosos sinceros. O honorável Ulama e estudiosos, assim como comerciantes, economistas e pessoas eminentes do país, foram alertados dessa situação desastrosa.

Muitas das fatwas de bin Laden são discursos antiamericanos, mas ele também estava ressaltando suas visões sobre os reais problemas da Arábia Saudita, "o governo em vigor", e estava convocando uma jihad contra ele.

A estratégia política dos Estados do Oriente Médio não apenas extingue a liberdade ao apertar a gaiola de normas. Ela também planta as sementes da violência, a instabilidade e o terrorismo. A gaiola de cada sociedade restringe as liberdades ao regulamentar tanto o comportamento quanto o discurso — o que as pessoas podiam falar e como podiam falar. A gaiola de normas do Oriente Médio torna muito difícil desenvolver um discurso que critique o déspota porque o déspota alega representar a religião. Criticá-lo é criticar o Islã. Isso gera uma tendência natural para suscitar e desenvolver críticas, apontando que o déspota não é suficientemente religioso e que você é mais dedicado à fé. Nas palavras de Platteau:

> Quando o déspota usa a religião para se legitimar em um ambiente de grande tensão, isso pode provocar um contramovimento na forma de uma reação religiosa na qual o governante e seus oponentes competem para demonstrar sua fidelidade superior à fé.

Isso é exatamente o que bin Laden estava fazendo. Em sua fatwa, ele apontou "a suspensão da lei Sharia Islâmica e a troca por leis positivas, e o envolvimento em confrontos sangrentos com estudiosos devotados e jovens justos". Os Saud podem ter cooptado a maioria dos ulamas, mas havia os que permaneceram "estudiosos devotados", como bin Laden. De fato, apesar de os Saud tentarem, bin Laden não podia ser cooptado. Ele forjou um movimento social e uma agenda radical e violenta, em torno não apenas de seu ódio pelo Ocidente e pelos Estados Unidos, mas também do ódio e do desprezo que ele sentia pelos Saud e pelo "comportamento opressivo e ilegítimo e pelas medidas do governo em vigor".

O fato de a estratégia de manipular os ulamas para os objetivos do Leviatã Despótico ter sido usada mais intensamente e com sucesso na Arábia Saudita ajuda a explicar como Osama bin Laden foi forjado no caminho saudita e por que quinze dos dezenove sequestradores que jogaram aviões contra prédios nos Estados Unidos, em 11 de setembro de 2001, eram cidadãos sauditas. A mistura entre Leviatãs Despóticos e a estrutura institucional do Islã não apenas intensifica a gaiola de normas, ela cria terrorismo, violência e instabilidade.

13.

A RAINHA VERMELHA DESCONTROLADA

Uma revolução da destruição

Em 23 de março de 1933, o Parlamento alemão se reuniu na Ópera Kroll em Berlim. O local inusitado foi necessário porque a sede do Parlamento, o Reichstag, tinha sido incendiada no mês anterior. Era a vez de Otto Wels, líder do Partido Social-Democrata, falar. Wels foi a única pessoa ouvida naquele dia, além do recém-nomeado chanceler e líder do Partido Nazista, Adolf Hitler. Wels argumentou de maneira veemente contra a Lei de Concessão de Plenos Poderes de Hitler. A lei, o passo seguinte naquilo que o político alemão Hermann Rauschning chamou de "Revolução da Destruição", na prática abolia o Parlamento e dava a Hitler todo o poder por um período de quatro anos. Wels não acreditava que seu discurso fosse mudar algo. Ao contrário, esperava ser espancado, preso ou coisa pior, e tinha ido preparado com uma cápsula de cianeto no bolso. Pelo que tinha visto até então, havia decidido que seria melhor se suicidar do que cair nas mãos dos nazistas e de suas unidades paramilitares como o Destacamento Tempestade (também conhecido como Camisas Marrons ou SA) e o Esquadrão de Proteção (a SS). Wels sabia que o primeiro campo de concentração, em Dachau, fora aberto no dia anterior e que duzentos prisioneiros políticos já tinham sido transferidos para lá. E sabia por que os nazistas ficaram felizes de anunciar o que estava acontecendo com seus inimigos. Hitler já falava desses campos desde 1921, e o chefe da SS, Heinrich Himmler, deu uma entrevista coletiva em 20 de março para anunciar a abertura de Dachau. Wels falou em um ambiente de intensa intimidação e violência latente. O teatro estava repleto de bandeiras nazistas e suásticas penduradas nas paredes, e membros da SA e da SS lotavam os corredores e as saídas.

Wels admitiu que a lei seria aprovada, mas argumentou veementemente contra ela, afirmando:

> Neste momento histórico, nós, alemães sociais-democratas, professamos solenemente nossa fidelidade aos princípios básicos da humanidade e da justiça, da liberdade e do socialismo. Não há Lei de Concessão de Plenos Poderes que possa dar a vocês o poder de destruir ideias, que são eternas e indestrutíveis (...) Novas perseguições podem mais uma vez dar força à Social-Democracia. Saudamos os perseguidos e oprimidos (...) nossos amigos em todo o país. Sua constância e lealdade (...) a coragem de suas convicções, sua inquebrável confiança, prometem um futuro melhor.

Infelizmente, a aprovação da lei era previsível. De um jeito ou de outro, os nazistas garantiram o apoio de todos os delegados que puderam comparecer, exceto os sociais-democratas.

O que foi absolutamente inesperado é que as coisas pudessem chegar a um ponto tão crítico para democracia de Weimar, com Hitler como chanceler e o Parlamento prestes a ser dissolvido. O Partido Nacional Socialista dos Trabalhadores Alemães (Partido Nazista) era um movimento marginal que havia recebido apenas 2,6% dos votos na eleição de 1928. A Grande Depressão, que destruiu metade da produção econômica alemã; o crescente descontentamento; e uma série de governos ineficazes causaram uma gigantesca transferência de votos para os nazistas na primeira eleição após o início da Depressão em 1930, seguida por um novo aumento na votação nazista nas eleições de 1932. Nas últimas eleições livres realizadas na Alemanha, em novembro de 1932, os nazistas receberam cerca de 33% dos votos. A eleição subsequente ocorreu em março do ano seguinte — dois meses depois da chegada de Hitler à Chancelaria — sob um reinado de terror e repressão dos Camisas Marrons e da polícia, controlada pelos nazistas. Os nazistas agora tinham quase 44% dos votos. Sob o sistema proporcional de representação de Weimar, isso se traduziu em 288 dos 647 deputados. Para aprovar a Lei de Concessão de Plenos Poderes, os nazistas precisavam de um quórum de, no mínimo, dois terços dos membros eleitos e de uma maioria de dois terços dos presentes. Eles não tinham nem de perto esses votos, sobretudo se todos comparecessem. Então barraram os 81 comunistas eleitos para o Parlamento e, ao simplesmente deixar de computá-los, conseguiram reduzir o quórum de 432 para 378. Dos 120 sociais-democratas, apenas 94 estiveram presentes; os demais estavam na prisão, doentes ou simplesmente apavorados. Todos os 94 votaram contra a lei, mas isso não foi suficiente, uma vez que todos os outros partidos apoiaram o projeto. Um legislativo eleito democraticamente votou contra a própria existência.

Não era segredo que isso aconteceria, ainda que os nazistas fossem ambíguos quanto aos seus objetivos. O manifesto do partido na eleição de 1930 afirmava:

> Por meio de sua vitória, o Movimento Nacional Socialista irá superar a antiga mentalidade de classe e propriedade. Permitirá a reconstrução de um povo livre da loucura da propriedade e do absurdo das classes. Educará o povo para que tenha resolução férrea. Superará a democracia e ampliará a autoridade da personalidade.

Mas o que significava exatamente "superar a democracia"? Hitler também havia falado que precisaria apenas de quatro anos, e daí vinha a duração inicial da Lei de Concessão de Plenos Poderes (ela foi renovada em 1937 e, depois, em 1939, tornando-se permanente em 1943). Em um discurso em 10 de fevereiro de 1933, no Palácio dos Esportes de Berlim, ele afirmou: "Deem a nós quatro anos, e prometo a vocês que assim como nós, assim como eu cheguei a este cargo, eu o deixarei. Não o fiz nem pelo salário, nem pelas vantagens; fiz isso por vocês." No entanto, no dia seguinte a esse discurso, quando Hitler se encontrou em segredo com industriais para arrecadar dinheiro para a campanha eleitoral nazista, Hermann Göring afirmou que a eleição que se aproximava seria a última não apenas pelos próximos quatro anos, mas pelos cem. Em um discurso público no ano anterior, em 17 de outubro de 1932, Hitler já havia declarado: "Se um dia chegarmos ao poder, nos agarraremos a ele, com a ajuda de Deus. Não permitiremos que o tirem de nós novamente." No dia em que Hitler se tornou chanceler, seu futuro ministro da propaganda, Joseph Goebbels, anunciou: "Prepare a campanha eleitoral. A última."

Como foi que as coisas chegaram a esse ponto? A República de Weimar havia construído uma democracia vibrante e contava com uma população bastante educada e politicamente ativa. Por que essa democracia estava sucumbindo à revolução da destruição liderada por um bando de criminosos?

Para responder a essas perguntas, precisamos reconstituir o caminho seguido pelo país. Quando a Alemanha se rendeu em outubro de 1918, seus almirantes planejaram um temerário ataque à Grã-Bretanha e à costa da Holanda como último recurso. Em resposta, os marinheiros se amotinaram. Esses eventos deram origem a uma revolução generalizada em novembro, que levou ao surgimento dos Conselhos de Soldados e Trabalhadores em toda a Alemanha e à criação do Conselho dos Deputados do Povo. Em 9 de novembro, o Kaiser Guilherme II abdicou e partiu para o exílio, e a República de Weimar foi instaurada tendo como chanceler o social-democrata Friedrich Ebert, que tentou conter a mobilização revolucionária ao criar, entre outras coisas, uma estrutura paralela denominada de Conselho Executivo dos Conselhos de Trabalhadores e Soldados. Em dezembro, Ebert transferiu tropas legalistas para Berlim e dissolveu o Conselho dos Deputados do Povo. Ele armou paramilitares nacionalistas, organizou o recrutamento de antigos soldados conhecidos como Freikorps e, quando eclodiu a revolta comunista em janeiro de 1919 em Berlim, concordou com o assassinato de seus líderes, Rosa Luxemburgo e Karl Liebknecht. Declarações de repúblicas socialistas na Baviera e em Bremen também foram reprimidas duramente por unidades militares legalistas e pelos Freikorps.

Apesar de toda essa violência e instabilidade, a Alemanha parecia estar indo na direção do corredor, e a Rainha Vermelha operava a todo vapor. A nação tinha um legislativo com sufrágio de adultos do sexo masculino desde 1848, mas, em geral, continuava sendo dominada pela elite prussiana, tanto em função da presença de uma Câmara Alta controlada pela elite quanto em função do controle que os prussianos exerciam sobre as instituições estatais e a burocracia. Apesar desses obstáculos, o Partido Social-Democrata já havia se tornado um agente importante antes da guerra. Depois da abdicação do Kaiser, a Constituição de Weimar introduziu o sufrágio universal de adultos e acabou com o controle exercido pela Câmara Alta sobre a política. Mas esse foi apenas um passo na dinâmica da Rainha Vermelha que ocorreria no pós-guerra. O colapso das forças armadas alemãs intensificou o descontentamento que muitos alemães sentiam em relação às instituições do país e gerou um crescimento de mobilização na sociedade. Os cidadãos exigiam mais poder, mais direitos e representação política efetiva. Os sindicatos floresceram e conseguiram fazer com que os patrões concordassem com a jornada de oito horas, objeto de uma longa e infrutífera negociação antes da guerra.

Grande parte dessa mobilização social foi aquilo que alguns chamaram de *Vereinsmeierei* ("mania associativa"). Associações, clubes e organizações da sociedade civil floresciam em número recorde. Parecia que se três ou mais alemães se reunissem, era provável que criassem um clube ou escrevessem uma constituição. Como disse o historiador Peter Fritzsche:

> Um número maior de associações voluntárias atraiu um número maior de membros e de uma maneira mais ativa (...) do que em qualquer outro momento anterior. Assim como varejistas, padeiros e empregados do comércio tinham se organizado em grupos de interesses econômicos, ginastas, folcloristas, cantores e fiéis de igrejas se reuniram em clubes, recrutavam novos membros, marcavam reuniões e planejavam toda uma gama de conferências e torneios.

Essa não foi apenas uma era de mobilização social. A gaiola de normas também estava desmoronando, sobretudo no caso das mulheres, que passaram a ter direito ao voto na República de Weimar em 1919. O livro *Esta é a nova mulher*, de Elsa Herrmann, de 1929, celebrava a nova liberdade e a nova identidade das mulheres. A autora denunciava os estereótipos tradicionais do papel feminino na sociedade, observando que "as mulheres de ontem viviam exclusivamente para o futuro, e para o futuro direcionavam todas as suas ações. Bastava que a menina crescesse um pouco, para começar a montar seu enxoval e acumular seu dote. Nos primeiros cinco anos de casamento, ela fazia a maior parte de serviços domésticos por conta própria para economizar (...) e ajudava o marido em seus negócios ou atividades profissionais". Porém as coisas estavam mudando:

> A nova mulher estabeleceu para si mesma o objetivo de provar por meio de seu trabalho e seus atos que as representantes do sexo feminino não são pessoas de segunda classe que existem apenas para depender dos homens e obedecê-los.

O voto feminino não foi a única inovação das instituições políticas alemãs depois da derrota do país na Primeira Guerra Mundial. Escrita na cidade de Weimar depois das eleições de janeiro de 1919, a constituição tornou a Alemanha uma república com um presidente eleito, em vez de uma monarquia hereditária. Ela concedia igualdade perante a lei, assim como todo tipo de direitos individuais. Agora as pessoas eram livres para expressar suas opiniões, para se reunir e participar da política. O Artigo 124 dizia:

> Todo alemão tem o direito de formar sociedades ou associações para propósitos que não sejam vedados pelo código criminal. Esse direito não pode ser limitado por regulações preventivas. A mesma regra se aplica a sociedades e associações religiosas.
>
> Toda associação tem o direito de se reunir de acordo com o que prevê o código civil. Esse direito não pode ser negado a uma associação sob a alegação de que seu propósito é político, social ou religioso.

Simultaneamente a essa mobilização social sem paralelo durante a era de Weimar ocorreu uma grande quantidade de mudanças culturais e uma onda de criatividade. A escola de arte Bauhaus, fundada em 1919 sob a direção visionária de Walter Gropius e Ludwig Mies van der Rohe, forjou uma nova síntese entre arte e design. O grupo de pintores conhecidos como Quatro Azuis, que incluía Wassily Kandinsky e Paul Klee, surgiu do grupo antecessor, o Cavaleiro Azul. Tanto Kandinsky quanto Klee deram aulas na Bauhaus. Compositores modernistas, como Arnold Schöenberg e Paul Hindemith, revolucionaram a música orquestral. Fritz Lang e Robert Wiene criaram o cinema expressionista.

Porém, como é típico da dinâmica irregular da Rainha Vermelha, à medida que a sociedade se tornou mais forte, a elite reagiu. Embora o Partido Social-Democrata tenha permanecido no poder durante a maior parte desse período, a elite continuava bastante representada na burocracia e podia contar com a lealdade de grande parte do exército. Quando isso não era possível, a elite se voltava para os Freikorps. Eles reprimiram a mobilização social e o Conselho dos Deputados do Povo. Essa reação dos afortunados aprofundou a polarização na Alemanha do entreguerras.

O florescimento da sociedade civil alemã também deu origem a outras respostas, com importantes consequências institucionais. Ebert havia usado o Exército para reprimir forças mais radicais no final de 1918 e começo de 1919. Mas essa estratégia desencadeou outras forças às custas do próprio Ebert e de Weimar. Também havia peculiaridades institucionais que teriam consequências importantes nos anos seguintes. Desde o começo, a República de Weimar foi prejudicada pelo fato de que metade dos representantes eleitos não acreditava em suas instituições. Mais ou menos 50% dos deputados de esquerda eram comunistas que defendiam uma revolução ao estilo russo. Para eles, o Estado democrático de Weimar era "burguês" ou até mesmo "fascista". Cerca de 30% dos representantes à direita, assim como a maioria das elites tradicionais aliadas a eles, queriam o retorno do status pré-1914 com o domínio dos conservadores e a restauração da monarquia, e alguns, como os nazistas, rejeitavam completamente a legitimidade das instituições da república. Nada talvez seja mais revelador do que as cenas no Parlamento depois das eleições de 1930, quando os nazistas se tornaram uma presença significativa pela primeira vez. Cento e sete nazistas, usando suas camisas marrons, conspiraram com os 77 membros comunistas para atrapalhar os procedimentos. Tanto a direita quanto a esquerda gritavam e obstruíam as atividades parlamentares, e abusaram do regimento, levantando incessantemente pontos de ordem. A direita e a esquerda não tinham respeito pela instituição para a qual foram eleitas.

Na verdade, como reflexo da disseminada falta de confiança das instituições estatais, não eram apenas os nazistas que contavam com grupos paramilitares. Já vimos o papel decisivo que os Freikorps desempenharam na luta contra os comunistas em Munique e em outros lugares. Os Freikorps estavam muito próximos da SA, que tiveram início em 1920 como "Seção de Ginástica e Esportes" do Partido Nazista e absorveram veteranos dos Freikorps em massa, incluindo Ernst Röhm, que se tornou comandante da SA. Os sociais-democratas também contavam com seu grupo paramilitar, denominado de Reichsbanner, e os comunistas tinham o seu, a Liga dos Combatentes do Front Vermelho. Por mais sinistro que pareça, apesar do histórico de instituições estatais fortes na Prússia, o Estado de Weimar jamais teve o monopólio da violência.

Essas posições inflexíveis e o sistema eleitoral baseado na representação proporcional tornavam muito difícil o funcionamento da democracia de Weimar. Em 1928, quinze partidos políticos diferentes estavam representados no Reichstag, incluindo o partido dos Camponeses Saxões e o Partido dos Agricultores Alemães. Outros 26 haviam apresentado candidatos que não se elegeram, diluindo os votos de muitos dos candidatos mais importantes. Nenhum partido conseguiu eleger maioria do Parlamento em nenhuma das eleições da era Weimar, por isso todos os governos eram de coalizão. Durante metade desse período o governo nem sequer contou com maioria no Parlamento, o que significava que era necessário montar uma nova coalizão para cada projeto de lei. Entre 1919 e 1933 houve vinte gabinetes diferentes, cada um durando em média apenas 239 dias. A frustração e a estagnação decorrentes disso levaram os governos a depender cada vez mais das prerrogativas do presidente para que as coisas acontecessem. Extensos poderes de emergência concedidos ao presidente pelo Artigo 48 da Constituição de Weimar facilitaram esse ativismo presidencial. Embora em princípio esses poderes pudessem ser revertidos por decisão do Parlamento, o presidente tinha o poder de dissolver o Parlamento, o que lhe permitia usar o Artigo 48 como bem entendesse. O primeiro presidente, Friedrich Ebert, invocou o Artigo 48 em 136 ocasiões diferentes, embora em tese se tratasse de uma cláusula de emergência.

Uma coalizão arco-íris dos descontentes

Nessa sociedade altamente mobilizada com seu sistema partidário fragmentado apareceram os nazistas. O Partido Nazista surgiu do Partido dos Trabalhadores Alemães, fundado em Munique em 1919. Adolf Hitler, na época ainda cabo do Exército, foi um dos primeiros membros e rapidamente se distinguiu com sua oratória cativante, sendo promovido a chefe de propaganda. A mudança de nome em 1920 pretendia ampliar o apelo do partido acrescentando a palavra "socialista" ao título. Em 1921, os modos implacáveis de Hitler e seu carisma já haviam permitido que ele assumisse a liderança do partido com completa autoridade no que dizia respeito a objetivos e estratégia. Em novembro de 1923, Hitler cometeu um erro. Decidiu que os nazistas conseguiriam apoio de unidades militares locais em Munique para o chamado Putsch da Cervejaria. Foi um fiasco. O partido foi banido e Hitler, preso.

O fato de o putsch ter acontecido em Munique não foi coincidência. O Partido Nazista havia sido banido de quase toda a Alemanha depois de junho de 1922, quando o ministro das Relações Exteriores, Walther Rathenau, foi assassinado por nacionalistas de direita. Mas na Baviera o partido continuava legalizado e florescia sob o governo do direitista Gustav Ritter von Kahr, que havia apoiado grupos paramilitares em 1918-1919 e mantinha um grupo próprio independente, conhecido como Força de Defesa dos Cidadãos. A posição de muitos conservadores era de que os nazistas eram criminosos e bandidos, mas criminosos e bandidos úteis; a energia deles podia ser usada para restaurar o regime pré-Weimar. O Putsch da Cervejaria foi um passo além do aceitável, e Kahr repudiou o putsch e os militares se mantiveram firmes.

No entanto, o julgamento posterior de Hitler mostra que as autoridades locais tinham simpatia por ele. Eles se certificaram de que o julgamento ocorresse em Munique e que Georg Neithardt, um nacionalista confesso, fosse nomeado juiz do caso. Neithardt deu a Hitler um palanque para falar ao tribunal por horas, transformando a coisa toda naquilo que um jornalista da época chamou de "carnaval político". Depois das observações iniciais de Hitler, um dos juízes declarou: "Que sujeito formidável, esse Hitler!"

Hitler foi condenado a cinco anos de cadeia, mas foi libertado no início de dezembro de 1924, tendo ficado no cárcere por apenas treze meses. Durante sua confortável estada na prisão, escreveu seu famoso livro *Mein Kampf*. Ele também aprendeu uma lição decisiva — em vez de tentar um putsch, os nazistas usariam o caminho democrático para chegar ao poder.

Entretanto, nas eleições de 1928, eles ainda eram um mero partido marginal, que ficou com menos de 3% dos votos. Tudo isso mudou com o Crash da Bolsa de Wall Street de 1929 e com o início da Grande Depressão mundial. Embora o impacto da Depressão só fosse ser plenamente sentido na Alemanha em 1930, 1929 já testemunhou uma queda nos investimentos. Em 1930, a renda nacional caiu 8%. Em 1931, a renda havia caído 25%, e em 1932 havia diminuído em quase 40%. Muitos alemães viram suas receitas diminuírem drasticamente, mas o maior fardo recaiu sobre aqueles que perderam seus empregos à medida que a taxa de desemprego disparou para 44%, a maior já registrada em uma economia avançada. Como comparação, o desemprego nos Estados Unidos em 1932 era de 24%, e na Grã-Bretanha era de 22%.

No entanto, os desempregados não votaram predominantemente nos nazistas. A tendência foi apoiar partidos de esquerda, assim como ocorreu no caso dos trabalhadores sindicalizados. Foi a enorme insegurança econômica que levou as classes médias protestantes, os comerciantes e os agricultores, bem como a juventude urbana descontente, a serem atraídos pelas vagas promessas de renovação nacional feitas pelos nazistas. Os nazistas se tornaram um partido que recebia votos de todos os desiludidos com o sistema partidário existente e com a política de Weimar, o que levou o historiador Richard Evans a descrevê-los como uma "coalizão arco-íris dos descontentes".

Em março de 1930, o presidente Paul von Hindemburg nomeou um novo governo, tendo Heinrich Brüning do Partido de Centro como chanceler. O Partido de Centro era apenas o terceiro maior partido, atrás dos sociais-democratas e do conservador Partido Nacional do Povo Alemão, com 61 dos 491 assentos no Parlamento. A nomeação de Brüning por Hindenburg prenunciou a perda de força do governo parlamentar, uma vez que foi feita sem consulta ao Parlamento, e a maior parte dos novos ministros não era filiado a nenhum partido. O governo de Brüning foi incapaz de aprovar um orçamento. Em resposta, Hindenburg dissolveu o Parlamento. De acordo com a constituição, era preciso realizar novas eleições dentro de sessenta dias. As novas eleições viram a votação do partido nazista crescer para 18,25%, dando a eles 107 cadeiras do novo Parlamento. Hindenburg novamente nomeou Brüning como chanceler e este enfrentou dificuldades com a crescente crise econômica até ser substituído por Franz von Papen em junho de 1932. Em conluio com os nazistas, os comunistas imediatamente tentaram fazer passar um voto de desconfiança. Porém, antes que conseguissem fazer isso, Hindenburg voltou a dissolver o Parlamento. Novas eleições foram realizadas depois de sessenta dias, em julho de 1932, mas, nesse ínterim, Hindenburg — e na prática Papen — pôde governar sem oposição parlamentar. Eles aproveitaram a oportunidade em 20 de julho para publicar um decreto de emergência, declarando Papen *Reichskommissar* (comissário do Reich) para a Prússia, o que lhe dava controle direto sobre o governo prussiano. Esse tipo de decreto de emergência mais tarde seria usado com fins nefastos pelos nazistas, destituindo o governo democraticamente eleito da Prússia e assumindo o controle de suas imensas forças de segurança. O próprio Papen não parecia ter quaisquer pudores quanto à derrubada do governo democraticamente eleito da Prússia. Em suas memórias, ele afirmou que seu objetivo ao chegar ao poder era restabelecer o sistema imperial e a monarquia, e parece que um plano para abolir as eleições mais tarde em 1932 só foi engavetado pela ameaça da moção de desconfiança. A essa altura, repetindo os erros de outras elites tradicionais, Papen bolou uma estratégia de usar a popularidade dos nazistas como meio para levar as instituições políticas a voltar a ser o que eram antes de Weimar. Foi um terrível erro de cálculo.

Nas eleições de 31 de julho de 1932, a votação dos nazistas disparou para 37%, dando a eles 230 assentos no Reichstag. Depois de negociações infrutíferas para a formação de um novo governo, Hindenburg voltou a dissolver o Parlamento e governou sem oposição por meio de Papen. Na eleição seguinte, em novembro, os nazistas tiveram sua votação reduzida para 33,1%, com 196 cadeiras. O impasse continuava. Papen foi substituído em 3 de dezembro pelo ministro da Defesa do Reich, Kurt von Schleicher, um ex-general que desejava dar um golpe para instalar um governo conservador autoritário com o apoio dos militares, mas, crucialmente, sem os nazistas. No entanto, esse esquema não deu em nada. A desintegração do Parlamento era visível. Em 1930, os parlamentares trabalharam por 94 dias e aprovaram 98 leis, e o presidente Hindenburg editou apenas cinco decretos de emergência. Em 1932, o Parlamento trabalhou por meros treze dias e só conseguiu aprovar cinco leis. Hindenburg, por outro lado, esteve bem mais ocupado, editando 66 decretos de emergência. Em uma vã tentativa de criar um governo capaz de funcionar, Hindenburg concordou, incitado por Papen, em nomear Hitler como chanceler em 30 de janeiro de 1933. Hitler convenceu Hindenburg a dissolver o Parlamento. Até que novas eleições fossem realizadas em 5 de março de 1933, Hitler estava no comando do Estado.

Em 27 de fevereiro um comunista holandês, Marinus van der Lubbe, possivelmente em colaboração com outras pessoas, incendiou o Reichstag. Isso deu a Hitler o pretexto de que precisava para declarar que o ato era o início de um golpe comunista. Ele induziu Hindenburg a usar o Artigo 48 para aprovar o Decreto do Incêndio do Reichstag, que suspendeu a maior parte das liberdades civis na Alemanha, incluindo o habeas corpus, a liberdade de expressão, a liberdade de imprensa, o direito à livre associação e de reunião, e os sigilos postal e telefônico. Com esse decreto em mãos, Hitler teve condições de usar todo o poder paramilitar e a capacidade de organização do Partido Nazista para intimidar e levar à submissão qualquer opositor antes da eleição de março. E ele foi ajudado pela tomada de poder que Franz von Papen realizou na Prússia antes, uma vez que nomeou Göring ministro do Interior da Prússia, na prática o colocando no comando da polícia em metade da Alemanha.

O passo seguinte foi a Ópera Kroll, a Lei de Concessão de Plenos Poderes e o fim da democracia de Weimar.

A Rainha Vermelha de soma zero

Por mais chocante que tenha sido, o colapso da democracia de Weimar não foi apenas consequência de eventos imprevistos e da força da personalidade de Adolf Hitler. A República de Weimar tinha fissuras profundas que tornaram o efeito da Rainha Vermelha potencialmente instável, mais impregnado de perigo e com maior possibilidade de que ele saísse de controle. Neste capítulo, estudamos por que isso ocorreu na Alemanha e esclarecemos as circunstâncias sob as quais a competição dinâmica entre Estado e sociedade pode tirar uma nação do corredor.

A primeira fissura de Weimar tem relação com a natureza da competição entre Estado e sociedade. O efeito da Rainha Vermelha na Atenas da Antiguidade (Capítulo 2) ou no caso dos Estados Unidos (Capítulos 2 e 10) acarretou o aumento de capacidade dos dois lados para ficar em posição superior, porém isso não incluiu a tentativa de repressão do Estado de enfraquecer a sociedade. Também não significou uma mobilização da sociedade que tivesse como objetivo destruir completamente as elites. (Por exemplo, mesmo quando um membro da elite era mandado para o ostracismo em Atenas, suas propriedades não eram confiscadas.) Na verdade, Sólon, Clístenes e os fundadores dos Estados Unidos, como George Washington e James Madison, surgiram como árbitros considerados aceitáveis tanto para as elites quanto para aqueles que não faziam parte delas; eles institucionalizaram o poder da sociedade ao mesmo tempo em que contribuíram para a expansão da capacidade estatal. Isso criou um ambiente político para que a capacidade estatal se desenvolvesse com melhor regulamentação, instituições para oferecimento de serviços públicos, e com a capacidade de resolução de conflitos — um exemplo da "soma positiva" da Rainha Vermelha, em que ambos os lados, em última instância, saem fortalecidos como resultado de sua competição. A situação na Alemanha foi diferente, mais polarizada. Por polarização estamos nos referindo ao fato de que parecia haver pouco espaço para acordos entre as elites e os segmentos da sociedade mais mobilizados e que pretendiam deixar sua marca na política alemã (em particular, o movimento dos trabalhadores e sua organização mais importante, o Partido Social-Democrata). Por consequência, ao contrário de uma cooperação entre Estado e sociedade e de uma construção de um Estado com bases amplas, a dinâmica da Rainha Vermelha na Alemanha acabou sendo muito mais parecida com uma "soma zero", em que os dois lados pretendiam se destruir para poder sobreviver.

A Rainha Vermelha de soma zero na Alemanha aconteceu devido principalmente, mas não apenas, às atitudes da elite do país. As elites do Exército, da burocracia, do Judiciário, da academia e do mundo dos negócios não aceitavam a democracia de Weimar e desejavam um retorno à sociedade mais autoritária e controlada pela elite do célebre chanceler do século XIX Otto von Bismarck. O Exército, dominado pela elite prussiana, associava a nova democracia à derrota na guerra e aos termos onerosos do Tratado de Paz de Versalhes, que os alemães foram obrigados a aceitar. A elite do mundo dos negócios se sentia ameaçada pelo Partido Social-Democrata e pela mobilização gerada pela política de massa. Essas atitudes não apenas davam apoio à repressão (em vez de facilitar acordos em pontos fundamentais) como também criavam um ambiente que levou à ascensão de diversas organizações marginais de direita, como o Partido Nazista.

Tal fato se torna mais nítido no apoio tácito que os nazistas receberam da elite alemã. Não foi apenas depois do fracassado Putsch da Cervejaria que Hitler e seus aliados receberam um tratamento favorável do establishment. A polícia e o judiciário frequentemente ficaram ao lado dos Camisas Marrons que espancavam, e por vezes matavam, comunistas e sociais-democratas, encorajando sua campanha de terror. O estatístico Emil Julius Gumbel reuniu dados de 1919 a 1922 demonstrando que 22 assassinatos políticos cometidos por esquerdistas levaram a 38 condenações e a 10 execuções, ao passo que os 354 assassinatos políticos cometidos por pessoas da direita, na maior parte nazistas, levaram a apenas 24 condenações e a nenhuma execução.

As universidades alemãs também estavam se alinhando com a direita para ir contra a esquerda. Nas palavras de Richard Evans: "O lugar em que a fidelidade da juventude à extrema direita ficava mais evidente era nas universidades da Alemanha, muitas delas célebres centros de aprendizado, com tradições que remontavam à Idade Média (...) A vasta maioria dos professores (...) também era fortemente nacionalista." Como consequência, as universidades estiveram entre as primeiras instituições a aderir à ideologia nazista, com uma quantidade imensa de universitários se filiando ao partido.

Como vimos, tudo isso se tornou mais grave depois que o apoio aos nazistas começou a se expandir, e grandes partes da burocracia e do Exército, e de forma mais preocupante o presidente Hindenburg, não adotaram nenhuma ação para impedir sua ascensão; eles preferiam os nazistas, que achavam que conseguiriam controlar, não apenas aos comunistas, mas também aos sociais-democratas.

Mas por que as elites alemãs, os oficiais e os burocratas se opunham tanto ao experimento de Weimar? Parte da razão está relacionada a fatores estruturais determinantes da natureza da vida no corredor; todos eles tinham a mesma origem, enraizada na aristocracia rural prussiana. Os interesses da elite agrária muitas vezes viam o fortalecimento da sociedade e o começo da democracia em termos de soma zero, e tinham bons motivos para isso. Indústrias e profissionais podem prosperar no corredor, tanto do ponto de vista econômico quanto do ponto de vista político, por contarem com ativos (na forma de experiência, conhecimento e habilidades) que permanecem valiosos mesmo à medida que a economia se transforma, e porque sua existência urbana lhes dá oportunidades para se organizar e permanecer politicamente relevantes em meio à dinâmica da Rainha Vermelha. O mesmo não vale para proprietários de terras, que temem perder suas propriedades, que podem ser retiradas deles com muito mais facilidade do que as fábricas dos industriais ou as habilidades dos profissionais. Na verdade, a mobilização social muitas vezes se dá com exigências de que privilégios econômicos, políticos e sociais sejam retirados dos donos de terras, e a situação na República de Weimar não foi diferente (ainda que essas tentativas fossem bloqueadas pelo presidente Hindenburg, ele mesmo originário da aristocracia rural prussiana e identificado com suas preocupações). Os proprietários de terra também temiam, mais uma vez corretamente, ser marginalizados, com o centro de gravidade político saindo de suas mãos como resultado da política democrática. Tudo isso os deixava céticos em relação ao florescente Leviatã Agrilhoado.

O papel das elites agrárias na Alemanha do entreguerras ilustra um tema mais amplo. Até aqui enfatizamos a natureza diferente da política dentro e fora do corredor, e neste capítulo estamos vendo como a luta entre Estado e sociedade pode tirar uma nação do corredor. Mas, é óbvio, quanto mais estreito o corredor, mais fica fácil para que uma sociedade escape dele. Pense na Figura 5, por exemplo. No painel da esquerda, vemos um corredor bastante estreito, ao passo que o painel da direita é mais largo.

No capítulo seguinte, vamos discutir os diversos fatores que moldam o corredor e como isso determina a viabilidade não apenas de permanecer no corredor, como também de entrar nele. Por enquanto, podemos observar que a importância do poder e da riqueza dos proprietários de terra, como na Alemanha de Weimar, é um dos fatores que torna o corredor mais estreito — porque o receio dos proprietários de terra de perder suas propriedades e seu poder político faz com que eles não se disponham a fazer acordos e a coexistir com uma sociedade mobilizada, ao mesmo tempo que sua intransigência ajuda a radicalizar a sociedade. Assim, a situação na Alemanha se parecia muito mais com o Painel A da Figura 5 e, portanto, mais instável.

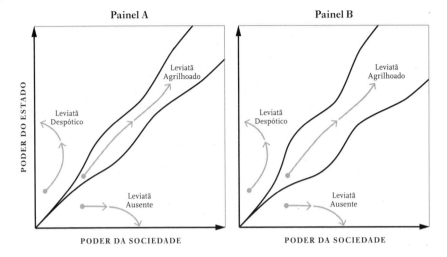

Figura 5. O formato do corredor

Ainda que as atitudes dos proprietários de terra prussianos e as dificuldades estruturais que isso colocava para a vida no corredor não fossem incomuns, as elites agrárias prussianas tinham maior capacidade de formar uma coalizão para resistir à mobilização social. Para começar, muitos dos principais oficiais, juízes e burocratas vinham dessa classe social e compartilhavam de sua perspectiva. A elite prussiana havia permanecido relativamente coesa e politicamente dominante durante a segunda metade do século XIX, mesmo com a ocorrência de mudanças sociais. Isso os convenceu de que eram capazes de controlar a política alemã, e caso isso fosse necessário, de voltar o tempo para a época de Otto von Bismarck.

Não foi apenas a elite que demonstrou pouco compromisso com a democracia de Weimar. Os votos dos trabalhadores alemães se dividiam entre muitos partidos, mas principalmente entre os comunistas e os sociais-democratas. Os comunistas sonhavam com uma revolução aos moldes russos e trabalhavam para minar a democracia e o Parlamento de Weimar. Embora os sociais-democratas tenham se tornado o partido mais associado à República de Weimar e contassem com muitos líderes pragmáticos ou até mesmo oportunistas como Ebert, seu compromisso com a política democrática por vezes também era tênue. Eles tinham suas raízes na política marxista e só recentemente haviam se separado dos comunistas, não tanto por discordarem do objetivo de estabelecer uma sociedade socialista, mas, sim, por discordâncias em relação ao apoio ao esforço de guerra alemão. Comparado aos outros partidos sociais-democratas da Europa, o Partido Social-Democrata alemão tinha pedigree marxista mais forte, o que o tornava muito mais ameaçador para as elites econômicas e contribuía para a polarização.

A polarização que resultava da intransigência e do fato de cada lado ver o outro como adversário era, ao mesmo tempo, causa e consequência da natureza das organizações da sociedade civil nos anos de Weimar. Caso tivesse testemunhado isso, Tocqueville teria ficado ainda mais impressionado com a movimentada vida associativa da Alemanha do entreguerras do que ficou com o que viu nos Estados Unidos de meados do século XIX. No entanto, tudo isso ocorria dentro de um quadro de sectarismo. Mesmo em cidades pequenas, as associações eram divididas entre católicos, nacionalistas, comunistas e sociais-democratas. Um jovem com simpatias nacionalistas pertenceria a clubes nacionalistas, frequentaria uma igreja nacionalista e provavelmente socializaria e se casaria dentro desses círculos nacionalistas. O mesmo valia para católicos, sociais-democratas e comunistas. Tal mobilização social polarizada contribuiu ainda mais para um efeito da Rainha Vermelha de soma zero, o que incluía cada lado trabalhando para minar o outro. Não houve um Sólon ou um James Madison para falar ao mesmo tempo com o Estado e com a sociedade na Alemanha de Weimar.

Tudo isso pavimentou o caminho para a segunda fissura da democracia de Weimar. A dinâmica da Rainha Vermelha muitas vezes aumenta as tensões na sociedade, e assim a capacidade das instituições para resolver e conter esses conflitos se torna particularmente importante para canalizá-las na direção de uma competição que aumente as capacidades, em vez de criar instabilidade. O fato de que os tribunais não aumentaram sua capacidade de lidar com uma miríade de novas disputas na Alemanha nem aceitaram a legitimidade da mobilização social, sobretudo da que partia da esquerda, significou que não havia árbitros imparciais para esses conflitos. A natureza fraturada e emperrada do Parlamento deu ainda mais poder aos partidos extremistas e impediu acordos democráticos que pudessem ter administrado esses conflitos. Em certo sentido, as instituições não conseguiam acompanhar a velocidade do Estado e da sociedade, o que aumentava a probabilidade de a Rainha Vermelha sair de controle.

Não são apenas os fatores estruturais que influenciam o modo como a disputa entre o Estado e a sociedade funciona na prática. Como apontamos no Capítulo 9, a liderança de certos grupos ou indivíduos pode por vezes desempenhar um papel definidor para o bem ou para o mal. Ainda que um pouco ensandecida, a carismática obstinação e vitalidade que Adolf Hitler levou para os movimentos marginais de direita da Alemanha do entreguerras sem dúvida contribuiu para a rápida queda da República de Weimar e para o caráter do regime assassino que a substituiu.

Com essas fissuras, aliadas à oratória e à liderança carismáticas de Hitler, o caminho da democracia de Weimar estava fadado a ser turbulento. Tudo isso poderia estar há muito tempo esquecido não fosse pelo terceiro fator estrutural: o imenso choque causado pela Grande Depressão, que intensificou o conflito e a polarização na sociedade, e deslegitimou as instituições democráticas da época, especialmente quando o Parlamento fraturado se mostrou incapaz de lidar com a crise econômica. Weimar agora oscilava à beira do corredor.

Despotismo vindo de baixo

O problema com a Rainha Vermelha é que a mesma energia que serve como combustível para a construção da capacidade tanto do Estado quanto da sociedade também pode sair de controle e desestabilizar a vida no corredor. No entanto, em última instância, o que condenou o florescente Leviatã Agrilhoado alemão não foi um golpe dado pelas elites prussianas ou pelo Exército, algo que muitos nas elites tradicionais, como Kurt von Schleicher, esperavam organizar. Ao contrário, foi um movimento social que partiu de baixo e levou esse episódio a um fim. Embora houvesse alguns industriais e burocratas, juízes e professores universitários da elite que apoiassem os nazistas desde o começo, o partido foi basicamente um movimento de descontentes das classes médias e da juventude. Ainda durante boa parte da década de 1930, o movimento nazista foi pouco mais do que seus Camisas Marrons causando estragos, entrando em brigas de rua, espancando e, por vezes, assassinando comunistas, sociais-democratas e judeus. Mesmo em julho de 1932, Joseph Goebbels usaria um discurso de campanha para incitar a população: "Agora, povo alemão, levante-se, e que a tempestade comece!" Mas se o partido nazista era o agente que vinha da base da sociedade e que tirou a Alemanha do corredor, isso não deveria ter levado a um colapso da capacidade estatal e do controle exercido sobre a sociedade? Não deveríamos esperar que a sociedade pós-nazista se parecesse um pouco com o Tajiquistão, depois da queda da União Soviética, ou talvez com o Líbano?

Obviamente, não foi o que aconteceu. Embora tenha vindo de baixo, o movimento nazista não enfraqueceu o despotismo do Estado e seu domínio sobre a sociedade; pelo contrário, fortaleceu-o. Houve domínios em que o controle nazista de fato reduziu a capacidade estatal, muito particularmente nos casos da polícia, do Judiciário e da burocracia, com a chegada de nazistas ideologicamente comprometidos ou oportunistas que não estavam qualificados para a função e pouco interessados em cumprir com seus deveres de modo imparcial. Contudo, na maior parte dos aspectos, o Estado alemão se tornou mais despótico e poderoso com os nazistas, com o exército aumentando de tamanho e tendo suas responsabilidades ampliadas, a burocracia organizando deportações em massa e exterminando judeus, e as forças de segurança adquirindo amplos poderes, como foi o caso da Gestapo. O programa nazista era de repressão crescente, enfraquecendo a mobilização social e as associações independentes, e intensificando a supremacia do Estado sobre a sociedade. Nisso, os nazistas eram semelhantes aos fascistas italianos, que lhes serviram de modelo. O Putsch da Cervejaria de Hitler foi inspirado na bem-sucedida Marcha sobre Roma de Mussolini. Mussolini capturou o espírito do fascismo e do nazismo quando afirmou:

> Para o fascista, tudo está no Estado, e nada que seja humano ou espiritual existe, e muito menos tem valor, fora do Estado. Nesse sentido, o fascismo é totalitário. E o Estado fascista, a síntese e a unidade de todos os valores, interpreta, desenvolve e fortalece a vida do povo como um todo.

O historiador do fascismo Herman Finer resumiu a filosofia do Estado: "Não há cidadãos (...) Há apenas súditos." Essa filosofia devia muito às origens militares do fascismo e do nazismo e à recusa deles de aceitar qualquer freio ao poder de seus líderes ou do Estado depois que eles tivessem assumido o controle. Também estava enraizado no modo como esses movimentos serviam como reações à mobilização da sociedade feita pelos socialistas e pelos comunistas, o que tornava um de seus objetivos naturais restabelecer o controle despótico do Estado sobre a esquerda.

Porém, em um nível mais fundamental, ainda que essas inclinações ideológicas estivessem ausentes, não seria viável para uma nação como a Alemanha de Weimar evoluir do mesmo modo como o Líbano de hoje, tendo em vista seu histórico de fortes instituições estatais. Uma vez que essas instituições — forças armadas, polícia, Judiciário e burocracia — estavam lá para serem tomadas, qualquer grupo que estivesse em situação de superioridade política assumiria seu controle e faria uso delas, viesse ou não de baixo e defendesse ou não o banditismo. Sendo assim, mesmo que a Rainha Vermelha alemã saísse de controle e passasse as rédeas para um grupo com origens na mobilização popular, uma vez que a nação saísse do corredor, a maior probabilidade seria sempre de que as instituições estatais fossem remodeladas e usadas em benefício do novo grupo dominante sobre os outros, especialmente depois que os limites sobre o poder estatal, tanto democráticos quanto outros, fossem removidos. Assim, à medida que destruíram o Leviatã Agrilhoado e assumiram o poder, os nazistas rapidamente restabeleceram e intensificaram o domínio despótico do Estado sobre a sociedade.

Como a Rainha Vermelha sai de controle

O problema do corredor é que você pode sair dele. Vimos um modo como isso acontece com a República de Weimar, assim como algumas razões para que isso tivesse grande probabilidade de acontecer na Alemanha.

Os três fatores que colocaram a Alemanha do entreguerras em uma situação precária — a polarização entre Estado e sociedade, tornando os acordos improváveis e o efeito da Rainha Vermelha sendo algo muito parecido com um jogo de soma zero; a incapacidade das instituições de conter e resolver conflitos; e os choques que desestabilizam instituições e aprofundam descontentamentos — aparecem de uma forma ou de outra em muitos exemplos onde a Rainha Vermelha sai de controle. Porém, isso não significa que sempre haverá um movimento de baixo para cima minando o Leviatã Agrilhoado, como aconteceu na Alemanha. As elites poderiam ser as responsáveis por restabelecer o Leviatã Despótico ao despontarem da disputa com a sociedade como o grupo mais forte, ou ao se sentirem capazes de usar o poder que tiverem disponível para reafirmar seu controle, ou se sentirem compelidas a fazer isso, por se considerarem ameaçadas pela polarização. Como veremos, foi o que aconteceu no Chile quando Augusto Pinochet liderou um violento golpe para derrubar um governo democrático em 1973.

Também pode ocorrer que determinados segmentos da sociedade coloquem fim à vida no corredor por terem se convencido de que não podem mais controlá-la, que foi o que pôs fim à maior parte das comunas italianas que estudamos no Capítulo 5, e que podemos ver ocorrer hoje em muitas partes do mundo.

De quanta terra um inquilino precisa?

Vimos que Leviatãs Agrilhoados não são criados da noite para o dia, mas são o resultado de uma longa disputa entre Estado e sociedade. Em 1958, o Chile experimentava a última fase dessa disputa que já havia levado à emancipação política de uma grande fração da mão de obra do campo, conhecida como *inquilinos*. A conotação do termo *inquilino* no Chile é um pouco mais sinistra do que a palavra tem no Brasil. Embora não fossem escravizados nem servos, na prática os inquilinos estavam presos às fazendas, a ponto de as pessoas, ao venderem suas terras, venderem junto seus inquilinos. Os inquilinos trabalhavam nas fazendas e também prestavam outros "serviços". Dentre esses serviços, a contribuição dada ao poder político dos proprietários de terra era particularmente importante, uma vez que eram forçados a votar segundo as orientações que recebiam. Quando havia uma eleição, os donos de terra levavam os inquilinos até o local de votação, onde recebiam as cédulas e também os nomes dos candidatos em quem deviam votar. Seus votos não eram secretos, e os donos da terra podiam observar todo o processo. Qualquer um que fosse contra os desejos do dono da terra corria o risco de ser demitido e ficar sem terra para trabalhar.

Como o Chile poderia estar no corredor em 1958 com esse tipo de coisa acontecendo? Lembre-se de que estar no corredor é um processo. O corredor pode começar quando tanto o Estado como a sociedade têm capacidades modestas, porém equilibradas. Nisso o Chile não era diferente de outros lugares. O voto secreto só chegou à Grã-Bretanha em 1872. Ainda em 1841, o político conservador e três vezes primeiro-ministro Lorde Stanley pôde dizer: "Quando alguém pretendia estimar o resultado provável de uma eleição em um distrito na Inglaterra, o que se fazia era calcular o número de grandes proprietários de terras no distrito e ponderar a quantidade de pessoas que ocupavam suas terras." De fato, na Inglaterra rural, grandes proprietários de terras controlavam uma fração suficientemente grande do eleitorado para administrar o resultado de uma eleição.

Assim como no Chile da década de 1950, se alguém que trabalhasse nas terras de um grande proprietário fosse contra seu senhorio, encontraria problemas. O grande economista britânico David Ricardo reconheceu isso em 1824, escrevendo: "É uma cruel zombaria dizer a um homem que ele pode votar em A ou B, quando se sabe que ele está sob grande influência de A, ou dos amigos de A, e que seu voto em B significaria sua destruição. Não é ele quem tem o voto, real e substancialmente, mas seu senhorio, pois é em seu benefício e de acordo com seus interesses que o voto é dado dentro do atual sistema."

A lógica de Lorde Stanley se aplicava também ao Chile. Durante o debate ocorrido no Senado sobre a introdução do voto secreto, o senador socialista Martones argumentou a favor da criação do voto secreto porque,

> se aquela lei [a antiga lei eleitoral sem o voto secreto] não existisse, no lugar de termos nove senadores socialistas haveria dezoito, e vocês [os conservadores] seriam reduzidos a dois ou três (...) [risos] Vocês riem, mas a verdade é que haveria não dois senadores conservadores de O'Higgins e Colchagua, o que corresponde exatamente ao número de inquilinos que trabalham nas terras dos latifundiários conservadores daquela região. Os conservadores teriam um único senador ou talvez nenhum.

O voto secreto, aprovado em 1958, teve efeitos dramáticos nas eleições chilenas. Um deles foi a transformação das perspectivas de Salvador Allende. Allende tinha concorrido em uma eleição presidencial pelo Partido Socialista em 1952, obtendo meros 5,4% dos votos. Em 1958, ele foi candidato por uma coalizão que os socialistas criaram, conhecida como Frente de Ação Popular (Frap), e se saiu bem melhor, recebendo 28,8% dos votos, apenas três pontos porcentuais atrás do eleito, Jorge Alessandri.

Allende era um grande exemplo do adágio "Se não conseguir da primeira vez, tente de novo". Ele tentou de novo em 1964, e perdeu pela terceira vez. Mas em 1970, na quarta tentativa, foi eleito. Embora tenha ficado com apenas 36,6% dos votos, só 1,5 ponto porcentual acima de seu antigo oponente Alessandri, o Congresso o elegeu presidente com o apoio do Partido Democrata Cristão, que havia terminado em terceiro lugar na corrida presidencial. Em 1970, Allende encabeçou uma nova coalizão de esquerda denominada União Popular (UP), um nome que viria a se tornar irônico. Ele pretendia transformar o Chile em um país socialista.

No entanto, não havia consenso quanto a isso na sociedade chilena. Allende havia surfado em uma onda desencadeada pelo voto secreto e por outras mudanças políticas e sociais que estavam ocorrendo semelhantes ao efeito da Rainha Vermelha. Por exemplo, também em 1958, houve a legalização do Partido Comunista, que fez parte da Frap e depois da UP. Além disso, o registro de eleitores se tornou obrigatório e quem não fizesse seu título de eleitor podia até mesmo ser punido com prisão. O que levou a um grande aumento no eleitorado, que passou de 1,25 milhão de pessoas em 1960 para 2,84 milhões em 1971, quando os analfabetos enfim passaram a ter direito ao voto. O governo cristão democrata de Eduardo Frei na década de 1960, que chegou ao poder em parte como resposta a essas mudanças, iniciou não apenas uma série de reformas que incluíram a redistribuição de terras, como também fortaleceu a sociedade em geral. Finalmente, em 1961, ocorreu o lançamento da Aliança para o Progresso do presidente americano John F. Kennedy. Em 31 de março daquele ano, Kennedy declarou:

> Nós nos propomos a completar a revolução das Américas, a construir um hemisfério onde todos os homens possam ter esperança de um padrão adequado de vida e todos possam viver suas vidas com dignidade e liberdade. Para atingir esse objetivo, é preciso que a liberdade política acompanhe o progresso material (...) Vamos mais uma vez transformar o continente americano em um vasto caldeirão de ideias e

esforços revolucionários, em um tributo ao poder das energias criativas de homens e mulheres livres, em um exemplo para todo o mundo de que a liberdade e o progresso andam de mãos dadas. Vamos mais uma vez despertar nossa revolução americana até que ela guie as lutas dos povos em todo o mundo.

O uso frequente da palavra "revolução" é irônico, porque a Aliança para o Progresso era em parte um plano para impedir a revolução socialista que se espalhava pelo continente. Era uma das respostas políticas do governo dos Estados Unidos à Revolução Cubana (outra resposta foi lançada um mês depois do discurso de Kennedy, na Baía dos Porcos, em Cuba). A Aliança afirmava que a reforma agrária transformaria a América Latina. Nas palavras do presidente, a Aliança planejava "satisfazer as necessidades básicas do povo americano por casas, trabalho e terra, saúde e escolas — *techo, trabajo y tierra, salud y escuela*".

Não era de surpreender que *tierra* estivesse na cabeça de muitos dos inquilinos que tinham acabado de ganhar o direito ao voto. Além do fato de que agora a política era promovida pelos Estados Unidos, isso colocou a reforma agrária na agenda política em 1964. Em 1967, Frei lançou um programa de reforma agrária voltado à redistribuição de terras e à expropriação de todas as fazendas que tivessem mais de oitenta hectares no Vale do Maipo (o que significava que as fazendas podiam ser maiores em lugares onde a terra não fosse de tanta qualidade). Se antecipando à reforma agrária, cerca de duzentos sindicatos rurais, que na época eram ilegais, se organizaram. Eles foram legalizados pela mesma lei. Em 1970, havia cerca de quinhentos sindicatos do gênero. Houve um aumento das greves, que passaram de 88 mil em 1960 para 275 mil em 1969.

Ilustrando mais uma vez a Rainha Vermelha em ação, em resposta a essa mobilização social, Frei não só deu início à reforma agrária; ele também aumentou a capacidade estatal. Em particular, tentou reduzir a capacidade dos políticos de usar leis clientelistas para comprar apoio sem ter que fazer muita coisa pela população que eles, em tese, deveriam servir. Ele fez isso de vários modos, como por exemplo usando um veto parcial para eliminar emendas populistas do orçamento e também reduzindo a influência dos congressistas em projetos de obras públicas e salários. A jurisdição do Congresso e do Senado em relação ao orçamento também foi restringida.

Havia obstáculos significativos para a agenda de Allende. Por exemplo, ele não tinha maioria no Congresso. Sua eleição para presidência se devia ao apoio dos democratas cristãos, que só votaram nele depois de Allende ter concordado em emendar a constituição com um "estatuto de garantias", que adicionava uma série de novos direitos individuais à constituição de 1925. As emendas claramente demonstravam com o que os democratas cristãos e outros estavam preocupados. Uma das cláusulas afirma que "a defesa e a difusão de qualquer ideia política não pode constituir crime ou abuso". Outras cláusulas tratam do temor de que o sistema educacional possa ser usado como instrumento de propaganda, afirmando: "A educação oferecida no sistema nacional será democrática e pluralista, e não terá orientação oficial do partido. Sua modificação também será conduzida de maneira democrática, após discussão nos órgãos competentes, de composição pluralista." Outras cláusulas indicam uma preocupação com grupos paramilitares. Uma delas dizia: "As forças de segurança pública serão compostas única e exclusivamente pelas Forças Armadas e pelos Carabineros, instituições essencialmente profissionais, hierárquicas, disciplinadas, obedientes e não deliberativas." Eles tinham razão em estar preocupados.

Ao chegar ao poder, Allende começou a implementar seu plano, que incluía intensificar a reforma agrária e a expropriação e criar cooperativas de trabalhadores. Seus planos também envolviam nacionalizar massivamente a indústria. Outros aspectos de sua política econômica incluíam conceder grandes aumentos aos trabalhadores. Algumas dessas políticas, como o aumento salarial dos funcionários públicos, podiam ser implantadas por meio de decreto presidencial. Outras, porém, exigiam o consentimento do Congresso. O que Allende faria quando não concordassem? Atuaria ao arrepio da constituição? Era isso que o estatuto em teoria impedia, mas quem iria garantir que o estatuto seria cumprido?

Em março de 1971, Allende deu uma entrevista ao filósofo marxista francês Régis Debray. A certa altura, Debray ressaltou: "O senhor (...) tem o Executivo. Mas não tem o Legislativo, o Judiciário, nem o aparato repressivo. A legalidade, as instituições não foram feitas pelo proletariado; a Constituição foi escrita pela burguesia com seus próprios objetivos." Allende respondeu:

> É claro que você tem razão, mas me escute por um momento. Vamos chegar lá. O que nós dissemos na campanha eleitoral? Dissemos que ganhar a eleição era difícil, mas não impossível, e que a fase entre a vitória e a posse seria bastante árdua e ainda mais difícil de construir, porque estávamos abrindo um novo caminho, uma estrada chilena para o Chile, um caminho dos chilenos. Dissemos que aproveitaremos aqueles aspectos da constituição para abrir caminho para uma nova Constituição, a Constituição do Povo. Por quê? Porque no Chile podemos fazer isso. Apresentamos um projeto e o Congresso rejeita; organizamos um plebiscito.

Portanto, Allende estava dizendo que acreditava que era possível implementar o socialismo no Chile por vias constitucionais. Embora não contasse com maioria legislativa, ele poderia levar o projeto adiante ao apelar diretamente para a população, por meio de um plebiscito. Como exatamente isso funcionaria não estava claro. Afinal, Allende só tinha recebido 36,6% dos votos. Quando Debray insistiu, Allende observou:

> Ganhamos dentro das regras do jogo. Nossa tática foi correta, a deles foi errada. Mas falei para o povo: entre 3 de setembro

e 4 de novembro, o Chile vai pular mais do que uma bola chutada por Pelé.

Embora Allende possa ter acreditado que podia levar o Chile ao socialismo por meios constitucionais, muitos que participavam de sua coalizão não compartilhavam dessa crença, e Allende não teve como controlá-los. Grupos de trabalhadores ocuparam fazendas e fábricas, ignorando os processos legais, e o governo passou a ratificar as ocupações. A reforma agrária e a nacionalização se tornaram caóticas. Como apontou o jornal *El Mercurio* em 1972: "Nem o presidente da República, Salvador Allende, nem os partidos da UP (...) acreditam, ainda que remotamente, que possam ser adotadas medidas repressivas contra os grupos de trabalhadores, agricultores e estudantes que violam a lei." Esses grupos entendiam isso e tiravam partido da situação. Essas ações eram cada vez mais justificadas pela ideia de que as instituições políticas eram criações dos oponentes da UP e que, portanto, se destinavam a defender o *status quo* — um *status quo* que a UP se dedicava a extirpar. Aqui também tínhamos um efeito de Rainha Vermelha de soma zero, muito diferente do que testemunhamos na Grécia Antiga ou nos Estados Unidos. À medida que o processo evoluiu, a política chilena se tornou ainda mais polarizada. O auditor geral denunciou a polarização da política, argumentando em uma entrevista coletiva que uma instituição como a dele não era "revolucionária nem reacionária". Acordos eram necessários, mas não havia disposição para isso. O senador Carlos Altamirano, do Partido Socialista, alegou:

> Há os que fingem pedir "diálogos democráticos" com a democracia cristã. Como socialistas, nós dizemos que um diálogo é possível com todas as forças que claramente se definem como contrárias à exploração e ao imperialismo. Nós fomentamos o diálogo e iremos dialogar no nível das massas, com todos os trabalhadores, sejam eles nossos militantes ou não.

No entanto, rejeitamos diálogos com lideranças e partidos reacionários e contrarrevolucionários.

Quando membros do Partido Democrata Cristão tentaram um acordo com o governo, ele foi minado pela facção conservadora do próprio partido, que alertou para a "ameaça comunista". A sorte estava lançada. A violência eclodiu por todos os lados.

Quando questionado por Debray sobre como lidaria com a violência da oposição, Allende respondeu: "Vamos contê-la primeiro com a força da própria lei. Além disso, à violência reacionária responderemos com violência revolucionária, porque sabemos que eles vão quebrar as regras do jogo." Allende tinha razão ao dizer que o outro lado não jogaria dentro das regras, mas bastante errado sobre como poderia responder a isso com violência revolucionária.

Ele foi derrubado por um golpe em 11 de setembro de 1973. Uma tentativa anterior naquele ano havia fracassado, e os oponentes de Allende estavam insistindo para que as forças armadas tentassem novamente. *El Mercurio* publicou um artigo em junho que dizia: "Para realizar essa tarefa de salvação política, temos que renunciar a todos os partidos políticos, à farsa das eleições, à propaganda venenosa e enganosa, e entregar a uns poucos e seletos militares a tarefa de pôr fim à anarquia política."

O processo de mobilização social e de fortalecimento da sociedade no Chile na década de 1960 ocorreu simultaneamente a um fortalecimento do Estado, porém isso só levou a demandas mais radicais depois de 1970. Tais demandas causaram temores nas elites chilenas que receavam a expropriação massiva de terras e de empresas. A reação da elite jogou o Chile para fora do corredor.

Esse fogo recebia combustível da política do governo americano ainda que Kennedy tivesse anunciado uma "revolução" de liberdade política para a América Latina. A CIA estava despejando dinheiro no Chile em esforço para desestabilizar o governo de Allende. O relatório da Comissão Especial de Atividades de Inteligência do Senado sobre "Atividades

Secretas no Chile, 1963-1973", liberado para o público em 2010, observa que a CIA tentou intervir em todas as áreas da vida chilena para modificar a realidade política. Os americanos deram mais de 2 milhões de dólares para o Partido Democrata Cristão ajudar a financiar a campanha eleitoral de 1964. Outros 4 milhões de dólares foram entregues aos partidos contrários a Allende depois de 1970. A CIA colocou 1,5 milhão de dólares no *El Mercurio*, visto como o jornal antiAllende mais influente. Financiou "sindicatos democráticos" contra a confederação de sindicatos liderada pelos comunistas. O presidente Nixon deu ordens diretas para que a CIA tentasse impedir que Allende assumisse o poder depois de sua eleição. O relatório do Senado observa:

> Depois que Allende terminou as eleições em primeiro lugar (...) o presidente Nixon se encontrou com Richard Helms, diretor da CIA, Henry Kissinger e John Mitchell (...) Logo se tornou aparente que um golpe militar era o único modo de impedir a chegada de Allende ao poder. A CIA estabeleceu contato com vários grupos de conspiradores militares e inclusive armou um dos grupos.

O golpe deveria começar com o sequestro do comandante do Exército, o general René Schneider. Schneider foi morto a tiros e o golpe foi um fiasco. Até que ponto a CIA ajudou a dar início ao golpe de 1973 é uma questão controversa, uma vez que certos documentos relevantes dos Estados Unidos continuam sob sigilo. O relatório do Senado conclui que, embora "não haja provas cabais de ajuda direta dos Estados Unidos ao golpe (...) os Estados Unidos — por meio de suas ações anteriores, de sua postura e da natureza de seus contatos com os militares chilenos — indicaram que não seriam contrários a um golpe militar".

O golpe, ao qual os Estados Unidos "não seriam contrários", desencadeou uma torrente de violência e assassinato do povo chileno. Cerca de 3.500 pessoas foram mortas por suas crenças e atividades políticas;

dezenas de milhares foram presas, espancadas e torturadas. Outras dezenas de milhares foram demitidas de seus empregos em função de sua afiliação política. Sindicatos foram banidos, a ação coletiva se tornou impossível, e o Congresso foi devidamente fechado. O que havia começado como a competição usual entre Estado e sociedade e uma intensificação da mobilização da sociedade na década de 1960 perdeu o controle e acabou com o Chile saindo do corredor e entrando em um período de dezessete anos de despotismo.

* * *

Assim, no caso chileno, estamos novamente diante de uma Rainha Vermelha de soma zero, levando à polarização e a tentativas, por parte de ambos os lados, de minar o outro, em vez de achar um meio-termo que possibilitasse um acordo. Os fatores estruturais que tornaram o corredor particularmente estreito e a Rainha Vermelha impregnada de perigos no caso da República de Weimar tiveram muitos paralelos com o caso chileno. Tudo começou com os grandes proprietários de terra, apavorados com a reforma agrária e com o eclipse de seu poder político, o que levou a uma falta de disposição mais ampla por parte da elite em aceitar a mobilização social e a redistribuição. Resultado da intransigência da elite e da ideologia marxista radical do governo de Allende, a polarização crescente também foi um fator decisivo. O mesmo vale para a incapacidade das instituições chilenas, incluindo o Congresso e os tribunais, para mediar o conflito. Assim, ambos os grupos chegaram à conclusão de que os conflitos seriam resolvidos por meio da força. Não houve choque externo como a Grande Depressão para desestabilizar o Chile, o que ressalta a ideia de que um país pode facilmente deixar o corredor sem qualquer ruptura externa. Mesmo assim, as políticas de Allende e a oposição intransigente das elites criaram uma severa recessão por conta própria, o que aumentou a turbulência.

O Chile, assim como a Alemanha, saiu do corredor. Neste caso, não foram os Camisas Marrons, mas um golpe militar apoiado pela elite que acabou com as perspectivas do Leviatã Agrilhoado chileno (ao menos por um tempo).

Por quem os sinos dobram

Em 1264, uma reunião solene aconteceu na cidade de Ferrara, no norte da Itália. Ela foi presidida pelo Podestà, que, como vimos no Capítulo 5, era um executivo externo trazido para gerir o governo republicano das comunas italianas. O registro da reunião afirma:

> Nós, Pierconte de Carrara, Podestà de Ferrara, em uma assembleia plena de toda a população da cidade de Ferrara na praça central, reunidos ao modo usual ao dobrar dos sinos, por desejo, consentimento e ordem da comuna como um todo e de toda a população reunida na assembleia (...) decretamos como se segue (...) O magnífico e ilustre Senhor Obizzo, neto e herdeiro do falecido e magnífico Senhor Azzo de feliz memória (...) deverá ser o Governador e Administrador e General e permanente Senhor da Cidade de Ferrara e de seus distritos como lhe aprouver. Ele deverá ter jurisdição, poder e domínio dentro da cidade e fora dela e terá o direito de aumentar, fazer, ordenar, prover e dispor como lhe aprouver e como lhe parecer útil. E, em geral, ele deve ter poderes e direitos como Senhor permanente da cidade de Ferrara e de seu distrito para fazer e organizar todas as coisas de acordo com seus desejos e ordens.

Talvez seja bom destrinchar o trecho. A "comuna como um todo e toda a população", reunida em assembleia, havia criado um "senhor permanente". As coisas ficam ainda mais esquisitas porque não se tratava apenas do senhor Obizzo, uma vez que o documento continuava: "Desejamos que tudo já citado se aplique perpetuamente não apenas ao Senhor

Obizzo (...) como depois de sua morte desejamos que seu herdeiro seja o Governante e Administrador e Senhor geral da cidade." Não se tratava apenas de um domínio pessoal, mas sim de algo hereditário; era a criação do governo dinástico consumada pela "comuna como um todo e toda a população" reunida "em assembleia plena". A comuna republicana votou pela sua extinção.

Para entender o que aconteceu em Ferrara e em grande parte do restante das comunas italianas, precisamos recuar um pouco. Já vimos como as comunas surgiram no início da Idade Média a partir de raízes das instituições políticas participativas lombardas e carolíngias, e como elas criaram sistemas sofisticados de governo republicano que davam apoio a Leviatãs Agrilhoados. As comunas também eram ajudadas pelo legado de Roma, onde as elites eram urbanas e, por consequência, mais fáceis de controlar pela sociedade, que também estava em áreas urbanas. Mas as elites não desapareceram depois que as comunas assumiram o poder. Não raro, elas mantiveram suas propriedades rurais e os laços feudais no campo, o que lhes permitiu preservar sua riqueza e influência política. As comunas tentaram combater isso, ao aprovar leis que tentavam restringir as relações feudais, e proclamar máximas como "Nenhum homem deve se tornar vassalo de outro homem ou jurar lealdade a ele". Na comuna de Perugia isso foi levado ao extremo, e qualquer um que tomasse parte em um juramento de vassalagem podia estar sujeito à pena capital, incluindo o tabelião que o registrasse. Uma das preocupações era que os vassalos podiam ser facilmente armados, ameaçando assim desestabilizar as comunas, como de fato aconteceu.

Dentro do que prevê a lógica da Rainha Vermelha, e para parafrasear Shakespeare, "o caminho da verdadeira competição jamais foi suave". Isso certamente foi verdadeiro no caso da competição entre as elites e as comunas. As elites não assistiram inertes à criação das comunas. Elas começaram a se organizar. Na verdade, enquanto as comunas surgiam, as elites começaram a formar um tipo de associação, denominada consórcio [*consorzeria*]. Tratava-se de alianças pelas quais as elites concordavam em sair em defesa umas das outras, especialmente na disputa entre as comunas. Um acordo de formação de consórcio de 1196 registra: "Prometemos ajudar uns aos outros sem fraude e de boa-fé (...) com nossa torre e casa comunitária, e juramos que nenhum de nós agirá contra os outros diretamente nem por meio de terceiros."

A referência a uma torre é significativa. Em toda a Itália, as elites começaram a construir torres. As comunas em breve estavam promulgando leis que limitavam a altura dessas torres, que ainda hoje pontilham o horizonte de Bolonha e Pavia (uma fotografia de algumas dessas torres remanescentes está incluída no caderno de fotos). Na verdade, essas torres eram fortificações. O viajante Benjamin de Tudela observou que, na década de 1160, em Gênova, "cada casa tem uma torre e, em tempos de conflito, combatem umas às outras do alto dessas torres". Ele observou algo semelhante em Pisa. Em 1194, um cidadão genovês registrou um combate na cidade de Pistoia entre dois grupos, chamados de Pretos e Brancos.

> Os Pretos haviam fortificado a torre dos filhos de mestre Iacopo e de lá causavam grande dano aos filhos de mestre Ranieri. E os Brancos haviam fortificado a casa de mestre de Lazzari (...) Aquela casa causou grande dano aos Pretos com disparos de bestas que lançavam fogo e pedras, de modo que não era possível lutar nas ruas. Quando os Pretos viram que estavam enfrentando criados que disparavam de dentro da casa, Vanne Fucci e alguns de seus companheiros subiram até lá, atacaram a casa frontalmente com disparos de setas em chamas e tomaram a casa ao conseguir incendiar um de seus lados e entrar pelo outro. Os que estavam lá dentro começaram a fugir e foram perseguidos, e os perseguidores feriam e matavam, além de saquear a casa.

Algo estava nitidamente errado com a resolução de conflitos em muitas comunas. Os Pretos e os Brancos pertenciam a elites de consórcios concorrentes e brigavam sem parar. A rixa entre famílias da elite italiana foi consagrada na literatura pelos Capuletos e Montecchios de William Shakespeare na peça *Romeu e Julieta*. Em Reggio uma rixa verdadeira, entre as famílias Da Sesso e Da Fogliano, durou cinquenta anos e possivelmente causou a perda de 2 mil vidas. A certa altura, a família Da Fogliano sitiou os Da Sesso que, em vez de se render, tiraram na sorte para ver quem entre eles seria morto para servir de refeição aos outros. Aparentemente um fim melhor do que ser capturado!

Os membros da elite não lutavam apenas entre si, também ameaçavam o edifício do governo republicano como um todo. Muitas comunas não tinham sido capazes de remover todos os privilégios da elite e as relações feudais. Ainda em 1300, em lugares como Milão, Gênova, Pisa, Mântua, Módena e Ravena, as elites seguiam no controle de várias aduanas, tributos e tinham o direito de cunhar moeda e de determinar pesos e medidas. Algumas, como a família Visconti em Milão, exerceram ativamente esses direitos. Propriedades de cidadãos em diversas comunas foram restritas por vários tipos de feudos e os contratos eram assinados tomando como base as leis e os costumes feudais.

Em oposição a essa atividade da elite e a seu privilégio que não havia sido eliminado, os cidadãos se mobilizaram sob o disfarce do Popolo, o povo. No Capítulo 5 mencionamos brevemente um cargo executivo denominado Capitano del Popolo, que estava encarregado de organizar o povo. O Popolo era uma mobilização em resposta às elites. Em Bergamo, todos os membros do Popolo precisavam prestar o seguinte juramento:

> Farei o melhor que estiver a meu alcance para que o conselho (...) e todos os cargos e honrarias da comuna de Bergamo devam ser escolhidos no interesse da comunidade e não em função de quaisquer partidos (...) Caso qualquer partido ou aliança na cidade de Bergamo ou qualquer grupo pegar em armas ou começar a lutar, e caso eles pretendam agir contra a honra e o patrimônio do Podestà (...) ou contra a comuna

ou esta corporação (o Popolo) (...) deverei defender e ajudar e manter o (...) Podestà (...) e a comuna de todos os modos que estiverem à minha disposição.

A existência do Popolo é em si um indício de que nem tudo ia bem nas comunas. A sociedade precisava se organizar para defendê-las contra as elites. Mas a comuna não podia ter dado conta das elites e suas disputas acionando as instituições legais? Por que o povo precisou tomar a situação nas próprias mãos? O Popolo justificava sua existência em Bolonha afirmando que ele era necessário para que os "lobos vorazes e os mansos cordeiros pudessem caminhar lado a lado". Os lobos vorazes eram as elites, enquanto as pessoas comuns eram os cordeiros. As raízes do Popolo variavam em cidades diferentes. Alguns vinham das guildas, outros de associações locais, e muitos tinham elementos militares. Eles usavam como modelo as comunas, e daí vinha o papel central do Capitano, que parece ter aparecido inicialmente em Parma, em 1244. Eles estipulavam a representação fixa para seus membros nos conselhos da comuna. Em Vicenza, já em 1222, metade dos cargos da comuna foi destinada ao Popolo. Ao mesmo tempo, eles exigiam que as elites tivessem representação limitada nesses cargos. Inclusive, exigiam direitos maiores do que os da elite. Em Parma, "o juramento de um membro do Popolo deve ser à prova de qualquer magnata ou homem poderoso", embora o mesmo não valesse no sentido contrário. Na década de 1280, em Florença e Bolonha, o Popolo listava famílias da elite e exigia que fizessem pagamentos como garantia de seu futuro bom comportamento.

Para piorar as coisas, a divisão entre as elites e o Popolo não era a única a abalar a Itália. Como falamos anteriormente, as comunas eram nominalmente parte do Sacro Império Romano, sucessor da parte oriental do Império Carolíngio de Carlos Magno, que ele havia dividido entre seus filhos. Embora as comunas na prática tivessem conquistado sua independência, ainda havia quem apoiasse o império, assim como aqueles que se opunham a ele. Os que apoiavam o império ficaram conhecidos como gibelinos, um nome supostamente derivado do castelo de Waiblingen, uma propriedade dos Hohenstaufen, a dinastia que governou o império durante a maior parte do século XII e a família de seu principal governante, Frederico Barba Ruiva. Os opositores do império eram conhecidos como guelfos, nome derivado do alemão Welf, o nome da família de um dos principais adversários de Frederico Barba Ruiva, Otto IV. O conflito entre os gibelinos e os guelfos foi tão amargo quanto o conflito entre as elites e o Popolo. Quando assumiram o controle de Florença, em 1268, os guelfos listaram imediatamente 1.050 gibelinos, dos quais quatrocentos foram mandados para o exílio.

A essa altura, temos alguma noção do que aconteceu em Ferrara. A criação das comunas havia induzido uma reação das elites feudais. Isso, por sua vez, levou a uma reação dos cidadãos na forma do Popolo. O Popolo começou a desequilibrar o sistema legal a seu favor, banindo as elites dos órgãos representativos da comuna e determinando a própria representação de modos não democráticos. Em resposta, as elites tentaram não apenas subverter o sistema como acabar com ele. Muitas vezes elas faziam isso em nome de um "partido", como o dos guelfos, que em Florença e Lucca nomearam o rei da Sicília, Charles de Anjou, como Podestà para um mandato de seis anos. Na prática, foi delegado a ele a tarefa de escolher quem governaria as cidades. Quando os guelfos tomaram Florença e Bolonha, todas as posições públicas, incluindo as militares, foram reservadas para membros do partido. Muitas vezes os partidos assumiam os nomes das famílias da elite e ofereciam um veículo para pôr fim ao poder da comuna. Em Milão, havia os partidos dos Visconti e dos Della Torre; em Como, os Rusconi e os Vittani; em Bolonha, os Lambertazzi e os Geremei; e em Orvieto, os Monaldeschi e os Filippeschi. As elites de início tiveram sucesso em aumentar seu controle sobre os regimes republicanos. Em Ivrea, perto de Turim, a cidade prometeu lealdade e até mesmo "vassalagem" ao marquês de Montferrat, concedendo a ele metade das receitas da cidade e permitindo que nomeasse o Podestà. Em outros exemplos, como em Veneza, até então uma das mais bem-sucedidas cidades-Estado italianas, as elites simplesmente modificaram as regras para excluir outras pessoas do poder político. A musculatura militar também ajudou a consolidar o domínio da família Bonacolsi em Mântua, em 1272, dos Polenta em Ravenna, depois de 1275, dos Da Camino em Treviso, em 1283, e dos Malatesta em Rimini, depois de 1295. Em 1300, pelo menos metade das cidades que antes tinham sido comunas estava sob governos despóticos. As consequências logo ficaram óbvias. Em Ferrara, onde começamos, a participação popular em conselho sofreu severas restrições, e as guildas e confrarias foram suspensas. Os novos senhores haviam começado a ditar as regras.

Contra esse poder crescente da elite, o Popolo reagiu, mas não só a combatendo. Como era provável que o poder político passasse de forma integral para a elite, então o melhor era acabar com o sistema como um todo. Isso começou em Piacenza, em 1250, quando, sob liderança do Popolo, Uberto de Iniquitate foi eleito como Podestà e representante do Popolo por um ano. Mas logo o mandato foi estendido para cinco anos com a cláusula de que, caso ele morresse, seu filho assumiria o cargo. Fatos como esse eram comuns. Buoso da Dovara inicialmente recebeu o cargo de Podestà em Cremona por dez anos, em 1248. Em 1255, ele era Podestà vitalício em Soncino. Uberto Pallavicino recebeu cargos vitalícios como Podestà em Vercelli, Piacenza, Pavia e Cremona. Em Perugia, o Popolo ajudou a catapultar Ermanno Monaldeschi ao poder. Depois que ele deixou o cargo, um dos apoiadores de Monaldeschi propôs que a constituição fosse suspensa e que uma comissão de doze pessoas fosse formada para remodelar as instituições da cidade. A comissão decidiu dar a Monaldeschi poder quase absoluto sob o título vitalício de *gonfaliere* [porta-estandarte].

Na verdade, as comunas estavam condenadas em função dos conflitos que não tinham como conter. Elas não podiam eliminar a ameaça das elites, que desencadeavam uma contramobilização do povo. O conflito entre os dois grupos também não podia ser contido pelas instituições. Na verdade, ambos os grupos ficavam felizes em operar fora delas e até mesmo em eliminá-las. Em Ferrara, o senhor Obizzo e sua família pareciam uma aposta bem mais segura do que o conflito e a violência permanentes ou, pior ainda, a tomada de poder pela elite.

O fascínio dos autocratas

A princípio, o modo como as comunas italianas desmantelaram suas instituições participativas e se dissolveram parece intrigante. A sociedade não desejaria defender sua existência no corredor?

Apresentamos o argumento de que a resposta é sim, mas apenas caso as pessoas tivessem como pensar que poderiam permanecer no corredor apesar do poder e da oposição da elite. Caso se tornassem pessimistas, acreditando que a dinâmica da Rainha Vermelha daria cada vez mais vantagem para a elite, levando assim a um despotismo controlado por ela, então as pessoas poderiam optar por ceder o poder a um autocrata que não precisasse prestar contas a ninguém e que seria mais favorável a seus interesses do que um regime dominado pela elite. Embora isso muitas vezes não passe de um desejo sem base racional, muitas sociedades decidiram destruir seus Leviatãs Agrilhoados para obter vantagens em sua disputa contra a elite.

Um fator comum na história do desaparecimento das comunas italianas e da derrubada das democracias de Weimar e do Chile é o poder e a oposição das elites agrárias, que tornaram o corredor mais estreito e conduziram a uma sociedade cada vez mais polarizada. O efeito da Rainha Vermelha, por sua vez, se tornou muito mais parecido com uma soma zero, com uma luta pela existência, muito mais do que uma corrida entre Estado e sociedade que aumentasse as capacidades de ambos. Isso é visível no caso italiano pelo fato de que as elites começaram a lutar não apenas para melhorar sua posição contra as comunas mas também para destruí-las, e as comunas passaram a ver a coexistência com as elites como impossível, preferindo a autocracia à influência crescente das elites.

Maquiavel resumiu bem em *O príncipe* quando observou que:

> As pessoas não desejam ser comandadas ou oprimidas pelos nobres, ao passo que os nobres desejam comandar e oprimir as pessoas. Desses dois apetites opostos, surge nas cidades um de três efeitos: um principado, a liberdade ou a licença. Um principado é inaugurado pelas pessoas comuns ou pela nobreza, dependendo de qual desses grupos tenha a oportunidade. Quando os nobres percebem que não podem resistir ao povo, começam a apoiar alguém de dentro de suas fileiras, e o tornam príncipe para poderem satisfazer seus apetites sob sua proteção. As pessoas comuns, do mesmo modo, vendo que não conseguem resistir à nobreza, dão seu apoio a um homem para serem defendidas por sua autoridade.

Na verdade, Maquiavel está identificando uma força propulsora de muitos movimentos modernos que às vezes são rotulados como "populistas". Embora o termo tenha sua origem nos Estados Unidos nos fins do século XIX, o movimento populista, exemplificado pelo Partido do Povo, seus espécimes recentes ainda que diferentes entre si, disparatados e sem contar com uma definição geral consensual, têm algumas marcas em comum. Entre elas estão uma retórica que joga o "povo" contra uma elite conspiradora; uma ênfase na necessidade de reformar o sistema e suas instituições (porque não estão funcionando para as pessoas); uma confiança em um líder que (supostamente) representa os verdadeiros desejos e interesses do povo; e um repúdio a toda espécie de restrições e a toda tentativa de acordo, uma vez que isso se transformará em um obstáculo para o movimento e para seu líder. Movimentos populistas contemporâneos, como a Front National na França, o Partido da Liberdade nos Países Baixos, o Partido Socialista Unido de Venezuela — fundado por Hugo Chávez — e o Partido Republicano remodelado por Donald J. Trump nos Estados Unidos, todos contam com essas características, assim como os primeiros movimentos fascistas (embora o fascismo tenha acrescentado a tudo isso um militarismo mais forte e um anticomunismo fanático). Assim como no caso das comunas italianas, a elite pode de fato estar conspirando contra as pessoas comuns, mas a afirmação de que um movimento populista e seu todo-poderoso líder irão proteger os interesses do povo é meramente um estratagema.

Nosso modelo ajuda a esclarecer o que incentiva esses movimentos populistas e por que eles ameaçam a estabilidade de uma sociedade no corredor. A dinâmica da Rainha Vermelha nunca é organizada e tranquila. Se as coisas acontecem dentro do corredor, elas podem aumentar a capacidade estatal tanto quanto a da sociedade. Porém, como vimos, a dinâmica pode se tornar polarizada e de soma zero. Pior ainda, quando as instituições não estão à altura de conter e resolver esses conflitos, e quando a competição entre a elite e as outras classes parece não gerar ganhos e poder real para essas últimas, a confiança nas instituições que compõem o corredor pode desmoronar. Isso é parte do que ocorreu durante a República de Weimar: as instituições democráticas se tornaram emperradas, o Judiciário e as forças de segurança não tinham como resolver os conflitos na sociedade, e a economia entrou em colapso — com terríveis consequências para muitos alemães. O mesmo processo ocorreu nas comunas italianas à medida que as pessoas em muitas cidades perderam a esperança de que seriam capazes de conter o domínio cada vez maior das elites. Em ambos os casos, a confiança do povo de que as instituições seriam capazes de funcionar a seu favor e proteger seus interesses ruiu, tornando mais atraente a ideia de se voltar para um líder autoritário e para um movimento que dissesse que iria cuidar dos interesses do povo — desde que esse movimento fosse levado ao poder e todas as restrições a seu governo autocrático fossem retiradas.

Dessa perspectiva há certos paralelos entre esses fatos e o que está ocorrendo no mundo hoje. Os ganhos muitos limitados que muitos cidadãos das nações industrializadas ao longo das últimas três décadas tiveram (como discutiremos de forma mais detalhada no Capítulo 15), ao mesmo tempo em que a mudança tecnológica e a globalização enriquecem outras pessoas, é algo demasiado real e uma fonte significativa de descontentamento. O mesmo pode ser dito sobre o sistema político, que não respondeu às dificuldades das pessoas. Essas preocupações legítimas se tornaram mais explosivas à medida que ficou claro que instituições tão queridas pelo Ocidente não conseguiram lidar com o colapso econômico causado pela crise financeira de 2008, e pela realidade de que interesses financeiros politicamente poderosos passaram a dominar as respostas à crise e a se beneficiar delas. O cenário estava formado para uma queda drástica da confiança das pessoas nas instituições, o que pavimentou o caminho para a ascensão de movimentos populistas.

A ascensão do populismo, por sua vez, corrói a política no corredor. A Rainha Vermelha passa a ter maior risco de sair de controle quando a competição entre Estado e sociedade (e entre diferentes segmentos da sociedade) se torna mais polarizada, mais próxima da soma zero. A retórica dos movimentos populistas, que pinta todos que estão fora do movimento como inimigos e como parte das elites conspiratórias que prejudicam a população, contribui para essa polarização. À medida que a confiança nas instituições diminui, elas passam a ter mais dificuldade para arbitrar acordos.

Nossa análise também ressalta o motivo pelo qual, mesmo que sejam definidos por importantes elementos que surgem de baixo para cima, e ainda que afirmem representar o povo, os movimentos populistas em última instância acabam levando ao despotismo quando chegam ao poder. Isso se dá exatamente pelas mesmas razões que enfatizamos em nossas discussões sobre a ascensão do regime nazista — a afirmação populista de que os limites impostos a seu poder ajudarão a elite conspiratória, e o foco dado por eles ao controle do Estado dificulta que as correntes que limitam o poder estatal continuem agindo de maneira eficiente depois da tomada de poder por populistas.

Então é provável que qualquer movimento político que afirme falar em nome do povo e que se oponha a uma elite todo-poderosa vá desestabilizar a vida no corredor? Certamente não. Movimentos comprometidos em trabalhar com as instituições do corredor, que hoje quase sempre são democráticas, podem contribuir para o florescimento da Rainha Vermelha, em vez de transformá-la em uma força desestabilizadora. Também podem ajudar de maneira significativa os membros mais desprivilegiados da sociedade. Lembre-se do Capítulo 10, em que mostramos como o movimento norte-americano dos direitos civis, embora reconhecesse a atitude de conflito de muitas elites, tentou usar os tribunais e o governo federal para levar adiante suas propostas, ao contrário de rejeitá-los completamente. A característica definidora dos movimentos populistas que os leva a contribuir com uma Rainha Vermelha de soma zero é sua recusa em aceitar as limitações e os acordos, e é essa característica que, em última instância, torna provável que modifiquem os desequilíbrios na sociedade. Eles estão prestes a criar novas dominações, não a acabar com elas.

Quem gosta de freios e contrapesos?

As experiências de diversos países latino-americanos, incluindo Peru, Venezuela e Equador, são bons exemplos das forças que moldam o populismo contemporâneo e suas implicações. Várias dessas nações realizam eleições periódicas e contam com alguns dos aparatos das instituições democráticas ainda que estejam longe de ser um Leviatã Agrilhoado. Parte do motivo pelo qual essas nações estiveram na órbita do Leviatã Despótico foi que, com ou sem eleições, as elites tradicionais, que muitas vezes têm suas raízes nas áreas rurais e em grandes latifúndios, conseguiram controlar a política. No ambiente polarizado que foi gerado, o apoio populista muitas vezes esteve por trás do desmantelamento dos freios e contrapesos aos presidentes e da suspensão de instituições democráticas pelas mesmas razões que o povo deu seu apoio a autocratas nas comunas italianas.

Veja o caso do Peru. Em 1992, o presidente Alberto Fujimori, a fim de diminuir os controles democráticos à presidência, publicou o Decreto 25.418, suspendendo de maneira inconstitucional o Legislativo e convocando novas eleições. O povo deveria pegar em armas. Mas Fujimori apresentou seu aumento de poder como uma reação às elites tradicionais, tanto à direita, sob o disfarce do partido político fundado por Mario Vargas Llosa, quanto à esquerda, sob a forma da Aliança Popular Revolucionária Americana (Apra). O domínio da elite peruana, é claro, não era uma invenção, ainda que acabar com isso não fosse a prioridade de Fujimori. Mesmo assim, a propaganda funcionou. Seus apoiadores obtiveram maioria na nova legislatura. Eles começaram a reescrever a constituição, abolindo uma das câmaras legislativas e ampliando os poderes presidenciais. Essas mudanças foram avalizadas por um plebiscito. O Peru agora estava nas mãos da ditadura autoritária de Fujimori.

A chegada de Hugo Chávez ao poder na Venezuela teve raízes semelhantes. Assim que ocupou o cargo de presidente em 1998, Chávez organizou uma Assembleia Constituinte que criou um legislativo unicameral e transferiu poderes significativos para o presidente. Setenta e dois por cento da população que votou em um referendo deram seu apoio à nova constituição. Como se não bastasse, Chávez ganhou em 2000 o direito de governar por decreto durante um ano sem necessidade de aprovação do Parlamento. Esse poder foi renovado e estendido por dezoito meses em 2007. E foi estendido outra vez em dezembro de 2010 por mais dezoito meses. Como Chávez conseguiu isso? Do mesmo modo que Fujimori — se apresentando como revolucionário que cuidava dos interesses do povo venezuelano contra as elites tradicionais, que controlavam a política e a economia na Venezuela havia muito tempo. Assim como Fujimori, ele estava certo quanto ao controle das elites e quanto ao fato de elas serem conspiratórias, e também quanto ao fato de se tratar de um jogo de cartas marcadas contra os pobres e as comunidades indígenas. Porém, o compromisso dele de aprofundar o poder e o bem-estar do povo era, na melhor das hipóteses, fraco. A economia venezuelana entrou em colapso sob os governos de Chávez e de seu sucessor, Nicolás Maduro, e as instituições do país foram dizimadas. A oposição e venezuelanos comuns foram reprimidos, silenciados e hoje, cada vez mais, são assassinados por forças de segurança leais ao regime. O país está à beira de uma guerra civil enquanto escrevemos.

A situação no Equador, que levou o presidente Rafael Correa ao poder, é semelhante. Em 2007, Correa articulou sua agenda populista talvez ainda melhor do que Fujimori e Chávez. Ele afirmava que, embora seu objetivo explícito fosse desmantelar os freios e contrapesos e as instituições participativas no Equador, era um homem do povo:

> Dissemos que íamos transformar nossa pátria na revolução cidadã, democrática, constitucional (...) mas revolucionária sem ficar emaranhada nas velhas estruturas, sem cair nas mãos daqueles que têm o poder tradicional, sem aceitar que a pátria tenha donos. A pátria é de todos, sem mentiras, com absoluta transparência.

Como Maquiavel previu, se estiverem desesperadas, "as pessoas comuns (...) dão seu apoio a um homem para serem defendidas por sua autoridade". Correa era esse homem e, em 28 de setembro de 2008, 64% dos eleitores do Equador ratificaram uma nova constituição com um legislativo unicameral e aumentando os poderes do presidente. Correa já não precisava mais lutar com um judiciário independente ou com o banco central, e tinha o poder de suspender o Legislativo. Ele também recebeu permissão para concorrer a mais dois mandatos.

De volta ao corredor?

Em maio de 1949, após um breve intervalo (ou dolorosamente longo, caso você tenha de fato precisado viver durante aquele período) após a tomada do poder pelos nazistas em 1933, a Alemanha adotou sua nova constituição, a Lei Básica da República Federal da Alemanha, que consagrou todo tipo de freios e contrapesos ao Estado e às elites e garantiu os direitos e as liberdades individuais. Em agosto daquele ano, o país realizou eleições democráticas para o Parlamento, um mês antes das eleições presidenciais. A Alemanha, ou mais exatamente a parte do país que não se encontrava sob o jugo soviético, estava de volta ao corredor. Nesse sentido, o país nunca mais recuou.

O Chile também voltou rapidamente ao corredor, com uma transição pacífica para a democracia dezessete anos depois do golpe brutal do general Augusto Pinochet. O poder das elites agrárias e industriais no Chile não desapareceu completamente (longe disso), porém o país desenvolveu uma vibrante democracia e experimentou um ressurgimento do poder da sociedade, que levou a uma gama de reformas reduzindo os privilégios da elite, revogando as mudanças constitucionais introduzidas pelos militares, e aumentando as oportunidades educacionais e econômicas para os mais desprivilegiados.

Como isso foi possível? Tanto os nazistas quanto a ditadura de Pinochet desmantelaram os limites impostos ao poder da polícia e do Exército; prenderam, exilaram ou mataram seus adversários; reprimiram duramente todas as organizações sociais; causaram estragos em geral. Como foi que em menos de duas décadas esses países voltaram a equilibrar os poderes do Estado e da sociedade?

Independente de quão sanguinárias as ditaduras da Alemanha e do Chile tenham sido, e independente de quanto elas estivessem dispostas a subjugar a sociedade, os dois países começaram dentro do corredor. Mesmo depois de saírem dele, muitos dos fatores que tornaram suas sociedades ativas e mobilizadas continuaram existindo. Entre esses fatores estavam normas de mobilização social e a crença de que era possível responsabilizar a elite e as instituições estatais. Havia memórias dos tempos em que as pessoas comuns eram organizadas e tinham poder, em que as leis se aplicavam a todos, e em que o Leviatã estava agrilhoado pela sociedade. Havia também planos para construir instituições responsivas e com poderes restritos. Veja a Alemanha. Embora elementos de controle autoritário tenham sido importantes durante o período absolutista depois de 1648 e durante o período em que Bismarck foi chanceler, ainda assim a

Alemanha teve características institucionais capazes de agrilhoar o Leviatã nestes períodos. Uma delas, por exemplo, era o fato de que a maior parte da Alemanha, ainda que não a Prússia, tinha profundas raízes carolíngias. O Estado e as instituições representativas herdadas dessa história jamais foram completamente abolidos, mesmo em meio ao absolutismo prussiano. Eles voltaram no século XIX, particularmente depois das revoluções de 1848. Esses legados foram importantes para permitir que os sociais-democratas se tornassem o maior partido no Reichstag antes da Primeira Guerra Mundial. Embora os poderes do Reichstag fossem limitados pelo Kaiser e a elite prussiana dominasse a câmara alta, esses legados forneciam as bases para uma arquitetura institucional dentro do corredor. Esses elementos históricos foram reforçados e desenvolvidos ainda mais pela República de Weimar. Como resultado, mesmo depois de quase duas décadas se afastando do corredor, a Alemanha continuava perto dele. Compare isso com a China, que esteve na órbita do Leviatã Despótico por tanto tempo a ponto de o corredor não estar nem mesmo no horizonte e de parecer bastante improvável que o país chegue perto dele em um futuro próximo.

Tal perspectiva sugere que, embora seja desastroso ter a Rainha Vermelha fora de controle, caso o equilíbrio entre Estado e sociedade possa ser reconstruído sem muita demora, voltar ao corredor é uma possibilidade.

Porém, isso não significa que voltar ao corredor seja fácil ou automático. Não fosse pela derrota completa da Alemanha na Segunda Guerra Mundial e pelos esforços subsequentes feitos pelos norte-americanos e por (parte das) potências europeias para construir a democracia na Alemanha, não sabemos como as coisas poderiam ter ocorrido (na verdade, suspeitamos de que a Alemanha não seria o país democrático, amante da paz e responsável com a liberdade que é hoje). A transição para a democracia no Chile também foi, em parte, uma resposta a fatores internacionais, que convenceram os generais a fazer uma transição suave e controlada, no lugar de arriscar uma pressão crescente. Sem essas influências externas, a ditadura militar no Chile poderia ter durado muito mais.

A história das comunas italianas nos mostra que não há nada automático na volta ao corredor. E, claro, as perspectivas para qualquer coisa que se pareça com uma aproximação do corredor na Venezuela, que experimenta não apenas um conflito de soma zero, mas também um derretimento completo das instituições, não são boas. Sendo assim, a volta ao corredor de Alemanha e Chile não deveria ser lida como uma história de predestinação à democracia ou de inevitabilidade do Leviatã Agrilhoado. Em vez disso, devem ser vistas como exemplos de reconfigurações bem-sucedidas, ainda que fortuitas, do equilíbrio de poder entre Estado e sociedade antes que pudesse desaparecer completamente.

Perigo no horizonte

Uma população que não se beneficia das mudanças econômicas, que percebe que as elites estão em situação de superioridade e que perde a confiança nas instituições. Uma disputa entre diferentes grupos que fica cada vez mais polarizada e resulta em soma zero. Instituições que não conseguem resolver e mediar conflitos. Uma crise econômica que desestabiliza ainda mais as instituições e mina a confiança nelas. Um homem forte que reivindica defender o povo contra as elites e que pede que os limites institucionais sejam reduzidos para que ele possa servir melhor ao povo. Soa familiar?

O problema é que isso descreve não um, mas muitos países. Poderia ser a Turquia, onde o homem forte é Recep Tayyip Erdoğan, que se coloca contra uma elite secular turca e pede que as classes médias conservadoras e os eleitores da área rural mantenham seu apoio à medida que ele se livra dos limites institucionais. Poderia ser a Hungria, onde Viktor Orbán faz o mesmo, com uma dose adicional de retórica e ação anti-imigrantes (ainda que o país siga sob as restrições das instituições da União Europeia). Poderiam ser as Filipinas, onde o homem forte é Rodrigo Duterte, que comanda esquadrões da morte contra traficantes (reais ou imaginários) e usuários de drogas ao mesmo tempo em que demoniza seus oponentes.

Poderia ser Marine Le Pen, que chegou perto de uma vitória de virada na eleição presidencial francesa de 2017, com sua magistral reformulação do conflito do século XXI, não mais entre esquerda e direita, mas entre globalistas e patriotas. Ou poderia ser Donald J. Trump.

Mas isso não poderia acontecer nos Estados Unidos, poderia? Um país com uma constituição maravilhosa que equilibra o poder da elite e da não elite e que cria camadas limitantes contra políticos excessivamente gananciosos. Um sistema político que é a epítome da separação dos poderes. Uma sociedade com uma tradição de mobilização política e de suspeita contra autocratas. Uma reverenciada tradição legal, altamente protetiva da democracia do país e das liberdades individuais. Uma história bem-sucedida de superação de desafios passados, indo desde o legado da escravidão até o domínio dos barões ladrões e que chegou à discriminação generalizada contra os afro-americanos. Uma nação firmemente instalada no corredor e que foi empoderada pela Rainha Vermelha tantas vezes.

Mas, como vimos, também não poderia ter acontecido na República de Weimar, poderia?

14.

DENTRO DO CORREDOR

O fardo do homem negro

Ao acordar na manhã de sexta, dia 20 de junho de 1913, o nativo sul-africano se viu não como um escravo, mas como um pária em sua terra natal.

ASSIM COMEÇA O LIVRO *Native Life in South Africa,* de Sol Plaatje. Plaatje foi um jornalista negro, escritor e ativista político, um dos fundadores, em 1912, do Congresso Nacional dos Nativos Sul-Africanos (SANNC, na sigla em inglês), movimento social que se transformou no Congresso Nacional Africano (CNA) uma década depois. O SANNC foi criado como reação à União da África do Sul de 1910, que juntou as antigas colônias britânicas do Cabo e Natal com os bôeres de língua holandesa (africânder) da República do Estado Livre de Orange e Transvaal depois do fim das Guerras Bôeres. No Cabo, direitos políticos eram determinados com base na riqueza ou propriedade, não em raça. Mas as Repúblicas Bôeres tinham direitos só para brancos. A União havia sido precipitada pelo triunfo do Império Britânico na Segunda

Guerra Bôer, entre 1899 e 1902. Durante a guerra, os britânicos haviam criticado os africânderes pelo tratamento grosseiro dado aos africanos negros, o que criou a esperança de que a ordem pós-guerra poderia dar aos negros mais direitos. Portanto, houve uma janela de oportunidade para mudança institucional no fim da guerra. Contudo, a recém-formada União do Sul da África acabou adotando o mais duro denominador comum. O modelo mais liberal do Cabo não foi estendido para outros lugares, e foi gradualmente ruindo. A representação acabou sendo negada a todos os negros.

A falta de poder político teve consequências terríveis. Permitiu a aprovação da Lei de Terras Nativas de 1913, que preparou o caminho para que os negros, ou "nativos", nas palavras de Plaaatje, se tornassem "párias" no próprio país. Plaatje usou outra frase impressionante, "o fardo do homem negro", quando observou:

> "O fardo do homem negro" inclui o desempenho fiel de todo trabalho não especializado e com os menores salários na África do Sul, o pagamento de impostos diretos a várias municipalidades (...) para desenvolver e embelezar as áreas brancas da cidade enquanto os bairros negros continuam sem cuidado (...) [e] taxas (...) para a manutenção das Escolas do governo das quais as crianças nativas são excluídas.

Mas não era assim que os brancos viam. Durante o debate no Parlamento da União da África do Sul sobre a lei, o sr. Van der Werwe, membro de Vredefort no Estado Livre de Orange, indicou afirmativamente que os "nativos serão apenas tolerados entre os brancos como trabalhadores", enquanto o sr. Keyter da vizinha Ficksburg argumentou que o Estado Livre "sempre tratou as pessoas de cor com a maior consideração e o máximo de justiça" e que a Lei de Terras Nativas era uma "lei justa" que "mostrava às pessoas de cor que o Estado Livre de Orange claramente era um país dos brancos, e que eles pretendiam mantê-lo assim". Nesse momento, a gravação da sessão registra que os presentes afirmam "é isso aí" mostrando apoio à interpretação de justiça do sr. Keyter. Para garantir que o Estado Livre permanecesse branco, os nativos não poderiam "ser capazes de comprar ou contratar terra, e se quisessem ficar lá deveria ser como prestadores de serviço". Em apoio à lei, outro membro, sr. Grobler, concordou que "era impossível adiar a solução do problema nativo". Em uma nota reproduzida em seu livro, Plaatje comenta: "Por uma 'solução para o Problema Nativo', os fazendeiros do Estado 'Livre' geralmente queriam dizer o restabelecimento da escravidão."

Plaatje viajou pelo país testemunhando a implantação do ato e como ele expulsou proprietários de terras negros e arrendatários de suas terras em 87% da África do Sul, a porção que formava o "país do homem branco". A experiência de Kgobadi, um fazendeiro negro que no passado tinha uma renda de 100 libras por ano, é típica. Em 30 de junho de 1913, ele recebeu uma carta ordenando que devia "se retirar da fazenda ao pôr do sol do mesmo dia. Do contrário, seu gado será tomado e apreendido e ele próprio detido pelas autoridades por invadir a fazenda". Kgobadi recebeu uma proposta de trabalhar por 30 xelins por mês para evitar o despejo. Nesse caso o fazendeiro branco poderia usar "os serviços dele, de sua esposa e dos bois dele" por uma fração do que ele ganhava. Kgobadi se recusou e foi despejado, sendo levado a vagar pelas estradas com sua família e gado morrendo, sem lugar para ir a não ser aceitar outra oferta desanimadora ou de alguma forma encontrar uma das "terras nativas" negras, as áreas às quais o governo branco havia confinado os africanos.

Por que a maioria dos brancos queria se livrar dos negros africanos? Tomar suas terras e gado era uma razão. Mas eles também queriam garantir acesso a um suprimento abundante de trabalho negro barato para fazendas e minas operadas por brancos, se necessário por coerção, e evitar que eles tivessem renda a partir da agricultura era um passo essencial nesse processo. A Comissão Holloway de 1932 reconheceu a situação no início do século, descrevendo-a como:

No passado, havia dificuldade em obter um fornecimento adequado de trabalho para as indústrias do país (...) Desacostumados a tudo, exceto aos desejos simples da vida tribal [os negros nativos] não tinham nenhum incentivo para trabalhar por mais. Os governos europeus, desejando trabalho para suas indústrias, decidiram pressionar os nativos para forçá-los a trabalhar, e fizeram isso impondo tributos.

Convocado em 1909, pouco antes da fundação da União da África do Sul, a Comissão Especial de Assuntos Nativos da Colônia do Cabo sublinhou esta intenção em suas deliberações, que incluíam a seguinte passagem:

A. H. B. Stanford, Magistrado Chefe de Transkei: [A pressão causada pelo excesso de população e a competição por terra são agudas] e estamos chegando ao limite em algumas partes (...)

W. P. Schreiner, membro da Comissão Especial: Claro, o resultado econômico natural seria (...) que a população excedente se voltasse ao trabalho manual e mão de obra por toda África do Sul; eles iriam para o exterior, por assim dizer?

Stanford: Eles terão que desenvolver outras vocações além da agricultura.

Schreiner: E ganhar seu pão pelo trabalho honesto em algum lugar?

Stanford: Essa me parece ser a única solução.

Schreiner: E uma solução muito boa, não?

Mas essa "solução muito boa" só poderia ser implementada se a maioria da população fosse completamente privada de direitos para não poder se opor. Foi o que a União da África do Sul passou a fazer. A perda de direitos políticos foi seguida por várias legislações, como a Lei de Terras Nativas, que criava uma força de trabalho de baixo custo para negócios de propriedade dos brancos. Outras medidas incluíam a "barreira racial", banindo sul-africanos negros de praticamente todas as ocupações especializadas ou profissionais. Quase todas as verbas educacionais eram direcionadas a brancos também, enquanto, como Plaatje apontou, negros tinham que pagar impostos. Praticamente sem propriedades, presos às terras nativas, sem educação e sem oportunidade de trabalhar em qualquer coisa além de agricultura ou mineração, a força de trabalho negra seria abundante, fácil de coagir e barata para fazendeiros e donos de minas brancos. A repressão e a discriminação aberta contra negros apenas se aprofundaram à medida que o Partido Nacional, dominado pelos interesses africânderes, ganhou poder e, de 1948 em diante, institucionalizou e estendeu o que veio a ser conhecido como apartheid.

A África do Sul estava fora do corredor com o tipo de instituições extrativistas comuns aos Leviatãs Despóticos. Como uma sociedade assim pode entrar no corredor? Um desafio sério ou uma crise existencial são normalmente necessários para uma mudança no caminho de tal nação. Mesmo essas circunstâncias não bastam para uma transição para dentro do corredor. Neste capítulo destacamos três fatores decisivos que afetam a possibilidade e a forma como uma nação pode fazer tal transição: a capacidade de formar coalizões que apoiam tal transição; a localização do equilíbrio de poder entre Estado e sociedade em relação ao corredor; e a forma do corredor, que afeta como esses fatores se desenvolvem.

A coalizão arco-íris

Em 1994, o regime do apartheid ruiu, e a África do Sul fez uma transição pacífica para a democracia e entrou no corredor. Tal mudança histórica foi disparada por uma enorme mobilização de negros sul-africanos, indiferentes à repressão sistêmica e liderados pelo CNA. Também foi fundada uma nova coalizão entre o CNA, as classes médias negras e os industriais brancos.

As elites agrícolas e de mineração eram as principais beneficiárias dos acordos políticos e econômicos que mantinham baixos os salários dos negros. Trabalhadores brancos também se beneficiavam muito porque arranjos como a barreira racial e as condições desoladoras do sistema educacional para negros significavam que os brancos podiam receber altos salários em ocupações especializadas ou semiespecializadas, um valor que variava de 5,5 a 11 vezes o que os negros, que eram praticamente impedidos de concorrer com eles, recebiam. No entanto, o regime de apartheid nunca foi um bom negócio para os industriais. Embora a barreira racial beneficiasse os fazendeiros brancos, donos de minas e trabalhadores, ela também aumentava os custos de trabalho para os industriais, que não podiam empregar os trabalhadores negros de baixo custo em qualquer atividade, exceto nas tarefas mais simples e não especializadas. Os industriais também se preocupavam menos do que os donos de minas e fazendeiros com a possibilidade de seus bens serem expropriados caso uma maioria negra ganhasse poder político, porque tomar e assumir uma fábrica moderna é muito mais difícil do que capturar fazendas e minas. Havia também diferenças sociais entre as elites africânderes e as de descendência britânica. O apartheid como filosofia social era uma criação dos africânderes, ao passo que os industriais, frequentemente de língua inglesa, eram menos comprometidos com ele. Consequentemente, eles eram o elo fraco na coalizão do apartheid e um bom alvo para uma nova coalizão que poderia derrubar o regime.

Coalizões raramente se formam por conta própria. Elas precisam ser cimentadas por relacionamentos, garantias e confiança. Não foi diferente para a coalizão que sustentou a transição para a democracia na África do Sul. O instrumento-chave para forjar um relacionamento entre industriais e líderes do CNA (e as classes médias negras) foi o programa de Fortalecimento da Economia Negra (BEE, na sigla em inglês). Apesar de a noção ter sido formulada no Programa de Reconstrução e Desenvolvimento do governo em 1994, foi de fato o setor privado que iniciou a primeira onda de projetos do BEE. Os projetos envolviam a transferência de capital de uma empresa branca para uma pessoa negra ou para uma empresa administrada por um negro.

Já em 1993, a companhia de serviços financeiros Sanlam vendeu 10% de suas ações da Metropolitan Life para um consórcio de propriedade de negros liderados por Nthato Motlana, um ex-secretário da Liga Jovem do CNA que havia sido médico tanto do líder do CNA e futuro presidente, Nelson Mandela, quanto do Arcebispo Desmond Tutu. Depois de 1994, o número de acordos com o BEE começou a crescer rapidamente, chegando a 281 em 1998. Algumas estimativas sugerem que, naquela época, cerca de 10% da Bolsa de Valores de Johannesburgo (JSE, na sigla em inglês) seria de propriedade de negócios negros. O problema era que as pessoas negras que queriam comprar ações frequentemente não tinham condições. Solução: as companhias emprestavam para eles o dinheiro para comprar ações com grandes descontos, normalmente 15% a 40% abaixo do valor de mercado.

Em 1997, o governo do CNA indicou uma comissão BEE liderada por Cyril Ramaphosa (que mais tarde se tornou o quarto presidente da África do Sul pós-apartheid). Começando com o relatório da Comissão BEE em 2001, o governo passou a institucionalizar a transferência de recursos e, também, a ampliar muito a natureza do BEE para abranger "desenvolvimento de elementos de recursos humanos, igualdade de emprego, desenvolvimento de negócios, compras preferenciais, assim como investimentos, propriedade e controle de empreendimentos e recursos econômicos". A comissão incluiu uma série de objetivos específicos que a economia sul-africana deveria conquistar em dez anos. Entre os objetivos mais importantes estavam a transferência de pelo menos 30% das terras produtivas para negros e organizações coletivas, o aumento da participação negra na economia para 25%, e a conquista de 25% das ações oferecidas na JSE. Além disso, a comissão especificou um objetivo de 40% de diretores não executivos e executivos em empresas com ações na JSE, 50% de compras governamentais direcionadas a companhias de propriedade de negros, 30% das compras do setor privado para empresas de negros, e 40% de executivos negros no setor privado. As orientações também especificavam que 50% dos tomadores de empréstimos de instituições públicas de financiamento deveriam ser empresas de negros, 30% dos contratos e concessões feitos pelo governo deveriam envolver empresas de negros, e 40% dos incentivos do governo para o setor privado deveriam ir para empresas de negros.

No rastro do relatório da comissão também surgiu uma série de cartas da indústria antecipando a legislação futura. A primeira delas, a carta de mineração emitida no início de 2002, causou grande agitação. Quando um rascunho da carta comprometendo a indústria com a meta de pôr 51% da propriedade das empresas nas mãos de negros em dez anos vazou para a imprensa, os preços de ações na bolsa de Johannesburgo despencaram. Os próximos seis meses viram uma saída de capital de 1,5 bilhão de rands (cerca de 250 milhões de dólares). As negociações posteriores levaram a uma carta definindo que 15% das companhias do setor seriam da propriedade de negros em cinco anos e 26% em dez anos. A indústria de mineração também concordou em levantar 100 bilhões de rands para financiar essas transferências. O processo culminou com a Lei de Fortalecimento Amplo da Economia Negra, sancionada pelo presidente Mbeki em janeiro de 2004. O ato obriga o ministro do comércio e a indústria a emitir códigos de boas práticas com respeito ao Fortalecimento da Economia Negra e a garantir que esses códigos sejam cumpridos. Basicamente, se uma empresa quer disputar um contrato governamental ou renovar uma licença, tem que provar que cumpre essas normas. Isto dá ao governo grande vantagem em alguns setores, como o de mineração.

O cientista social sul-africano Moeletsi Mbeki, irmão do presidente Thabo Mbeki, descreveu o BEE como uma aliança imoral:

> A elite política sul-africana está sendo estimulada a cumprir o BEE pelos super-ricos que buscam favores políticos do Estado de forma a (1) expatriar seus recursos movendo as ações

principais de suas empresas da Bolsa de Valores de Johannesburgo para a Bolsa de Valores de Londres; (2) conseguir os melhores contratos do governo; e (3) comprar um lugar à mesa onde são tomadas as decisões da política econômica.

Imoral ou não, a aliança foi essencial para garantir que a África do Sul entrasse no corredor. Ela não só deu início a relações próximas entre industriais e segmentos da sociedade, antes desprovidos de poder político, como também deu garantias para o mundo dos negócios que os líderes do CNA e as classes médias negras, que agora possuíam investimentos na economia, tinham muito menos interesse em expropriar riquezas e recursos dos brancos. A constituição interina de 1993 reassegurou os brancos sul-africanos por meio de uma carta de direitos assim como vários outros controles que tornavam mais difícil para o CNA reprimir a minoria branca. Também foi importante a Comissão da Verdade e Reconciliação, criada em 1995, que concedeu ampla anistia àqueles que eram culpados de crimes, incluindo abusos contra os direitos humanos, em troca de testemunhos verdadeiros e provas de que os atos foram politicamente motivados. Isso era um sinal de que a recém-fortalecida maioria negra sob a liderança do CNA não tentaria se vingar dos brancos.

Mas as relações e garantias não eram suficientes, a menos que houvesse confiança entre os parceiros na coalizão. Por isso, gestos simbólicos de compromisso tiveram grande significado. Nesse contexto se destaca a liderança inspiradora de Nelson Mandela. Um episódio que resume os esforços de Mandela aconteceu em 24 de junho de 1995, dia da primeira final da Copa do Mundo de Rugby na África do Sul. A seleção do país, os Springboks, pôde competir pela primeira vez depois do fim do boicote internacional contra o regime de apartheid, e estava diante da equipe favorita, os All Blacks, da Nova Zelândia. A seleção de rugby era muito identificada com o regime do apartheid, e seu uniforme era um símbolo africânder odiado pela população negra. Como o presidente da nova África do Sul pós-apartheid desempenhou seu papel como chefe de Estado nesse dia? Brilhantemente. Nelson Mandela ampliou seus esforços de um ano para remover a amargura e desconfiança entre a maioria negra e a minoria branca vestindo a camisa do Springbok com o número 6 do capitão, François Pienaar. O público de 63 mil pessoas, cerca de 62 mil deles brancos, a maioria africânderes, ficou atordoado. Os Springboks, talvez galvanizados pelo gesto magnânimo de Mandela, derrotaram os All Blacks contra todas as previsões, com um gol marcado na prorrogação. Quando indagado sobre como se sentia tendo o apoio de 63 mil pessoas, Pienaar respondeu: "Não tivemos o apoio de 63 mil sul-africanos hoje. Tivemos o apoio de 42 milhões." Quando entregou o troféu a Pienaar (como mostrado no caderno de fotos), Mandela disse a ele:

Muito obrigado pelo que você fez por nosso país.

Pienaar respondeu, sem hesitar:

Sr. presidente, isto não é nada comparado com o que o senhor fez pelo nosso país.

Portas para o corredor

Vimos o papel da coalização apoiada pelo CNA na transição da África do Sul para o corredor. O segundo fator decisivo é a posição do país em relação ao corredor.

A única forma de conquistar liberdade duradoura é se mudar para o corredor e forjar o equilíbrio necessário para construir um Leviatã Agrilhoado. Mas não há uma maneira universal de construir um Leviatã Agrilhoado, e não há só uma porta para o corredor. As perspectivas de cada país são moldadas por sua história única, pelos tipos de coalizões e concessões possíveis, e pelo equilíbrio exato de poder entre Estado e sociedade. Por exemplo, os caminhos possíveis para o corredor são muito diferentes quando se começa com um Leviatã Ausente, um Leviatã Despótico ou um Leviatã de Papel. A Figura 6 ilustra isso.

Nações com um Leviatã Despótico podem entrar mais facilmente no corredor ao fortalecer suas sociedades (ou cultivar novas maneiras de limitar e enfraquecer o poder de seus Estados), como indica a Seta Caminho 1 na figura. Essa foi a situação na África do Sul, dominada por uma elite branca poderosa e uma das instituições de Estado mais efetivas do continente. O problema na África do Sul era mobilizar a sociedade e aumentar sua capacidade de contestar o poder, algo que o CNA e o movimento trabalhista negro conseguiram.

Esse não é o problema que uma sociedade enfrenta ao começar com um Leviatã Ausente; fortalecer a sociedade ainda mais e enfraquecer o Estado teria efeitos deletérios. Em vez disso, o Caminho 2 na figura desenha uma possibilidade de entrar no corredor, neste caso, com um aumento no poder do Estado.

Finalmente, países e pessoas muito próximos do canto inferior esquerdo, o que inclui muitos Leviatãs de Papel e aqueles que, como

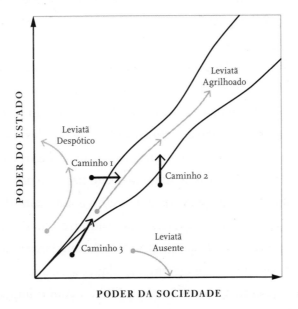

Figura 6. Portas para o corredor.

os tivs, têm capacidade de Estado muito limitada e nenhuma forma institucionalizada para que a sociedade exerça poderes, estão diante de um desafio ainda maior. Seus países não podem entrar no corredor aumentando o poder do Estado nem o da sociedade separadamente, uma vez que não há corredor próximo. Para entrar no corredor é preciso aumentar simultaneamente a capacidade de seus Estados e sociedades, como mostra o Caminho 3. Uma forma de fazer isso, como vamos discutir a seguir, é explorar o efeito mobilizador introduzido no Capítulo 11 — ao permitir que a sociedade se torne mais forte em resposta ao crescimento da capacidade estatal e vice-versa.

Agora vamos discutir como esses diferentes caminhos funcionam, que tipos de coalizões e concessões são necessárias para apoiar um movimento rumo ao corredor, e como as portas para o corredor se fecham quando tais coalizões não podem ser formadas.

Construindo a partir da gaiola de ferro

A África do Sul é um exemplo de Caminho 1, onde o principal conflito era entre a sociedade, representada pela maioria negra do país, e a elite branca que controlava as instituições do Estado. A composição da elite e a natureza do seu poder podem ser muito diferentes do que vemos em outros Leviatãs Despóticos, com grandes implicações para o tipo de coalizão que precisa ser construída ao longo do Caminho 1. No Japão do início do século XX, como em muitas outras sociedades, os elementos mais poderosos na elite eram burocratas em altos cargos e oficiais das forças armadas, ainda que os grandes negócios fizessem parte do pacote. O Japão tinha dado uma guinada em direção a um maior despotismo, construindo uma versão própria da "gaiola de ferro" durante o início do século XX, com base na influência crescente dos militares, cujos escalões superiores se opunham firmemente a qualquer afastamento da política dominada pela elite. O controle dos militares, com o imperador e os quadros burocráticos em torno dele, sobre políticas centradas na filosofia do *kokutai*, a "essência nacional japonesa", elevou esses grupos acima da sociedade. Esse domínio se aprofundou durante os anos de guerra que se seguiram à invasão japonesa da Manchúria. Mas tudo isso teria que mudar depois da derrota decisiva do Japão na Segunda Guerra Mundial, quando os Estados Unidos jogaram bombas atômicas em Hiroshima e Nagasaki em 1945. Seria possível uma entrada japonesa no corredor com o complexo burocrático militar renunciando a seu domínio?

Havia muita incerteza sobre isso enquanto o General Douglas MacArthur, comandante supremo das forças aliadas, pousou na Base Aérea Naval de Atsugi em 30 de agosto de 1945. MacArthur estava otimista sobre a questão, certo de que poderia, de alguma forma, transformar o Japão em uma democracia pró-Estados Unidos. Na época em que chegou, MacArthur e seus conselheiros tinham uma ideia formada de como reformar as instituições japonesas e sua política. Em 1944, a mão direita de MacArthur e secretário militar, o brigadeiro-general Bonner F. Fellers, havia escrito um documento intitulado "Resposta ao Japão", que antecipava isso:

> Apenas um completo desastre militar e o caos resultante poderá provocar no povo japonês uma desilusão em relação à sua doutrinação fanática de que são pessoas superiores, destinadas a comandar a Ásia (...)
>
> Para as massas haverá a percepção que os militaristas gângsteres traíram seu sagrado imperador. Eles levaram o Filho do Paraíso, Governante Divino do Império, para o próprio precipício da destruição. Aqueles que enganaram o imperador não podem existir no Japão. Quando esse momento de percepção chegar, o elemento conservador, tolerante do Japão, que há tempos havia sido levado a se esconder, possivelmente poderá voltar por conta própria.
>
> Um exército japonês independente responsável apenas pelo imperador é uma ameaça permanente à paz.

Portanto, havia a necessidade não apenas de uma completa derrota do Japão, mas também de sua total desmilitarização. Foi isso que os Estados Unidos passaram a implementar. MacArthur pessoalmente convocou um time de norte-americanos para rascunhar uma constituição para o Japão. O Artigo 9 dessa constituição marcava a dissolução do exército japonês, declarando:

> O Japão renuncia permanentemente à guerra, como direito soberano de uma nação, e à ameaça do uso da força, como modo de resolver disputas com outras nações.
>
> A manutenção das forças de terra, mar e ar, assim como outros potenciais de guerra, jamais será autorizada. O direito de beligerância do Estado não será reconhecido.

O próximo alvo foi o *kokutai*, visto como principal fonte da agressividade internacional do Japão. Mas MacArthur e Fellers decidiram que os japoneses não podiam governar a si mesmos e precisavam de um imperador. Portanto eles se abstiveram de acusar o imperador Hirohito de crimes de guerra. Nem tentaram destroná-lo. Em vez disso exigiram apenas que ele renunciasse à sua reivindicação à divindade. O imperador aceitou. Em sua declaração de Ano-Novo, emitida em 1º de janeiro de 1946, Hirohito incluiu a seguinte passagem:

> Os laços entre mim e meu povo sempre foram feitos de confiança e afeição mútuas. Eles não dependem de meras lendas e mitos. Nem são predicado da falsa concepção de que o imperador é divino, e que os japoneses são superiores a outras raças e destinados a comandar o mundo.

Ainda com base na crença de Fellers articulada na "Resposta ao Japão", a qual os japoneses precisavam de líderes fortes, os Estados Unidos estavam dispostos a trabalhar com membros do alto escalão das forças armadas e da burocracia, incluindo aqueles que tiveram papéis relevantes no gabinete de guerra japonês.

A carreira de Nobusuke Kishi, que foi o maior arquiteto do sistema político japonês pós-guerra, é reveladora. Kishi ascendeu como um burocrata brilhante, com visões políticas fortes nos anos do entreguerras; ele elogiava a gestão econômica de cima para baixo, incluindo métodos tayloristas de controle de trabalho, e defendia que a política e a economia da Alemanha nazista eram o melhor caminho para o Japão. Mais tarde ele se aliou fortemente a membros do alto-escalão do Exército, pedindo uma "guerra total" para aumentar o domínio do Japão na região. A ascensão de Kishi veio com a invasão japonesa da Manchúria e com a instalação do regime de marionetes de Manchukuo. O regime Manchukuo tinha o objetivo de explorar impiedosamente os recursos da Manchúria e dar início à industrialização militar lá, e Kishi foi seu idealizador. Ele esteve envolvido na expropriação de acionistas privados da maior corporação asiática da época, a Ferrovia do Sul da Manchúria, transferindo suas ações para os militares que ocupavam a área. Em 1935, Kishi foi indicado para o cargo de vice-ministro de desenvolvimento industrial de Manchukuo e organizou sua economia liderada pelo Estado, que dependia muito de uma coerção sistemática e da exploração do trabalho chinês.

A carreira de Kishi ascendeu ainda mais em 1940, quando ele foi indicado ministro no governo japonês e se aliou ao general, mais tarde primeiro-ministro, Hideki Tojo. Ele apoiava a guerra contra a Inglaterra e os Estados Unidos, e foi um dos arquitetos do programa de trabalho escravo para equipar fábricas e minas japonesas com trabalhadores coreanos e chineses durante a guerra. Depois da derrota japonesa, foi preso como um criminoso de guerra Classe A e passou três anos na prisão, mas, diferente de Tojo e outros colegas líderes do esforço de guerra japonês, não foi julgado no tribunal de crimes de guerra (Tojo e muitos outros foram julgados, condenados e enforcados).

Kishi foi solto na véspera do Natal de 1948 e voltou logo depois à política. Repetidas vezes enfraqueceu, com um discurso mais à direita, o primeiro-ministro pós-guerra do Japão, Shigeru Yoshida, ele mesmo um conservador. Em parte, para conseguir vantagem sobre Yoshida, Kishi formou o Partido Liberal Democrático em 1955, que desde então dominou a política japonesa. O próprio Kishi esteve no cargo de primeiro-ministro duas vezes entre 1957 e 1960. Muitos de seus protegidos, incluindo Hayato Ikeda, tiveram papéis importantes na política e na economia japonesas, em particular nas políticas industriais do Japão formuladas no Ministério de Comércio Exterior e Indústria. Ikeda, por exemplo, se tornou o arquiteto-chave da industrialização japonesa pós-guerra e primeiro-ministro após Kishi. A influência de Kishi na política japonesa não é sentida apenas pelo domínio contínuo do Partido Democrático Liberal. Seu neto Shinzo Abe é o atual primeiro-ministro do Japão.

Algumas vezes chamado de "criminoso de guerra favorito dos americanos", Kishi resume a estratégia que MacArthur e Fellers criaram para influenciar o caminho das instituições japonesas: cooptar a antiga elite burocrática. Funcionou. Eles implantaram uma coalizão composta pelas partes mais liberais da sociedade japonesa e muitos dos chefes do antigo Estado despótico japonês que consentiram com um maior papel para a sociedade e para a política democrática (e com um papel mais limitado para o complexo burocrático-militar). Essa coalizão por vezes sabotou o poder de sindicatos e partidos de esquerda, mas de fato conseguiu levar o Japão para o corredor e o manteve lá pelos setenta anos seguintes.

Na experiência japonesa vemos outro caminho para a coalizão, dessa vez construído a partir da mesma gaiola de ferro que apoiava o regime despótico anterior, que mesmo assim permitiu uma maior mobilização social na política e tornou a mudança para o corredor possível. Apesar de muitas vezes ser moralmente ambíguo, esse processo ajuda a criar um equilíbrio e mantém o processo de transição suficientemente gradual para evitar que saia de controle. Mas claro que isso não é fácil de garantir (poderia ter acontecido no Japão sem sua completa derrota na guerra?) e nem é uma garantia de que o Leviatã Agrilhoado surgirá, como vamos discutir em seguida.

Turco negro, turco branco

No início dos anos 2000, a Turquia teve a própria janela de oportunidade para entrar no corredor. O país também começou com um Leviatã Despótico dominado por militares e pela burocracia. A Turquia se beneficiou tanto da forte recuperação da economia após a crise financeira de 2000-2001 quanto das grandes reformas econômicas e do ímpeto por reestruturação política causado pelo processo de adesão à União Europeia. Por um tempo pareceu que ela entraria no corredor, mas as coalizões e as concessões necessárias para a transição não se materializaram.

A República da Turquia, apesar de ter sido fundada repudiando grande parte da herança institucional do Império Otomano, mostra uma série de continuidades com essa era. As raízes da República estão nos esforços de renovação iniciados no século XIX. Primeiro, com as amplas reformas fiscal e política promulgadas no Édito do Jardim de Rosas, de 1839; depois pelos "Jovens Turcos" e pela poderosa organização de oficiais militares (basicamente) de baixo escalão, o Comitê de União e Progresso (CUP). Esses movimentos de reforma, especialmente o CUP, não tinham a intenção de mudar fundamentalmente a direção do Leviatã Despótico Otomano. Seu objetivo era construir a capacidade estatal de forma a impedir seu declínio. As melhorias e a modernização que elas trouxeram ocorreram de cima para baixo de forma distinta. Por exemplo, quando foram catapultados para o poder em 1908 como líderes do Parlamento, e passaram a compartilhar o poder com o monarca otomano Sultão Abdulamide II, os oficiais do CUP combinaram seu ímpeto modernizante com uma robusta repressão aos manifestantes, sindicatos e à sociedade civil nascente, que haviam surgido depois de 1839. Seis anos depois, o CUP engendrou a entrada do Império Otomano na Primeira Guerra Mundial por meio de um tratado secreto com a Alemanha que dois de seus líderes negociaram no dia seguinte à declaração de guerra da Rússia contra a Alemanha.

A República Turca, fundada em 1923 depois da vitória das forças lideradas por Mustafa Kemal, chamado de *Ataturk*, "Pai dos turcos", seguiu o manual do CUP em muitos aspectos (e seus líderes, incluindo Ataturk, eram antigos membros do CUP). O caminho estava aberto para esforços de aprofundamento das reformas e para a construção do Estado, mas sempre do tipo despótico, liderado por membros das forças armadas e da burocracia (donos de empresas e outros eram apenas aceitos como elementos periféricos da coalizão). A sede do poder era agora o Partido Republicano do Povo, de Ataturk, conhecido por seu acrônimo turco CHP. O CHP modernizou a economia e a sociedade, mas também construiu poder e riquezas econômicas sem limites para seus líderes e aliados. Apesar de algumas reformas, como a liberação e o fortalecimento das mulheres, a modernização da burocracia e o estímulo da industrialização terem sido passos cruciais para ampliar a capacidade estatal e dar um pouco de liberdade para muitos segmentos da sociedade que nada tinham antes, não havia interesse em levar a Turquia para o corredor. Muitas reformas, incluindo o alfabeto latino, o código de vestimenta ocidental e a reestruturação de instituições religiosas foram impostas à força sem qualquer consulta, e aqueles que resistiam a elas, por exemplo, insistindo em vestir o fez no lugar de chapéus ao estilo ocidental, eram processados e em alguns casos, executados.

Apesar de nas décadas seguintes ter ocorrido o desmoronamento do monopólio de poder do CHP, inicialmente institucionalizado por Ataturk como um sistema de partido único, os militares e burocratas continuaram desproporcionalmente poderosos. Quando percebiam que estavam perdendo o controle ou que a sociedade estava se mobilizando, os militares intervieram com golpes em 1960, 1971, 1980 e 1997. Os governos militar e civil, apesar de frequentemente seculares, estavam bastante dispostos a usar a religião para controle da sociedade, e entravam e saíam de coalizões com grupos religiosos. Depois do golpe militar de 1980, a junta militar e os governos de centro-direita posteriores fortaleceram o papel da religião no cotidiano e nas escolas como um contrapeso às forças de esquerda.

Incentivados pelas mudanças sociais, os segmentos mais conservadores, religiosos e pobres que viviam em cidades provinciais ou bairros menos abastados das maiores cidades, tais como Istambul, começaram a sentir que não tinham poder e exigiram maior reconhecimento dos militares e das elites burocráticas que viam como ocidentalizadas e pouco representativas. Tal situação criou o cenário para a ascensão do Partido de Justiça e Desenvolvimento, conhecido pela sigla em turco AKP, liderado por Recep Tayyip Erdoğan. O AKP foi o próximo em uma sequência de partidos religiosos e conservadores que ganharam popularidade. O partido chegou ao poder nas eleições de 2002 com mais votos do que seus concorrentes (embora tenha passado longe de conseguir maioria). Na época da vitória do partido nas urnas, Erdoğan estava impedido de participar da política porque, quando foi prefeito de Istambul, havia recitado um poema religioso. Erdoğan capturou, e em algum grau explorou, o humor da base do partido declarando em um comício:

> Neste país há uma segregação entre Turcos Negros e Turcos Brancos. Seu irmão Tayyip pertence aos Turcos Negros.

Os "turcos brancos" eram a elite turca, representada pelos militares e quadros burocráticos e os grandes empresários ocidentalizados aliados a eles, em oposição à sociedade. Apesar de exagerada e conveniente, a frase capturava a competição percebida entre as elites burocráticas e militares e uma porção significativa da sociedade. A ascensão do AKP poderia então ter sido uma oportunidade para que o poder saísse das mãos dos militares e burocratas, como no Japão depois da Segunda Guerra Mundial, em direção aos segmentos menos representados e mais pobres da sociedade. Nos primeiros anos da década de 2000, a mudança para o corredor parecia possível à medida que a sociedade civil florescia e a democracia se aprofundava com uma série de reformas políticas e econômicas.

Então, tudo deu errado. Muitas situações que precisavam dar certo para levar o país para o corredor fracassaram. No Japão, a tutela dos

Estados Unidos e o repúdio ao antigo regime militarista tornou fácil para os membros de uma poderosa elite política se juntarem de boa vontade a uma nova coalizão e apoiar o movimento rumo ao corredor. Não foi bem assim na Turquia. Apesar de alguns dos liberais e da inteligência da esquerda inicialmente apoiarem o AKP e suas reformas, a elite militar e burocrática era hostil, tanto que, em abril de 2007, os militares ameaçaram dar um golpe contra o AKP com um memorando em seu site, e a poderosa Corte Constitucional protocolou um pedido para fechar o partido (o gatilho foi o fato de a esposa de um candidato presidencial do AKP ter usado um véu!). Era um paralelo quase idêntico ao que aconteceu com o partido religioso que estava no poder antes em 1997, quando foi forçado a renunciar por um memorando militar e então fechado pela Corte Constitucional. Apesar de o AKP ter sobrevivido, esse evento foi um balde de água fria em uma relação cada vez mais polarizada entre o partido e a estrutura militar-burocrática.

Outro fator importante foi a ambição do próprio AKP. No Japão, a sociedade estava mal organizada e longe de uma possível mobilização nos anos seguintes à Segunda Guerra Mundial. A principal ameaça que a comunidade empresarial e as elites conservadoras temiam era a esquerda do espectro político, que foi facilmente controlada pela consolidação da direita sob os auspícios do partido Liberal Democrático. Na Turquia, o AKP já era poderoso o suficiente para ganhar a eleição em 2002 e continuou a se fortalecer. O colapso de outros dois partidos de centro-direita, envolvidos em má administração e corrupção endêmica nos anos 1990, levaram o AKP a ser dominante nas urnas, garantindo ao partido um poder político muito maior do que seus fundadores poderiam ter imaginado. O cenário começava a ficar desfavorável a um equilíbrio de poder na Turquia.

O papel de pastor que o general MacArthur e as forças americanas tiveram no Japão foi inicialmente preenchido pelo processo de acesso à União Europeia, motivando reformas para aprimoramentos nos direitos humanos e civis, incluindo direitos para os curdos e reformas constitucionais para controlar o poder excessivo dos militares nos assuntos civis. Inicialmente, a intervenção da União Europeia foi bem recebida pela liderança do AKP por pressionar a redução da tutela militar na política e essa foi, possivelmente, uma das principais razões pela qual o memorando de 2007 não conseguiu derrubar o governo. Mas o processo de ingresso na União Europeia ficou mais lento e depois ruiu completamente, removendo uma âncora poderosa que mantinha o AKP no processo de reforma institucional.

A Turquia passou de uma fase do controle despótico do Estado para outra. Depois de 2007, o AKP endureceu sua postura e começou a controlar completamente diferentes comandos de poder no país. Fundamental nesse processo foi a aliança entre a liderança do AKP e a organização clandestina do clérigo muçulmano Fethullah Gülen, que se enraizou nas forças de segurança, na burocracia, no judiciário e no sistema educacional da Turquia. Desde o início, o AKP, desconfiado de burocratas com simpatias secularistas, queria nomear pessoas mais alinhadas com suas preferências e prioridades conservadoras, mas não tinha acesso a quadros com experiência suficiente. O partido se voltou para o movimento Gülen que, graças à organização em muitas escolas de ensino médio e universidades, tinha membros mais qualificados. Com o movimento Gülen assim habilitado, sua expansão secreta nas instituições estatais se intensificou. Depois de 2007, o AKP e os integrantes do Gülen deram início a uma expulsão sistemática de pessoas consideradas hostis ao partido, usando julgamentos fraudados com provas adulteradas. Nessa época, o governo começou a atacar diversos veículos de mídia críticos e organizações sociais independentes que haviam começado a florescer graças às maiores liberdades dos anos 2000.

Em 2011, a Turquia estava no topo da lista de países que prendiam jornalistas. Em maio de 2013, protestos surgiram no Parque Gezi, perto da Praça Taksim, em Istambul, primeiro como reação aos planos de construir um novo shopping em uma das poucas áreas verdes remanescentes da metrópole. Logo os protestos se concentraram em problemas de liberdade de crença, expressão e de mídia, a erosão do secularismo na sociedade turca e a corrupção. As manifestações logo se espalharam por todas as maiores cidades. A resposta do governo foi reprimir os protestantes. O processo de paz que o AKP havia começado com os insurgentes turcos no sudeste do país foi revertido e as liberdades se tornaram ainda mais restritas. No meio-tempo, Erdoğan e Gülen, antigos aliados, se voltaram um contra o outro, à medida que marginalizavam secularistas e esquerdistas, provavelmente como parte de uma luta pelo poder. Esse processo culminou uma tentativa malsucedida de golpe em julho de 2016, que parecia ter sido idealizada por oficiais das forças armadas alinhados secretamente a Gülen. Depois do fracasso desse golpe, Erdoğan e seus aliados decretaram lei marcial e começaram a expulsar os gülenistas das forças de segurança, do judiciário e da burocracia. Mais de 130 mil pessoas foram demitidas do setor público e mais de 50 mil foram presas, em muitos casos apenas com provas circunstanciais. Muitas vezes, militantes em defesa dos direitos dos curdos, críticos do governo e esquerdistas, incluindo alguns que passaram suas carreiras expondo as maquinações do movimento Gülen, foram presos como gülenistas. Os limites impostos à mídia e à livre expressão foram endurecidos. Erdoğan sugeriu uma presidência executiva com poucos contrapesos. O que quase foi legalizado por meio de um referendo de 2017, sob a lei marcial que impedia qualquer veículo de mídia de se manifestar contra a mudança constitucional. A Turquia ainda está no topo da lista de países com maior número de jornalistas presos, mas agora também mantém encarcerados muitos políticos eleitos, incluindo os líderes do partido pró-curdo no Parlamento.

A Turquia perdeu a oportunidade de entrar no corredor.

* * *

A oportunidade perdida pela Turquia revela o que devemos esperar da China, outro exemplo celebrado do controle despótico do Estado liderado por uma elite burocrática na forma de seu Partido Comunista. Nosso debate sobre o Japão destaca a importância de formar uma coalizão incluindo elementos dessa elite burocrática de maneira a assegurar a entrada no corredor. No caso chinês, o desequilíbrio expressivo entre o Estado e a sociedade não é o único fator que torna muito difícil a transição; a ausência de qualquer grupo da elite comunista chinesa disposto a se juntar a uma coalizão que se afaste do Leviatã Despótico dificulta ainda mais o processo. De fato, a unidade do Partido Comunista torna muito improvável que indivíduos que se juntam a tal coalizão se mantenham poderosos, como Zhao Ziyang, o secretário-geral do Partido Comunista em 1989, descobriu quando apoiou aos protestos da Praça Tiananmen. Ele foi rapidamente destituído de seu cargo e colocado sob prisão domiciliar, onde permaneceu até a morte, e viu todo seu histórico público ser expurgado. Coalizões para levar países rumo ao corredor não são fáceis de construir quando se começa sob o jugo do Leviatã Despótico.

A situação é diferente no caso dos Leviatãs Ausente e de Papel. Como o Estado é fraco, não pode reprimir completamente o desenvolvimento de novas organizações e capacidades da sociedade, mesmo que isso não seja algo simples em um Estado fraco que esteja fazendo o possível para evitar o efeito da mobilização. Por outro lado, esse efeito também cria espaço para que os Leviatãs ganhem capacidade, mesmo quando a sociedade está ficando mais forte e mais assertiva. Portanto, o caminho para o corredor não está completamente fechado.

Além do mais, a sociedade e várias organizações civis, incluindo governos locais, podem algumas vezes ampliar tanto a capacidade estatal quanto a mobilização social no nível local. Isso é potencialmente transformador para cidadãos porque muitos dos serviços públicos e das funções de segurança pública sob os auspícios do Leviatã Ausente ou de Papel são dependentes do que está sendo feito no nível local (uma vez que não há muita coisa sendo fornecida pelo governo nacional). O envolvimento social local pode também ser menos ameaçador para as elites políticas nacionais, e pode criar uma janela de oportunidade para um equilíbrio melhorado de poder entre Estado e sociedade. Além disso, pode haver espaço para experimentação local, o que significa a possibilidade de tentar diferentes abordagens para aumentar a capacidade estatal e aprimorar a qualidade dos serviços públicos. Ainda mais importante que esse tipo de experimentação, que algumas vezes é enfatizada em discussões públicas, é a experimentação política, que pode envolver tentativas de construir novas coalizões de apoio à expansão da capacidade estatal enquanto envolve a sociedade local. Experimentos de política local bem-sucedidos podem até fornecer guias para mudanças nacionais posteriores. Vamos ilustrar essas dinâmicas com dois episódios bem-sucedidos de construção local do Estado, um próximo do Caminho 2, e outro no Caminho 3, como observado na Figura 6.

A Primavera do Viagra

Vimos no Capítulo 1 como Robert Kaplan usava o colapso completo da lei e da ordem em Lagos como exemplo de suas previsões sombrias sobre a anarquia que tomaria o mundo. A viagem de Wole Soyinka em 1994 parecia confirmar os piores temores de Kaplan. Mas apenas vinte anos depois Lagos parece completamente diferente. Ela tomou o Caminho 2 em direção ao corredor, mesmo que ainda exista um longo caminho pela frente. Como?

Os anos 1990 foram difíceis para os autocratas na África. Com o fim da Guerra Fria, para se manter no poder era preciso se reinventar como democrata (ou pelo menos um falso democrata), realizar eleições, vestir um terno, e não ser muito óbvio ao reprimir seus oponentes. O ditador militar nigeriano general Sani Abacha, que encontramos no Capítulo 1, morreu em 7 de junho de 1998, possivelmente de overdose de Viagra, que consumiu antes de um encontro sexual com duas prostitutas indianas. Após o ocorrido, sua esposa tentou fugir do país. Quando foi parada no Aeroporto Internacional de Kano, descobriram que havia excedido um pouco os limites de bagagem; ela despachara 38 malas, todas cheias de dinheiro. O Exército nigeriano decidiu que estava cansado de governar. Em 1999, os militares deixaram o poder e

Olusegun Obasanjo foi democraticamente eleito presidente. Foi uma Primavera do Viagra.

De volta a Lagos, houve também uma eleição, e um homem chamado Bola Ahmed Tinubu se elegeu governador do Estado. Ao assumir o cargo, ele fez algo inesperado: ao contrário de indicar aliados políticos para vagas importantes, deu o trabalho para pessoas qualificadas. Um professor de Direito se tornou procurador-geral, enquanto um executivo do Citibank recebeu o cargo de comissário de planejamento econômico e orçamento. Lagos enfrentava muitos problemas, não apenas as pilhas de lixo. Em primeiro lugar, o estado estava quebrado, e sua escassa parcela de recursos do dinheiro nacional do petróleo não era distribuída de maneira confiável pelo governo federal. Tinubu herdou uma autoridade fiscal com 1.400 funcionários, mas apenas treze eram contadores profissionais e seis eram fiscais profissionais. A maioria dos demais eram indicados políticos. Ainda que os nigerianos gostassem de mandioca ou inhame mais do que de nhoque, um processo de contratação similar ao do "nhoque" argentino invadiu a burocracia do país. Em 1976, durante o governo militar anterior na Nigéria, uma nova constituição havia sido escrita. O comitê de redação teve que lidar com a definição de "poder". No fim o comitê decidiu que poder era

> a oportunidade de adquirir riquezas e prestígio, de estar em uma posição para distribuir benefícios na forma de empregos, contratos, prêmios em dinheiro etc. para conhecidos e aliados políticos.

Em outras palavras, mesmo o comitê de redação da constituição nigeriana atestou que o poder tem a ver com a capacidade de criar nhoques!

Tinubu tinha uma ideia diferente do que fazer em Lagos. Ele queria lidar com o lixo e muitos dos outros problemas da cidade, mas enfrentou uma faca de dois gumes. Ele não podia fazer nada sem uma receita de impostos, e a natureza do Estado que herdou tornava impossível cobrar tributos. Sua solução foi introduzir um pagamento eletrônico de impostos. As pessoas tinham que pagar tributos digitalmente em vez de fazer o pagamento em dinheiro para os cobradores de impostos. Ele achava que isso iria reduzir o escopo da corrupção. Depois ele colocou uma empresa privada para gerir o sistema de pagamento de impostos. Em troca do desenvolvimento do banco de dados de pagadores de imposto potenciais e da coleta dos valores, a empresa podia ficar com uma parte do que fosse arrecadado. Essa estratégia de terceirização foi usada em outros campos também. Em 2001, o Estado contratou profissionais da iniciativa privada para auditar empresas em troca de uma comissão sobre os passivos. O governo também estimulava os cidadãos a pagar seus impostos (como mostrado no banner que está no caderno de fotos).

O resultado foi um aumento nas necessárias receitas de impostos. Com isso em mãos, Tinubu e seu chefe de gabinete, Babatunde Raji Fashola, que se tornou governador depois dele, começaram a reconstruir a burocracia. Em 2003, foi aberta uma agência de tributação semiautônoma, o Serviço de Tributação Interna do Estado do Lagos (LIRS), que contratou pessoas competentes, bem-treinadas. As receitas de impostos estaduais, a maioria de impostos de pessoa física, aumentaram de cerca de 190 milhões de dólares em 1999, cobrados de apenas quinhentos mil contribuintes, para 1,2 bilhão de dólares em 2011, coletados de quase quatro milhões de contribuintes.

A expansão da base de recursos fiscais começou a financiar todo tipo de coisa, uma das quais era um esforço para registrar todos os residentes através da Agência de Registro de Residentes do Estado do Lagos. Outro foi o ataque consistente ao lixo, com milhares de novos coletores. O número de caminhões de lixo passou de 63 em 2005 para 763 em 2009, e para mais de mil em 2012. Lagos se tornou uma cidade limpa. Também se tornou muito mais segura, especialmente sob o governo de Fashola, quando os garotos locais, que haviam aterrorizado e roubado os habitantes da cidade, foram eliminados. Todos os aspectos da sociedade se tornaram mais bem regulamentados. Mototáxis, que se envolviam em quase metade dos acidentes de trânsito, foram banidos de grandes áreas da cidade e do estado. Em 1999 houve 529 acidentes fatais de trânsito e 1.543 graves. Em 2012, apesar de um aumento significativo na quantidade de veículos na cidade, esses números caíram para 116 e 240, respectivamente. Novas infraestruturas surgiram por todo lugar, incluindo uma linha férrea para facilitar o transporte. Em 1999, não havia iluminação pública instalada. Talvez não fizesse sentido, uma vez que não havia energia elétrica para mantê-la ligada. Em 2012 a cidade tinha eletricidade e 1.217 novas lâmpadas.

A melhoria dos serviços públicos e a diminuição da criminalidade tiveram efeitos dramáticos nos meios de subsistência econômica. Entre 2004 e 2010, a fração da população que estava na pobreza caiu de 57% para 23% (ao mesmo tempo, os índices de pobreza em quase metade dos 36 estados da Nigéria aumentaram).

Portanto, Tinubu transformou Lagos ao expandir a capacidade do Estado local. Mas isso não teria sido possível sem a cooperação da sociedade. A mãe de Tinubu era presidente da Associação Comercial de Lagos. Depois que ela morreu, em 2013, foi substituída pela filha de Tinubu. Uma vez que Lagos tinha um enorme setor informal, a associação de comerciantes era um recurso político valioso. Também era um grande limitador político, porque sua oposição poderia acabar com um projeto. A cooperação e as disputas com a associação ficam evidentes na política tributária. Os comerciantes eram uma das bases fundamentais de contribuintes, mas monitorá-los era muito difícil. O Estado do Lagos negociou percentuais de impostos com a associação, que então assumiu o trabalho de fornecer informações sobre quais negociantes usavam quais mercados e de registrar quem havia pagado. Em troca, o Estado prometeu serviços públicos e segurança para os mercados. Algumas organizações, como a de motoristas de ônibus informais e a de artesãos fizeram acordos semelhantes. O setor formal também foi bastante ativo em apresentar demandas de estrutura institucional. Em 2000, a Associação dos Industriais e o Hotel Eko processaram o governo de Tinubu por conta da introdução de um imposto sobre vendas, e em 2003, o governo teve que cortar pela metade os índices de impostos sobre propriedade devido à oposição. De maneira mais ampla, a contestação do poder pela sociedade significava que Tinubu e Fashola tinham que remodelar um contrato social baseado na noção de que se as pessoas pagavam impostos e obedeciam às regras e aos regulamentos, deveriam esperar que o Estado cumprisse seu papel. Esse contrato foi cimentado por muitos canais de informação, reclamações e responsabilidade. Fashola até mesmo informou seu número de telefone pessoal, incentivando as pessoas a lhe enviarem mensagens de SMS. Lagos resolveu o problema de Gilgamesh e permitiu uma grande capacidade estatal, não através de uma arquitetura institucional complexa, mas por meio de uma sociedade ativa monitorando o Estado.

Lagos mostra por que a previsão de Robert Kaplan de instalação da anarquia não é correta para todos os lugares. Obviamente, a cidade não está caminhando para uma ditadura digital. A história também não acabou em Lagos. Mesmo assim, a cidade mostra que, mesmo a partir de situações desesperadas, é possível um movimento em direção ao corredor. O soldado e estudioso romano Plínio, o Velho, observou: "Sempre há algo novo na África." Ele estava certo. Hoje, existem muitas experiências locais na África, pois as pessoas estão encontrando soluções para melhorar a capacidade estatal e a liberdade, ambas em ruínas. Um enorme contingente de pessoas ainda vive na pobreza em Lagos e, comparadas com a dos residentes nos Estados Unidos, suas vidas serão breves. No entanto, a vida delas é menos breve do que em 1999 e há muito menos pessoas pobres. A vida para a maioria dos habitantes de Lagos também é um pouco menos brutal e sórdida do que em 1999. Os governadores Tinubu e Fashola começaram a construir um Leviatã Agrilhoado local ao estilo de Lagos, com muitos dos benefícios que esperaríamos.

Tirando o orangotango do smoking

Lagos viveu um período ruim nos anos 1980 e 1990, e o mesmo aconteceu com Bogotá, a capital da Colômbia. Já vimos os mecanismos de bloqueio que sustentam o Leviatã de Papel colombiano no Capítulo 11. Virgilio Barco, que foi prefeito de Bogotá nos anos 1960 e se tornou presidente da Colômbia em 1986, lamentou que "da cidade vibrante que governei, hoje tudo que resta é uma anarquia urbanizada, um caos espantoso, uma imensa desordem, uma bagunça colossal". Barco havia se tornado prefeito durante o acordo "Frente Nacional" da Colômbia, que dividiu o poder por dezesseis anos entre os partidos Liberal e Conservador. Havia eleições, mas os resultados eram decididos com antecedência. Os partidos se revezavam inclusive na presidência. De muitas maneiras, Barco resumiu o "orangotango de smoking". Nas palavras de outro ex-presidente, Alberto Lleras, "em Bogotá ele era um tecnocrata, mas em Cúcuta era um *manzanillo*". *Manzanillo* é outra palavra que o Google não traduz. Uma tradução adequada seria uma pessoa que distribui vinho na tourada. Vinho grátis ganha votos, tudo parte do que o orangotango faz. Barco havia estudado no MIT e sabia como vestir um smoking. Mas nas províncias, em Cúcuta, sabia como ser um *manzanillo*.

Na década de 1980, enquanto as guerrilhas marxistas e os cartéis de drogas cresciam, a Colômbia ganhou a reputação de capital mundial dos sequestros e homicídios. As elites políticas se tornaram um pouco temerosas e a sociedade se mobilizou e se envolveu na política. Um pouco de democracia surgiu desse processo, e, em 1988, os prefeitos foram eleitos pelo povo pela primeira vez. Os habitantes de Bogotá escolheram Andrés Pastrana, um político tradicional do Partido Conservador, mais tarde presidente da Colômbia. Mas as eleições não resolveram imediatamente a bagunça em Bogotá, porque todos os interesses que se beneficiavam do caos continuaram poderosos. O mau uso de empregos e contratos estatais era particularmente comum na Câmara de Bogotá. A Câmara tinha poder executivo em conjunto com o prefeito, então os vereadores podiam entregar diretamente contratos para seus amigos e apoiadores. Os conselheiros até tinham cadeiras em conselhos de empresas estatais, o que significava mais nhoques e mais corrupção. O estado deplorável da burocracia e sua atitude em relação ao público não eram muito diferentes do que havia na Argentina. Em Bogotá, o principal prédio administrativo era conhecido popularmente como "o humilhador".

No período entre 1989 e 1990 as coisas pioraram na Colômbia. Três candidatos presidenciais foram assassinados. O presidente eleito, César Gavíria, sob pressão para agir, apoiou uma reconfiguração muito mais radical das instituições colombianas ao promover uma convenção constitucional. Quase um terço da convenção era composta por membros do grupo guerrilheiro desmobilizado M-19. A nova constituição, que foi adotada em 1991, tinha muitas inovações, mas uma era particularmente importante para Bogotá. Um dos delegados, Jaime Castro, convenceu a convenção a incluir uma cláusula que exigia que o próximo prefeito de Bogotá, que seria o próprio Castro, propusesse uma lei que reestruturasse a administração da cidade. Além disso, uma vez escrita, a lei seria implementada por um decreto presidencial, sem que o legislativo municipal tivesse poder de veto sobre ele. Castro foi eleito em 1992 e a nova lei fez do prefeito o oficial executivo supremo da cidade. Os vereadores não podiam mais conceder empregos e contratos, e não podiam mais ter assentos nos conselhos de empresas públicas. Eles foram enfraquecidos por uma descentralização da administração da cidade para vinte "localidades" com "prefeitos locais" eleitos. Castro, portanto, conseguiu desviar da máquina política tradicional. A lei também fechou brechas tributárias. O efeito imediato foi reverter a situação financeira de Bogotá. As receitas de impostos aumentaram 77% entre 1993 e 1994.

Castro trabalhou a partir do topo, mas suas reformas geraram um efeito de mobilização e uma versão do Caminho 3 na Figura 6 à medida que a sociedade reagia e se organizava. Um completo novato na política, Antanas Mockus foi eleito prefeito em 1994. Mockus era professor de matemática e filosofia da Universidade Nacional da Colômbia. Ele chegou à importante conclusão de que era possível simultaneamente ampliar a capacidade estatal e conseguir que a sociedade se envolva na política — o efeito de mobilização novamente! Isso significa mudar o modo como as pessoas pensam sobre as regras, a lei e o Estado para que possam se envolver e pressionar o Estado a ter maior capacidade e para que ele seja usado de maneira útil para todos. Liliana Caballero, sua chefe de gabinete, descreveu a filosofia deles como

> Não ter cidadãos procurando o Estado para pedir favores, pedindo por seus direitos, mas em vez disso a administração procurar o cidadão que deve estar no centro.

O foco de Mockus em mudar a atitude das pessoas levou a muitas medidas criativas. Ele vestia uma fantasia de super-homem e chamava a si mesmo de "Supercidadão" (como mostramos no caderno de fotos). Prendeu um sapo feito de tecido em sua lapela para encorajar as pessoas a serem *sapos*. Uma expressão comum na Colômbia é "*No sea sapo*", não seja um sapo. Essa norma poderosa significa: "Cuide da sua vida. Se você vir algo errado acontecendo, deixe para lá." Em vez disso, Mockus dizia que era dever das pessoas serem sapos. Ele contratou primeiro vinte e depois mais quatrocentos mímicos para andarem pelas ruas de Bogotá e tirar sarro de pessoas que atravessassem a rua fora da faixa de pedestres, jogassem lixo no chão ou desrespeitassem as regras. Ele distribuiu 350 mil cartões com a imagem do polegar para cima e polegar para baixo para as pessoas aprovarem ou reprovarem o comportamento dos outros na rua. As mortes por acidentes de trânsito caíram de 1.300 para seiscentos ao ano durante seu mandato. Ele usou todo tipo de estratégia para que as pessoas voltassem a usar os espaços públicos. Uma de suas iniciativas foi a "Noite das Mulheres", na qual pedia aos homens para ficarem em casa por quatro horas de forma que apenas mulheres estivessem nas ruas, protegidas por 1.500 policiais mulheres. Foi um enorme sucesso em fortalecer os direitos das mulheres.

A ideia de Mockus era cultivar o efeito mobilizador — mobilizar a sociedade para fazer o Estado trabalhar melhor, entregar mais, e fazer certo. O tempo médio para pagar uma conta caiu de uma hora e meia para cinco minutos. Não havia mais o "humilhador". Quando havia excesso de nhoques, Mockus privatizou empresas públicas. No entanto, quando privatizou a companhia elétrica, manteve 49% das ações para a cidade. Quando a empresa privada voltou a ser lucrativa, a cidade começou a adquirir recursos para gastar com serviços públicos. As receitas tributárias triplicaram durante sua administração. Entre 1993 e 2003 a fração de domicílios com água encanada passou de 79% para 100%. A proporção com acesso a esgoto foi de 71% para 95%. Não é de surpreender que os habitantes de Bogotá estivessem muito preocupados com a violência. Isso também foi reduzido. As pessoas começaram a retomar as ruas e o índice de homicídios caiu de 80 por 100 mil habitantes para 22 por 100 mil habitantes na época em que o mandato de Mockus acabou.

Mockus ainda teve que lutar contra os vereadores que queriam empregos e contratos, mas tinha uma estratégia. Mais tarde lembraria que se alguém começasse a pedir por favores especiais, ele olhava para a pessoa "como se ela tivesse vomitado (...) Ele usava apenas a linguagem corporal, [como se] estivesse pensando como faria para limpar o vômito do carpete". Quando um senador enviou uma carta a ele com papel timbrado pedindo por favores, Mockus redigiu uma resposta: "Senador, alguém esteve usando seu papel timbrado."

Havia ainda um longo caminho para Bogotá; como vimos no Capítulo 11, todos os benefícios que Castro e Mockus criaram não evitaram que Samuel Moreno roubasse da cidade (em parte porque a mobilização da sociedade em Bogotá era apenas parcial e porque Moreno foi capaz de explorar a confiança nas instituições locais que Mockus havia construído). Mas Mockus experimentou algo novo e conseguiu forjar uma coalizão diretamente com os cidadãos, convocando um poderoso efeito de mobilização. Ele chamou isso de *Cultura Ciudadana*, "cultura cívica", uma estratégia para tirar o orangotango do smoking. Assim como em Lagos, tudo começou no nível local.

* * *

Vimos como diferentes entradas para o corredor dependem do equilíbrio inicial de poder entre Estado e sociedade. Começando com um Leviatã Despótico, precisamos aumentar o poder da sociedade (e enfraquecer o controle da elite econômica ou do complexo militar-burocrático). Começando com um Leviatã Ausente, precisamos que a capacidade estatal aumente. Começando com um Leviatã de Papel ou uma situação em que o corredor está ausente, precisamos que o Estado e a sociedade simultaneamente aumentem seus poderes.

Destacamos que, independentemente de onde a entrada esteja localizada, não é fácil entrar no corredor. Isso exige uma ampla coalizão, frequentemente uma nova coalizão, para apoiar o movimento e exige um equilíbrio de poder com essa coalizão, para que um grupo não coloque os outros de lado a fim de estabelecer seu próprio controle despótico. Depende de concessões para que as disputas por poder não se tornem completamente polarizadas ou de soma zero. Depende também da forma do corredor, do quão largo ou estreito ele é. Em seguida, vamos discutir os fatores que afetam o formato do corredor e o que isso implica para o futuro do Leviatã Agrilhoado e para a democracia.

O formato do corredor

Na África do Sul, tão importante quanto a liderança e a visão de futuro de Nelson Mandela foi o fato de que as condições econômicas e, portanto, o formato do corredor eram muito diferentes nos anos 1990 do que no início do século. No capítulo anterior, vimos como a largura do corredor afeta a possibilidade de um país que está no corredor permanecer lá. Não é diferente de um país tentando entrar no corredor. Comparar os dois painéis da Figura 5 do capítulo anterior destaca como o mesmo aumento no poder da sociedade (digamos porque o CNA melhorou a organização da maioria negra) pode ser pouco para colocar o país no corredor quando ele é estreito (no Painel A), mas pode colocá-lo diretamente dentro se ele for mais largo (no Painel B).

O corredor da África do Sul era largo em 1990, melhorando as chances de uma transição.

Muitos fatores impactam o formato do corredor. Um que é relacionado aos poderosos interesses agrários discutidos no capítulo anterior é a coerção trabalhista. As relações trabalhistas coercivas impactam a largura do corredor porque afetam o modo como o poder político do Estado e das elites pode ser usado; porque alteram os benefícios desse tipo de poder despótico; e também porque influenciam o modo como a sociedade é organizada. Vamos examinar cada um desses três efeitos inter-relacionados.

Primeiro, a coerção trabalhista, seja na forma de escravidão, de servidão ou de limitação econômica via distribuição de terra, regulamentações ou ameaças dos empregadores na África do Sul, cria uma profunda hierarquia na sociedade em que as elites que exercem o impedimento são empoderadas às custas dos coagidos. Essa hierarquia significa que, independentemente da configuração dos poderes do Estado e da sociedade, assegurar um equilíbrio duradouro entre eles é difícil. Como resultado, a mesma combinação de poderes do Estado e da sociedade que está seguramente no corredor, caso não haja coerção trabalhista, pode estar fora quando o trabalhador é restrito e o poder do Estado está direcionado a reprimir e empurrar a maioria das pessoas para atividades econômicas de baixos salários. A consequência é um corredor mais estreito.

Em segundo lugar, atividades econômicas que dependem da coerção trabalhista incentivam as elites a agir em unidade e usar o poder do Estado para defender e cimentar o sistema econômico existente a todo custo. Se sua dominação sobre a sociedade pode ser aumentada, isso irá permitir que eles intensifiquem a coerção trabalhista como fizeram na África do Sul depois de 1910. Isso também corresponde a um corredor mais estreito em nossa estrutura — começando de uma mesma configuração de poder do Estado e da sociedade, a presença de coerção trabalhista pesa a favor do domínio despótico do Estado e das elites, e, portanto, torna mais difícil apoiar um Leviatã Agrilhoado.

Embora esses dois mecanismos fortaleçam o alcance do despotismo, um terceiro canal altera o modo como a sociedade se organiza e contesta o poder. A coerção trabalhista corrói a capacidade da sociedade de se organizar e resolver seus problemas de ação coletiva. A coerção degrada ambos porque evita a ação coletiva e impede organizações, tais como sindicatos, de formular exigências políticas e econômicas de forma efetiva. Com uma sociedade mal organizada, é mais difícil resistir ao despotismo e o corredor se estreita também no outro lado, o do Leviatã Ausente. Lembre que a entrada no corredor a partir de um Estado fraco ou ausente depende crucialmente da capacidade da sociedade de institucionalizar seu poder para que possa se organizar e continuar a exercer controle sobre o Estado e as elites depois que o processo de construção do Estado começa. Porém, sob o jugo da coerção trabalhista, tal institucionalização se torna mais difícil porque diferentes segmentos da sociedade não são capazes de se organizar e de agir coletivamente. Como resultado, assim como nossa discussão dos tivs no Capítulo 1, o efeito Bola de Neve é sentido mais agudamente, e se torna difícil dar início ao processo de construção do Estado e o corredor se torna mais estreito dos dois lados, fazendo com que seja mais difícil para as sociedades entrarem no corredor e se manterem lá.

Vimos todos esses fatores na história da África do Sul no início e mais recentemente. A coerção do trabalho negro foi particularmente generalizada na agricultura e na mineração, que havia ganhado importância vital depois da descoberta do ouro em Transvaal, em 1886. O desejo dos fazendeiros brancos e donos de minas de ter acesso a trabalhadores negros para empregá-los à força por um custo baixo foi um fator decisivo para abraçar as mudanças institucionais que privavam completamente os negros de direitos, expropriando suas terras e estabelecendo o regime repressivo do apartheid. Qualquer tentativa durante o início da União da África do Sul de expandir a terra alocada aos negros ou de enfraquecer a barreira racial enfrentava forte resistência dos fazendeiros e donos de minas brancos que queriam se beneficiar dos trabalhadores negros baratos, independente das consequências sociais e humanas. Em parte como resultado das relações de trabalho coercitivas na agricultura e na mineração, os negros não tinham a organização para resistir a essas mudanças institucionais despóticas, ainda que revoltas surgissem de tempos em tempos.

A situação nas décadas de 1980 e 1990 era bastante diferente. Em 1990, apesar de o ouro e os diamantes ainda terem papel importante, a África do Sul tinha uma economia industrial. Muitos industriais estavam felizes por ver o fim da barreira racial, e também acreditavam que seus bens estariam seguros sob um regime mais representativo, democrático, especialmente se pudessem trazer os poderosos líderes negros para seu lado (algo que o Fortalecimento da Economia Negra conseguiu). A África do Sul nos anos 1990 era muito diferente do país que o trabalho forçado havia criado durante o início da história da União. E, claro, o peso que as sanções internacionais impunham ao regime do apartheid foi um incentivo adicional para que as empresas sul-africanas descartassem as instituições excessivamente repressivas e discriminatórias. Os industriais estavam prontos para romper com a coalizão do apartheid, algo que o CNA conseguiu fazer.

Outro processo importante para alargar o corredor sul-africano foram a organização e a assertividade das exigências dos cidadãos negros, muitos dos quais estavam trabalhando na indústria e haviam se organizado em sindicatos. Mesmo antes de serem formalmente reconhecidos, os sindicatos negros tiveram papel vital na conjunção com o CNA para organizar os trabalhadores negros e formular as exigências políticas e econômicas. Depois da revolta de Soweto em 1976, uma resposta à imposição do ensino da língua africânder nas escolas, os sindicatos negros foram formalmente reconhecidos e começaram a exercer pressão sobre o regime do apartheid.

O impacto que a coerção do trabalho tem na forma do corredor nos ajuda a entender não apenas a experiência sul-africana, mas também as trajetórias divergentes da Costa Rica e da Guatemala, que discutimos no Capítulo 9. A ausência de coerção na produção de café por pequenas propriedades na Costa Rica, comparada à forte coerção trabalhista nas grandes *fincas* de café na Guatemala, provavelmente ampliou a largura do corredor da Costa Rica e facilitou a evolução para seu Leviatã Agrilhoado, ao passo que tornou menos provável a entrada da Guatemala em seu corredor estreito.

A coerção trabalhista e suas implicações no formato do corredor também explicam as diferentes trajetórias da África do Sul e do Zimbábue, a antiga Rodésia, outro regime de exploração da minoria branca. Há muitos paralelos entre a Rodésia e a África do Sul, não se limitando à tremenda alocação de terra em benefício da minoria branca e o modo como os negros foram forçados a disponibilizar sua força de trabalho não qualificada para fazendas e minas em troca de quase nada. Ambos os países tinham poderosas organizações armadas tentando minar seus regimes repressivos e gente linha-dura do lado do regime que resistia a fazer concessões. Mas a África do Sul tinha os industriais, assim como os donos de minas e fazendeiros, enquanto a Rodésia basicamente tinha apenas fazendas e minas. Havia poucas dissidências na minoria branca, e o fim do regime veio apenas depois de uma luta prolongada e violenta. Quando o regime finalmente entrou em colapso, havia pouco para manter o equilíbrio de poder necessário para criar um movimento rumo ao corredor. O regime da Rodésia, comandado por um dos líderes da luta pela independência, Robert Mugabe, e seus comparsas na Frente União-Patriótica Nacional Africana (ZANU-PF), se tornou despótico, sem limites e desequilibrado. Previsivelmente, as consequências foram desastrosas para as pessoas e para a economia do recém-formado Zimbábue.

No Zimbábue, não havia Mandela nem o Fortalecimento da Economia Negra para cimentar uma coalizão que permitisse aquilo que o Arcebispo Desmond Tutu apelidou de "nação arco-íris". Isso se deveu em parte ao fato de o Zimbábue, com seu corredor estreito, não possuir as fundações econômicas da nação arco-íris.

Em algumas condições, é muito mais difícil criar Leviatãs. Quando as condições para seu surgimento estão maduras, então o tipo de coalizão forjada pela liderança de Mandela e o BEE se tornam fundamentais. Isso foi claramente reconhecido pelos industriais sul-africanos. O diretor executivo da Associação Sul-Africana de Petróleo, um grupo de empresários brancos, apontou:

> Para evitar seguir o Zimbábue ladeira abaixo rumo à ruína econômica, todos os sul-africanos e em particular todos os empresários, devem levar a sério o fortalecimento econômico negro.

E eles levaram.

Um mundo diferente?

Apesar de o fim da história não estar perto e de que as nações não vão convergir para o mesmo tipo de relação Estado-sociedade, as últimas quatro décadas testemunharam algumas mudanças notáveis nas instituições políticas em todo o mundo. Pense em um aspecto razoavelmente bem mensurado do funcionamento das instituições, se um país é uma democracia eleitoral onde os candidatos são livres para competir e fazer campanha e os cidadãos são livres para votar. De acordo com esse critério, o número de países que são democracias eleitorais aumentou de alguns poucos no fim do século XIX, para quarenta nos anos 1970, chegando a 120 em 2010 (apesar de os anos 2010 não terem sido bons para a democracia). Embora democracias eleitorais não estejam necessariamente no corredor (como nossa discussão sobre a Índia e a América Latina destaca) e muitas nações que historicamente entraram no corredor, tais como muitas na Europa durante a Idade Média, estarem longe de ser democráticas, existe uma afinidade eletiva entre regimes democráticos e Leviatãs Agrilhoados. Então essa tendência sinaliza a presença de muito mais países entrando ou tentando entrar no corredor. Por quê?

Nossa estrutura argumentativa sugere que mudanças no formato do corredor são um grande fator. Ao comentar o influente livro de Stanley Engerman e Robert Fogel, *Time on the Cross*, sobre a escravidão americana, frequentemente chamada por historiadores americanos do século XIX de "instituição peculiar", o mais famoso historiador do mundo antigo, Moses Finley, brincou:

> No contexto da história universal, é o trabalho livre e remunerado que é a instituição peculiar.

Das economias massivamente escravagistas do antigo Egito até a servidão na Europa — a escravidão moderna no Novo Mundo e vários outros tipos de trabalho sob coação em outras colônias, incluindo as da África —, a coerção trabalhista teve papel fundamental na maior parte das civilizações. Práticas coercitivas direcionadas a trabalhadores não eram incomuns nos primeiros estágios da industrialização, e só desapareceram na Inglaterra depois da revogação de várias Leis de Mestres e Servos em 1889. Mas a coerção trabalhista tem desaparecido gradualmente na maior parte das economias do mundo nos últimos cinquenta anos, exceto em algumas partes distópicas, como a Coreia do Norte e, até recentemente, Uzbequistão e Nepal. Um grande impulso para essa tendência, como na África do Sul, foi a expansão da indústria, cuja coerção trabalhista sempre foi bem menos comum do que na agricultura e mineração. Isso acontece principalmente porque, como já enfatizamos, a industrialização torna a coerção menos lucrativa e viável — tanto porque a estrutura de produção mais complexa reduz os resultados ao se confiar na coerção, como porque maiores oportunidades para os trabalhadores se organizarem coletivamente em fábricas tornam mais cara a manutenção da coerção. (Outra causa do declínio da coerção trabalhista é o efeito da Rainha Vermelha, depois que a sociedade entra no corredor; como vimos, por exemplo, no Capítulo 6, que as relações feudais de trabalho forçado desapareceram, muito embora devagar, à medida que muitas nações europeias se moviam pelo corredor.) O resultado é um corredor mais amplo, que institui maior espaço para transições para dentro dele, rumo à democracia e à liberdade.

O declínio da coerção trabalhista não é o único fator que transforma o corredor. Outra tendência econômica importante — mas com implicações mais complexas, multifacetadas para a liberdade — é a globalização.

O corredor que a globalização cria

A lógica econômica da globalização leva à especialização. À medida que as conexões internacionais se aprofundam, alguns países vão ampliar sua produção industrial e exportações, enquanto outros vão se especializar em agricultura e mineração. Qual a implicação disso para o formato do corredor?

Para países especializados em agricultura, o corredor pode se tornar mais estreito. Mesmo que os donos de terras no século XXI não sejam excessivamente repressivos, a agricultura será menos favorável à mobilização social pelas razões que já discutimos. Os trabalhadores serão menos organizados e, portanto, menos capazes de contestar o poder em uma economia pesadamente agrícola. Pode se tornar mais difícil organizar ações coletivas na agricultura por outros motivos também. Por exemplo, coordenar as organizações da sociedade civil, protestos e mesmo partidos políticos é mais fácil em áreas urbanas.

Inversamente, a especialização na industrialização, assim como em serviços e atividades de alta tecnologia, tornará o corredor mais amplo e irá melhorar os prospectos para um Leviatã Agrilhoado. Um caso que ilustra essa possibilidade é a Coreia do Sul. O país começou como um regime amigável ao mercado, mas cada vez mais autocrático sob a presidência de Syngman Rhee depois de sua separação da Coreia do Norte ao longo do Paralelo 38 em 1948. A ameaça existencial do Norte Comunista e o apoio dos Estados Unidos levaram a uma série de reformas, particularmente a uma redistribuição radical de terras, e posteriormente a um impulso poderoso em direção à industrialização. O foco na industrialização se intensificou depois que o general Park Chung-hee chegou ao poder, inicialmente em um golpe em 1961 e depois em eleições até 1972, quando ele decretou lei marcial. O comércio internacional e a exportação de bens manufaturados tiveram papel fundamental no desenvolvimento econômico da Coreia do Sul durante esse período. O crescimento foi promovido principalmente pelo planejamento do governo em cooperação com grandes conglomerados industriais chamados *chaebol*, que incluem alguns nomes famosos como Samsung e Hyundai, e houve também investimentos significativos em educação, parcialmente para atender demandas da indústria coreana. Mas esse desenvolvimento aconteceu em um contexto em que, apesar da repressão sistemática, a sociedade civil que floresceu em 1950 ainda estava ativa e os sindicatos já haviam se organizado com o processo de industrialização. Tais mudanças prepararam a base para protestos de massa contra o regime militar nos anos 1970. A oposição culminou com o fim do regime militar e eleições democráticas em 1987. A perda de apoio que o governo militar sofreu tanto em casa quanto no exterior ao reprimir violentamente estudantes durante manifestações e sindicatos foi decisiva para essa transição. O processo como um todo foi estimulado porque a repressão é muito mais disruptiva e cara em uma economia industrial do que em uma economia que se apoia na agricultura ou em recursos naturais. Portanto, no caso da Coreia do Sul, a especialização em indústria, provocada pela globalização, tornou o corredor mais amplo e levou o país para dentro dele.

No entanto, os efeitos da especialização econômica dependem fundamentalmente do equilíbrio existente entre Estado e sociedade. Isso fica nítido quando comparamos a Coreia do Sul com a China, que experimentou uma industrialização ainda mais rápida alimentada pela globalização. No entanto, dada a sua sociedade muito mais fraca e um governo mais despótico, essas mudanças não geraram nenhum movimento durável em direção ao corredor. Mesmo se o corredor se tornar mais largo, países que estão longe demais dele não entrarão com facilidade.

Portanto, vemos que a globalização econômica pode ter efeitos diferentes. Alguns países tenderão a se especializar em recursos naturais ou produtos agrícolas, situação em que várias práticas coercitivas ainda são possíveis e a mobilização social é mais difícil; isso tenderá a tornar o corredor mais estreito. Por outro lado, a globalização induzirá outros países a se especializarem em manufaturas, serviços ou mesmo em alguns casos em atividades de alta tecnologia, que facilitam um movimento rumo ao corredor. A globalização e as mudanças econômicas e sociais que ela traz podem facilitar a troca de ideias, algumas vezes alimentando maior mobilização social e novas aspirações. Quando se trata dos efeitos da globalização econômica, o diabo também está nos detalhes.

* * *

A globalização econômica não é o único fator a mudar os padrões de especialização. A maioria dos países leva pessoas da agricultura para os setores de indústria e de serviços quando conseguem conquistar algum crescimento econômico (em parte porque a demanda por produtos manufaturados e serviços aumenta mais rapidamente do que a demanda por produtos agrícolas quando os consumidores se tornam mais ricos). Além do mais, tecnologias de ponta introduzidas em economias mais desenvolvidas se espalham para o resto do mundo e geram outro impulso por produtos industrializados. Essas tendências seculares, mesmo que lentas e desiguais entre os países, tendem a mudar o equilíbrio em desfavor da produção agrícola e dos recursos naturais e ajudam a ampliar o corredor, com ou sem globalização.

O formato do corredor não depende só de fatores econômicos. Relações internacionais também impactam em seu tamanho e nas perspectivas de liberdade. Mas, assim como a globalização, elas têm efeitos diversos. De um lado, pressiona por um corredor mais amplo; por outro, ajuda déspotas. Terminamos este capítulo com uma discussão sobre esses fatores internacionais.

Agora somos todos hobbesianos

O rei Leopoldo II da Bélgica surgiu como o real vencedor da Conferência de Berlim de 1884, onde o continente africano foi dividido entre as potências europeias. Ele convenceu os participantes da conferência e outros chefes de Estado, incluindo o presidente dos Estados Unidos, Chester Arthur, de que iria controlar a grande área da Bacia do Congo sob os auspícios do independente "Estado Livre do Congo" para trabalho humanitário e filantrópico. Na realidade, esse Estado era tudo menos livre, e certamente não tinha nada a ver com objetivos humanitários. Leopoldo o comandava como sua propriedade pessoal e explorava violentamente seus recursos, principalmente a borracha natural, que tinha grande demanda antes que a borracha sintética passasse a substituí-la na década de 1930. O exército privado de Leopoldo, a Force Publique, impôs cotas de borracha para trabalhadores nativos coagidos, e usavam de violência para fazer com que essas cotas fossem cumpridas, incluindo chicoteamentos, incêndios em vilas, mutilação dos braços dos trabalhadores que falhavam em cumprir a cota e assassinatos em massa. Estimativas apontam que as perdas de população durante o domínio de Leopoldo chegaram a 10 milhões de uma população de 20 milhões.

Dessa enorme tragédia humana surgiu o movimento internacional pelos direitos humanos, que se apoiou na campanha anterior feita pelos abolicionistas para acabar com a escravidão. No início dos anos 1890, um jornalista americano que viajava pelo Congo, George Washington Williams, foi o primeiro a expor os maus-tratos extremos aos quais a população do Congo estava submetida, ainda que a resposta internacional a essas revelações tenha sido morna. Em 1899, Joseph Conrad publicou *Coração das trevas*, baseado em sua experiência como capitão de barco a vapor no rio Congo, e o livro começou a atrair a atenção internacional para as atrocidades na colônia. Dois outros pioneiros do movimento internacional por direitos humanos, Edmund Morel e Roger Casement, adotaram o sofrimento da população do Estado Livre do Congo como sua causa, fundando a Associação pela Reforma do Congo com o objetivo explícito de acabar com o controle de Leopoldo.

Morel entendeu a profundidade da tragédia humana e da exploração forjada pelo regime do rei Leopoldo enquanto trabalhava como escriturário na empresa de transporte de Liverpool, Elder Dempster, ao enviar bens para o Estado Livre do Congo e receber mercadorias que vinham de lá. Suas revelações sobre os abusos no Congo levaram a uma resolução da Câmara dos Comuns Britânica para investigar essas alegações, que foi colocada em prática pelo cônsul britânico da época, o irlandês Roger Casement (que depois foi executado pelas autoridades britânicas por seu envolvimento com a luta irlandesa por independência). Casement descobriu muito do que sabemos sobre a situação na colônia. Seu diário dá uma dimensão das atrocidades que ele observou. Os registros entre 5 de junho e 9 de setembro dizem:

> **5 de junho:** O país é um deserto, não restaram nativos.

> **25 de julho:** Entrei em vilas e vi a mais próxima — a população terrivelmente reduzida —, apenas 93 pessoas sobraram de centenas.

> **26 de julho:** Pobre e frágil (...) do pó para o pó, das cinzas para as cinzas — onde então está o coração amável, o pensamento comovente — desapareceram juntos.

> **6 de agosto:** Fiz longas anotações sobre os nativos (...) Eles são cruelmente açoitados por se atrasarem com suas cestas.

> **13 de agosto:** A. veio contar que cinco pessoas de Bikoro que tiveram suas mãos amputadas vieram até Myanga com a intenção de mostrá-las para mim.

> **22 de agosto:** Bolongo silenciosa. Lembro bem em 1887, nov., cheio de gente; agora só 14 adultos no total. Devo dizer que pessoas miseráveis se queixaram amargamente do imposto da borracha (...) 6:30 passei no lado deserto de Bokuta (...) Mouzede diz que as pessoas foram todas arrancadas à força para Mampoko. Pobres almas infelizes.

29 de agosto: Bongandanga (...) vi o "mercado" de borracha, nada além de armas — cerca de vinte homens armados (...) Os 242 homens da borracha todos vigiados como condenados. Chamar isso de "comércio" é o ápice da mentira.

30 de agosto: Dezesseis homens, mulheres e crianças amarrados da vila Mboye, perto da cidade. Infame. Os homens foram colocados na prisão, as crianças sob intervenção. Infame. Sistema infame e vergonhoso.

2 de setembro: Vi dezesseis mulheres capturadas pelas sentinelas de Peeters e levadas para a prisão.

9 de setembro: 11:10 passei por Bolongo de novo. A gente pobre saiu em uma canoa para implorar por minha ajuda.

O relatório Casement, publicado em 1904, documentava os bárbaros abusos no Congo a partir de relatos em primeira pessoa. Era particularmente detalhado a respeito das mutilações que os homens de Leopoldo faziam nos nativos por não cumprirem suas cotas de borracha. Por exemplo:

Dois casos (de mutilação) chegaram a meu conhecimento enquanto estava no Distrito Lake. Um deles, um homem jovem, teve as mãos arrancadas a golpes de cabo de espingarda contra uma árvore; o outro jovem rapaz, de 11 ou 12 anos, cuja mão direita foi cortada no pulso (...) Em ambos os casos os soldados do governo foram acompanhado por oficiais brancos, cujos nomes me foram informados. Dos seis nativos (uma menina, três meninos pequenos, um jovem e uma mulher velha) que foram mutilados assim durante o regime da borracha, todos exceto um estavam mortos na época de minha visita.

O veredito geral do relatório era condenatório:

> Em meados de 1890 a Bacia do Congo e seus produtos se tornaram uma grande fonte de bens para Leopoldo, que usou suas riquezas para embelezar a capital belga de Bruxelas enquanto usava seus agentes na África para estabelecer um regime brutal e explorador para extração de borracha nas regiões de floresta do Estado livre.

O relatório transformou a opinião pública, e graças a ele, a causa da Associação de Reforma do Congo começou a receber apoio de celebridades em ambos os lados do Atlântico, incluindo Sir Arthur Conan Doyle, Mark Twain, Booker T. Washington e Bertrand Russel, assim como Joseph Conrad. E acabou pondo fim ao controle de Leopoldo sobre a colônia.

O movimento internacional por direitos humanos amadureceu e ganhou maior influência internacional depois da Segunda Guerra Mundial. A Declaração Universal de Direitos Humanos, de 1948, que discutiremos no próximo capítulo, foi essencial. Um passo igualmente importante foi a Convenção de Prevenção e Punição de Crimes de Genocídio das Nações Unidas, em 1948, e não apenas por ter incriminado notórios genocidas da primeira metade do século. Em contraste com abordagens e declarações anteriores como as Convenções de Haia de 1899 e 1907 e a Convenção de Genebra, que remonta a 1864, que reconheceram os Estados como soberanos e procuraram regulamentar suas inter-relações e o tratamento de combatentes e civis durante o tempo de guerra, essa convenção consagrou a noção de que os Estados não eram livres para tratar seus cidadãos como quisessem. A convenção declarava:

> Pessoas que cometem genocídio ou qualquer outro dos atos enumerados no artigo III devem ser punidas, sejam elas governantes constitucionalmente responsáveis, funcionários públicos ou indivíduos privados.

A mensagem era nítida. Com ou sem Leviatã, atrocidades contra pessoas não seriam permitidas. Isso foi apenas uma declaração de intenções, sem poder real de punição. Mas a pressão internacional e o escrutínio de Estados soberanos se intensificaram com as atividades de muitas organizações como a Anistia Internacional e a Human Rights Watch, que trabalham para expor e prevenir violações de direitos humanos e civis nos países, e com o Tribunal Penal Internacional, fundado em 2002, com jurisdição para processar indivíduos e até mesmo chefes de Estado por genocídio, crimes contra a humanidade e crimes de guerra.

Claro, os efeitos dessas convenções e organizações não podem ser exagerados, e há vários exemplos na era pós-Segunda Guerra Mundial de abusos de direitos humanos e mesmo genocídios, incluindo o Camboja na década de 1970, Ruanda em 1994 e o Sudão nos anos 2000. Mesmo assim, o movimento de direitos humanos teve dois efeitos fundamentais nas relações Estado-sociedade pelo mundo. Tornou a extrema opressão muito mais visível, aumentando o custo que Estados e elites têm para reprimir a sociedade; e criou um conjunto comum de critérios e linguagem padronizada para organizações sociais atacarem ao contestar o despotismo. Os papéis das duas influências podem ser vistos em muitas das "revoluções coloridas", onde a mobilização foi em parte disparada pela documentação óbvia de abusos sistemáticos dos direitos humanos e civis por regimes ditatoriais. Em termos de nossa estrutura conceitual, essa reação internacional tornou o corredor mais largo às custas do Leviatã Despótico — o mesmo poder do Estado que de outra forma levaria a dinâmicas despóticas pode agora ser contido com a ajuda dos grupos internacionais de direitos humanos e a mobilização social que eles ajudam a gerar.

O movimento internacional de direitos humanos também expande o corredor do outro lado, em particular ao estimular a capacidade do Estado de se organizar e agir contra a discriminação e abusos direcionados a subgrupos desfavorecidos. Um exemplo vem do papel que a Anistia Internacional teve em campanhas contra a violência doméstica e a mutilação genital feminina. Em 2012, as Nações Unidas finalmente aprovaram uma resolução contra a mutilação genital feminina e a campanha da Anistia Internacional foi crucial nesse processo. A expansão resultante do uso da capacidade do Estado para proteger os discriminados corresponde à ampliação do corredor no lado do Leviatã Ausente.

Com essas forças em jogo, alguém pode imaginar que as relações internacionais se tornaram uma força poderosa para ampliar o corredor, facilitando o surgimento de Leviatãs Agrilhoados. No entanto, a realidade tem muitas nuances. Uma faceta mais pervasiva das relações internacionais torna o corredor mais estreito e reforça os Leviatãs Despóticos e de Papel.

* * *

Em outubro de 2017, a Organização Mundial de Saúde (OMS) indicou o então presidente do Zimbábue, Robert Mugabe, como seu "embaixador da boa vontade" para doenças não transmissíveis, declarando que ele podia usar sua posição "para influenciar seus pares em sua região" (o presidente Mugabe aparece falando na ONU em nosso caderno de fotos). Qual influência? Esse embaixador da boa vontade é o mesmo Robert Mugabe que reprimiu sua população, massacrou milhares de civis em Matabeleland, expropriou e redistribuiu a terra para si mesmo, sua família e os apoiadores de seu partido, supervisionou um enorme colapso de uma economia até então produtiva e regularmente fraudou eleições. Mas talvez o Zimbábue estivesse bem em termos de saúde e cuidados com a saúde? Não. A saúde geral da população do Zimbábue declinou junto com a economia do país. Até 8% da população pode estar infectada pelo HIV, a expectativa de vida caiu e chegou a 59 anos para os homens. A destruição do sistema de saúde do país contribuiu para a grande epidemia de cólera em 2008-2009, com estimativas de que cem mil casos da doença causassem quatro mil mortes. O melhor indício sobre o estado do sistema de saúde do Zimbábue é que antes de ser deposto, Mugabe continuava voando para Singapura para tratamento de saúde em vez de confiar sua saúde aos médicos do Zimbábue. O custo de seu turismo de saúde em 2016 foi estimado em 53 milhões de dólares, um sexto de todo orçamento do país para o setor.

A indicação não faz sentido até que você olhe para o sistema estatal internacional mais amplo. Organizações internacionais, incluindo as Nações Unidas, que às vezes tiveram um papel importante no movimento de direitos humanos, existem para trabalhar com os líderes de nações soberanas. Sua função é ser Hobbesiana — se um Estado existe, representa seu país e merece respeito internacional. Isso implica reconhecer presidentes, primeiros-ministros, ditadores militares e reis, mesmo que estejam envolvidos em forte repressão contra suas populações, incluindo abusos de direitos humanos e civis. Não se trata apenas de respeitabilidade internacional, mas de recursos financeiros que fluem na direção de quem quer que represente o Estado em um dado território. Esses recursos financeiros podem somar até 40% do orçamento do governo em alguns países africanos, tais como a Somália. Há boas razões para esse sistema de Estado internacional. Não reconhecer Estados como parceiros legítimos tornaria a cooperação internacional muito mais difícil e potencialmente desestabilizaria regimes. Nesse sentido, o sistema estatal internacional tem funcionado bem. Por exemplo, ele tem evitado guerras na África e na América Latina, apesar das condições favoráveis para disputas de fronteira e conflitos.

Mas do ponto de vista de nossa estrutura conceitual, uma consequência não desejada desse sistema internacional que consagra a parte mais suspeita da teoria de Hobbes — de que o soberano é sempre legítimo e que ter o poder corresponde a estar certo — é o estreitamento do corredor. A legitimidade internacional se traduz em legitimidade doméstica e fornece uma cobertura para reprimir e suprimir a oposição em casa. Ela dá acesso a recursos e cimenta a hierarquia das elites atuais. Essa mudança do equilíbrio a favor do Estado tem efeitos perniciosos para as relações Estado-sociedade. Por um lado, torna muito mais difícil para a sociedade neutralizar o poder despótico do Estado. Também torna mais difícil para a sociedade institucionalizar seu poder. Já vimos esses efeitos no Capítulo 11 — o sistema internacional de Estados apoia os Leviatãs de Papel. Embora as raízes dos Leviatãs de Papel possam ser vistas no domínio colonial, sua existência contínua depende do sistema estatal internacional que os trata como verdadeiros e respeitáveis Leviatãs. Mas os Leviatãs de Papel estão preocupados demais com o efeito de mobilização e com a reação da sociedade para poder construir qualquer tipo de capacidade estatal e, no processo, minam qualquer perspectiva de institucionalizar o poder da sociedade. A consequência é uma força poderosa que empurra na direção oposta ao movimento internacional de direitos humanos e estreita o corredor.

* * *

Com todas essas forças, e muitas outras que ainda não discutimos, devemos esperar que o corredor se torne mais amplo e que as perspectivas de liberdade melhorem nas próximas décadas? A resposta não é clara, mas somos otimistas e até mesmo no momento atual, quando o apoio aos autocratas aumenta em muitos países e alguns no corredor parecem mais instáveis do que nunca, vemos motivos para pensar que o corredor está ficando um pouco mais largo para a maioria. Mas a principal mensagem do Capítulo 1 permanece: não há uma tendência natural de todas as nações avançarem em direção a um conjunto uniforme de instituições estatais e relações Estado-sociedade. Leviatãs Despóticos, de Papel e Ausentes não são menos robustos que os do tipo Agrilhoado. Outra mensagem deste capítulo não é menos importante: independentemente da forma do corredor, os países que não formarem novas coalizões amplas e não apoiarem acordos não conseguirão pôr os pés no corredor.

15.

VIVENDO COM O LEVIATÃ

O erro de Hayek

DURANTE A SEGUNDA GUERRA MUNDIAL, o diretor da London School of Economics (LSE), William Beveridge, liderou uma equipe de civis na criação de um relatório governamental intitulado *A seguridade social e os serviços aliados*. Esse documento, hoje conhecido como Relatório Beveridge, se tornou a base da expansão do Estado de bem-estar social no Reino Unido. Suas principais recomendações incluem uma significativa expansão da Seguridade Nacional, o programa que provê benefícios aos desempregados, pagamentos de licenças de saúde e pensões, a criação de um serviço universal de saúde gratuito, na forma do Serviço Nacional de Saúde, e a implementação de um salário mínimo. O relatório se tornou imensamente popular entre a opinião pública britânica. O ministro trabalhista da Seguridade Social no pós-guerra, James Griffiths, escreveu em suas memórias: "Em um dos momentos mais sombrios da guerra, [o relatório] caiu como maná dos céus."

Algumas das recomendações do relatório foram implementadas durante a guerra, com uma expansão dos serviços para a infância e para a maternidade, um programa que doava combustível e subsidiava leite para mães e famílias com crianças de até cinco anos, e refeições gratuitas para as crianças nas escolas. Em 1945, o Partido Trabalhista chegou ao poder com a promessa de implementar o Relatório Beveridge e passou a aprovar uma série de leis icônicas que tornaram realidade os planos do relatório. Entre elas estavam a Lei de Assistência à Família, de 1945, a Lei de Seguridade Social, de 1946, a Lei de Assistência Nacional, de 1948, e a Lei do Serviço Nacional de Saúde, de 1946.

Um brilhante imigrante vindo de Viena, que na época lecionava na LSE, ficou alarmado. A principal preocupação de Friedrich von Hayek era a ascensão do Estado totalitário, e ele via o nazismo, do qual havia fugido vários anos antes, como uma forma extrema desse Estado totalitário. Hayek estava particularmente preocupado com o planejamento estatal "socialista" e com a regulamentação administrativa da economia, que poderiam se transformar em uma espécie de totalitarismo. Inicialmente, ele expressou suas ideias sobre os perigos de uma administração estatal cada vez maior sobre a economia em um artigo para uma revista, e depois em um livro, *O caminho da servidão*, que veio a se tornar uma das obras mais influentes de ciências sociais do século XX. Hayek não era contrário a toda intervenção do governo nem à seguridade social. Ele escreveu: "Provavelmente nada danificou mais a causa liberal do que a insistência grosseira de alguns liberais em certas regras gerais aproximadas, sobretudo o princípio do *laissez-faire*." E acrescentou: "Não pode haver dúvida de que um mínimo de alimento, abrigo e vestimentas, o suficiente para preservar a saúde e a capacidade para o trabalho, seja assegurado a todos." Porém, ele se preocupava com o fato de o Estado desempenhar um papel decisivo na definição de salários e na alocação de recursos. Essa, ele acreditava, poderia ser a direção em que muitos países caminhavam, em parte em função da influência das ideias socialistas, e o livro dele pretendia ser um corretivo. No prefácio à edição de 1956, Hayek, tendo visto as políticas do governo trabalhista, escreveu:

A mixórdia de ideais reunidos de maneira torta e frequentemente incoerente sob o nome de Estado de bem-estar social que substituiu em grande medida o socialismo como meta dos reformadores precisa ser bem compreendida para que seus resultados não sejam muito semelhantes aos do socialismo completo. Isso não significa dizer que alguns de seus objetivos não sejam viáveis ou louváveis. Mas há muitos modos de trabalhar para se chegar a um mesmo objetivo, e no presente estado de opinião existe algum risco de que nossa impaciência por resultados rápidos possa nos levar a escolher instrumentos que, embora talvez mais eficientes para atingir fins particulares, não são compatíveis com a preservação de uma sociedade livre.

Ele continuou:

É claro, seis anos de governo socialista na Inglaterra não produziram nada semelhante a um estado totalitário. Mas aqueles que afirmam que isso desmontou a tese de *O caminho da servidão* realmente não compreenderam um dos seus pontos principais: que a mudança mais importante produzida por um controle amplo do governo é de cunho psicológico, uma alteração no caráter do povo. Isso é algo necessariamente lento, um processo que se estende não por poucos anos mas talvez por uma ou duas gerações. O ponto importante é que os ideais políticos de um povo e sua atitude em relação à autoridade são tanto efeito quanto causa das instituições políticas sob as quais ele vive. O que significa, entre outros fatores, que mesmo uma forte tradição de liberdade política não é salvaguarda caso o perigo esteja precisamente no fato de que novas instituições e políticas gradualmente venham a minar e a destruir esse espírito.

A "mudança psicológica" de Hayek aqui é semelhante àquilo que chamamos de domínio do Estado sobre a sociedade. Vista dessa perspectiva, a preocupação de Hayek era que o poder ampliado do Estado britânico enfraquecesse a sociedade e pavimentasse a estrada para o despotismo. Como o próprio Hayek afirmou na citação da página anterior, algumas das metas podem ser "viáveis ou louváveis". Mas isso não bastava, porque o caráter das relações Estado-sociedade pode ser ameaçado por esse poder ampliado do Estado. Era disso que ele tinha medo. Na verdade, a defesa imaginada por Hayek contra esse possível problema vai no mesmo sentido de nossa tese. Ele escreveu: "As consequências podem evidentemente ser evitadas caso esse espírito seja reafirmado a tempo e o povo não apenas derrube o partido que os vem levando cada vez mais longe nessa perigosa direção, como também reconheça a natureza do perigo e mude de caminho com determinação."

Em outras palavras, Hayek reconheceu que o único modo de impedir que o Leviatã Despótico surja é a sociedade se reafirmar contra o poder do Estado e seu domínio. Até aí tudo bem. Porém, a astuta análise de Hayek deixa de levar em conta uma força vital — o efeito da Rainha Vermelha. A única opção da sociedade contra a expansão da capacidade estatal não é retomar completamente o domínio sobre ele. Em vez disso, ela pode aumentar sua capacidade, os próprios limites que é capaz de impor ao Estado. Foi o que ocorreu na Grã-Bretanha e na maior parte da Europa nas décadas que se seguiram à Segunda Guerra Mundial. E como vimos no Capítulo 10, algumas dessas dinâmicas se desenrolaram também nos Estados Unidos.

Na verdade, grande parte do progresso humano depende do papel e da capacidade do Estado de fazer frente a novos desafios ao mesmo tempo que a sociedade também se torna mais poderosa e vigilante. Tolher o aumento da capacidade estatal quando ele está começando a acontecer impediria esse progresso humano. É particularmente importante que o Estado expanda suas atribuições em momentos de crise econômica ou social. Na Grã-Bretanha, o relatório Beveridge foi uma resposta a uma crise desse tipo.

Assim, o erro de Hayek foi duplo. Primeiro, ele não previu o poder da Rainha Vermelha nem reconheceu que ele poderia manter o Leviatã Agrilhoado dentro do corredor. Em segundo lugar, talvez sem muita surpresa, não reparou algo que hoje é evidente — a necessidade de que o Estado desempenhe um papel na redistribuição, criando uma rede de segurança social e regulando a economia cada vez mais complexa que já havia emergido na primeira metade do século XX.

* * *

Permanecer no corredor não é algo automático, especialmente diante dos novos desafios. Vimos no Capítulo 13 como os países saem do corredor quando a Rainha Vermelha passa a ter soma zero. Hayek estava preocupado com um desafio ainda mais básico à liberdade — o poder crescente do Estado administrativo levando a um novo tipo de "servidão". Porém, o efeito da Rainha Vermelha, desde que não seja de soma zero, também pode ser uma força poderosa capaz de ajudar uma sociedade a permanecer dentro do corredor ao mesmo tempo em que desenvolve novas capacidades e novos arranjos institucionais para manter em xeque um Estado em expansão. Para ilustrar como a Rainha Vermelha pode desempenhar esse papel e como muitas vezes são necessárias novas coalizões para que ela seja mobilizada, talvez não haja exemplo melhor do que a fundação do Estado de bem-estar social da Suécia durante a Grande Depressão.

O acordo da vaca

A Grande Depressão criou uma crise para o Estado e a sociedade em todo o Ocidente. A crise econômica gerou uma crise política, mas que se desenrolou de maneiras muito diferentes em cada país. Enquanto a Alemanha sucumbiu ao nazismo e rapidamente saiu do corredor, e os Estados Unidos lutavam para lidar com esses problemas dentro das próprias restrições, a Suécia embarcou naquele que se tornou um exemplo icônico da expansão simultânea das capacidades do Estado e da sociedade movidas pelo efeito da Rainha Vermelha. Nos anos do entreguerras, a Suécia adotou o sufrágio universal masculino, surgiu no país um cenário eleitoral mais competitivo, e novas coalizões não apenas mantiveram a Suécia dentro do corredor como também ampliaram significativamente a capacidade do Estado de regular o mercado de trabalho e de influenciar a distribuição de renda. Vários fatores prepararam o terreno para essas mudanças.

Em grande medida, a economia sueca era rural na virada do século, com metade da população ainda trabalhando na agricultura. A Suécia tinha uma longa história de representação parlamentar, incluindo o voto para camponeses, como vimos no Capítulo 6, e no século XIX a aristocracia agrária tinha perdido grande parte de sua riqueza e seu poder. No entanto, o espectro de eleitores era limitado, e a segunda câmara, aristocrática, continuava exercendo considerável influência sobre a política. O sufrágio universal masculino foi adotado em 1909 para a segunda câmara e em 1918 para todas as eleições, e o poder da monarquia foi reduzido em 1918, abrindo caminho para a democracia parlamentar com eleições competitivas. O Partido Social-Democrata (PSD) desempenhou um papel decisivo nessas mudanças institucionais.

Em contraste com muitos outros partidos socialistas europeus, o PSD tinha perdido quase completamente suas raízes marxistas antes de começar a disputar o poder. Um dos arquitetos dessa transformação foi seu influente líder do início do século XX, Hjalmar Branting. Enquanto outros partidos socialistas do continente defendiam uma revolução liderada pelo proletariado e minavam suas perspectivas eleitorais com amargas disputas ideológicas, Branting estava ocupado na busca de parceiros de coalizão para transformar o PSD em uma verdadeira força eleitoral. Em 1886, ele afirmou: "Em um país atrasado como a Suécia, não podemos fechar nossos olhos para o fato de que a classe média desempenha um papel cada vez mais importante. A classe trabalhadora precisa do apoio que puder obter dessa direção assim como a classe média precisa ter os trabalhadores a seu lado."

Essa tarefa se tornou mais fácil uma vez que um dos principais objetivos do PSD nos princípios daquele século era assegurar o sufrágio universal masculino para as duas câmaras do Parlamento, o que significava um programa comprometido com uma estratégia para empoderar todos aqueles que não contavam com representação, incluindo agricultores e camponeses.

Quando a Grande Depressão chegou, a Suécia não foi poupada. Assim como em muitos países, o governo tentou defender o valor de sua moeda, a coroa, e as políticas que resultaram disso levaram a uma deflação e a uma crise ainda mais profunda à medida que o desemprego crescia. Embora a Suécia tenha em parte mudado de caminho e abandonado o padrão ouro depois da desvalorização promovida pelos britânicos em 1931, as condições não melhoraram. Foi nesse contexto que a busca do PSD começou a transformar a política sueca. Depois de se aliar à classe média, o PSD passou a procurar os agricultores e camponeses para sua coalizão. Foi um caminho difícil. O PSD estava aliado com sindicatos, cujas principais prioridades eram preservar o pagamento do seguro-desemprego, manter o salário mínimo em níveis altos e criar empregos no setor industrial usando vagas no serviço público e gastos governamentais. Eles se posicionavam contra qualquer política que significasse aumento dos preços dos alimentos para os trabalhadores. Por outro lado, os agricultores se opunham a altos salários para os trabalhadores e tentavam obter o estabelecimento de preços mínimos e outros métodos que aumentassem os preços agrícolas.

Porém, isso não impediu a busca do PSD. Antes das eleições de 1932, seu líder, Per Albin Hansson, apresentou o PSD como a "casa do povo", aberto a todos os suecos. Ele explicou que sua

> tarefa mais importante é trabalhar com toda a energia para ajudar todos os grupos que sofrem com os efeitos da crise

econômica da qual não têm culpa (...) O partido não pretende apoiar e ajudar uma classe de trabalhadores às custas de outras. Em seu trabalho para criação de um futuro melhor, o partido não diferencia entre a classe de trabalhadores da indústria e a da agricultura, ou entre a dos trabalhadores braçais e a dos trabalhadores intelectuais.

Os líderes do PSD apresentaram essa estratégia como uma resposta para as péssimas condições criadas pela crise econômica, e o principal argumento do partido para o eleitorado era sua disposição de experimentar com ativismo para combater os efeitos adversos da Depressão. Seu manifesto para as eleições de 1932 deixou isso claro, afirmando que o país estava mergulhado em

uma crise em andamento que faz vítimas em todos os setores da sociedade [o partido] se esforça para obter medidas que tragam melhorias duradouras e dedica seus esforços para induzir o Estado a levar auxílio efetivo para as vítimas inocentes da crise.

Funcionou. O partido recebeu muito mais votos na comparação com as eleições de 1928, ficando com 41,7% do total, um sucesso histórico, ainda que não tenha sido o suficiente para formar uma maioria. Foi nesse ponto que os esforços de Hansson para se aproximar dos fazendeiros deram frutos e o PSD organizou o "acordo da vaca", entrando em uma aliança com o Partido Agrário para formar um governo. O PSD aceitou medidas protecionistas que aumentassem os preços agrícolas e, em troca, recebeu um mandato para implementar um pacote anticrise voltado a aumentar os gastos do governo e os salários no setor industrial.

O pacote inicialmente sofreu oposição de poderosos interesses ligados aos bancos, como no caso dos Wallenberg, e do maior e mais assertivo segmento do setor produtivo, que gerava para o mercado exportador e portanto estava preocupado com os custos mais altos da mão de obra, o que reduzia sua competitividade. Mas isso mudou depois da eleição de 1936, que viu o eleitorado se alinhar em maior número com o PSD. Esse amplo apoio levou a um encontro entre representantes do mundo dos negócios, sindicatos e agricultores, assim como do governo, na pequena cidade turística de Saltsjöbaden, em 1938. O encontro resultou em uma expansão da coalizão "social-democrata" para incluir os empresários, que concordaram com os programas do novo governo, com o Estado de bem-estar social e com os altos salários que resultavam disso, em troca de relações trabalhistas mais cooperativas e de menos greves.

Esse modelo continuou em desenvolvimento depois da Segunda Guerra Mundial. Começou a se formar um consenso social de que o Estado sueco deveria, na mesma intensidade, apoiar a igualdade e o crescimento. Desse consenso surgiu o modelo corporativista, em que o Estado oferecia benefícios generosos aos trabalhadores, ao mesmo tempo que também incentivava a moderação no estabelecimento de salários e facilitava uma maior fluidez no mercado de trabalho por meio de políticas ativas (como, por exemplo, oferecendo treinamento aos trabalhadores para ajudá-los a encontrar emprego). Associada ao acordo de Saltsjöbaden, essa estratégia beneficiou também as empresas. Um dos baluartes do sistema era o modelo Rehn-Meidner de estabelecimento centralizado de salários em que uma negociação social fixaria os salários para todas as empresas de um mesmo setor. Isso não só criou uma distribuição igualitária de vencimentos entre os trabalhadores por meio de uma "compressão salarial" (todos os trabalhadores que fazem o mesmo trabalho recebem o mesmo salário), como também significou que as empresas mais produtivas não teriam que pagar salários mais altos. Essa foi uma imensa oportunidade de rendimentos para empresas de alta lucratividade que pagariam os mesmos salários que o restante da indústria. Pela mesma lógica, o sistema incentivou as empresas a investir, inovar e a se reorganizar para melhorar sua produtividade, uma vez que todo aumento de produtividade se transformaria em lucros adicionais.

Ao mesmo tempo, o Estado de bem-estar social sueco continuou a se expandir e a se desenvolver. Os suecos não apenas estabeleceram benefícios sociais mais generosos como também os ofereceram em níveis semelhantes para todos os cidadãos, seguindo o modelo universal do Relatório Beveridge. Os generosos pagamentos de seguro-desemprego e de seguro-saúde foram seguidos por benefícios pioneiros na área de maternidade e infância e por um sistema educacional igualitário de alta qualidade, que saiu de um esforço para "democratizar o sistema escolar sueco". Esses programas permitiram que o país ficasse na vanguarda da redução da pobreza, uma imensa conquista durante a Grande Depressão, quando taxas altíssimas de pobreza não apenas criavam um ambiente de medo e incerteza como também ameaçavam o sistema político democrático, como na Alemanha.

Do ponto de vista de nosso modelo, o ponto crucial não é apenas a grande expansão do papel e da capacidade do Estado sueco, mas o modo como isso aconteceu simultaneamente a um aprofundamento da democracia e do controle social; a capacidade da sociedade aumentou ao mesmo tempo que a do Estado. Esse processo tinha várias facetas. Primeiro, uma preocupação primária com qualquer expansão no papel do Estado é a possibilidade da "captura pela elite", transformando o envolvimento estatal em uma ferramenta para que alguns poucos empresários ou um pequeno grupo de interesses se beneficie às custas da sociedade. O fato de que isso tudo estava acontecendo sob a liderança do PSD, tal como o papel central que os sindicatos vieram a desempenhar como parceiros nesse processo e no monitoramento e na administração do sistema, foi um grande obstáculo para esse tipo de sequestro das instituições estatais. A natureza universal dos programas de bem-estar suecos impediu que eles pudessem se transformar em ferramentas de clientelismo nas mãos da elite. Além disso, ajudou a criar coesão social e um senso de propriedade na população, contribuindo para criar uma mobilização social em seu apoio.

Em segundo lugar, um grande perigo associado às preocupações de Hayek era que um papel aumentado do Estado na economia pudesse ocorrer às custas da iniciativa privada em geral, por exemplo, com nacionalizações e expropriação de capital. Os suecos contiveram essa possibilidade ao fazer com que a comunidade de empresários participasse da coalizão social-democrata depois de Saltsjöbaden. Nesse contexto, é revelador que o PSD tenha seguidamente se recusado a fazer uma parceria com os comunistas, mantendo-se longe de nacionalizações ou da expropriação pura e simples de lucros ou capital. Por vezes, os sindicatos tentaram forçar a adoção de políticas que aumentariam salários, mas o PSD tendia a resistir a elas. Uma exceção, que mostra até onde ia o controle social, foi a reação contra o movimento dos sindicatos e do PSD na década de 1970, que tinha por intuito mudar os termos do modelo de Rehn-Meidner de estabelecimento centralizado de salários a partir da criação de "fundos de assalariados" para recuperar o "lucro excedente" resultante de empresas de alta produtividade, que continuavam pagando salários estabelecidos para o setor. À medida que ficou claro que a implementação desses fundos ameaçava a coalizão que sustentava a social-democracia sueca, a oposição a eles cresceu. Isso forçou o PSD a recuar e, em última instância, levou o partido a perder poder pela primeira vez em 1976.

Em terceiro lugar, a expansão do Estado coincidiu com um fortalecimento da democracia. Depois que todos os grandes partidos da Suécia passaram a aceitar os princípios básicos da social-democracia, o eleitorado começou a poder escolher entre diferentes partidos que implementariam versões da abordagem social-democrata e, caso fosse necessário, se afastariam de políticas mais extremas como os fundos de assalariados propostos pelos sindicatos e pelo PSD na década de 1970.

Por fim, a burocracia e o Judiciário suecos se desenvolveram junto com essas mudanças, especialmente ao longo do processo de administrar e supervisionar esses programas em parceria com os sindicatos. No processo, eles adquiriram competência para implementar os programas sociais e para limitar abusos do sistema.

Em resumo, o Estado sueco lidou com as novas necessidades e condições da crise criadas pela recessão econômica expandindo tanto seu papel quanto sua capacidade. Apesar dos temores de Hayek, isso não abriu caminho para o totalitarismo. Pelo contrário, em função da expansão estatal ter sido conduzida por uma coalizão de trabalhadores, agricultores e interesses empresariais, e em função de o efeito da Rainha Vermelha ter gerado mobilização social para manter o Estado em xeque, a democracia sueca, longe de enfraquecer, ficou mais forte no processo.

* * *

Embora os detalhes da experiência sueca sejam únicos, seus contornos gerais têm paralelo com o que ocorreu em diversos outros países. A Dinamarca e a Noruega construíram Estados de bem-estar social semelhantes, ainda que o caminho para que suas coalizões se organizassem tenham sido diferentes. A Alemanha também desenvolveu um Estado de bem-estar social apoiado por um alto nível de capacidade estatal e de controles sociais depois da Segunda Guerra Mundial.

Igualmente interessante é a experiência americana. Franklin Delano Roosevelt se deparou com a mesma convulsão econômica e social que o PSD, mas, além disso, precisou lidar com uma sociedade profundamente dividida por questões raciais e regionais e que era muito mais desconfiada em relação às ações do governo. No entanto, suas primeiras iniciativas, entre as quais a Lei da Recuperação Industrial Nacional, em 1933, e a fundação da Administração de Ajuste Agrícola, foram na mesma direção e expandiram a capacidade do Estado de reforçar a rede de proteção social e de auxiliar na recuperação econômica. Esse programa também tentou incluir trabalhadores e agricultores. O Título I da Lei de Recuperação Industrial, por exemplo, tinha um escopo muito semelhante ao das políticas industriais suecas adotadas pelo PSD, ao passo que o apoio aos agricultores na forma de preços mais altos esteve no centro das políticas agrícolas. Em ambos os casos, os planos iniciais de Roosevelt envolviam controles administrativos e implementação, exatamente como na Suécia. No entanto, as condições dos Estados Unidos eram diferentes das suecas;

a Lei de Recuperação Industrial enfrentou feroz oposição de empresários e dos tribunais, e muitas de suas cláusulas precisaram ser abandonadas ou sofreram alterações. Mas mesmo que os planos de Roosevelt tenham sido parcialmente frustrados e se alinhado com o modelo de parceria público-privada dos EUA, alguns dos mesmos objetivos do acordo sueco foram atingidos, e no processo transformaram fundamentalmente a regulação e a administração da economia americana.

Leviatã versus mercado

Um debate crucial na economia e nas ciências sociais diz respeito ao equilíbrio entre Estado e mercado. Até que ponto o Estado deve intervir na economia? Qual é o escopo correto da regulação, e até onde ela deve ir? Quais atividades devem ser deixadas para os mercados e quais devem ser atribuição do Estado? A resposta econômica convencional é que o Estado deveria intervir apenas em circunstâncias claramente delineadas. Entre essas estão a presença de "externalidades", que surgem quando as ações de agentes individuais têm grandes consequências para outros que não são mediadas pelos mercados, abrindo caminho para níveis excessivos de algumas atividades, como a poluição; a provisão de "bens públicos", que são os bens dos quais todos se beneficiam, como infraestrutura ou defesa nacional; e situações que estejam impregnadas de "informações assimétricas", o que significa que alguns participantes do mercado não terão condições de julgar com precisão a qualidade dos produtos e serviços que estão negociando. Está incluída a presença de monopólios que precisem ser regulados para impedir a cobrança de preços excessivamente altos ou o surgimento de atividades predatórias que eliminem a concorrência. Também é fundamental a intervenção do governo para a seguridade social ou a redistribuição, de modo a limitar a desigualdade. Um princípio importante da abordagem convencional é que quando estiver trabalhando para influenciar na distribuição de renda na economia, o Estado deve minimizar seu impacto sob os preços de mercado e, em vez disso, confiar em impostos e transferências para atingir seus objetivos.

Isso é coerente com *O caminho da servidão*, no qual Hayek defende limites para o escopo do Estado na economia porque os mercados são mais eficientes na alocação de recursos. Mas, se isso é decisivo, Hayek foi mais longe e também afirmou que o aumento de poder e o envolvimento do Estado podem ter consequências políticas adversas. Ainda que algumas das conclusões de Hayek não sejam muito convincentes nem tenham sido confirmadas pelos desdobramentos políticos das décadas que se seguiram a seu trabalho, o modo como ele abordou o problema foi consideravelmente inovador. Talvez o insight mais brilhante de Hayek tenha sido que o equilíbrio entre Estado e mercado não é meramente econômico; é também político (e não estamos dizendo isso simplesmente por se tratar de uma das principais consequências de nosso modelo conceitual). O desafio vital é garantir que o Estado possa ampliar sua capacidade para atender as necessidades da sociedade, mas, mesmo assim, permanecendo agrilhoado. Isso exige novos modos de empoderamento da sociedade, para que ela possa monitorar e controlar o Estado e as elites. Assim, o diagnóstico relativo a intervenções benéficas do Estado não tem a ver apenas com trocas econômicas, mas também com as consequências políticas das intervenções. Não se trata apenas da capacidade estatal, mas também de quem controla e monitora aquela capacidade e de como ela será usada.

Pensando assim, a verdadeira inovação institucional na Suécia, e mais tarde em outras nações escandinavas, não foi a criação de um Estado mais intervencionista, redistributivo, mas sim fazer isso sob os auspícios de uma coalizão que contava com empresários e a grande maioria dos trabalhadores organizados em sindicatos politicamente ativos, que impuseram correntes firmes ao Estado. Por um lado, como já observamos, o envolvimento de empresas, incluindo as maiores corporações suecas, significou que o Estado de bem-estar social sueco jamais foi na direção da nacionalização completa de indústrias ou da abolição dos mercados.

Por outro lado, o papel central que os sindicatos desempenharam nesse processo permitiu uma participação popular muito maior na política, o que dificultou o sequestro das instituições do Estado, agora mais poderosas, por interesses da elite. Essa coalizão e o efeito da Rainha Vermelha permitiram que o sistema político sueco se reorientasse quando parte das regulamentações foi longe demais na década de 1970, e depois novamente nos anos 1990.

Há três outras lições vitais da experiência sueca para se compreender o equilíbrio entre Estado e mercado. O primeiro é um corolário do que já discutimos. Quando as condições exigem novas responsabilidades do Estado, essa expansão deve ser acompanhada de novos meios para que a sociedade participe da política, monitore o Estado e os burocratas, e puxe o tapete de novos programas caso necessário. Isso significa que grande parte do debate sobre o escopo adequado de mercados e governos deixa de abordar a questão mais central — embora Hayek tenha identificado a importância decisiva desse fator há muito tempo. Nós temos como manter o Leviatã sob controle mesmo com suas novas responsabilidades e seus poderes recém-adquiridos? Os custos de adoção de novos freios ao Leviatã, especialmente quando esses não surgirem automaticamente em função do efeito da Rainha Vermelha, ultrapassam os benefícios de uma maior intervenção estatal?

Desse ponto de vista, a razão para que o governo não regule os preços da maior parte dos produtos não é o fato de esses preços serem estabelecidos com perfeição pelo mercado (ou, na terminologia econômica, de não haver externalidades, bens públicos, informação assimétrica nem preocupações quanto à distribuição), mas sim porque os custos políticos da ampliação das atribuições do Estado seria alto demais, seja em função das precauções adicionais que isso exige ou de um risco maior de o país sair do corredor. Essa linha de raciocínio implica que o Estado deve intervir apenas quando os benefícios dessa intervenção forem maiores do que os custos políticos da mesma. Além disso, também demonstra que as intervenções e atividades que colocam em movimento os poderosos efeitos (de soma positiva) da Rainha Vermelha terão muito maior probabilidade de trazer benefícios sociais. Sendo assim, é preferível que o Estado ofereça seguridade social e serviços que atendam uma grande quantidade de pessoas, e coordene negociações entre empregadores e empregados ao mesmo tempo que envolva sindicatos e empresários (algo que provavelmente dará poder à Rainha Vermelha, como no caso da Suécia), em vez de se envolver em regulamentações governamentais específicas, muitas vezes pouco transparentes, e em ações corretivas em áreas determinadas, como tarifas sobre açúcar e aço (do modo como os Leviatãs de Papel lidaram com demandas sociais, como vimos no Capítulo 11).

A segunda lição é que alguns aspectos aparentemente ineficientes da economia podem ter um papel social útil no fim das contas. Um desses aspectos são os próprios sindicatos, muitas vezes vistos com grande desconfiança, porque um de seus principais objetivos é forçar salários mais altos para seus filiados, ainda que isso torne mais difícil a detenção de empregos para os não filiados. Mas vimos que, na verdade, mesmo no contexto sueco, os sindicatos por vezes tentaram forçar salários excessivamente altos. Essa desconfiança é mais do que compartilhada por muitos gestores públicos nos Estados Unidos, que tentaram minar o poder dos sindicatos. Em parte como resultado dessas políticas (e em parte por causa do declínio do emprego no setor de manufaturas), hoje o índice de filiação aos sindicatos é muito mais baixo na economia americana, especialmente no setor privado, do que era no auge dos sindicatos em meados do século XX, depois que a Lei Nacional de Relações Trabalhistas (a Lei Wagner), de 1935, reconheceu os direitos dos trabalhadores de se organizar em sindicatos, participar de negociações coletivas e fazer greves. Declínios semelhantes no poder dos sindicatos vêm ocorrendo em outras economias avançadas. É discutível se a oposição aos sindicatos faz sentido, pensando do ponto de vista puramente econômico. Mas um papel essencial dos sindicatos é político; eles são centrais para manter um equilíbrio parcial de poder entre os interesses de empresários bem-organizados e dos trabalhadores. Assim, o declínio de poder dos sindicatos ao longo das últimas décadas pode ter sido um dos fatores que desequilibraram o poder na sociedade americana em favor de grandes corporações. O ponto mais importante para nosso modelo é que, ao avaliar o papel de várias políticas e instituições, precisamos levar em conta os arranjos de base que buscam criar um equilíbrio e assim ajudar a manter o Leviatã e as elites agrilhoadas.

A terceira importante lição diz respeito à forma de intervenção governamental. Aqui nós divergimos fortemente de Hayek e da resposta econômica convencional. Eles afirmam que é sempre melhor evitar que o governo se envolva na decisão de preços de mercado, e que se o governo deseja criar uma divisão de renda mais equitativa, deve deixar que o mercado opere e usar a taxação redistributiva para ir rumo à distribuição desejada. Mas esse modo de pensar separa incorretamente a economia da política. Caso o Leviatã assuma os preços de mercado e a distribuição de renda como dados e confie unicamente na redistribuição fiscal para atingir seus objetivos, isso pode se traduzir em taxas muito altas de impostos e de redistribuição. Não seria melhor, especialmente do ponto de vista de controle do Leviatã, se os preços de mercado pudessem ser alterados de modo a atingir alguns desses objetivos sem que seja necessária uma redistribuição fiscal tão grande? Isso é exatamente o que fez o Estado de bem-estar social sueco. A coalizão social-democrata foi construída com base no modelo corporativista a partir do qual os sindicatos e a burocracia estatal regulam diretamente o mercado de trabalho. Isso gerou salários mais altos para os trabalhadores e exigiu menos redistribuição dos donos do capital e das corporações para os trabalhadores. Isso também gerou uma compressão salarial de modo que a distribuição de renda entre os trabalhadores se tornou mais igualitária. Como resultado, houve menos necessidade de taxação redistributiva, ainda que uma boa quantidade disso tenha ocorrido na economia sueca também para financiar o generoso Estado de bem-estar social. Grande parte disso não foi planejada com antecedência. No entanto, nosso modelo ressalta um motivo para que as coisas tenham se organizado desse modo: ao garantir que os salários fossem mais altos e mais comprimidos, e assim se afastando do resultado que um mercado sem restrições teria gerado, o Estado evitou a necessidade de uma redistribuição fiscal e de uma tributação ainda maiores. Com a redução do papel fiscal do Estado, mantê-lo em xeque se tornou um objetivo mais viável.

Prosperidade não compartilhada

Muitas nações ocidentais, incluindo os Estados Unidos, se deparam hoje com urgências econômicas fundamentais. A resposta política até o momento tem ficado mais próxima da Rainha Vermelha de soma zero do que do tipo de dinâmica que vimos na Suécia, que envolveu o desenvolvimento de novas coalizões e de arquiteturas institucionais para lidar com novos desafios. Mas esse caminho está aberto para a maior parte dos países que se encontram no corredor, e o primeiro passo para auxiliar nisso é compreender quais são esses desafios. Esse é o foco das próximas três seções.

Dois dos mais poderosos motores da prosperidade econômica ao longo das últimas décadas foram a globalização econômica e a rápida adoção de tecnologias de automação. A globalização econômica aumentou o volume de comércio, e a terceirização e a possibilidade de levar filiais das empresas para outros países permitiram que o processo de produção fosse distribuído pelo mundo para aproveitar os menores custos de determinados serviços e produtos. Tanto nações desenvolvidas quanto em desenvolvimento se beneficiaram desse processo de globalização. O crescimento espetacular de economias como a Coreia do Sul e Taiwan nos anos 1970, 1980 e 1990 e da China nas décadas de 1990 e 2000 não teria sido possível sem a globalização. Também não teríamos desfrutado de preços mais baixos para centenas de produtos, que vão dos têxteis aos brinquedos e eletrônicos e aos computadores. Vimos no capítulo anterior que a globalização tem impacto sobre a largura do corredor e as perspectivas de algumas nações que desejam entrar nele. Porém, seus efeitos sobre a economia e a política das nações desenvolvidas foram mais complexos em função do modo como os ganhos obtidos com a globalização foram compartilhados, ou, falando de forma mais exata, do modo como eles deixaram de ser compartilhados. Embora grande parte dos conselhos relativos a políticas públicas enfatize que todos se beneficiam com a globalização econômica, a realidade tem se mostrado diferente tanto nos Estados Unidos quanto na Europa, onde as corporações e aqueles que já têm uma boa condição financeira viram sua renda aumentar, ao mesmo tempo que os trabalhadores tiveram ganhos muito mais limitados e, em alguns casos, sofreram perdas salariais e redução de empregos. Na verdade, isto é o que a teoria econômica prevê: a globalização cria vencedores e derrotados, e quando assume a forma de integração de um país avançado com uma economia menos avançada com abundância de mão de obra pouco qualificada e que trabalha por salários menores, os trabalhadores — e especialmente aqueles menos qualificados da economia avançada — sairão perdendo.

O outro poderoso motor da prosperidade econômica, a mudança tecnológica, tem surtido efeitos semelhantes. O progresso tecnológico aumenta a produtividade e expande a gama de produtos disponíveis para os consumidores, e historicamente tem estado na raiz do crescimento econômico sustentado. Por vezes, a mudança tecnológica também tem sido a maré que eleva todos (ou quase todos) os barcos. Desde a década de 1940 até meados dos anos 1970 houve um rápido aumento de produtividade na economia dos Estados Unidos, junto com um rápido crescimento dos ganhos de todos os grupos educacionais, desde os trabalhadores que não tinham sequer concluído o ensino médio até aqueles que tinham pós-graduação. Mas o espantoso leque de novas tecnologias que transformou os ambientes de trabalho ao longo dos últimos trinta anos parece ter tido efeitos bastante diferentes. Muitas dessas tecnologias, incluindo computadores mais poderosos, máquinas numericamente controladas e depois computadorizadas, robôs industriais, e mais recentemente a inteligência artificial, automatizaram o processo de produção, permitindo que as máquinas assumissem tarefas antes desempenhadas por trabalhadores.

Por sua natureza, a automação favorece o capital, agora usado de maneira mais extensiva na forma de novas máquinas. Ela também tende a favorecer trabalhadores qualificados, na comparação com os menos qualificados, cujas tarefas estão sendo assumidas por máquinas. Não é de surpreender, portanto, que novas tecnologias de automação tenham tido grandes consequências distributivas.

Os efeitos somados da globalização e da automação levaram a destinos diferentes. Nos Estados Unidos, o padrão de aumentos salariais para a maioria dos trabalhadores parou depois do final da década de 1970 e foi substituído por uma lacuna cada vez maior entre os trabalhadores que estão na parte de baixo da distribuição e aqueles que se encontram na parte de cima. Por exemplo, ao mesmo tempo que os ganhos (ajustados pela inflação) de homens com pós-graduação cresceram quase 60% desde 1980, os dos homens com ensino médio ou menos caíram mais de 20%. Ao longo das últimas três décadas e meia, o salário líquido de trabalhadores menos qualificados caiu drasticamente.

O mesmo período também assistiu a um declínio na criação de empregos na economia americana. Os empregos no setor de manufaturas dos EUA caíram cerca de 25% desde meados dos anos 1990, ao mesmo tempo que a proporção entre empregos e população caiu significativamente desde 2000. Tendências semelhantes são visíveis em várias outras economias avançadas, ainda que o declínio impressionante nos ganhos dos trabalhadores menos instruídos seja um caso exclusivo dos Estados Unidos.

Existe um consenso de que tanto a automação quanto a globalização foram fatores que contribuíram imensamente com essas tendências. A redução de salários e de ofertas de emprego está concentrada em áreas, setores e ocupações que eram especializados em atividades que passaram por automação ou assistiram a uma rápida expansão das importações de economias em desenvolvimento, particularmente a China. Estimativas na literatura sugerem que as importações da China por si só podem ter causado a perda de dois milhões de empregos na economia americana, e a adoção de robôs industriais, um exemplo de destaque das novas tecnologias de automação, pode ter levado à perda de até quatrocentos mil empregos. Em ambos os casos, a maioria dos efeitos foi sentida por trabalhadores que se encontram na parte de baixo da distribuição de qualificações.

Wall Street desequilibrada

A globalização econômica e a automação não são as únicas tendências que contribuem para os altos níveis de desigualdade. A rápida desregulamentação de diversos setores nos Estados Unidos, acompanhada de mudanças mais modestas em outras economias avançadas, também teve grande influência na desigualdade. A desregulamentação das finanças teve um papel particularmente importante nisso.

Durante muitas décadas e em grande parte do mundo, a indústria financeira foi altamente regulada depois da Segunda Guerra Mundial, a ponto de os empregos nos bancos americanos passarem a ser vistos como de alto padrão, e seus salários refletiam isso, em geral flutuando nos mesmos níveis dos de trabalhadores em outros setores. A pedra de toque do sistema financeiro dos Estados Unidos no pós-guerra foi a "Regra Q", que restringia taxas de juros nas contas de poupança, o que limitava a concorrência entre diferentes instituições financeiras, assim como restrições para a criação de filiais em outros estados, o que impedia que bancos concorressem por depósitos em vários estados. Essas restrições foram ampliadas pela Lei Glass-Steagall, aprovada em 1933 e que separou os bancos de varejo (que basicamente aceitam depósitos e fazem empréstimos) do negócio mais arriscado dos bancos de investimento (que tinham foco em coisas como debêntures, fusões e aquisições, derivativos financeiros e trading). Nesse ambiente regulado, os empregos burocratizados e confortáveis do setor bancário passaram a ser descritos pela "regra 3-6-3" — aceite depósitos a uma taxa de juros de 3%, empreste a 6% e chegue ao campo de golfe às 3 da tarde. Isso começou a mudar nos anos 1970, particularmente depois que a Regra Q foi abolida em 1986, abrindo caminho para um aumento significativo na concentração bancária. Com a maior concentração veio uma grande mudança rumo a atividades de maior risco, como os derivativos financeiros, incluindo *swaps* de taxas de juros (em que uma das partes do contrato financeiro faz pagamentos à outra dependendo de uma taxa de juros de referência estar abaixo ou acima de certo patamar) ou *credit default swaps* (em que os pagamentos são feitos quando o devedor entra em default). Embora o setor financeiro estivesse passando a executar atividades de maior risco, o poder político crescente dos bancos bloqueou quaisquer novas regulamentações; mais do que isso, pressionou para que houvesse novas desregulamentações. Com maior concentração, menores regulamentações e decisões mais agressivas e de alto risco, houve maiores rendas e lucros. Entre 1980 e 2006, o setor financeiro cresceu de 4,9% do PIB americano para 8,3%, e seus lucros subiram 800% em termos reais, mais de três vezes o crescimento dos lucros no setor não financeiro.

Num poderoso ciclo de retroalimentação, uma dimensão maior e lucros levaram a um aumento do poder político. Em 2006, o setor financeiro contribuía com 260 milhões de dólares para campanhas políticas, em comparação com os 61 milhões de dólares de 1990. A consequência foi uma desregulamentação financeira contínua e ainda mais ousada. Outros importantes pilares das regulamentações financeiras criadas após a Grande Depressão foram desmantelados, começando com a Lei Riegel-Neal de Bancos Interestaduais e da Eficiência das Filiais de 1994, que tornou mais frouxas as regras interestaduais para os bancos e abriu caminho para uma série de fusões, levando à formação de gigantescas corporações bancárias como o JPMorgan Chase, o Citicorp e o Bank of America. Em 1999, a Lei Gramm-Leach-Bliley demoliu a maior parte das barreiras que restavam entre bancos comerciais e de investimento. Durante o mesmo período, apesar de complexos derivativos financeiros estarem se espalhando, os banqueiros eram contrários a novas regulações. Como resultado, o imenso crescimento em obrigações de dívidas colateralizadas com base em bens hipotecados (que criaram bens sintéticos de diferentes perfis de risco em grandes pools de hipotecas) e *credit default swaps* (CDS) aconteceu quase totalmente fora de qualquer marco regulatório. Esse foi um dos motivos para que uma seguradora, a American Insurance Group (AIG), pudesse vender quantidades imensas de CDS e assumir um enorme risco. Com essa onda de desregulamentação, o ciclo continuou, e os lucros no setor financeiro cresceram.

A desregulamentação da indústria financeira contribuiu para a desigualdade. Os lucros extraordinários de Wall Street não apenas ampliaram a distribuição desigual de renda entre proprietários de grandes instituições financeiras, incluindo fundos hedge especializados em investimentos de risco para clientes ricos, como também aumentaram a desigualdade como um todo, uma vez que os gerentes e negociadores de alto nível na indústria financeira passaram a receber grandes salários e pagamentos de bônus. Os salários dos trabalhadores e executivos do setor financeiro, que até 1990 acompanhavam os de outros setores, começaram a divergir fortemente deles a partir de então. Em 2006, os trabalhadores do setor financeiro estavam recebendo 50% a mais do que os de outros setores, ao passo que executivos do setor financeiro recebiam impressionantes 250% acima dos executivos com qualificações semelhantes empregados em outras indústrias.

Um indicador desse aspecto da desigualdade é a parcela do rendimento nacional que se acumula para os 1% e o 0,1% que estão no topo da distribuição de renda e que representam, respectivamente, os muito ricos e os extremamente ricos, dentre os quais se encontram super-representados os donos e executivos de corporações financeiras. O 1% superior dos americanos recebeu em torno de 9% da renda nacional nos anos 1970. Em 2015, esse número tinha subido para 22%. Esse aumento foi ainda mais impressionante na parcela referente ao 0,1% superior, que subiu de 2,5% nos anos 1970 para quase 11% da renda nacional em 2015.

O segundo desafio está relacionado à alocação de recursos. Ao transferir fundos de poupadores para aqueles que têm novas ideias e oportunidades de investimento, as finanças desempenham papel vital no aprimoramento da eficiência da atividade econômica. Mas quando há uma concentração especializada em negócios de risco e protegida por seu poder político, isso pode, pelo contrário, se tornar uma fonte de ineficiências amplamente disseminadas. Durante a crise de 2007-2008, a indústria financeira tinha caminhado a passos largos nessa direção. Os riscos excessivos estavam enraizados na concorrência desregulada do mundo financeiro que incentivava muitas instituições a emprestar dinheiro de maneira imprudente e a assumir riscos em suas divisões de negócios para poder elevar as taxas de retorno que poderiam prometer a seus investidores. Isso também era impulsionado pela crença de muitas pessoas das principais instituições financeiras de que o governo e o Banco Central norte-americano não iriam deixar que eles quebrassem mesmo que seus investimentos fracassassem completamente (e eles não estavam errados). Em última instância, foi o colapso desses investimentos arriscados que gerou a crise financeira, que depois se transformou em uma recessão econômica global. Embora a Lei Dodd-Frank de 2010 e regulações mais rigorosas aprovadas pelo Federal Reserve System tenham tentado limitar a extensão dos riscos que podem ser assumidos e as consequências negativas das perdas financeiras sobre a economia, isso teve, na melhor das hipóteses, um sucesso parcial. A indústria financeira, confiando em seu poderoso lobby, resistiu e impediu a implementação completa dessas regulamentações e muitas vezes conseguiu que elas fossem reduzidas. Enquanto isso, o setor se tornou na verdade mais concentrado. A parcela dos cinco maiores bancos no sistema financeiro americano, que cresceu de 20% em 1990 para 28% em 2000, chegou a mais de 46% em 2019.

Empresas gigantes

A maior concentração não se limitou às finanças. Junto com a desregulamentação e as novas tecnologias houve um grande aumento na concentração econômica em muitos setores, em especial nos serviços on-line, nas comunicações e nas mídias sociais. O tamanho das maiores empresas em comparação com o restante da economia nunca foi tão alto. As gigantes da tecnologia Alphabet (Google), Amazon, Apple, Facebook e Microsoft somam um valor de mercado (medido pela avaliação de suas ações) equivalente a mais de 17% do PIB americano. As cinco maiores empresas em 1900, quando os gestores públicos e a sociedade ficaram alarmados com o poder das grandes corporações, somavam menos de 6%. Esse imenso aumento na concentração parece ter diversas causas. A mais importante é a natureza da tecnologia dessas novas empresas, que cria algo que os economistas chamam de dinâmica "o vencedor leva tudo". Pense no Google, por exemplo. Fundado em 1998, quando já havia vários mecanismos de busca bem-sucedidos na internet, a empresa rapidamente se distinguiu em função de seu algoritmo de busca superior. Enquanto seus concorrentes, como o Yahoo! e o Altavista, classificavam os sites pelo número de vezes que o termo procurado aparecia, os fundadores do Google, Sergei Brin e Larry Page, encontraram uma abordagem muito melhor quando cursavam a graduação na Universidade de Stanford. Tal abordagem, que passou a ser chamada de algoritmo de classificação de páginas, catalogava uma página de acordo com sua relevância estimada a partir do número de vezes que outras páginas — que também mencionavam o termo de busca — faziam link para esse site. Como esse algoritmo era muito mais eficaz para sugerir sites relevantes para os usuários, a fatia de mercado de buscas de internet do Google cresceu rapidamente. Ao conquistar uma grande parcela do mercado, o Google pôde usar mais dados de buscas de usuários para refinar seu algoritmo, o que o tornou ainda melhor e mais dominante. Essa dinâmica ficou mais forte quando os dados de buscas de internet passaram a ser usados para aplicações de inteligência artificial, como, por exemplo, para tradução e reconhecimento de padrões. O sucesso inicial trouxe mais recursos para investir em pesquisa e desenvolvimento e para a aquisição de empresas que estavam desenvolvendo tecnologia que seria útil para que o Google se expandisse ainda mais.

Os efeitos do "vencedor leva tudo" também estão na raiz da ascensão meteórica da Amazon, cujo crescimento inicial como varejista e plataforma on-line a tornou mais atraente para vendedores e usuários, e do Facebook, cuja popularidade como plataforma de mídia social depende fundamentalmente da expectativa dos usuários de que seus amigos também estejam lá. Embora a natureza das considerações sobre o efeito do "vencedor leva tudo" sejam diferentes para a Apple e para a Microsoft, elas não são menos importantes, uma vez que novamente o valor de seus produtos depende de sua popularidade geral e da adoção em massa pela população.

Ainda que a natureza da tecnologia da era da internet tenha sido um fator decisivo na ascensão da concentração econômica, a inação das agências regulatórias, em particular nos Estados Unidos, também foi um fator importante. Isso contrasta com o que vimos na história norte-americana em períodos semelhantes. Quando diversas empresas conquistaram posições igualmente dominantes na virada do século XX, governos influenciados pela agenda progressiva chegaram ao poder e começaram a agir para fragmentá-las, como vimos no Capítulo 10.

Na atualidade, não há propostas políticas ou institucionais semelhantes na agenda. É claro que muitas dessas empresas cresceram rapidamente em função de terem oferecido produtos novos, melhores e mais baratos. Isso não elimina a preocupação com o aumento de concentração, especialmente tendo em vista a perspectiva de que as empresas que dominam os mercados em algum momento irão exercer seu poder de monopólio, cobrando preços mais altos e começando a sufocar a inovação. O aumento da concentração econômica tem sido um dos principais fatores também no aumento da desigualdade, não apenas porque os proprietários e grandes acionistas dessas corporações se tornarão muito ricos mas porque seus empregados viram seus salários aumentarem em comparação com os daqueles que trabalham em outros setores.

* * *

As tendências econômicas que descrevemos brevemente — globalização econômica e automação, o crescimento da indústria financeira e a ascensão das empresas gigantes — impõem desafios urgentes para os Estados Unidos e várias outras economias avançadas por pelo menos três razões. A primeira são as consequências para a desigualdade, que já enfatizamos. A segunda é a eficiência econômica. Alguns veem nossa época como a era de ouro da tecnologia. No entanto, o crescimento tanto de renda quanto de produtividade tem sido decepcionante pelo menos nas duas últimas décadas, apesar da ascensão espetacular da globalização e das fascinantes novas tecnologias. Não se sabe ao certo as causas desse crescimento de produtividade decepcionante. Elas podem perfeitamente estar relacionadas com as tendências que esboçamos. A globalização e a rápida automação trazem benefícios, mas sua recente ascensão pode ter ocorrido às custas de outros avanços tecnológicos que teriam contribuído ainda mais para a produtividade e para a prosperidade. O crescimento excessivo no setor financeiro e os riscos demasiado grandes assumidos provavelmente tiveram alto custo por terem criado instabilidade na economia (pense na crise financeira) e desviaram recursos que poderiam ter sido usados em outros setores e na inovação do setor de finanças (pense nos formandos mais inteligentes indo para fundos de hedge e para bancos de investimento em vez de se dedicarem à inovação, à ciência ou ao serviço público). O imenso aumento de concentração econômica provavelmente foi prejudicial também para a eficiência, tanto por reduzir a concorrência quanto por distorcer as novas tecnologias que estão sendo adotadas e desenvolvidas.

O terceiro desafio está relacionado à confiança nas instituições. O Leviatã Agrilhoado não precisa apenas de um equilíbrio de poder entre Estado e sociedade. Ele também precisa que a sociedade confie nas instituições. Sem confiança, os cidadãos não irão proteger essas instituições contra o Estado e a elite, e a Rainha Vermelha se tornará muito mais próxima da soma zero. Sem confiança, as instituições não serão capazes de mediar conflitos na sociedade (como na Alemanha do entreguerras). A desigualdade crescente, o crescimento lento da oferta de empregos, os enormes lucros do setor financeiro e a existência de empresas gigantescas que permanecem desreguladas, tudo isso contribui para o sentimento de que a economia está sendo manipulada em favor de alguns e de que o sistema político é cúmplice nesse processo. Esse sentimento quase certamente foi fortalecido pela crise financeira e pelo período que se seguiu, que assistiu a pacotes de ajuda governamentais para bancos que em parte eram responsáveis pela crise ao mesmo tempo que famílias pobres que ficaram sem dinheiro receberam pouca assistência. Pior do que isso, como vimos na nossa discussão sobre a Alemanha de Weimar, segmentos da sociedade que estão ficando para trás do ponto de vista econômico e perdendo a confiança nas instituições são alvos fáceis para movimentos que buscam desestabilizar o sistema político e acabar com o equilíbrio entre o Estado e a sociedade, que é a base da vida no corredor. Como era previsível, movimentos do gênero têm estado em ascensão em tempos recentes.

A desigualdade, o desemprego, a baixa produtividade e o diminuto crescimento da renda, além da perda da crença nas instituições, estiveram entre os fatores que tornaram o período da Grande Depressão um terreno tão fértil para a instabilidade política. Embora a crise que assola hoje as economias avançadas não seja tão extrema quanto a Grande Depressão, tendo em vista os paralelos não podemos nos dar ao luxo da complacência.

Evitando a Rainha Vermelha de soma zero

Vimos duas respostas diametralmente opostas à Grande Depressão. A primeira — o colapso da República de Weimar na Alemanha — foi um exemplo de uma Rainha Vermelha de soma zero, onde cada lado se esforçava para minar o outro sem qualquer acordo. O segundo, ilustrado pela resposta sueca, ocasionou maior envolvimento social e deu poder ao Estado, ao mesmo tempo que a sociedade se tornou mais capaz e mais bem organizada para controlar o Estado. Essa mobilização social teve como baluarte uma grande coalizão que apoiou a nova arquitetura institucional. A resposta de muitas nações ocidentais hoje está muito mais próxima daquela da Alemanha de Weimar do que da resposta sueca, com as elites lutando para defender suas vantagens e aqueles que estão em posição mais precária sucumbindo ao fascínio dos autocratas, e com a polarização e a intransigência se tornando a ordem do dia. Estaremos fadados a repetir os erros da Alemanha do entreguerras? Ou teremos como prevenir que a Rainha Vermelha se torne completamente de soma zero? Podemos também ouvir os alertas de Hayek e evitar a "servidão"?

Vamos começar com as boas notícias. Como enfatizamos no Capítulo 13, o risco de a Rainha Vermelha sair de controle é maior quando o corredor é mais estreito. Quanto a isso, os Estados Unidos e muitas outras nações ocidentais estão em melhor situação em função de suas economias diversificadas construídas com base em manufaturas e serviços, do poder muito limitado de coerção (lembre-se do Capítulo 14), da ausência de grupos dominantes diametralmente opostos ao da democracia (como ocorria com as elites agrárias prussianas) e de sua história recente de política democrática ininterrupta se traduzirem em um corredor mais largo. Mas a largura do corredor e a estabilidade dentro dele não podem ser dadas como garantidas. A largura do corredor é ampliada por instituições democráticas e participativas. Caso essas instituições percam a confiança das pessoas, o corredor se estreita e a capacidade da sociedade de lidar com conflitos fica reduzida. Sendo assim, a Rainha Vermelha pode sair de controle mesmo em um corredor largo caso a soma zero seja um fato consumado.

Vamos revisitar a experiência sueca durante a Grande Depressão para ver como evitar uma resposta de soma zero. Três pilares da resposta sueca foram decisivos. O primeiro pilar foi o fato de o projeto como um todo ter sido construído com base em uma ampla coalizão composta por trabalhadores, agricultores e empresários. O movimento dos trabalhadores, representado pelos sindicatos e pelo PSD, longe de minar outros interesses, tentou fazer um acordo com eles.

O segundo pilar foi uma gama de respostas econômicas, tanto de curto prazo quanto institucionais. Essas respostas envolveram a adoção de medidas para estimular a economia, assim como uma série de reformas para redistribuir renda para aqueles que sofriam com o desemprego, a perda de renda e com a pobreza. Os suecos então institucionalizaram essas medidas desenvolvendo um modelo social-democrata em que o Estado mediaria as negociações entre empregadores e trabalhadores para garantir a paz industrial. Eles também fundaram um generoso Estado de bem-estar social para fazer com que a prosperidade fosse compartilhada de modo mais igualitário.

O terceiro pilar foi político. O aumento da capacidade estatal estava embutido em um sistema político em que havia poderosos controles sociais tanto sobre as atividades do Estado quanto sobre as relações entre as elites políticas e econômicas. Esses controles foram auxiliados pela natureza universal dos programas, que fortaleceram a coalizão social-democrata, pelo fato de que a capacidade administrativa do Estado se desenvolveu rapidamente no processo de gestão do Estado de bem-estar social e pelo envolvimento direto dos sindicatos na operação de programas-chave. Por sua vez, tudo isso foi sustentado pelas reformas políticas realizadas anteriormente que haviam democratizado a política sueca de maneira significativa.

A primeira lição da Suécia é óbvia: gere acordos e encontre modos de construir uma ampla coalizão para apoiar o Leviatã Agrilhoado e as novas políticas. É evidente que isso é muito mais difícil depois que a política se torna polarizada, como vimos no caso alemão. A esperança é encontrar algum terreno comum antes que seja tarde demais. Nesse contexto, é importante que tanto a direita quanto a esquerda nos Estados Unidos — e em muitas nações ocidentais na atualidade — concordem que as tendências que destacamos aqui (a desigualdade de crescimento, o desaparecimento dos empregos, o domínio de Wall Street e a concentração econômica) são problemáticas. O desafio é que há menos consenso com relação às soluções. Mas isso não é incomum. Novas coalizões frequentemente precisam de novas ideias, perspectivas e inovações institucionais. Agora discutiremos de onde isso pode vir, nos concentrando no caso americano por razões de especificidade.

Vamos começar pela construção de coalizão. O desafio é semelhante ao que foi enfrentado pelos federalistas. Os acordos estabelecidos por eles, ainda que tenham tido alto custo em algumas dimensões, como enfatizamos no Capítulo 10, podem ser úteis novamente. Um desses acordos foi a transferência de poderes significativos para os estados (de modo que as comunidades locais pudessem ter voz no processo). Tendo em vista as diferenças nos problemas econômicos e políticos e a tolerância em relação ao envolvimento do governo em diferentes estados, o mesmo acordo pode também ser necessário atualmente. Outro foi a parceria público-privada. Essa parte teve a virtude de envolver o setor privado, fazendo com que ele tivesse mais tranquilidade à medida que a capacidade estatal se expandia. Embora seja necessário um acordo semelhante no contexto atual dos Estados Unidos, pode haver a necessidade de fazer com que a arquitetura institucional vá além da versão atual da parceria público-privada, como discutiremos em breve. Por fim, incorporar as preocupações de Hayek desde o princípio ajudaria. Isso significaria que qualquer pacto social que gerasse maior envolvimento estatal e uma rede de segurança social mais forte deveria reafirmar um aumento significativo na capacidade da sociedade para monitorar o Estado. Embora a sociedade sueca fosse menos desconfiada em relação a intervenções estatais, isso foi exatamente o que aconteceu na Suécia da década de 1930.

No front econômico, a natureza dos desafios torna evidente que é necessária uma expansão multifacetada das responsabilidades e da capacidade estatal. Dentre as responsabilidades que o Estado, especialmente o americano, precisa começar a enfrentar estão a criação e a operação de uma rede de proteção social mais generosa e abrangente, que proteja indivíduos que não estejam se beneficiando das grandes mudanças econômicas. Políticas voltadas para o aprimoramento da rede de proteção social precisam ser complementadas por outras que aprimorem a criação de empregos e a renda dos trabalhadores e que os ajudem na transição para novos empregos. Um exemplo disso é o programa do governo americano que aplica um desconto no imposto de renda das pessoas de baixa renda, que efetivamente subsidia trabalhadores com baixos salários ao fazer com que seus ganhos sejam menos tributados. Essas políticas precisarão repensar o sistema educacional americano, que se tornou ultrapassado não apenas por não ter se mantido atualizado em relação às necessidades do cenário econômico em transformação, mas também por passar a refletir as desigualdades na sociedade, sem conseguir oferecer oportunidades iguais para a maior parte dos norte-americanos. Precisarão desenvolver regulamentações mais rigorosas, mais ousadas e mais abrangentes para muitos negócios, incluindo a indústria financeira e o setor de tecnologia. Como se não bastasse, a experiência americana recente ressalta o fato de que depender excessivamente do modelo de parceria público-privada é um problema quando se está construindo um moderno Estado de bem-estar social. A operação bem-sucedida de bem-estar social e de programas de seguridade social exige um aumento da capacidade administrativa do Estado. Isso não significa que o setor privado não tenha um papel a desempenhar, mas que o serviço público precisa ser mais autônomo, capaz e competente.

Outra lição da experiência sueca (confirmada pelos casos de Dinamarca, Noruega e Grã-Bretanha) é fazer com que os programas de bem-estar social tenham um caráter mais universal, incentivando a sociedade como um todo a apoiá-los e a se envolver em seu monitoramento. Subsídios para setores específicos, ou para tipos específicos de trabalhadores, normalmente não atingem esse objetivo. Épocas de grandes mudanças econômicas e sociais oferecem terreno especialmente fértil para a adoção de benefícios universais, uma vez que exigem programas destinados a muitas pessoas, o que pode ajudar a forjar uma coalizão popular em seu apoio. Reformas possíveis para lidar com os efeitos adversos da globalização econômica, da automação e de outras mudanças econômicas, assim como investimentos em educação para permitir um uso mais equitativo dessas oportunidades, devem também ser destinados a uma parcela ampla da população e podem ser pensados de modo a fornecer suas próprias coalizões poderosas.

Mais uma vez com base na experiência sueca, podemos afirmar que seria um erro depender apenas de políticas tributárias e de redistribuição direta para atingir esses objetivos. Em vez disso, seria preferível criar instituições de mercado de trabalho que levem a economia em direção a uma distribuição mais equitativa dos ganhos econômicos, assim como a melhores oportunidades para que os trabalhadores participem de acordos coletivos, leis de salário mínimo, e outras políticas que aumentem salários. Políticas desse gênero iriam simultaneamente reduzir o fardo do Estado (e assim tornar mais fácil seu controle) e contribuir para uma coalizão mais ampla em defesa da manutenção desses programas.

Os mesmos fatores indicam que pode ser necessário redirecionar o caminho da mudança tecnológica. O caminho da tecnologia e o seu impacto sobre a economia não são predeterminados. A baixa taxa de crescimento de produtividade hoje indica que as coisas podem não estar bem nesse front. Um dos problemas é o apoio decrescente do governo americano para pesquisa básica e para Pesquisa e Desenvolvimento corporativo desde o fim da Guerra Fria. Reverter esse declínio certamente seria um passo importante para incentivar um crescimento mais rápido na produtividade. Além disso, a ênfase ao longo das últimas décadas tem sido na diminuição rápida de custos, o que incentivou uma maior automação. Não seria exagero pensar que esse foco na automação não gerou crescimento suficiente de produtividade. Um consenso social sobre como tornar mais igualitários os ganhos obtidos com o crescimento econômico pode motivar investimentos em tecnologias que irão não só automatizar as tarefas existentes mas também gerar novas oportunidades para trabalhadores com diferentes habilidades para contribuir com a produção. Se isso puder ser feito, o resultado será não apenas uma distribuição mais equitativa de renda e empregos e menor necessidade de redistribuição fiscal, mas também maior produtividade à medida que as habilidades humanas forem mais bem utilizadas.

Na política, os desafios não são menos impressionantes. Além de assegurar uma coalizão em torno das reformas e instituições econômicas, é imperativo reduzir a influência excessiva dos interesses privados via contribuições de campanha e lobby, que atingiram proporções astronômicas nas últimas duas décadas. Portanto, a preocupação de que um Estado maior obedeça às ordens das elites econômicas não é uma ameaça distante para o sistema político americano; isso já está acontecendo. No entanto, a enormidade desse problema significa que tanto a esquerda quanto a direita nos Estados Unidos concordam que essa captura do Estado é um problema (ainda que suas soluções prediletas sejam divergentes). Temos uma breve lista de possíveis reformas políticas para combater essas ameaças. A primeira é diminuir as contribuições de campanha e limitar o impacto do lobby. Medidas específicas que tragam maior transparência ao relacionamento entre empresas, lobistas e políticos podem ser particularmente importantes, uma vez que relatos de como políticos se tornaram leais servidores de certas indústrias ou certos interesses frequentemente envolvem reuniões feitas às escondidas do público e acordos mal monitorados para que pessoas em cargos regulatórios e políticos mais tarde sejam contratados pelo setor privado com salários bastante atraentes.

Uma segunda reforma é o aumento da autonomia do serviço público. Acabar com o relacionamento confortável entre os lobistas e o Estado é um primeiro passo óbvio. Mas reformas mais importantes e fundamentais que reduzam a capacidade de novos governos de fazer indicações políticas para todos os altos cargos das agências governamentais aumentariam a autonomia do serviço público e impediriam que elas fossem dominadas pela política.

Entre outras reformas necessárias estão ações para reverter diversas tendências que têm reduzido a representatividade do sistema político americano, em particular via redistribuição, que desde o início dos anos 2000 criou dezenas de distritos eleitorais que são seguros para um dos dois grandes partidos.

Ainda mais importante do que reformas políticas específicas é um aumento generalizado na mobilização da sociedade, e também aqui há um consenso bastante amplo nos Estados Unidos. Uma das características da sociedade norte-americana do século XIX que mais fascinaram Tocqueville foi a disposição do povo para organizar e formar associações que não faziam parte do governo. Isso não só permitia a eles resolver problemas sociais específicos como também criou pressão popular sobre o processo político de tomada de decisões. O declínio desse tipo de associação foi muito enfatizado nos últimos anos. Embora a extensão e as causas exatas desse declínio sejam debatidas e nem todas as organizações tenham um papel político importante, é essencial um novo vigor nesse tipo de associação capaz de manter o Estado e as poderosas elites em xeque. Isso é ainda mais verdadeiro porque as organizações trabalhistas, que frequentemente funcionam como contrapeso para a influência das elites econômicas, enfraqueceriam muito ao longo das últimas décadas. Esse declínio ressalta a necessidade de formas alternativas de organização que possam permitir novos caminhos de acesso à política tanto para trabalhadores da indústria quanto para outros cidadãos. Uma questão em aberto é se (e como) tais organizações podem desempenhar com eficiência o papel que os sindicatos exerceram no passado. Voltaremos a essa questão ao final do capítulo.

Aprender com o sucesso sueco na construção de uma coalizão diversificada para apoiar e monitorar a expansão da capacidade estatal não deve ser entendido como uma recomendação de que os Estados Unidos ou outros países ocidentais imitem cegamente e copiem até os detalhes do que a Suécia começou a fazer há mais de oitenta anos. Para começo de conversa, as coalizões que podem sustentar a dinâmica positiva da Rainha Vermelha nos Estados Unidos terão que ser muito diferentes das que vimos entre trabalhadores e camponeses na Suécia. Essas coalizões terão de envolver diferentes regiões, diferentes grupos ideológicos e diferentes grupos étnicos. Como os Estados Unidos continuam sendo o país mais inovador do mundo com relação a uma série de indústrias de ponta, como softwares, inteligência artificial, biotecnologia e engenharia de alta tecnologia, será necessário buscar uma organização diferente da que ocorreu na Suécia dos anos 1930. Mas garantir oportunidades e incentivos para o dinamismo dos negócios e para a inovação não contradiz a criação de uma rede de proteção melhor e de um Estado de bem-estar social. Não contradiz ajudar na mobilização da sociedade para manter o Estado em xeque. Certamente, também não contradiz o desenvolvimento de um Estado capaz, especialmente tendo em vista que o envolvimento do Estado americano tem sido um dos sustentáculos da energia inovadora da economia americana. Isso pode ser visto nas atividades desse Estado como grande comprador de equipamentos de alta tecnologia e principal financiador de pesquisas por meio de organizações como a Fundação Nacional de Ciências de generosos estímulos fiscais para gastos com pesquisas. A questão, portanto, é como os Estados Unidos e outras nações ocidentais podem redirecionar a atividade econômica rumo à criação de uma divisão mais equitativa dos recursos, ao mesmo tempo que mantêm o Estado agrilhoado. Algumas pistas sobre a resposta são oferecidas ao se considerar o problema do monitoramento do Estado quando está lidando com ameaças de segurança.

A guerra do Leviatã ao terror

O modelo de como o Estado pode expandir sua capacidade para lidar com novos problemas ao mesmo tempo que permanece agrilhoado também se aplica a desafios não econômicos. Algumas das demandas mais fundamentais que os cidadãos fazem a seus Estados têm a ver com segurança. Na verdade, um incentivo poderoso para mobilizar as pessoas a participarem da construção do Estado é a busca por uma autoridade centralizada que garanta a aplicação das leis, resolva conflitos e ofereça segurança. Mas, à medida que o mundo muda, também muda a natureza dos desafios de segurança.

Isso se tornou bastante notório para a maioria dos habitantes do mundo ocidental na manhã de 11 de setembro de 2001, quando dezenove sequestradores da organização terrorista Al-Qaeda assumiram o controle de quatro voos comerciais americanos e jogaram dois deles contra as torres do World Trade Center em Nova York, enquanto outro foi derrubado sobre o prédio do Pentágono em Washington, D.C., e o quarto caiu sobre um campo na Pensilvânia enquanto os passageiros lutavam com os sequestradores. No total, houve 2.996 mortes, além de seis mil feridos. Embora evidentemente o mundo tenha visto muitos ataques terroristas e sequestros de aviões antes do 11 de Setembro e os Estados ocidentais tenham tido que lidar com os vários desafios de segurança da Guerra Fria durante algumas décadas, a escala e a ousadia desses ataques chocaram o público. A maior parte dos cidadãos e dos órgãos governamentais interpretou isso como o começo de um novo mundo de ameaças à segurança que precisava ser confrontado com grande urgência. Ainda que ataques maiores tenham sido evitados nos dezoito anos seguintes, esse diagnóstico se confirmou em grande medida, uma vez que houve muitos ataques de menor escala e várias tentativas frustradas planejadas por organizações semelhantes, com destaque para o autodenominado Estado Islâmico. Temos assim um claro exemplo de conjuntura em que a sociedade pede um aumento da capacidade estatal e ativismo para confrontar novos desafios.

Esses pedidos foram atendidos, e os órgãos de segurança dos Estados Unidos cresceram drasticamente e expandiram suas responsabilidades. Mas como já ressaltamos no Capítulo 10, isso não aconteceu sob controle da sociedade, algo que ficou dolorosamente claro em junho de 2013, quando a imprensa começou a relatar parte dos documentos secretos divulgados por Edward Snowden e que revelaram a existência e as funções de programas de vigilância secretos do governo federal. O primeiro programa a ser revelado foi o PRISM, que permitia acesso direto às contas dos americanos no Google, no Yahoo!, na Microsoft, no Facebook, no YouTube e no Skype. Também ficamos sabendo sobre uma ordem judicial secreta que exigia que a Verizon entregasse milhões de registros telefônicos de americanos para a Agência Nacional de Segurança (NSA); sobre o Informações sem Limites, um programa de mineração de dados que coletava metadados de bilhões de e-mails e chamadas telefônicas; e a respeito do XKeyscore, um sistema de computação que permite a coleta de "quase tudo feito na Internet". Snowden revelou que a NSA estava coletando milhões de e-mails e listas de mensagens instantâneas, fazendo buscas de conteúdos de e-mails, rastreando e mapeando a localização de telefones celulares, e minando tentativas de criptografia. Nas palavras de Snowden: "Eu, sentado à minha mesa, podia grampear qualquer pessoa, fosse você ou seu contador, ou um juiz federal ou até mesmo o presidente, se eu soubesse seu e-mail pessoal." Depois das revelações de Snowden, Daniel Ellsberg, famoso por vazar os Pentagon Papers, disse:

> As revelações de Snowden são um momento genuinamente constitucional (...) Ele fez mais por nossa Constituição no que diz respeito à Quarta e à Primeira Emendas do que qualquer outra pessoa de que eu tenha notícia.

Pode ser que tudo isso seja uma tempestade em copo d'água. Talvez seja inevitável que, ao combater graves ameaças terroristas, órgãos de segurança precisem agir secretamente, coletar quantidades gigantescas de dados, ignorar preocupações relativas à privacidade e deixar que algumas pessoas da imprensa reclamem. Talvez.

Vamos falar sobre a experiência dinamarquesa para vermos as coisas de outro ângulo. Em 2006, a União Europeia publicou uma Diretriz de Retenção de Dados que tratava da "retenção de dados gerados ou processados em conexão com a provisão de serviços de comunicação eletrônicos disponíveis para o público ou de redes públicas de comunicação". O governo dinamarquês decidiu expandir o que dizia a diretriz e publicou uma lei que ia muito além, obrigando os provedores a manter "registros das sessões", com informações relativas ao IP fonte e ao IP de destino do usuário, ao número de portas, ao tipo de sessão e ao registro de horário. Em resposta, a Privacy International, uma ONG que monitora e defende a privacidade em todo o mundo, diminuiu a nota do país para 2.0 (sociedades com alto grau de vigilância), retirando sua nota anterior de 2.5 (falha sistêmica em defender salvaguardas). Isso coloca a Dinamarca na 34ª posição entre os 45 países incluídos no estudo. A maior parte dos dinamarqueses, porém, pareceu não se importar. Eles confiam que o governo dinamarquês não irá usar seus endereços de IP, números de porta, tipos de sessão e registro de horários para bisbilhotar suas vidas, suprimir sua liberdade de expressão ou prendê-los em função de seus pontos de vista políticos. Em abril de 2015, o Tribunal Europeu de Justiça concluiu que as práticas de retenção de dados executadas pelo governo dinamarquês eram "uma interferência particularmente séria nos direitos fundamentais". Entretanto, o povo dinamarquês não pegou em armas nem exigiu que as práticas de retenção de dados cessassem.

A diferença entre as respostas da Dinamarca e as dos Estados Unidos não é que o governo dinamarquês lidou de modo pacífico com ameaças semelhantes à segurança. É que o governo fez isso ao mesmo tempo que manteve a confiança da sociedade dinamarquesa. Isso tem a ver com dois fatores decisivos. Primeiro, enquanto o programa americano foi secreto e ficou se expandindo sem supervisão, as políticas dinamarquesas de retenção de dados foram abertamente anunciadas ao público e não estavam sujeitas a mudanças de curso. Segundo, os dinamarqueses começaram contando com uma confiança básica em suas instituições e acreditaram que seu governo não iria usar as informações contra eles nem para mandar pessoas serem interrogadas em países com regras menos rígidas em relação aos direitos humanos dos prisioneiros, nem para tortura, como a CIA fez depois do 11 de Setembro. Esses dois fatores indicam que os dinamarqueses acreditam, por um bom motivo, que os dados coletados por seu governo não iriam ameaçar as correntes que inibem seu Estado. O mesmo não acontece com o público norte-americano, justamente porque a CIA, o FBI e a NSA têm o hábito de agir sem seguir restrições, e às vezes de modo inescrupuloso.

Existe, portanto, um forte paralelo entre o modo como o Leviatã Agrilhoado pode ter que lidar com as novas ameaças à segurança e, ao mesmo tempo, permanecer agrilhoado, e o modo como ele pode ter de responder a novos desafios econômicos. Esse paralelo tem suas raízes na importância decisiva de restrições institucionais e de outros tipos que mantêm o Leviatã no corredor. A confiança da sociedade no Estado é reflexo dessas restrições. Dessa perspectiva, o que foi problemático na resposta da NSA e da CIA às novas ameaças de segurança não foi a expansão de suas responsabilidades e atividades, mas o fato de terem se organizado de modo sigiloso e sem monitoramento. Os programas revelados por Snowden deveriam ter sido monitorados pelos Tribunais de Vigilância de Inteligência Estrangeira, mas os tribunais funcionavam em segredo, e muitas vezes não passavam de mera formalidade. Não é o modo certo de manter o Leviatã Agrilhoado nem de construir confiança.

* * *

Começamos no Capítulo 1 com algumas previsões sobre como a maior parte dos países caminhará rumo a democracias liberais, a anarquia ou a ditaduras. O alerta de Yuval Noah Harari de que a ditadura digital estava no horizonte da humanidade talvez fosse o mais sinistro, e o sistema de "crédito social" dos chineses e os programas agressivos de vigilância da NSA dão ainda mais credibilidade às previsões de Harari. Mas, como afirmamos, não existe motivo para esperar que todos os países ou que a maior parte deles caminhe inexoravelmente na direção de um mesmo tipo de política ou de sistema econômico. Será o equilíbrio prevalente entre Estado e sociedade que determinará seus caminhos. A alternativa dinamarquesa para as mesmas ameaças de segurança ressalta esse ponto. Quando o Estado responde às ameaças de segurança ampliando seus poderes sem monitoramento, é muito mais provável que ocorram abusos. Assim, o risco de uma ditadura digital aumenta. Quando as mesmas ações são adotadas às claras e a sociedade pode monitorar para saber se esses poderes estão sendo usados de maneira errada, o equilíbrio de poder que sustenta o corredor é reafirmado. Isso incentiva o uso de novas tecnologias de um modo muito mais compatível com os princípios do Leviatã Agrilhoado, ainda que elas possam comprometer a privacidade. O modo como essas novas tecnologias serão usadas e se elas irão ou não afetar o equilíbrio de poder não é algo predeterminado. É uma escolha nossa.

Direitos em ação: o Princípio Niemöller

O difícil não é só criar um Leviatã Agrilhoado. Também é preciso se esforçar para conviver com ele. Sugerimos alguns modos específicos para que a coletividade se fortaleça na presença de um Leviatã crescente. A ideia mais fundamental é aumentar a mobilização da sociedade. Mas como conseguir que isso ocorra na prática? Existem vias organizacionais para ajudar a sociedade a expandir suas capacidades e o controle sobre o Estado e as elites? Acreditamos que a resposta seja sim. E essa resposta se relaciona com as ideias de nosso capítulo anterior — aumentar a proteção aos direitos dos cidadãos contra todas as ameaças, incluindo as representadas pelo Estado, pelas elites e por outros cidadãos.

Os direitos estão intimamente conectados com nossa noção de liberdade como proteção dos indivíduos contra o medo, a violência e a dominação. Embora o medo e a violência sejam os principais motores de pessoas que fogem de suas casas, a dominação — a incapacidade dos indivíduos de fazer escolhas e de viver de acordo com valores próprios — é muitas vezes igualmente sufocante. Direitos são fundamentalmente modos que a sociedade utiliza para codificar em suas leis e normas a capacidade de todos os indivíduos de fazer esse tipo de escolha em suas vidas.

A ênfase nos direitos remonta pelo menos a John Locke e também à afirmação de Thomas Jefferson sobre "direitos inerentes e inalienáveis, entre os quais estão a preservação da vida, a liberdade e a busca da felicidade" na Declaração de Independência e na Declaração dos Direitos do Homem e do Cidadão escrita na França em 1789. Nossa concepção moderna é moldada pela Declaração Universal de Direitos das Nações Unidas, adotada em 1948. William Beveridge antecipou essas ideias em um panfleto de 1945, *Por que eu sou um liberal,* em que ele escreveu:

Liberdade significa mais do que não estar exposto ao poder arbitrário do governo. Significa não estar exposto à servidão econômica, à pobreza e à miséria e a outros males sociais; significa não estar exposto a poderes arbitrários em qualquer forma. Um homem faminto não é livre.

A Declaração Universal afirma de modo semelhante:

Considerando que o desprezo e o desrespeito pelos direitos humanos resultaram em atos bárbaros que ultrajaram a consciência da Humanidade, o advento de um mundo em que todos gozem de liberdade de expressão, de crença e da liberdade de viverem a salvo do temor e da necessidade foi proclamado como a mais alta aspiração do ser humano comum.

O Artigo 23 continua:

1. Todo ser humano tem direito ao trabalho, à livre escolha de emprego, a condições justas e favoráveis de trabalho e à proteção contra o desemprego.
2. Todo ser humano, sem qualquer distinção, tem direito a igual remuneração por igual trabalho.
3. Todo ser humano que trabalha tem direito a uma remuneração justa e satisfatória, que lhe assegure, assim como à sua família, uma existência compatível com a dignidade humana e a que se acrescentarão, se necessários, outros meios de proteção social.
4. Todo ser humano tem direito a organizar sindicatos e a neles ingressar para proteção de seus interesses.

Franklin Delano Roosevelt também articulava noções semelhantes. Em 1940 e 1941, ele enfatizou "quatro liberdades essenciais": a liberdade de expressão, a liberdade religiosa, a liberdade de viver sem penúria e a liberdade de viver sem medo. Em seu discurso sobre o Estado da União, de 1944, Roosevelt foi mais longe e afirmou:

> Passamos a perceber com clareza o fato de que uma genuína liberdade individual não pode existir sem segurança econômica e independência. "Homens que passam necessidade não são livres." Pessoas que passam fome e não têm emprego são a matéria-prima de que as ditaduras são feitas.

Ele então listou os direitos essenciais como "o direito a um emprego útil e remunerado"; "o direito a um salário suficiente para oferecer alimentação e vestimentas adequadas e recreação"; "o direito de todo empresário, grande e pequeno, de negociar em uma atmosfera livre de concorrência injusta e de domínio por monopólios tanto dentro do país quanto no exterior"; "o direito de toda família a uma casa decente"; "o direito de proteção adequada contra os temores econômicos da velhice, da doença, dos acidentes e do desemprego"; e "o direito a uma boa educação". No passado, Roosevelt tinha se mostrado disposto a limitar alguns desses direitos e algumas dessas liberdades, por exemplo, com os campos de concentração para cidadãos japoneses entre 1942 e 1945, e trabalhou com leis Jim Crow no sul. (Uma reação dos afro-americanos às quatro liberdades de Roosevelt é reveladora: "Os brancos falando sobre as Quatro Liberdades, e a gente não tem nenhuma.") A conversão dele à importância dos direitos sinaliza como o ambiente estava mudando dos dois lados do Atlântico.

O que é notável nessas afirmações são os dois princípios básicos da concepção de direitos: eles são universais e gerais (e quanto a isso vão muito além da Declaração de Independência, que não dava garantias aos escravizados e era pouco clara no que dizia respeito às mulheres), e reconhecem a importância de que os indivíduos sejam capazes de fazer suas escolhas. Assim, ameaças de violência e restrições à liberdade de consciência e de expressão contra qualquer grupo são violações de direitos, e o mesmo vale para ações que impeçam as pessoas de exercerem suas atividades religiosas (ou seu direito de não ter religião) ou suas orientações sexuais. Mas é igualmente importante ressaltar que eliminar as possibilidades de que as pessoas ganhem uma renda decente também é uma violação, porque também irá criar uma forma de dominação. Esse último tipo de dominação tem suas raízes não apenas no fato de que a pobreza abjeta impossibilitaria as pessoas de terem uma vida com sentido, mas também na percepção de que, sob essas circunstâncias, os empregadores podem exigir que as pessoas trabalhem em condições desagradáveis, humilhantes ou altamente desempoderadoras (lembre-se dos dalits removendo fezes humanas no Capítulo 8).

Essa concepção dos direitos é crucial para a liberdade não apenas dos homens e da maioria, mas também das mulheres; das minorias religiosas, étnicas e sexuais; e das pessoas com deficiências. Garantir esses direitos cria claros limites para aquilo que o Estado e as poderosas elites da sociedade podem ou não fazer. Eliminar a capacidade das pessoas de se organizarem, de defenderem seus pontos de vista ou de viverem segundo suas convicções está além dos limites do que qualquer um pode fazer quando esses direitos estão claramente protegidos. O mesmo vale para criar condições que forcem as pessoas a serem economicamente subservientes e dominadas.

Aqui encontramos os princípios de um poder transformador para a sociedade. Se fronteiras claramente delineadas do que o Estado não pode fazer forem reconhecidas universalmente, a usurpação desses limites pode gerar a fagulha que crie uma ampla mobilização social para impedir que o Estado continue se ampliando além do que deve. Reconhecer os direitos das minorias como universais é crucial. Sem esse reconhecimento, apenas as minorias cujos direitos atualmente são violados irão reclamar e protestar — sem mobilização ou resposta, como nas sociedades desorganizadas da Índia (Capítulo 8) e da América Latina e da África (Capítulo 11). O reconhecimento universal dos direitos cria as bases para amplas coalizões.

A importância dessa ideia foi antecipada pelo alemão Martin Niemöller, um pastor luterano que capturou de maneira vigorosa em um poema por que o Estado nazista teve tanta facilidade em dominar rapidamente a sociedade alemã. A versão mais conhecida do poema, gravada em muitos museus em memória do Holocausto e frequentemente recitada em eventos para recordação do que houve na Alemanha nazista, diz:

> Primeiro eles vieram buscar os socialistas, e eu não falei nada
> porque eu não era socialista.
> Depois eles vieram buscar os sindicalistas, e eu não falei nada
> porque eu não era sindicalista.
> Depois eles vieram buscar os judeus, e eu não falei nada
> porque eu não era judeu.
> Depois eles vieram me buscar
> e não restava ninguém para falar algo em minha defesa.

Assim, de acordo com o relato de Niemöller, foi a falta de um reconhecimento universal de direitos extremamente básicos que esteve na raiz da incapacidade da sociedade alemã de se levantar contra os nazistas. Eles puderam lidar com cada grupo separadamente, eliminando-os, sem mobilizar uma coalizão dentro da sociedade alemã que os enfrentasse. Esse se mostrou um modo particularmente ruim de defender o corredor.

Tais ideias também foram até certo ponto antecipadas por Roosevelt, que enfatizou a importância de um conjunto diversificado de direitos para todos no discurso do Estado da União de 1944, e em boa medida citou a frase de Benjamin Franklin, de 1776: "Devemos nos unir ou certamente seremos todos enforcados separadamente."

Vendo o reverso dessa medalha, na medida em que uma sociedade for capaz de tornar mais universal um conjunto amplo de direitos (razoáveis), ela estará em melhor condições de se organizar e de fazer frente ao poder crescente do Estado. Vale notar que esses direitos, do modo como são expressos na Declaração Universal, incluem o acesso a emprego e renda, porque isso cria espaço e incentivos para que diferentes partes da sociedade, motivadas por considerações econômicas e injustiças, se unam em uma ampla coalizão e se organizem para resistir ao despotismo. Esses desafios podem ser particularmente vitais no futuro tendo em vista que o movimento trabalhista pode jamais recuperar a influência que já exerceu em outros tempos, como já discutimos. Uma sociedade (civil) organizada em torno de direitos é uma alternativa.

* * *

Muitos de nós que vivemos em países democráticos com sociedades assertivas e Estados de alta capacidade somos imensamente felizes se comparados com aqueles que sofrem sob o jugo de um Leviatã Despótico ou que convivem com medo, violência e dominação sem quaisquer instituições estatais para protegê-los. No entanto, conviver com o Leviatã (Agrilhoado) é uma obra em andamento. Nosso argumento foi o de que o ponto central para tornar isso mais estável e reduzir as chances de saída do corredor é buscar criar e recriar o equilíbrio de poder entre Estado e sociedade, entre os que têm poder e aqueles que não o têm. O efeito da Rainha Vermelha está aí para nos ajudar, porém, em última instância, o poder da sociedade tem a ver com a organização e a mobilização da mesma.

* * *

Em outubro de 2017, mulheres começaram a falar sobre os casos de assédio e violência sexual que lhes haviam sido impostos por homens que tinham poder sobre elas. Começou com as alegações contra o grande magnata do cinema Harvey Weinstein. Em 5 de outubro, a atriz Ashley Judd fez novas acusações. Em 17 de outubro, a atriz Alyssa Milano adotou um termo cunhado pela ativista Tarana Burke em 2006 e tuitou: "Se você sofreu assédio ou violência sexual, escreva 'me too' [eu também] como resposta a este tuíte." Seguiu-se uma avalanche de tuítes e um movimento social nasceu. Ainda que não estejamos nem perto de uma igualdade total e de proteções para as mulheres no mundo todo, o fato de as pessoas terem protestado contra as violações desses direitos mais básicos tornou bem mais difícil para esses homens poderosos assediar, humilhar e violar mulheres no governo, em empresas e em escolas. Em resposta, leis foram modificadas, como no caso da nova lei de prevenção ao assédio sexual do estado de Nova York.

O progresso humano depende da expansão da capacidade estatal para fazer frente aos novos desafios e combater todas as formas de dominação, tanto as antigas como as novas, mas isso só ocorrerá caso a sociedade exija e se mobilize para defender os direitos de todos. Não existe nada fácil ou automático nisso, mas isso pode acontecer. E acontece.

AGRADECIMENTOS

ACUMULAMOS UMA GRANDE quantidade de dívidas intelectuais ao escrever este livro. As maiores são aquelas com os coautores que trabalharam conosco em vários aspectos da pesquisa que usamos como base para este livro. Agradecemos a Maria Angélica Bautista, Jeanet Bentzen, Davide Cantoni, Isaías Chaves, Ali Chema, Jonathan Conning, Giuseppe De Feo, Giacomo De Luca, Melissa Dell, Georgy Egorov, Leopoldo Fergusson, Juan Sebastián Galan, Francisco Gallego, Camilo Garcia-Jimeno, Jacob Hariri, Tarek Hassan, Leander Heldring, Matthew Jackson, Simon Johnson, Asim Khwaja, Sara Lowes, Sebastián Mazzuca, Jacob Moscona, Suresh Naidu, Jeffrey Nugent, Nathan Nunn, Philip Osafo-Kwaako, Steve Pincus, Tristan Reed, Juan Diego Restrepo, Pascual Restrepo, Dario Romero, Pablo Querubin, Rafael Santos-Villagran, Ahmed Tahoun, Davide Ticchi, Konstantin Sonin, Ragnar Torvik, Juan F. Vargas, Thierry Verdier, Andrea Vindigni, Sebastian Volmer, Jon Weigel, Alex Wolitzky e Pierre Yared por sua criatividade, seu trabalho duro e sua paciência.

Queríamos agradecer especialmente a Joel Mokyr, que organizou uma conferência de dois dias sobre o livro no Centro de História Econômica da Northwestern University em março de 2018. Há mais de vinte anos, Joel tem sido uma inspiração acadêmica e fonte de imenso apoio profissional, e é difícil imaginar o que nossas carreiras teriam sido sem ele. Na conferência, recebemos respostas perspicazes de todos os participantes: Karen Alter, Sandeep Baliga, Chris Blattman, Peter Boettke, Frederika Carugatti, Daniel Diermeier, Georgy Egorov, Tim Feddersen, Gary Feinman, Gillian Hadfield, Noel Johnson, Lynne Kiesling, Mark Koyama, Linda Nicholas, Debin Ma, Melanie Meng Xue, Suresh Naidu, John Nye, Pablo Querubin, Jared Rubin, Ken Shepsle, Konstantin Sonin, David Stasavage, John Wallis e Bart Wilson. Somos gratos a Bram von Besouw e a Mani Mitrunen por tomarem notas na conferência e nos ajudarem a acompanhar livremente a discussão que aconteceu.

Este provavelmente também é o momento para mencionar os pesquisadores que influenciaram a trajetória de nosso trabalho ao longo das últimas duas décadas, particularmente Lee Alston, Jean-Marie Baland, Robert Bates, Tim Besley, Jared Diamond, Robert Dixon, Richard Easterlin, Stanley Engerman, Jeffry Frieden, Steven Haber, Joe Henrich, Ian Morris, Douglass North, Josh Ober, Neil Parsons, Torsten Persson, Jean-Philippe Platteau, Kenneth Sokoloff, Guido Tabellini, Jan Vansina, Barry Weingast e Fabrizio Zilibotti.

Para vários capítulos, recebemos comentários muito úteis de Siwan Anderson, David Autor, Peter Diamond, Jonj Gruber, Somin Johnson, Lakshmi Iyer, Mark Pryzyk, Gautam Rao, Cory Smith, David Yang e Anand Swamy, e somos gratos pelo seu tempo e pela sua erudição. Chris Ackerman e Cihat Tokgöz leram o manuscrito completo e ofereceram inúmeros comentários, sugestões e conselhos.

Apresentamos versões das ideias que expomos aqui em vários ambientes de seminários ao longo dos últimos anos, incluindo o Seminário Nemmers em Northwestern, o Seminário Munich, o Seminário Kuznets em Yale, o Seminário Richard Stone em Cambridge, o Seminário Sun Chen em Taipei, o Seminário Jean-Jacques Laffont em Toulouse, o Seminário Menorial Guillermo O'Donnel em Notre-Dame, o Seminário Linowes na Universidade do Illinois (Urbana-Champaign), o Seminário Anual de Estudos sobre Desenvolvimento de Oxford, a Palestra de Abertura do

ABCDE no Banco Mundial e a Conferência Anual de Ontologia Social em Tufis. Recebemos muitos comentários e sugestões úteis e gostaríamos de agradecer particularmente a Toke Aidt, Gabriel Leon e a Min-Jeng Lin.

Contamos com a maravilhosa assistência de pesquisa de Tom Hao, Matt Lowe, Carlos Molina, Jacob Moscona, Frederick Papazyan e José-Ignacio Velarde. Toby Greenberg tem sido inestimável como nosso editor de foto. Alex Carr, Lauren Fahey e Shelby Jamerson ofereceram inestimáveis sugestões editoriais e correções.

Também somos eternamente gratos a nossas esposas, Asu Ozdaglar e Maria Angélica Bautista, por seu apoio, seu incentivo e sua paciência.

Por último, mas não menos importante, somos profundamente gratos a nosso agente, Max Brockman, e a nossos editores, Scott Moyers e Daniel Crewe, e à editora assistente na Penguin Press Mia Council, por seu compromisso com este projeto e pelas sugestões muito úteis. Todos os erros que restaram são, é claro, nossos.

ENSAIO BIBLIOGRÁFICO

Os principais argumentos deste livro estão relacionados a muitas áreas de pesquisa, e não temos como fazer justiça a todas as ideias neste breve ensaio. Sendo assim, nos concentramos em algumas das pesquisas que estão mais diretamente relacionadas a este trabalho, e remetemos o leitor a Acemoglu e Robinson (2016, 2019) para uma discussão da literatura mais ampla e de nossas conexões com ela e de nossas diferenças em relação a ela.

Na maïor parte do tempo, nós nos apoiamos em nosso trabalho prévio sobre a importância do equilíbrio entre Estado e sociedade em Acemoglu (2005) e Acemoglu e Robinson (2016, 2017). Também nos apoiamos em uma extensa literatura sobre o papel das instituições (Acemoglu, Johnson e Robinson, 2001, 2002, 2005a, 2005b; Acemoglu, Gallego e Robinson, 2014; North, Walls e Weingast, 2011; Besley e Pearson, 2011; Acemoglu e Robinson, 2012).

Nosso livro tem como questão central o desenvolvimento da capacidade estatal, que foi estudado por muitos cientistas sociais. Divergimos da ênfase mais comumente dada nesta literatura, que recai sobre a importância de o Estado estabelecer seu controle sobre a sociedade e sobre a violência como fator precursor do desenvolvimento de instituições democráticas, da sociedade civil e dos direitos políticos (por exemplo, Huntington, 1968; Tilly, 1992; Fukuyama, 2011, 2014; e também Besley e Persson, 2011). Em vez disso, afirmamos, com provas documentais, que a mobilização da sociedade e a contestação do poder é fator decisivo para o desenvolvimento de instituições democráticas e participativas e na formação de um Estado capaz. Essa perspectiva por sua vez se apoia em Acemoglu e Robinson (2000, 2006), assim como em Theoborn (1977) e Rueschemeyer, Stephens e Stephens (1992). Porém, nosso argumento aqui é muito mais amplo por incluir a organização da sociedade e das associações (o que foi inspirado por Tocqueville, 2002, e Dahl, 1970); por realçar o papel das normas nessa disputa pelo poder (em parte tomando emprestado conceitos da literatura antropológica, como por exemplo em Bohannan, 1958, e Scott, 2010); por se inspirar em Migdal (1988, 2001) e reconhecer que "Estados fracos" surgirão quando essas normas forem fortes demais e impedirem o surgimento de uma hierarquia política e de instituições estatais autônomas; e também por incorporar a discussão sobre o modo como a pauta que serve de base para a contestação política muda, potencialmente fortalecendo a sociedade, à medida que as instituições estatais se desenvolvem (como proposto por Tilly, 1995, e Acemoglu, Robinson e Torvik, 2006).

Por fim, nossa abordagem geral também se inspira em vários trabalhos acadêmicos importantes. Entre esses estão: a definição de Mann (1986) do poder despótico do Estado (semelhante à nossa, afirmando que o Estado não presta contas à sociedade); a abordagem de Moore (1966) sobre o elo entre as origens de diferentes regimes políticos e tipos de relação entre Estado e sociedade, assim como as circunstâncias históricas e econômicas, como a presença ou a ausência de trabalho forçado, e a coalizão social resultante; a tese de North e Thomas (1973) sobre a "ascensão do Ocidente"; o trabalho de Engerman e Sokoloff (2011) sobre as raízes históricas do desenvolvimento comparativo nas Américas; a análise de Pyncus (2011) sobre a Revolução Gloriosa; a teoria de Bates (1981) sobre a economia política comparada na África; a síntese de Marcus (2014) sobre os indícios arqueológicos e etnográficos e o que eles contam sobre o surgimento de sociedades complexas; e a ênfase de Brennet (1976) sobre o papel das relações de poder entre proprietários de terras e camponeses na transição do feudalismo para o capitalismo.

Prefácio

As citações de John Locke podem ser encontradas em Locke (2003, pp. 101-2, 124).

Os testemunhos sobre a Síria são todos de Pearlman (2017, p. 175, 178, 213).

Os excertos de Gilgamesh são extraídos de Mitchell (2004, pp. 69-70, 72-74).

O UAE Gender Equality Awards pode ser encontrado em: <https://www.theguardian.com/sport/2019/jan/28/uae-mocked-for-gender-equality-awards-won-entirelybymen>.

Ver Holton (2003) sobre o movimento pelo voto das mulheres na Grã-Bretanha, o empoderamento das mulheres e os fatos que citamos.

Capítulo 1. Como a história chega ao fim?

Os argumentos contrastantes defendidos por Francis Fukuyama, Robert Kaplan e Yuval Noah Harari estão apresentados em Fukuyama (1989), Kaplan (1994) e Harari (2018). Citamos Fukuyama (1989, p. 3) e Kaplan (1994, p. 46).

O texto da Constituição de 2005 da República Democrática do Congo pode ser encontrado em <http://www.parliament.am/library/sahmanadrutyunner/kongo.pdf>.

Um panorama útil sobre os grupos rebeldes do leste da República Democrática do Congo é oferecido pela BBC: <http://www.bbc.com/news/world-africa-20586792>.

Sobre o Congo como capital mundial do estupro, ver <http://news.bbc.co.uk/2/hi/africa/8650112.stm>.

A descrição de Kaplan sobre Lagos vem de Kaplan (1994, p. 52).

As citações de Wole Soyinka são de Soyinka (2006, p. 348, 351-54, 356-57).

A descrição dos corpos sob a ponte vem de Cunliffe-Jones (2010, p. 23).

Para mais sobre o desaparecimento de Lagos debaixo de detritos, veja <http://news.bbc.co.uk/2/ hi/africa/281895.stm>.

As citações de Philip Pettit vêm de Pettit (1999, pp. 4-5), e ver também o desenvolvimento de sua ideia em Pettit (2014).

O artigo seminal sobre a violência das sociedades de caçadores-coletores é de Ember (1978); fazemos referência aqui ao trabalho de Keeley (1996) e Pinker (2011); ver especificamente os dados na Figura 2-3 de Pinker (p. 53). Sobre as taxas de homicídio dos Gebusi, ver Knauft (1987).

Todas as citações de Hobbes foram extraídas diretamente das obras do próprio filósofo (1996, Capítulos 13, pp. 17-19: "medo permanente", p. 89; "daí resulta que", p. 87; "em tais condições", p. 89; "homens vivem sem" e "para submeter seus desejos", p. 120).

Sobre Eichman, citamos Arendt (1976, pp. 44-45).

Heiddeger é citado a partir de Pattison (2000, pp. 33-34).

As histórias sobre o Grande Salto Adiante vêm de Jisheng (2012, pp. 4-5, 18, 21, 24-25). Para a história de Luo Hongshan, ver Chinese Human Rights Defenders (2009); citamos um trecho da p. 5. Freedom House (2015) traz relatos sobre as "cadeias negras" e o "sistema de correções comunitário". O movimento das "Quatro Limpezas" é discutido em <http://news.bbc.co.uk/2/hi/africa/281895.stm>.

Cruickshank vem de Cruickshank (1853, p. 31); Bonnat vem de Wilks (1975, p. 667).

Rattray é citado de Rattray (1929, p. 33). As histórias de Goi e Bwanikwa são de Campbell (1933, Capítulos 18 e 19). Spilsbury é citado de Howard (2003, p. 272). Miers e Kopytoff, eds. (1977), é uma importante coletânea sobre a natureza da "liberdade" na África pré-colonial.

Ginsburg (2011) oferece uma introdução ao Pashtunwali e o analisa do ponto de vista legal. Nossa citação é tirada do Pashtunwali traduzido em <http://khyber.org/>.

Fatos sobre os primórdios da história do Wyoming vêm de Larson (1990); citamos trechos das páginas 42-47, 233, 275. Uma boa abordagem sobre a Guerra do Condado de Johnson pode ser encontrada em Johnson (2008).

Capítulo 2. A Rainha Vermelha

Há muitas abordagens maravilhosas acerca da história da Grécia clássica e sobre o desenvolvimento das instituições atenienses que são relevantes para este capítulo. Nós nos apoiamos particularmente em Ober (2015a), Morris (2010), Hall (2013), Osborne (2009), Powell (2016) e Thodes (2011). Sobre as instituições políticas ver em particular os ensaios em Brock e Hodkinson, eds. (2001), e em Robinson (2011).

Ver Finley (1954) para uma caracterização da Era das Trevas da sociedade grega. "Theseus" e "Sólon" foram as fontes para as vidas de Teseu e Sólon; nossas citações vêm dos capítulos relevantes. As constituições de Atenas estão listadas e analisadas em Aristóteles (1996), e esse livro é uma fonte inestimável para todo o capítulo, por exemplo, sobre a natureza do Estado construído por Clístenes. Todas as nossas citações de Aristóteles vêm dele. Sobre o que restou das leis de Sólon, ver Leão e Rhodes (2016). A lei de Drácon sobre o homicídio está reproduzida na página 20. Hall (2013) é excelente sobre a natureza burocratizada das reformas de Sólon. Ver Osborne (2009) sobre as reformas agrárias de Sólon. Ensaios importantes sobre o desenvolvimento político de Atenas são Morris (1996) e Ober (2005). Forsdyke (2005, 2012) analisa as normas gregas e sua institucionalização. Sobre as instituições fiscais desenvolvidas por Clístenes, ver Ober (2015b), Van Wees (2013) e Fawcett (2016). Sobre como as leis eram garantidas em Atenas, ver Lanni (2016) e Gottesman (2014).

Gjeçov (1989) coletou o Kanun. Citamos trechos das páginas 162 e 172 desse livro.

A Carta de Direitos americana está disponível on-line em <https://www.archives. gov/founding- docs/billofrights/what-doesitsay>.

O Federalista está integralmente disponível na internet em <https:// www.congress. gov/ resources/ display/ content/ The+ Federalist+ Papers>.

Madison é citado a partir de O Federalista nº 51. Nossa discussão sobre a Constituição aqui segue Holton (2008), Breen (2011) e Meier (2011). A carta de Madison sobre "dividir e governar" é citada de Holton (2008, p. 207). Jefferson é citado de Jefferson (1904, pp. 360-62). Tocqueville é citado de Tocqueville (2002, Vol.1 Parte 2, Capítulo 4 e Vol. 2, Parte 2, Capítulo 5).

Sobre a Guerra Civil americana, ver McPherson (2003). Sobre o desenvolvimento da economia e da política do sul dos Estados Unidos depois da Guerra Civil, ver Woodward (1955) e Wright (1986).

A corrida de Alice contra a Rainha Vermelha vem de Carroll (1871, pp. 28-30).

A pesquisa etnográfica clássica sobre os Tiv é de Bohannan e Bohannan (1953). Ver Lugard (1922) para a mais famosa afirmação de sua filosofia sobre o governo indireto, e ver Perham (1960) para uma biografia abrangente. Ver Curtin (1995) sobre a incidência de sociedades sem Estado na África Ocidental na época da conquista colonial europeia e Osafo-Kwaako e Robinson (2013) para alguns assuntos básicos correlacionados. A citação de Lugard vem de Afigbo (1966, p. 694), e Afigbo (1972) é o estudo seminal sobre os chefes de garantia. A citações de Bohannan são de Bohannan (1958, pp. 3, 11). A observação de Akiga vem da Akiga (1939, p. 364).

O conceito de ilegibilidade vem de Scott (2010). Um bom panorama do comunalismo no Líbano é Cammett (2014). Sobre as afiliações comunitárias dos times de futebol de Beirute, ver Reiche (2011). Para excelentes tuítes sobre o Parlamento libanês, ver <https://www.beirut.com/l/49413>.

Sobre a frequência das sessões parlamentares, ver <https://www.yahoo.com/news/lebanons-political-system-sinks-nation-debt-070626499--finance.html>, que também cita Hassan Moukheiber.

O post de Facebook do movimento YouStink pode ser achado em <https://www.facebook.com/tol3etre7etkom/posts/1631214497140665?fref=nf& pnref=story>.

Sobre o movimento YouStink, ver <https://foreignpolicy.com/2015/08/25/theres-something-rotteninlebanon-trash-you-stink>.

Sobre a Rota 66 e as cidades segregacionistas, ver Candacy Taylor (2016), "The Roots of Route 66", em <https://www.theatlantic.com/politics/archive/2016/11/the-rootsofroute66/506255/>.

Sobre a Praça da Paz Celestial, ver Lim (2014). Sobre a vida de Liu Xiabo, ver Jie (2015). Sobre o movimento Weiquan, ver Pils (2014). A história de Zhao Hua vem de Dan Levin (2012), "A Chinese Education, for a Price", <https://www.nytimes.com/2012/11/22/world/asia/inchina-schoolsacultureofbribery-spreads.html>.

Pei (2016) contém informações detalhadas sobre a venda de cargos.

Sobre as incertezas e os possíveis exageros relativos ao crescimento do PIB chinês, ver <https://www.cnbc.com/2016/01/19/whatischinas-actual-gdp-experts-weighin.html> e também <https://www.stlouisfed.org/publications/regional-economist/second-quarter-2017/chinas-economic-dataanaccurate-reflectionorjust-smoke-and-mirrors>.

Para uma pesquisa feita por economistas especializados em negócios sobre a precisão das estatísticas do PIB chinês, ver <https://www.wsj.com/articles/wsj-survey-chinas-growth-statements-makeus-economists-skeptical-1441980001>.

Sobre a afirmação de Li Keqiang acerca da falta de confiabilidade das estatísticas do PIB chinês, ver <https://www.reuters.com/article/uschina-economy-wikileaks/chinas-gdpisman-made-unreliable-top-leader-idUSTRE6B527D20101206>.

Capítulo 3. Vontade de poder

Existe uma vasta literatura acadêmica sobre a vida de Maomé e o Islã. Nossa abordagem sobre sua vida segue Watt (1953, 1956), publicados juntos em uma versão resumida em Watt (1961). Há boas abordagens sobre esse período da história, por exemplo Hourani (2010), Lapidus (2014) e Kennedy (2015). A Constituição de Medina é citada a partir de Watt (1961, p. 94).

Sobre a noção de uma "vantagem", ver Flannery (1999). Ver Flannery e Marcus (2014) para um desenvolvimento da ideia.

Nossa descrição da batalha de Isandlwana vem de Smith-Dorrien (1925, Capítulo 1, "The Zulu War"). Sobre a ascensão do Estado Zulu ver Eldredge (2014), Wright e Hamilton (1989) e Morris (1998). Nós citamos Eldredge (2014, pp. 7, 77). Henry Flynn é citado a partir de Flynn (1986, p. 71). Uma análise seminal do Estado Zulu se deve a Gluckman (1940, 1960). Ritter (1985) registra a cena de Shaka com os curandeiros no Capítulo 10.

O estudo da formação do Estado nas ilhas havaianas começa com o trabalho seminal de Kirch (2010, 2012), que influenciou nossa discussão. Kamakau (1992) é essencial, em particular sua discussão sobre a abolição do tabu alimentar por parte dos Liholiho. Nossa citação de David Maho vem de seu livro (1987, pp. 60-61). A quebra dos tabus é discutida em Kamakau (1992). Handy, "em seu fundamental" é citado a partir de Kuykendall (1965, p. 8); Handy ("Mana foi exposto") e Kepelino são citados a partir de Kirch (2010, pp. 38, 40-41). Kuykendall (1965, 1968) é a fonte para as descrições contemporâneas da quebra de tabus pelos Liholiho.

Sobre a história e a economia política georgianas, ver Wheatley (2005) e Christopher (2004). Nossa abordagem sobre a ascensão de Shevardnadze segue Driscoll (2015).

Capítulo 4. A economia fora do corredor

Colson é citado a partir de Colson (1974, Capítulo 3). Sobre o sistema de clãs no Planalto Tonga, ver Colson (1962).

Turner (2007) oferece um panorama do conflito no Congo, e a descrição do ataque a Nyabiondo vem das páginas 135-38 de seu livro.

Sobre a mendicância e a pobreza entre os Tonga, ver Colson (1967). Nossa citação vem das páginas 53-56. Bohannan e Bohannan (1968) é a abordagem seminal sobre como os tivs organizaram sua economia; nós citamos o Capítulo 16. A história de Akiga está publicada como Akiga (1939).

As fontes citadas no Capítulo 3 dão um bom panorama sobre a história política básica depois da ascensão do Estado Islâmico. Nós citamos Ibn Khaldun (2015) e Al-Muqaddasi (1994). Ver Watson (1983) sobre a inovação na agricultura. Sobre comércio nos impérios islâmicos, ver Shatzmiller (2009) e Michalopoulos, Naghavi e Prarolo (2018). Sobre a economia do Oriente Médio, ver Rodinson (2007), Kuran (2012), Blaydes e Chaney (2013), Pamuk (2014), Özmucur e Pamuk (2002), e Pamuk (2006). Pamuk (2006) apresenta dados históricos sobre salários reais demonstrando que, no final do período medieval, os reais padrões de vida já eram significativamente mais baixos no Oriente Médio do que na Europa Ocidental.

A cláusula constitucional de 1978 que se refere à Lei do Remo Lascado está disponível aqui: <http://lrbhawaii.org/con/conart9.html>.

Nossa discussão sobre o crescimento do despotismo no Havaí usa as mesmas fontes do Capítulo 3, especialmente o trabalho de Patrick Kirch, que também utiliza a metáfora de um "tubarão entrando no continente". Fornander é citado a partir de Kirch (2010, p. 41). Ver Kamakau (1992) sobre a construção do estado Kamehameha. Ver Kirch e Sahlins (1992) sobre o comércio de sândalo e o turista contemporâneo; Mathison e Ely são citados a partir de Kirch e Sahlins (1992, Capítulos 3 e 4).

"A Terra de Zululândia" vem de Eldredge (2014, p. 233). A citação de Gluckman vem de Gluckman (1960), citado no Capítulo 3.

A análise do crescimento econômico na Geórgia se baseia nas mesmas fontes do Capítulo 3.

Capítulo 5. A alegoria do bom governo

Existe uma vasta literatura acadêmica sobre os afrescos de Siena, sobre seu sentido político e sobre as comunas italianas de modo mais geral. Rubinstein (1958) e Skinner (1986, 1999) são análises seminais dos afrescos. Wickham (2015) oferece uma lúcida introdução às comunas e a suas origens. Nossa discussão sobre os nomes políticos milaneses é extraída desse livro. Waley e Dean (2013) é uma introdução muito útil às comunas italianas, assim como o mais exigente Jones (1997). Bowsky (1981) e Waley (1991) oferecem discussões detalhadas sobre as instituições de Siena.

O bispo Otto é citado a partir de Geary, ed. (1991, Capítulo 3).

O juramento dos Nove vem de Waley (Capítulo 3).

Benjamin de Tudela é citado a partir de Waley e Dean (2013, p. 11).

A discussão sobre os nomes milaneses vem de Wickham (2015, Capítulo 2).

Sobre a vida de São Francisco de Assis, ver Thompson (2012). Sobre as feiras de Campanha, ver Edwards e Ogilvie (2012).

Sobre a revolução comercial medieval, ver Lopez (1976) e Epstein (2009). Mokyr (1990) e Gies e Gies (1994) são excelentes panoramas do desenvolvimento da tecnologia medieval. Nossos dados sobre a população das trinta maiores cidades vêm de DeLong e Shleifer (1993). Ver Acemoglu, Johnson e Robinson (2002) para defesa e uso de dados históricos sobre urbanização como indicativo de desenvolvimento econômico. Os dados sobre urbanização vêm de Boskerm Buringh e Van Zanden (2013), e ver Buringh e Van Zanden (2009) sobre produção de livros e alfabetização. Ver Goldthwaite (2009) para dados sobre Florença, e Fratianni e Spinelli (2006) e Pezzlo (2014) para tendências econômicas e financeiras mais amplas. Mueller (1997) tem uma discussão detalhada sobre a natureza dos títulos de crédito.

A vida de Francesco di Marco Datini está registrada em Origo (1957), do qual citamos a história de como Datini ficou rico nas Ilhas Canárias (pp. 3-4). A importância da vida de São Godric como exemplo das origens sociais de mercadores é enfatizada por Pirenne (1952); aqui nós citamos a biografia de Godric escrita por seu contemporâneo Reginaldo de Durham (1918).

Nossa interpretação do Estado zapoteca se baseia fortemente na pesquisa de Richard Blanton, Gary Feinman e Linda Nicholas; ver em particular Blanton, Feinman,

Kowalewski e Nicholas (1999) e Blanton, Kowalewski, Feinman e Finsten (1993); Blanton e Fargher (2008) ampliam os argumentos sobre a construção de baixo para cima de muitas sociedades pré-modernas. A história sobre as tortilhas vem de Flannery e Marcus (1996), que apresentam um relato ligeiramente diferente e menos consensual sobre a formação do Estado zapoteca.

Capítulo 6. A tesoura europeia

Nosso ponto de vista sobre a Europa foi influenciado por Crone (2003) e pelo brilhante livro de Hirst (2009), que enfatiza a singular confluência de diferentes fatores no início da Idade Média. Também nos baseamos fortemente na análise de Wickham (2016) sobre o papel das assembleias políticas. Ver também Reuter (2001), Barnwell e Mostert, eds. (2003), Pantos e Semple, eds. (2004), e especialmente Wickham (2009, 2017). Sobre a "revolução comunal", ver Klimin (2013) para um panorama e os influentes escritos de Blickel (1989, 1998).

Gregório de Tours (1974) é a fonte básica sobre os primórdios dos francos, e dele extraímos a descrição da coroação de Clóvis e a cena da ameaça de corte de cabelo (pp. 123, 140, 154, 180-81). Murray (1983) e Todd (2004) discutem o que sabemos sobre a organização da sociedade alemã em seus primórdios. Wood (1994) oferece um panorama na história merovíngia. Os relevantes escritos de Incmaro de Reims são reproduzidos em Hinmar de Reims (1980). Citamos sua descrição de uma assembleia (pp. 222, 226). A descrição de Tácito sobre as assembleias germânicas vem de Tácito (1970, pp. 107-112).

Eich (2015) oferece um panorama do desenvolvimento da burocracia romana. Ver também Jones (1964) e Kelly (2005), que discutem os escritos de João Lídio, ver Capítulo 1.

A Lei Sálica é citada do Projeto Avalon de Yale, <http://avalon.law.yale.edu/medieval/salic.asp>. Ver também Drew (1991, pp. 59, 79-80, 82-83). Costambeys, Innes e MacLean (2011) é um panorama abrangente da história carolíngia; ver também Nelson (2003). Existe muita controvérsia acadêmica sobre a exata natureza da relação entre os Estados romano e franco; ver Wallace-Hadrill (1971, 1982), Geary (1988), Murray (1988), Wolfram (2005) e Wickham (2009, 2016).

O colapso da York romana está descrito em Fleming (2010). Ver também as descrições que ela faz da York pós-romana na página 28. Sobre o papel da política de assembleias na Grã-Bretanha anglo-saxã, ver Roach (2013, 2017) e Maddicott (2012), cujo livro influenciou profundamente nossa interpretação da história política inglesa. As observações de Byrhtferth de Ramsey estão reproduzidas em Byrhtferth de Ramsey (2009); citamos trechos das páginas 73, 105 e 107. A citação de Bede (1998) vem da página 291. Há muitos belos panoramas da história anglo-saxã; nosso relato se apoia em Stafford (1989) e Williams (1999). Elfrico de Einsham é citado a partir de William (2003, 2017).

Os códigos legais ingleses dos primórdios da Inglaterra estão traduzidos e reimpressos em Attenborough, ed. (1922), e em sua sequência Robertson, ed. (1925). Citamos Attenborough (1922, pp. 62-93). Hudson (2018) discorre muito bem sobre a lei nos primeiros tempos da Inglaterra, e seu livro também teve influência importante sobre nossa interpretação.

Há muitos livros excelentes sobre 1066 e a invasão normanda; ver, por exemplo, Barlow (1999). Sobre o feudalismo inglês, ver Crick e van Houts, eds. (2011), e em particular o capítulo de Stephen Baxter.

Citamos de Bloch (1964, p. 141, e Capítulos 9 e 10).

Sobre o Assize de Clarendon, ver <http://avalon.law.yale.edu/medieval/ assizecl.asp>.

Richard FitzNigel é citado a partir de Hudson (2018, p. 202).

O texto da Magna Carta está reproduzido no Projeto Avalon de Yale, <http://avalon. law.yale.edu/medieval/magframe.asp>. Ver também Holt (2015).

Nossa interpretação e os indícios sobre a formação do Estado nos primórdios da Inglaterra moderna se apoiam fortemente em Braddick (2000), Hindle (2000) e Pincus (2011). Ver também Blockmans, Holenstein e Mathieu, eds. (2009). Davidson, Hitchcock, Keirn e Shoemaker, eds. (1992), discutem a imagética da colmeia murmurante. A citação vem de Mandeviulle (1989), cujo poema está disponível na internet: <https:// en.wikipedia.org/wiki/The_Fable_of_the_Bees#The_poem>.

Ver Hindle (1999) sobre Swallowfield. Ele reproduz as resoluções na íntegra. Os casos jurídicos que reproduzimos são de Herrup (1989, pp. 75-76; ver o Capítulo 4). Goldie (2001) enfatiza a importância do número de pessoas em cargos públicos na Grã-Bretanha do século XVIII; nossos números são extraídos de seu artigo.

676 — O CORREDOR ESTREITO

Sobre as origens dos parlamentos europeus, ver Bisson (2009) assim como Bisson (1964) para o Languedoc, e seu volume editado de leituras (1973). Ver também Maronglu (1968), Myers (1975) e Graves (2001) para panoramas da história das instituições parlamentares europeias e os capítulos em Helle (2008) sobre a Escandinávia. Ver Kümin e Würgler (1997) para a análise de Hesse. Ver também Guenée (1985) e Watts (2009).

Nossa discussão sobre a história islandesa se baseia em Karlson (2000) e nos capítulos de Helle (2008); ver Miller (1997) sobre a persistência da rixa.

Angold (1997) e Treadgold (1997) oferecem panoramas da relevante história política bizantina. Procópio é citado de Procópio (2007). Lopez (1951) é a fonte do "dólar da Idade Média". Laiou e Morrisson (2007) oferecem um panorama muito útil da história econômica relevante.

Nossa discussão sobre o efeito da Rainha Vermelha na Grã-Bretanha do século XVIII segue Tilly (1995), e todas as citações são do Capítulo 1. Brewer (1989) é o estudo seminal sobre o Estado britânico no século XVIII.

Lawes vem citado de Edgar (2005).

Blackstone é citado de Montgomery (226, p. 13).

"The Separation of Mother and Child by the Law of 'Custody of Infants' Considered" de Caroline Norton está em <https://catalog.hathitrust.org/Record/008723154>. A carta dela para a Rainha vem de <http://digital.library.upenn.edu/women/norton/alttq/alttq.html>. Também citamos trechos de Wollstonecraft (2009, pp. 103, 107) e Mill (1869, Capítulo 3).

O material sobre a Revolução Industrial Britânica se apoia em Acemoglu, Johnson e Robinson (2005) e Acemoglu e Robinson (2012). Mokyr (1990) oferece um excelente panorama das inovações tecnológicas durante a Revolução Industrial. Sobre a longitude, todas as nossas citações vêm de Sobel (2007, Capítulos 3, 5 e 7).

Capítulo 7. Mandato celestial

Há muitas pesquisas excelentes sobre a história chinesa em inglês; a mais definitiva é a *Cambridge History of China* em vários volumes, e também é muito útil a história em seis volumes da Harvard University Press. Spence (2012) é maravilhoso sobre a era moderna desde seus primórdios. Dardess (2010) é um belo panorama conciso de grande parte da história política. Ver Mote (2000) para um estudo exaustivo do Estado imperial. Von Glahn (2016) é um panorama recente singular sobre a história econômica da China até o colapso do Estado imperial e também inclui grande parte da história relevante em termos políticos e sociais.

As citações de Confúcio vêm de Confucius (2003, pp. 8, 193). Mengzi vem citado de (2008). O *Xunzi* vem citado de (2016).

Ji Liang é citado em Pines (2009, p. 191). Zichan é citado em Pines (2009, p. 195).

Nossa interpretação dos primórdios da construção do Estado chinês e de seu longo legado segue Pines (2009, 2012); ver também sua tradução do livro de Lorde Shang (Shang Yang); citamos das páginas 79, 178, 218, 229-30, 233. Nossa interpretação também é influenciada pela trilogia de Lewis (2011, 2012a, 2012b). Ver Lewis (2000) para uma comparação entre as cidades-Estado gregas e as sociedades chinesas do período da primavera e do outono. Bodde e Morris (1967) é um volume importante sobre a lei chinesa que enfatiza a fusão dos elementos legalistas e confucianos e a ausência de um Estado de Direito; ver também Huang (1998) para o trabalho seminal sobre como o sistema legal Qing funcionava e sobre seu legado hoje na China. Perry (2008) é uma interpretação muito interessante sobre o "contrato social" chinês e sua duração, mesmo durante o período comunista. Von Glahn (2016) rastreia as sucessivas tentativas de reimpor o sistema do jogo da velha. Sobre o distrito de T'ang-ch'eng durante o período Ming, ver Spence (1978, pp. 6-7). Sobre a proibição marítima dos Ming, ver Dreyer (2006). A transição Ming-Qing é analisada por Farmer (1995) e Wakeman (1986). Ver Kuhn (1990) sobre as medidas contra as pessoas que se recusaram a adotar o corte de cabelo Manchu e a reação do Estado chinês aos "ladrões de almas".

A passagem de Wang Xiuxhiu vem de Struve (1998, pp. 28-48); ver também a discussão em Rowe (2009) sobre os trechos do romance *The Scholar*, de Wu Jingzi, reproduzidos em Chen, Cheng, Lestz e Spence (2014, pp. 54-63), que também retrata os crimes e a riqueza de Heshen. Zelin (1984), von Glahn (2016) e Rowe (2009) enfatizam o modo como a deterioração fiscal do Estado Qing minou sua capacidade de oferecer bens públicos como infraestrutura. Rowe (2009, Capítulo 6) detalha os crimes de Heshen.

Nossa discussão de Hankou vem de Rowe (1984, 1989), fortemente influenciada pela crítica de Wakeman (1993); ver também Wakeman (1998).

O trabalho seminal sobre as linhagens chinesas é Freedman (1966, 1971), citados da obra de 1966 (Capítulo 3, e ver pp. 80-82). Ver também Beattle (2009) e Faure (2007) sobre as linhagens do sul da China e Watson (1982).

Os fatos sobre o crescimento econômico comparado da China não são contestados pelos historiadores econômicos. A noção da "fortuna reversa" vem de Acemoglu, Johnson e Robinson (2002). Embora Wong (1997) e Pomeranz (2001) tenham afirmado que no século XVIII a China, ou pelo menos suas partes mais desenvolvidas, como o vale do rio Yangtzé, tinha padrões de vida semelhantes ao que se via nas partes mais desenvolvidas da Europa Ocidental, pesquisas subsequentes não sustentaram essas afirmações. Broadberry, Guan e Li (2017) oferecem uma síntese do trabalho sobre as medições históricas dos padrões médios de vida, sugerindo que, embora a China Song tenha tido os maiores níveis de renda per capita do mundo no período medieval, posteriormente houve uma estagnação, com flutuações, por exemplo, quedas durante os Ming e o final dos Qing. Em seus dados, a renda per capita da China era de aproximadamente um terço da renda dos Países Baixos em 1800 e apenas 30% do índice britânico. Mesmo o foco no Yangtzé como comparação relativa não muda muito o quadro, com Bozhong e van Zanden (2012) descobrindo que o padrão médio de vida da região era de aproximadamente metade da renda holandesa da mesma época em 1820. Outros indícios corroboram esses fatos. Por exemplo, Allen, Bassino, Ma, Moll-Murata e van Zanden (2011) mostram que os verdadeiros salários eram significativamente mais baixos na China urbana. Esses fatos tornam os argumentos gerais de Wong e Pomeranz menos convincentes em função de eles proporem que o que criou a divergência econômica entre a Europa Ocidental e a China foi a localização favorável da Europa e a acessibilidade da terra nas colônias europeias. Mas os indícios não sustentam a presença da armadilha malthusiana na China. Por exemplo, houve grandes aumentos de população durante a transição Tang-Song. Esses argumentos são problemáticos de muitos outros modos. A industrialização da Grã-Bretanha nos primeiros tempos, por exemplo, usava energia hídrica, e não carvão. Além disso, os mecanismos ligando a terra abundante nas colônias ao crescimento econômico não são claros.

Nossa interpretação sobre o lento crescimento da China depois da dinastia Song é em parte convencional (por exemplo, sobre a política antidesenvolvimentista dos

Ming, ou dos primeiros tempos dos Qing, ver Liu, 2015, e Von Glahn, 2016) e é semelhante ao trabalho de Faure (2006) e Brandt, Ma e Rawski (2014). Ver Morse (1920) para os fatos que citamos sobre a fragilidade no oferecimento dos serviços públicos. Esses trabalhos reconhecem a presença e a importância dos mercados nos primórdios da China moderna, mas também apresentam uma quantidade enorme de indícios de impedimentos ao crescimento político que tinham motivações políticas. Também nos baseamos em materiais de Hamilton (2006), e ver também Brenner e Isett (2002). Esse trabalho segue na tradição de pesquisadores anteriores como Wright (1957). Nosso exemplo sobre a relutância em construir ferrovias vem de Wang (2015). A literatura acadêmica sobre o desenvolvimento da China no longo prazo começou com o trabalho de Max Weber, que se concentrou nas diferenças culturais com a Europa, e com Karl Marx, que desenvolveu a noção de um "modo asiático de produção" (ver Brook, ed., 1989, para perspectivas sobre essa ideia). Posteriormente, a China foi caracterizada como "despótica", por exemplo, por Wittfogel (1957), um termo que os historiadores não tiveram problemas em usar ao descrever o Estado imperial mesmo recentemente (por exemplo, Mote, 2000; Liu, 2015).

Grande parte do trabalho sobre a ausência de capitalismo na China se concentra nos mercadores de sal. Nosso exemplo sobre como eles fizeram a transição para o serviço de governo vem de Ho (1954), e ver também Hung (2016) para a família Pan. Outro trabalho sobre os mercadores de sal é Zelin (2005).

O modelo Wenzhou é discutido por Liu (1992), e a citação "A coletivização foi revertida" vem da página 698.

Huang (2008) oferece os exemplos dos Empreendimentos Municipais e sobre o mercado Xiushui em Pequim. Para indícios sobre o descontentamento rural e o imposto rural, ver O'Brien e Li (2006) e O'Brien (2008). Sobre a relutância do Partido Comunista em admitir capitalistas, ver Nee e Opper (2012).

Sobre a teoria de modernização, ver Lipset (1959). Sobre indícios contrários a isso, demonstrando que países que se tornam mais ricos ou "modernizados" não se tornam automaticamente mais democráticos, ver Acemoglu, Johnson, Robinson e Yared (2008, 2009).

"Não deixe cantos escuros" vem de Carney (2018). Ver Human Rights Watch (2018) sobre a repressão dos Uighurs.

Capítulo 8. A Rainha Vermelha quebrada

A história de Manoj e Babli vem de Dogra (2013). Existe uma vasta literatura discutindo o significado e a importância das castas na Índia. Entre as obras gerais seminais estão Hutton (1961), Dumont (1980) e Smith (1994). Muito úteis são os múltiplos estudos etnográficos de vilas que dão uma noção de como as castas funcionam na verdade, como por exemplo Lewis (1965), Srinivas (1976), Parry (1979) e Béteille (2012), e sobre como isso influencia a política. A literatura acadêmica moderna tende a ressaltar o grande impacto que o colonialismo teve sobre o sistema de castas (por exemplo, Bayly, 2001; Dirks, 2001; e Chatterjee, 2004). Embora isso seja plausível, o sistema incontestavelmente é antigo, essa característica que é a mais importante para nossa análise. Há uma pequena literatura examinando os efeitos econômicos das castas que se divide entre aqueles que afirmam que em um mundo menos imperfeito com muitas falhas de mercado e problemas, a identidade de casta pode oferecer benefícios úteis, como ao facilitar seguros e a garantia de contratos (por exemplo, Munshi, 2017), e aqueles que por outro lado afirmam que as castas são uma poderosa fonte de ineficiência nas relações econômicas (por exemplo, Hoff, 2016). Nosso ponto de vista está muito mais próximo deste último — ver, por exemplo, a obra de Edmonds e Sharma (2006), Anderson (2011), Hoff, Kshetramade e Fehr (2011) e Anderson, François e Kotwal (2015) — mas vai além dessas interpretações ao enfatizar as implicações das castas nas políticas e a incapacidade da sociedade de fazer com que o Estado responda por seus atos e seja mais responsivo.

Kautilya é citado a partir de Kautilya (1987, Capítulo 1, seção II). Sobre as três ordens da sociedade europeia ver Duby (1982), e a análise de Britnell está apresentada em Britnell (1992).

A citação de Ambedkar — "uma torre de muitos andares" — vem de Roy (2014). As outras citações de Ambedkar vêm de Ambedkar (2014). O trabalhador dalit entrevistado pela Human Rights Watch em Ahmedabad está citado em Human Rights Watch (1999, p. 1).

Todas as citações de Béteille (2012) vêm do Capítulo 5. Ver Srinivas (1994) para seus ensaios sobre a noção de "castas dominantes". Sobre Thillai Govindan, ver Matthai (1915, pp. 35-37), Human Rights Watch (1999, pp. 31-32); outras citações vêm do mesmo relatório da Human Rights Watch (pp. 88, 93, 98, 114).

Gorringe (2005, 2017) é um excelente panorama e uma ótima análise das tentativas contemporâneas dos dalits para exercer o poder político em Tamil Nadu. Para a análise de Blunt, ver Blunt (1931). Os dados são do Capítulo 12; ver em particular o Apêndice, páginas 247-252. Sobre a persistência das castas e das ocupações até hoje, ver Deshpande (2011), que apresenta argumentos fortes sobre a relevância econômica duradoura das castas; ver também Shah, Mander, Thorat, Deshpande e Baviskar (2006) sobre a persistência da intocabilidade.

A descrição do sistema jajmani em Karimpur vem de Wiser (1936) e as duas citações de Wiser e Wiser (2000) vêm das páginas 18-19 e 53. Dumont (1980, pp. 97-102) oferece um belo panorama do sistema jajmani, incluindo um útil sumário do livro de Wiser.

Há muitos bons panoramas gerais e narrativas sobre a história antiga e medieval indiana, e confiamos em Thapar (2002) e Singh (2009). No entanto, existe certo desacordo entre os pesquisadores quanto a como interpretar muitas das instituições antigas. Por exemplo, ver a controvérsia sobre o que aconteceu na assembleia conhecida como vidatha (ver Singh, 2009, p. 18). Sobre as antigas repúblicas, ver Sharma (1968) e em particular Sharma (2005). O Atharva Veda é citado a partir de Sharma (2005, p. 110). Para diferentes relatos sobre os veregildos e sobre o sistema legal de modo mais geral, ver Sharma (2005, p. 245). A discussão sobre o Estado Licchavi vem de Sharma (1968, pp. 85-135), e ver também Jah (1970), que diverge em algumas interpretações. Por exemplo, Jah afirma que Licchavi contava com sufrágio universal masculino; nesse ponto seguimos Sharma, cujos pontos de vista parecem mais próximos do consenso acadêmico. Ver Kautilya sobre as gana-shangas (1987). O *Digha Nikaya* é citado a partir de Sharma (2005, pp. 64-65). Kautilya sobre a origem dos reis vem de Kautilya (1987). Trabalhos importantes sobre as origens dos Estados e monarquias no nordeste da Índia são de Thapar (1987) e Roy (1994), que dão ênfase particular à ligação com o sistema varna, assim como Sharma (2005).

O sexto Édito da Rocha de Ashoka é citado a partir de Hultzsch (1925, pp. 34-35). A discussão sobre os chauhans vem de Thapar (2002, p. 451).

As obras básicas sobre a sociedade indiana moderna e sobre o sistema político no período medieval e no início do período moderno são Subbarayalu (1974, 2012), Stein (1980, 1990), Veluhat (1993), Heitzman (1997) e Shastri (1997). Stein propôs a noção de um modelo de "Estado segmentado" para as relações entre Estado e sociedade no sul da Índia, e suas ideias e seus indícios influenciaram fortemente nossa interpretação sobre os fatos relevantes da história. A descrição das eleições e das instituições políticas locais vem de Thapar (2002, pp. 375-77), mas é citada em diversos lugares. As duas inscrições referentes às atividades das assembleias na construção de canais são citadas a partir de Heitzman (1997, p. 52). Subbarayalu (1974) oferece uma análise exaustiva dos nadus com base nas inscrições e cita a composição de todos os nadus na Chola Mandalam.

Existe uma vasta literatura, mais antiga, sobre até que ponto as assembleias de cada cidade predominaram na Índia historicamente. Ninguém duvida dos indícios sobre as gana-shangas, ou sobre Tamil Nadu, especialmente na era Chola. Sobre o todo o resto há um grande debate. Alguns pesquisadores argumentam que as assembleias locais e muitas das instituições prevaleciam em toda a Índia, por exemplo Mookerji (1920), Majumdar (1922) e Malaviya (1956). Outros, como Altekar (1927), afirmam que essas assembleias se restringiam ao sul, embora ele inclua Karnataka, além de Tamil Nadu (ver Dikshit, 1964, para indícios que corroboram sobre Karnatava). Ele defende que em toda a Índia ocidental essas assembleias eram menos institucionalizadas e muito mais informais. Wade (1998) é útil sobre a imensa heterogeneidade da extensão da participação em nível local na Índia. Mathur (2013) é um panorama acessível sobre as panchayats com ênfase em seu funcionamento pós-independência.

Uma introdução útil à organização do Império Mogol é Richards (1993); os Capítulos 3 e 4 deste livro oferecem uma boa introdução à organização burocrática do Estado e sua interação com a sociedade rural. Habib (1999) é uma fonte confiável sobre a organização da economia rural no período Mogol; ver o Capítulo 4 sobre as comunidades locais e o Capítulo 5 sobre os zamíndar.

O *Quinto relatório do comitê selecionado* é citado a partir do original (1812, p. 85). Metcalfe é citado a partir de Dutt (1916, pp. 267-268). As citações do livro de Mathai (1915) vêm das páginas 18 e 20. O *Relatório da comissão sobre a fome na Índia* também está citado ali, página 77.

Nossa análise sobre a política da capacidade estatal em Bihar foi fortemente influenciada pelo estudo de Matthew e Moore (2011). Nossos fatos sobre o gasto insuficiente, as vagas e a política de Bihar vêm de seu artigo. O Banco Mundial é citado a partir de World Bank (2005). O governo de Bihar é citado a partir de Matthew e Moore (2011, p. 17). Há várias biografias úteis de Lalu Yadav, ver particularmente Thakur (2006). Witsoe (2013) é uma maravilhosa análise da política antidesenvolvimentista de Lalu Yadav. Ver

Kremer, Chaudhury, Rogers, Muralidharan e Hammer (2005) para dados sobre faltas de professores. A noção de que Estado e sociedade na Índia coexistem sem de fato interagir está implícita em vasta literatura. Por exemplo: Thapar (2002), e Mookerji (1920) faz uma clara afirmação sobre essa tese.

Capítulo 9. O diabo está nos detalhes

Este capítulo se baseia nas ideias teóricas desenvolvidas em Acemoglu e Robinson (2017).

Maquiavel é citado a partir de *The Prince* (2005, p. 43). A citação de Voltaire sobre a Prússia é usada com frequência, mas sua fonte original não é clara. Montenegro a cita a partir de Djilas (1958, pp. 3-4).

A formulação mais famosa das ideias de Tilly sobre a relação entre guerra e Estado é Tilly (1992). Ver também os ensaios em Tilly, ed. (1975). A noção de que guerra entre estados levou à formação de Estados vem originalmente de Hintze (1975), e Roberts (1956) desenvolveu a noção da revolução militar. Essa ideia é amplamente discutida na recente obra dos economistas Besley e Perssons (2011) e Gennaioli e Voth (2015). Ver Pincus e Robinson (2012, 2016) para uma versão diferente sobre o caso britânico.

Sobre a história da Suíça, ver Church e Head (2013) e Steinberg (2016). Sablonier (2015) também é um excelente e relevante panorama. Trabalhos acadêmicos mais específicos sobre as origens das instituições políticas suíças incluem Blickell (1992), Marchal (2006) e Morerod e Favrod (2014). A Carta Federal de 1291 em inglês pode ser encontrada em <https://www.admin.ch/gov/en/start/federal council/historyofthe--federal-council/federal-charterof1291.html>. Ver Clark (2009) para um panorama da história prussiana relevante, e Ertman (1997) é muito útil sobre a construção do Estado prussiano. Rosenberg (1958) é a abordagem clássica em inglês. Carsten (1959) e Asch (1988) se concentram no modo como o desenvolvimento do Estado minou o poder das instituições representativas na Alemanha. Ver Blanning (2016) para uma biografia recente e maravilhosa de Frederico, o Grande; nossas citações de Georg Wilhelm e Frederico Guilherme I foram extraídas de lá, assim como a citação de Elliot.

Roberts (2007) oferece um panorama da história relevante de Montenegro. Os livros de Djilas (1958, 1966) são de leitura essencial, e os citamos. O principal estudo de

Boehm sobre as disputas locais está em seu livro de 1986; ver também seu livro de 1982. Citamos de 1986, página 182. O código legal de Pedro I é citado a partir de Durham (1928, pp. 78-88), e "Há muita liberdade" vem de Durham (1909, p. 1). Braudel é citado de Braudel (1996, p. 39). Marmont é citado de Roberts (2007, p. 174).

"Tentativas contínuas" é citado de Simic (1967, p. 87). "Foi um confronto" e "A imposição" vêm de Djilas (1966, pp. 107, 115).

A citação de Havel vem de Havel (1985, p. 11).

Nossa abordagem sobre a divergência pós-soviética é influenciada por Easter (2012). Kitschelt (2003) oferece uma interpretação muito interessante. Castle e Taras (2002) e Ost (2006) são excelentes sobre a política da transição polonesa, assim como Treisman (2011) sobre a história recente da Rússia. Urban, Igrunov e Mitrokhin (1997) discutem a ausência da ascensão de uma política popular na Rússia. Ver Freeland (2000) e Hoffman (2000) para panoramas e sobre a ascensão dos oligarcas russos. Uma notável crítica da privatização russa veio de Black, Kraakman e Tarassova (2000) e de Goldman (2003). A citação de Bertolt Brecht é de seu poema "A solução", de 1953: <https://mronline. org/2006/08/14/brecht140806-html/>.

A carta de Alexander Litvinenko, que citamos, está disponível aqui: <http://www. mailonsunday.co.uk/news/article-418652/WhyIbelieve-Putin-wanted-dead-html>.

Ver Driscoll (2015) sobre a guerra civil tajique. Ver também Collins (2006) sobre a importância dos clãs para a compreensão da política da Ásia Central. Saodot Olimova é citada a partir de seu livro. Também citamos Gretsky (1995).

Fazemos longas citações do pungente livro de Menchú (1984).

Bons panoramas sobre a história relevante da América Central são Dunkerly (1988), Woodward (1991) e Gudmundon e Lindo-Fuentes (1995). Wortman (1982) é bom sobre a transição do governo colonial. Williams (1994), Paige (1997), Yashar (1997), Mahoney (2001) e Holden (2004) são todas excelentes histórias políticas sobre o período relevante, e nossos números quanto a tamanhos de exércitos e de professores na Costa Rica vêm deste último livro. Gudmundson (1986, 1997) foi o primeiro a documentar que os minifúndios são uma consequência de uma política do século XIX, e não um legado colonial. Cardoso (1977) é um ensaio influente sobre a economia cafeeira da Costa Rica. Sarmiento é citado a partir de Dym (2006), que enfatiza a importância das cidades como atores políticos na América Central. Ver Karnes (1961) sobre a economia política dessa diversidade. Os dados sobre preços, exportações e volumes negociados de café vêm de Clarence-Smith, Gervase e Topil, eds. (2006). McCreery (1994) é o texto definitivo sobre trabalho forçado na Guatemala no contexto da economia cafeeira. Ver Pascali (2017) para indícios econométricos compatíveis com nossa hipótese sobre a divergência entre a Guatemala e a Costa Rica.

Sarmiento é citado a partir de Dym (2006, XVIII).

Woodward sobre Carrera é citado a partir de Woodward (2008, p. 254).

Capítulo 10. Qual é o problema de Ferguson?

Detalhes sobre o comportamento do Departamento de Polícia de Ferguson vêm do relatório do Departamento de Justiça (2015). A BBC (2017) relata as descobertas sobre Transtorno de Estresse Pós-Traumático em Atlanta. Nossa abordagem sobre a inaplicabilidade da Carta de Direitos aos estados segue o estudo seminal de Gerstle (2015), de onde tiramos a citação do juiz associado Field (p. 78). Ansolabehere e Snyder (2008) é um livro importante sobre as consequências políticas da decisão da Corte Warren. Amar (2000) é bom sobre a Carta de Direitos de modo mais geral, e ver McDonald (2000) sobre os direitos nos estados. Existe muita pesquisa importante feita por historiadores, sociólogos e cientistas políticos sobre a natureza histórica do Estado americano. Um bom lugar para começar é Novak (2008) e as contribuições de seus comentaristas, particularmente Gerstle (2008). Ver também King e Lieberman (2009). Grande parte dessa literatura desmonta noções mais antigas de que o Estado norte-americano era "fraco", e demonstra de muitos modos que o Estado desenvolveu grande poder de infraestrutura em muitas dimensões mesmo no século XIX. Orren e Skowronek (2004) é um excelente panorama do trabalho feito por cientistas políticos, e trabalhos importantes são Skowronek (1982), Bensel (1991), Sokcpol (1995), Carpenter (2001) e Balogh (2009). Baldwin (2005) é uma discussão interessante sobre a existência simultânea de força e fraqueza estatais. A noção de um "Estado fora de vista" (Balogh, 2009), ou de um "Estado submerso" (Mettler, 2011) que é invisível, é uma ideia saliente nessa literatura assim como a ideia de que o Estado teve que trabalhar encontrando um equilíbrio e uma síntese com o setor privado (ver também Stanger, 2011).

Sobre a Constituição americana, ver as referências e a discussão no ensaio bibliográfico para o Capítulo 1. A ideia de que a "incapacidade" do Estado foi usada para garantir que o Estado não violasse os direitos das pessoas é apresentada por Levinson (2014). Ver também Novak e Pincus (2017) sobre as origens do forte Estado americano.

O julgamento *Mapp versus Ohio* está em <http://caselaw.findlaw.com/us-supreme-court/367/643.html>.

Citamos de Morgan (1975): "tendo pouco interesse" (p. 238) e "caso algum escravo resista" (p. 312).

Ver John (1995, 1997) sobre a importância dos correios, Larson (2001) sobre infraestrutura de um modo mais geral e Duran (2012) sobre o impacto econômico da ferrovia transcontinental. Acemoglu, Moscona e Robinson (2016) oferecem indícios econométricos de que a criação de agências de correios e a indicação de responsáveis por essas agências estimulou o patenteamento e por meio disso a inovação no século XIX americano. A citação de Zorina Khan vem desse artigo, e ver também Khan (2009).

"Há um impressionante" vem de Tocqueville (2002, p. 283); Abernathy é citado a partir de Eskew (1997, Capítulo 7). Robert Kennedy e o juiz Frank Johnson são citados a partir de McAdam (1999, Capítulo 7). O discurso de Lyndon Johnson está disponível em <http://www.historyplace.com/speeches/johnson.htm>.

Hacker (2002) é uma análise importante sobre como o Estado americano combina fornecimento público e privado de serviços. Ele também apresenta argumentos importantes sobre por que isso cria, na nossa linguagem, um "lado obscuro". A citação de um porta-voz da Corporação Nacional de Produtores de Laticínios vem do livro dele. Porém, ele não relaciona isso à arquitetura do Estado do modo como fazemos. A noção de Balogh (2015) de um "Estado associativo" está intimamente relacionada. Alston e Ferrie (1993, 1999) é uma importante análise do modo como os políticos sulistas bloquearam as leis do New Deal que ameaçavam seus interesses econômicos e sua autonomia. Ver também Novak (2017) sobre o Estado do New Deal. Freidberg (2000) analisa como o modelo público-privado do Estado americano teve consequências importantes para o modo como a Guerra Fria foi combatida; ver também Stuart (2008). Nosso exemplo de como o governo federal usa o sistema legal para implantar políticas públicas é extraído de Farhang (2010), e ver Novak (1996) sobre a importância do sistema legal nos primórdios da construção da capacidade do Estado americano.

Hinton (2016) oferece o cenário do programa da Grande Sociedade de Lyndon Johnson.

Rothstein (2014) é uma análise brilhante de como Ferguson veio a ser Ferguson, e ele discute a história das políticas federais racistas; ver também o argumento mais amplo em Rothstein (2017). Gordon (2009) apresenta uma história detalhada da segregação e do declínio urbano em St. Louis. Loewen (2006) é uma importante história das "cidades do pôr do sol", e Aaronson, Hartley e Mazunder (2017) oferece indícios econométricos sobre o impacto negativo de longo prazo da segregação.

As citações são de Rothstein (2014).

Para o julgamento Distrito de Colúmbia *versus* Heller, ver <https://supreme.justia. com/cases/federal/us/554/570/opinion.html>. Sobre a terminologia explicitamente racial no manual de seguros da Secretaria Federal de Habitação, ver <https://www. huduser.gov/portal/sites/default/files/pdf/Federal-Housing-Administration-Under­writing-Manual.pdf>.

Os dados sobre taxas de pobreza podem ser encontrados em <https://data.oecd. org/inequality/poverty-rate.htm>.

Para dados sobre cobertura de saúde, ver <http://www.oecd-library.org/docserver download/8113171ec026.pdf?expires=1514934796&id=id& accname=guest&check sum=565E13BC154117F36688F63351E843F1>.

Para dados sobre a proporção de renda nacional gasta com atenção à saúde, ver <https://data.worldbank.org/indicator/SH.XPD.TOTL.ZS>.

Weiner (2012) oferece uma excelente história do FBI, em que se baseia nossa discussão. Ver Weiner (2008) sobre a CIA, e Edgar (2017) sobre a NSA e as revelações de Snowden. O relatório da Comissão Church de 1975 pode ser encontrado em <https://www.senate.gov/artandhistory/history/common/investigations/Church-Committee.htm>.

Sobre a frase "Por que não podemos coletar todos os sinais o tempo todo?", ver <https://www.theguardian.com/uk/2013/jun/21/gchq-cables-secret-world-communications-nsa>.

O discurso de despedida do presidente Eisenhower pode ser encontrado em <http://avalon.law.yale.edu/20th_century/eisenhower001.asp>.

Capítulo 11. O Leviatã de Papel

A noção de "pacientes do Estado" vem de Auyero (2001), e todos os indícios de nossa seção vêm de seu importante livro. Citamos das páginas 10, 20, 71-72, 83, 85, 99, 109, 120. Para a noção de Weber da "gaiola de ferro", ver Weber (2001). Todas as observações dele sobre burocracia vêm de Weber (1978); citamos das páginas 220-21 e 214. Introduções úteis a seus escritos sobre esses tópicos são Camic, Gorski e Trubek, eds. (2015), e Kim (2017). Para o conceito de nhoque na Argentina, ver BBC (2018a), e para as medidas do presidente Macri contra o nepotismo, BBC (2018b). A censura do FMI e seu fim são discutidos em International Monetary Fund (2016); sobre a decisão da *The Economist* de parar de informar dados sobre a Argentina, ver *The Economist* (2012).

Auyero é um estudo seminal sobre "política clientelista" que está intimamente relacionado às questões discutidas aqui.

A discussão sobre o Leviatã de Papel se baseia em nossa síntese da economia política da Colômbia em Robinson (2007, 2013, 2016). Esse trabalho por sua vez se baseou nos estudos de Acemoglu, Bautista, Querubin e Robinson (2008). Mazzuca e Robinson (2009), Acemoglu, Robinson e Santos (2013), Acemoglu, Garcia-Jimeno e Robinson (2012, 2015), Chaves, Fergusson e Robinson (2015), e Fergusson, Torvik, Robinson e Vargas (2016). Ver Acemoglu, Fergusson, Robinson, Robero e Vargas (2016) sobre os "falsos positivos". A definição de Weber sobre o Estado está em seu ensaio "Política como vocação", reproduzido em Weber (1946).

A história da estrada para Mocoa vem de Uribe (2017), e citamos das páginas 29, 33, 45, 124-25, 128-30, 163.

Para Moreno, ver Robinson (2016); sobre os militares de Magdalena Medio, ver Robinson (2013, 2016); este último cita Isaza (pp. 18-19). Sobre os mineiros rebelados (p. 30), Brigard e Urrutia (p. 29), Batallón Pedro Nel Ospina (p. 21). Ver também Bautista, Galan, Restrepo e Robinson (2019).

"Esses cavalheiros" de Bolívar vem citado em Simon (2017, p. 108).

A carta de Bolívar ao general Flores está reproduzida em Bolívar (2003), que também contém seu discurso aos legisladores da época sobre a apresentação de suas constituições para a Bolívia e sobre a própria constituição. Gargarella (2013, 2014) são interpretações fundamentais do constitucionalismo latino-americano no século XIX e como (e por que) ele divergiu do caso dos EUA. Simon (2017) é uma análise comparativa muito estimulante. Em particular ele enfatiza aquilo que chama de fusão conservadora-liberal que criou constituições mais centralizadas e que permitiram maiores poderes presidenciais do que nos Estados Unidos. Essas diferenças constitucionais eram parte de um equilíbrio dependente do caminho com raízes no passado colonial latino-americano. A citação de Castilla é extraída de Werlich (1978, p. 80); a citação de Portales vem de Safford (1985). Ver Engerman e Sokoloff (2011) para um argumento seminal sobre o desenvolvimento divergente entre as Américas do Norte e do Sul. Sobre essa divergência, ver também Acemoglu, Johnson e Robinson (2001, 2002) e Acemoglu e Robinson (2012).

Dalton (1965) é o estudo seminal sobre a economia política da Libéria; citamos das páginas 581, 584 e 589 de seu artigo. Ver Killick (1976) sobre Gana, pp. 37, 40, 60, 231 e 233. Bates (1981) é o estudo seminal sobre como a política mitiga o oferecimento de serviços públicos. Ele foi o primeiro a propor alguns dos mecanismos que desenvolvemos aqui. Citamos das páginas 114 e 117 de seu livro. Appiah é citado de Appiah (2007).

Mamdani (1996) sobre o governo indireto na África. Ver Acemoglu, Reed e Robinson (2014) para indícios empíricos sobre os efeitos dos desdobramentos locais do governo indireto. De modo mais amplo, ver Acemoglu, Chaves, Osafo-Kwaako e Robinson (2015) e Heldring e Robinson (2015) para argumentos sobre a forte resistência ao governo indireto na África, e Acemoglu e Robinson (2010) sobre como o governo indireto se encaixa em um relato mais amplo do subdesenvolvimento africano.

A BBC (2013) relata o completo fracasso dos estudantes no contexto do exame de admissão na Universidade da Libéria.

Capítulo 12. Os filhos de Uaabe

Nossa interpretação da história do Oriente Médio e da relação entre Estado e sociedade foi fortemente influenciada pelo livro seminal de Jean Phillippe Platteau (2017). Há muitos bons livros que apresentam panoramas da história que discutimos. Nossa análise sobre a Arábia Saudita e sobre a relação entre Saud e Uaabe se baseia em Corancez (1995), Commins (2009) e Vassiliev (2013), mas há muitas boas análises, como, por exemplo Steinberg (2005), Zyoob e Kosebalaban, eds. (2009), e o clássico Philby (1928). Moulin (2014) é particularmente bom sobre a situação contemporânea.

Rommel é citado de Liddell Hart (1995, p. 328). "Quando chegou a manhã" é citado de Vassiliev (2013). "Deixe que ele fale aqui" é citado de Doughty (1888) e Buckhardt vem de Buckhardt (1830, pp. 116-117). "Abd al-Aziz para os árabes da tribo de ***" é citado de Corancez (1995, p. 9).

Al-Ghazali é citado de Kepel (2005, 238). Sobre as fatwas pró-EUA, ver Kurzman (2003), de onde citamos a fatwa saudita de 1990 emitida após a invasão do Kwait.

Sobre o incêndio na escola para meninas em Meca, ver <http://news.bbc.co.uk/2/hi/middle_east/1874471.stm>. Paramédicos do sexo masculino: <http://english.alarabiya.net/en/News/middle-east/2014/02/06/DeathofSaudi-female-student-raises-uproar.html>.

Um bom resumo das restrições impostas às mulheres sauditas está na CNN: <https://www.cnn.com/2017/09/27/middleeast/saudi-women-still-cantdothis/index.html>.

"Para uma mulher", "Deus Todo-Poderoso" e "raciocínio e racionalidade deficientes" vêm de Human Rights Watch (2016); ver também Human Rights Watch (2008). Bursztyn, González e Yanagizawa-Drott (2018) para atitudes dos homens em relação ao trabalho forçado das mulheres na Arábia Saudita.

Sobre a questão das mulheres dirigindo, ver <https://www.nytimes.com/2017/09/26/world/middleeast/saudi-arabia-women-drive.html>.

"Um Saddam tomado pela dor" citado de Mortimer (1990). Saddam "o estandarte da jihad e da fé" citado de Baram (2014, 207-208). Platteau (2017) tem uma análie incisiva do relacionamento entre Saddam e a religião; ver também Baram (2014), Helfont (2014) e Dawisha (2009).

Uma tradução da fatwa de 1996 de Osama bin Laden para o inglês pode ser lida em <https://is.muni.cz/el/1423/jaro2010/MVZ203/OBL___AQ__Fatwa_1996.pdf>. Platteau (2011, p. 245).

Capítulo 13. A Rainha Vermelha descontrolada

Existe uma vasta literatura acadêmica sobre o colapso da República de Weimar. Nosso relato se baseia em Kershaw (2000) e Evans (2005), porém também usamos Shirer (1960), Bracher (1970), Lepsius (1978) e Winkler (2006). Myerson (2004) oferece uma análise das fissuras das instituições políticas de Weimar. Ver Mühlberger

(2003) e King, Rosen, Tanner e Wagner (2008) para análises de dados de votações para identificar quem votou no partido nazista. Continuam sendo poderosos os depoimentos contemporâneos dos alemães que apoiaram Hitler, recolhidos por Abel (1938). Tooze (2015) é um excelente panorama dos problemas resultantes da Primeira Guerra Mundial; Berman (2001) é um útil panorama e boa interpretação do sistema político imperial pré-Weimar na Alemanha.

Wels é citado de Edinger (1953, pp. 347-348). O manifesto nazista da eleição de 1930 é citado a partir de Moeller (2010, p. 44).

Elsa Herrmann é citada de Moeller (2010, pp. 33-34).

Uma tradução inglesa da Constituição de Weimar está disponível em <http://www.zum.de/psm/weimar/weimar_vve.php>.

Berman (1997) ressaltou que a ascensão dos nazistas foi facilitada pela densa sociedade civil da Alemanha de Weimar, e Satyanath, Volglänger e Voth (2017) demonstraram que essa correlação era bastante generalizada.

Sobre o discurso de Hitler no Palácio dos Esportes de Berlim, ver Evans (2005, p. 324). O discurso público de Hitler de 17 de outubro de 1932 é citado a partir de Evans (2005, p. 323). O anúncio de Goebbels é citado a partir de Evans (2005, p. 312). Ferdinand Hermans é citado a partir de Lepsius (1978, p. 44). Sobre o julgamento de Hitler depois do Putsch da Cervejaria e citações relacionadas, ver Kershaw (2000, p. 216). "Uma coalizão arco-íris dos descontentes" de Evans é citado de Evans (2005, p. 294).

Fritzsche é citado de Fritzsche (1990, p. 76).

Mussolini é citado a partir de seu discurso sobre a "Doutrina do Fascismo", que pode ser encontrado em <http://www.historyguide.org/europe/duce.html>.

A citação de Herman Finer é de seu *Mussolini's Italy*, que pode ser encontrado em <https://archive.org/stream/mussolinisitaly005773mbp/mussolinisitaly005773mbp_djvu.txt>.

Nossa análise da derrubada da democracia chilena segue o estudo seminal de Valenzuela (1978). Seu livro fazia parte de um projeto de ciência política comparada sobre o colapso da democracia editado por Linz e Stepan. As conclusões estão citadas em Linz (1978).

Angell (1991) é um bom panorama da história da era em que nos concentramos, e Valenzuela (1993) oferece uma excelente abordagem sobre a ditadura militar que se seguiu ao golpe de 1973. Baland e Robinson (2008) apresenta análises empíricas do impacto político da adoção do voto secreto em 1958. O senador Martones é citado a partir de Baland e Robinson (2008, pp. 1738-1739). Brian Loveman é citado a partir de Loveman (1976, p. 219). Para uma análise da construção do Estado sob a administração de Frei, ver Valenzuela e Wilde (1979). Eles e Valenzuela (1978) tendem a interpretar o programa de Frei como desastroso, uma vez que o ataque ao clientelismo minou a capacidade de construir acordos quando Allende chegou ao poder. Nossa interpretação vê isso como uma consequência natural do efeito da Rainha Vermelha.

Lorde Stanley é citado a partir de Kitson-Clark (1951, p. 112), e David Ricardo é citado a partir de Ricardo ([1824], 1951-1973, p. 506).

O discurso de Kennedy lançando a Aliança para o Progresso pode ser encontrado em <https://sourcebooks.fordham.edu/mod/1961kennedy-afp1.asp>.

O texto do Estatuto de Garantia de Allende pode ser encontrado em <http://www.papelesdesociedad.info/IMG/pdf/estatuto_de_garantias_democraticas.pdf>.

A entrevista de Salvador Allende a Régis Debray pode ser encontrada em <https://www.marxists.org/espanol/allende/1971/marzo16.htm>.

O discurso do secretário-geral do Partido Comunista é citado a partir de Valenzuela (1978, p. 68). O editorial do *El Mercurio* é citado de Valenzuela (1978, p. 69). Uma segunda citação de *El Mercurio* é citada a partir de Valenzuela (1978, p. 91).

Carlos Altamirano é citado a partir de Valenzuela (1978, p. 94). O relatório da comissão do Senado sobre a ação sigilosa no Chile pode ser baixado em <https://www.archives.gov/files/declassification/iscap/pdf/2010-009-doc17.pdf>. As citações são das páginas II.10-11 e IV.31.

Boas análises do colapso das repúblicas italianas são Dean (1999), Waley e Dean (2013) e Jones (1997). A ata da reunião de 1264 em Ferrara vem de Waley e Dean (2013, 180-81); ver também Dean (1987) para uma análise mais profunda da política em Ferara. Há algum desacordo entre os pesquisadores sobre se essa foi ou não uma eleição realmente livre. Junes (1997, p. 624) relata que um cronista escreveu que "o procedimento todo foi uma farsa engendrada por uma conspiração de notáveis de Este (...) que encheu a cidade e a praça pública com seguidores armados e forasteiros".

As declarações dos consórcios em Perugia são citadas a partir de Waley e Dean (2013, pp. 132-33). Sobre as observações de Benjamin de Tudela sobre Gênova, Pisa e Lucca, ver Benjamin de Tudela (1907, p. 17). Sobre os Pretos e os Brancos em Pistoia, ver Waley e Dean (2013, pp. 137-38). Ver Jones (1997, Capítulo 4) sobre o poder permanente e os privilégios das elites feudais após a ascensão da comuna. Sobre o juramento do Capitano del Popolo em Bergamo, ver Waley e Dean (2013, pp. 142-43). Sobre os poderes legais do Popolo em Parma, Waley e Dean (2013, p. 152). Sobre Buoso da Dovara e Uberto Pallavicino, ver Jones (1997, p. 622).

Maquiavel é citado a partir de *The Prince* (2005, p. 35).

A discussão sobre como existe apoio popular para o desmantelamento dos freios e contrapesos se baseia em Acemoglu, Robinson e Torvik (2013); Rafael Correa é citado a partir da p. 868 desse artigo.

Capítulo 14. Dentro do corredor

Plaatje (1916) é citado nos Capítulos 1 e 2.

Sobre a história geral do sul da África, ver Thompson (2014). Sobre a Lei das Terras Nativas, ver Bundy (1979), e sobre a barra de cores e salários, ver Feinstein (2005).

Ver Feinstein (2005, p. 55) sobre a comissão Holloway. A Comissão Especial sobre Assuntos Nativos é citada de Bundy (1979, p. 109).

Mieletsi Mobeki é citado em <https://dawodu.com/mbeki.pdf>. Sobre o empoderamento negro, ver Southall (2005), Cargill (2010) e Santos-Villagran (2016).

Sobre a Final da Copa do Muno de Rugby de 1995, e sobre a conversa entre Mandela e Pienaar, ver <https://www.theguardian.com/sport/2007/jan/07/rugbyunion.features1>.

Nossa discussão sobre a ascensão do militarismo japonês e sobre o sistema político do pós-guerra se baseia em Dower (1999), Buruma (2003) e Samuels (2003). Os detalhes do papel de Kishi no Japão pré-guerra e pós-guerra se baseiam em Kurzman (1960), Schaller (1995) e Driscoll (2010).

Bonner Fellers é citado a partir de Dewer (1999, p. 282). O artigo 9 da constituição japonesa e a declaração de Ano-Novo de Hirohito vêm da mesma fonte, páginas 394 e 314.

Zürcher (1984) e Zürcher (2004) são as melhores fontes sobre a transição do Império Otomano para a República Turca. Para panoramas sobre a história turca recente, ver Pope e Pope (2001) e Çagaptay (2017). Para uma discussão sobre as recentes mudanças econômicas e políticas e sobre suas consequências econômicas, ver Acemoglu e Uçer

(2015). Para a citação "Turcos Negros, Turcos Brancos" de Erdoğan, ver <https://www.thecairoreview.com/essays/erdo% C4%9Fans-decade>.

Sobre o discurso de Erdoğan, ver <http://www.diken.com.tr/bir-alman--kac-turke-bedel/>.

Sobre jornalistas presos na Turquia, ver <https://cpj.org/reports/2017/12/journalists-prison-jail-record-number-turkey-china-egypt.php>.

Sobre o número de pessoas expurgadas após a tentativa fracassada de golpe, ver <https://www.nytimes.com/2017/04/12/world/europe/turkey-erdogan-purge.html> e <https://www.politico.eu/article/long-armofturkeys-anti-gulenist-purge/>.

A melhor análise sobre os eventos em Lagos desde 1999 é de Gramont (2014). Ver Williams e Turner (1978, p. 133) sobre a comissão que escreveu o projeto da Constituição de 1976 da Nigéria.

Sobre Bogotá, ver os ensaios em Tognato (2018) e Devlin (2009). Devlin e Chaskel (2009) oferecem um bom panorama sobre as melhorias em Bogotá. Caballero é citado a partir de Devlin (2009). A frase "como se tivesse vomitado", de Mockus, é citada a partir de Devlin e Chaskel (2009).

Sobre a história da Rodésia e do Zimbábue, ver Simpson e Hawkins (2018). A citação "Para evitar seguir o mesmo caminho do Zimbábue" vem de <http://www.research-channel.co.za/print-version/oil-industry-empowerment-crucial-sapia-200210–21>.

A citação de Moses Finley vem de Finley (1976).

Um panorama da industrialização da Coreia do Sul e da transição para a democracia pode ser encontrado em Cummings (2005).

Para uma excelente história do Estado Livre do Congo e das reações a ele, ver Hochschild (1999), de onde vem nossa citação sobre o diário de Casement. O Relatório Casement completo pode ser encontrado em <https://ia801006.us.archive.org/14/items/CasementReport/CasementReportSmall.pdf>. Sobre o movimento internacional de direitos humanos, ver Neier (2012).

Sobre o papel da Anistia Internacional na resolução da ONU contra a mutilação genital feminina, ver <https://www.amnesty.org/en/latest/news/2012/11/fight-against-female-genital-mutilation-winsunbacking/>.

Sobre a indicação de Robert Mugabe como "embaixador da boa vontade" da OMS, ver <https://www.theguardian.com/world/2017/oct/22/robert-mugabe-

-removedaswho-goodwill-ambassador-after-outcry>, e <http://theconversation.com/
robert-mugabeaswho-goodwill-ambassador-what-went-wrong-86244>.

Capítulo 15. Vivendo com o Leviatã

A introdução de Hayek à edição americana, as citações dela e uma excelente discussão por Bruce Caldwell podem ser encontradas em Hayek (2007). As citações são das páginas 71, 148, 44 e 48. Sobre o Relatório Beveridge, ver Beveridge (1944) e também Baldwin (1990, p. 116), de onde citamos James Griffiths.

Sobre o "acordo do gado" e a ascensão da social-democracia sueca, ver Baldwin (1990), Berman (2006), Esping-Anderson (1985) e Gourevitch (1986). As citações vêm de Berman (2006) e de Esping-Andersen (1985). Ver também os capítulos sobre políticas de educação e habitação em Misgeld, Molin e Amark (1988), e citamos da p. 325 desse livro. Moene e Wallerstein (1997) desenvolve um modelo da conexão entre compressão salarial e inovação. Ver Swenson (2002) para uma análise sobre as preferências dos capitalistas no que diz respeito ao Estado de bem-estar social.

Sobre os efeitos dos salários e da desigualdade, ver Acemoglu e Restrepo (2018). Sobre as consequências da globalização, ver Autor, Dorn e Hanson (2013). Os números relativos ao crescimento salarial em diferentes grupos educacionais e sobre a desigualdade no mercado de trabalho dos EUA vêm de Acemoglu e Autor (2011) e Autor (2014). Os números sobre a parcela da renda nacional americana do 1% superior e do 0,1% superior se baseiam em Oiketty e Saez (2003), e os números atualizados são obtidos de <https://eml.berkeley.edu/~saez/> (e se referem a números que incluem renda de capital). Acemoglu, Autor, Dorn, Hanson e Price (2015) e Acemoglu e Restrepo (2017) discutem estimativas dos efeitos do comércio com a China e do uso de robôs nas taxas de emprego dos EUA.

Nossa discussão sobre as reformas do sistema financeiro americano vem de Johnson e Kwak (2010). Sobre os ganhos relativos dos trabalhadores e dos executivos na indústria financeira, ver Phillippon e Reshef (2012). A parcela dos seis maiores bancos no setor é computada a partir do site da Global Financial.

Autor, Dorn, Katz, Patterson e Van Reenen (2017) oferecem indícios de que grandes empresas contribuíram de modo significativo para o aumento da parcela da renda de capital no PIB, ao passo que Song, Price, Güvenen, Bloom e Von Wachter (2015) demonstram que a contribuição com a desigualdade das empresas de alta produtividade, ao pagar salários mais altos para seus trabalhadores, cresceu ao longo do tempo, especialmente no topo da distribuição de ganhos. O valor de mercado das maiores empresas em comparação com o PIB em 1990 e hoje é computado a partir de Global Financial.

Sobre o modo como a estrutura institucional de um país não pode ser diretamente copiada por outro, ver Acemoglu, Robinson e Verdier (2017).

Sobre as revelações de Snowden, ver Edgar (2017), e sobre o "registro de sessão" do governo dinamarquês, ver <https://privacyinternational.org/location/denmark>.

A citação de Beveridge vem de Beveridge (1994, p. 9).

Sobre o discurso do Estado da União de Roosevelt de 1994, ver <http://www.fdrlibrary.marist.edu/archives/address_text.html>.

Para o comentário sobre as "quatro liberdades" de Roosevelt, ver <https://books.openedition.org/pufr/4204?lang=en>.

A citação sobre a ausência de liberdades para os afroamericanos relacionada ao discurso de Roosevelt vem de Litwack (2009, p. 50). Sobre a Declaração Univeral de Direitos das Nações Unidas, ver <http://www.ohchr.org/EN/UDHR/Documents/UDHR_Translations/eng.pdf>.

FONTES DOS MAPAS

Fontes gerais

Para a localização das cidades, foram utilizados dados de Geonames, <https://www.geonames.org/>.

Para as divisões administrativas recentes, seguiu-se o GADM (Base de Dados de Áreas Administrativas Globais), <https://gadm.org/data.html>.

Os rios são do site Natural Earth, <http://www.naturalearthdata.downloads/10m-physical-vectors/10m-rivers-lake-centerlines>.

MAPA 1: Reino Axante vem de Wilks (1975). Iorubalândia e Tivlândia vêm de Murdock (1959).

MAPA 2: Os demes atenienses vêm de Osborne (2009). As trittyes vêm de Christopoulos (1970).

MAPA 3: Bureau Topographique des Troupes Françaises du Levant [Gabinete Topográfico das tropas francesas no Levante] (1935); e CIA (2017).

MAPA 4: Montanhas Sarawat vêm de Missão Topográfica Radar / Consórcio para Informação Espacial (sigla inglesa CGIAR-CSI), <http://cgiar.org>.

MAPA 5: Tonga e Zululândia vêm de Murdock (1959). Províncias da África do Sul em 1910 vem de Beinart (2001).

MAPA 6: Costa Puna vem de Evergreen Data Library, <https://evergreen.data.socrata.com/Maps-Statistics/Coastlines-split-rcht-xhew>.

Mapa 7: GADM, <http://gadm.org/data.html>.

Mapa 8: Shepard (1911).

Mapa 9: Falkus e Gillingham (1987).

Mapa 10: Feng (2013).

Mapa 11: Ho (1954).

Mapa 12: Império Máuria vem de Keay (2000). Éditos dos Pilares de Ashoka e Éditos da Rocha de Ashoka vêm de Geonames, <https://www.geonames.org/>.

Mapa 13: Sacro Império Romano vem de Shepard (1911). Bradenburgo e Prússia vem de EarthWorks, Stanford Libraries, <https://earthworks.stanford.edu/catalog/harvard-ghgis1834core>.

Mapa 14: Trampolim da Morte vem de Humanitarian OpenStreetMap Team, <https://www.hotosm.org>; Médio Magdalena e vale Sibundoy vêm do Instituto Geográfico Agustín Codazzi, <https://www.igac.gov.co>.

Mapa 15: Clower, Dalton, Harwitz, e Walters (1966).

REFERÊNCIAS BIBLIOGRÁFICAS

AARONSON, Daniel, Daniel Hartley e Bhash Mazumder (2017). "The Effects of the 1930s HOLC 'Redlining' Maps." Federal Reserve Bank of Chicago Working Paper Nº 201712. <https://www.chicagofed.org/publications/working- papers/2017/wp201712>.

ABEL, Theodore (1938). *Why Hitler Came into Power: An Answer Based on the Original Life Stories of 600 of His Followers.* Nova York: Prentice-Hall.

ACEMOGLU, Daron (2005). "Politics and Economics in Weak and Strong States." *Journal of Monetary Economics* 52: 1199–226.

_____ e David Autor (2011). "Skills, Tasks and Technologies: Implications for Employment and Earnings." Em *Handbook of Labor Economics*, vol. 4: 1043–171. Amsterdã: Elsevier-North.

_____ David Autor, David Dorn, Gordon H. Hanson e Brendan Price (2015). "Import Competition in the Great U.S. Employment Sag of the 2000s." *Journal of Labor Economics* 34: S141– 8.

_____ e María Angélica Bautista, Pablo Querubín e James A. Robinson (2008). "Economic and Political Inequality in Development: The Case of Cundinamarca, Colombia." Em *Institutions and Economic Performance*, editado por Elhanan Helpman. Cambridge, MA: Harvard University Press.

_____ Isaías N. Chaves, Philip Osafo- Kwaako e James A. Robinson (2015). "Indirect Rule and State Weakness in Africa: Sierra Leone in Comparative Perspective." Em *African Successes: Sustainable Growth*, editado por Sebastian Edwards, Simon Johnson e David Weil. Chicago: University of Chicago Press.

_____ Leopoldo Fergusson, James A. Robinson, Dario Romero e Juan F. Vargas (2016). "The Perils of High- Powered Incentives: Evidence from Colombia's False Positives." Documento da NBER Nº 22617. <http://www.nber.org/papers/w22617>.

_____ Francisco A. Gallego e James A. Robinson (2014). "Institutions, Human Capital and Development." *Annual Review of Economics* 6: 875–12.

_____, Camilo García-Jimeno e James A. Robinson (2012). "Finding El Dorado: The Long-Run Consequences of Slavery in Colombia." *Journal of Comparative Economics* 40, nº 4: 534–4.

_____ (2015). "State Capacity and Development: A Network Approach." *American Economic Review* 105, nº 8: 2364–2409.

_____ Simon Johnson e James A. Robinson (2001). "The Colonial Origins of Comparative Development: An Empirical Investigation." *American Economic Review* 91: 1369–1401.

_____ (2002). "Reversal of Fortune: Geography and Institutions in the Making of the Modern World Income Distribution." *Quarterly Journal of Economics* 118: 1231–1294.

_____ (2005a). "The Rise of Europe: Atlantic Trade, Institutional Change and Economic Growth." *American Economic Review* 95: 546–79.

_____ (2005b). "Institutions as Fundamental Determinants of Long-Run Growth." Em *Handbook of Economic Growth*, editado por Philippe Aghion and Steven Durlauf, vol. 1A, 385–472. Amsterdã: North-Holland.

_____ e Simon Johnson, James A. Robinson e Pierre Yared (2008). "Income and Democracy." *American Economic Review* 98, nº 3: 808–42.

_____ (2009). "Reevaluating the Modernization Hypothesis." *Journal of Monetary Economics* 56: 1043–58.

_____, Jacob Moscona e James A. Robinson (2016). "State Capacity and American Technology: Evidence from the 19th Century." *American Economic Review* 106, nº 5: 61–67.

_____ Tristan Reed e James A. Robinson (2014). "Chiefs: Elite Control of Civil Society and Development in Sierra Leone." *Journal of Political Economy* 122, nº 2: 319–68.

_____ e Pascual Restrepo (2017). "Robots and Jobs: Evidence from U.S. Labor Markets." Documento NBER Nº 23285. <https://www.nber.org/papers/w2328>.

_____ (2018). "The Race Between Machine and Man: Implications of Technology for Growth, Factor Shares and Employment." *American Economic Review* 108, nº 6: 1488–1542.

_____ e James A. Robinson (2000). "Why Did the West Extend the Franchise? Growth, Inequality and Democracy in Historical Perspective." *Quarterly Journal of Economics* 115: 1167–99.

_____ (2006). *Economic Origins of Dictatorship and Democracy.* Nova York: Cambridge University Press.

_____ (2010). "Why Is Africa Poor?" *Economic History of Developing Regions* 25, nº 1: 21–50.

_____ (2012). *Why Nations Fail.* Nova York: Crown.

_____ (2016). "Paths to Inclusive Political Institutions." Em *Economic History of Warfare and State Formation*, editado por Jari Eloranta, Eric Golson, Andrei Markevich e Nikolaus Wolf. Berlim: Springer.

_____ (2017). "The Emergence of Weak, Despotic and Inclusive States." Documento NBER Nº 23657. <http://www.nber.org/papers/w23657>.

_____ (2019). "The Narrow Corridor: The Academic Debate." <https://voices.uchicago.edu/jamesrobinson>; <https://economics.mit.edu/faculty/ acemoglu>.

_____ James A. Robinson, e Rafael Santos-Villagran (2013). "The Monopoly of Violence: Theory and Evidence from Colombia." *Journal of the European Economics Association* 11, no. 1: 5–44.

_____ James A. Robinson, e Ragnar Torvik (2013). "Why Vote to Dismantle Checks and Balances?" *Review of Economic Studies* 80, no. 3: 845–75.

_____ (2016). "The Political Agenda Effect and State Centralization." Documento NBER Nº 22250. <https://www.nber.org/papers/w22250>.

_____ James A. Robinson e Thierry Verdier (2017). "Asymmetric Growth and Institutions in an Interdependent World." *Journal of Political Economy* 125: 1245–1303.

_____ e Murat Üçer (2015). "The Ups and Downs of Turkish Growth: Political Dynamics, the European Union and the Institutional Slide." Documento NBER nº 21608. <https:// www.nber.org/papers/w21608>.

AFIGBO, A. E. (1967). "The Warrant Chief System in Eastern Nigeria: Direct or Indirect Rule?" *Journal of the Historical Society of Nigeria* 3, nº 4: 683–700.

_____ (1972). *Warrant Chiefs Indirect Rule in Southeastern Nigeria, 1891–1929.* Londres: Longman.

AKIGA SAI (1939). *Akiga's Story: The Tiv Tribe as Seen by One of Its Members.* Traduzido por Rupert East. Oxford: Oxford University Press.

ALLEN, Robert C. Jean-Pascal Bassino, Debin Ma, Christine Moll-Murata e Jan Luiten van Zanden (2011). "Wages, Prices, and Living Standards in China, 1738–1925: In Comparison with Europe, Japan, and India." *Economic History Review* 64: 8–38.

ALMUQADDASI (1994). *The Best Divisions for Knowledge of the Regions.* Tradução de *Ahsan alTaqasim fi ma'rifat alAqalim*, por B. A. Collins. Reading: Garnet.

ALSTON, Lee J. e Joseph P. Ferrie (1993). "Paternalism in Agricultural Labor Contracts in the U.S. South: Implications for the Growth of the Welfare State." *American Economic Review* 83, nº 4: 852– 76.

_____ (1999). *Southern Paternalism and the American Welfare State: Economics, Politics, and Institutions in the South, 1865– 1965.* Nova York: Cambridge University Press.

ALTEKAR, A. S. (1927). *A History of Village Communities in Western India.* Mumbai: Oxford University Press.

AMAR, Akhil Reed (2000). *The Bill of Rights: Creation and Reconstruction.* New Haven: Yale University Press.

AMBEDKAR, B. R. (2014). *Annihilation of Caste: The Annotated Critical Edition.* Londres: Verso.

ANDERSON, Siwan (2011). "Caste as an Impediment to Trade." *American Economic Journal: Applied Economics* 3, nº 1: 239–63.

_____ Patrick Francois, e Ashok Kotwal (2015). "Clientelism in Indian Villages." *American Economic Review* 105, nº 6: 1780–1816.

ANGELL, Alan (1991). "Chile Since 1958." Em *The Cambridge History of Latin America*, edited by Leslie Bethell, vol. 8, *Latin America Since 1930: Spanish South America*, 311– 82. Nova York: Cambridge University Press.

ANGOLD, Michael (1997). *The Byzantine Empire 1025–1204: A Political History.* 2ª edição. Nova York: Longman.

ANSOLABEHERE, Stephen e James M. Snyder Jr. (2008). *The End of Inequality: One Person, One Vote and the Transformation of American Politics*. Nova York: W. W. Norton.

APPIAH, Anthony (2007) "A Slow Emancipation." *New York Times Magazine*. <https://www.nytimes.com/2007/03/18/magazine/18WWLNlede.t.html>.

ARENDT, Hannah (1976). *Eichmann in Jerusalem: A Report on the Banality of Evil*. Nova York: Viking Press.

ARISTÓTELES (1996). *The Politics and the Constitution of Athens*. Nova York: Cambridge University Press.

ASCH, Ronald G. (1988). "Estates and Princes After 1648: The Consequences of the Thirty Years War." *German History* 6, nº 2: 113–32.

ATTENBOROUGH, F. L., ed. (1922). *The Laws of the Earliest English Kings*. Cambridge: Cambridge University Press.

AUTOR, David (2014). "Skills, Education, and the Rise of Earnings Inequality Among the Other 99 Percent." *Science* 344: 843–51.

AUTOR, David H. David Dorn e Gordon H. Hanson (2013). "The China Syndrome: Local Labor Market Effects of Import Competition in the United States." *American Economic Review* 103: 2121– 68.

_____., David Dorn, Lawrence F. Katz, Christina Patterson e John Van Reenen (2017). "The Fall of the Labor Share in the Rise of Superstar Firms." Documento NBER Nº 23396. <https:// www.nber.org/papers/w23396>.

AUYERO, Javier (2001). *Poor People's Politics*. Durham, NC: Duke University Press.

_____ (2012). *Patients of the State: The Politics of Waiting in Argentina*. Durham, NC: Duke University Press.

BALAND, Jean-Marie e James A. Robinson (2008). "Land and Power." *American Economic Review* 98: 1737–1765.

BALDWIN, Peter (1990). *The Politics of Social Solidarity: Class Basis of the European Welfare State 1875–1975*. Nova York: Cambridge University Press.

_____ (2005). "Beyond Weak and Strong: Rethinking the State in Comparative Policy History." *Journal of Policy History* 17, nº 1: 12–33.

BALOGH, Brian (2009). *A Government out of Sight: The Mystery of National Authority in Nineteenth- Century America*. Nova York: Cambridge University Press.

_____ (2015). *The Associational State: American Governance in the Twentieth Century*. Filadélfia: University of Pennsylvania Press.

BARAM, Amatzia (2014). *Saddam Hussein and Islam, 1968–2003*. Baltimore: Johns Hopkins University Press.

BARLOW, Frank (1999). *The Feudal Kingdom of England, 1042–1216*. 5ª ed. Londres e Nova York: Routledge.

BARNWELL, P. S. e Marco Mostert, eds. (2003). *Political Assemblies in the Earlier Middle Ages*. Turnhout, Bélgica: Brepols.

BAUTISTA, Maria Angélica, Juan Sebastián Galan, Juan Diego Restrepo e James A. Robinson (2019). "Acting like a State: The Peasant Self- Defense Forces of the Middle Magdalena in Colombia." (Prelo.)

BATES, Robert H. (1981). *Markets and States in Tropical Africa*. Berkeley: University of California Press.

BAYLY, Susan (2001). *Caste, Society and Politics in India from the Eighteenth Century to the Modern Age*. Revised edition. Nova York: Cambridge University Press.

BBC (2002). "Saudi Police 'Stopped' Fire Rescue." <http://news.bbc.co.uk/2/hi/middle_east/1874471.stm>.

_____ (2013). "Liberia Students All Fail University Admission Exam." <http://www.bbc.com/news/world-africa-23843578>.

_____ (2017). "US Inner- City Children Suffer 'War Zone' Trauma." <http://www.bbc.com/news/av/worlduscanada-42229205/usinner-city-children-suffer-war-zone-trauma>.

_____ (2018a). "Argentina's Parliament Sacks 'Gnocchi' Phantom Workers." <http://www.bbc.com/news/blogs-news-from-elsewhere-42551997>.

_____ (2018b). "Argentine President Bans Family Members in Government." <http://www.bbc.com/news/world-latin-america-42868439>.

BEATTIE, Hilary J. (2009). *Land and Lineage in China: A Study of T'ungCh'eng County, Anhwel, in the Ming and Ch'ing Dynasties*. Nova York: Cambridge University Press.

BEDE (1991). *Ecclesiastical History of the English People*. Nova York: Penguin.

BENJAMIM DE TUDELA (1907). *The Itinerary of Benjamin of Tudela*. Editado por Marcus N. Adler. Nova York: Philipp Feldheim.

BENSEL, Richard F. (1991). *Yankee Leviathan: The Origins of Central State Authority in America, 1859–1877*. Nova York: Cambridge University Press.

BERMAN, Sheri (1997). "Civil Society and the Collapse of the Weimar Republic." *World Politics* 49, nº 3.

_____ (2001). "Modernization in Historical Perspective: The Case of Imperial Germany." *World Politics* 53, nº 3.

_____ (2006). *The Primacy of Politics: Social Democracy in the Making of Europe's 20th Century*. Nova York: Cambridge University Press.

BESLEY, Timothy e Torsten Persson (2011). *The Pillars of Prosperity*. Princeton, NJ: Princeton University Press.

BÉTEILLE, André (2012). *Caste, Class and Power: Changing Patterns of Stratification in a Tanjore Village*. 3ª edição. Nova York: Oxford University Press.

BEVERIDGE, William H. (1944). *Full Employment in a Free Society: A Report*. Londres: Routledge.

BISSON, Thomas N. (1964). *Assemblies and Representation in Languedoc in the Thirteenth Century*. Princeton, NJ: Princeton University Press.

_____ ed. (1973). *Medieval Representative Institutions: Their Origins and Nature*. Hinsdale: The Dryden Press.

_____ (2009). *The Crisis of the Twelfth Century: Power, Lordship and the Origins of European Government*. Princeton, NJ: Princeton University Press.

BLACK, Bernard, Reinier Kraakman e Anna Tarassova (2000). "Russian Privatization and Corporate Governance: What Went Wrong?" *Stanford Law Review* 52, 1731–1808.

BLANNING, Tim (2016). *Frederick the Great: King of Prussia*. Nova York: Random House.

BLANTON, Richard E. e Lane Fargher (2008). *Collective Action in the Formation of Pre- Modern States.* Nova York: Springer.

_____, Gary M. Feinman, Stephen A. Kowalewski e Linda M. Nicholas (1999). *Ancient Oaxaca.* Nova York: Cambridge University Press.

_____., Stephen A. Kowalewski, Gary M. Feinman e Laura M. Finsten (1993). *Ancient Mesoamerica: A Comparison of Change in Three Regions.* Nova York: Cambridge University Press.

BLAYDES, Lisa e Eric Chaney (2013). "The Feudal Revolution and Europe's Rise: Political Divergence of the Christian West and the Muslim World Before 1500 ce." *American Political Science Review* 107, nº 1: 16– 34.

BLICKEL, Peter, ed. (1989). *Resistance, Representation and Community.* Oxford: Clarendon Press.

_____ (1992). "Das Gesetz der Eidgenossen: Überlegungen zur Entstehung der Schweiz, 1200–1400." *Historische Zeitschrift* 255, nº 13: 561–86.

_____ (1998). *From the Communal Reformation to the Revolution of the Common Man.* Leiden: Brill.

BLOCH, Marc (1964). *Feudal Society.* 2 vols. Chicago: University of Chicago Press.

BLOCKMANS, Wim, André Holenstein e Jon Mathieu, eds. (2009). *Empowering Interactions: Political Cultures and the Emergence of the State in Europe 1300– 1900.* Burlington, VT: Ashgate.

BLUNT, E. A. H. (1931). *Caste System of Northern India.* Oxford: Oxford University Press.

BODDE, Derk e Clarence Morris (1967). *Law in Imperial China.* Cambridge, MA: Harvard University Press.

BOEHM, Christopher (1982). *Montenegrin Social Organization and Values: Political Ethnography of a Refuge Area Tribal Adaptation.* Nova York: AMS Press.

_____ (1986). *Blood Revenge: The Enactment and Management of Conflict in Montenegro and Other Tribal Societies.* Filadélfia: University of Pennsylvania Press.

BOHANNAN, Paul (1958). "Extra-Processual Events in Tiv Political Institutions." *American Anthropologist* 60: 1–12.

_____ e Laura Bohannan (1953). *The Tiv of Central Nigeria.* Londres: International African Institute.

_____ (1968). *Tiv Economy.* Evanston, IL: Northwestern University Press.

BOLÍVAR, Simón (2003). *El Libertador: The Writings of Simón Bolívar.* Editado por David Bushnell. Nova York: Oxford University Press.

BOSKER, Maarten, Eltjo Buringh e Jan Luiten van Zanden (2013). "From Baghdad to London: Unraveling Urban Development in Europe, the Middle East, and North Africa, 800–1800." *Review of Economics and Statistics* 95, nº 4: 1418–37.

BOWSKY, William M. (1981). *A Medieval Italian Commune: Siena under the Nine, 1287–1355.* Berkeley: University of California Press.

BOZHONG, Li e Jan Luiten van Zanden (2012). "Before the Great Divergence? Comparing the Yangzi Delta and the Netherlands at the Beginning of the Nineteenth Century." *Journal of Economic History* 72, nº 4: 956–89.

BRACHER, Karl Dietrich (1970). *German Dictatorship: The Origins, Structure, and Effects of National Socialism.* Nova York: Praeger.

BRADDICK, Michael J. (2000). *State Formation in Early Modern England, c.1550–1700*. Nova York: Cambridge University Press.

BRANDT, Loren, Debin Ma e Thomas G. Rawski (2014). "From Divergence to Convergence: Reevaluating the History Behind China's Economic Boom." *Journal of Economic Literature* 52, nº: 45–123.

BRAUDEL, Fernand (1996). *The Mediterranean and the Mediterranean World in the Age of Philip II*. Vol. 1. Berkeley: University of California Press.

BREEN, T. H. (2011). *American Insurgents, American Patriots: The Revolution of the People*. Nova York: Hill and Wang.

BRENNER, Robert (1976). "Agrarian Class Structure and Economic Development in Pre-Industrial Europe." *Past and Present* nº 70 (Fevereiro de 1976): 30–75.

_____ e Christopher Isett (2002). "England's Divergence from China's Yangzi Delta: Property Relations, Microeconomics, and Patterns of Development." *Journal of Asian Studies* 61, nº 2: 609–62.

BREWER, John (1989). *The Sinews of Power*. Cambridge, MA: Harvard University Press.

BRITNELL, Richard H. (1992). *The Commercialisation of English Society 1000–1500*. Nova York: Cambridge University Press.

BROADBERRY, Stephen, Hanhui Guan e David Daokui Li (2017). "China, Europe and the Great Divergence: A Study in Historical National Accounting, 980–1850." <https://www.economics.ox.ac.uk/materials/working_papers/2839/155aprilbroadberry.pdf.>

BROCK, Roger e Stephen Hodkinson, eds. (2001). *Alternatives to Athens: Varieties of Political Organization and Community in Ancient Greece*. Nova York: Oxford University Press.

BROOK, Timothy, ed. (1989). *The Asiatic Mode of Production in China*. Nova York: Routledge.

BUNDY, Colin (1979). *The Rise and Fall of South African Peasantry*. Berkeley: University of California Press.

BURCKHARDT, John Lewis [Johann Ludwig] (1830). *Notes on the Bedouins and Wahábys, Collected During His Travels in the East*. Londres: Henry Colburn and Richard Bentley.

BUREAU TOPOGRAPHIQUE DES TROUPES FRANÇAISES DU LEVANT [Gabinete Topográfico das Tropas Francesas do Levante] (1935). Carte des Communautés Religieuses et Ethniques en Syrie et au Liban (Map of Religious Communities and Ethnic Groups). Institut Français du Proche-Orient. <https://ifpo.hypotheses.org/2753>.

BURINGH, Eltjo e Jan Luiten van Zanden (2009). "Charting the 'Rise of the West': Manuscripts and Printed Books in Europe, A Long-Term Perspective from the Sixth Through Eighteenth Centuries." *Journal of Economic History* 69, nº2: 409–45.

BURUMA, Ian (2003). *Inventing Japan: 1853–1964*. Nova York: Modern Library.

BURSZTYN, Leonardo, Alessandra González e David Yanagizawa-Drott (2018). "Misperceived Social Norms: Female Labor Force Participation in Saudi Arabia." <http://home.uchicago.edu/bursztyn/Misperceived_Norms_2018_06_20.pdf.>

BYRHTFERTH DE RAMSEY (2009). "Vita S. Oswaldi." Em *Byrhtferth of Ramsey: The Lives of St. Oswald and St. Ecgwine*, editado por Michael Lapidge. Nova York: Oxford University Press.

ÇAĞAPTAY, Soner (2017). *The New Sultan: Erdoğan and the Crisis of Modern Turkey*. Nova York: I.B. Tauris.

CAMIC, Charles, Philip S. Gorski e David M. Trubek, eds. (2005). *Max Weber's Economy and Society: A Critical Companion*. Stanford, CA: Stanford University Press.

CAMMETT, Melani (2014). *Compassionate Communalism: Welfare and Sectarianism in Lebanon*. Ithaca, NY: Cornell University Press.

CAMPBELL, Dugald (1933). *Blazing Trails in Bantuland*. Londres: Pickering & Inglis.

CARDOSO, Ciro F. S. (1977). "The Formation of the Coffee Estate in Nineteenth Century Costa Rica." Em *Land and Labour in Latin America*, editado por by K. Duncan e I. Rutledge. Cambridge: Cambridge University Press.

CARGILL, Jenny (2010). *Trick or Treat: Rethinking Black Economic Empowerment*. Johanesburgo: Jacana Media.

CARNEY, Matthew (2018). "Leave No Dark Corner." ABC (Australian Broadcasting Corporation) News. <https://www.abc.net.au/news/20180918/china-social-creditamodel-citizeninadigital-dictatorship/10200278?section=world>.

CARPENTER, Daniel (2001). *The Forging of Bureaucratic Autonomy: Reputations, Networks, and Policy Innovation in Executive Agencies, 1862–1928*. Princeton, NJ: Princeton University Press.

CARROLL, Lewis (1871). *Through the Looking- Glass, and What Alice Found There*. Londres: Macmillan.

CARSTEN, F. L. (1959). *Princes and Parliaments in Germany: From the Fifteenth to the Eighteenth Century*. Oxford: Clarendon Press.

CASTLE, Marjorie e Raymond Taras (2002). *Democracy in Poland*. 2ª edição. Nova York: Routledge.

CHATTERJEE, Partha (2004). *The Politics of the Governed: Reflections on Popular Politics in Most of the World*. Nova York: Columbia University Press.

CHAVES, Isaías N., Leopoldo Fergusson e James A. Robinson (2015). "He Who Counts Wins: Determinants of Fraud in the 1922 Colombian Presidential Elections." *Economics and Politics* 27, nº 1: 124–59.

CHEN, Janet, Pei-Kai Cheng, Michael Lestz e Jonathan D. Spence (2014). *The Search for Modern China: A Documentary Collection*. Nova York: W. W. Norton.

CHINESE HUMAN RIGHTS DEFENDERS (2009). "Reeducation Through Labor Abuses Continue Unabated: Overhaul Long Overdue." <https://www.nchrd.org/2009/02/research-reports-article2/>.

CHRISTOPHER, Barbara (2004). "Understanding Georgian Politics." DEMSTAR Research Report Nº 22.

CHRISTOPOULOS, Georgios, ed. (1970). Istoria tou Ellinikou Ethnous: Archaikos Ellinismos 1100–479. Atenas: Ekdotike Athinon.

CHURCH, Clive H. e Randolph C. Head (2013). *A Concise History of Switzerland*. Nova York: Cambridge University Press.

CIA (2017). The CIA World Factbook. Nova York: Skyhorse Publishing.

CLARENCE- SMITH, William Gervase e Steven C. Topik, eds. (2006). *The Global Coffee Economy in Africa, Asia, and Latin America, 1500–1989*. Nova York: Cambridge University Press.

CLARK, Christopher (2009). *Iron Kingdom: The Rise and Downfall of Prussia, 1600–1947.* Cambridge, MA: Belknap Press.

CLOWER, Robert W. e George Dalton e Mitchell Harwitz e A. A. Walters (1966). Growth Without Development: An Economic Survey of Liberia. Evanston, IL: Northwestern University Press.

COLLINS, Kathleen (2006). *Clan Politics and Regime Transition in Central Asia.* Nova York: Cambridge University Press.

COLSON, Elizabeth (1962). *The Plateau Tonga of Northern Rhodesia.* Manchester: University of Manchester Press.

_____ (1967). *Social Organization of the Gwembe Tonga.* Manchester: University of Manchester Press.

_____ (1974). *Tradition and Contract: The Problem of Social Order.* Piscataway, NJ: Transactions.

COMMINS, David (2009). *The Wahhabi Mission and Saudi Arabia.* Londres: I.B. Tauris.

CONFÚCIO (2003). *Analects: With Selections from Traditional Commentaries.* Indianápolis: Hackett.

CONSTABLE, Pamela e Arturo Valenzuela (1993). *A Nation of Enemies: Chile Under Pinochet.* Nova York: W. W. Norton.

CORANCEZ, Louis A. O. de (1995). *The History of the Wahhabis.* Reading, UK: Garnet.

COSTAMBEYS, Marios, Matthew Innes e Simon MacLean (2011). *The Carolingian World.* Nova York: Cambridge University Press.

CRICK, Julia e Elisabeth van Houts, eds. (2011). *A Social History of England, 900–1200.* Nova York: Cambridge University Press.

CRONE, Patricia (2003). *Pre-Industrial Societies: Anatomy of the Pre-Modern World.* Londres: Oneworld.

CRUICKSHANK, Brodie (1853). *Eighteen Years on the Gold Coast.* Vol. 2. Londres: Hurst and Blackett.

CUMMINGS, Bruce (2005). *Korea's Place in the Sun: A Modern History.* Edição atualizada. Nova York: W. W. Norton.

CUNLIFFE-JONES, Peter (2010). *My Nigeria: Five Decades of Independence.* Nova York: St. Martin's Press.

CURTIN, Philip (1995). "The European Conquest." Em Philip Curtin, Steven Feierman, Leonard Thompson e Jan Vansina, *African History: From Earliest Times to Independence.* Nova York: Pearson.

DAHL, Robert A. (1970). *Polyarchy.* New Haven: Yale University Press.

DALTON, George H. (1965). "History, Politics and Economic Development in Liberia," *Journal of Economic History* 25, nº 4: 569– 91.

DARDESS, John W. (2010). *Governing China, 150–1850.* Indianápolis: Hackett.

DAVISON, Lee, Tim Hitchcock, Tim Keirn e Robert B. Shoemaker, eds. (1992). *Stilling the Grumbling Hive: Response to Social and Economic Problems in England, 1689–1750.* Nova York: Palgrave Macmillan.

DAWISHA, Adeed (2009). *Iraq: A Political History.* Princeton, NJ: Princeton University Press.

DEAN, Trevor (1987). *Land and Power: Ferrara under the Este, 1350–1450*. Nova York: Cambridge University Press.

_____ (1999). "The Rise of the Signori." Em *The New Cambridge Medieval History*, editado por David Abulafia, vol. 5, *1198–1300*. Nova York: Cambridge University Press.

DE GRAMONT, Diane (2014). "Constructing the Megacity—The Dynamics of State-Building in Lagos, Nigeria, 1999–2013." Dissertação de mestrado inédita, Universidade de Oxford.

DE LONG, J. Bradford e Andrei Shleifer (1993). "Princes and Merchants: European City Growth Before the Industrial Revolution." *Journal of Law and Economics* 36, nº 2: 671–702.

Departmento de Justiça (2015). "Investigation of the Ferguson Police Department." <https://www.justice.gov/sites/default/files/opa/press-releases/attachments/2015/03/04/ferguson_police_department_report.pdf>.

DESHPANDE, Ashwini (2011). *The Grammar of Caste: Economic Discrimination in Contemporary India*. Oxford: Oxford University Press.

DEVLIN, Matthew (2009). "Interview with Liliana Caballero." <https://successfulsocieties.princeton.edu/interviews/liliana-caballero>.

_____ e Sebastian Chaskel (2009). "Conjuring and Consolidating a Turnaround: Governance in Bogotá, 1992–2003." <https://successfulsocieties.princeton.edu/publications/conjuring-and-consolidating- turnaround-governance-bogot%C3%A11992-2003-disponibleen>.

DIKSHIT, G. S. (1964). *Local Self-Government in Mediaeval Karnataka*. Dharwar: Karnatak University.

DIRKS, Nicholas B. (2001). *Castes of Mind: Colonialism and the Making of Modern India*. Princeton, NJ: Princeton University Press.

DJILAS, Milovan (1958). *Land without Justice*. Nova York: Harcourt Brace Jovanovich.

_____ (1966). *Njegoš*. Nova York: Harcourt, Brace and World.

DOGRA, Chander Suta (2013). *Manoj and Babli: A Hate Story*. Nova York: Penguin.

DOUGHTY, Charles M. (1888). *Travels in Arabia Deserta*. Cambridge: Cambridge University Press.

DOWER, John W. (1999). *Embracing Defeat: Japan in the Wake of World War II*. Nova York: W. W. Norton.

DREW, Katherine Fischer (1991). *The Laws of the Salian Franks*. Filadélfia: University of Pennsylvania Press.

DREYER, Edward L. (2006). *Zheng He: China and the Oceans in the Early Ming Dynasty, 1405–1433*. Nova York: Pearson.

DRISCOLL, Jesse (2015). *Warlords and Coalition Politics in Post-Soviet States*. Nova York: Cambridge University Press.

DRISCOLL, Mark (2010). *Absolute Erotic, Absolute Grotesque: The Living, Dead, and Undead in Japan's Imperialism, 1895–1945*. Durham, NC e Londres: Duke University Press.

DUBY, Georges (1982). *The Three Orders: Feudal Society Imagined*. Chicago: University of Chicago Press.

DUMONT, Louis (1980). *Homo Hierarchicus: The Caste System and Its Implications*. 2ª edição revisada. Chicago: University of Chicago Press.

DUNKERLY, James (1988). *Power in the Isthmus: A Political History of Modern Central America*. Londres: Verso.

DURAN, Xavier (2012). "The First US Transcontinental Railroad: Expected Profits and Government Intervention." *Journal of Economic History* 73, nº 1: 177–200.

DURHAM, M. Edith (1909). *High Albania*. Londres: Edward Arnold.

_____ (1928). *Some Tribal Origins, Laws and Customs of the Balkans*. Londres: George Allen and Unwin.

DUTT, Romesh C. (1916). *The Economic History of India Under Early British Rule, from the Rise of the British Power in 1757 to the Accession of Queen Victoria in 1837*. Londres: K. Paul, Trench, Trübner.

DYM, Jordana (2006). *From Sovereign Villages to National States: City, State, and Federation in Central America, 1759–1839*. Albuquerque: University of New Mexico Press.

EASTER, Gerald M. (2012). *Capital, Coercion and Postcommunist States*. Ithaca, NY: Cornell University Press.

The Economist (2012). "Don't Lie to Me, Argentina." <http://www.economist.com/node/21548242>.

EDGAR, H. Timothy (2017). *Beyond Snowden: Privacy, Mass Surveillance, and the Struggle to Reform the NSA*. Washington, DC: Brookings Institution Press.

EDGAR, Thomas (2005). *The Lawes Resolutions of Womens Rights: Or the Lawes Provision for Woemen*. Londres: Lawbook Exchange.

EDINGER, Lewis J. (1953). "German Social Democracy and Hitler's 'National Revolution' of 1933: A Study in Democratic Leadership." *World Politics* 5, nº 3: 330–67.

EDMONDS, Eric V. e Salil Sharma (2006). "Institutional Influences on Human Capital Accumulation: Micro Evidence from Children Vulnerable to Bondage." <https://www.dartmouth.edu/~eedmonds/kamaiya.pdf>.

Edwards, Jeremy e Sheilagh Ogilvie (2012). "What Lessons for Economic Development Can We Draw from the Champagne Fairs?" *Explorations in Economic History* 49: 131–48.

EICH, Peter (2015). "The Common Denominator: Late Roman Bureaucracy from a Comparative Perspective." Em *State Power in Ancient China and Rome*, editado por Walter Scheidel. Nova York: Oxford University Press.

ELDREDGE, Elizabeth A. (2014). *The Creation of the Zulu Kingdom, 1815–1828: War, Shaka, and the Consolidation of Power*. Nova York: Cambridge University Press.

ELTON, Geoffrey R. (1952). *The Tudor Revolution in Government: Administrative Changes in the Reign of Henry VIII*. Nova York: Cambridge University Press.

ELVIN, Mark (1973). *The Pattern of the Chinese Past*. Stanford, CA: Stanford University Press.

EMBER, Carol (1978). "Myths about Hunter-Gatherers." *Ethnology* 17: 439–48.

ENGERMAN, Stanley L., e Kenneth L. Sokoloff (2011). *Economic Development in the Americas Since 1500: Endowments and Institutions*. Nova York: Cambridge University Press.

EPSTEIN, Stephen A. (2009). *An Economic and Social History of Later Medieval Europe, 1000–1500*. Nova York: Cambridge University Press.

ERTMAN, Thomas (1997). *Birth of the Leviathan: Building States and Regimes in Medieval and Early Modern Europe*. Nova York: Cambridge University Press.

ESKEW, Glenn T. (1997). *But for Birmingham: The Local and National Movements in the Civil Rights Struggle.* Chapel Hill: University of North Carolina Press.

Esping-Andersen, Gosta (1985). *Politics Against Markets: The Social Democratic Road to Power.* Princeton, NJ: Princeton University Press

EVANS, Richard J. (2005). *The Coming of the Third Reich.* Nova York: Penguin.

EVANS-PRITCHARD, E. E. e Meyer Fortes, eds. (1940). *African Political Systems.* Nova York: Oxford University Press.

FALKUS, Malcolm E. e John B. Gillingham (1987). Historical Atlas of Britain. Londres: Kingfisher.

FARHANG, Sean (2010). *The Litigation State: Public Regulation and Private Lawsuits in the U.S.* Princeton, NJ: Princeton University Press.

FARMER, Edward (1995). *Zhu Yuanzhang and Early Ming Legislation: The Reordering of Chinese Society Following the Era of Mongol Rule.* Leiden: Brill.

FAURE, David (2006). *China and Capitalism: A History of Business Enterprise in Modern China.* Hong Kong: Hong Kong University Press.

_____ (2007). *Emperor and Ancestor: State and Lineage in South China.* Stanford, CA: Stanford University Press.

FAWCETT, Peter (2016). "'When I Squeeze You with Eisphorai': Taxes and Tax Policy in Classical Athens." *Hesperia: The Journal of the American School of Classical Studies at Athens* 85, nº 1: 153–99.

FEINSTEIN, Charles H. (2005). *An Economic History of South Africa: Conquest, Discrimination and Development.* Nova York: Cambridge University Press.

FENG, Li (2013). Early China: A Social and Cultural History. Nova York: Cambridge University Press.

FERGUSSON, Leopoldo, Ragnar Torvik, James A. Robinson e Juan F. Vargas (2016). "The Need for Enemies." *Economic Journal* 126, nº 593: 1018–54.

The Fifth Report from the Select Committee on the Affairs of the East India Company (1812). Nova York: A. M. Kelley.

FINLEY, Moses I. (1954). *The World of Odysseus.* Nova York: Chatto & Windus.

_____ (1976). "A Peculiar Institution." *Times Literary Supplement* 3887.

Flannery, Kent V. (1999). "Process and Agency in Early State Formation." *Cambridge Archaeological Journal* 9, nº 1: 3–21.

_____ e Joyce Marcus (1996). *Zapotec Civilization: How Urban Society Evolved in Mexico's Oaxaca Valley.* Londres: Thames and Hudson.

_____ (2014). *The Creation of Inequality: How Our Prehistoric Ancestors Set the Stage for Monarchy, Slavery, and Empire.* Cambridge, MA: Harvard University Press.

FLEMING, Robin (2010). *Britain After Rome: The Fall and Rise, 400 to 1070.* Londres: Penguin.

FLYNN, Henry F. (1986). *The Diary of Henry Francis Flynn,* editado por James Stuart e D. McK. Malcolm. Pietermaritzburg: Shuter and Shooter.

FORNANDER, Abraham (2005). *Fornander's Ancient History of the Hawaiian People to the Times of Kamehameha I.* Honolulu: Mutual Publishing.

FORSDYKE, Sara (2005). *Exile, Ostracism and Democracy: The Politics of Expulsion in Ancient Greece*. Princeton, NJ: Princeton University Press.

_____ (2012). *Slaves Tell Tales: And Other Episodes in the Politics of Popular Culture in Ancient Greece*. Princeton, NJ: Princeton University Press.

FRATIANNI, Michele e Franco Spinelli (2006). "Italian City-States and Financial Evolution." *European Review of Economic History* 10, nº 3: 257–78.

FREEDMAN, Maurice (1966). *Lineage Organization in Southeastern China*. Londres: Athlone.

_____ (1971). *Chinese Lineage and Society: Fukien and Kwantung*. Londres: Berg.

FREEDOM HOUSE (2015). "The Politburo's Predicament." <https://freedomhouse.org/china- 2015- politburo- predicament#.V2gYbpMrIU0>.

FREELAND, Chrystia (2000). *Sale of the Century: Russia's Wild Rise from Communism to Capitalism*. Nova York: Crown Business.

FRIEDBERG, Aaron L. (2000). *In the Shadow of the Garrison State*. Princeton, NJ: Princeton University Press.

FRITZSCHE, Peter (1990). *Rehearsals for Faseism: Populism and Mobilization in Weimar Germany*. Nova York: Oxford University Press.

FUKUYAMA, Francis (1989). "The End of History?" *The National Interest* 16: 3–18.

_____ (2011). *The Origins of Political Order: From Prehuman Times to the French Revolution*. Nova York: Farrar, Straus and Giroux.

_____ (2014). *Political Order and Political Decay: From the Industrial Revolution to the Globalization of Democracy*. Nova York: Farrar, Straus and Giroux.

GARGARELLA, Roberto (2013). *Latin American Constitutionalism, 1810–2010: The Engine Room of the Constitution*. Nova York: Oxford University Press.

_____ (2014). *The Legal Foundations of Inequality: Constitutionalism in the Americas, 1776–1860*. Nova York: Cambridge University Press.

GEARY, Patrick J. (1988). *Before France and Germany: The Creation and Transformation of the Merovingian World*. Nova York: Oxford University Press.

_____, ed. (2015). *Readings in Medieval History*. 5ª edição. Toronto: University of Toronto Press. Excerto de Otto de Freising, *The Deeds of Frederick Barbarossa*.

GENNAIOLI, Nicola e Hans-Joachim Voth (2015). "State Capacity and Military Conflict." *Review of Economic Studies* 82: 1409–48.

GERSTLE, Gary (2008). "A State Both Strong and Weak." *American Historical Review* 113, nº 3: 779–85.

_____ (2015). *Liberty and Coercion: The Paradox of American Government from the Founding to the Present*. Princeton, NJ: Princeton University Press.

GIES, Joseph e Frances Gies (1994). *Cathedral, Forge and Waterwheel: Technology and Invention in the Middle Ages*. Nova York: HarperCollins.

GINSBURG, Tom (2011). "An Economic Analysis of the Pashtunwali." University of Chicago Legal Forum 89. <https://chicagounbound.uchicago.edu/cgi/viewcontent.cgi?referer=https://www.google.com/&httpsredir=1&article=2432&context=journal_articles>.

GJEÇOV, Shtjefën (1989). *The Code of Lekë Dukagjini.* Traduzido por Leonard Fox. Nova York: Gjonlekaj.

GLUCKMAN, Max (1940). "The Kingdom of the Zulu of South Africa." Em *African Political Systems*, editado por Meyer Fortes e Edward E. Evans- Pritchard. Londres: Oxford University Press.

_____ (1960). "The Rise of a Zulu Empire." *Scientific American* 202: 157–68.

GOLDIE, Mark (2001). "The Unacknowledged Republic: Officeholding in Early Modern England." Em *The Politics of the Excluded, c. 1500–1850*, editado por Tim Harris. Basingstoke, Reino Unido: Palgrave.

GOLDMAN, Marshall I. (2003). *The Privatization of Russia: Russian Reform Goes Awry.* Nova York: Routledge.

GOLDTHWAITE, Richard A. (2009). *The Economy of Renaissance Florence.* Baltimore: Johns Hopkins University Press.

GORDON, Colin (2009). *Mapping Decline: St. Louis and the Fate of the American City.* Filadélfia: University of Pennsylvania Press.

GORRINGE, Hugo (2005). *Untouchable Citizens: Dalit Movements and Democratization in Tamil Nadu.* Londres: Sage.

_____ (2017). *Panthers in Parliament: Dalits, Caste, and Political Power in South India.* Nova Délhi: Oxford University Press.

GOTTESMAN, Alex (2014). *Politics and the Street in Democratic Athens.* Nova York: Cambridge University Press.

GOUREVITCH, Peter (1986). *Politics in Hard Times: Comparative Responses to International Economic Crises.* Ithaca, NY: Cornell University Press.

GRAVES, M. A. R. (2001). *Parliaments of Early Modern Europe: 1400–1700.* Nova York: Routledge.

GREGÓRIO DE TOURS (1974). *A History of the Franks.* New York: Penguin.

GRETSKY, Sergei (1995). "Civil War in Tajikistan: Causes, Development, and Prospects for Peace." Em *Central Asia: Conflict, Resolution and Change*, editado por Roald Sagdeev e Susan Eisenhower. Washington, DC: Eisenhower Institute.

GUDMUNDSON, Lowell (1986). *Costa Rica Before Coffee: Society and Economy on the Eve of the Export Boom.* Baton Rouge: Louisiana State University Press.

_____ (1997). "Lord and Peasant in the Making of Modern Central America." Em *Agrarian Structures and Political Power in Latin America*, editado por A. E. Huber e F. Safford. Pittsburgh: University of Pittsburgh Press.

_____ e Hector Lindo-Fuentes (1995). *Central America, 1821–1871: Liberalism Before Liberal Reform.* Tuscaloosa: University of Alabama Press.

GUENÉE, Bernard (1985). *States and Rulers in Later Medieval Europe.* Oxford: Basil Blackwell.

HABIB, Irfan (1999). *The Agrarian System of Mughal India, 1556–1707.* 2ª edição revisada. Nova Délhi: Oxford University Press.

HACKER, Jacob S. (2002). *The Divided Welfare State: The Battle over Public and Private Social Benefits in the United States.* Nova York: Cambridge University Press.

HALL, Jonathan M. (2013). *A History of the Archaic Greek World ca. 1200–479* bce. 2ª edição. Malden, MA eOxford: Wiley Blackwell.

HAMILTON, Gary G. (2006). "Why No Capitalism in China?" Em *Commerce and Capitalism in Chinese Societies*. Nova York: Routledge.

HARARI, Yuval Noah (2018). "Why Technology Favors Tyranny." *The Atlantic.* <https://www.theatlantic.com/magazine/archive/2018/10/yuval-noah-harari-technology-tyranny/568330/>.

HAVEL, Václav (1985). "The Power of the Powerless." Em Václav Havel *et al., The Power of the Powerless: Citizens Against the State in Central-Eastern Europe.* Londres: Routledge.

HAYEK, Friedrich A. (2007) *The Road to Serfdom, Text and Documents, the Definitive Edition,* editado por Bruce Caldwell. Chicago: University of Chicago Press.

HEITZMAN, James (1997). *Gifts of Power: Lordship in an Early Indian State.* Nova Délhi: Oxford University Press.

HELDRING, Leander e James A. Robinson (2018). "Colonialism and Economic Development in Africa." Em *The Oxford Handbook on the Politics of Development*, editado por Carol Lancaster e Nicolas van de Walle. Nova York: Oxford University Press.

HELFONT, Samuel (2014). "Saddam and the Islamists: The Ba'thist Regime's Instrumentalization of Religion in Foreign Affairs." *Middle East Journal* 68, nº 3: 352– 66.

HELLE, Kurt, ed. (2008). *The Cambridge History of Scandinavia.* Vol. 1, *Prehistory to 1520.* Nova York: Cambridge University Press.

HERRUP, Cynthia B. (1989). *The Common Peace: Participation and the Criminal Law in Seventeenth-Century England.* Nova York: Cambridge University Press.

INCMARO DE REIMS (1980). "On the Governance of the Palace." Em *The History of Feudalism,* editado por David Herlihy. Londres: Macmillan. Todas as citações entre 222–27.

HINDLE, Steve (1999). "Hierarchy and Community in the Elizabethan Parish: The Swallow field Articles of 1596." *The Historical Journal* 42, nº 3: 835–51.

_____ (2000). *The State and Social Change in Early Modern England, 1550–1640.* Nova York: Palgrave Macmillan.

HINTON, Elizabeth (2016). *From the War on Poverty to the War on Crime: The Making of Mass Incarceration in America.* Cambridge, MA: Harvard University Press.

HINTZE, Otto (1975). *Historical Essays of Otto Hintze.* Editado por F. Gilbert. Nova York: Oxford University Press.

HIRST, John B. (2009). *The Shortest History of Europe.* Melbourne: Black, Inc.

HO, Pingti (1954). "The Salt Merchants of Yang- Chou: A Study of Commercial Capitalism in Eighteenth Century China." *Harvard Journal of Asiatic Studies* 17, nº 1– 2: 130–68.

HOBBES, Thomas (1996). *Leviathan: The Matter, Form, and Power of a Commonwealth, Ecclesiastical or Civil.* Nova York: Cambridge University Press.

HOCHSCHILD, Adam (1999). *King Leopold's Ghost: A History of Greed, Terror, and Heroism in Colonial Africa.* Boston e Nova York: Mariner.

HOFF, Karla (2016). "Caste System." <http://documents.worldbank.org/curated/en/452461482847661084/Caste- system>.

HOFF, Karla, Mayuresh Kshetramade e Ernst Fehr (2011). "Caste and Punishment: the Legacy of Caste Culture in Norm Enforcement." *Economic Journal* 121, nº 556: F449–F475.

HOFFMAN, David (2002). *The Oligarchs*. Nova York: Public Affairs.

HOLDEN, Robert H. (2004). *Armies without Nations: Public Violence and State Formation in Central America, 1821–1960*. Nova York: Oxford University Press.

HOLT, J. C. (2015). *Magna Carta*. 3ª edição. Nova York: Cambridge University Press.

HOLTON, Sandra S. (2003). *Feminism and Democracy: Women's Suffrage and Reform Politics in Britain, 1900–1918*. Nova York: Cambridge University Press.

HOLTON, Woody (2008). *Unruly Americans and the Origins of the Constitution*. Nova York: Hill and Wang.

HOURANI, Albert (2010). *A History of the Arab Peoples*. Cambridge, MA: Belknap Press.

HOWARD, Allen M. (2003). "Pawning in Coastal Northwest Sierra Leone, 1870– 1910." Em *Pawnship, Slavery, and Colonialism in Africa*, editado por Paul E. Lovejoy e Toyin Falola. Trenton, NJ: Africa World Press.

HUANG, Philip C. C. (1998). *Civil Justice in China: Representation and Practice in the Qing*. Stanford, CA: Stanford University Press.

HUANG, Yasheng (2008). *Capitalism with Chinese Characteristics*. Nova York: Cambridge University Press.

HUDSON, John (2018). *The Formation of the English Common Law: Law and Society in England from King Alfred to the Magna Carta*. 2ª edição. Nova York: Routledge.

HULTZSCH, Eugen (1925). *Inscriptions of Asoka*. Oxford: Clarendon Press.

HUMAN RIGHTS WATCH (1999). "Broken People: Caste Violence Against India's Untouchables." <https://www.hrw.org/report/1999/03/01/broken-people/caste-violence-against-indias-untouchables>.

_____ (2008). "Perpetual Minors: Human Rights Abuses Stemming from Male Guardianship and Sex Segregation in Saudi Arabia." <https://www.hrw.org/report/2008/04/19/perpetual-minors/human-rights-abuses-stemming- nale-guardianship-and-sex>.

_____ (2016). "Boxed In: Women and Saudi Arabia's Male Guardianship System." <https://www.hrw.org/report/2016/07/16/boxed/women-and-saudi-arabias-male-guardianship-system>.

_____ (2018). "Eradicating Ideological Viruses: China's Campaign of Repression Against Xinjiang's Muslims." <https://www.hrw.org/report/2018/09/09/eradicating-ideological-viruses/chinas campaign-repression-against-xinjiangs>.

HUNG, Hofung (2016). *The China Boom: Why China Will Not Rule the World*. Nova York: Columbia University Press.

HUNTINGTON, Samuel (1968). *Political Order in Changing Societies*. New Haven: Yale University Press.

HUTTON, J. H. (1961). *Caste in India*. 3ª edição. Nova York: Oxford University Press.

IBN KHALDUN (2015). *The Muqaddimah: An Introduction to History*. Traduzido por Franz Rosenthal. The Olive Press.

Fundo Monetário Internacional (2016). "IMF Executive Board Removes Declaration of Censure on Argentina." <https://www.imf.org/en/News/Articles/2016/11/09/PR16497-Argentina-IMF-Executive-Board-Removes-DeclarationofCensure>.

REFERÊNCIAS BIBLIOGRÁFICAS = 715

JAMES, Edward (1988). *The Franks*. Oxford: Basil Blackwell.

JEFFERSON, Thomas (1904). *The Works of Thomas Jefferson*. Vol. 5. Londres: G. P. Putnam's Sons.

JHA, Hit Narayan (1970). *The Licchavis of Vaisali*. Varanasi: Chowkhamba Sanskrit Series Office.

JIE, Yu (2015). *Steel Gate to Freedom: The Life of Liu Xiabo*. Traduzido por H. C. Hsu. Lanham, MD: Rowman and Littlefield.

JISHENG, Yang (2012). *Tombstone: The Great Chinese Famine, 1958–1962*. Nova York: Farrar, Straus and Giroux.

JOHN, Richard R. (1995). *Spreading the News: The American Postal System from Franklin to Morse*. Cambridge: Harvard University Press.

_____ (1997). "Governmental Institutions as Agents of Change: Rethinking American Political Development in the Early Republic, 1787–1835." *Studies in American Political Development* 11, nº: 347–80.

JOHNSON, Marilynn S. (2008). *Violence in the West: The Johnson County Range War and Ludlow Massacre: A Brief History with Documents*. Nova York: Bedford/ St. Martin's.

JOHNSON, Simon e James Kwak (2010). *13 Bankers: The Wall Street Takeover and the Next Financial Meltdown*. Nova York: Pantheon.

JONES, A. H. M. (1964). *The Later Roman Empire, 284–602: A Social, Economic and Administrative Survey*. Oxford: Basil Blackwell.

JONES, Philip (1997). *The Italian City State*. Oxford: Clarendon Press.

KAMAKAU, Samuel M. (1992). *Ruling Chiefs of Hawaii*. Edição revisada. Honolulu: Kamehameha Schools Press.

KAPLAN, Robert D. (1994). *The Coming Anarchy: Shattering the Dreams of the Post Cold War*. Nova York: Vintage.

KARLSON, Gunnar (2000). *The History of Iceland*. Mineápolis: University of Minnesota Press.

KARNES, Thomas L. (1961). *Failure of Union*. Chapel Hill: University of North Carolina Press.

KAUTILYA (1987). *The Arthashastra*. Traduzido por L. N. Rangarajan. Nova York: Penguin Books.

KEAY, John (2000). *India: A History*. Nova York: HarperCollins

KEELEY, Lawrence H. (1996). *War Before Civilization: The Myth of the Peaceful Savage*. Nova York: Oxford University Press.

KELLY, Christopher (2005). *Ruling the Later Roman Empire*. Cambridge, MA: Belknap Press.

KENNEDY, Hugh (2015). *The Prophet and the Age of the Caliphates: The Islamic Near East from the Sixth to the Eleventh Century*. 3ª edição. Nova York: Cambridge University Press.

KEPEL, Gilles (2005). *The Roots of Radical Islam*. Londres: Saqi Books.

KERSHAW, Ian (2000). *Hitler: 1889–1936: Hubris*. Nova York: W. W. Norton.

KHALIL, Samir (1989). *Republic of Fear: The Politics of Modern Iraq*. Berkeley: University of California Press.

KHAN, B. Zorina (2009). *The Democratization of Invention: Patents and Copyrights in American Economic Development, 1790–1920*. Chicago: University of Chicago Press.

KILLICK, Tony (1976). *Development Economics in Action*. Londres: Heinemann.

KIM, Sung Ho (2017). "Max Weber." *The Stanford Encyclopedia of Philosophy* (edição do inverno de 2017), editado por Edward N. Zalta. <https://plato.stanford.edu/archives/win2017/entries/weber/>.

KING, Desmond e Robert C. Lieberman (2009). "Ironies of State Building: A Comparative Perspective on the American State." *World Politics* 61, no 3: 547–88.

KING, Gary, Ori Rosen, Martin Tanner e Alexander Wagner (2008). "Ordinary Economic Voting Behavior in the Extraordinary Election of Adolf Hitler." *Journal of Economic History* 68, no 4: 951–96.

KIRCH, Patrick V. (2010). *How Chiefs Became Kings: Divine Kingship and the Rise of Archaic States in Ancient Hawai'i.* Berkeley: University of California Press.

_____ (2012). *A Shark Going Inland Is My Chief: The Island Civilization of Ancient Hawai'i.* Berkeley: University of California Press.

KIRCH, Patrick V. e Marshall D. Sahlins (1992). *Anahulu: The Anthropology of History in the Kingdom of Hawaii.* Vol. 1, *Historical Ethnography.* Chicago: University of Chicago Press.

KITSCHELT, Herbert P. (2003). "Accounting for Postcommunist Regime Diversity: What Counts as a Good Cause?" Em *Capitalism and Democracy in Central and East Europe: Assessing the Legacy of Communist Rule*, editado por Grzegorz Ekiert e Stephen E. Hanson. Cambridge: Cambridge University Press.

KITSON-CLARK, G. S. R. (1951). "The Electorate and the Repeal of the Corn Laws." *Transactions of the Royal Historical Society* 1:109–26.

KNAUFT, Bruce (1987). "Reconsidering Violence in Simple Human Societies." *Current Anthropology* 28, no 4: 457– 500.

KREMER, Michael, Nazmul Chaudhury, F. Halsey Rogers, Karthik Muralidharan e Jeffrey Hammer (2005). "Teacher Absence in India: A Snapshot." *Journal of the European Economic Association* 3, no 2–3: 658– 67.

KUHN, Philip A. (1990). *Soulstealers: The Chinese Sorcery Scare of 1768.* Cambridge, MA: Harvard University Press.

KÜMIN, Beat (2013). *The Communal Age in Western Europe, 1100–1800.* Nova York: Palgrave Macmillan.

_____ e Andreas Würgler (1997). "Petitions, *Gravamina* and the Early Modern State: Local Influence on Central Legislation in England and Germany (Hesse)." *Parliaments, Estates and Representation* 17: 39– 60.

KURAN, Timur (2012). *The Long Divergence: How Islamic Law Held Back the Middle East.* Princeton, NJ: Princeton University Press.

KURZMAN, Charles (2003). "ProU.S. Fatwas." *Middle East Policy* 10, no 3: 155–66. <https://www.mepc.org/prousfatwas>.

KURZMAN, Dan. (1960) *Kishi and Japan: The Search for the Sun.* Nova York: Ivan Obolensky.

KUYKENDALL, Ralph S. (1965). *The Hawaiian Kingdom, 1778–1854, Foundation and Transformation.* Honolulu: University of Hawai'i Press.

LAIOU, Angeliki E. e Cécile Morrisson (2007). *The Byzantine Economy.* Nova York: Cambridge University Press.

LANNI, Adriaan (2016). *Law and Order in Ancient Athens*. Nova York: Cambridge University Press.

LAPIDUS, Ira M. (2014). *A History of Islamic Societies*. 3rd edition. Nova York: Cambridge University Press.

LARSON, John Lauritz (2001). *Internal Improvement: National Public Works and the Promise of Popular Government in the Early United States*. Chapel Hill: University of North Carolina Press.

LARSON, T. A. (1990). *History of Wyoming*. 2ª edição. Lincoln: University of Nebraska Press.

LEÃO, Delfim F. e Peter J. Rhodes (2016). *The Laws of Solon*. Nova York: I.B. Tauris.

LEPSIUS, M. Rainer (1978). "From Fragmented Party Democracy to Government by Emergency Decree and National Socialist Takeover: Germany." Em *The Breakdown of Democratic Regimes: Europe*, editado por Juan J. Linz e Alfred Stepan. Baltimore: Johns Hopkins University Press.

LEVINSON, Daryl J. (2014). "Incapacitating the State." *William and Mary Law Review* 56, nº 1: 181– 226.

LEWIS, Mark Edward (2000). "The City-State in Spring-and-Autumn China." Em *A Comparative Study of Thirty City-State Cultures*, editado por Mogens Herman Hansen. Historisk-filosofiske Skrifter 21. Copenhage: Academia Real de Ciências e Letras da Dinamarca.

_____ (2011). *The Early Chinese Empires: Qin and Han*. Cambridge, MA: Harvard University Press.

_____ (2012a). *China between Empires: The Northern and Southern Dynasties*. Cambridge, MA: Harvard University Press.

_____ (2012b). *China's Cosmopolitan Empire: The Tang Dynasty*. Cambridge, MA: Harvard University Press.

LEWIS, Oscar (1965). *Village Life in Northern India*. Nova York: Vintage Books.

LIDDELL HART, Basil, ed. (1953). *The Rommel Papers*. Nova York: Harcourt, Brace.

LIM, Luisa (2014). *The People's Republic of Amnesia: Tiananmen Revisited*. Nova York: Oxford University Press.

LINZ, Juan J. (1978). *The Breakdown of Democratic Regimes: Crisis, Breakdown and Reequilibration*. Baltimore: Johns Hopkins University Press.

LIPSET, Seymour Martin (1959). "Some Social Requisites of Democracy: Economic Development and Political Legitimacy." *American Political Science Review* 53, nº 1: 69–105.

LITWACK, Leon F. (2009). *How Free Is Free? The Long Death of Jim Crow*. Cambridge, MA: Harvard University Press.

LIU, Alan P. L. (1992). "The 'Wenzhou Model' of Development and China's Modernization." *Asian Survey* 32, nº 8: 696–711.

LIU, William Guanglin (2015). *The Chinese Market Economy, 1000–1500*. Albany: State University of New York Press.

LOCKE, John (2003). *Two Treatises of Government*. Editado por Ian Shapiro. New Haven: Yale University Press.

LOEWEN, James W. (2006). *Sundown Towns: A Hidden Dimension of American Racism*. Nova York: Touchstone.

LOPEZ, Robert S. (1951). "The Dollar of the Middle Ages." *Journal of Economic History* 11, nº 3: 209– 34.

_____ (1976). *The Commercial Revolution of the Middle Ages, 950–1350*. Nova York: Cambridge University Press.

LOVEJOY, Paul E. e Toyin Falola, eds. (2003). *Pawnship, Slavery, and Colonialism in Africa*. Trenton, NJ: Africa World Press.

LOVEMAN, Brian (1976). *Struggle in the Countryside: Politics and Rural Labor in Chile, 1919–1973*. Bloomington: University of Indiana Press.

LUGARD, Frederick (1922). *The Dual Mandate in Tropical Africa*. Londres: Frank Cass.

MAQUIAVEL, Nicolau (2005). *The Prince*. Nova York: Oxford University Press.

MADDICOTT, J. R. (2012). *The Origins of the English Parliament, 924–1327*. Nova York: Oxford University Press.

MAHONEY, James L. (2001). *The Legacies of Liberalism: Path Dependence and Political Regimes in Central America*. Baltimore: Johns Hopkins University Press.

MAJUMDAR, Ramesh C. (1922). *Corporate Life in Ancient India*. Poona: Oriental Book Agency.

MALAVIYA, H. D. (1956). *Village Panchayats in India*. Nova Délhi: All India Congress Committee.

MALO, David (1987). *Hawaiian Antiquities*. Honolulu: Bishop Museum Press.

MAMDANI, Mahmood (1996). *Citizen and Subject: Contemporary Africa and the Legacy of Late Colonialism*. Princeton, NJ: Princeton University Press.

MANDEVILLE, Bernard (1989). *The Fable of the Bees: Or Private Vices, Publick Benefits*. Nova York: Penguin.

MANN, Michael (1986). *The Sources of Social Power*. Vol. 1, *A History of Power from the Beginning to AD1760*. Nova York: Cambridge University Press.

MARCHAL, Guy (2006). "Die 'alpine Gesellschaft.'" Em *Geschichte der Schweiz und der Schweizer*. Zurique: Schwabe.

MARONGIU, Antonio (1968). *Mediaeval Parliaments: Comparative Study*. Londres: Eyre & Spottiswoode.

MATHEW, Santhosh e Mick Moore (2011). "State Incapacity by Design: Understanding the Bihar Story." <http://www.ids.ac.uk/files/dmfile/Wp366.pdf>.

MATHUR, Kuldeep (2013). *Panchayati Raj: Oxford India Short Introductions*. Nova Délhi: Oxford University Press.

MATTHAI, John (1915). *Village Government in British India*. Londres: T. Fisher Unwin.

MAZZUCA, Sebastián L. e James A. Robinson (2009). "Political Conflict and Power-Sharing in the Origins of Modern Colombia." *Hispanic American Historical Review* 89: 285–321.

MCADAM, Doug (1999). *Political Process and the Development of Black Insurgency, 1930–1970*. 2ª ediçãp. Chicago: University of Chicago Press.

MCCREERY, David J. (1994). *Rural Guatemala, 1760–1940*. Stanford, CA: Stanford University Press.

MCDONALD, Forrest (2000). *States' Rights and the Union: Imperium in Imperio, 1776–1876*. Lawrence: University Press of Kansas.

MCPHERSON, James M. (2003). *Battle Cry of Freedom: The Civil War Era*. Nova York: Oxford University Press.

MEIER, Pauline (2011). *Ratification: The People Debate the Constitution, 1787–1788*. Nova York: Simon & Schuster.

MENCHÚ, Rigoberta (1984). *I, Rigoberta Menchú*. Londres: Verso.

MENGZI (2008). *Mengzi: With Selections from Traditional Commentaries*. Indianápolis: Hackett.

METTLER, Suzanne (2011). *The Submerged State: How Invisible Government Policies Undermine American Democracy*. Chicago: University of Chicago Press.

MICHALOPOULOS, Stelios, Alireza Naghavi e Giovanni Prarolo (2018). "Trade and Geography in the Spread of Islam." *Economic Journal* 128, nº 616: 3210–41.

MIERS, Suzanne e Igor Kopytoff, eds. (1977). *Slavery in Africa: Historical and Anthropological Perspectives*. Madison: University of Wisconsin Press.

MIGDAL, Joel (1988). *Strong Societies and Weak States: State-Society Relations and State Capabilities in the Third World*. Princeton, NJ: Princeton University Press.

_____ (2001). *StateinSociety: Studying How States and Societies Transform and Constitute One Another*. Nova York: Cambridge University Press.

MILL, John Stuart (1869). *The Subjection of Women*. Londres: Longmans, Green, Reader and Dyer.

MILLER, William Ian (1997). *Bloodtaking and Peacemaking: Feud, Law, and Society in Saga Iceland*. Chicago: University of Chicago Press.

MISGELD, Klaus, Karl Molin e Klas Amark (1988). *Creating Social Democracy: A Century of the Social Democratic Labor Party in Sweden*. University Park: Pennsylvania State University Press.

MITCHELL, Stephen (2004). *Gilgamesh: A New English Version*. Nova York: Free Press.

MOELLER, Robert G. (2010). *The Nazi State and German Society: A Brief History with Documents*. Nova York: Bedford/ St. Martin's.

MOENE, Karl-Ove e Michael Wallerstein (1997). "Pay Inequality." *Journal of Labor Economics* 15, nº 3: 403–30.

MOKYR, Joel (1990). *The Lever of Riches*. Nova York: Oxford University Press.

_____ (2009). *The Enlightened Economy*. New Haven: Yale University Press.

MONTGOMERY, Fiona A. (2006). *Women's Rights: Struggles and Feminism in Britain c. 1770–1970*. Manchester: University of Manchester Press.

MOOKERJI, Radhakumud (1920). *Local Government in Ancient India*. Oxford: Clarendon Press.

MOORE, Barrington (1966). *The Social Origins of Dictatorship and Democracy*. Boston: Beacon Press.

MOREROD, Jean-Daniel e Justin Favrod (2014). "Entstehung eines sozialen Raumes (5–13 Jahrhundert)." Em *Die Geschichte der Schweiz*, editado por Georg Kreis. Basel: Schwabe.

MORGAN, Edmund S. (1975). *American Slavery, American Freedom*. Nova York: W. W. Norton.

MORRIS, Donald R. (1998). *The Washing of the Spears: The Rise and Fall of the Zulu Nation*. Boston: Da Capo Press.

MORRIS, Ian (1996). "The Strong Principle of Equality and the Archaic Origins of Greek Democracy." Em *Demokratia: A Conversation on Democracies, Ancient and Modern*, editado por Joshua Ober e Charles Hedrick. Princeton, NJ: Princeton University Press.

_____ (2010). "The Greater Athenian State." Em *The Dynamics of Ancient Empires: State Power from Assyria to Byzantium*, editado por Ian Morris and Walter Scheidel. Nova York: Oxford University Press.

MORSE, H. B. (1920). *The Trade and Administration of China*. 3ª edição. Londres: Longmans, Green.

MORTIMER, Edward (1990). "The Thief of Baghdad." *The New York Review of Books* 37, nº 14. <https://web.archive.org/web/20031014004305/http://www.nybooks.com/articles/3519>.

MOTE, Frederick W. (2000). *Imperial China 900–1800*. Cambridge, MA: Harvard University Press.

MOULINE, Nabil (2014). *The Clerics of Islam: Religious Authority and Political Power in Saudi Arabia*. New Haven: Yale University Press.

MUELLER, Reinhold C. (1997) *The Venetian Money Market: Banks, Panics, and the Public Debt, 1200–1500*. Baltimore: Johns Hopkins University Press.

MÜHLBERGER, Detlef (2003). *The Social Bases of Nazism, 1919–1933*. Nova York: Cambridge University Press.

MUNSHI, Kaivan (2017). "Caste and the Indian Economy." <http://www.histecon.magd.cam.ac.uk/km/Munshi_JEL2.pdf>.

MURDOCK, George P. (1959). Africa: Its Peoples and Their Culture History. Nova York: McGraw-Hill.

MURRAY, Alexander C. (1983). *Germanic Kinship Structure*. Toronto: Pontifical Institute of Mediaeval Studies.

_____ (1988). "From Roman to Frankish Gaul." *Traditio* 44: 59–100.

MYERS, A. R. (1975). *Parliaments and Estates in Europe to 1789*. San Diego: Harcourt Brace Jovanovich.

MYERSON, Roger B. (2004). "Political Economics and the Weimar Disaster." <http://home.uchicago.edu/rmyerson/research/weimar.pdf>.

NEE, Victor e Sonja Opper (2012). *Capitalism from Below: Markets and Institutional Change in China*. Nova York: Cambridge University Press.

NEIER, Aryeh (2012). *International Human Rights Movement: A History*. Princeton, NJ: Princeton University Press.

NELSON, Janet L. (2003). *The Frankish World, 750–900*. Londres: Bloomsbury Academic.

NORTH, Douglass C. e Robert Paul Thomas (1973). *The Rise of the Western World: A New Economic History*. New York: Cambridge University Press.

_____ e John Wallis e Barry R. Weingast (2009). *Violence and Social Orders: A Conceptual Framework for Interpreting Recorded Human History*. Nova York: Cambridge University Press.

NOVAK, William J. (1996). *The People's Welfare: Law and Regulation in Nineteenth- Century America*. Chapel Hill: University of North Carolina Press.

_____ (2008). "The Myth of the 'Weak' American State." *American Historical Review* 113, nº 3: 752– 72.

_____ (2017). "The Myth of the New Deal State." Em *Liberal Orders: The Political Economy of the New Deal and Its Opponents*, editado por N. Lichtenstein, J.C. Vinel e R. Huret. No prelo.

NOVAK, William J. e Steven C. A. Pincus (2017). "Revolutionary State Foundation: The Origins of the Strong American State." Em *State Formations: Histories and Cultures of Statehood*, editado por J. L. Brooke, J. C. Strauss e G. Anderson. Cambridge: Cambridge University Press.

OBER, Josiah (2005). *Athenian Legacies: Essays in the Politics of Going On Together.* Princeton, NJ: Princeton University Press.

_____ (2015a). *The Rise and Fall of Classical Greece.* Nova York: Penguin.

_____ (2015b). "Classical Athens [fiscal policy]." In *Fiscal Regimes and Political Economy of Early States*, editado por Walter Scheidel and Andrew Monson. Nova York: Cambridge University Press.

O'BRIEN, Kevin J., ed. (2008). *Popular Protest in China.* Cambridge, MA: Harvard University Press.

_____ e Lianjiang Li (2006). *Rightful Resistance in Rural China.* Nova York: Cambridge University Press.

O'DONNELL, Guillermo e Philippe C. Schmitter (1986). *Transitions from Authoritarian Rule.* Baltimore: Johns Hopkins University Press.

ORIGO, Iris (1957). *The Merchant of Prato.* Nova York: Alfred A. Knopf.

ORREN, Karen, e Stephen Skowronek (2004). *The Search for American Political Development.* Nova York: Cambridge University Press.

OSAFO-KWAAKO, Philip, and James A Robinson (2013). "Political Centralization in Pre-Colonial Africa." *Journal of Comparative Economics* 41, nº 1: 534–64.

OSBORNE, Robin (2009). *Greece in the Making 1200–479 bc.* Nova York: Routledge.

OST, David (2006). *Defeat of Solidarity: Anger and Politics in Postcommunist Europe.* Ithaca, NY: Cornell University Press.

ÖZMUCUR, Süleyman e Şevket Pamuk. (2002) "Real Wages and Standards of Living in the Ottoman Empire, 1489–1914. *Journal of Economic History* 62, nº 2: 293–321.

PAIGE, Jeffrey M. (1997). *Coffee and Power: Revolution and the Rise of Democracy in Central America.* Cambridge, MA: Harvard University Press.

PAMUK, Şevket (2006). "Urban Real Wages around the Eastern Mediterranean in Comparative Perspective, 1100–2000." Em *Research in Economic History*, vol. 23, editado por Alexander Field, Gregory Clark e William A. Sundstrom, 209–28. Bingley, Reino Unido: Emerald House.

_____ (2014). "Institutional Change and Economic Development in the Middle East, 700–1800." Em *The Cambridge History of Capitalism*, editado por Larry Neal e Jeffrey G. Williamson, vol. 1, *The Rise of Capitalism: From Ancient Origins to 1848.* Nova York: Cambridge University Press.

PANTOS, Aliki e Sarah Semple, eds. (2004). *Assembly Places and Practices in Medieval Europe.* Dublin: Four Courts Press.

Parry, Jonathan P. (1979). *Caste and Kinship in Kangra.* Nova York: Routledge.

PASCALI, Luigi (2017). "The Wind of Change: Maritime Technology, Trade, and Economic Development." *American Economic Review* 107, nº 9: 2821–54.

PATTISON, George. (2000). *Routledge Philosophy Guidebook to the Later Heidegger.* Londres: Routledge.

PEARLMAN, Wendy (2017). *We Crossed a Bridge and It Trembled: Voices from Syria.* Nova York: Custom House.

PEI, Minxin (2016). *China's Crony Capitalism: The Dynamics of Regime Decay.* Cambridge, MA: Harvard University Press.

PERHAM, Margery (1960). *Lugard: The Years of Adventure, 1858–1945* and *Lugard: The Years of Authority, 1898–1945*. 2 vols. Londres: Collins.

PERRY, Elizabeth J. (2008). "Chinese Conceptions of 'Rights': from Mencius to Mao—and Now." *Perspectives on Politics* 6, nº 1: 37–50.

PETTIT, Philip (1999). *Republicanism: A Theory of Freedom and Government*. Nova York: Oxford University Press.

_____ (2014). *Just Freedom: A Moral Compass for a Complex World*. Nova York: W. W. Norton.

PEZZOLO, Luciano (2014). "The Via Italiana to Capitalism." Em *The Cambridge History of Capitalism*, editado por Larry Neal e Jeffrey G. Williamson, vol. 1, *The Rise of Capitalism: From Ancient Origins to 1848*. Nova York: Cambridge University Press.

PHILBY, Harry St. John B. (1928). *Arabia of the Wahhabis*. Londres: Constable.

PHILLIPPON, Thomas e Ariell Reshef (2012). "Wages in Human Capital in the U.S. Finance Industry: 1909–2006." *Quarterly Journal of Economics* 127:1551–1609.

PIKETTY, Thomas e Emmanuel Saez (2003). "Income Inequality in the United States, 1913–1998." *Quarterly Journal of Economics* 118, nº 1: 1–41.

PILS, Eva (2014). *China's Human Right Lawyers: Advocacy and Resistance*. Londres: Routledge.

PINCUS, Steven C. A. (2011). *1688: The First Modern Revolution*. New Haven: Yale University Press.

_____ e James A. Robinson (2012). "What Really Happened During the Glorious Revolution?" Em *Institutions, Property Rights and Economic Growth: The Legacy of Douglass North*, editado por Sebastián Galiani e Itai Sened. Nova York: Cambridge University Press.

_____ (2016). "Wars and State-Making Reconsidered: The Rise of the Developmental State." *Annales, Histoire et Sciences Sociales* 71, nº 1: 7–35.

Pines, Yuri (2009). *Envisioning Eternal Empire: Chinese Political Thought of the Warring States Era*. Honolulu: University of Hawai'i Press.

_____ (2012). *The Everlasting Empire: The Political Culture of Ancient China and Its Imperial Legacy*. Princeton, NJ: Princeton University Press.

PINKER, Steven (2011). *The Better Angels of Our Nature: Why Violence Has Declined*. Nova York: Penguin Books.

PIRENNE, Henri (1952). *Medieval Cities: Their Origins and the Revival of Trade*. Princeton, NJ: Princeton University Press.

PLAATJE, Sol (1916). *Native Life in South Africa*. Londres: P. S. King and Son.

PLATTEAU, Jean-Philippe. (2011). "Political Instrumentalization of Islam and the Risk of Obscurantist Deadlock." *World Development* 39, nº 2: 243–60.

_____ (2017). *Islam Instrumentalized: Religion and Politics in Historical Perspective*. Nova York: Cambridge University Press.

PLUTARCO (1914). *Lives*. Vol. 1, *Theseus and Romulus. Lycurgus and Numa. Solon and Publicola*. Traduzido por Bernadotte Perrin. Cambridge, MA: Harvard University Press.

POMERANZ, Kenneth (2001). *China, Europe, and the Making of the Modern World Economy*. Princeton, NJ: Princeton University Press.

POPE, Nicole e Hugh Pope (2011). *Turkey Unveiled: A History of Modern Turkey*. Nova York: Overlook Press.

POWELL, Anton (2016). *Athens and Sparta: Constructing Greek Political and Social History from 478 bc.* 3ª edição. Nova York: Routledge.

PROCÓPIO (2007). *The Secret History.* Nova York: Penguin.

PUTNAM, Robert D., Robert Leonardi e Raffaella Y. Nanetti (1994). *Making Democracy Work: Civic Traditions in Modern Italy.* Princeton, NJ: Princeton University Press.

RATTRAY, Robert S. (1929). *Ashanti Law and Constitution.* Oxford: Clarendon Press.

REGINALDO DE DURHAM (1918). "Life of St. Godric." Em *Social Life in Britain from the Conquest to the Reformation,* editado por G. G. Coulton, 415–20. Cambridge: Cambridge University Press.

REICHE, Danyel (2011). "War Minus the Shooting." *Third World Quarterly* 32, nº 2: 261–77.

REUTER, Timothy (2001). "Assembly Politics in Western Europe from the Eighth Century to the Twelfth." Em *The Medieval World,* editado por Peter Linehan e Janet L. Nelson. Londres e Nova York: Routledge.

RHODES, Peter J. (2011). *A History of the Classical Greek World: 478–323 bc.* Oxford: Wiley-Blackwell.

RICARDO, David ([1824] 1951–1973). "Defense of the Plan of Voting by Ballot." Em *The Works and Correspondence of David Ricardo,* editado por Maurice H. Dobb e Piero Sraffa, vol. 5. Cambridge: Cambridge University Press.

RICHARDS, John F. (1993). *The Mughal Empire.* Nova York: Cambridge University Press.

RITTER, E. A. (1985). *Shaka Zulu: The Biography of the Founder of the Zulu Nation.* Londres: Penguin.

ROACH, Levi (2013). *Kingship and Consent in Anglo-Saxon England, 871–978: Assemblies and the State in the Early Middle Ages.* Nova York: Cambridge University Press.

_____ (2017). *Æthelred: The Unready.* New Haven: Yale University Press.

ROBERTS, Elizabeth (2007). *Realm of the Black Mountain: A History of Montenegro.* Ithaca, NY: Cornell University Press.

ROBERTS, Michael (1956). "The Military Revolution, 1560–1660." Reimpresso com algumas revisões em Roberts, *Essays in Swedish History.* Londres: Weidenfeld and Nicholson.

ROBERTSON, A. J., ed. (1925). *The Laws of the Kings of England from Edmund to Henry I.* Cambridge: Cambridge University Press.

ROBINSON, Eric W. (2011). *Democracy Beyond Athens.* Nova York: Cambridge University Press.

ROBINSON, James A. (2007). "Un Típico País Latinoamericano? Una Perspectiva sobre el Desarrollo." Em *Economía Colombiana del Siglo XX: Un Análisis Cuantitativo,* editado por James A. Robinson e Miguel Urrutia Montoya. Bogotá: Fondo de Cultura Económica.

_____ (2013). "Colombia: Another 100 Years of Solitude?" *Current History* 112 (751), 43–48.

_____ (2016). "La Miseria en Colombia." *Desarollo y Sociedad* 76, nº 1: 1–70.

RODINSON, Maxime (2007). *Islam and Capitalism.* Londres: Saqi Books.

ROSENBERG, Hans (1958). *Bureaucracy, Aristocracy and Autocracy: The Prussian Experience.* Cambridge, MA: Beacon Press.

ROTHSTEIN, Richard (2014). "The Making of Ferguson." <http://www.epi.org/files/2014/makingofferguson-final.pdf>.

_____ (2017). *The Color of Law: A Forgotten History of How Our Government Segregated America*. Nova York: Liveright.

ROWE, William T. (1984). *Hankow: Commerce and Society in a Chinese City, 1796–1889*. Stanford, CA: Stanford University Press.

_____ (1989). *Hankow: Conflict and Community in a Chinese City, 1796– 1895*. Stanford, CA: Stanford University Press.

_____ (2009). *China's Last Empire: The Great Qing*. Cambridge, MA: Harvard University Press.

ROY, Arundhati (2014). "The Doctor and the Saint." Em B. R. Ambedkar, *Annihilation of Caste: The Annotated Critical Edition*. Londres: Verso.

ROY, Kumkum (1994). *The Emergence of Monarchy in North India, Eighth to Fourth Centuries b.c.* Nova Délhi: Oxford University Press.

RUBINSTEIN, Nicolai (1958). "Political Ideas in Sienese Art: The Frescoes by Ambrogio Lorenzetti and Taddeo di Bartolo in the Palazzo Pubblico." *Journal of the Warburg and Courtauld Institutes* 21, nº 3– 4: 179– 207.

RUESCHEMEYER, Dietrich, Evelyn H. Stephens e John D. Stephens (1992). *Capitalist Development and Democracy*. Chicago: University of Chicago Press.

SABLONIER, Roger (2015). "The Swiss Confederation." Em *The New Cambridge Medieval History*, editado por Christopher Allmand, vol. 7. Nova York: Cambridge University Press.

SAFFORD, Frank (1985). "Politics, Ideology and Society in Post-Independence Spanish America." Em *The Cambridge History of Latin America*, editado por Leslie Bethell, vol. 3, *From Independence to c. 1870*, 347–421. Nova York: Cambridge University Press.

SAMUELS, Richard (2003). *Machiavelli's Children: Leaders and Their Legacies in Italy and Japan*. Ithaca, NY: Cornell University Press.

SANTOS-VILLAGRAN, Rafael (2016). "Share Is to Keep: Ownership Transfer to Politicians and Property Rights in Post-Apartheid South Africa." <https://sites.google.com/site/rjsantosvillagran/research>.

SATYANATH, Shanker, Nico Voigtländer e Hans- Joachim Voth (2017). "Bowling for Fascism: Social Capital and the Rise of the Nazi Party." *Journal of Political Economy* 125, nº 2: 478– 526.

SCHALLER, Michael (1995). "America's Favorite War Criminal: Kishi Nobusuke and the Transformation of US Japan Relations." Japan Policy Research Institute, <http://www.jpri.org/publications/workingpapers/wp11.html>.

SCOTT, James C. (2010). *The Art of Not Being Governed*. New Haven: Yale University Press.

SHAH, Ghanshyam, Harsh Mander, Sukhadeo Thorat, Satish Deshpande e Amita Baviskar (2006). *Untouchability in Rural India*. Nova Délhi: Sage.

SHANG YANG (2017). *The Book of Lord Shang*. Traduzido e editado por Yuri Pines. Nova York: Columbia University of Press.

SHARMA, J. P. (1968). *Republics in Ancient India: c. 1500 b.c.–500 b.c.* Leiden: Brill.

SHARMA, Ram Sharan (2005). *Aspects of Political Ideas and Institutions in Ancient India*. 5ª edição. Nova Délhi: Motilal Banarasidass.

SHASTRI, K. A. Nilakanta (1997). *A History of South India: From Prehistoric Times to the Fall of Vijayanagar*. 4ª edição. Nova Délhi: Oxford University Press.

SHATZMILLER, Maya (2009). "Transcontinental Trade and Economic Growth in the Early Islamic Empire: The Red Sea Corridor in the 8th–10th centuries." Em *Connected Hinterlands*, editado por Lucy Blue, Ross Thomas, John Cooper e Julian Whitewright. Oxford: Society for Arabian Studies.

SHEPARD, William R. (1911). *Historical Atlas*. Nova York: Henry Holt. Disponível em <https://archive.org/details/bub_gb_6Zc9AAAAYAAJ>.

SHIRER, William L. (1960). *The Rise and Fall of the Third Reich: A History of Nazi Germany*. Nova York: Simon & Schuster.

SIMIĆ, Andrei (1967). "The Blood Feud in Montenegro." University of California at Berkeley, Kroeber Anthropological Society Special Publications 1.

SIMON, Joshua (2017). *The Ideology of Creole Revolution*. Nova York: Cambridge University Press.

SIMPSON, Mark e Tony Hawkins (2018). *The Primacy of Regime Survival: State Fragility and Economic Destruction in Zimbabwe*. Londres: Palgrave Macmillan.

SINGH, Upinder (2009). *History of Ancient and Early Medieval India: From the Stone Age to the 12th Century*. Upper Saddle River, NJ: Pearson Education.

SKINNER, Quentin (1986). "Ambrogio Lorenzetti: The Artist as Political Philosopher." *Proceedings of the British Academy* 72: 1–56.

_____ (1999). "Ambrogio Lorenzetti's Buon Governo Frescoes: Two Old Questions, Two New Answers." *Journal of the Warburg and Courtauld Institutes* 62: 1–28.

SKOCPOL, Theda (1995). *Protecting Mothers and Soldiers: The Political Origins of Social Policy in the United States*. Cambridge, MA: Belknap Press.

SKOWRONEK, Stephen (1982). *Building a New American State: The Expansion of National Administrative Capacities, 1877– 1920*. Nova York: Cambridge University Press.

SMITH, Brian K. (1994). *Classifying the Universe: The Ancient Indian Varna System and the Origins of Caste*. Nova York: Oxford University Press.

SMITH-DORRIEN, Horace (1925). *Memories of Forty-Eight Years' Service*. Londres: John Murray.

SOBEL, Dava (2007). *Longitude*. Nova York: Bloomsbury.

SONG, Jae, David J. Price, Fatih Güvenen, Nicholas Bloom e Till von Wachter (2015). "Firming Up Inequality." Documento NBER nº 21199.

SOUTHALL, Roger (2005). "Black Empowerment and Corporate Capital." Em *The State of the Nation: South Africa 2004– 2005*, editado por John Daniel, Roger Southall e Jessica Lutchman. Johanesburgo. HSRC Press.

SOYINKA, Wole (2006). *You Must Set Forth at Dawn*. Nova York: Random House.

SPENCE, Jonathan D. (1978). *The Death of Woman Wang*. Nova York: Viking Press.

_____ (2012). *The Search for Modern China*. 3ª edição. Nova York: W. W. Norton.

_____ (2014). *The Search for Modern China: A Documentary Collection*. Nova York: W. W. Norton.

SRINIVAS, M. N. (1976). *The Village Remembered*. Berkeley: University of California Press.

_____ (1994). *The Dominant Caste and Other Essays*. Edição revista e ampliada. Nova Délhi: Oxford University Press.

STAFFORD, Pauline (1989). *Unification and Conquest: A Political and Social History of England in the Tenth and Eleventh Centuries*. Nova York: Hodder Arnold.

726 ▪ O CORREDOR ESTREITO

STANGER, Allison (2011). *One Nation Under Contract: The Outsourcing of American Power and the Future of Foreign Policy.* New Haven: Yale University Press.

STEIN, Burton (1980). *Peasant State and Society in Medieval South India.* Nova Délhi: Oxford University Press.

_____ (1990). *Vijayanagara.* Nova York: Cambridge University Press.

STEINBERG, Jonathan (2016). *Why Switzerland?* Nova York: Cambridge University Press.

STEINBERG, Guido (2005). "The Wahhabi Ulama and the Saudi State: 1745 to the Present." Em *Saudi Arabia in the Balance: Political Economy, Society, Foreign Affairs*, editado por Paul Aarts e Gerd Nonneman. Londres: Hurst.

STRUVE, Lynn A., ed. (1998). *Voices from the Ming-Qing Cataclysm: China in Tigers' Jaws.* New Haven: Yale University Press.

STUART, Douglas T. (2008). *Creating the National Security State.* Princeton, NJ: Princeton University Press.

SUBBARAYALU, Y. (1974). *Political Geography of Chola Country.* Madras: Government of Tamil Nadu.

_____ (2012). *South India Under the Cholas.* Nova Délhi: Oxford University Press.

SWENSON, Peter A. (2002). *Capitalists Against Markets: The Making of Labor Markets and Welfare States in the United States and Sweden.* Nova York: Oxford University Press.

TÁCITOS (1970). *The Agricola and the Germania.* Traduzido por Harold Mattingly. Londres: Penguin Books. Todas as citações entre 107–12.

THAKUR, Sankharshan (2006). *Subaltern Saheb: Bihar and the Making of Laloo Yadav.* Nova Délhi: Picador India.

THAPAR, Romila (1999). *From Lineage to State: Social Formations in the Mid-First Millennium B.C. in the Ganga Valley.* Nova York: Oxford University Press.

_____ (2002). *Early India: From the Origins to ad 1300.* Berkeley: University of California Press.

THERBORN, Goran (1977). "The Rule of Capital and the Rise of Democracy." *New Left Review* 103: 3–41.

THOMPSON, Augustine (2012). *Francis of Assisi: A New Biography.* Ithaca, NY: Cornell University Press.

THOMPSON, Leonard (2014). *A History of South Africa.* 4ª edição. New Haven: Yale University Press.

TILLY, Charles, ed. (1975). *The Formation of National States in Western Europe.* Princeton, NJ: Princeton University Press.

_____ (1992). *Coercion, Capital and European States.* Oxford: Basil Blackwell.

_____ (1995). *Popular Contention in Great Britain, 1758 to 1834.* Londres: Paradigm.

TOCQUEVILLE, Alexis de (2002). *Democracy in America.* Traduzido e editado por Harvey C. Mansfield e Delba Winthrop. Chicago: University of Chicago Press.

TODD, Malcolm (2004). *The Early Germans.* 2ª edição. Oxford: Wiley-Blackwell.

TOGNATO, Carlos, ed. (2018). *Cultural Agents RELOADED: The Legacy of Antanans Mockus.* Cambridge, MA: Harvard University Press.

TOOZE, Adam (2015). *The Deluge: The Great War, America and the Remaking of the Global Order, 1916–1931.* Nova York: Penguin.

TREADGOLD, Warren (1997). *A History of the Byzantine State and Society.* Stanford, CA: Stanford University Press.

TREISMAN, Daniel (2011). *The Return: Russia's Journey from Gorbachev to Medvedev.* Nova York: Free Press.

TURNER, Frederick Jackson (1921). *The Frontier in American History.* Nova York: Holt.

TURNER, Thomas (2007). *The Congo Wars: Conflict, Myth and Reality.* Londres: Zed Books.

UBEROI, J. P. Singh (1962). *Politics of the Kula Ring: An Analysis of the Findings of Bronislaw Malinowski.* Manchester: University of Manchester Press.

URBAN, Michael, Vyacheslav Igrunov e Sergei Mitrokhin (1997). *The Rebirth of Politics in Russia.* Nova York: Cambridge University Press.

URIBE, Simón (2017). *Frontier Road: Power, History, and the Everyday State in the Colombian Amazon.* Nova York: Wiley.

VALENZUELA, Arturo (1978). *The Breakdown of Democratic Regimes: Chile.* Baltimore: Johns Hopkins University Press.

_____ e Alexander Wilde (1979). "Presidential Politics and the Decline of the Chilean Congress." Em *Legislatures in Development: Dynamics of Change in New and Old States,* editado por Joel Smith e Lloyd D. Musolf. Durham, NC: Duke University Press.

VAN WEES, Hans (2013). *Ships and Silver, Taxes and Tribute: A Fiscal History of Archaic Athens.* Nova York: I.B. Tauris.

VASSILIEV, Alexei (2013). *The History of Saudi Arabia.* Londres: Saqi Books.

VELUHAT, Kesavan (1993). *The Political Structure of Early Medieval South India.* Nova Délhi: Orient Blackswan.

VON GLAHN, Richard (2016). *The Economic History of China: From Antiquity to the Nineteenth Century.* Nova York: Cambridge University Press.

WADE, Robert H. (1988). *Village Republics: Economic Conditions for Collective Action in South India.* Nova York: Cambridge University Press.

WAKEMAN, Frederic, Jr. (1986). *The Great Enterprise: The Manchu Reconstruction of Imperial Order in Seventeenth- Century China.* 2 vols. Berkeley: University of California Press.

_____ (1993). "The Civil Society and Public Sphere Debate: Western Reflections on Chinese Political Culture." *Modern China* 19, nº 2: 108–38.

_____ (1998). "Boundaries of the Public Sphere in Ming and Qing China." *Daedalus* 127, nº 3: 167–89.

WALEY, Daniel (1991). *Siena and the Sienese in the Thirteenth Century.* Nova York: Cambridge University Press.

_____ e Trevor Dean (2013). *The Italian City-Republics.* 4ª edição. Nova York: Routledge.

WALLACE-HADRILL, J. M. (1971). *Early Germanic Kingship in England and on the Continent.* Nova York: Oxford University Press.

_____ (1982). *The Long-haired Kings and Other Studies in Frankish History.* Toronto: University of Toronto Press.

WANG, Hsien-Chun (2015). "Mandarins, Merchants, and the Railway: Institutional Failure and the Wusong Railway, 1874–1877." *International Journal of Asian Studies* 12, nº 1: 31–53.

WATSON, Andrew M. (1983). *Agricultural Innovation in the Early Islamic World*. Nova York: Cambridge University Press.

WATSON, James L. (1982). "Chinese Kinship Reconsidered: Anthropological Perspectives on Historical Research." *The China Quarterly* 92 (Dezembro de 1982): 589–622.

WATT, W. Montgomery (1953). *Muhammad at Mecca*. Oxford: Clarendon Press.

_____ (1956). *Muhammad at Medina*. Oxford: Clarendon Press.

_____ (1961). *Muhammad: Prophet and Statesman*. Nova York: Oxford University Press.

WATTS, John (2009). *The Making of Polities: Europe, 1300–1500*. Nova York: Cambridge University Press.

WEBER, Eugen (1976). *Peasants into Frenchmen*. Stanford, CA: Stanford University Press.

WEBER, Max (1946). *From Max Weber: Essays in Sociology*. Editado por Hans H. Gerth e C. Wright Mills. Nova York: Oxford University Press.

_____ (1978). *Economy and Society: An Outline of Interpretive Sociology*. 2 vols. Editado por Guenther Roth e Claus Wittich. Berkeley: University of California Press.

_____ (2001). *The Protestant Ethic and the Spirit of Capitalism*. Traduzido por Talcott Parsons. Nova York: Routledge.

WEINER, Tim (2008). *Legacy of Ashes: The History of the CIA*. Nova York: Random House.

_____ (2012). *Enemies: A History of the FBI*. Nova York: Random House.

WERLICH, David P. (1978). *Peru: A Short History*. Carbondale: Southern Illinois University Press.

WHEATLEY, Jonathan (2005). *Georgia from National Awakening to Rose Revolution: Delayed Transition in the Former Soviet Union*. Nova York: Routledge.

WICKHAM, Christopher (2009). *The Inheritance of Rome*. Nova York: Penguin.

_____ (2015). *Sleepwalking into a New World: The Emergence of Italian City Communes in the Twelfth Century*. Princeton, NJ: Princeton University Press.

_____ (2016). *Medieval Europe*. New Haven: Yale University Press.

_____ (2017). "Consensus and Assemblies in the Romano-Germanic Kingdoms." *Vorträge und Forschungen* 82: 389–426.

WILKS, Ivor (1975). *Asante in the Nineteenth Century: The Structure and Evolution of a Political Order*. Nova York: Cambridge University Press.

WILLIAMS, Ann (1999). *Kingship and Government in Pre-Conquest England c. 500–1066*. Londres: Palgrave.

_____ (2003). *Athelred the Unready: The Ill-Counselled King*. Nova York: St. Martin's Press.

WILLIAMS, Gavin e Terisa Turner (1978). "Nigeria." Em *West Africa States: Failure and Promise*, editado por John Dunn. Nova York: Cambridge University Press.

WILLIAMS, Robert G. (1994). *States and Social Evolution: Coffee and the Rise of National Governments in Central America*. Chapel Hill: University of North Carolina Press.

WINKLER, H. A. (2006). *Germany: The Long Road West*. Vol. 1, *1789–1933*. Nova York: Oxford University Press.

WISER, William H. (1936). *The Hindu Jajmani System*. Nova Délhi: Munshiram Manoharlal.

_____ e Charlotte Wiser (2000). *Behind Mud Walls: Seventy-five Years in a North Indian Village*. Berkeley: University of California Press.

WITSOE, Jeffrey (2013). *Democracy Against Development*. Chicago: University of Chicago Press.

WITTFOGEL, Karl (1957). *Oriental Despotism: A Comparative Study of Total Power.* New Haven: Yale University Press.

WOLFRAM, Herwig (2005). *The Roman Empire and Its Germanic Peoples.* Berkeley: University of California Press.

WOLLSTONECRAFT, Mary (2009). *A Vindication of the Rights of Woman and A Vindication of the Rights of Men.* Nova York: Oxford University Press.

WONG, R. BIN (1997). *China Transformed: Historical Change and the Limits of European Experience.* Ithaca, NY: Cornell University Press.

WOOD, Ian (1990). "Administration, Law and Culture in Merovingian Gaul." Em *The Uses of Literacy in Early Mediaeval Europe*, editado por Rosamond McKitterick. Cambridge: Cambridge University Press.

_____ (1994). *The Merovingian Kingdoms, 450–751.* Harlow, Reino Unido: Pearson Education.

WOODWARD, C. Vann (1955). *The Strange Career of Jim Crow.* Nova York: Oxford University Press.

WOODWARD, Ralph L., Jr. (1965). "Economic and Social Origins of Guatemalan Political Parties (1773–1823)." *Hispanic American Historical Review* 45, n° 4 (Novembro de 1965), 544–66.

_____ (1991). "The Aftermath of Independence, 1821–1870." Em *Central America Since Independence*, editado por Leslie Bethell, 1–36. Nova York: Cambridge University Press.

_____ (2008). *Rafael Carrera and the Emergence of the Republic of Guatemala, 1821–1871.* Athens: University of Georgia Press.

BANCO MUNDIAL (2005). *Bihar: Towards a Development Strategy.* Nova Délhi: Banco Mundial.

WORTMAN, Miles L. (1982). *Government and Society in Central America, 1680– 1840.* Nova York: Columbia University Press.

WRIGHT, Gavin (1986). *Old South, New South: Revolutions in the Southern Economy Since the Civil War.* Nova York: Basic Books.

WRIGHT, John e Carolyn Hamilton (1989). "Traditions and Transformations: The Phongolo-Mzimkhulu Region in the late Eighteenth and Early Nineteenth Centuries." Em *Natal and Zululand: From Earliest Times to 1910: A New History*, editado por Andrew Duminy e Bill Guest. Durban: University of Natal Press.

WRIGHT, Mary C. (1957). *The Last Stand of Chinese Conservatism.* Stanford, CA: Stanford University Press.

XIAO, Jianhua (2007). "Review on the Inefficiency and Disorganization of Judicial Power: Consideration on the Development of Civil Proceedings." *Frontiers of Law in China* 2, n° 4: 538–62.

XUNZI (2016). *Xunzi: The Complete Text.* Princeton, NJ: Princeton University Press.

YASHAR, Deborah J. (1997). *Demanding Democracy: Reform and Reaction in Costa Rica and Guatemala, 1870s–1950s.* Stanford, CA: Stanford University Press.

ZELIN, Madeleine (1984). *The Magistrate's Tael: Rationalizing Fiscal Reform in Eighteen Century Ch'ing China.* Berkeley: University of California Press.

_____ (2005). *The Merchants of Zigong: Industrial Entrepreneurship in Early Modern China.* Nova York: Columbia University Press.

ZÜRCHER, Erik Jan (1984). *The Unionist Factor. The Role of the Community of Union and Progress in the Turkish National Movement, 1905–1926.* Leiden: Brill.

_____ (2004). *Modern Turkey: A History.* Londres: I.B. Tauris.

ZYOOB, Mohammed e Hasan Kosebalaban, eds. (2009). *Religion and Politics in Saudi Arabia: Wahhabism and the State.* Boulder, CO: Lynne Rienner.

CRÉDITOS DO CADERNO DE FOTOS

Esta página constitui uma extensão dos copyrights

PÁGINA 1: AGIP – Rue des Archives / Granger, NYC-All Rights Reserved.

PÁGINA 2: Coleção Holmes, Divisão de Livros Raros e Coleção Especial, Biblioteca do Congresso.

PÁGINA 3, TOPO: Álbum / Recurso de Arte, Nova York; EM BAIXO: Paul Bohannan, *The Tiv: Um Povo Africano 1949-1953* por Paul Bohannan e Gary Seaman (Ethnographics Press, 2000).

PÁGINA 4, TOPO: AP Photo/Hassan Ammar; EM BAIXO: Galerias Dixson, Biblioteca Estadual de Nova Gales do Sul / Imagens Bridgeman.

PÁGINA 5, TOPO: Palazzo Pubblico, Siena, Itália / De Agostini Picture Library / A. De Gregorio / Bridgeman Imagens; EM BAIXO: Palazzo Pubblico, Siena, Itália / De Agostini Picture Library / G. Dagli Orti / Bridgeman Imagens.

PÁGINA 6, TOPO: Foto gentilmente cedida por Linda Nicholas; EM BAIXO: Imagens Históricas / Alamy Stock Photo.

PÁGINA 7, TOPO: Detalhe da Tapeçaria Bayeux do século XI, com autorização especial da Cidade de Bayeux; EM BAIXO: Bettmann / Getty Images.

PÁGINA 8, TOPO: David Bliss Photography; EM BAIXO: Xunzi jian shi 荀子柬釋 [*Xunzi*, com notas selecionadas], editado por Qixiong Liang 梁啓雄(Xangai: The Comercial Press 商務印書館, 1936), página 100.

PÁGINA 9, TOPO: Ed Jones / AFP / Getty Images; EM BAIXO: RAJAT GUPTA/EPA-EFE/ Shutterstock.

732 ▬ O CORREDOR ESTREITO

Páginas 10-11: Cortesia Mapping Inequality.

Página 12: © James Rodriguez / Panos Pictures.

Página 13, topo: Schalkwijk / Art Resource, NY; em baixo: CPA Media —Pictures from History / GRANGER — Todos os direitos reservados.

Página 14, topo: AP Photo/Ali Haider; em baixo: robertharding / Alamy Stock Photo.

Página 15, topo: David Rogers / Getty Images Sport Classic / Getty Images; em baixo: Akintunde Akinleye / REUTERS.

Página 16, topo: Todos os direitos reservados. Copyright CASA EDITORIAL EL TIEMPO S.A.; em baixo: UN Photo/ Cia Pak.

ÍNDICE REMISSIVO

11 de Setembro de 2001, ataques
terroristas, 513, 650
1984 (Orwell), 310

A
"À beira da anarquia" (Kaplan), 25
A colmeia resmungona (Mandeville), 234
A democracia na América (Tocqueville), 67,
473
*A origem e o crescimento das comunidades de
vilas na Índia* (Baden-Powell), 343
A sujeição das mulheres, (Mill), 254-55
Abd al-Aziz Muhammad ibn Saud, 492,
493, 494, 498-99, 500
Abdel-Hussein, Muhyi, 508
Abdulamide II, (Abdul Hamid), Sultão, 581
Abe, Shinzo, 580
Abernathy, Ralph, 424
Abu Baquir, 138
Academia Donglin, 277
Acordo de Taif, 83
Adi-dravidas, 323
Adjara, 121
Administração de Ajuste Agrícola, 427, 626

Aelfhere, Ealdormano de Mércia, 219
Aethelwine, ealdorman da Ânglia Oriental,
219
África do Sul, 565-75, 596-602
África Subsaariana, 474
Africânder, 475, 565, 566
Agência Central de Inteligência (CIA), 431,
441-42, 544-45, 653-54
Agência de Registro de Residentes do
Estado do Lagos, 590
Agência de Segurança Nacional (NSA),
406, 431, 442, 443, 651, 652, 653,
654, 687
Agência dos Estados Unidos para o
Desenvolvimento Internacional
(Usaid), 474
Agências de Ação Comunitárias, 428
agricultura de subsistência, 132
Al-Qaeda, 650
Albânia, 46, 351, 362, 365
*Alegoria do bom governo e Alegoria do mau
governo e Os efeitos do bom governo*
(Lorenzetti), 165, 171, 175, 189,
190, 192

Alemanha
desenvolvimento do Estado de bem-
estar social, 626
Dinâmicas da Rainha Vermelha,
527-36;
e a ascensão do nazismo, 522-7;
e a burocracia prussiana, 16;
e a Grande Depressão, 619;
e a tomada do controle do Estado
alemão pelos nazistas, 533-6;
e o colapso da República de Weimar,
514-22;
recuperação da autocracia, 560–3;
Alessandri, Jorge, 538
Alexander, Keith, 443
alfabetização, 183, 345
Alfredo (o Grande), rei de Wessex, 216,
218-19, 220, 224, 364
Ali (primo de Maomé), 138
Aliança para o Progresso, 539-40
Aliança Popular Revolucionária Americana
(Apra), 559
Alice através do espelho (Carroll), 53
Allen, Adel, 436
Alonso X, rei de Castela, 243
Altamirano, Carlos, 543
Althing, 244
Ambedkar, B. R., 317-18, 321-22, 330
América Latina, 469, 473, 658. *Ver também*
Países específicos
American Slavery, American Freedom
(Morgan), 412
Analectos (Confúcio), 285
André II, rei da Hungria, 240
Ânglia Oriental, 216, 219
Anglo-saxões, 216, 218-9, 232
Anhui, China, comerciantes, 288
Anistia Internacional, 611
Apartheid, 569, 573, 599-600
Appiah, Kwame Anthony, 480
Arábia Saudita, 98, 471, 487-513

Arcontes, 44, 48-49, 50
Arendt, Hannah, 16
Areópago, 48, 50, 51
Argentina, 445-53, 456
Aristides, 56
Aristóteles, 45, 47, 48, 51, 56, 58
Arkwright, Richard, 261
Armas de fogo, 116, 123-4
Arogast, 212
Arthashastra (Cautília), 313, 334, 336
Arthur, Chester, 607
Artigos da Confederação, 60-1, 62, 64, 66
Artigos dos Barões, 229
asabiyyah, 136, 137, 140, 142, 492
Ashoka, 336, 337
assédio e violência sexual, 3-4, 326, 660
Assize de Clarendon, 226, 237
Associação Nacional de Rifles, 433
Associação pela Reforma do Congo, 607
associações nativas, 288, 290
Ataturk, Mustafa Kemal, 582
Atenas, 38, 43, 44, 47, 50, 55, 57, 71, 76,
124
Atharva Veda, 331
Ática, 49, 55, 56
Atividades de Inteligência do Senado, 544
Ato de Representação do Povo, 232
Augusto (Otávio), Imperador de Roma, 207
Autocracia, 554
Automação, 632, 634, 635, 641, 646-7
Autoridade divina, 99-100, 247
Autoridade Federal de Habitação (sigla
inglesa FHA), 434
Auyero, Javier, 445, 446, 447-8, 449, 451-3
Avignon, França, 185
Ayeh-Kumi, E., 478

B

Baden-Powell, B. H., 343
Báez, Ernesto, 466
Balcerowicz, Leszek, 373

Banwala Jats, 312-4
Barco, Virgilio, 593
basileus, 50
batalha de Badr, 101
batalha de Bu'ath, 100
batalha de Edlington, 218
batalha de Hastings, 222
batalha de Jena, 367
batalha de Krusi, 363
batalha de Montaperti, 166
batalha de Morgarten, 356
batalha de Sabilla, 495
batalha de Sempach, 357
batalha de Uhud, 101
Bates, Robert, 479
batidas Palmer, 440
Beckett, Samuel, 459
Beduínos, 137, 488, 490
Begin, Menachem, 511
Benjamin de Tudela, 171, 549
bens de prestígio, 134
Berezovsky, Boris, 376
Béteille, André, 349
bin Laden, Osama, 511-2
Birmingham, Alabama, 424
Bismarck, Otto von, 528, 531, 561
bispo Otto de Freising, 168, 186
Blackhouse, Samuel, 236
Blackstone, William, 252
Bloch, Marc, 225
Blunt, E. A. H., 326
Boehm, Christopher, 364
Bogotá, Colômbia, 592-7
Bohannan, Laura, 71, 133
Bohannan, Paul, 71, 72-3, 133
Bolívar, Simón, 467, 468-9, 471-2
Bolívia, 471
Bonaparte, Charles J., 439
Bonnat, Joseph-Marie, 24
Bourlemont, Pica de, 177
Boyle, Robert, 258

brâmanes, 313, 314, 322, 326, 328-9, 330-1, 336, 338-9, 348-9, 405
Brandemburgo, 355, 360. *Ver também* Prússia
Branting, Hjalmar, 620
Braudel, Fernand, 362
Brecht, Bertolt, 372
Brin, Sergei, 639
Britnell, Richard, 314
Brown, Michael, 400, 432, 434, 437
Brunel, Isambard Kingdom, 387
Brüning, Heinrich, 524
Budismo, 337
Bula Dourada (documento), 240
Bulawayo, Zimbábue, 110
Buoso da Dovara, 553
Burckhardt, Johann Ludwig, 492
Burke, Tarana, 660
Bwanikwa, 28-9
Byrhtferth de Ramsey, 218

C

Caaba, 97-8, 102, 490
Caballero, Liliana, 595
caciques, 469, 470
Cadija, 99
Cagapisto, Girardo, 172
Califa Abdal Malique (ibn Marwan), 138
Califas/califados, 138, 139, 159, 163, 488
Câmara Federal dos Estados Unidos, 78
Camboja, 611
Campanha "Quatro Limpezas", 22
Campanha Unidos como uma Família, 311
Campbell, Dugald, 27
cantões, 240, 354, 357
Canuto, 222
Cao Xueqin, 302
Capitano del Popolo, 550
Capuchinhos, Colômbia, 459
Cardoso, Ciro, 390
Carlomano II, rei, 201

736 — O CORREDOR ESTREITO

Carlos I, rei da Inglaterra, 247

Carlos Magno, 201, 203, 214, 223, 262, 551

Carnegie, Andrew, 426

Caro, Miguel Antonio, 467

Carrera, Rafael, 392

Carrillo, Braulio, 398, 399

Carroll, Lewis, 53

Carta de Direitos (Estados Unidos), 60-1, 67, 89, 403, 406-12, 423

Castas Agendadas, 314. *Ver também* dalits ("intocáveis")

Castilla, Ramón, 472

Castro, Jaime, 594

Catasto Florentino de 1427, 183

Cautília, 313, 317, 334-6

Cerna y Cerna, Vicente, 393

César, Júlio, 204, 206, 244

Cetshwayo, rei, 106

chaebol, 605

Chamar, 329

Chandragupta Maurya, 313

Chang Shang, 279

Charles II, rei da Inglaterra, 369

Charles of Anjou, rei da Sicília, 552

Chávez, Hugo, 555

Chechênia, 377

Chefe Chikwiva, 27

Cheney, Dick, 141

Cheyenne, Wyoming, 33, 418

Childe, V. Gordon, 76

Chile, 441, 473, 536-9, 542-6, 554

China

Alemanha em contraste com a, 561-2;

e a estrutura do corredor estreito, 84-5;

e a sociedade civil, 276-92;

e legalismo, 267, 271, 275, 276, 277, 302;

e liderança moral, 303-10;

e o comunismo, 18-23, 273-4, 302-11;

e o decreto de tonsura, 279;

e o desenvolvimento do Leviatã Despódico, 88;

e o despotismo da era Qing, 271-87;

e o impacto econômico da globalização, 632-5;

e o Mandato Celestial, 267-75;

e o monitoramento social, 311-47;

e o sistema jogo da velha, 271-8, 292-4, 303

e os caminhos para o corredor, 586-7;

e os princípios confucionistas, 265-7, 272-6, 282, 285, 292-3, 295-6, 302-3, 307;

evolução da economia na, 292-302;

Partido Comunista na, 18, 20, 22, 23, 91, 302, 304-5, 308, 586-7;

Revolução Cultural, 22, 303, 305, 311;

serviço civil na, 276, 285, 294, 298;

Chubais, Anatoly, 375

cidade do pôr do sol, 90, 91, 433, 434, 436

Cidades-Estados gregas, 38. *Ver também* lugares específicos

Cilón, 44

clã Hashim, 97, 99

clãs judeus, 99

clãs, 97, 100, 114, 126, 312, 364

Clístenes, 60, 62, 77, 124, 527

café, 384, 395-7, 461

Clódio, 205

Clóvis, 206, 210, 214, 220, 246, 364

Código Tang de 653, 283

Coerção trabalhista, 394, 397-8, 598-601, 603, 604. *Ver também* peonagem; escravidão

Cohong (comércio monopolista), 295

Cointelpro, 440

Colômbia, *458*, 462, 467, 470-1, 482, 592-5

Colombo, Cristóvão, 369, 471

Colonialismo espanhol, 468

Colson, Elizabeth, 126

Comando Revolucionário (Iraque), 507

Comentários sobre as leis da Inglaterra
(Blackstone), 251
comerciantes, 176-88, 275, 287-8, 291, 294-5, 298, *300*, 306, 368-9
comerciantes, China, 275, 287-8, 291, 294-5, *300*, 306
Comissão Church, 441
Comissão da Verdade e Reconciliação, 573
Comissão de Terras Públicas dos Estados Unidos, 33
Comissão Especial de Assuntos Nativos da Colônia do Cabo, 568
Comissão Holloway, 567
Comitê de União e Progresso (CUP), 581
Comitê do Grande Ulama, 497
Comitê para a Promoção da Virtude e Prevenção do Vício, 502
Common law, 227, 420
Comneno, 247
Companhia das Índias Orientais (Grã-Bretanha), 251, 330
Companhia Ferroviária do Pacífico, 418
comuna popular de Huaidian, China, 20
Comunas italianas, 38, 41, *167*, 169, 178, 179, 181, 186, 188, 256, 261, 536, 547, 548
Comunidades de vilas no leste e no oeste (Maine), 343
Comunismo, 158, 303
Confederação Suíça, 240, 350, 355
Conferência de Berlim (1884), 606
Conflitos árabes-judeus, 510-2
Confucionismo, 265, 273, 275
Congo, 3, 5, 139, 441. *Ver também* República Democrática do Congo
Congresso dos Estados Unidos, 424
Congresso Nacional Africano (CNA), 565
Congresso Nacional dos Nativos Sul Africanos (SANNC), 565
conquista normanda, 222-5
Conquistas árabes, 143, 145, 245

Conrad, Joseph, 607, 610
Conselho de Estado (Geórgia), 122
Conselho do Sino, 169
Conselho Executivo dos Conselhos de Trabalhadores e Soldados (Alemanha), 518
Conselho Shura, 499
conspiração Ma ChaoZhu, 282
Constituição (Estados Unidos). *Ver* Carta de Direitos; Constituição dos Estados Unidos
Constituição de Medina, 100, 488, 503
constituição de Swallowfield, 237
Constituição do Havaí (estado), 150
Constituição do Missouri, 410
Constituição dos Estados Unidos
e a construção do Estado, 416-7.
e a escravidão, 414-5;
e a evolução da polícia federal, 439-40;
e a excepcionalidade americana, 403-6;
e a proteção de direitos, 60-1, 62, 63, 70;
e coleta de dados pela Agência Nacional de Segurança (NSA), 443;
e controle e balanços, 89-90;
e o direito de portar armas, 433;
e o Leviatã Agrilhoado, 36;
e os mecanismos de repressão, 77-8;
e ratificação das negociações, 195;
Ver também Carta de Direitos
Constituição, 44-5, 59-60
Contrato social, 13, 273, 482, 592
Convenção de Genebra, 610
Convenção de Haia, 610
Convenção de Prevenção e Punição de Crimes de Genocídio, 610
Cook, James, 114
Copa do Mundo de Rugby de 1995, 573

738 — O CORREDOR ESTREITO

Coração das Trevas (Conrad), 607

Corão, 99, 311, 488, 489-90, 496, 498, 499, 503, 506, 509, 511

Coreia do Norte, 308, 603, 604

Coreia do Sul, 604-5, 632

Corporação Nacional dos Produtores de Leite, 430

corporativismo, 631

Correa, Rafael, 560

corrupção

"nhoque" (funcionários fantasmas), 449-53, 589;

e consequências dos Leviatãs de Papel, 453-4;

na Argentina, 449–53;

na China, 92-5, 273-4, 286-7, 306-7;

na Colômbia, 593;

na Rússia, 375-6

suborno, 92, 160, 254;

corte recursal, 436

Costa do Marfim, 5, 24

Costa Rica, 353, 383, 387-8, 395-6, 600

Crescimento extrativo, 158

cristãos maronitas, 79, 80

Crioulos, 469

cristãos ortodoxos, 80

Cristianismo, 79, *80*, 100-1, 209-10

Crônica anglo-saxã, 218

Cruickshank, Brodie, 24

Cruzada das Crianças, 424

Culto Cojico, 196

Cultura Ciudadana (Bogotá), 596

cultura Nyambua, 72

Cultura sedentária, 137

Curva de Laffer, 141-7, 148

D

Dalits ("intocáveis"), 314, 317-8, 322-4, 326, 349, 658

Dalton, George, 474-5

Danilo, príncipe herdeiro de Montenegro, 364

Datini, Francesco di Marco, 183

Davis, Isaac, 117

Davis, W. H., 152

Davison, Emily, xxiii

De republica anglorum (Smith), 237

Debray, Régis, 542

Décima Emenda, 421

Décima Quarta Emenda, 409

Décima Sétima Emenda, 427

Décima Sexta Emenda, 427

Declaração da Independência, 412

Declaração dos Direitos do Homem e do Cidadão, 655

Declaração Universal de Direitos Humanos, 610, 655

Deeds of Frederick Barbarossa, The (Otto de Freising), 168

Deng Xiaoping, 22, 274, 303-4, 308

Departamento de Justiça dos Estados Unidos, 400, 407, 410, 423-4, 439

Desigualdade de riqueza, 436-7, 632-5

Development Economics in Action (Killick), 476

Devi, Rabri, 345

dharma, 335, 337

Diário do povo (China), 304

Dias, Bartolomeu, 369

Dieta de Hesse (assembleia), 241

Digha Nikaya, 334

Dinamarca, 240, 626, 646, 652, 653

Dinastia Abássida, 138

dinastia Fatímida, 145

Dinastia Han, 273, 275, 282

Dinastia Jin, 276

Dinastia Ming, 277, 294-5, 296

Dinastia Omíada, 138, 146

dinastia Qin, 271, 272, 275, 284

dinastia Qing, 278-84, 295-6, 307

Dinastia Song, 276, 293, 304

Dinastia Stuart, 247

Dinastia Sui, 275

Dinastia Tang, 275, 276, 291, 293, 304

Dinastia Wei, 275

Dingiswayo, 109, 158

Diocleciano, 207

direito ao voto, 233, 250, 255, 375, 392, 414

direitos à propriedade, 147, 148, 153-8, 188, 258, 295, 303, 307, 388, 416

Direitos civis, 69, 374, 410, 411, 423

direitos dos estados, 60-1, 403-4

direitos humanos, 175, 573, 584, 607, 610-1, 613, 614, 653

"Diretivas para um expurgo completo de contrarrevolucionários escondidos", 21

Discriminação habitacional, 434-7

Discurso "Quatro Liberdades", 656-7

Districto de Columbia x Heller, 433

Ditadura digital, 592

Djilas, Milovan, 351, 364

Dodge, Grenville M., 33

Doe, Samuel, 475

Domesday Book, 223

dominação, 7, 12, 29, 84, 321

Dondi, Giovanni de (de'Dondi dell'Orologio), 183

Dougherty, Charles, 492

Doyle, Arthur Conan, 610

Dukagjini, Lekë, 46

Dunstan, bispo, 217

Durham, Edith, 362

Duterte, Rodrigo, 563

E

Ebert, Friedrich, 518

Echandía, Dario, 468

Eclésia, 48-9, 51

Economia engaiolada, 132-5, 163, 326

Economist, The, 452

Éditos da Rocha de Ashoka, 336

Eduardo ("o Confessor"), 222

Eduardo ("O Velho"), 219

educação, 92, 182, 569, 605

Efeito da Rainha Vermelha

e a construção do Estado americano, 60, 64-6, 68, 416, 421-2;

e a excepcionalidade americana, 404-5;

e a Grécia antiga, 53-5;

e a Magna Carta, 229-33;

e a Rebelião dos Turbantes Vermelhos, 278

e a Revolução Industrial, 256-7;

e a sociedade civil polonesa, 373-4;

e a teoria econômica de Hayek, 618-9;

e Argentina, 453-5;

e as deficiências do Estado indiano, 348-9;

e as normas que impedem a emergência de uma hierarquia política, 74-7;

e as reformas legais de Henrique II, 226-7;

e economia dentro do corredor, 191;

e o desenvolvimento da política europeia, 200, 242;

e o desenvolvimento dos tipos de Leviatã, 87-8, 92;

e o desenvolvimento político da Inglaterra, 237-9, 247, 250;

e o impacto dos fatores estruturais, 396;

e o paradoxo do Leviatã Americano, 443-4;

e o sistema de castas indiano, 317, 321, 329-30, 335, 345;

e o surgimento Leviatã Agrilhoado, 95-6;

e os efeitos divergentes do poder do Estado, 369-70;

Egito, 146, 488, 511

Eichmann, Adolf, 16

Eisenhower, Dwight, 442

Elfrico de Eynsham, 216
Elizabeth I, rainha da Inglaterra, 239
Elliot, Hugh, 362
Ellsberg, Daniel, 652
Ely, James, 156
Ember, Carol, 10
Emigrantes, 101
Emil Julius, 529
Emirados Árabes Unidos, xxii
Empreendimentos Municipais (EMs), 306
empresa russo-americana, 154
"empréstimo de ações", 376
empréstimos, 180
Engerman, Stanley, 602
Enkidu, xx, 89
Epopeia de Gilgamesh, xvii. *Ver também* o
   problema de Gilgamesh
Equador, 558
Era da Reconstrução (Estados Unidos), 69
Era das Tormentas (Geórgia), 120
Era progressiva, 426
Erdoğan, Recep Tayyip, 563, 583, 586
Eric Bloodaxe, 219
Escandinávios, 91, 215, 244
escravidão:
   afetando o formato do corredor,
      fundação da Libéria, 474-5;
   e a gaiola de normas, 28;
   e atenienses, 58;
   e os Francos, 215;
   Estado, 156
Escritório de Patentes e Marcas dos Estados
   Unidos, 420
Espingardeiros, 464
Esta é a nova mulher (Herrmann), 519
Estado de bem-estar social, 427, 434, 615,
   617, 619, 623-4, 626, 628, 631, 644
Estado de Bihar, India, 332, *333*, 342-4, 345
Estado de Direito, 172, 190
Estado Licchavi, 332, *333*
Estado Livre de Orange, 565

Estado Livre do Congo, 607
Estados Gerais (França), 240
Estados Unidos:
   e a construção de esforços de coalizão,
      644-5, 648-9;
   e as normas que impedem a
      emergência de uma hierarquia
      política, 74-7;
   e o impacto da Grande Depressão em,
      619;
   e o legado da economia da escravidão,
      413-6;
   e os direitos civis, 406-12, 423-5;
   e os efeitos da excepcionalidade
      americana, 403-6, 416, 444;
   e os efeitos da polarização social,
      563-4;
Estatuto dos Monopólios, 257
estratégia "dividir e governar", 360
Etelredo, rei de Wessex, 216, 222
Etelstano, rei, 219
Evans, Richard, 524, 529

F
família Cao, 299-300, *300*
família Montealegre, 390
família Visconti, 550
fascismo, 535, 556
Fashola, Babatunde Raji, 590
"fatores estruturais", 352, 353, *353*, 365,
   366, 396, 397, 398, 529, *531*, 533, 546
fatwas, 489, 497-9, 511
Federação Nacional dos Cafeicultores, 461
Federal Bureau of Investigation (FBI), 440
Federal Reserve System, 638
Federalistas, 67, 89, 391. *Ver também* Carta
   de Direitos; Constituição dos Estados
   Unidos; *e* emendas específicas
Feiras de Champagne, *167*, 177
Fellers, Bonner F., 577, 578
Ferguson, Missouri, 400-12, 432-3

ÍNDICE REMISSIVO — 741

Fernández de Kirchner, Cristina, 452, 453

Ferrovia do Sul da Manchúria, 579

ferrovia transcontinental (Estados Unidos), 418

ferrovias, 72, 93, 370

Festival Panateneias, 56

feudalismo, 225, 232, 351, 667

feudos, 226, 368, 550

Fibonacci, Leonardo, 181

Figueres, José, 392, 399

Filipinas, 563

Finer, Herman, 535

Finley, Moses, 603

FitzNigel, Richard, 227

Flandres, 240

Florence, Itália, 179, 357

Flores, Juan José, 468

Flynn, Henry, 110

Fogel, Robert, 602

fome, 19-20, 303

Força de Defesa dos Cidadãos, 523

força policial, 400, 432, 439

Forças Armadas Revolucionárias da Colômbia (FARC), 465

Forças Camponesas de Autodefesa do Médio Magdalena, 465

Force Publique (Congo Belga), 607

formação de Estado primitivo, 103, 105, 115, 194

Fornander, Abraham, 152

Fortalecimento da Economia Negra (sigla inglesa BEE), 570, 572, 600, 601

fossadeira, 230

Foster, Augustus John, 415

francos, 201, *202*, 213, 214, 280

Franklin, Benjamin, 659

frátria, 45-6

Frederico Barbarossa, 168, 186

Frederico Guilherme I (o Grande Eleitor), rei da Prússia, 359, 361

Frederico I, rei da Prússia, 361

Frederico II (o Grande), rei da Prússia, 361

Frederico II, Santo Imperador Romano, 240

Frei, Eduardo, 539

Freikorps, 518, 521

Frente de Ação Popular (Chile; Frap), 538

Frente José Luis Zuluaga (FJLZ), 465

Frente Nacional (Colômbia), 593

Fritzsche, Peter, 519

FSB (Agência de Segurança Federal), 377, 378

Fujimori, Alberto, 558

Fukuyama, Francis, 25

G

Gaidar, Yegor, 375

gaiola de ferro, 576, 580

Gaiola de normas, 24-31;
    e a cultura do tajique, 379-80;
    e a cultura ganense, 480;
    e a cultura havaiana, 119;
    e a cultura saudita, 498-591, 505-6;
    e a economia dentro do corredor, 191-2;
    e a Grécia antiga, 48-9;
    e a mobilidade social, 260-1;
    e as consequências da guerra, 132;
    e o "crescimento despódico", 147-8;
    e o colapso da República de Weimar, 519-20;
    e o desenvolvimento dos tipos de Leviatã, 86-7;
    e o Estado zulu, 112-3
    e o extremismo islâmico, 511-3;
    e o legado da colonização, 483-4;
    e o Leviatã Agrilhoado, 35-6;
    e o ostracismo na Grécia antiga, 52;
    e o sistema de casta indiano, 316-7, 349;
    e os direitos das mulheres, 31, 251-55;
    e os tabus, 118-20;
    e Wyoming, 34-5;

742 — O CORREDOR ESTREITO

Gales, *216*, 226, 229

Galileu Galilei, 259

Gamsakhurdia, Zviad, 121

gana-sanghas, 332, 334, 337

Gana, 5, 26, 477, 479, 480, 482

Gandhi, Mahatma, 344

García Granados, Miguel, 393

Gaviria, César, 594

Gebusi da Nova Guiné, 10, 78

Gênova, Itália, 167, 171

George Washington Williams, 607

Geórgia (república), 121, 158-63

Germânia (Tácito), 203-4

Giele, Enno, 271

globalização, 353, 556, 604-6, 632, 635, 641

Gluckman, Max, 157

Godos, 244

Godric de Finchale (depois são Godric), 187

Godwinson, Harold, 222

Goebbels, Joseph, 517, 534

Goi, 27

Gorbachev, Mikhail, 122, 371, 374, 379

Göring, Hermann, 517

governo indireto, 481

Govindan, Thillai, 322

Grã-Bretanha, 420, 472, 517, 524, 537

Gram Sadak Yojana, 346

grampos domésticos, 442

"Grande Exército Pagão", 218

Grande Guerra da África, 3, 129

Grande Mahele de 1848, 156

Grande Salto Adiante, 20, 22, 302

Green, Victor, 91

Gregório de Tours, 205

Gretsky, Sergei, 380

Griffiths, James, 615

Grimbald de Saint-Bertin, 218

Gropius, Walter, 520

Guarda Nacional (Geórgia), 121

Guardia, Tomás (Guatemala), 391

guelfos, 552

Guerra Civil (Estados Unidos), 69, 90, 409, 418

Guerra contra a pobreza, 406, 428

guerra contra o terror, 442

Guerra da Independência (revolução americana), 62, 65, 472

Guerra do Iraque, 431

Guerra do Vietnã, 440

Guerra dos Trinta Anos, 359

Guerra Fria, 431, 442, 588, 647, 651

Guerra Irã-Iraque, 508

Guerras Bôeres, 565

Guesclin, Bernard du, 185

guibelinos, 552

Guilherme "o Conquistador", 222

Guilherme II, Kaiser, 517

Gusinsky, Vladimir, 376

H

Habsburgos, 350, 356, 357, 358, 367

hádices, 489, 498, 499, 505, 506, 509

Hai-yin (monge), 280

Hamilton, Alexander, 60-2, 67-8, 195

Handy, Edward, 118

Hankou, China, 288-90

Hansson, Per Albin, 621

Harari, Yuval Noah, 2, 654

Harrison, John, 260

Harrison, William Henry, 34

Havaí, 105, 114-20, 124, 150, 155

Havel, Václav, 370

Hayek, Friedrich von, 616, 618, 624, 628, 629, 631, 643, 645

Hayes, Rutherford, 409

Hégira, 99, 101

Heidegger, Martin, 17

Hejaz, Arábia Saudita, 487-8, 491, 493-5, 5023

Henrique II, rei da Inglaterra, 224, 227, 229, 234, 236

Hermandad General, 243

Herrmann, Elsa, 519

Heshen, 286

Hezbollah, 80, 82

High Albania (Durham), 362

Himmler, Heinrich, 515

Hindemith, Paul, 520

Hindenburg, Paul von, 525, 530

hindu Swaraj (Liga de Autogoverno de Toda a Índia), 344

hindu, 313, 318-20, 331, 344

Hiparco, 56

Hípias, 56

História dos francos (Gregório de Tours), 205

Hitler, Adolf, 18, 514-7, 523-4, 526, 527, 533

Hobbes, Thomas, 11-5, 17, 62, 83, 102, 128, 163, 247, 452, 613

Hogarth, William, 260

Hohenzollerns, 359

Holanda, 368

Homero, 330

Hong Kong, 290, 310

Hoover, J. Edgar, 439, 440

Human Rights Watch, 317, 321, 323, 325, 326, 504, 611

Humbaba (mitologia suméria), xx

Hungria, 369, 371, 562

Hussein bin Ali, emir de Meca, 494-5

Hussein, Saddam, 497, 507

I

Ibn Khaldun, 135, 141, 152, 125, 492, 510

Ibrahim Pasha, 493

Idade Média

e as Feiras de Champagne, 177;

e normas e leis islâmicas, 489-90, 501;

e sementes da Revolução Industrial, 256-7, 261

e universidades alemãs, 529;

influências no desenvolvimento político europeu, 38-9, 602;

moedas bizantinas, 245;

Iglândia, 72

Ikeda, Hayato, 580

Ikhwan, 493-5, 500

Ilhas Canárias, 183-4

Ilíada (Homero), 330

Imperador Gaozu, 273

imperador Hirohito, 578,

imperador Hongwu, 270

imperador Kangxi, 282, 286

imperador Qianlong, 286

Império Bizantino, 144, 178

Império Carolíngio, *202*, 246, 354, 551

Império Espanhol, 389, 396

Império Macedônio, 199

Império Máuria, 313, 333, 336-7

Império Merovíngio, *202*, 246

Império Mogol, 330, 337, 341

Império Otomano, 79, 488, 494, 495, 507, 581

Império Romano

e a sociedade dos Francos, *202*, 205;

e as comunas italianas, 548

e as políticas da Islândia, 243;

e desenvolvimento político europeu, 200, 206-9, 239-40, 241-2, 262-3;

sistemas fiscais, 246;

Império Romano do Ocidente, 178, 201

Império Sassânida, 144,

Incmaro, 201

Incora (Instituto Colombiano de Reforma Agrária), 463

Índia, 312, *333*, 449, 602

Indicopleustes, Cosme, 245

Indigo Growers Society, 392

Inglaterra e Grã-Bretanha

colonialismo britânico, 329-30, 338;

Companhia Britânica das Índias Orientais, 338;

direitos das mulheres em, 251-5.

e a constituição de Swallowfield, 235;

e a participação civil, 234-9;

e a Revolução Industrial, 256;

e *Feiras de Champagne*, 177;

e Magna Carta, 229-33;

e o sistema feudal, 222-9;

Guerra Civil Inglesa, ix, 11, 247, 257, 369;

mandato britânico, 507;

ordem social e hierarquia em, 71-3;

parlamentos, 232, 239-43, 247-9;

reinos durante o século IX, 215-22, *216*;

Inovação

e "crescimento despódico", 147-8;

e a construção de esforços de coalizão, 645, 649;

e a construção do Estado americano, 428, 438;

e a economia dentro do corredor, 191-2;

e a economia fora do corredor, 163;

e a gaiola de normas saudita, 498;

e a mobilidade social, 185-6;

e a política de desenvolvimento inglesa, 263;

e a Revolução Industrial, 256-61;

e armas de fogo, 107;

e as inovações militares dos Zulus, 108;

e Estado comunista chinês, 306, 308-9;

e impacto econômico da globalização, 641;

e legalismo chinês, 270, 271;

e o impacto dos fatores estruturais, 398;

e o império Mogol, 341-2;

e o ostracismo na Grécia antiga, 52;

e o sistema de castas indiano, 316;

e os califados islâmicos, 144;

e reformas do governo colombiano, 593-4;

economia sueca e o Estado de bem-estar social, voto das mulheres em Weimar 519

na política da Grécia antiga, 55;

revolução comercial medieval, 178-82;

inquilinos, 537

Instituto Nacional de Transformação Agrária, 385

Integração da Infraestrutura Regional da América do Sul, Fundo Monetário Internacional (FMI), 460

Inteligência artificial, 2, 308, 633, 649

"intocabilidade", 317

investigação e desenvolvimento, investimento, 646-7

Ioseliani, Dzhaba, 121, 122

irrigação, 144, 148, 198, 294, 340

Isagoras, 56

Isaza, Ramón, 464

Islã, 97, 101;

cultura Tiv, 71;

e a estrutura de corredor estreito, *85*;

Ver também Leviatã Ausente

Islamismo

e a gaiola de normas saudita, 497-501;

e a hierarquia política, 104-5;

e a jihad, 490, 491, 494;

e a Península Arábica, *98*;

e a teoria do desenvolvimento político de Ibn Khaldun, 136;

e o governo despódico, 510;

escolas de pensamento, 489

lei islâmica, 488-9, 497-8;

nascido no, 97-102;

Revolução Islâmica (Iran), 501;

Islândia, 243, 262

Israel, 510

J

Jaime II, rei da Inglaterra, 247, 369
Japão, 576-8, 580, 583, 584, 586
Jaquerie de 1358, 243
Jaruzelski, Wojciech, 372
jatis, 314, 319, 326-8
Jay, John, 62
Jefferson, Thomas, 63, 66, 195, 412, 422, 655
Jiménez, Jesús, 391
João Lídio (o Lídio), 207-9,
João, rei da Inglaterra, 229
Johnson, Lyndon B., 406, 425,
Jorge Guilherme, eleitor de Brandemburgo, 359
Judd, Ashley, 660
Julgamento por júris, 227, 285, 411
Jumblat, Walid, 62
Justiniano, 207

K

Kalaniʻopuʻu, 115-6
Kallas, 323
Kamakau, Samuel, 152
Kamehameha I, 153
Kamehameha II (Liholiho), 120
Kamehameha III, 156
Kandinsky, Wassily, 520
Kanun, 46-7, 220
Kaplan, Robert, 25, 34, 588, 592
kapu (*tapu*; tabu) regulações, 118-9, 120, 125, 152
Katumba, 28
Keeley, Lawrence, 10
Kennedy, John F., 424, 539-40, 544
Kennedy, Robert F., 423, 424
Kepelino, 119
KGB, 377-9
Kgobadi (fazendeiro), 567
Khan, Zorina, 419

Killick, Tony, 476-7
Kishi, Nobusuke, 579
Kitab al-Ibar ("Livro das lições"), 136
Kitovani, Tengiz, 121-3
Kivu, Congo, 128
Klee, Paul, 520
Kleve-Mark, 360
Ku Klux Klan, 69
Kuron, Jacek, 374
KwaZulu-Natal, 106, 114, 156

L

Laços de parentesco
associações nativas, 287-8;
e a burocracia prussiana, 366;
e a hierarquia política, 104-5;
e as normas de proteção contra a hierarquia política, 76-7, 125-6;
e economia engaiolada, 132;
e o ostracismo na Grécia antiga, 52;
e o período védico na Índia, 332;
e o sistema de castas indiano, 312;
na cultura chinesa, 291;
na cultura ganense, 480;
na cultura liberiana, 476, 476-7;
na cultura montenegrina, 363;
na cultura polinésia, 114;
na cultura Zulu, 110-1
Lagos, Nigéria, 15, 34, 70, 588
Lang, Fritz, 520
Le Pen, Marine, 564
legalismo, 267, 271, 275-6, 302
legislaturas estaduais, 61, 66, 75, 403, 410, 427
Lei Antitruste Clayton, 426
Lei Antitruste Sherman, 426
Lei Básica da República Federal da Alemanha, 560
Lei da Criança e da Custódia das Crianças, 252
Lei da Ferrovia do Pacífico, 418

746 — O CORREDOR ESTREITO

Lei das Causas Matrimoniais, 253
Lei de Comércio, 426
Lei de Concessão de Plenos Poderes de
Hitler (Alemanha nazista), 514, 515,
516
Lei de Estabelecimento (1701), 257
Lei de Habitação Nacional, 434
Lei de Hubris, 51, 52, 59, 172
Lei de Pagamento Igual, 255
Lei de Propriedade das Mulheres Casadas,
253
Lei de Recuperação Industrial, 626-7
Lei de Santa Helena, 251
Lei de Terra Nativa (África do Sul), 566
Lei Dodd-Frank, 638
Lei dos Direitos Civis (1964), 420, 423-4
Lei Glass-Steagall, 635
Lei Gramm-Leach-Bliley, 636
Lei Hepburn, 426
Lei Nacional de Lanches Escolares, 422
Lei Nacional de Relações de Trabalho
(Estados Unidos), 427-8, 630
Lei Noroeste, 389
Lei Panchayati Raj, 344
Lei Riegel-Neal de Bancos Interestaduais e
da Eficiência das Filiais, 636
Lei Sharia, 512
leis de Drácon, 45, 50
Leis de Mestres e Servos, 603
Leis de Navegações, 258
Leis dos Pobres, 238
Leis e sistemas jurídicos:
Argentina, 449, 456;
códigos legais chineses, 283-4
Leis inglesas para mulheres (Norton), 252
Leis Jim Crow, 410, 657
Leopoldo II, duque da Áustria, 356
Leopoldo II, rei da Bélgica, 606
Leviatã (Hobbes), 11
Leviatã Agrilhoado, 35-6;
e a Grécia antiga, 47, 59-60;

e o colapso da República de Weimar,
529-30;
e o desenvolvimento dos tipos de
Leviatã, 85;
e o impacto divergente do colapso da
União Soviética, 379, 382;
e a economia dentro do corredor,
187-92, 198;
e o efeito da guerra sobre o poder do
Estado, 362;
e o desenvolvimento político, 224;
e o desenvolvimento político da
Europa, 199-200;
e a teoria economia de Hayek, 619;
e o impacto dos fatores estruturais,
396, 399;
e o movimento internacional pelos
direitos humanos, 617;
e as reformas do governo da Nigéria,
592;
Leviatã de Papel em contraste com,
484, *484*;
e a proteção dos direitos, 64;
e a volta ao corredor, 563;
e as influências romanas na Europa,
213;
e a economia dos pequenos
produtores de café, 393;
e a confiança nas instituições, 641;
e a cultura zapoteca, 193
e vontade de poder, 123-4;
e a economia fora do corredor, 163-4;
e a diversidade do sistema europeu,
243-4;
e a Revolução Industrial, 256, 262-3;
e os efeitos divergentes de um
aumento no poder do Estado,
353, *353*;
e a excepcionalidade americana,
405-6;
e Argentina, 448-9, 453;

e a tomado do controle do Estado alemão pelos nazistas, 535-6;

e as comunas italianas, 170, 547-8;

e a mobilização social na Alemanha, 553-4;

e a influência dos interesses da elite, 554-5;

e os movimentos populistas, 558-9;

e os fatores que afetam o formato do corredor, *531*, 498, 600-4;

e os caminhos para o corredor, 574-5, 575, 597, 613-4;

exemplo sueco, 643-4;

e as ameaças de segurança, 653-4, 655;

e a construção do Estado americano, 32-5;

e os benefícios do, 36-7;

e as formas de poder social, 74-5;

e a estrutura de corredor estreito, 83-4, *85*;

e a evolução dos tipos de Leviatã, 86-7;

e desenvolvimento da capacidade estatal, 91-2;

e o efeito da Rainha Vermelha, 53-5, 95-6;

e a estratégia "confiar e verificar", 95-6;

Leviatã Americano, 443-4;

e a desigualdade racial/social, 431-8;

e a dinâmica de construção do Estado, 416-22;

e a era Progressiva, 426;

e a proteção dos direitos, 60-9;

e a violência policial, 400-3;

e os sindicatos, 545. *Ver também* Estados Unidos *e entradas* EUA

Guerra Revolucionária, 61-2, 64, 66-7, 424, 471-2;

Leviatã Ausente

e a economia dentro do corredor, 188;

e a estrutura de corredor estreito, *85*, 83-5;

e a Grécia antiga, 44-5;

e Argentina, 447-8;

e as políticas islandesas, 243-4;

e Constituição Congolesa, 2-3;

e dinastia Qing, 302;

e efeito da Rainha Vermelha, 53;

e formas do poder social, 74;

e gaiola de normas, 24-5; 32;

e Líbano, 77-83;

e Montenegro, 364;

e o impacto divergente do colapso da União Soviética, 381-2, *382*;

e o impacto dos fatores estruturais, 397;

e o legado da colonização, 482-3;

e o movimento internacional pelos direitos humanos, 611-2;

e os caminhos para o corredor, 574-5, 575, 597, 613-4;

e os efeitos divergentes do poder de Estado, 353, *353*;

e os Estados modernos, 77;

e os fatores que afetam o formato do corredor, *531*, 599-600;

e sociedade Tiv, 70-4;

e vontade de poder, 123-4

Leviatã de Papel contrastando com, 483-4;

Leviatã de Papel

consequências de, 484-6;

e América Latina, 468-74;

e as nações africanas, 474-81;

e burocracia argentina, 445-9, 453-6;

e Colômbia, 456-68;

e o mundo pós-colonial, 381-4;

e o poder da sociedade, *484*

e os caminhos para o corredor, 574-5, 597, 613-4;

mecanismos de, 353-6;

748 ▬ O CORREDOR ESTREITO

Leviatã Despótico
da face de Jano como natureza do
Estado, 23, 36;
e "crescimento despódico", 147-8;
e a África do Sul, 569;
e a divergência do colapso soviético,
370-2, 281-2, 382;
e a economia dentro do corredor, 188;
e a economia fora do corredor, 163-4,
193;
e a estrutura do corredor estreito, 83, 85;
e a evolução dos tipos de Leviatã, 84,
88;
e a teoria economia de Hayek, 618;
e a tomada do controle do Estado
alemão pelos nazistas, 537;
e a vontade de poder, 124-5
e as portas para o corredor, 574-6,
575, 586-7, 597, 614;
e construção do Estado americano,
416;
e controle da corrupção, 93-4;
e desenvolvimento da capacidade
estatal, 91-2;
e desenvolvimento da política norte-
americana, 74-5;
e Estado Bizantino, 246, 262-3;
e extremismo islâmico, 512-3;
e incentivos econômicos, 135-6;
e o debate legalismo-confucionismo
Chinês, 272-3;
e o efeito da Rainha Vermelha, 53;
e o impacto dos fatores estruturais,
396;
e o legado da colonização, 483-4;
e os efeitos divergentes de um
aumento no poder do Estado,
352, 353, 368-70;
e os fatores que afetam o formato do
corredor, 531;
e os movimentos populistas, 558-9;

e Prússia, 362;
e retorno para o corredor, 562;
e Tajiquistão, 379;
e Turquia, 581;
Estado argentino em contraste com,
448-9, 453;
Leviatã de Papel em contraste com,
484, 484-6;
Lewis, Arthur, 478
Li Keqiang, 94
Li Si, 271
Li Zicheng, 279
Líbano, 78, 79, 81, 534
Libéria, 5, 474, 481
liderança moral, 303
Liebknecht, Karl, 518
Liga de Zurique, 356
Liga Hanseática, 242
Liga Renana, 242
Liholiho (Kamehameha II), 120
Lincoln, Abraham, 69, 418
línguas indo-europeias, 244
Litvinenko, Alexander, 377
Liu Bang, 273
Liu Zhijun, 93
"Livro das Punições", 283
Livro de Lorde Shang, 268
Livro vermelho (Mao), 18
Lleras Camargo, Alberto, 460
Lloyd George, David, xxiii
Locke, John, xv, xvi, 8, 655
Lok Sabha, 341
London School of Economics (LSE), 615-6
Lopez, Robert, 245
Lorenzetti, Ambrogio, 165, 169-70
Lü K'o-hsing, 279
Lúcio Tarquínio Soberbo, 206
Lugard, Frederick, 70, 481
Luo Hongshan, 21-2
Luxemburgo, Rosa, 518
Luxemburgos, 471

M

Ma Longshan, 18, 20

Ma, Jack, 305, 307

MacArthur, Douglas, 577, 578, 580, 584

Macri, Maurício, 452, 455

Madison, James, xx, 60-4, 67-8, 89, 195, 412, 527, 532

Maduro, Nicolás, 559

Magna Carta, 229-33, 239

Mahabharata, 331

Maine, Henry Sumner, 343

majlis (conselho), 492, 499

Major, Ernest, 290

makaainanas (pessoas comuns), 115, 154

Makhkamov, Kakhar, 379

Maktoum, Mohammed bin Rashid Al, xxi–xxii

Malo, David, 115, 153

mana (poder), 118-9

Manchúria, 577, 579

Manchus, 278

mandamiento, 394

mandato celestial, 265-335

Mandela, Nelson, 571, 573, 574, 597, 601

Mandeville, Bernard, 234

manzanillo, 593

Mao Tsé-Tung, 20, 302, 453

Maomé (profeta), 97-100, 101, 103, 118, 123, 136, 143, 455, 487, 489, 490, 498, 506

Maomé ibne Abdal Uaabe, 489-94, 496, 511

Mapp, Dollree, 411

marcar em vermelho, 434-5

Markets and States in Tropical Africa (Bates), 479

Marmont, Auguste, 363

Marroquín, José Manuel, 467

marshrutkas (ônibus-táxis), 159

Martel, Carlos, 201

Marwick, John, 236

Matabeleland, 612

Mathison, Gilbert, 155

Matthai, John, 343

Mazowiecki, Tadeusz, 373

mbatsav (bruxas), 72

Mbeki, Moeletsi, 572

Mbeki, Thabo, 572

Meca, 97-101, 98, 102, 125, 143, 311, 487, 490, 495, 497, 502

Medicare/Medicaid, 428, 431

Medina, 97-101, 98, 102-4, 125, 139, 144, 148, 487, 490, 495, 497, 503

Mein Kampf (Hitler), 524

Memorial "Vinte e quatro crimes", 277

Menchú, Rigoberta, 383-4, 392

Mengzi (Mêncio), 265-6, 272, 285

mercados e forças de mercado, 135, 293, 371, 372, 626-32

Mércia, 215, 219

meritocracia, 276, 284, 346, 347, 455

Mesopotâmia, 146

mestizos, 383

México, 193, 196, 388, 437, 469

Mies van der Rohe, Ludwig, 520

Mikati, Najib, 80

Milano, Alyssa, 660

Milão, Itália, 167, 172, 181, 358

Mill, John Stuart, 254

Ming-yuan (monge), 280

Minxin Pei, 93

Mkhedrioni, 121, 123

Moáuia, 138

Mocadaci, 143

Mockus, Antanas, 594

modelo Rehn-Meidner, 623

modernização, 20, 308, 581, 582

Mohammad bin Salman (príncipe herdeiro saudita), 506

Monaldeschi, Ermanno, 553

monarquias portuguesas, 369

mongóis, 276, 279

monopólio do poder, 289, 292, 388, 582

750 — O CORREDOR ESTREITO

Monte Albán, 194, 196-7
Montenegro, 351, 353, *353*, *355*, 362
Montfort, Simão de, 232
Montgomery, Alabama, 423
Mora, Juan Rafael, 390
Morel, Edmund, 607
Moreno, Iván e Samuel, 462, 463, 468, 596
Morgan, Edmund, 412
Morse, H. B., 297
Motlana, Nthato, 571
Motor a vapor, 256, 258, 261
Moukheiber, Ghassan, 82
movimento sindical Solidariedade, 372, 373
Mthethwa, 109
muçulmanos sunitas, 79, *79*, 499, 511
muçulmanos xiitas, 79, *79*, 80
Mugabe, Robert, 601, 612
Muhammad Ali (governante do Egito), 493
Muhammad ibn Ibrahim, xeique (Grande
     Mufti), 496
muhtasib, 493
mulçumano druso, 80
Murugesan, 324-5
Mussolini, Benito, 535
mutaween (polícia religiosa), 502

N
Nabiev, Rahmon, 381
nacionalização das indústrias, 543
Nações Unidas, 4, 14, 83, 610, 611, 613
nadus (coletivos), 340
Nahuatl, 194
Nanquim, China, 277, 295
Navalny, Alexei, 378
Négede, Arábia Saudita, 487-92, 493, 495
Negro Motorist Green-Book, The (Green), 91
New Deal, 427, 429, 434
Newcomen, Thomas, 256, 258
Newton, Isaac, 259
"nhoque" (funcionários fantasmas), 449-53,
     589

Nicarágua, 399
Niccolò di Bernardo, 185
Nicolau Maquiavel, 350, 555, 560
Niemöller, Martin, 659
Nietzsche, Friedrich, 104
Nigéria, 4, 5, 17, 70, 481-2, 589
Nixon, Richard, 545
Njegoš (Pedro II, príncipe-bispo do
     Montenegro), 364
Nkrumah, Kwame, 477-8, 479, 480, 482
Nobela (médico feiticeiro), 113
Norton, Caroline, 251-2, 253, 255
Norton, George, 251
Nortúmbria, 216, *216*, 219
Noruega, 626
Novos Territórios, 29-1
Nuestras Familias, 445, 447

O
O caminho da servidão (Hayek), 616, 628
O diálogo referente ao erário (FitzNigel), 227
O poder dos sem-poder (Havel), 370-1
O príncipe (Maquiavel), 350, 555
O Sonho da câmara vermelha (Cao Xueqin),
     302
Obasanjo, Olusegun, 588-89
Obizzo, Senhor, 547
Odisseia (Homero), 330
Ofa, Rei da Mécia, 215
Oficiais Livres, 507
Ogletree, Virgil, 411
oligarquia, 47, 343, 376
Olimova, Saodot, 380
Omar, 138
Operação Tempestade no Deserto, 509
Oráculo de Delfos, 43
Orbán, Viktor, 563
Organização para a Cooperação e
     Desenvolvimento Econômico
     (OCDE), 437-8
Organizações trabalhistas, 649. *Ver também*

sindicatos Partido Trabalhista (Bretanha), 616

Oriente Médio, 31, 103, 487, 499. *Ver também* países específicos

Orwell, George, 310

Os Efeitos do Bom Governo (Lorenzetti). *Ver também* Alegoria do bom governo e Alegoria do mau governo

Os Nove (eleitores sienenses), 165-6, 168

ostracismo na Grécia antiga, 52, 527

Otaybi, Juhayman al-, 501

Otomão, 138

Otto IV, Sacro Império Romano, 552

P

Pacto de Fidelidade, 102

Pacto de la Concordia, 389

Pacto Nacional (Líbano), 79, 83

Page, Larry, 639

Palestina, 79, 495

Pallavicino, Uberto, 553

panchayats, 322, 343-4

Papen, Franz von, 525

Papin, Denis, 258

paramilitares, 467, 514, 521-22

parcerias público-privadas, *116*, 404-5, 418, 422, 431, 437-8, 439

Park Chung-hee, 604

Parma, Itália, 551

Partido Agrário (Suécia), 622

Partido Baath (Iraque), 507

Partido Comunista (Chile), 539

Partido Comunista (China). 18, 20, 22, 23, 91, 302, 304-5, 308, 586-7. *Ver também* China

Partido Comunista (Polônia), 371

Partido Comunista (União Soviética), 371

Partido de Centro (Alemanha), 524

Partido de Justiça e Desenvolvimento (Turquia; AKP), 583

Partido Democrata Cristão (Chile), 539, 544

Partido do Povo (Estados Unidos), 555

Partido dos Trabalhadores Alemães, 523

Partido Lei e Justiça (Polônia), *As leis e resoluções sobre os direitos das mulheres* (Edgar), 374

Partido Liberal Democrático (Japão), 580, 584

Partido Nacional (África do Sul), 569

Partido Nacional do Povo Alemão, 525

Partido Nacional Socialista dos Trabalhadores Alemães (Partido Nazista), 16, 514-5, 523, 526, 528

Partido Peronista (Argentina), 452

Partido Republicano do Povo (Turquia; CHP), 582

Partido Social-Democrata (Alemanha), 514, 518, 521, 528, 532

Partido Social-Democrata (PSD), 620-6, 643

Partido Socialista (Chile), 538, 543

Partido Whig Autêntico (Libéria; TWP), 475

Pashtuns, 9, 31

Pastrana, Andrés, 593

patentes, 419-20

Paz de Constança, 167

Peasants into Frenchmen (Weber), 456-7

Pedro I, príncipe-bispo de Montenegro, 363

Pedro I, rei de Aragão, 240

penhora (promessas), 29, 49, 51

Península Arábica, 97, *98*, 136

"Pequena Constituição" (Polônia), 374

perestroika, 371

Perifetes, 44

período dos Estados Combatentes (China), 267, 268, 271, 292, 455

Período Homérico, 43, 44, 124

Peru, 460, 471, 558

Peste Negra, 184, 234, 368

Pettit, Philip, 7, 12

752 ▪ O CORREDOR ESTREITO

Phillips, David Graham, 427

Phipps, John, 236

Piacenza, Itália, 178, 553

Pienaar, François, 574

pigmeus Mbuti, 24

Pinker, Steven, 10

Pinkerton National Detective Agency, 439

Pinochet, Augusto, 536, 561

Pisístrato, 56

Pistoia, Itália, 549

Plaatje, Sol, 565

Plano da Virgínia, 89

Plano de Desenvolvimento Integrado da Criança, 346

Platteau, Jean-Philippe, 511

Plutarco, 43-4, 47

pobreza, 317, 344-5, 246-7, 383-8, 405, 431, 590-1

poder presidencial, 83

Podestà (magistrado), 169-71, 172, 174, 547, 550

polarização, 87, 546, 557

poletai, 50

Política de assembleias, 201-6, 210, 239, 241, 348, 355

políticas salariais, 373

Polônia, 368, 371, 372, 374-6, 381, 382

Popolo, 550-3

Popular Contention in Great Britain, 1758–1834, 248

populismo, xiii, 557-8

Por que as nações fracassam (Acemoglu e Robinson), 149, 190-1, 365-6368, 370

Por que eu sou um liberal (Beveridge), 655

Portales, Diego, 473

Portaria da Terra de 1785, 422

Potanin, Vladimir, 376

povo Acãs, 24, 25-6

povo Gwembe (Tonga), 126-8

povo Quiché (Guatemala), 383, 386

povo Tallensi, 482

Prajapati, 331

Prato, Itália, 183

Prefeitos pretorianos (Império Romano), 207

Primavera de Praga, 371

Primeira Cruzada, 247

Primeira e Segunda Guerras do Congo, 128-9

Primeira Emenda, 401, 408, 441

Primeira Lei de Reforma, 250

privatização, 161, 375

Problema de Gilgamesh, xxi, 23, 62, 200, 391

problema de longitude, 258-9

Procrusto, 44

Programa "Grande Sociedade", 428, 431

Programa de Reconstrução e Desenvolvimento, 570-1

Protestos da Praça da Paz Celestial, 308, 310

provisão *qui tam*, 420

Putsch da Cervejaria, 523, 524, 528, 535

Putumayo, Colômbia, 457, *458*

Q

qadis, 493

Qasim, Abd Al-Karim, 507

Qin Shi Huang, 271

Quarta Cruzada, 247

Quarta Emenda, 401, 408, 409, 411

Qubilai Khan (Kublai Khan), 276

R

racismo e discriminação racial, 406, 435, 436

Rajadhiraja II, 341

Rake's Progress, The (Hogarth), 260

Ramaphosa, Cyril, 571

Ramayana, 321, 331

Rashtriya Garima Abhiyan, 322

Rashtriya Sam Vikas Yojana, 346

Rathenau, Walther, 523

Rattray, Robert, 26-7, 30, 480

Rauschning, Hermann, 514

RCD-Goma, 128

Reagan, Ronald, 142, 429

Rebelião An Lushan, 276, 293

Rebelião do Whiskey, 63, 417

Rebelião Taiping, 287

Redenção no Sul (Estados Unidos), 409

redes de seguridade social, 67-8, 238, 250-1, 405, 615-6, 619, 626, 649-50

Redistribuição da riqueza, 416, 597-9, 605, 611-2, 619, 632-5, 641-7

Reflexões sobre a separação de mãe e filho pelas leis da custódia de bebês (Norton), 252

Região Khujand, 380

regime Manchukuo, 579

Reginaldo de Durham, 187

Regra Q, 635

rei Edgar ("o Pacífico"), 217

rei Fahd (Fahd bin Abdulaziz Al Saud), 497, 501

rei Faisal (Faisal bin Abdulaziz Al Saud), 495-7, 500, 507

rei Guthrum, 218

Reichstag, 514, 522, 526, 562

Reino de Axante, 5, 26, 71, 480

"Reino do Mar Ocidental", 282

Reino Lombardo, 202, 241, 548

Reivindicação dos Direitos das Mulheres (Wollstonecraft), 253-4

Relatório Beveridge, 251, 615, 616, 619

Relatório Casement, 609

Relatório da comissão sobre a fome na Índia (1880), 343

Relatório Northcote-Trevelyan, 251

Relatório sobre o seguro social e serviços (Beveridge), 464–65

República de Weimar, 517, 519, 521, 527, 530, 531-46, 556, 562, 564, 642

República Democrática do Congo, 2, 15, 27, 130, 483

República Federal da América Central, 388, 398

República Romana, 206. *Ver também* Império Romano

Republicanism: A Theory of Freedom and Government (Pettit), 7

Revolta Camponesa, 243

Revolta de Soweto, 600

Revolução comercial medieval, 419; cultura havaiana, 150-2; e "crescimento despótico", 147-8; e as comunas italianas, 170-4; e as influências romanas na Europa, 211-5; e as relações cidade–Estado na Inglaterra, 234-9. *Ver também* sistemas judiciais e o código legal do rei Alfredo, Leis de Manu, 320-2; economia no corredor estreito, 189-90; impacto de conquista normanda, 221-9;

Revolução Cubana, 540

Revolução Gloriosa, 247, 248, 257, 369

Revolução Industrial, 258-85, 262-4, 308-9, 370

Revolução Rosa, 158

Reyes, Rafael, 457

Rhee, Syngman, 604

Ricardo, David, 538

Rig Veda, 331, 332

Riopaila Castilla, 464

Ritter von Kahr, Gustav, 523

Roberts, William, 156

Rodésia, 471

Röhm, Ernst, 522

Rojas Pinilla, Gustavo, 463

Rolfe, John, 413

754 — O CORREDOR ESTREITO

Romeu e Julieta (Shakespeare), 550
Rommel, Erwin, 488
Roosevelt, Franklin Delano, 427, 626, 656–7
Roosevelt, Theodore, 426, 439
Ruanda, 611
Rufino Barrios, Justo, 393
Rumsfeld, Donald, 141
Rupert East, 73
Russel, Bertrand, 610
Rússia, 370, 371-2, 374-9, 381, 382, 382, 439. *Ver também* União Soviética
chinês, 275-6
Condado de T'an-ch'eng, China, 278
Partido dos Camponeses Saxões (Alemanha), 522

S

Saakashvili, Mikheil, 162
*sabha*s, 340, 342
Sacro Império Romano, 240, 242, 354, 356, 358, 359, 362, 471, 551
Sadat, Anwar, 511
Sakya, 334
Sala dei Nove (Palazzo Pubblico, Siena), 165
salário mínimo, 615, 621
Salegast, Salian, 212
Saltsjöbaden, 623, 625
Salva vidas mandarim, 302
Samarqand, 143
samiti, 331
Samtskhe-Javaketi, 121
San José Mogote, México, 193, 194, 195, 197
São Francisco de Assis, 176
São Tomás de Aquino, 181
Sarmiento, Domingo, 388
Sarmiento, Luis Carlos, 464
Sarva Shiksha Abhiyan, 345
Saud, Muhammad ibn, 489, 490, 492, 493, 494, 498
Savory, Thomas, 258
Saxões, 215, 218-22
Schleicher, Kurt von, 526, 534
Schneider, René, 545
Schöenberg, Arnold, 520
Scholars, The (Wu Jingzi), 300
Scott, James, 78
Scott, Tom, 350
segregação, 327, 410, 424. *Ver também* sistema de castas
Segunda Emenda, 433
Segunda Lei da Reforma, 250
Seguridade Nacional (Reino Unido), 615
Seguridade Social, 401, 427, 428, 429, 430, 431
seguro mercantil, 181
seguros, 251, 428, 438
Seita Lótus Branca, 287
Selma, Alabama, 424
sem decreto de tonsura, 279
separação dos poderes, 564
Serra Leoa, 29
Serviço de Tributação Interna do Estado do Lagos (LIRS), 590
serviço postal, 419
serviços administrativos, 441. *Ver também* Agência Central de Inteligência (CIA)
Servidão por dívida, 394
servidão, 215, 233, 350, 368, 394, 598, 603, 619, 643, 656
Sexta Emenda, 411
Shaka Zulu, 108
Shakespeare, William, 548-50
Shang Yang, 267, 268, 269, 270-5, 277, 283, 308
Shaw, Flora, 70
Shemelin, F. I., 154
Shenbao (Hankou), 290
Sheridan, Caroline, 251
Shevardnadze, Eduard, 122-3, 159-63, 165

Siena, Itália, 165-7, 169-72, 174, 175, 182, 340

Sima Qian, 275

sindicatos, 373, 518-9, 545

Síria, xvi–xix, 441, 507

Sistema (casta) varna, 39, 313-4, 316-7, 319, 320-6, 348, 469

sistema de comenda, 181

sistema de Estado internacional, 482, 613

sistema de lotes iguais, 276, 279

Sistema Devadasi, 321

Sistema *encomienda*, 469

Sistema Jajmani, 327

sistema jogo da velha, 271-8, 292-4, 303

Sistema judicial e a construção do Estado americano, 420;
    e a burocracia sueca, 625. *Ver também* leis e sistemas legais
    e a Grécia antiga, 50-1;
    e a Revolução Industrial, 256-7;
    e as comunas italianas, 169;
    e as Feiras de Champagne, 177;
    e as influências romanas na Europa, 208;
    e as normas que impedem a emergência de uma hierarquia política, 74-7;
    e as reformas legais de Henrique II, 226-9;
    e Magna Carta, 240;
    e o Estado Licchavi, 332;
    e os códigos legais chineses, 283;
    na Colômbia, 466-7;
    no Chile, 542;

Sistemas de castas
    na América Latina, 469;
    na Índia, 312-30, 335-8, 344-5, 348-9, 484;
    sob a dinastia Yuan, 276

Skinner, Quentin, 172

Smeaton, John, 258

Smith-Dorrien, Horace, 106-8

Smith, Adam, 131

Smith, Edward W., 33

Smith, Thomas, 237

Snowden, Edward, 406, 431, 443, 651-4

Sobre a administração do palácio (Hincmar), 201

Sobre os magistrados do estado romano (John Lydus), 208

Sociedade Americana de Colonização (sigla inglesa ACS), 475

sociedade civil, 288, 372, 374, 519, 521, 532

Sociedade da Restauração (Fushe), 277

sociedade polinésia, 118-9

sociedades sem Estado
    cultura Gwembe Tonga, 126;
    e a gaiola de normas, 57;
    e a natureza do corredor estreito, 87-8;
    e as consequências da guerra, 131–2;
    e as normas que impedem a emergência de uma hierarquia política, 74-7;
    evidências antropológicas e arqueológicas, 9-10;
    relevância para as sociedades modernas, 78-9;

sociedade vigilante, 89

sociedade, 76-8, 389-90, 392-3, 600-1

Sociedades Anônimas Simples, 464

sociedades pós-coloniais, 353, 387

Sociedades pré-modernas, 10, 85

Sólon, 47-53, 54-60, 62, 75, 124, 214-5, 527

Somália, 613

Soviete Supremo, 374-5

Soyinka, Wole, 4, 5, 12, 34, 588

Spilsbury, F. B., 29

Srinivas, M. N., 323

St. Louis, Missouri, 400

Stanley, Lorde, 537-8

Stenton, Frank, 222

Sturmabteilung (sem), 17

756 ■ O CORREDOR ESTREITO

Subbarayalu, Y., 341
subsídios, 389, 418, 438, 461, 462, 646
Sudão, 611
sudras, 314, 321, 328, 348
Suécia, 619-21, 625-65, 644-9
Suíça, 201, 240, 350, 355, 356-8, 362, 363, 365-7
Sul da África, *107*
Sulpício, 205
Sultanato de Déli, 337
Suna, 498
Suprema Corte dos Estados Unidos, 408, 411, 433

T

tabaco, 387, 388, 413
tabu prostrante, Prússia, 119, *353, 355*
Tabuk, 102, 103
tabus, 118–20
Tácito, 203-5, 244, 332
Taft, William H., 426
Taiwan, 310, 632
Tajiquistão, 379-82, *382*
Talleyrand, Charles-Maurice, 2
Tamil Nadu, Índia, 322-4, 333, 338-41, 345
Tapeçaria Bayeux, 223
Távola Redonda — Geórgia Livre, 121
Taxação
    as forças de autodefesa colombianas, 465-6;
    e "crescimento despótico", 148;
    e a construção do Estado americano, 417-8, 422;
    e a dinastia Qing, 297;
    e a Era Progressiva, 426;
    e a excepcionalidade americana, 403;
    e a Grécia antiga, 43-4, 56;
    e a Magna Carta, 229-33;
    e a organização social chinesa, 288-9;
    e a política de desenvolvimento inglesa, 251-2;

    e a Prússia, 359-60, 367;
    e as comunas italianas, 174;
    e as Feiras de Champagne, 177;
    e as reformas da economia de mercado na Rússia, 376-7;
    e as reformas do governo colombiano, 593, 594;
    e as reformas do governo da Nigéria, 589-92;
    e as tensões sociais, 406-8;
    e o Estado Bizantino, 246;
    e o Estado havaiano, 152-4;
    e o Estado Zulu, 110, 111
    e o impacto divergente do colapso da União Soviética, 371-2;
    e o Império Mogol, 341-2;
    e o Islã, 101, 489-90, 492;
    e o legado da colonização, 481;
    e o Leviatã Americano, 63-4;
    e o Montenegro, 364-5;
    e o Partido Comunista Chinês, 307-8;
    e o serviço civil chinês, 276;
    e os califados islâmicos, 138, 140-6;
    e os códigos legais chineses, 283;
    e os parlamentos europeus, 242-3;
    economia africana, 478-9;
"turcos brancos", 583
Temístocles, 59
Teodósio, 207
teoria geracional de Ibn Khaldun, 135-49, 152, 159-60, 163-4, 492, 510
Teotihuacán, 196
Terceira Lei de Reforma, 250
terrorismo, 406, 442, 512, 513
Tese "fim da história", 25, 606
Teseu, 43-7
Tesouro Americano, 438
Thevars, 323-6
Thibault II, conde de Champagne, 177-8
things (assembleias), 244
Tilly, Charles, 248-9, 354, 357-8, 460

Time on the Cross (Engerman e Fogel), 602

Tinubu, Bola Ahmed, 589-92

Tivland e cultura Tiv, 5, *85*, 54, 71-8, 83-7, 133-5, 329, 363, 576

Tlaxcala, 197

Tocqueville, Alexis de, 67, 419, 468, 473, 532

Tojo, Hideki, 579

Tombstone (Yang), 18

Toro di Berto, 185

trabalho escravo, 579. *Ver também* servidão por dívida; escravidão

Tratado de Basileia, 357

Tratado de Paz de Versalhes, 528

Tratado de Versalhes, 495

Triana, Miguel, 459

Triana, Victor, 459

tribo quraysh, 97

tribos germânicas, 204, 209-10, 239-40, 243-4,

tribos nômades, 97-6, 101, 136

Tribunais de Vigilância de Inteligência Estrangeira, 654

Tribunal Europeu de Justiça, 653

Trump, Donald J., 435, 555, 564

Tubman, William, 476, *476*

Tuchinat, 243

Turquia, 495, 563, 581-7

Tutu, Desmond, 571

Twain, Mark, 426, 610

U

Uberto de Iniquitate, 553

Ucrânia, 372

Uighurs, 311

ulama, 489-94, 496, 500, 507, 511

Um registro de dez dias em Yangzhou (Wang Xiuchu), 281

Umkosi, 111

União da África do Sul, 565

União Europeia (EU), 374, 563, 581, 584, 585, 652

União Popular (Chile; UP), 539

União Soviética, 121, 149-50, 308, 353, 370-1, 378-82. *Ver também* Rússia

Unidade de Serviços Estratégicos, 441

Universidade Alazhar, 511

urbanização, 182, 294

Uribe, Álvaro, 460, 466

URPO, 377

Uruk, xviii–xix, 89, *98*, 200

Uzbequistão, 603

V

Vaabismo, 490-5, 498, 501

vaixás, 313

Vale de Oaxaca, México, Obamacare, 437-8

Vale Sibundoy, Colômbia, 459, 469-70

Van der Lubbe, Marinus, 526

Vancouver, George, 151

Vargas Llosa, Mario, 559

Vargas, Getúlio, 456

vassalagem, 548, 552

Vedas, 321, 331

Venerável Beda, 215

Veneza, Itália, 182-3, 552

Venezuela, 555, 558-9

Verano, Bernard de, 169

veregildos, 220

Vereinsmeierei ("mania associativa"), 518

vidatha, 331

Vigilância, 406, 440, 651

Vikings (norueguês), 243

vilões, 230, 233

violência armada, 433

Virgínia, 64, 412-5

Visigodos, *202*, 369

Vladimir, 376, 377-9

Voltaire, 351

"Vontade de poder", 104, 454

voto secreto, 537-9

W

Waldo, George E., 439
Wałęsa, Lech, 372
Wang Mang, 275
Wang Xiuchu, 281
Wanniski, Jude, 141
Warren, Earl, 410
Washington, Booker T., 610
Washington, George, 60, 63, 65, 195, 412, 417, 433, 527, 607
Watt, James, 256, 258, 261
Webber, John, 116
Weber, Eugen, 456
Weber, Max, 16, 449, 455, 464
Weinstein, Harvey, 660
Wels, Otto, 514-5
Wenham, George, 236
Wenzhou, China, 304-5
Wessex, 216, *216*, 218
Widogast, 212
Wiene, Robert, 520
Wilberforce, William, 261
Wilson, Darren, 300
Wilson, Woodrow, 426
Wiser, William, 327, 328, 329
Wisogast, 212
witan (assembleia), 216-20, 222, 229

X

xátrias, 313-4, 328
xeiques, 489–93

1ª edição	MAIO DE 2022
impressão	IMPRENSA DA FÉ
papel de miolo	IVORY SLIM 58G/M^2
papel de capa	CARTÃO SUPREMO ALTA ALVURA 250G/M^2
tipografia	ARNO PRO